2

3

4

5

6

7

8

9

10

11

12

13

TUDOR

14

15

16

17

18

19

20

21

23
MERCEARIA KUONG SANG VO
廣生和
廣生和糧食雜貨

24

25

26

27

28

Bildlegenden zum Farbteil

1 Auf dem Liyang-Fluß bei Guilin
2 Hong Kong Island und Kowloon
3 Im Aberdeen-Hafen
4 Drachenboot-Rennen im Hafen von Hong Kong
5 Prozession der Fischer zum Geburtstag von Tin Hau, der Schutzpatronin der Seeleute
6 Ein Schauspieler bei der Mahlzeit
7 Schwebende Kinder beim Bun Festival auf Cheung Chau
8 Ein Straßenmarkt in Kowloon
9 Ein Straßenschreiber beschriftet einen Text, der alles Gute für die Zukunft verheißen soll
10 Tai-Chi-Übungen am Morgen
11 Sampan-Fahrerin im Hafen von Aberdeen
12 Die Star Ferry-Anlegestelle auf Hong Kong Island
13 Dorf in den New Territories mit Ententeichen
14 Hong Kong Island und Kowloon bei Nacht, vom Peak aus betrachtet
15 Squatter-Siedlung westlich von Kennedy Town
16 Dieser Löwe bewacht das Hauptgebäude der Hong Kong and Shanghai Bank; böse Geister können es deshalb nicht betreten.
17 Hong Kong Island und der Peak von Kowloon aus
18 Ein neues Hochhaus entsteht
19 Links das Connaught Building, vorne rechts das Postgebäude und dahinter die neuen Exchange Square-Türme (Hong Kong Central)
20 Hochhaus-Ästhetik in Hong Kong Central
21 Die Exchange Square-Türme in Hong Kong Central
22 Bei Guilin
23 Europäisch-chinesischer Baustil in Macao
24 Blick vom Schlangenrestaurant auf eine Altstadtstraße in Macao
25 Rickschaw-Fahrer in Macao
26 Zwei alte Hakka-Frauen im Kathing Village (New Territories)
27 Dorfidylle auf einer kleinen Insel in Hong Kong
28 Briefkästen vor einer Squatter-Siedlung in Hong Kong

MUNDO

Nando Belardi

HONG KONG
Macao-Canton

Ein EXpress Reisehandbuch

mit Beiträgen von
Shirley Hui, Lydia Lee Mo Yee,
Uschi Müller, Gerd Ohmstede,
Tam Kwok Kwan und Dr. Hartmut Schweitzer

Mundo Verlag

CIP-Titelaufnahme der Deutschen Bibliothek

Hong Kong / Nando Belardi. Unter Mitarb. von Shirley Hui ...
- Rieden am Forggensee : Mundo-Verl., 1988
(Ein EXpress Reisehandbuch)
ISBN 3-926966-19-X
NE: Belardi, Nando

Verlag und Vertrieb MUNDO-Verlag
Aggensteinstr. 6
8959 Rieden am Forggensee

Gesamtherstellung WB-Druck GmbH & Co Buchproduktions KG
8959 Rieden/Allgäu

Bildnachweis

Umschlagvorderseite: HKTA, Frankfurt
Umschlagrückseite: HKTA, Frankfurt
Farbteil: Nando Belardi, HKTA Frankfurt

Schwarzweißfotos: Nando Belardi, HKTA Frankfurt, Uwe Seidel

Inhalt

REISEZIELE

Vorwort

Hong Kong, die letzte britische Kolonie, entstanden aus Zufälligkeiten und Anachronismen der Weltgeschichte, wird gegen den Willen der Mehrheit seiner Bewohner im Jahre 1997 wieder unter chinesische Verwaltung geraten.
Die Hälfte der Einwohner Hong Kongs ist aus China geflohen und hat in der Kolonie unter extremen Lebensbedingungen eine bedeutende Wirtschaftsmacht aufgebaut. So ist Hong Kong heute eine der interessantesten Gesellschaften der Welt. Wo sonst gibt es ein derartiges Zusammentreffen von gewaltigen Flüchtlingsbewegungen, extremen Verstädterungsprozessen, beengten Wohnverhältnissen, erfolgreicher Industrialisierung und krassen Mißverhältnissen zwischen Armen und Reichen? Es ist wohl die die städtischste, bunteste, schönste und schrecklichste Lebensform der modernen Welt – mit anderen Worten, eine in jeder Hinsicht extreme Gesellschaft, die beim Besucher auch extreme Einstellungen und Gefühle hinterläßt.
Daß diese Gesellschaft so „funktioniert", ist angesichts der Belastungen des Alltags und der Unsicherheiten der Zukunft schon ein Wunder an Konformität.
Die folgende Gesamtschau der Geschichte, Entwicklung und Gesellschaftsstruktur Hong Kongs im Zusammenhang mit Südchina ist die erste umfassende Gesamtdarstellung in deutscher Sprache.
Von 1980–1988 habe ich Material für dieses Buch gesammelt. 1981–1982 konnte ich während einer Gastprofessur in Social Work für den Deutschen Akademischen Austauschdienst an der Hong Kong University viele Problembereiche dieser Gesellschaft direkt kennenlernen. Ein Forschungssemester der Fachhochschule Köln gab mir Gelegenheit, den Text zu schreiben. Aktualisiert wurden die Daten durch eine Fachstudienreise in die VR China und nach Hong Kong im Winter 1988, die durch Vermittlung der „Gesellschaft für Jugendsozialarbeit und Bildungsförderung" (Stuttgart) stattfand.
Zum Teil differiert die Schreibweise chinesischer Bezeichnungen aufgrund der unterschiedlichen Transkriptionen in den Originalen.
Die englische Literatur sowie die Texte der chinesischen Autoren wurden von mir übersetzt.
Für Literaturbeschaffung, Aktualisierungen und Fotos möchte ich danken: Tam Kwok Kwan, Lydia Lee Mo Yee, Shirley Hui Shun Lee, Familie Schattka, Familie Petermann, Uschi Müller und Dr. Jürgen Marenbach. Liesi Kurz fertigte die chinesischen Zeichen an. Naihe Shen half bei der Endkorrektur.
Der Doris Knop Verlag (Bremen), die Hong Kong Tourist Association und das Portugiesische Touristik-Amt (beide Frankfurt) gestatteten den Abdruck von Karten und Bildern.
Es ist hilfreich, sich eine gute Karte von Hong Kong zu besorgen, beispielsweise die zweibändige „Hong Kong Streets and Places. The Official Guide", hrsg. von der Hong Kong-Regierung.
Vor allem aber möchte ich mich bedanken bei meiner Frau Hildegard und unseren Kindern Jacob, Sophie und Jonas, die mir immer wieder Anregung, Zeit und Anstöße gegeben haben, dieses Buch zu schreiben.

Bergisch-Gladbach, September 1988 — Prof. Dr. Nando Belardi

Einige cantonesische Begriffe zum Verständnis von Landschaftsbezeichnungen
(S. auch Sprachführer)

Chau	Insel
Do	Straße (groß)
Gai	Straße
Ha	niedrig
Hang	Fluß/Tal/Schlucht
Heung	Dorf, Ansiedlung
Ho	Fluß
Hoi	Meer
Hom	Kliff
Hui	Markt
Kok	Vorgebirge
Lei	Weg
Ling	Gipfel
Lo	alt
Miu	Tempel
Mo	wolkig, neblig
Mun	Kanal, Durchfahrt
Nam	Süden
O	Hafen, Bay
Pai	Felsen
Pak	Norden
Sai	Westen
San	neu
Sha	Strand
Shan	Berg
Shek	Felsen
Sheung	oberhalb
Siu	klein
Sum	groß
Tai	groß
Tarn	Strand
Tau	Vorgebirge
Tei	Feld
Tin	Reispflanze
Tsuen	Dorf
Tsui	
Tung	Osten
Uk	Clan-Dorf
Wai	ummauertes Dorf
Wan	Strand, Bay

Geographie

地理

Hong Kong, Macao und Canton (Guangzhou) befinden sich alle an der Südostspitze Chinas und gehören kulturgeschichtlich wie sprachlich zur alten chinesischen Provinz *Canton* (Kwandung, Guandong).
Insgesamt 30 Mio. Menschen leben dort und sprechen den cantonesischen Dialekt, der normalerweise von den Chinesen anderer Regionen nicht verstanden wird.
Prägend für die Region ist der riesige *Perlfluß*, der mit seiner über 40 km breiten Mündung etwa 80 km südl. von Canton ins Meer fließt. An der westl. Seite dieser Mündung liegt auf einer kleinen Halbinsel *Macao*, und ca. 60 km gegenüber an der östl. Seite liegt *Hong Kong*.
Alle drei Städte liegen ungefähr auf der gleichen geographischen Breite wie Kalkutta, Mekka, Havanna und Honolulu. Antipodisch zu Hong Kong befindet sich auf der Südhalbkugel das Gran-Chaco-Gebiet in Argentinien.
In geologisch-klimatischer Hinsicht hat diese Region für Kolonialinteressen und den Welthandel nicht viel zu bieten. Es gibt keine bedeutenden Bodenschätze, die Landschaft ist gebirgig, steil und landwirtschaftlich kaum nutzbar, das Klima ist

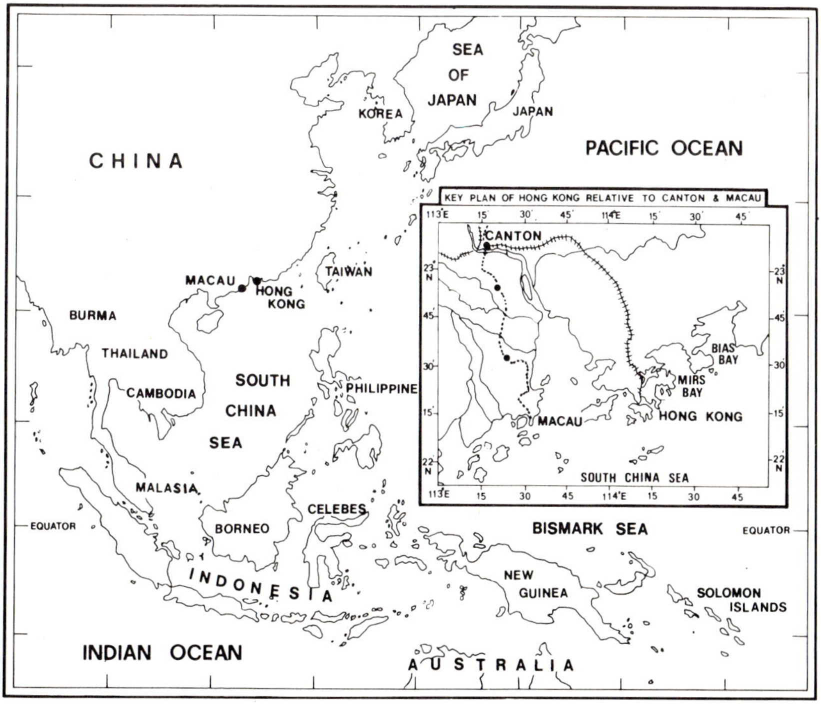

feucht-heiß, und die häufigen Taifune im Sommer waren eine Gefahr für die Seefahrt.

Geologie

„Als Teil des südchinesischen Massivs herrschen Granit und Porphyr vor, die im Süden und Osten des Territoriums von Zonen feiner vulkanischer Sedimente überlagert werden. Die Reliefgliederung paßt sich den vom Nordosten nach Südwesten verlaufenden tektonischen Leitlinien an. Durch pliozäne Senkungen entstand ein Gebirgshügelland mit ausgeprägten Riasküsten und nur wenigen beschränkten Alluvialebenen. Die Hänge sind durch monsunale Starkregen erheblich erodiert, die Granitböden zeigen tiefgründige Lateritverwitterung."[1]
Etwa 80% des Gebietes von Hong Kong ist Bergland. Der höchste Berg, der *Victoria Peak* auf der Insel Hong Kong hat eine Höhe von 554 m, die höchste Erhebung auf der Insel Lantao, der *Lantao Peak*, sogar 934 m und der *Tai Mo Shan* in den New Territories bildet mit 958 m die höchste Erhebung der Kolonie überhaupt.
Auf der Festlandseite zwischen der Halbinsel Kowloon und dem Hinterland, den New Territories, bildet eine Gebirgskette (höchster Berg *Castle Peak*, 583 m) eine natürliche Barriere zu den nach 1945 stark ausgebauten Städten des Hinterlandes. Schon vor dem Hintergrund dieser geographischen Situation wird die heute extreme Besiedlungsstruktur an der Nordküste der Insel Hong Kong und dem gegenüber liegenden Festlandteil Kowloon deutlich.

Landnutzung

Für das industrielle Ballungszentrum Hong Kong ist der Landmangel ein Hauptproblem. Schon früh begann man an der zum Hafen gelegenen Nordseite der Insel Hong Kong mit Landaufschüttungen. „Der künstliche Küstenstreifen auf der Nord-

Südchina ist seit Jahrtausenden vom Reisanbau und der Wasserbaukultur geprägt

seite der Insel Hong Kong ist inzwischen bis zu 350 m breit und über 15 km lang."[2] Insgesamt wuchs die Gesamtfläche der Kolonie in den letzten Jahrzehnten durch diese Maßnahmen von 1.011 km^2 auf 1.066 km^2 an.
Auch in Macao denkt man an zusätzliche Landgewinnung durch geplante Aufschüttungen zwischen der Insel *Taipa* und der Insel *Coloane*.
Bei der Landnutzung fällt der hohe Anteil der unproduktiven Fläche auf, 74,4% sind praktisch wirtschaftlich ungenutzt. 9% werden landwirtschaftlich genutzt. Stark zugenommen hat die bebaute Fläche von 7,7% (1965) auf 16,3% (1984). Der Anteil von Wäldern ist mit ungefähr 5% etwa ebenso hoch wie der Teil der Gesamtfläche, der durch Bodenerosion zerstört wurde.[3]

Primärproduktion
Bevor die Insel Hong Kong britische Kolonie wurde, lebten dort einige tausend Menschen, die sich vom *Fischfang* ernährten. Auf der Festlandseite betrieben die Menschen auch *Landwirtschaft*. Heute sind nur etwa 2% der Erwerbsbevölkerung in der Primärproduktion tätig. Trotzdem ist dieser Erwerbssektor sehr leistungsfähig, da er mit den billigeren Produkten aus der VR China konkurrieren muß. Jährlich werden 200.000 t Hochseefisch von ca. 30.000 Fischern mit 5.000 Booten angelandet. Etwa 30.000 Menschen arbeiten in der Landwirtschaft, über 11.000 von ihnen sind einer landwirtschaftlichen Kooperative angeschlossen. Für die knapp 6 Mio. Einwohner von Hong Kong produzieren diese Landwirte immerhin 31% des Frischgemüses, 55% des lebenden Geflügels, 20% der lebenden Schweine. Trotzdem ist die Einfuhrabhängigkeit von der VR China im Nahrungsmittelbereich sehr groß: Nahrungsmittelimporte aus China stellen über 20% der Gesamteinfuhren von jenseits der Grenze dar.[4]

Pflanzen- und Tierwelt
Die Pflanzen- und Tierwelt Hong Kongs unterscheidet sich im Prinzip nicht wesentlich von derjenigen Südchinas, bis auf die Tatsache, daß man in Hong Kong in die weniger besiedelten Gegenden der New Territories oder der Inseln gehen muß, um einen ausreichenden Einblick zu erhalten.
Neben verschiedenen *Palmenarten*, die in den Gärten gehalten werden, findet man auch bei uns bekannte Bäume wie *Pinien*, aber auch den *Banjan-Baum* („Affenschwanz-Baum") mit herabhängenden Luftwurzeln und *Kampferbäume*. Reich ist die Kolonie an bunten Blumen und Sträucherarten: *Magnolien, Rhododendron, Oleander, Bougainvilleen* und über 70 verschiedene *Orchideenarten*. Insgesamt soll es in Hong Kong über 2.600 teils ursprüngliche, teils eingeführte Pflanzenarten geben. Im *Hong Kong Herbarium* hat man sogar ca. 35.000 Spezies gesammelt.
In der Tierwelt fallen v.a. die über 250 verschiedenen Arten von Vögeln auf (darunter *Milane, Adler* und zahlreiche exotische *Singvögel*). Die Region kennt über 200 Arten von *Schmetterlingen*.
Vereinzelt gibt es noch den *Ameisenbär*, einige *Hirsche*, verwilderte *Affen*, einige *Wildschweine, Eidechsen, Frösche* und zahlreiche *Schlangen*. Einige der Schlangenarten, wie die *Kobra* und *Vipern*, sind giftig. Da diese Tiere jedoch sehr scheu sind und sie sich auf die von Menschen wenig besuchten Gebiete zurückgezogen haben, bilden sie für den Menschen praktisch keine Gefahr.
Die Tierwelt in den Gewässern um Hong Kong hat tropischen Charakter. Verschie-

Orchidee

Singvogel

dene Arten von *Seeschlangen, Thunfischen, Delphinen* und etwa 20 *Haiarten* sind bekannt. Baden empfiehlt sich nur an den bewachten Stränden, da es nahezu jährlich vorkommt, daß Menschen von Haien angefallen werden.
Neben dem *Herbarium* bieten der *Zoologische* und *Botanische Garten* von Hong Kong dem Interessenten einen Einblick in die Pflanzen- und Tierwelt.

Klima, Reisezeit, Kleidung

Südchina befindet sich klimatisch gesehen an der Grenze zur subtropischen Region. Es gibt Jahreszeiten wie in Europa, diese sind jedoch schwächer ausgeprägt, und im allgemeinen ist es wärmer (Jahresdurchschnittstemperatur 22°C). Frost ist so gut wie unbekannt, weswegen die meisten Wasserleitungen außerhalb der Häuser verlaufen. Hong Kong, Macao und Canton unterscheiden sich in klimatischer Hinsicht wenig.
Hong Kong liegt in der Einflußzone des *Monsunklimas*. Das Aufeinandertreffen der größten Wassermassen der Erde, des Pazifiks, mit dem asiatischen Kontinent im Zusammenhang mit der Erdrotation und den Jahreszeiten bewirken zwei grundsätzlich verschiedene Monsune.
Der *Wintermonsun (Nordostmonsun)* bringt v.a. von Dez. bis Anfang März kalten Wind aus dem Norden mit Durchschnittstemperaturen von etwa 15°C, tiefhängenden Wolken und häufigem Nieselregen. Da die Unterkünfte in Hong Kong für dieses Klima schlecht ausgerüstet sind (keine Heizungen) und der Besucher oft aus wärmeren Klimazonen Asiens kommt, wirken diese 15°C wesentlich kälter als eine ähnliche Temperatur in Europa. Hierfür ist warme Wollkleidung unbedingt notwendig.
Von Ende März bis Mai liegen die angenehmeren Frühlingsmonate. Die Temperaturen liegen bei 18-25°C, es gibt leichten Regen, morgendlichen Frühnebel und eine

Klimatabelle

Monat	Max. Lufttemperatur °C	Min. Lufttemperatur °C	Durchschnittl. Lufttemp. °C	Mittl. relative Luftfeuchtigkeit in %	Sonnenscheinstunden total	Niederschlag total in mm
Januar	22,9	8,0	14,1	66	138,0	3,5
Februar	24,8	7,0	14,5	76	53,6	2,7
März	27,5	10,8	18,0	80	52,4	13,6
April	26,7	17,0	21,4	87	38,6	215,0
Mai	30,0	17,9	24,6	83	116,7	468,2
Juni	32,9	23,3	27,9	86	169,0	445,7
Juli	33,8	23,8	29,0	78	301,4	125,9
August	34,4	23,0	28,2	81	162,7	348,8
September	32,0	23,4	27,3	81	173,8	211,3
Oktober	31,5	20,4	25,3	72	196,9	167,1
November	28,0	15,2	22,3	71	186,9	4,5
Dezember	25,1	7,7	17,0	68	111,9	10,7
Durchschnitt			22,5	77		
Total					1.701,9	2.017,0

Quelle: Hong Kong 1985, S. 344.

höhere Luftfeuchtigkeit. Auf jeden Fall ist der Frühling angenehmer als der Winter oder Sommer.

Von Juni bis September haben Südchina und Hong Kong einen heißen (Durchschnittstemperatur 28°C) und sehr feuchten (Spitzenwerte über 95% Luftfeuchtigkeit) Sommer. Meist kühlt es nachts kaum ab. Wenn man dann die Klimaanlage (Air Condition) benutzt, steigt die Erkältungsgefahr erheblich. In dieser *Sommermonsun-Zeit (Südostmonsun)* kommen die Regenwolken vom Südosten, also aus dem pazifischen Raum und regnen sich am Festland ab. Die Sonneneinstrahlung und das Aufeinandertreffen von warmen und kalten Luftströmungen bewirken v.a. im August die tropischen *Wirbelstürme*. Ein Taifun (cant.: dai foo = Großer Wind) beeinflußt das Wetter für etwa drei Tage intensiv. Mit einer Geschwindigkeit von über 150 km/h haben diese Wirbelstürme verheerende Auswirkungen. 1937 lag Hong Kong voll im Zentrum eines solchen Taifuns, und es waren über 11.000 Todesopfer zu beklagen. Gegenwärtig hat Hong Kong das wohl beste Taifunwarnsystem Asiens, so daß man sich rechtzeitig schützen kann. Radio, TV, Presse und viele öffentliche Warnstellen informieren schon Tage bevor der Taifun eintrifft, über seinen genauen Standort. Taifunwarnungen werden über Telefon (5-45 63 81) durchgegeben. Taifune sollten kein Hinderungsgrund sein, Hong Kong zu besuchen. Im Extremfall muß man ein bis zwei Tage im Hotel verbringen oder Wartezeiten beim Flug in Kauf nehmen.

Die durchschnittlichen Jahresniederschläge sind zwar mit über 2.000 mm relativ hoch, doch da nur knapp 300 mm davon in den „trockenen" Monaten Okt.-März fallen und das übrige in den regenreichen Sommermonaten (oft 400 mm in zwei Tagen), birgt dieses Ungleichgewicht große Probleme in sich. Neben der Gefahr durch Taifune, häufigen Erdrutschen, bei denen schon ganze Hochhäuser umgekippt sind, leidet die Kolonie in den Wintermonaten stark an *Wassermangel*.

„Noch problematischer ist jedoch die starke Jahres-Variabilität. Die Extreme liegen bei 3.050 mm Niederschlag 1889 und 910 mm 1963. So führten das unvorhersehbare Auftreten von trockenen Jahren, ja selbst die Verzögerung der sommerlichen Monsunregen immer wieder zu Notzeiten."[5]

An *Kleidung* ist für Frühling, Sommer und Herbst v.a. leichte Baumwollkleidung, auf keinen Fall synthetische Stoffe, zu empfehlen. Praktischen Regenschutz sollte man in Südchina zu jeder Jahreszeit bei sich haben. Viele Kleidungsteile kann man in Hong Kong günstig einkaufen, allerdings erfordert das oft viel Zeit. Bequemes Schuhwerk (Sandalen und Halbschuhe) sollte man mitbringen, da es für Europäer oft schwierig ist, passende Schuhe zu finden. Wenn man in Hong Kong auch geschäftlich zu tun hat, sollte man zu keiner Jahreszeit, auch nicht im feuchten Sommer, einen Anzug vergessen. In Kleidungsfragen ist die Geschäftswelt von Hong Kong sehr konservativ.

Wenn man es sich aussuchen kann, sollte man im Herbst nach Hong Kong und Südchina fahren, denn das ist die beste Reisezeit für Besucher aus Europa. Die Luftfeuchtigkeit geht bis auf 50% zurück, es gibt wieder deutliche Unterschiede in der Tag- und Nachttemperatur, es regnet weniger. An den meisten Tagen ist es warm, trocken und sonnig. Die Sicht ist dann gut und der Himmel blau. Es ist wie ein schöner Spätsommer in Mitteleuropa.

Von Mitte September bis Weihnachten sinkt die Durchschnittstemperatur langsam von 28° auf 17°C.

Wer sich während der feuchten Zeit länger in Südchina aufhält, muß wissen, daß es in nichtklimatisierten Räumen sehr schnell zu Schimmelbildung an Nahrungsmitteln, aber auch an Kleidung, Stoff, Ledersachen und sogar normalem Holz kommt. Kleider sollte man möglichst nicht im Schrank aufbewahren, sondern zum Lüften, wie es die Einwohner Hong Kongs tun, an die Sonne hängen.

Wer länger in der Region leben möchte, kann sich Entfeuchter oder eine kleine spezielle Elektro-Heizung für den Kleiderschrank besorgen.

Aber gerade die vorgenannten negativen Faktoren (keine Bodenschätze, gebirgige unwegsame Landschaft, Taifune) sind es, die v.a. Hong Kong zu dem gemacht haben, was es jetzt für die Welt bedeutet.

Der Perlfluß war schon vor 2.000 Jahren der Wasserweg für arabische und indische Handelsschiffe zu den Märkten nach Canton. Am Perlfluß durften sich die Portugiesen zu Beginn des 16. Jh. ansiedeln. Weil die Region von Hong Kong so unwirtlich ist, konnten sich dort die Engländer ab 1840 mit ihrer Handelsniederlassung festsetzen. Gerade die steilen Berge der Insel Hong Kong bieten Schutz vor den Taifunen aus dem Südosten. Weil die Region keine Bodenschätze zu bieten hat, entwickelten sich dort nach 1945 aus dem ehemaligen Handelsplatz eine gigantische Verarbeitungsindustrie und ein Welthandelszentrum auf Basis billiger, aus China geflohener Arbeitskräfte.

Anmerkungen

1 Buchholz, Hanns J./Schöller, Peter: Hong Kong. Braunschweig 1985, S. 139.
2 Dies., a.a.O., S. 125.
3 Vgl. ebd., S. 140 und Government Information Service (Ed.): Hong Kong 1985. A Review of 1984 (Yearbook), Hong Kong 1985, S.117.
4 Vgl. Hong Kong 1985, S. 114 ff.
5 Buchholz/Schöller, a.a.O., S. 139.

Literatur

Buchholz, Hanns J./Schöller, Peter: Hong Kong. Finanz- und Wirtschaftsmetropole. Entwicklungspol für Chinas Wandel, Braunschweig 1985.

Forrest, Ronald/Hobbins, George: Selected Walks in Hong Kong, Hong Kong 1979.

Knight, John (Hg.): Hong Kong 1985, Government Information Service, Hong Kong 1985.

Staff of the Royal Observatory Hong Kong (Hg.): Typhoon, Hong Kong 1976.

Geschichte 历史

„Die chinesische Geschichte weist vor den Umwälzungen des 20. Jahrhunderts drei große Zäsuren auf: Die erste liegt an der Wende des Neolithikums zur Bronzezeit (Auftauchen der Schrift, Erfindung der Legierungen und Verwendung des Deichselwagens), die zweite stellt die staatliche Revolution des 3. vorchristlichen Jahrhunderts dar, die Epoche der bäuerlichen Infanterieheere und der Verbreitung des Gußeisens; die dritte schließlich ist die Zäsur um das Jahr 1000, einer an technischen Neuerungen besonders reichen Zeit. Aus ihr stammen die hochentwickelte Reiskultur, die große Dschunke und der Seekompaß, neue Waffen, der Buchdruck usw. Damals entstand auch eine neue Staatsform: der Zentralisierung stand kein Hindernis mehr im Wege, die kaiserliche Macht stützte sich auf eine breite Gebildetenschicht, und das Waffenhandwerk und der Bauernberuf waren getrennt. Seit sich das soziale und politische System dieses ‚Reichs der Mandarine' konsolidiert hat, scheint die chinesische Welt keine bedeutenden Veränderungen mehr durchgemacht zu haben; es haben sich höchstens nach dem mongolischen Zwischenspiel die autokratischen Tendenzen verstärkt. Trotz der Wirren, die in der Mitte des 17. Jahrhunderts den Sturz der Ming-Dynastie und die Errichtung der neuen Mandschu-Herrschaft begleiteten, kann man sagen, daß im großen und ganzen ein und dieselbe Staats- und Gesellschaftsform vom ausgehenden 11. Jahrhundert bis zum Ende des Mandschu-Reiches im Jahr 1911 fortbestanden hat."[1]

Grundzüge der chinesischen Geschichte

Die Entwicklung bis zum 19. Jahrhundert

Die chinesische Geschichtsschreibung beginnt mit der *Hsia-Dynastie* (2500-1500 v.Chr.). Aus dieser Zeit kennt man auch einen 365 Tage umfassenden Kalender. Bis etwa 1000 v.Chr. soll die *Schang-Dynastie* gedauert haben, über die man nur wenig weiß: Es wurde eine Schriftsprache eingeführt, Bronzegeräte verwendet und versucht, mit Orakelknochen (Vorläufer der Orakelhölzer in den chinesischen Tempeln) die Zukunft zu erkennen.

Von 1122-221 v.Chr. datiert man die *Chou-Dynastie*. In dieser Zeit entstand das Feudalsystem, es bildeten sich zwei Unterreiche. Die ständigen Kämpfe der Adelsfamilien veranlaßten chinesische Denker, über die Grundordnung des Staates und Fragen der Autorität nachzudenken. *Konfuzius* (551-479 v.Chr.), der Vertreter der Ordnung und Autorität, sowie sein geistiger Gegenspieler, *Lao-Tse*, der Begründer des Taoismus und Vertreter eines pazifistischen Anarchismus, lebten beide in diesem Zeitalter.

In der nachfolgenden kurzen *Chìn-Zeit* (221-207 v.Chr.) erlebte China zum ersten Mal eine Reichseinheit. Dem Kaiser gelang es, die Feudalherren zu entmachten, Beamte einzusetzen und 21 v.Chr. eine Einheitsschrift zur schriftlichen Verständigung der sehr unterschiedlichen chinesischen Sprachen und Dialekte zu entwickeln.

Schon im 3. Jh. n.Chr. entstand im Norden Chinas ein Schutzwall, der die Mongolen vom Eindringen nach China abhalten sollte. Er war der Vorläufer der seit dem 15. Jh. entstandenen *Großen Mauer*, des einzigen Bauwerks auf der Erde, das man vom Mond aus sehen kann. Schließlich prägte das Reich der Chìn noch den heutigen Namen Chinas.
Während der nachfolgenden *Han-Dynastie* (206-221 n.Chr.) entstand das chinesische Weltreich, das sich von Korea im Osten bis zum Xinjiang/Tarim-Becken im Westen und Vietnam im Süden erstreckte. So spricht man auch heute noch von den *Han-Chinesen*, wenn man die ethnischen Chinesen meint, die etwa 95% der Bevölkerung der VR Chinas umfassen, während die übrigen von verschiedenen kulturellen Minderheiten (Mongolen, Uighuren, Kirgisen, Tibetaner, Mandschus, Koreaner, Miao u.a.) gebildet werden.[2]
Der Han-Staat existierte auf Grundlage des *konfuzianischen Beamtenstaates*, der bis ins 20. Jh. hinein für China typisch war. In der Han-Zeit begannen die Chinesen mit der Papierherstellung (ca. 100 v.Chr.), der Buddhismus kam um etwa 65 n.Chr. nach China. Vier Jahre vorher soll ein römischer Abgesandter über die Seidenstraße bis nach China gekommen sein.
Ab 222 n.Chr. kämpften drei Thronfolger um die Macht, das Land zerfiel wieder für 300 Jahre in viele kleine feudale Reiche und war deswegen durch Angriffe von außen gefährdet. Es kam zur Verarmung der Bevölkerung und der sozialrevolutionären Bewegung der *Geheimgesellschaften* (*Triaden*). Von dieser Zeit bis in unser Jahrhundert hinein schien das chinesische Reich einer Art Automatismus des Wechsels von despotischer Zentralherrschaft und Herrschaftsverfall mit anschließendem Chaos zu unterliegen, bis sich aus den jahrelangen Diadochenkämpfen ein neuer Herrscher herauskristallisierte.
In den chaotischen Zeiten gewannen lokale Kriegsherren (*Warlords*) und Fürsten wie auch Triaden und Revolutionsgruppen zeitweise die Oberhand.[3]
Die Staatsphilosophie war in Begriffen unseres westlichen Verständnisses vereinfacht ausgedrückt folgende: Der Inhaber des Drachenthrones, der Kaiser, übt ein „himmlisches Mandat" aus. Solange er an der Macht ist, sind alle seine Handlungen „rechtens", weil göttlich. Verliert er seine Macht, dann deswegen, weil er sein „himmlisches Mandat" verwirkt hat; dieses ist dann auf seinen Nachfolger, egal wie dieser an die Macht gelangt, übergegangen.
Unter der Han-Dynastie zeichnete sich auch eine „langsame Umwandlung des Taoismus ab. Er nahm Elemente der Volksreligion auf, und die Literatur über Makrobiotik, Alchimie und taoistische Götter gewann an Raum. Aus der philosophisch-meditativen Richtung wurde eine neue Religion, die gegen Ende der Dynastie zu politischer Bedeutung aufsteigt."[4]
Erst von 581-618 unter der *Sui-Dynastie* wurden die inzwischen entstandenen drei Teilstaaten (211-311) unter einem General wieder vereinigt, der eine neue Dynastie begründete. In diese Zeit fällt auch der Bau des *Großen Kanals*, der auf einer Länge von 7.300 km den *Huangho* mit dem *Yangtze* verbindet und an dessem Bau über 5 Mio. Menschen unter unvorstellbaren Opfern beteiligt waren.
Nach *Nanking* (südliche Hauptstadt) war zeitweise auch *Sian* (*Xian*) die Metropole des Reiches.
Im 7. Jh. konnten die Turk-Völker (z.B. Uighuren, Kirgisen) im äußersten Westen besiegt und tributpflichtig gemacht werden. Das Chinesische Reich hatte nun eine Ausdehnung von 5.000 km in Ost-West-Richtung und 4.000 km in Nord-Süd-Rich-

中国历史年代简表

Zeittafel zur chinesischen Geschichte

夏 Xia-Dynastie		约前21世纪—约前16世纪
商 Shang-Dynastie		约前16世纪—约前11世纪
周 Zhou-Dynastie	西周 Westliche Zhou-Dynastie	约前11世纪—前711
	东周 Östliche Zhou-Dynastie	前770—前256
	春秋 Frühlings- und Herbstperiode	前770—前476
	战国 Steitenden Reiche	前475—前221
秦 Qin-Dynastie		前221—前207
汉 Han-Dynastie	西汉 Westliche Han-Dynastie	前206—公元24
	东汉 Östliche Han-Dynastie	25—220
三国 Drei Reiche	魏 Wei	220—265
	蜀汉 Shu Han	221—263
	吴 Wu	222—280
西晋 Westliche Jin-Dynastie		265—316

东晋 Östliche Jin-Dynastie			317—420
南北朝 Sudliche und Nördliche Dynastien	南朝 Sudliche Dynastien	宋 Song	420—479
		齐 Qi	479—502
		梁 Liang	502—557
		陈 Chen	557—589
	北朝 Nörd-liche Dynastien	北魏 Nordliche Wei-Dynastie	386—534
		东魏 Östliche Wei-Dynastie	534—550
		北齐 Nordliche Qi-Dynastie	550—577
		西魏 Westliche Wei-Dynastie	535—556
		北周 Nördliche Zhou-Dynastie	557—581
隋 Sui-Dynastie			581—618
唐 Tang-Dynastie			618—907
五代 die Funf Dynastien	后梁 Spatere Liang		907—923
	后唐 Spatere Tang		923—936

	后晋 Spatere Qin	936—946
	后汉 Spatere Han	947—950
	后周 Spatere Zhou	951—960
宋 Song-Dynastie	北宋 Nördliche Song-Dynastie	960—1127
	南宋 Sudliche Song-Dynastie	1127—1279
辽 Liao-Dynastie		916—1125
金 Jin-Dynastie		1115—1234
元 Yuan-Dynastie		1271—1368
明 Ming-Dynastie		1368—1644
清 Qing-Dynastie		1644—1911
中华民国 Republik China		1912—1949
中华人民共和国 Volksrepublik China		1949成立

Quelle: Deutsch-Chinesisches (Pinyin) Handwörterbuch, Hong Kong 1983, S. 243-245 tung. Da v.a. im Westen mehrere Wüsten und unwegsame Gebirge liegen, sind in China noch heute über 55% seiner Fläche Ödland. Die intensivste Bodennutzung findet im Osten und Süden statt, was dort wiederum zu einem hohen Bevölkerungsdruck geführt hat.

Was ist das „Besondere" an der chinesischen Entwicklung?

Weshalb kam es trotz zentralistischem Kaiserreich, Beamtenschaft und hochentwickelter Technologie nicht zur Modernisierung und Industrialisierung wie im Westen?

- Im alten China gab es kein Kastensystem, keinen Feudalismus oder Leibeigenschaft wie bei uns.
- Kaufmannschaft und Handwerk waren in der Rangordnung weit unter den dominierenden Beamten und konnten nicht zu Vorreitern einer Modernisierung werden.
- Es kam nicht zu einer philosophischen (Aufklärung) und wirtschaftlichen (Liberalisierung) Entwicklung und zur Sozialklasse der Unternehmer, die den Kapitalismus entfalten konnten.
- Das Kaiserreich war zwar zentralistisch und hochorganisiert, berührte aber, von Großprojekten abgesehen (Mauer, Kanäle, Dämme), kaum den Alltag der Dorfbewohner.
- Durch die geographische Isolation und das weitgehende Fehlen von Außenfeinden wurde die Stagnation des Reiches begünstigt.
- Dominierend und beständig war nur die Beamtenschaft: „Dynastie vergeht, Beamtenschaft besteht", eine am traditionellen Konfuzianismus orientierte hierarchische „Talentbürokratie", die jede Neuerung ablehnte und so das Reich über 2000 Jahre zusammenhielt.[6]
- In dieser Situation wurden die Familie, der Clan und das Dorf (ab 1949 dann in der VR China die *Danwei*) zum Zentrum der chinesischen Gesellschaft. Diese zurückgebliebene Lebensform in den Dörfern existierte bis ins 20. Jh. Staat und Gesellschaft blieben weitgehend getrennt.

Viele Theorien versuchten diesen „besonderen chinesischen Weg" durch Hervorhebung eines Faktors zu erklären, z. B. über die Rolle der Beamtenschaft, des Konfuzianismus, der passiven Rolle des Adels (Gentry) oder der „hydraulischen Theorie" *Wittfogels*, wonach die Wasserbaukultur den Zentralismus begünstigt habe. Es spielen aber alle Faktoren eine Rolle; China läßt sich nicht mit westlichen Entwicklungs-Maßstäben erklären.[7]

China weist noch eine andere Eigentümlichkeit auf. In China gibt es seit 2.000 Jahren eine spezielle *asiatische Produktionsweise* in Form eines sehr intensiven (Reis-) Ackerbaus auf Grundlage künstlicher Bewässerung. Es ist die intensivste und ertragsreichste Feldbau- und Gartenbaukultur überhaupt. Diese Wasserbaukultur entstand als *Flußtalkultur* im Tal des Huangho auf Basis von Löß und künstlicher Düngung. Regelmäßige Überschwemmungs- und Dürrezeiten machten eine überregionale Organisation der Wasserwirtschaft mittels Dämme, Kanäle und gewaltiger Baumaßnahmen notwendig. Die wiederum begünstigte eine zentrale Herrschaftsgewalt.

„Aus alledem ergibt sich, daß es unmöglich ist, die Gesellschaft des Han-Reiches auf *ein* sozial-ökonomisches Modell hin zu definieren. Das auffälligste ihrer Kennzeichen ist das Weiterbestehen und die Transformation feudaler Strukturen, die sogar in den Prinzipien für die Auswahl der Beamten sichtbar werden. Denn persönliche Loyalitäten spielten darin eine große Rolle.“[8]

Bei den landesweiten Beamtenprüfungen gab es verschiedene Examina: für klassische Bildung, Recht, Geschichte der Schrift, Mathematik, militärische Eignung mit Wettkämpfen im Schießen und der Körperkraft. „Die angesehenste Prüfung mit den meisten Kandidaten war jedoch ein Examen über Allgemeinbildung und die Fähigkeit im Abfassen von Schriftstücken, die auch das Schreiben eines Gedichtes einschloß.“[9]

Der auf dieser Grundlage bestehende Verwaltungsaufbau des Reiches blieb vom 7. Jh. an bis 1911 gleich: Es gab sechs Ministerien, jeweils eines für die Beamtenschaft, Finanzen, Riten, das Heer, die Justiz und das Ministerium für öffentliche Arbeiten (z.B. Kanalbau).

Die zentralistische Regierung herrschte mit Hilfe des Heeres und des Beamtenapparates über Millionen feudal abhängiger armer Bauern. „Die Steuerlasten, die die Pächter-Bauern zu tragen hatten, waren dreifacher Natur. Sie umfaßten die Grundsteuer, Abgaben und Fronden. ... Die Grundsteuer und die Abgaben (Getreide, Rohseide, Hanf usw.) pro Jahr entsprachen ungefähr einem Gegenwert von zusammen 30 Arbeitstagen. Die jährliche Fronarbeit war auf 20 Tage festgesetzt; sie konnte durch Sonderfronden für Bauten aller Art erhöht werden, sollte im allgemeinen aber 50 Tage nicht überschreiten. Bei Naturkatastrophen gewährte man den davon Betroffenen Nachlässe.“[10]

In der Zeit der *Tang-Dynastie* (618-906) erlebte China einen kulturellen Höhepunkt. Es war Treffpunkt der verschiedensten Kulturen und in religiöser Hinsicht sehr tolerant und ausländerfreundlich. Neben den Handelsplätzen an der Seidenstraße entwickelte sich nun Canton im Süden Chinas zu einem neuen internationalen Handelszentrum. Vom Meer her kamen Araber, Inder, Perser, Koreaner, Japaner und Kaufleute aus den heutigen südostasiatischen Ländern. Um 677 wurde der Buchdruck entwickelt und einige Jahrzehnte später das Schießpulver erfunden.

Seit 750 zerfiel das große Reich. Die meisten Provinzen am Rande, die nicht zum Han-Kernland gehörten, wie Singkiang, Tibet und die Thai-Völker, die Mongolen und die Koreaner, lösten sich von China.

Nach einer Zeit der Bürgerkriege und des Chaos wurde 960 in China erstmals ein Kaiser gewählt; ihm gelang die Reichseinheit, die bis in unser Jahrhundert formell erhalten blieb.

Die *Sung-Dynastie* (960-1279) entwickelte sich vom Militärstaat zum Beamtenstaat, der Konfuzianismus und das Geistesleben erblühten wieder.

1204 wurde *Dschingis* (1155-1227) zum Khan aller Mongolen gewählt. Nach 50jährigem Krieg gegen die Chinesen wurde sein Sohn *Kublai* (1214-1294) 1279 chinesischer Kaiser. Während der *Yuang-Dynastie* (1260-1368) dominierten zwar die Mongolen das Millionenvolk der Chinesen, sie paßten sich jedoch den kulturellen Ge-

bräuchen der Chinesen an. Die Mongolen beherrschten nun ein Gebiet, das von der Mandschurei bis nach Westeuropa reichte. *Peking* (nördliche Hauptstadt) wird nun zur Metropole des Riesenreiches. Von 1271-1297 war der Italiener *Marco Polo* als Berater am Hofe des Mongolenkaisers tätig.
Durch die Mongolenherrschaft im Norden waren viele Chinesen weiter nach Süden geflohen. Unter ihnen befand sich auch der letzte Kaiser der Sung-Dynastie, der in der Gegend des heutigen Kowloon (Hong Kong) lebte und später auf Lantau starb. Etwa 100 Jahre danach wanderten noch *Cantonesen* aus der Provinz Canton nach Hong Kong ein, ihnen folgten die *Hakka*, die heute noch eine sprachlich und kulturell unterscheidbare Minoritätengruppe in Hong Kong bilden. Neben den Hakka siedelten sich auch die aus der Provinz Fukien stammenden *Hoklo* im Raum Hong Kong an, die sich vorwiegend von Fischerei und Piraterie ernährten und bis ins 20. Jh. hinein die Küsten unsicher machten.
Insgesamt lebten im 14. Jh. knapp 5.000 Menschen auf Hong Kong. All diese Gruppen hatten und haben unterschiedliche Bräuche und Dialekte.
In den letzten Jahrzehnten der Mongolenherrschaft entwickelte sich der Widerstand unter den verbotenen taoistischen Gruppen und *Triaden*. 1368 wird der damalige Bettelmönch *Chu Yüan-chang* in Nanking zum Begründer der *Ming-Dynastie* (1368-1644), die Mongolen wurden erfolgreich vertrieben.
Die in Peking herrschende Ming-Dynastie versuchte innenpolitisch an die Tradition der Sung-Dynastie anzuknüpfen. Das konfuzianische Beamtentum errang wieder Machtpositionen, allerdings in Konkurrenz zu den immer stärker werdenden kaiserlichen Eunuchen am Hofe. 1421 wird Peking endgültig zur Hauptstadt bestimmt. Außenpolitisch gab es verstärkte Kontakte zu anderen Ländern.
Danach schloß sich China auf Geheiß seiner Herrscher seit dem 16. Jh. immer mehr vom Ausland ab. Alle Fremdvölker wurden als „Barbaren“ betrachtet. Das Reich wurde abgeriegelt, auf Flucht stand die Todesstrafe.
Handel war nur über ein staatliches Monopol bei gleichzeitiger Unterwerfung und Tributpflicht möglich. Dekadenz des Kaiserhauses, Armut und soziale Unruhen führten schließlich dazu, daß es dem Steppenvolk der *Mandschu*, die als zum Reich gehöriger Randstaat dem Kaiser gegenüber loyal sein sollten, gelang, die Macht zu erringen.
Die *Chìng-* (*Tsching-*) oder *Mandschu-Dynastie* (1644-1912) überlagerte, ähnlich wie zuvor die Mongolen, die große Zahl der Han-Chinesen. Zum Zeichen ihrer Unterwerfung mußten alle Han-Chinesen sich nun den Vorderkopf rasieren und am Hinterkopf einen Zopf tragen. Die Mandschu übernahmen die chinesische Kultur und das Verwaltungssystem der Ming.
Die Mongolei, Tibet und Ostturkestan sowie die Mandschurei, die lange Zeit separat existierten, gehörten nun wieder zum Reichsgebiet. Nach einer kurzen stabilen Periode (1622-1722) blieb die Entwicklung des chinesischen Kaiserreiches bis zu seinem Untergang von Massenarmut, sozialen Unruhen, politischen Intrigen und Despotie seiner Herrscher bestimmt. Innerhalb von 150 Jahren wuchs die Bevölkerung auf das Dreifache an: 1700 ca. 150 Mio., 1850 ca. 430 Mio.

Grundzüge der Entwicklung Chinas 1840-1949
Es können hier nur einige Grundzüge der Entwicklung Chinas in seiner Periode des größten politischen und gesellschaftlichen Zerfalls angedeutet werden. Schon vor den imperialistischen Angriffen auf China war das wirtschaftliche, soziale und po-

litische System des Kaiserreiches zumeist nicht in der Lage, die Grundbedürfnisse seiner ständig wachsenden Bevölkerung zu befriedigen. Große Seuchen, Naturkatastrophen, Hunger und Menschenverachtung haben in den letzten 2.000 Jahren chinesischer Geschichte Menschenleben in Millionenhöhe gefordert.
Durch den Imperialismus der Westmächte, wie auch Rußlands und später Japans, wurde die innere Instabilität noch verstärkt. China kam spätestens nach den „Ungleichen Verträgen" mit England in einen semi-kolonialen Status. In der heutigen Geschichtsschreibung sind die folgenden Übergriffe i.d.R. nicht geläufig:

Kriegshandlungen und Übergriffe der westlichen Länder und Japans in China zwischen 1840 und 1894

1840	Besetzung der Zhousan- (Chusan-)Inseln in Zhejiang und Angriff der Engländer auf Ningbo.
1841	Englische Angriffe auf Canton, Xiamen (Amoy), Ningbo und Shanghai.
1842	Englische Angriffe auf Shanghai und Nanking. Annexion von Hong Kong durch Großbritannien.
1844	Englische Konzession in Xiamen (Amoy).
1845	Englische Konzession in Shanghai.
1849	Französische Konzession in Shanghai.
1850	Annexion der Amur-Mündung (Heilongjiang) durch die Russen, die damit die Verträge von 1689 und 1727 verletzen.
1854	Annexion des nördlichen Amur-Ufers durch die Russen.
1856	Bombardierung Kantons durch die Engländer.
1857	Bombardierung Kantons und der Haihe-Forts durch die Engländer und Franzosen.
1858	Besetzung Kantons und der Haihe-Mündung. Die Russen besetzen die Territorien im Süden des Amur-Unterlaufs und im Osten des Ussuri.
1859	Neuerlicher Angriff auf die Haihe-Forts.
1860	Angriff auf die Haihe-Forts und Einfall in Hebei. Die britischen und französischen Kolonialtruppen dringen in Peking ein, plündern den Sommerpalast und brennen ihn nieder. Die Engländer annektieren die Halbinsel Jiulong (Kowloon). Englische Konzessionen in Tianjin.
1861	Englische Konzessionen in Hankou und Kanton. Französische Konzessionen in Canton und Tianjin.
1862	Englische Konzession von Jiujiang (Jiangxi).
1863	Internationale Konzession von Shanghai.
1868	Die Engländer bombardieren den Hafen von Anping in Taiwan.
1871	Die Russen besetzen das Ili-Gebiet.
1874	Japanischer Angriff auf Formosa und Annexion der Ryūkyū-Inseln durch Japan.
1881	Die Russen annektieren definitiv einen Teil des Ili-Gebiets, den sie seit 1871 besetzt halten.
1884	Admiral Courbet bombardiert Fuzhou, versenkt die chinesische Mawei-Flotte und blockiert den Reistransport zwischen Shanghai und Nordchina, in der Hoffnung, Peking auszuhungern.

1885 Die Franzosen besetzen die Penghu-Inseln und einen Teil von Taiwan.
1887 Endgültige Annexion von Macao durch die Portugiesen.

Aus: Jacques Gernet: Die chinesische Welt, Frankfurt 1983, S. 490

Ein Kriegs- und ein Zivilmandarin
(Stich nach einer Photographie aus dem Jahre 1874)

Die Agonie des Riesenreiches und größte Massenarmut führten ab Mitte des letzten Jahrhunderts im Inneren des Landes zu einer Fülle von Revolten und Erhebungen.[12]

Bei uns ist v.a. die *Taiping-Revolte* von 1850-1864 bekannt geworden. Auf Grundlage christlicher und sozialrevolutionärer Forderungen haben *Triaden* und verarmte Bauern jahrelang gegen die Zentralgewalt gekämpft. Über 20 Mio. Menschen haben dabei ihr Leben verloren. Parallel dazu wurde China von außen her imperialistisch durchdrungen. 1860 besetzten englische und französische Truppen Peking; v.a. britische und amerikanische Gesellschaften beherrschten große Teile des Wirtschaftslebens:
„Insgesamt standen durch Direktinvestitionen oder zweckgebundene Staatsanleihen über 50% der Eisenbahnlinien in China unmittelbar oder mittelbar unter ausländischer Kontrolle. 90% des Außenhandelsgeschäfts wurden über ausländische Banken abgewickelt, 83% der Schiffahrtslinien und 80% der mit moderner Technologie ausgerüsteten Gruben waren ausländisches Eigentum. Durchschnittlich 30% der gesamten industriellen Wertschöpfung in China wurden von ausländischen Un-

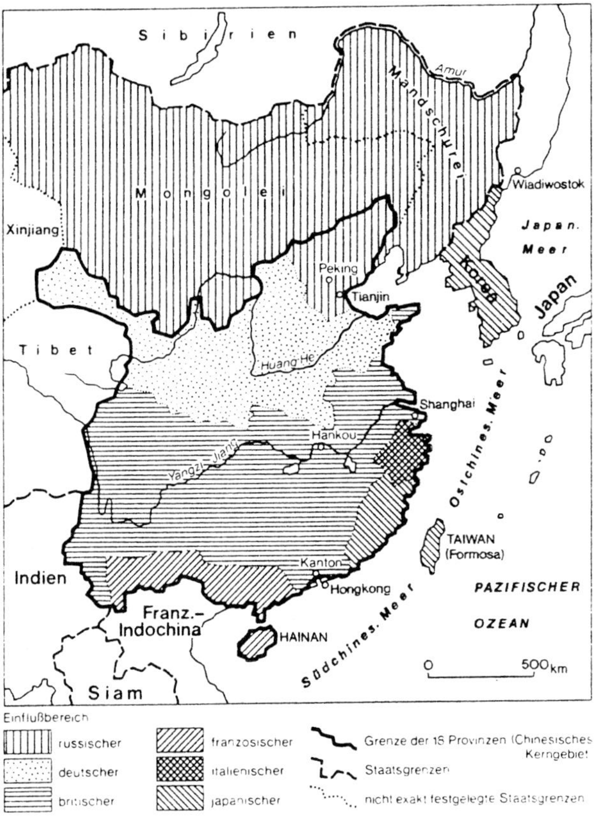

Quelle: W. L. Langer, The Diplomacy of Imperialism, 1890–1912, New York, 1956, S. 685

Koloniale Einflußsphären in China

ternehmen erwirtschaftet; in einzelnen Bereichen war der Anteil wesentlich höher (Textil 42%; Gas, Wasser, Elektrizität 57%; Schiffsbau 58%; Tabakverarbeitung 63%). In der Seezollverwaltung, dem Postwesen und dem Salzmonopol waren immer noch zahlreiche Ausländer in führenden Positionen tätig."[13]

Um 1900 bediente sich das im Niedergang befindliche Kaiserhaus des Aberglaubens und der Fremdenfeindlichkeit des verarmten Volkes sowie der Triaden und unterstützte deren Aufstand gegen die ausländischen Mächte (*Boxeraufstand*), die sich inzwischen in Peking niedergelassen hatten. Danach wurde der Boxeraufstand von England, Japan, Deutschland, Rußland, Frankreich und den USA niedergeschlagen und China von diesen Ländern in „Einflußzonen" aufgeteilt. Nach dem russisch-japanischen Krieg (1904) teilten sich Japan und Rußland die Mandschurei auf. In den letzten Jahren des Kaiserreiches regierte die Kaiserwitwe *Tzu-Hsi* nur noch mittels Intrigen und Despotie, so daß es den republikanisch-demokratischen Kräften um Dr. *Sun Yat Sen* 1911 leicht fiel, die *Mandschu-Dynastie* und damit das mehrtausendjährige chinesische Kaiserreich zu stürzen.[15]

Tschiang Kai Tschek

Sun Yat Sen

Dr. Sun Yat Sen und die chinesische Republik

Dr. Sun Yat Sen wurde 1866 als Sohn eines Bauern in Hsiang-schan in der Provinz Kwandung (Canton) geboren (der Ort kann von Macao aus besucht werden). Nach einem Aufenthalt bei seinem Bruder in Honolulu heiratete er in seinem Heimatdorf im traditionellen Stil und studierte in Hong Kong am Queen's College Medizin (Dr. med. 1892). Zwei Jahre später gründete er mit Gleichgesinnten Geheimgesellschaften und politischen Gruppierungen, die über einen Umsturz demokratische Verhältnisse in China herbeiführen wollen. Am 27. April 1911 fand ein solcher Aufstandsversuch in Canton statt, der 72 Todesopfer forderte.
Die politischen Ziele von Dr. Sun Yat Sen waren republikanisch und angesichts der völlig unterentwickelten Verhältnisse in China illusionär. Seine Bewegung stellte drei Prinzipien in den Vordergrund: Nationalismus, liberale Demokratie und soziale Gerechtigkeit.
Im Oktober 1911 kam es nach einem Militärputsch in *Wuhan* zur Revolution. Am 29.12.1911 wurde Sun Yat Sen in Nanking zum provisorischen Präsidenten der Republik China ernannt. Am 12. Februar 1912 dankte die kaiserliche Regierung ab. Drei Tage später wurde *Yuan Shikai* Präsident der Republik China. Am 12. August 1912 gründete Sun Yat Sen die *Kuomintang-Partei.* Nicht er, sondern Yuan Shikai und einige lokale Militärbefehlshaber (*Warlords*) hatten das Land jedoch in der Gewalt und regierten für die ausländischen Mächte.[16]

„Wie die untergehende Dynastie in den Jahren 1901-1911 konnten sich Yuan Shikai und seine Nachfolger der Jahre 1916-1928 nur mit Hilfe von Anleihen bei ausländischen Bankenkonsortien an der Macht halten. Die Sicherheit der Banken für die Rückzahlung ihrer Darlehen bestand in der Kontrolle der regelmäßigen Einkünfte (Zölle, Salzsteuer, Postgebühren). Diese Darlehen konnten jedoch nur auf der Grundlage von Garantien gewährt werden, die nach Ansicht der ausländischen Nationen die chinesischen politischen Machthaber leisten konnten. So verweigerten die Banken selbstverständlich der schwachen republikanischen Regierung von Sun Yat-Sen die Vorschüsse, die sie kurz darauf Yuan Shikai gewährten, der in den Jahren 1912-1916 als der ‚starke Mann' Chinas galt. Das bedeutendste Darlehen war 1913 gewährt worden: 25 Millionen Pfund Sterling mit einem Anfangsrückbehalt von 4 Millionen und einer vorgesehenen Rückzahlung von ungefähr 68 Millionen zwischen 1913 und 1960. Als Gegenleistung für die Yuan Shikai vorgestreckte Summe erhielt das Konsortium deutscher, englischer, französischer, japanischer und russischer Banken die Kontrolle über die Salzeinkünfte und über das in die chinesischen Banken eingelegte Kapital."[17]

Nach Yuan Shikais Tod 1916 geriet das Land immer mehr in die Hände der Warlords, die es wie Privateigentum behandelten und sich von ausländischen Geldgebern finanzieren ließen. Teilweise bauten die Warlords auch Opium als Finanzquelle an.

Die Zerstückelung Chinas

1895 Annexion von Taiwan und den Penghu-Inseln (Pescadores) durch Japan.
Deutsche Konzessionen in Hankou und Tianjin.

1896 Russische und französische Konzessionen in Hankou.

1897 Deutschland annektiert die Gebiete von Qingdao und Jiaozhou in Shandong.
Japanische Konzessionen in Suzhou (Jiangsu) und Hangzhou (Zhejiang).

1898 Die Engländer annektieren das Gebiet von Weihai in Shandong, die Russen Dalian und Lüshun (Port-Arthur) im Süden der Halbinsel Liaodong.
Japanische Konzessionen in Hankou und Shashi (Hubei), Tianjin und Fuzhou (Fujian).

1899 Die Franzosen annektieren das Gebiet von Zhanjiang (Guangzhouwan).
Japanische Konzessionen in Xiamen (Amoy).

1900 Plünderung Pekings und des Kaiserpalastes durch die Kolonialtruppen der Alliierten.
Strafexpedition unter General Waldersee in zahlreiche Städte Nordchinas.
Russische Konzession in Tianjin.

1901 Japanische Konzession in Chongqing (Chunking), Sichuan.

1902 Belgische, italienische und österreichische Konzession in Tianjin.

1911 Die Äußere Mongolei gerät unter russische Kontrolle.

1914 Zentral- und West-Tibet unter britischer Kontrolle.
Japaner übernehmen die vorher von Deutschland besetzten Gebiete in Shandong.

1931–1932	Japan dringt in die Mandschurei ein und annektiert sie.
1933	Die Japaner dringen in Jehol (Südost-Mongolei) und in einen Teil Hebeis ein.
1937	Bombardierung von Shanghai und Nanking durch die japanische Luftwaffe. Beginn der Invasion ganz Chinas durch Japan.

Aus: Jacques Gernet: Die chinesische Welt, Frankfurt 1983, S. 50

Ländliche Bevölkerung und Besitzverteilung vor 1949

Bevölkerungsgruppe	Anzahl der Familien in Mio.	in %	Land in Mio. ha	in %	Durchschn. Betriebsgröße in ha
Grundherren	2,4	4	44	50	18,2
Großbauern	3,6	6	16	18	4,4
Mittelbauern	12,0	20	13	15	1,1
arme Bauern und Landarbeiter	42,0	70	15	17	0,4
zusammen:	60,0	100	88	100	-

Quelle: Bernhard Großmann, Die wirtschaftliche Entwicklung der Volksrepublik China, Stuttgart 1960, S. 24.

Am 1. Juli 1921 entstand die *Kommunistische Partei Chinas. Mao Zedong* wurde Parteisekretär in Hunan. 1924 fand der erste Kongreß der *Kuomintang* in Canton statt. Im gleichen Jahr wurde in Whampoa (südl. von Canton) die Militärakademie gegründet, an der *Tschiang Kai Tschek* tätig war. Sun Yat Sen starb am 12. März 1925 in Peking. Tschiang Kai Tschek begann für die Kuomintang mit dem Eroberungsfeldzug und hatte bis 1927 alle Warlords besiegt.
Danach brach er mit der Nationalregierung in Canton, gründete am 18. April 1927 eine Militärregierung in Nanking und liquidierte nach der Eroberung von Shanghai dort die Kommunisten.
1928 eroberte er Peking und ließ seine Regierung von den Westmächten anerkennen. 1931 rief Mao Zedong die *Sowjetrepublik Kiangsi* aus.[18] 1932 überfielen die Japaner Nordchina. Zwei Jahre später mußten die Kommunisten aus Zentralchina (*Langer Marsch*) fliehen. Japan gründete in der Mandschurei einen Marionettenstaat *Mandschukko*, mit dem letzten Kaisererben *Pu Yi* an der Spitze.[19] 1936 nahmen die Kommunisten Tschiang Kai Tschek in Xian (Sian) gefangen, ließen ihm dann die Freiheit gegen die Zusicherung einer Einheitsfront gegen die Japaner. 1937 begann der Krieg gegen die militärisch überlegenen Japaner, um diese aus China zu vertreiben.

China war faktisch zwischen den Truppen Tschiang Kai Tscheks und Mao Zedong aufgeteilt, meistens herrschte Waffenstillstand zwischen beiden Gruppierungen.[20] Inzwischen war der 2. Weltkrieg ausgebrochen, und seit 1943/44 verzichteten die Alliierten auf alle Vorrechte aus den „Ungleichen Verträgen". Nach Beendigung des 2. Weltkrieges ging der Bürgerkrieg zwischen den Truppen Tschiang Kai Tscheks und Mao Zedong weiter, der mit dem Sieg der Kommunisten und der Gründung der *VR China* 1949 endete. Die Überreste der Kuomintang flohen mit ca. 2 Mio. Anhängern nach Taiwan, wo sie eine Gegenregierung ausriefen. Ganz Festlandchina befand sich nun unter Kontrolle der Regierung in Peking. China hatte damit erstmals seit Jahrhunderten Frieden und seine nationale Einheit, abgesehen von Taiwan, Hong Kong und Macao.

Chinas Bevölkerungsentwicklung

Jahr	Mio.
1300	60
1741	143
1762	200
1812	360
1870	425
1930	475
1950	550
1970	772
1982	1082

Von der Planwirtschaft zur ökonomischen Liberalisierung

Nach Ausrufung der VR China im Oktober 1949 wurde anfangs das sowjetische System der Planwirtschaft kopiert. Seit 1955 kam es zu Kollektivierungskampagnen; Ende 1956 waren über 96% aller Bauern kollektiviert. Die Liberalisierungskampagne der *Hundert-Blumen-Periode* endete (1957) mit der Verfolgung sog. „Rechtsabweichler". Mit dem *Großen Sprung vorwärts* (1958) sollte China in einen modernen Industriestaat verwandelt werden. Er wurde ein Fehlschlag und führte (neben der Verweigerung der Atombombe und außenpolitischem Mißtrauen) zum Bruch mit der Sowjetunion (1960). Zu den wirtschaftlichen Problemen kamen Naturkatastrophen, Hungersnöte und Versorgungsprobleme hinzu.

Dem folgten Flüchtlingsbewegungen nach Hong Kong (1961) und die zeitweise Schließung der Grenze (1962) dorthin.

1964 wurde die erste chinesische *Atombombe* gezündet. Innenpolitische Spannungen und Rivalitäten führten zu Beginn des 3. Fünfjahresplanes (1966) zu einer von der Mao-Gruppe entfachten Massenaktion und Säuberungskampagne (*Kulturrevolution*) gegen Intellektuelle und innerparteiliche Widersacher: Partei und Armee waren desorganisiert, Schule, Ausbildungseinrichtungen und Betriebe waren teilweise jahrelang funktionsunfähig. Die Wirtschaftsproduktion ging drastisch zurück, während die Bevölkerung zwischen 1950 und 1980 sich nahezu verdoppelte (man schätzt den gesamten Wachstumsverlust 1957–77 auf 40%). Die VR China

schloß sich in dieser Zeit hermetisch vom Ausland ab. „Insgesamt forderte die ‚Kulturrevolution' mit Sicherheit etwa 3 Mio. Todesopfer." Nach vorsichtigen Schätzungen sollen von 1949 bis 1980 „in China mindestens 15 Mio. Menschen als politische Opfer des Einparteiensystems" ihr Leben verloren haben.[21]
Nach dem Tod von Mao Zedong im September 1976 kam es schon bald zu einem Prozeß der Entmaoisierung. Bereits im Oktober 1976 wurde die *Viererbande* verhaftet. Als Maos Witwe *Chiang Ching*, eine Hauptakteurin der „Kulturrevolution", 1981 verurteilt wurde, hatte *Deng Xiao Ping* (seit 1977 führender chinesischer Politiker) schon entscheidende Weichen für die politische und wirtschaftliche Liberalisierung gestellt.[22]
In der neuen (der vierten) *Verfassung* der VR China von 1982 sind „Wirtschaftssonderzonen" (nicht nur in oder bei den alten „Vertragshäfen", sondern auch „Sonderverwaltungsgebiete" – Hong Kong, Macao, Taiwan) vorgesehen. Diese und Gemeinschaftsunternehmungen (*joint ventures*) zwischen chinesischen Betrieben und kapitalistischen Unternehmungen sollen für den wirtschaftlichen Aufschwung sorgen.
Ebenfalls 1982 wurde das Ende der *Volkskommunen* besiegelt. 800 Mio. Bauern können wieder privat wirtschaften. Ihre Einkommen liegen durch die freien Märkte nun erheblich über den staatlich festgesetzten Löhnen der Industriearbeiter in den Metropolen von 70-90 Yuan. Auch gibt es in der Industrie jetzt wieder Leistungslöhne. Daneben wirtschaften ca. 12 Mio. Kleinunternehmer mit maximal jeweils 5 Angestellten. Banken und Aktienbörsen arbeiten wieder.

Wer die VR China in den Jahren vor 1980 gesehen hat und sie gegenwärtig wieder besucht, wird im Alltagsleben große Unterschiede feststellen: im Warenangebot, in der Kleidung, im Freizeitbereich der Menschen. Durch die ökonomische Liberalisierung und dem parallel damit einhergehenden Massentourismus kommt es natürlich auch in den Touristenstädten und den Wirtschaftssonderzonen zu Auswüchsen: Korruption, Schwarzmarkt, Pornographie, Prostitution und (angeblicher) Anstieg der Kriminalität. Auch scheint es wieder Menschen in China zu geben, die in kurzer Zeit sehr reich geworden sind, nicht durch Arbeit, sondern durch Spekulationen und Schiebergeschäfte.[24] Hier nur ein Beispiel:
„Innerhalb von nur 14 Monaten wurden bis zum März 1985 auf die Insel Hainan mit ihren knapp fünf Millionen Einwohnern 89.000 Autos, 122.000 Motorräder, 2.860.000 Fernsehapparate, 252.000 Videorecorder und massenhaft Cassettenrecorder eingeführt. Die heiße Ware blieb aber keineswegs auf dem Eiland, sondern wurde mit bis zu 50% Gewinn ins restliche China weiterverscherbelt."[25]
Kommt es zeitweise zu vielen Mißbräuchen, werden kurzfristig „Säuberungskampagnen" durchgeführt. Das gleiche Problem zeigt sich in der Politik den sog. autonomen Provinzen gegenüber, also denjenigen Teilen Chinas, die überwiegend von anderen Völkern als den Han-Chinesen (meistens Moslems) bewohnt werden. 1985 kam es sogar in Shanghai zu Demonstrationen von dort studierenden Angehörigen der *Uighuren*-Bevölkerung aus dem fernen Sinkiang (Xinjiang).
Die Öffnung zum Westen hat auch Gespräche mit der Sowjetunion wieder in Gang gesetzt. Eine Reform der KPC ist eingeleitet. Mitgliedschaften wurden überprüft mit dem Ziel, die alten maoistischen Kader von ihren Positionen zu entfernen. Etwa 1 Mio. von ihnen hat man schon ihrer Ämter enthoben.
Solange die wirtschaftliche Entwicklung positiv verläuft, kann sich die neue Füh-

rung „offenbar auf eine breite Zustimmung in der Bevölkerung stützen, hat aber immer noch mächtige Gegner in den Nutznießern des alten Systems: unter den Militärs, den Kadern und Funktionären der Partei und den im Amt verbliebenen Anhängern der Viererbande, sowie vielen Arbeitern in Kollektivbetrieben. Diese Gegner können sich immer noch zu einer mächtigen Allianz verbinden, so daß die Zukunft des neuen, liberalen Kurses keineswegs sicher erscheint."
Damit bleibt die neue Führung auf den wirtschaftlichen Erfolg angewiesen. Hong Kong und die wirtschaftlichen Sonderzonen (SEZ) spielen dabei eine hervorragende Rolle. Andererseits hängt Hong Kongs Prosperität vor und nach 1997 von der politischen Linie in Peking ab. Kommt es bis 1997 zu Unklarheiten, wird es Kapitalabwanderungen größeren Ausmaßes geben, und Pekings Nutzen von Hong Kong ist gering, so daß es keinen Sinn mehr in seinem Sonderstatus sehen muß. Ein problematisches Aufeinanderangewiesensein, das von weiteren innen- und außenpolitischen Faktoren im Weltmaßstab abhängig ist.
Die sozialgeographischen Ausgangsbedingungen Chinas sind ungünstig: Zwei Drittel des Landes sind unwirtschaftliche Gebirge oder Wüsten. Wälder bestehen nur zu 5% der Fläche. Die Besiedelung ist extrem ungleichgewichtig: In der östlichen Hälfte des Landes leben 94% der Bevölkerung.
Eine weitere Ungleichgewichtigkeit ergibt sich aus der Bevölkerungszahl im Verhältnis zur bebaubaren Fläche. „China muß mit nur 7% des Ackerbodens der Erde fast 25% der Menschenbevölkerung ernähren".
Chinas Hauptproblem ist es, gegenwärtig eine Milliarde Menschen mit Ernährung, Kleidung und Wohnung zu versorgen. Das Land war 2000 Jahre lang innovationsfeindlich, 100 Jahre lang Semi-Kolonie und hat bis 1949 unter mehreren Kriegen gelitten. Die großen Seuchen wurden erfolgreich bekämpft, die Lebenserwartung stieg von 35 Jahre (1949) auf 68 Jahre (1984).[26] Das alles erklärt die Notwendigkeit der Modernisierung und den Erfolgsdruck der chinesischen Führung.

Anmerkungen

1 Gernet, Jacques: Die chinesische Welt, Frankfurt 1983, S. 359.
2 Wiethoff, Bodo: China, Hannover 1966, S. 82.
3 Vgl. Fitzgerald, C.P.: Revolution in China, Frankfurt 1968, S. 22.
4 Franke, Herbert/Trauzettel, Rolf: Das chinesische Kaiserreich (Fischer Weltgeschichte, Bd. 19), Frankfurt 1968, S. 102.
5 Vgl. ebd., S. 92f.
6 Vgl. Weggel, Oskar: China. Zwischen Marx und Konfuzius, München 1987, S. 17–30, S. 100.
7 Vgl. Eberhard, Wolfram: Chinas Geschichte, Bern 1984, S. 87 ff. Wittfogel, Karl August: Wirtschaft und Gesellschaft Chinas, Leipzig 1931; ders.: Die orientalische Despotie, Frankfurt 1981; Moore, Barrington: Soziale Ursprünge von Diktatur und Demokratie, Frankfurt 1969, S. 196 ff. Weggel, Oskar: China, München 1987, S. 17 ff.
8 Franke/Trauzettel, a.a.O., S. 95.
9 Gernet, a.a.O., S. 259f.
10 Franke/Trauzettel, a.a.O., S. 161.
11 Gernet, a.a.O., S. 161.
12 Vgl. ebd., S. 466.
13 Osterhammel, Jürgen: Das moderne China, Frankfurt 1979, S. 19.
14 Karte aus Osterhammel, a.a.O., S. 19.
15 Lennhoff, Eugen: Politische Geheimbünde, München, Wien, 1966, S. 324ff.; O'Connor, Richard: Der Boxeraufstand, München 1980; Verlag für Fremdsprachige Literatur (Hg.): Die Yihotuan-Bewe-

gung von 1900, Beijing 1978; Chesneaux, Jean: Weißer Lotos, Rote Bärte. Geheimgesellschaften in China, Berlin 1976.

16 Vgl. Verlag für Fremdsprachige Literatur (Hg.): Die Revolution von 1911, Beijing 1977.

17 Gernet, a.a.O., S. 528f.

18 Vgl. Hinz, Manfred (Hg.): Räte-China. Dokumente der chinesischen Revolution, Frankfurt 1973.

19 Vgl. Pu Yi: Der letzte Kaiser von China, 2 Bde., Beijing 1981. Neuerdings auch im Hanser Verlag und als dtv-Taschenbuch. Eine hervorragende Verfilmung ist Bertoluccis „Der letzte Kaiser" (1987).

20 Vgl. Schlomann, F.W./Friedlingstein, P.: Tschiang Kai-schek, Bergisch-Gladbach 1970; Hudelot, Claude: Der lange Marsch, Frankfurt 1972; Schram, Stuart R.: Die permanente Revolution in China, Frankfurt 1968.

21 Domes, Jürgen: Politische Landeskunde der Volksrepublik China, Berlin 1982, S. 107.

22 Vgl. China Daily, Beijing, 16.12.1981.

23 Machetzki, Rüdiger/Weggel, Oskar: Die Volksrepublik China (Informationen zur politischen Bildung, Bundeszentrale für politische Bildung), Bonn 1983, S. 29.

24 Vgl. Vetter, Horst: Chinas neue Wirklichkeit, Frankfurt 1983, S. 92ff.

25 Vgl. Jürgen Kremb, in: Die Tageszeitung (TAZ), Berlin, 27.8.1985.

26 Vgl. Weggel, Oskar: China, München 1987, S. 30, 168.

Literatur

Fitzgerald, C.P.: Revolution in China, Frankfurt 1968.

Franke, Herbert/Trauzettel, Rolf: Das chinesische Kaiserreich, Frankfurt 1968.

Gernet, Jacques: Die chinesische Welt, Frankfurt 1983.

Weggel, Oskar: China. Zwischen Marx und Konfuzius, München 1987.

Canton – Chinas Tor zum Westen 广州

Die Kontakte Chinas zum Westen sind über 2.000 Jahre alt. Schon 61 v.Chr. soll ein römischer Gesandter über die Seidenstraße nach China gekommen sein. Seine Berichte wurden in Europa nicht geglaubt, trotzdem war seitdem der Mythos von *Cathay*, wie man China damals im Westen nannte, geboren.

Etwa um 100 n.Chr. kamen buddhistische Mönche von Indien über den Himalaya nach China. 589 wurde der Buddhismus sogar eine Zeitlang Staatsreligion.
Canton (*Guangzhou*) hat in der chinesischen Geschichte dreimal eine zentrale Rolle gespielt: Seit dem 7. Jh. war es der einzige Ort, von dem aus der Handel mit dem Westen möglich war. Der lange Reiseweg und der für die Segelschiffe wichtige jahreszeitliche Rhythmus des Monsuns begünstigte die Bildung von Ausländerkolonien. Schon damals soll Canton über 200.000 Einwohner gehabt haben, darunter viele tausend Araber, Perser, Inder und Malayen.
758 wurde Canton von arabischen Piraten geplündert und zerstört, danach wieder aufgebaut und blieb bis heute die für den Westkontakt wichtigste Stadt im Süden Chinas.
Die ersten christlichen Missionare sollen um 1250 auf dem Landweg nach China gekommen sein. *Marco Polo* hielt sich 1254-1269 am Kaiserhof auf.

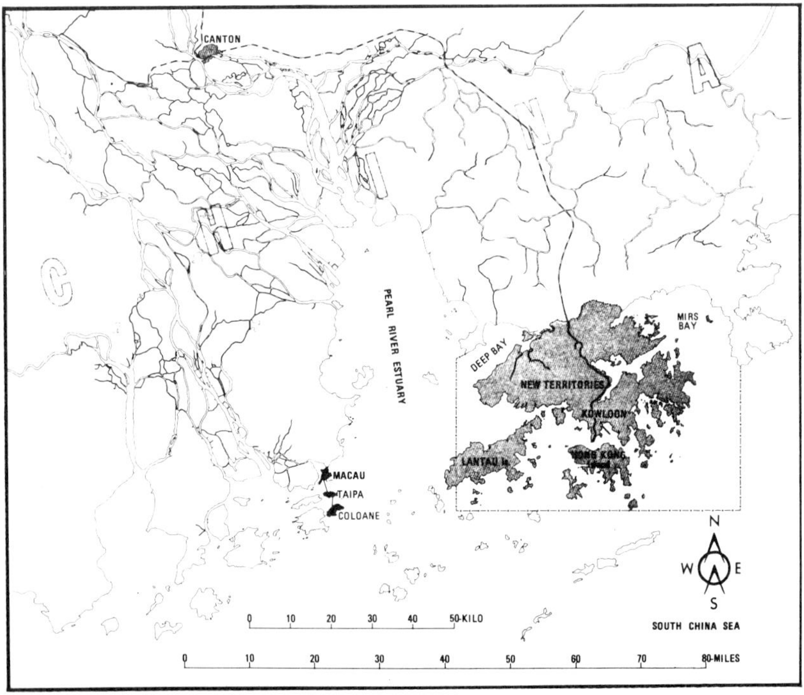

„1405: Cheng Ho, der Eunuch des kaiserlichen Hofes segelt mit 62 Schiffen und 28.000 Mann durch die Straße von Malakka nach Indien und dann später den Persischen Golf hinauf. Ho erreicht bei späteren Expeditionen Ostafrika und sogar Mekka. Der chinesische Kaiser jedoch bleibt unbeeindruckt. 1431 verbietet er weitere Ausflüge in den Westen.“[1]
So ist Chinas Geschichte fast 1.500 Jahre lang kontinental verlaufen. Von unbedeutenden Ausnahmen abgesehen, hat China niemals versucht, eine Seemacht zu werden. Zum Westen gab es nur den indirekten und sehr begrenzten Kontakt über die Seidenstraße, denn China verstand sich stets „als die Mitte der Welt, als das einzige große Kulturreich der Erde, kulturell und in seiner staatlichen Organisation allen anderen Völkern und Reichen überlegen.“[2]
So war die chinesische Wirtschaft auf Autarkie gegründet, „während die europäischen Kaufleute vom Handel mit chinesischen Waren, vor allem Seide, Tee und Porzellan, hohe Gewinne erwarten durften.“[3]

Technische Beiträge der chinesischen Welt an das mittelalterliche Europa[4]

China	Europa
Epoche der letzten Kreuzzüge	
Seefahrtstechnik	
See-Kompaß: belegt seit 1090, aber sicher seit dem 10. Jahrhundert gebräuchlich.	um 1180
Hinteres Steuerruder: Ende des 1. Jh.; am Schiffsheck befestigt: Ende des. 4. Jh.	um 1190
Rationelle Pferdeschirrung	
Brustgurtgeschirr: 3.-2. Jh.v.Chr.	
Kumtgeschirr: zwischen 5. und 10. Jh. (chinesische und zentralasiatische Randgebiete)	um 1200
Schubkarren	
1. und 2. Jh.	um 1250
Epoche der Mongolenexpansion	
Bewaffnung	
Steinschleudermaschine oder Margonel: 5.-4. v.Chr.	14.Jh.
Schießpulver: Erfindung im 9. Jh. Erste Erwähnung der Formel für Schießpulver: 1044	1285
Erste militärische Verwendung des Pulvers	2. Hälfte des 14. Jh.
Brücken mit Segmentbögen	
spätestens 610	1340
Papier, Blockdruck, Buchdruck	
Papier:	erstes Papier aus der islamischen Welt importiert: 12. Jh.; erstes Papier in Italien hergestellt: Ende des 13. Jh.
Erster Blockdrucktexte: 8. Jh.	um 1375 (Rheintal)

Erste Verwendung von beweglichen Lettern: 1041-1048. Große Editionen von 1403 an	Ausarbeitung der Typographie mit beweglichen Lettern: 1430-1460
Schleusentore 11.-12. Jh.	um 1375
Eisen- und Stahlgießen Erste Erwähnung des Gußeisens: –513 Perfektionierung der Eisen- und Stahlherstellungstechniken (Verwendung der Wasserkraft, des Gebläses, Stahlherstellung): 2. Jh.v.Chr. bis 1. Jh.n.Chr. Verfahren der Stahlherstellung, bei dem Schmiedeeisen und Gußeisen zusammen geschmolzen werden: 6. Jh.	um 1380 (Rheintal)

Geschichtliche Entwicklung Macaos 澳门

Macao ist das letzte Überbleibsel des einstigen portugiesischen Weltreiches, und gleichzeitig war es die erste und älteste europäische Niederlassung in Asien. Während in der ersten Hälfte des 16. Jh. Mitteleuropa religiöse Auseinandersetzungen, Reformation, Gegenreformation, Bauernkriege und später den 30jährigen Krieg erlebte, war das nur 1,5 Mio. Einwohner umfassende Portugal eine Weltmacht geworden. Lissabon war der größte Hafen der Erde, und *Vasco da Gama* segelte schon 1498 nach Indien.

1494 hatte der Papst die gerade entdeckte Neue Welt zwischen Spanien und Portugal aufgeteilt. Auf der Suche nach Gewürzen, Gold und neuen Handelsmöglichkeiten hatte der portugiesische Seefahrer *Jorge Alvarez* schon 1513 in der Nähe von Canton mit Handelsbeziehungen zu den Chinesen begonnen. 1520 kamen *Goa* (Indien), später noch *Ceylon, Malakka* (Malaysia) und *Timor* (Indonesien) sowie Stützpunkte in *Japan* hinzu. 1557 endlich erhielten die Portugiesen von den örtlichen Mandarinen die Genehmigung, auf einer kleinen Halbinsel an der westlichen Seite des Perlflusses, 140 km südl. von Canton und 60 km westl. vom heutigen Hong Kong gelegen, eine Handelsniederlassung und einen Hafen zu bauen. Als Gegenleistung mußten sie Pacht zahlen und mithelfen, die Piraten zu bekämpfen. Da der Name der Bucht auf cantonesisch *A-Ma-Gao* lautete (so auch der Name des ältesten Tempels aus dem 14.Jh.), entwickelte sich für die kleine Kolonie der Name *Macao.*

Die Entstehungsgeschichte von Macao ist somit eine andere als die der knapp 300 Jahre später durch „ungleiche Verträge" zustande gekommenen britischen Kolonie Hong Kong.

Schon 1576 wurde ein Bischof eingesetzt, zu dessen Diözese neben Macao auch ganz China und Japan gehörten. Die *Jesuiten* begannen von Macao aus ihre Missionstätigkeit in China, Japan und den Philippinen. Macao selbst ist bis 1844 verwaltungsmäßig dem portugiesischen Vizekönig von Goa unterstellt gewesen.

Macao wurde nun, weil es den verbotenen direkten Handel zwischen China und Japan abwickelte, gegen Ende des 16.Jh. die reichste Stadt des Fernen Ostens. Tausen-

de von Kaufleuten, Seefahrern und Missionaren aus den verschiedensten europäischen Ländern hielten sich in der kleinen Kolonie auf.
In Macao lebten während des 17. Jh. etwa 1.700 portugiesische Familien. 1830 waren es 3.000 Portugiesen und 30.000 Chinesen.[5]
Die portugiesische Monopolsituation sollte jedoch nicht lange andauern. 1601 gründeten Spanien, Holland und England eigene *Companien* für den Asienhandel. 1603 erbrachte die Ladung eines „Schiffes auf dem Amsterdamer Markt einen Gewinn von 3,5 Mio. Gulden. Handelsspannen von 100-400% waren normal“.[6]
Schon im Jahre 1757 war der Tee in England so bekannt, daß auf den Straßen mit Flugblättern für seinen Konsum geworben wurde. „Etwa in der Mitte des 18. Jahrhunderts hatte der Tee alle Schichten der englischen Bevölkerung erreicht, er war untrennbarer Bestandteil des Lebens geworden.“[7]
Um so massiver waren die Versuche der anderen europäischen Seemächte, Portugals Monopol im Chinahandel zu brechen.
Von 1604-1627 versuchten die Holländer, die großen Konkurrenten der Portugiesen in Asien, mehrfach erfolglos Macao zu erobern. 1626 wurde zum Schutz des Hafens deswegen das *Fort Monte* erbaut. 1637 stellte man die *Basilika von St. Paul* fertig, die allerdings 1835 ein Taifun mit anschließendem Großbrand so stark beschädigte, daß nur noch die Fassade, das heutige Wahrzeichen Macaos, stehenblieb.
1639 wurden die Portugiesen aus Japan ausgewiesen, und durch ihren politischen Bruch mit Spanien 1640 verloren sie ihre Zwischenhändlerrolle im Handel zwischen China und den Philippinen.
Langsam aber ging Macaos wirtschaftliche und kulturelle Bedeutung ihrem Niedergang entgegen. Die heute noch vorhandenen Prachtbauten und Kirchen zeugen vom vergangenen Glanz. 1685 ließ der chinesische Kaiser wieder einen begrenzten Handel mit Canton zu, an dem auch andere Länder teilhaben durften. 1714 war schließlich die englische *East India Company* die größte Handelsmacht der Welt.
1757 „erhält eine Kaufmannsgilde in Canton namens Co-Hong ein Monopol für Chinas Außenhandel. Nach dem Gesetz „eine Hand wäscht die andere“ zeigten sich die Co-Hongs durch Gebühren, Bestechungsgelder, Gratifikationen erkenntlich. Der Kaiser ernennt die Hong-Kaufleute, die wiederum von den ausländischen Handelshäusern Schmiergelder empfangen. Die Geschäftsbedingungen sind streng. Ausländer dürfen sich nur von September bis März in Canton aufhalten, und zwar unbewaffnet und ohne Frauen. Sie müssen alles in bar bezahlen, meistens mit Silber.“[8]
Nun waren die nicht-portugiesischen Kaufleute nicht länger auf Macao angewiesen. Macao blieb jedoch weiterhin ein klassischer Entrepôt, ein zollfreier Stapelplatz für Waren.

Exterritorialität

„Lange bevor es ein Völkerrecht gab, das unter anderem diplomatische Immunität vorsieht, kannte man in China die Freistellung gewisser Personen oder Sachen von der chinesischen Staatsgewalt. Soweit bekannt ist, waren es zunächst die arabischen Handelsniederlassungen des 8. Jahrhunderts an der südchinesischen Küste, die das Recht der Exterritorialität genossen, das die eigene, von China un-

abhängige Gerichtsbarkeit einschloß. Das Oberhaupt einer solchen Enklave, zu denen ab 1557 auch das portugiesische Macao zählte, war den chinesischen Lokalbehörden gegenüber verantwortlich. Eine territoriale Abtretung bedeutete dies nicht. Die Konzentration der Fremden war für die chinesischen Behörden eine Arbeitserleichterung. Außerdem war sie Ausdruck der Geringschätzung; man war auf chinesischer Seite der Meinung, daß die Fremden nicht in der Lage seien, sich in der chinesischen Gesellschaft korrekt zu verhalten.
Diese Rechtsordnung wurde im 19. Jahrhundert wieder aufgegriffen, als die europäischen Mächte auf Niederlassungen in den chinesischen Häfen drängten. China gewährte damit, ohne seinen Anspruch auf Oberhoheit aufzugeben, eine Konzession, die von den Europäern, die vom Prinzip der Territorialität des Rechts ausgingen, zunächst nicht erwartet worden war. Nach 1840 allerdings drängten die Europäer auf weitere Vorrechte. Neben dem Recht der Exterritorialität konnten sie sich in der Folgezeit Konsulargerichtsbarkeit, rechtliche Ausnahmestellung der christlichen Missionare, polizeiliche Befugnisse der Fremden an ihren Wohnplätzen, Ausnahmebestimmungen in der Zollbehandlung europäischer Waren und zahlreiche weitere Sonderrechte sichern. Während in früheren Jahrhunderten die Bewohner der Enklaven und die einheimische Bevölkerung durch persönliche Kontakte dazu beitrugen, die administrative Trennung zu überwinden, wurden aus den Niederlassungen der Europäer bald fremde Städte mit eigener Verwaltung, die der Einflußnahme der chinesischen Regierung immer mehr entglitten."[9]
Der endgültige Niedergang kommt jedoch ab Mitte des 19. Jh. Der britische Opiumkrieg schädigt Portugals gute Beziehungen zu China, zumal sich die Opiumhändler anfangs, vor Gründung der Kolonie Hong Kong, Macao als Sommeraufenthalt aussuchten.
1844 wurde Macao von Goa verwaltungsmäßig getrennt und bildete mit der Insel Timor (Indonesien) eine neue Provinz; ein Jahr später wurde es Freihafen. Doch dann war es schon zu spät. Der stärker ausgebaute Freihafen Hong Kong begann Macao zu überflügeln. Vor allem hatte Hong Kong den Vorteil, daß es durch den großen natürlichen Hafen zwischen der Insel Hong Kong und dem Festland für Schiffe aller Größenordnungen zugänglich ist, während Macaos Hafen durch die Schlammassen des Perlflusses immer mehr versandete.
„Portugal suchte in kleinerem Umfang dem Beispiel britisch-imperialistischer Machtpolitik zu folgen: 1849 wurden die jährlichen Tributzahlungen an China eingestellt und dann die vorgelagerten Inseln Taipa und Coloane annektiert. Doch erst 1887 erkannte China die territoriale Selbständigkeit der portugiesischen Kolonie an, die sich ab 1951 ‚Überseeprovinz' nannte."[10]
Im Gegensatz zu Hong Kong, das 1941 von den Japanern erobert wurde, bleibt Macao verschont. Das hat zur Folge, daß zwischen 1941 und 1945 und nochmals nach der Gründung der VR China im Jahre 1949 Hunderttausende von Flüchtlingen nach Macao kommen. Macao und Hong Kong waren niemals wirkliche Rivalen. Macaos koloniale Glanzzeit und wirtschaftliche Monopolsituation war längst vorbei, als Hong Kongs imperialistischer Aufstieg begann. So ist Macao heute nur die ältere, „schwache Schwester" des reichen Hong Kong.[11]

Geschichtliche Entwicklung Hong Kongs 香港

Im 17. Jh. gab der Kaiser von China die Insel Hong Kong der wohlhabenden Familie *Tang* zur Verwaltung. Die Insel war nur dünn besiedelt und diente des öfteren Piraten als Schlupfwinkel. Man nimmt auch an, daß der cantonesische Name *Heung Kong* (duftendes Wasser) von daher rührt. Man holte vermutlich von der Insel frisches Quellwasser an Bord der Schiffe.

In der Mitte des 18. Jh. versuchten englische Kaufleute von Macao aus direkt mit China Handel zu treiben, stießen aber auf den Widerstand des Kaisers. 1757 erhielt Canton vom chinesischen Kaiser offiziell das Monopol für den überseeischen Handel.

In Indien ansässige englische Kaufleute versuchten immer wieder, China zu regulären Abkommen zu zwingen, da sie zu sehr der Willkür der örtlichen Behörden und der Korruption ausgeliefert waren. 1793 konnte sich der Abgesandte der britischen Krone, *Lord MacCartney,* der Aufforderung zum neunmaligen Kotau (Verbeugung) vor dem Kaiser gerade noch dadurch entziehen, daß er verlangte, daß dann auch ein ihm gleichgestellter chinesischer Beamter diesen Kotau vor einem Bild des Königs Georg III. zu machen habe.

Mehrere Versuche, das begehrteste Produkt, den Tee, aus China herauszuholen und anderswo anzubauen, scheiterten. Erst nach 1835 gelang den Engländern der Teeanbau in *Assam* und ab 1867 in *Ceylon.* Die expandierende englische Textil- und Eisenindustrie versuchte vergeblich über die *East India Company* ihre Produkte in China abzusetzen.

In China war der Opiumkonsum seit 1731 offiziell verboten, doch konnten die englischen Kaufleute feststellen, daß es in China eine besondere Vorliebe für das hochwertige indische Opium gab. Sie begannen mit Hilfe korrupter chinesischer Beamter im großen Umfang indisches Opium, das in China bis dahin nur als Heilmittel verwendet wurde, ins Land einzuschleusen. Als Gegenleistung nahmen sie Tee, Seide und Silber, womit langfristig die chinesische Silberwährung ruiniert wurde. Trotzdem verlief der Handel nicht nach britischen Wünschen. Sie waren immer noch zu vielen Beschränkungen und Willkürmaßnahmen unterworfen. In der kleinen Niederlassung Canton durften sich Ausländer nur zeitlich begrenzt aufhalten und mußten dann nach Macao zurückkehren. Das Opium mußte umständlich getarnt und mehrfach umgeladen werden, weil der Handel offiziell verboten war. Meistens wurde das Opium auf der im Perlfluß-Delta 45 km südl. von Canton gelegenen Insel *Whampoa* umgeladen (ab 1911 stand hier eine bekannte Militärakademie). Als Zwischenhändler fungierten chinesische Kaufleute.

Auch die Amerikaner handelten mit Opium auf ihrer Semi-Kolonie Philippinen. Die Niederländer hatten den Opiumhandel in ihren indonesischen Besitzungen in noch größerem Stil aufgezogen. Sie erzielten 15% ihrer jährlichen kolonialen Einkünfte aus dem Opiumhandel. Erst ab 1930 ging dort der Opiumhandel zurück. Insgesamt soll es in Indonesien eine Million Opiumraucher gegeben haben.[12]

Blick auf Hong Kong Island von Causeway Bay (Wanchai) aus, damals – heute

Vom Opiumdealer zum multinationalen Konzern
Der Opiumhandel hatte ab 1790 in kleinerem Umfang begonnen. Zwischen 1817 und 1820 waren es schätzungsweise 4.000–6.000 Kisten (zu je 65 kg), 1838 etwa 40.000, und der Höhepunkt lag 1873 bei knapp 100.000 Kisten.
„Der Opiumhandel wuchs sich zum Geschäft des Jahrhunderts aus. Bald wurde es für jeden englischen Gentleman zur Selbstverständlichkeit, eine Zeitlang ‚im Chinageschäft' tätig gewesen zu sein. Die Rechnung mußten die Chinesen bezahlen, vom Kuli bis zum Mandarin. Sogar in die kaiserlichen Paläste der Verbotenen Stadt drang das Laster des Opiumrauchens ein, und mit jedem Kilo, das in Kanton umgeschlagen wurde, verlor die chinesische (Silber-)Währung an Wert." Insgesamt hat der Opiumhandel 1840 etwa wertmäßig „drei Fünftel des britischen Außenhandels ausgemacht".[13] Auf chinesischer Seite machte der Opiumhandel gegen Ende des Jahrhunderts „noch 30% der Importe aus".[14]

Schlimmer waren die sozialen und gesundheitlichen Folgen. „Für das Jahr 1835 schätzt man die Zahl der Opiumraucher auf etwa 2 Millionen. Geradezu verheerend aber waren die Auswirkungen des Opiumschmuggels auf die Beamtenschaft, die, je mehr sie daran verdiente, desto unaufhaltsamer korrumpiert wurde."[15]
Das Drogenproblem blieb auch in diesem Jahrhundert in China bestehen. Noch heute rechnet man allein in Hong Kong mit mindestens 50.000 Heroinabhängigen.

„Die Opiatisierung der chinesischen Gesellschaft geht quer durch alle Klassen der Bevölkerung, von ganz unten bis ganz oben. Im Bericht eines englischen Missionars aus dem Jahre 1868 findet sich folgende Beschreibung der Situation: ‚Große chinesische Handelshäuser halten für ihre Geschäftsfreunde Opium bereit. Die besten Ärzte erwarten, bei Hausbesuchen zu einer Pfeife Opium eingeladen zu werden und nehmen es sehr übel, wenn eine solche Einladung nicht ausgesprochen wird. Verwaltungsbeamte und Polizisten sind zu einer Amtshandlung, und sei sie noch so dringend, nur bereit, wenn ihnen zuvor eine Pfeife Opium gereicht worden ist. In wohlhabenden Familien gehören die zum Opiumrauchen notwendigen Gerätschaften zum festen Bestandteil des Haushalts ... Das Laster des Opiumrauchens bedroht seit langem den Wohlstand und das Wohlergehen dieses Volkes. In allen Teilen des Reiches steigt der Opiumverbrauch immer noch rapide an. Seine verhängnisvollen Folgen zeigen sich immer deutlicher. Man sieht die unglücklichen Opfer immer häufiger und in immer größeren Zahlen. Die Lokale, in denen es angeboten wird, werden immer mehr, und die Nation wird immer ärmer.'"[16]

Zwar bilden sich in London aufgrund von Berichten der Missionare ab Ende des vorigen Jahrhunderts *Anti-Opium-Gesellschaften*, doch die parlamentarische Lobby der Opiumhändler war stärker. Offiziell gab es den Opiumhandel für London überhaupt nicht. Erst 1917 wurde von China die letzte Kiste indischen Opiums vernichtet. Man baute dann allerdings bis zur Gründung der VR China, die den Opiumhandel und -konsum dann endgültig unterband, das Opium selbst an.

Von Richard Hughes, einem führenden britischen Hong Kong-Kenner, stammt folgende Beschreibung der beiden bedeutendsten britischen Opiumhändler:
„William Jardine und James Matheson waren die erfolgreichsten Opiumschmuggler und dementsprechend die erfolgreichsten Händler an der chinesischen Küste. Beide waren Schotten, beide auf die steife, kalvinistische Weise fromm, beide sehr genau in finanziellen und persönlichen Angelegenheiten, beide unbelastet von moralischen Erwägungen über Schmuggel und Rauschgift. Auf den Porträtstudien, die George Chinnery, der exzentrische und talentierte irische Maler, der sich auf der Flucht vor einer bösen Frau und noch böseren Schulden aus Kalkutta nach Makao gerettet hatte, in ihren jüngeren Jahren schuf, sehen sie sich überdies auch noch ähnlich.

Jardine war der ältere und zähere, ein Ränkeschmied. Jedermann weiß, daß es außer seinem eigenen bei ihm im Büro keinen Stuhl gab: Besucher saßen nie. Matheson war der Organisator, der Verwalter. Er besaß in Makao das einzige Klavier, aber niemand lachte, wenn er darauf zu spielen begann.
Matheson verstand es, ein lakonisches Urteil über einen Kapitän zu fällen, der im Dienst der Gesellschaft stand: ‚Die Gazelle wurde in Hongkong unnötigerweise aufgehalten, weil sich Kapitän Crocker geweigert hatte, am Sabbat Opium zu laden. Wir empfinden alle Achtung vor Leuten mit strengen religiösen Grundsätzen, fürchten aber, daß sehr fromme Menschen sich nicht für den Rauschgifthandel eignen. Es wäre vielleicht besser, wenn der Kapitän sein Kommando zurücklegen wollte.'
Jardine verstand es, an einen preußischen Missionar, der die chinesische Sprache beherrschte, einen Brief zu schreiben, in welchem er ihn dazu überredete, an Bord eines Opiumseglers zu gehen und sein Sprachtalent sowohl für die Verbreitung von verbotenen Drogen wie von Gottes Wort zu gebrauchen: ‚Wir zögern nicht, Ihnen zu gestehen, daß wir uns vor allem mit Opium beschäftigen. Gewiß ist es unser aufrichtiger Wunsch, daß Sie an der Verfolgung des großen Ziels, das Sie vor Augen haben (chinesische Bibeln zu verbreiten und den Heiden chinesische Predigten zu halten) in keiner Weise durch den Anschein gehindert werden sollen, Sie interessierten sich für einen Handel, den viele für unmoralisch halten. Dennoch ist ein solcher Handel unbedingt notwendig, um einem Schiff eine vernünftige Chance zu bieten, die auflaufenden Kosten hereinzubringen, so daß wir sicher sind, Sie werden keine Bedenken haben, für uns zu dolmetschen, wann immer Ihre Hilfe benötigt wird.'
Der Gottesmann aus Preußen, Ehrwürden Karl Gutzlaff, ein religiöser Betrüger großen Formats, der zugleich mit dem Höllenschwefel seines Evangeliums Pillen und Salben verhökerte, suchte Erleuchtung in Gebet und Meditation und widmete sich darauf in aller Frömmigkeit dem Opiumschmuggel.
Die britische Regierung – ob Whigs oder Tories – verzieh den Opiumhändlern, aber schämte sich ihrer. ‚Opium ist nicht lebensnotwendig, sondern ein verderblicher Luxusartikel, der – abgesehen von seiner Verwendung für den Außenhandel – verboten sein und dessen Gebrauch im Inland die Regierung überwachen und hintanhalten sollte', sagte 1735 Warren Hastings, der Generalgouverneur von Indien."[17]

Der „fremde Kot" (*foreign mud*), wie die Chinesen das Opium nannten, war nicht nur die Grundlage des Chinahandels, sondern auch der Geburtshelfer für Hong Kongs Aufstieg. Jardine und Matheson starben in England als Mitglieder des Parlaments. Das Handelshaus *Jardine and Matheson* war nicht nur in Hong Kong, sondern bis 1949 auch in Shanghai tätig. Es ist heute noch eines der größten Handelshäuser der Kolonie. In den Romanen „Tai Pan" und „Noble House" von *James Clavell* sowie dem Roman „Dynastie" von *Robert S. Elegant* ist seine Geschichte literarisch verarbeitet worden.
Auch andere, heute noch in Hong Kong führende Konzerne wie die *Swire-Group* und *Hutchison Whampoa* begannen ihren Aufstieg mit dem Opiumhandel.

Die Opiumkriege

1839 schickte der Kaiser einen neuen Vizekönig nach Canton. Dieser war nicht so korrupt wie seine Vorgänger und beschlagnahmte 20.000 Kisten Opium, die Hälfte der jährlichen Einfuhr und vertrieb zudem noch die „fremden Teufel“ (Gwailos) aus Canton.

Daraufhin forderte der britische Außenminister *Lord Palmerstone* Schadensersatz und einen Handelsvertrag. Nach Chinas Weigerung blockierten die Briten Canton und andere südchinesische Häfen, woraus sich der *Erste Opiumkrieg* (1840-1842) entwickelte.

Durch die englische militärische Überlegenheit kam es am 20.1.1841 zur *Konvention von Tschuenpie (Chuenpee)*, einem kleinen Fort an der östlichen Einmündung des Perlflusses ins Gelbe Meer. Danach mußte China die Insel Hong Kong an Großbritannien abtreten, denn hier fühlten sich die englischen Händler sicherer.

Damit hatten sowohl der chinesische Vizekönig *Lin Tse-hsu* als auch der englische Handlungsbevollmächtigte *Captain Elliott* eigenmächtig gehandelt. Elliott begann sogar mit dem Landverkauf an Siedler und Kaufleute. Weil er diese unfruchtbare Insel (*Baren Island*), die militärisch und wirtschaftlich nutzlos schien, eigenmächtig zur Kolonie gemacht hatte, wurde er abgesetzt und als Generalkonsul nach Texas abgeschoben. Nicht besser erging es seinem chinesischen Verhandlungspartner, der zeitweise um seinen Kopf fürchten mußte und dann nach Tibet verbannt wurde.

Elliotts Nachfolger, *Sir Henry Pottinger*, wurde am 16.6.1843 erster britischer Gouverneur der seit dem 26.6.1843 offiziell bestehenden britischen Kolonie. Er hatte mit britischen Truppen *Amoy, Ningpo* und *Shanghai* besetzt und sogar *Nanking*, die „südliche Hauptstadt“ bedroht. So kam es zum *Abkommen von Nanking* (29.8.1842), dem ersten „Ungleichen Vertrag“ mit London, in dem die Insel Hong Kong „auf ewig an Ihre Britische Majestät, Ihre Erben und Nachfolger“ abgetreten wurde. Weiterhin mußte China die Städte *Amoy, Ningpo, Foochow* und *Shanghai* (die sog. Vertragshäfen) für den Handel öffnen. Damit war der erste Opiumkrieg beendet.

Nun wurde die Insel Hong Kong, die vom Festland durch einen etwa 10 km langen und 2-5 km breiten natürlichen Hafen getrennt ist, der zudem taifungeschützt war, schnell zum Freihafen ausgebaut. Es wurden so gut wie keine Steuern erhoben, dafür aber die Rechtssicherheit britischer Gesetze, Gerichte und eine Militärverwaltung eingesetzt.

Neue kriegerische Auseinandersetzungen zwischen Großbritannien und China führten 1856-1858 zum sog. *Zweiten Opiumkrieg*, der mit dem *Vertrag von Tientsin* endete, wonach die Briten eine diplomatische Vertretung in Peking erhielten. Zwei Jahre später, 1860, kam es zum *Abkommen von Peking*, bei dem China unter Druck Hong Kong den der Insel gegenüberliegenden Festlandteil *Kowloon* (sprich: Kauluun) bis zur heutigen Boundary Street überließ. Zusätzlich bekam England *Stonecutter's Island*, eine kleine Insel im Hafen, westl. von Kowloon gelegen.

Schon zu dieser Zeit hatten viele alte chinesische und englische Handelshäuser (*Hongs*) ihre Zentralen in das sichere Hong Kong verlegt.

Der dritte „Ungleiche Vertrag“ wurde am 1.7.1898 besiegelt. An diesem Tag „pachtete“ London von China ein Gebiet von 973 km^2, das Gebiet hinter der Boundary Street bis zum Shenchen-Fluß sowie 233 Inseln, heute als *New Territories* bekannt. Dieses Gebiet ist etwa 64 mal 48 km groß, ca. 65% davon Wasser, und macht heute etwa 90% der Kronkolonie Hong Kong aus. Der Pachtvertrag, für den London jähr-

lich 5.000 H.K.-$ überweist, die von Peking trotz „ungleicher Verträge" angenommen werden, läuft am 30.6.1997 aus.[18]
Bis zum Jahre 1893 blieb das Opium das hauptsächliche Importgut Hong Kongs nach China. Der Opiumkonsum wurde erst 1940 verboten.

Die weitere Entwicklung Hong Kongs
„Als die Queen Victoria hörte, daß eine kleine Insel irgendwo vor der südchinesischen Küste der jüngste Zugewinn ihres Imperiums war, wurde sie sehr betrübt." Lange Zeit wurde dieser „zufällige Erwerb" der „unfruchtbaren Insel" (*Baren Island*) als unsinnig erachtet.[19] Zwar verlegten die Engländer und ihre chinesischen Partner ihre Zentren schnell nach Hong Kong, doch man hoffte mehr auf die Entwicklung der Vertragshäfen. Aber Hong Kong entwickelte sich relativ schnell, parallel mit dem Rückgang des Opiumhandels, zu einem Entrepôt, einem zollfreien Umschlagplatz für Waren, die nun dank verbesserter Seefahrtsmöglichkeiten (Dampfschiffe, Suezkanal) die Bedeutung des Asienhandels erhöhten. Schon 1845 wurde die erste Bank in Hong Kong eröffnet. 1864 hat man die *Hong Kong and Shanghai Bank* gegründet, heute eine der führenden Banken der Welt.
Die wirtschaftliche Hauptaktivität ging seitdem von den chinesischen Händlern aus, die oft persönlich und geschäftlich mit den großen englischen Handelshäusern verbunden waren. Der Chef des jeweils größten englischen Handelshauses wird in Hong Kong *Tai-Pan* (Großer Handelsherr) genannt. Schon um 1880 hatten die Hongs, also die alten englischen Handelshäuser, schätzungsweise 90% des Gesamtumsatzes in der Kolonie.
Nach 1880 begann Shanghai Hong Kong den Rang als führender Platz im Chinahandel abzulaufen, v.a. seit Shanghai von den imperialistischen Mächten beherrscht wurde. Nach 1950 sollten beide Städte dann erneut diese Rollen wechseln.[20]
1865 wurde die chinesische Bevölkerung von Hong Kong formal gleichberechtigt. Wer immer vor der Despotie des Kaiserreiches oder der sozialen Not fliehen mußte, fand in Hong Kong Zuflucht und Arbeit.
die Höhe zu überwinden, wurde schon 1885 die Zahnradbahn (*Peak Tram*) gebaut. 1904 kam die *Tramway* (Straßenbahn) auf der Breitseite der Insel Hong Kong als Massenverkehrsmittel hinzu. 1910 baute man die Eisenbahnverbindung (ca. 200 km) nach Canton. Ihr Startpunkt war damals die Fähranlegestelle in *Tsim Sha Tsui* (Kowloon), inzwischen hat man den Bahnhof nach *Hung Hom* verlegt.
Ein Jahr später, 1911, wurde die englische Universität (*Hong Kong University*) gegründet. Der spätere Führer der nationaldemokratischen Bewegung Chinas, Dr. *Sun Yat Sen* hat an einer ihrer Vorläufereinrichtungen, dem *Queen's College*, 1892 sein medizinisches Examen abgelegt.
Neben den Europäern und Chinesen kamen, als Dienstboten, Wächter und Hilfspersonal der Engländer, auch Tausende von Indern, Tamilen und Parsen nach Hong Kong.[21]
Weiterhin bildete sich eine kleine englisch erzogene, in ihrer kulturellen Identität aber chinesisch gebliebene Intelligenz, die als Übersetzer, Beamte, Ärzte und Anwälte arbeitete.[22]
Diese Phase der Entwicklung Hong Kongs blieb in ihren Grundzügen bis zur Besetzung der Kolonie durch die Japaner im Dezember 1941 bestehen. Dabei kam es durch die Bürgerkriege in China, die japanische Besetzung und den 2. Weltkrieg so-

wie durch die Gründung der VR China 1949 zu großen Bevölkerungsbewegungen für die Kolonie.

Als 1949 die Rote Armee gegen Süden vorrückte, rechneten viele damit, daß sie auch in Hong Kong einmarschieren würde; Hong Kong wäre nicht zu verteidigen gewesen. Die chinesische Führung entschied sich jedoch dafür, die Rote Armee am Grenzfluß *Shenchen* zu stoppen. Großbritannien revanchierte sich, indem es die VR China sofort diplomatisch anerkannte.

Hong Kong nach 1945

An die alte Entrepôt-Funktion der Vorkriegszeit konnte die Kolonie nach 1945 nur teilweise anknüpfen, weil sich die Weltlage zu sehr verändert hatte. Doch in den folgenden Jahren zeigte sich eine einzigartige Flexibilität der Bevölkerung. Nach 1950 entstand auf der Grundlage billiger, weitgehend ungeschützter Arbeiter, die aus der VR China geflohen waren, eine exportorientierte Großindustrie. Über 280 Unternehmungen kamen (teilweise mit Waren, Ausrüstungen und Schiffen) aus Shanghai und begründeten in Hong Kong die Textilindustrie. Hinzu kamen noch Schiffsbau, Schiffsreparatur und völlig neue Produkte wie Konfektion, Plastikartikel, Spielwaren; neuerdings auch Uhren, Elektronikartikel und weitere Angebote der Leichtindustrie.
Daneben behielt Hong Kong natürlich noch die Funktion als Freihafen, die ausgebaut werden konnte, und wurde damit zum drittgrößten Finanzplatz der Welt.
In der Zeit von 1950 bis zur Gegenwart hat die Kolonie mehrfach Funktionsverlage-

rungen vornehmen müssen. Korea-Boom, Vietnamkrieg (Schiffsreparatur, Tourismus), Plastikindustrie bis hin zum gegenwärtigen Boom im Elektronikbereich zeigen die enorme Flexibilität Hong Kongs.

Wie damals in Shanghai?

Shanghai gehörte zu den *Vertragshäfen*, die 1842 nach dem Opiumkrieg für den Westhandel „geöffnet" wurden. Die Briten durften sich innerhalb der Stadt niederlassen. Nach der Niederlage der *Boxer* 1900 wurde Shanghai eine „internationale Stadt" und Zentrum des Chinahandels. Weitere imperialistische Länder hatten dort ihre Niederlassungen mit Stadtbezirken unter eigener Verwaltung.

Ausländische Truppen in China (in Shanghai, Juni 1927)[23]

Großbritannien	16.383 Mann
USA	3.510 Mann
Japan	2.300 Mann
Frankreich	1.184 Mann
Spanien	160 Mann
Italien	128 Mann
Portugal	120 Mann

Es gibt viele Parallelen zu Hong Kong. Wie Hong Kong wurde Shanghai nicht regiert, sondern nur verwaltet. Es war ebenfalls ein liberalkapitalistisches Weltzentrum, Auffangbecken des Kapitalflusses aus dem Inneren Chinas. So erhöhten sich dort zwischen 1921 und 1932 die Bankeinlagen um 245%.[24]

Daneben gab es in Shanghai mehr Elend, als Hong Kong jemals gesehen hat. Kinderarbeit und Sklaverei waren legal, im Winter erfroren die Armen auf den Straßen, und Opium war frei verkäuflich: „Jahr für Jahr wurde für viele Millionen US-$ die giftige ersehnte Ware eingeführt. In Shanghai wurde sie in rund achtzig Läden öffentlich feilgeboten, an die fünfzehnhundert üblen Opiumhöhlen lieferten ihren Kunden Pfeifen, Opium, dreckige Matratzen."[25]

Auf der anderen Seite der enorme Reichtum der *Tai-Pans* und die Arroganz der Europäer. An der Flußpromenade am Bund befand sich ein schöner Park. „Für Hunde und Chinesen verboten" stand dort auf einem Schild.

In Shanghai großgeworden sind bekannte Unternehmen, die 1949 mit ihrem Kapital nach Hong Kong flohen: *Buterfield and Swire, Jardines, Sasoon, Wing On* und die *Hong Kong and Shanghai Bank*. Ob ihnen das gleiche Schicksal nochmals bevorsteht, wird sich vor und nach 1997 zeigen. Der Begriff *shanghaien* meinte in der Matrosensprache, daß ein betrunkener Matrose gegen seinen Willen zum Schiffsdienst gepreßt wurde. In Anspielung auf das Schicksal Hong Kongs vor und nach dem Jahr 1997 stellte die *Far Eastern Economic Review* 1985 die Frage: „Will Peking shanghai Hong Kong?"

Anmerkungen

1 Höfer, Hans (Hg.): Hong Kong (Apa Guides), München 1982, S. 33.
2 Buchholz, Hanns J./Schöller, Peter: Hong Kong, Braunschweig 1985, S. 179.
3 Ebd.
4 Aus: Gernet, Jacques: Die chinesische Welt, Frankfurt 1983, S. 322.
5 Vgl. Collis, Maurice: Foreign Mud, Singapore 1980, S. 21.
6 Vgl. ebd.
7 Temming, Rolf, L.: Vom Geheimnis des Tees, Dortmund 1983, S. 23.
8 Höfer, Hans (Hg.): Hong Kong (Apa Guides), München 1982, S. 35f.
9 Wiethoff, Bodo: China, Hannover 1966, S. 30f.
10 Buchholz/Schöller, a.a.O., S. 184.
11 Hughes, Richard: Hong Kong. Brückenkopf auf Abruf, Frankfurt, Zürich 1967, S. 170.
12 Vgl. Völger, Gisela/v. Welck, Karin (Hg.): Rausch und Realität. Drogen im Kulturvergleich, Bd. 2, Reinbek 1982, S. 998f.
13 Lennhoff, Eugen: Politische Geheimbünde, München, Wien 1966, S. 278f.
14 Gernet, a.a.O., S. 451.
15 Franke/Trauzettel, a.a.O., S. 314.
16 Schivelbusch, Wolfgang: Das Paradies, der Geschmack und die Vernunft. Eine Geschichte der Genußmittel, München 1980, S. 227.
17 Hughes, a.a.O., S. 118f.
18 Vgl. Gernet, a.a.O., S. 449ff.; Collis, a.a.O., S. 287ff.
19 Woronoff, Jon: Hong Kong, Capitalist Paradise, Hong Kong, Singapore, Kuala Lumpur 1980, S. 5.
20 Vgl. Endacott, G.B.: An Eastern Entrepôt, London 1964, S. 13.
21 Vgl. Lethbridge, H.J.: Hong Kong. Stability and Change, Hong Kong 1978, S. 175ff.
22 Vgl. Smith, Carl T.: English Educated Chinese Elites in Nineteenth-Century Hong Kong, in: Topley, Majorie (Ed.): Hong Kong: The Interaction of Traditions and Life in the Towns, (Royal Asiatic Society) Hong Kong 1975, S. 65ff.
23 Aus: Osterhammel, Jürgen: Das moderne China, Frankfurt 1979, S. 19.
24 Gernet, a.a.O., S. 533.
25 Kaim, Julius R.: Damals in Shanghai, München 1963, S. 39.

Literatur

Baum, Vicki: Hotel Shanghai, Roman, versch. Taschenbuchausgaben.
Domes, Jürgen: Politische Landeskunde der Volksrepublik China, Berlin 1982.
Franke, Herbert/Staiger, Brunhilde (Hg.): China-Handbuch, Düsseldorf 1974 ff.
Franke, Herbert/Trauzettel, Rolf: Das chinesische Kaiserreich, Frankfurt 1968.
Kahn-Ackermann, Michael: China – drinnen vor der Tür, Frankfurt 1979.
Kremb, Jürgen: Reportagen aus China. Einblicke in die Volksrepublik, Taiwan, Hongkong und Tibet, Hamburg 1987.
Mao Dun: Shanghai im Zwielicht, Roman, (Berlin 1978), Frankfurt 1984.
Ptak, Roderich: Portugal in China. Kurzer Abriß der portugiesisch-chinesischen Beziehungen und der Geschichte Macaus im 16. und beginnenden 17. Jahrhundert. Bammental/Heidelberg 1986.
Ders.: Die Portugiesen in Macau und Japan. Aufstieg und Niedergang des Fernosthandels 1513–1640 (Sonderdruck), Bammental/Heidelberg 1985.
Terzani, Tiziano: Fremder unter Chinesen. Reportagen aus China, Reinbek 1984.

Kultur

文化

Chinas Isolation

China ist nicht nur das volkreichste Land der Erde, es hat auch eine kulturelle Sonderentwicklung erlebt, die für ein Land dieser Größe einzigartig ist in der Welt. Schon geographisch gesehen ist China eine abgeschlossene Welt für sich: im Norden Steppe, im Osten der endlose Pazifik, im Westen das höchste Gebirge der Erde und im Süden Dschungel und Meer. Es gab lange kein rivalisierendes benachbartes Großreich. In den letzten 2.000 Jahren kamen nur zwei fremdländische Weltanschauungen nach China, die beide integriert werden konnten: der *Buddhismus* und der *Marxismus*.
Zwar gab es schon immer Handelskontakte mit anderen Ländern, doch China war bis zu Beginn des 19. Jh. isoliert. Es war zwar nie Kolonie, wurde aber vom 19. Jh. an bis 1949 in einer kolonialähnlichen Situation gehalten.
Da nur 17% des Bodens überhaupt agrarisch nutzbar sind, wurde die Besiedlung immer dichter und konzentrierte sich in den fruchtbaren Flußtälern des Südens und Ostens. Das Tal des Gelben Flusses (*Huangho*) wurde vor vielen tausend Jahren zum Kernland des „Reichs der Mitte". Alle anderen Volksgruppen waren Tausende von Kilometern entfernt und wurden als „Barbaren" betrachtet.
Kultur ist immer Sozialkultur. Das westliche Chinaverständnis hat häufig klischeehafte Vorstellungen von der chinesischen Kultur und Kunst entwickelt. Im Zentrum dieser Bewunderung standen meist Kostbarkeiten aus Porzellan, Elfenbein, Jade oder Edelmetallen; prachtvolle Paläste, Grabbauten und die Große Mauer. Diese kulturellen Werke des chinesischen Volkes sind unvergleichbar in der Welt.
Zu oft wird allerdings übersehen, daß diese Errungenschaften nur für eine kleine Minderheit der Bevölkerung zur Verfügung standen. Die Mehrheit der Chinesen lebte über Jahrtausende hinweg in viel zu kleinen Behausungen, war des Lesens und Schreibens unkundig, lebte oft in Armut und Krankheit. Wer weiß heute, wieviele Menschen bei der Errichtung der Mauer oder des Kaiserpalastes ihr Leben verloren? Noch im 20. Jh. war der Tee für eine arme Bauernfamilie ein Luxusgetränk, das man sich nur an Feiertagen leisten konnte. Normalerweise trank man warmes Wasser.

Phasen der Kulturentwicklung
Die Tradition chinesischen Kulturschaffens ist alt und hochentwickelt. In der Zeit der *Chou-Dynastie* (1122-221 v.Chr.) wurden kunstvolle Bronzegefäße angefertigt. Beliebte Motive waren hierbei Tiergestalten wie z.B. Schlangen oder Drachen. Auch Lackarbeiten und Jadeschnitzereien hat es zu dieser Zeit gegeben. Schon vor der Chou-Dynastie gab es aus der *Schang-Zeit* stammende Bildsymbole, die auf die Bronzen oder Knochen zu Orakelzwecken geschnitzt wurden. Etwa zur gleichen Zeit datiert man die aus der normalen Zeichenschrift entwickelte, mit dem Pinsel geführte, besonders schöne individuelle Linienschrift (*Kalligraphie*). Schon damals wurden die heute noch gültigen zwei Schriftarten festgelegt: „Fließende Hand" (*Hsingschu*) und „Grasschrift" (*Tsaoschu*).

In der Chou-Zeit hat von 551-479 *Konfuzius* und etwa 200 Jahre später *Lao-Tse* gewirkt. Im Jahre 213 v.Chr. befahl der Kaiser die Verbrennung aller Bücher, um das Gelehrtentum zu bekämpfen.
Zur gleichen Zeit wurde mit dem Bau der *Großen Mauer* begonnen. Erst in der *Han-Zeit* (206 v.Chr. bis 220 n.Chr.) kam das Reich wieder zur Ruhe. Es entstans das Berufsbeamtentum auf Grundlage der Lehre von Konfuzius.
An kunsthandwerklichen Gegenständen wurden in der Han-Zeit v.a. wunderbare kleine Tonfiguren entwickelt, die man den Gräbern der Verstorbenen beilegte.
Die *Tang-Zeit* (618-907) brachte verschiedene Bereiche des kulturellen Lebens zur Entfaltung. Auf dem Gebiet der Tonarbeiten wurde mit der Drei-Farben-Glasur begonnen, die Grabbeigaben waren nun Pferdedarstellungen. In der Malerei dieser Zeit dominierten Landschaftsbilder und historische Szenen, wobei der Mensch, wie in der chinesischen Malerei überhaupt, hinter die stilisierte Natur zurücktrat. Gemalt hat man, wie heute noch, mit Pinsel und Tusche auf Papier oder Seide.
In der Baukunst der Tang-Dynastie wurden häufig Häuser und Tempel mit übereinandergesetzten Dächern gebaut. Auf den Dächern sieht man Ornamente und kleine Tierfiguren. Auch die heute noch charakteristische Dachkrümmung stammt aus dieser Zeit. Vermutlich sollte sie für die Gläubigen die kosmische Kraft auffangen.
An architektonischen Seltenheiten gibt es weder in Hong Kong noch in Macao oder in Canton Bedeutendes zu sehen. Alle Städte liegen in der feuchten Zone Chinas. Aus diesem Grund verwitterte und verschimmelte das Holz, das gebräuchlichste Baumaterial in der Geschichte Chinas, sehr schnell.
Seit dem 7. Jh. sind die Anfänge der späteren chinesischen Oper zu beobachten, die sich damals am Hofe in Peking entwickelte.
In der *Sung-Zeit* (960-1280) erlebt die Malerei ihren Höhepunkt, es ist die „klassische Periode“. Es werden Gesetze und Prinzipien entwickelt, die heute noch gültig sind. Darstellungen von Landschaften, Tieren oder Pflanzen, oft in stark abstrahierter symbolischer Form, sollten dem Beschauer ewige, kosmologische Grundsätze verdeutlichen. Die Malerei arbeitet mit fünf Grundfarben und verzichtet weitgehend auf Perspektive.
Die Porzellanherstellung entwickelte sich weiter, wobei man sich in Nordchina mehr auf weißes und in Südchina eher auf grünliches Porzellan spezialisierte.
In der darauffolgenden *Ming-Dynastie* (1368-1644) war das inzwischen blau-weiße Porzellan im Westen so berühmt und begehrt, daß es auch zum Vorbild für das „Delfter Porzellan“ wurde. Es gab aber auch rötliche und grünliche Farbvariationen.
Holzschnitte und die künstlerische Gestaltung von Möbeln stammen ebenfalls aus der Ming-Zeit.
Vor allem aber war die Ming-Zeit die Epoche der Oper und der Literatur. Chinesische Literatur hat es schon seit dem 8. Jh. gegeben. Allerdings waren z.B. die Werke der bekannten Dichter *Li Po* (701-762) und *Tu Fu* (712-770) nur der gebildeten und des Schreibens kundigen Oberschicht bekannt. Das exakte Rezitieren von Gedichten, verbunden mit genau festgelegten Körperbewegungen und -haltungen, war ein wichtiger Teil der Prüfungen für die Beamtenlaufbahn bis 1911.
Erst seit dem 14. Jh. wird in Form von Romanen, Märchen und Erzählungen Literatur auch für breitere Kreise der Bevölkerung zugänglich. Entstanden ist die Volksliteratur allerdings schon früher. Schon zur Tang-Zeit soll um 630-700 der populäre Richter *Di* gelebt haben, der durch die Aufklärung vieler Kriminalfälle als eine Art

Cantonesische Oper

chinesischer Sherlock Holmes gilt. Drei große Prosawerke werden noch heute, nicht nur in China, sondern auch im Westen, gern gelesen. „Die Räuber vom Liang Schan Moor“ ist eine Ansammlung von lose miteinander verbundenen Räubergeschichten aus dem 12. Jh., die besonders deutlich das Leben des Volkes zeigen. Das „Kin Ping Meh“ gilt als ein Roman hoher Sittlichkeit, der zur Zeit des Sung-Kaisers Hui Tsung (1100-1126) spielt. Die Zeit der Handlung von „Der Traum der roten Kammer“ liegt um 1730; es ist der beliebteste Roman der chinesischen Jugend. All diese Volksromane, wie auch viele Märchen, Gespenster- und Dämonengeschichten wurden jahrhundertelang überliefert, i.d.R. sind die Autoren unbekannt.

Im Bereich von Musik und Oper ging China ganz andere Wege als der Westen. Die für unsere Ohren fremdartige fünftonale Musik von Blas-, Zupf- und Schlaginstrumenten geht bis auf das Jahr 1000 v.Chr. zurück. Im 7. Jh. entwickelte sich aus dem Chortanz bei Hofe eine Vorform der chinesischen Oper. Hierbei gibt es Pantomime, Tanz, Akrobatik und Sprechgesang. Die Schauspieler sind stark geschminkt, tragen prachtvolle Kostüme, die ihren Rang verdeutlichen. Alles ist voller Symbolik und Anspielungen auf die chinesische Geschichte. Ein Mann mit Pferdeschwanz soll einen Reiter darstellen, ein Mann mit Fächer oder Bart einen Gelehrten. Ein weißes Gesicht bedeutet Hinterlist und Bösartigkeit, ein weißer Fleck auf der Nase gibt einen Hinweis auf eine komische Figur oder niedere Herkunft, während ein rotes Gesicht Mut bedeutet. Die Handlungen sind an Sagen und Mythen der Vergangenheit orientiert.

Neben der älteren klassischen *Peking-Oper* hat sich in den letzten Jahrhunderten in Südchina die mehr an unsere Operette erinnernde *Cantonesische Oper* entwickelt. Opern, die oft eher Schauspielaufführungen ähneln, werden in Hong Kong nahezu täglich gezeigt.

Daneben gibt es seit dem 13. Jh. das weniger bekannte chinesische *Drama*, ebenfalls mit Handlungen aus der Geschichte und Mythologie. Wie bei der Oper drücken auch hier die Farben Eigenschaften aus: Weiß steht für Macht, Rot für Mut und Loyalität und Schwarz für Aufrichtigkeit. Geister bekommen grüne und Götter goldene Farben.
Opernaufführungen, Löwentänze und Puppenspiele sind beliebte Programmpunkte auf religiösen Festen und an Feiertagen. In Südchina kennt man unterschiedliche *Puppenspielarten*: Stockpuppen, Marionetten, aber auch Schattenspielgruppen wie in Indonesien. *Löwentänze* werden von Vereinen oder Nachbarschaftsgruppen einstudiert und vorgeführt. In China hat es niemals Löwen gegeben, doch ist der Löwe eine mythologische Figur. In der Überlieferung heißt es, er soll Buddha geschützt haben, eine andere Erklärung für seine Bedeutung ist, daß ein grüner Papierlöwe ein Ungeheuer vertrieben habe. Seit der Sung-Dynastie forderten die Kaiser das Volk auf, zum Gedenken an diesen Vorfall Löwentänze aufzuführen.

Sprache und Schrift
Chinesisch gehört zu den großen Kultursprachen im Rahmen der sino-tibetischen Sprachfamilie. Schon vor etwa 4.000 Jahren gab es die ersten Vorläufer der heutigen Schrift in Form einer gebräuchlichen Bilderschrift. Ähnlich wie in den alten Bilderschriften der Sumerer, Babylonier oder Ägypter (Hieroglyphen) benutzte man geschriebene Symbole, um ein Wort auszudrücken. Im Chinesischen nennt man Schriftzeichen, die den bezeichneten Gegenstand abbilden, Piktogramme; die symbolische Wiedergabe eines Abstraktums nennt man Ideogramm. Neben diesen beiden Schriftzeichen gibt es noch 4 weitere Typen. Der gebräuchlichste dieser 6 Typen wird in 80% der Fälle verwendet und ist weder Abbild noch Symbol. Er setzt sich aus zwei Bestandteilen zusammen: einem, der Bedeutung trägt, und einem, der auf die Aussprache verweist (Radikal und Phonetikum). Ursprünglich war deutlich erkennbar, welcher Gegenstand mit dem Symbol gemeint war. Doch dann hat sich die Schrift immer mehr ausdifferenziert und abstrahiert.

Beispiele zur Entwicklung einiger Zeichen (*Piktogramme*). Das jeweils letzte Zeichen ist die aktuelle Version:

Sonne 

Mond 

Mensch 

Berg 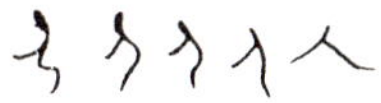

Frau 

Mutter 

Gerade bei den beiden letzten Piktogrammen kann man deutlich erkennen, daß in der Ursprungsversion eine gebeugte, knieende Person gemeint war. Es waren also ursprünglich sprachunabhängige Symbole auf logischer Basis.
Auf den meisten chinesischen Waren steht folgendes Piktogramm als Herkunftsbezeichnung:

(Land der Mitte) 中国

Das Piktogramm für Holz, Baum (mu): 木

kann erweitert werden zu Pflaumenbaum (li), was gleichzeitig auch ein chinesischer Familienname ist: 李

Interessant ist die Entstehung des Piktogramms für Haus und Familie (jia). Ein Schwein () *unter dem Dach* () *gab den Menschen die Vorstellung von einem Zuhause* (家) *. Als das Schwein domestiziert war, durfte es im Hause umherlaufen. Im folgenden eine Karikatur über die Entstehung dieses Piktogramms*[1]*:*

Insgesamt gibt es über 50.000 dieser Zeichen. Ein Gebildeter verstand sich auf etwa 8.000. Für den Alltagsgebrauch genügen ca. 3.000 Zeichen. Seit 200 v.Chr. sind diese Zeichen unverändert geblieben. Das macht es jedem Chinesen möglich, auch ältere Texte zu lesen, selbst wenn die Aussprache sich seit dieser Zeit stark verändert hat. Die Beherrschung der Schrift wie auch die Kunst, in Andeutungen, Bildern und Symbolen sprechen zu können, machte im alten China den Gebildeten aus, denn die Etikette beherrschte das Leben der Chinesen. Die Kunst des Schönschreibens wurde in der Beamtenprüfung verlangt, und der ästhetische Reiz des poetischen Textes lebt nicht nur von der Bedeutung und vom Klang, sondern auch vom Bild und den Assoziationen des Schriftzeichens.
Alle Jahre fanden landesweit Prüfungen für die Beamtenstellen statt; wichtiger Prüfungsstoff war die Kenntnis von Schrift und Poesie. So entwickelte sich eine besondere Sozialklasse: die kaiserlichen Beamten (*Mandarine*).

Beispiel für die Entwicklung des Zeichens für „Krug“[2]

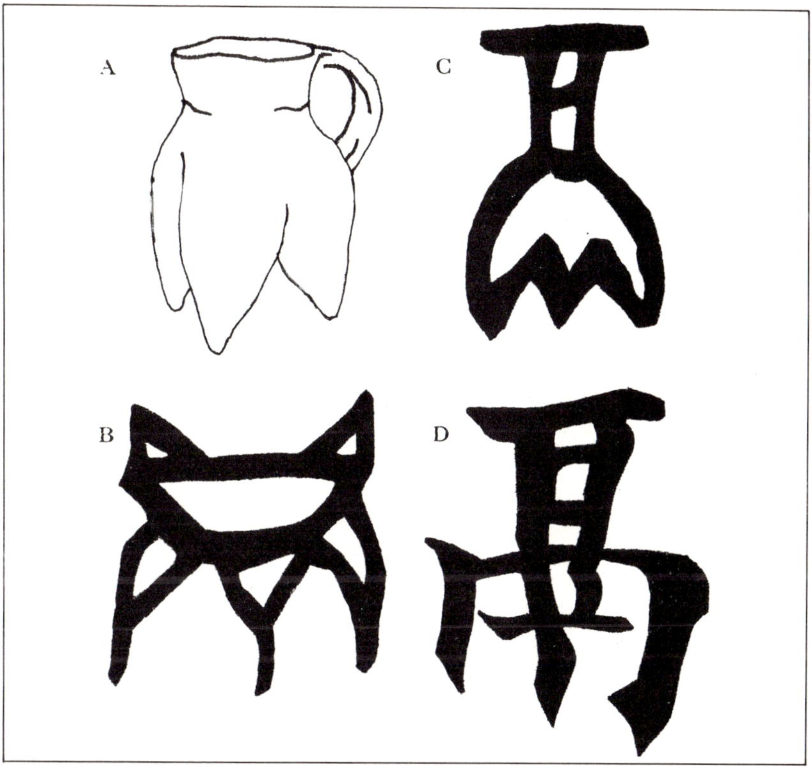

Wie ein Schriftzeichen sich entwickelte, zeigen diese vier Skizzen: ein dreibeiniger Krug, „li” genannt (A), wurde zuerst in Bildschrift (B) dargestellt. Um 1.000 v. Chr. ähnelte das Zeichen den Bronzegefäßen der Zeit (C); seit 200 v. Chr. hat es die unter (D) gezeigte Form.

Diese Schrift hat aber noch eine andere Funktion: Sie ermöglicht es, daß Menschen, die verschiedene Sprachen und Dialekte sprechen, sich mittels gemeinsamer Zeichen verständigen können. Aufgrund der *Sprachenvielfalt* in China war eine gemeinsame, auf Wiedergabe des Lautbildes (Phonetik) beruhende Schrift nicht möglich.[3]
Nehmen wir folgendes Beispiel: Jemand, der nur Deutsch spricht, wird i.d.R. das englische Wort für Quadrat (square) oder gar die ungarische Bezeichnung dafür (négyszög) nicht verstehen.
Sieht er aber das Zeichen □, dann weiß er, was gemeint ist. Die gleiche Funktion ha-

ben die chinesischen Zeichen in der Vielfalt der Sprachen des Landes. Eine Reform der Schriftzeichen oder gar ihre Ersetzung durch eine lautverbundene Buchstabensprache würde eine Gefahr für die kulturelle Einheit bedeuten.

Nicht nur die Zeichen machen Chinesisch für uns so kompliziert, sondern die Aussprache. Für 3.000 Zeichen im Alltagsgebrauch stehen nur knapp 420 einsilbige Wörter oder Silben zur Verfügung (im Deutschen etwa 12.000). Das bedeutet, daß in der Aussprache eines Lautes oft knapp 10 sehr unterschiedliche Zeichen gemeint sein können.

Sagt man bspw. *Tsching*, so kann das bedeuten: Mitleid, Himbeerstrauch, unterirdische Strömung, Hals abschneiden, regulieren, Schienbein, Hals, Kapital, Spiegel. Fünf solcher Silben aneinandergereiht ausgesprochen können nun theoretisch Millionen möglicher Bedeutungen haben.[4] In der sprachlichen Praxis erreichen die Chinesen eine deutliche Differenzierung durch eine sehr tonale Sprache. Die meisten chinesischen Sprachen und Dialekte haben vier Tonhöhen.

Am Beispiel der Silbe *ma* soll gezeigt werden, daß, je nach Betonung in der Region von Peking, vier völlig verschiedene Worte gemeint sein können:[5]

ma (hochbleibend)	Mutter
ma (steigend)	Hanf
ma (fallend-steigend)	Pferd
ma (fallend)	schimpfen

Deshalb hat der Ausländer mit der Aussprache die Hauptprobleme; bestellt er Suppe, bekommt er Zucker, möchte er Salz, gibt man ihm Tabak – denn die Wörter klingen für unsere Ohren gleich, während der Chinese von Anfang an gelernt hat, die richtige Tonhöhe zu treffen.

Um den Kontakt mit dem Ausland zu erleichtern und um eine dem Europäischen verwandte, an der Aussprache orientierte Lautschrift zu schaffen, hat man vor Jahren im Bereich der VR China die *Pinyin-Umschrift* eingeführt. Diese ist auf Grundlage des uns bekannten Alphabets entwickelt, wird neuerdings auch in einigen Schulen gelehrt, kann aber von den meisten Chinesen nicht verstanden werden.

Besonders schwierig ist es in der südchinesischen Provinz Canton, der kulturell und sprachlich auch Hong Kong und Macao angehören. Hier gibt es sogar acht Tonhöhen in der Aussprache, so daß das Sprechen für uns wie ein abgehackter Singsang klingt.

Für einen Europäer ist es leichter, das *Putonghua* als das Cantonesische zu lernen. Ob es sich um eine Putonghua oder um eine cantonesische Umschrift handelt, erkennt man daran, daß bei den cantonesischen Umschriften bis zu 8 nach den Silben hochgestellte Zahlen vorhanden sind, die die jeweilige Tonhöhe angeben. So spricht man das bei uns bekannte *Tai Chi Chuan* folgendermaßen aus:

Tai^{3} Cik Kuen

Auch *Hong Kong* ist nur die englisch gesprochene Variante der Kolonie. Ein Cantonese wird eher verstehen, was gemeint ist, wenn man statt *Hong Kong* die Bezeichnung so ausspricht: *Heung*^{1} *Gong*^{2}.

Ein Bewohner von Peking (sprich: Beijing) wird mit beiden Ausspracheversionen nichts anfangen können, denn für ihn muß man *Hong Kong* folgendermaßen aussprechen: *Xiānggǎng*.
Beide verstehen aber das gemeinsame Symbol:

香港

Noch schwieriger ist es mit den sprachlichen Unterschieden zwischen dem Cantonesischen und dem in Zentralchina gesprochenen *Putonghua* (früher: *Mandarin*):

Deutsch	Cantonesisch	Putonghua (Mandarin)
danke	m goi	tsche tsche
Guten Tag Guten Morgen	jo sahn	ni hao
deutsch	dak gwok	tschi de

Selbstverständlich kann die Pinying-Lautschrift die chinesische Schrift nicht ersetzen, denn dann gäbe es ja mehrere auf sehr unterschiedlichen Sprachen beruhende Schriftsysteme, und die kulturelle Einheit Chinas wäre bedroht.
In Hong Kong ist das Cantonesische seit 1974 zusammen mit dem Englischen gleichberechtigte Amtssprache. Etwa 81% der Bevölkerung sprechen *Cantonesisch*, 8,2% *Hoklo*. Knapp 10% der Chinesen in Hong Kong sprechen andere Dialekte oder Sprachen wie z.B. *Hakka, Fukien, Hokkien* oder *Putonghua*.
In Südchina wie auch in Hong Kong wird in den letzten Jahren verstärkt versucht, das Putonghua zu unterrichten, um die sprachliche Barriere zum übrigen China zu mindern.
Viele der Auslandschinesen in Südostasien, den USA und Europa kommen aus der Provinz Canton, sprechen also cantonesisch. Auch die meisten Mitarbeiter in den chinesischen Restaurants hierzulande kommen aus der Provinz Canton.

Häufig auftauchende chinesische Zeichen im Alltag sind:

Eingang	入口
Ausgang	出口
Herrentoilette	男厕所

Damentoilette	女厕所
Mensch	人
chinesischer Mensch, Chinese, Chinesin	中国人

Chinesische Grundvorstellungen

Die Chinesen kennen keinen eindeutigen Schöpfungsmythos, wie ihn etwa die Genesis für den westlichen Kulturraum darstellt. Statt dessen gibt es viele unvollständige und widersprüchliche Quellen aus alten Inschriften. Anfangs war die Welt ein Chaos, etwa ein langhaariger Hund, ein leerer Sack, oder sie hatte das Aussehen wie ein Hühnerei. Nach 18.000 Jahren öffnete sich das Chaos. Seine schweren, groben Bestandteile bildeten die Erde, das *Yin*, seine leichten, reinen Bestandteile den Himmel, *Yang*.[6]
Mehr noch als die unklaren Mythen über die Erschaffung der Welt interessierten sich die Chinesen für die Struktur, den Aufbau der Welt und den Zusammenhang des Lebens des Einzelnen (*Mikrokosmos*) mit dem Ganzen, den ewigen Gesetzen des Universums (*Makrokosmos*). Yin und Yang sind aber auch allgemeine Strukturierungsprinzipien aller Erscheinungen der Welt.

Yin und Yang 阴 阳

Wenn die Vereinigung des Kaisers mit der Kaiserin nicht gelingt, ist die natürliche Ordnung des Universums gestört; es treten Sonnen- und Mondfinsternis auf. Das ist eine Erklärung für ein Ungleichgewicht für Yin und Yang, denn der Sohn des Himmels lenkt die Bewegung des männlichen Prinzips Yang, seine Frau die des weiblichen Yin.
Das Prinzip Yang steht nicht nur für die Männlichkeit, sondern auch für den Sommer, die Wärme, den Donner, das Positive und die Aktivität; während Yin nicht nur das Weibliche meint, sondern auch Kälte, Schatten, Mond, Dunkelheit und die Passivität.
Ihren Ursprung haben diese über viereinhalbtausend Jahre alten Prinzipien wohl im Wechsel der Jahreszeiten. Während der erzwungenen Untätigkeit im Winter haben die „kalten" Yin-Kräfte die Menschen zur Passivität gezwungen und damit die „warmen", aktiven männlichen des Yang-Prinzips überwunden.
Beides, Yin und Yang, sind zwar Gegensätze, sie bedingen aber einander und bilden nur in ihrem Gegensatz eine notwendige Einheit des Universums in Form einer *allumfassenden Harmonie*. Es ist ein Versuch, alles Geschehen in Form eines gleichmäßigen Zyklus einzuteilen.

Makrokosmos und Mikrokosmos

Die Ordnung im Kosmos ist das Ergebnis der Tugend und Rechtschaffenheit des

Kaisers. Schon aufgrund dieser personalen Verknüpfung zwischen Universum und Individuen ist den Chinesen der westliche abstrakte Gesetzesbegriff immer fremd geblieben. Verhält sich der Kaiser und – seinem Vorbilde folgend – jeder Einzelne im Sinne des Brauchtums und der Riten „richtig", so herrscht allgemeine Harmonie. Denn wie der *Makrokosmos* des Universums eine natürliche und allgegenwärtige Einheit ist, gelten diese Prinzipien auch für den kleineren Lebensbereich des Individuums, den *Mikrokosmos*.

Diese dem Universum entlehnten Prinzipien gehen bis in die kleinsten Details des Alltags ein: Die linke Seite des Menschen entspricht Yang und den Männern, die rechte Seite Yin und den Frauen. Den Westen kann man der rechten und den Osten der linken Seite zuordnen. Der Süden entspricht der Höhe des Himmels, weil er warm ist (Yang) und der Norden der Tiefe der Erde, weil er kalt ist (Yin). Diese Gliederung der Welt wird in erster Linie auf den Kaiser bezogen. Beim Umgang mit ihm, wie in Abwandlungen mit jedem Höhergestellten, hat man bspw. zu beachten, *wo* man *weshalb* stehen muß.

All diese Beziehungen lassen sich natürlich noch in die Grundprinzipien Yin und Yang unterteilen. In Verbindung mit den unten erläuterten fünf Elementen umfaßt die Ordnung der Welt (*wu*) genau 11.520 Einzelsituationen.

Die Verbindungen und Beziehungen der Einzelsituationen zueinander sind äußerst vielfältig und meistens sogar nach unserer westlichen Denkweise logisch: Feuer strebt nach oben, und das Obere entspricht dem Süden, weil ja das Feuer ein Charakteristikum des Sommers ist. Hieraus ergibt sich eine Zuordnung zu Yang, dem Sommer, der Männlichkeit, dem Positiven und der Aktivität.

Das Wasser aber strebt nach unten und das Untere ist der Norden, denn der Winter ist ja die wasserlose Zeit, auch kommt der Winter aus dem Norden. In dieser Jahreszeit verschwinden die Gewässer in der Tiefe der Erde, sie streben zum Mittelpunkt der Erde hin. Zum Begriff des Mittelpunktes gehört das Erwachsenenalter, der Nachmittag, der Magen und der Mund, aber auch das Hauptnahrungsmittel, der Reis, und der erste Ton auf der Normalpfeife wie auch die Zahl Fünf.

Aufgrund dieses Systems wird deutlich, daß für jeden Chinesen, der damit vertraut ist, die täglichen Mahlzeiten nicht nur eine Nahrungsaufnahme sind, sondern wie alle Vorgänge in Natur und Gesellschaft sich in einem übergeordneten System verstehen und erklären lassen. Hierzu zählt natürlich auch die chinesische Heilkunst.

Nur im *Reich der Mitte* sind Mikrokosmos und Makrokosmos identisch, gibt es eine günstige Yin- und Yang-Wechselbeziehung, die sich bspw. im regelmäßigen Wechsel der Jahreszeiten der Überschwemmung der Reisfelder und der guten Ernten ausdrückt. Schon alleine deswegen sind die Völker, die an den Randzonen des chinesischen Reiches leben, nur „Barbaren", sie haben eine andere Kultur, die Verteilung beider Prinzipien bei ihnen ist unharmonisch.

Insgesamt gesehen war die Erde im chinesischen Denken ebenso wie das menschliche Leben auf ihr ein verkleinertes Abbild der *natürlichen Ordnung des Universums*, und der Kaiser hatte das „himmlische Mandat" zur Regentschaft.[7]

Vorformen des Piktogramms „Mitte", „Zentrum"

Heutige Form von „Mitte", „Zentrum" (zhong)

Die fünf Elemente (Wu-Xing) 五行

In der Han-Zeit schien es staatspolitisch notwendig, den Ahnenkult der Kaiser durch ein umfassendes allgemeines Deutungsschema zu ersetzen. Das Yin- und Yang-Prinzip wurde durch den Einfluß des *Taoismus* um die Lehre von den *fünf Elementen* (Wasser, Feuer, Holz, Erde, Metall) erweitert und lieferte ein System von räumlich-zeitlichen Wechselbeziehungen, die eine umfassende Erklärung der Welt und ihrer Wandlungen (*yinyang wuxing shou*) liefern sollen. Nahezu alles, was es auf Erden gibt, kann in Form von Untergruppen dieser fünf Elemente eingeteilt werden: Himmelsrichtungen, Planeten, Farben, Töne, moralische Eigenschaften, Geschmacksempfindungen, Gefühle, innere Organe, Krankheiten, Speisen, Zahlen etc. Daraus ergeben sich bspw. folgende Zuordnungen:

Die fünf Wandlungszustände (wu-xing) (Auszüge)

	Holz	Feuer	Erde	Metall	Wasser
Richtung	Osten	Süden	Mitte	Westen	Norden
Planeten	Jupiter	Mars	Saturn	Venus	Merkur
Jahreszeit	Frühling	Sommer	Spätsommer	Herbst	Winter
Kosmische Energie	Wind	Hitze	Feuchtigkeit	Trockenheit	Kälte
Lebensstufe	Geburt	Jugend	Erwachsenen sein	Alter	Tod
Tageszeit	Morgen	Mittag	Nachmittag	Abend	Nacht
Farbe	grün/blau	rot	gelb	weiß	schwarz
Organ Yin	Leber	Herz	Milz	Lunge	Niere
Organ Yang	Gallen-blase	Dünndarm	Magen	Dickdarm	Blase
Körperöffng.	Augen	Ohren	Mund	Nase	Genitale
Körper-flüssigkeit	Tränen	Schweiß	Speichel	Rotz	Sputum
Lebens-aspekt	spirituelle Kraft	Seele Geist	Gedächtnis Ideen Meinung	Triebleben	Willenskraft
Tugend	Güte	Sittlichkeit	Vertrauen	Redlichkeit	Weisheit
Sinne	Sehen Augen	Schmecken Zunge	–	Riechen Nase	Hören Ohr
Geschmack	sauer	bitter	süß	scharf	salzig
Getreide	Sesam	Weizen	Reis	Mais/Hirse	Bohnen
Tier	Huhn	Gans	Rind	Ziege	Schwein
Getränk	Ziegenmilch	Fo Ti Tien	Thymian	Fruchtsaft Bier	Tee/Kaffee
Zahl	8	7	5	9	6

Die chinesische Heilkunst

Auch die chinesische Heilkunst baut seit Jahrtausenden auf dieses für uns völlig fremde Weltverständnis auf; die *Taoisten* versuchen immer wieder mit Hilfe von Alchimie, Diät, sexuellen Praktiken, Atemübungen und verschiedenen Formen der Gymnastik das Leben zu verlängern und Einfluß auf die biologischen Vorgänge zu gewinnen.

Noch immer nicht ganz ergründet sind die Ursprünge vieler chinesischer medizinischer Techniken wie *Akupunktur, Akupressur, Fußreflexzonenmassage* und die Anwendung von *Heilkräutern*; unbestritten ist aber, daß sie wirksam und hilfreich sind.[8]

Gerd Ohmstede

Ein Akupunktur-Kurs in Peking

针刺术

Seit einer Reihe von Jahren werden in der VR China Kurse in chinesischer Medizin, insbesondere *Akupunktur*, auch für Ausländer angeboten. Es handelt sich um ein- und dreimonatige Kurse, die sowohl die Praxis als auch die recht komplexe Theorie beinhalten. Die dreimonatigen Kurse werden von der Weltgesundheitsorganisation (WHO) als abgeschlossene Ausbildung akzeptiert, wobei die WHO weltweit empfehlende Funktion hat. Das Zentrum der Ausbildung ist Peking.

Schon lange beschäftige ich mich mit chinesischer Medizin und stand kurz vor dem Abschluß meiner vierjährigen Ausbildung in Akupunktur in Holland. Mein Interesse, chinesische Ärzte bei ihrer Arbeit zu begleiten und von ihnen zu lernen, war mit der Zeit immer größer geworden. So galt denn auch, als ich nach acht Wochen Reisen in China nach Peking kam, meine ganze Aktivität der Teilnahme an einem einmonatigem Kurs in einem der Krankenhäuser in Peking. Noch in in der Bundesrepublik hatte ich die Adresse eines Akupunkteurs erhalten, den ich, gerade angekommen, besuchte. Da er keine Gelegenheit hatte, mich hospitieren zu lassen, vermittelte er mich weiter an das *International Acupuncture Training Centre* der *Academy of Traditional Chinese Medicine*. Ich konnte sofort beginnen, der Kurs hatte am Vortag begonnen.

Man muß, will man die chinesische Medizin verstehen, sein Wissen um die westliche Schulmedizin vollkommen vergessen, denn die Begriffe, mit denen die gesunden Körperfunktionen und auch die Krankheiten beschrieben werden, sind ganz andersartig und wirken befremdend.

Im Westen ist die Akupunktur in erster Linie durch Sensationen wie Operationen unter Akupunkturanästesie und Raucherentwöhnung bekannt geworden.

In den Meridianen, so beschreibt das die chinesische Medizinliteratur seit 2.000 Jahren, fließt die Lebensenergie (Chi) und hält die Körperfunktionen in Harmonie. Ein Meridian ist eine Bahn, ein Kanal, vergleichbar mit unseren Blutgefäßen, in dem die elektromagnetische Energie fließt. Es gibt auf jeder Körperseite 12 und in der Mitte vorn und hinten jeweils einen Meridian. Diese stehen mit den inneren Organen in Beziehung und können über die Akupunkturpunkte gereizt werden. In diese Punkte sticht man nach genauer Diagnose, die an Feinheit die westliche meist übertrifft, Nadeln oder beeinflußt sie mittels Wärme von glühender Kräuterwolle. Der Dickdarmmeridian z.B. fließt von der Zeigefingerspitze über den Arm, die Schulter und den Hals bis zum Nasenflügel der anderen Seite. Im Halsbereich entsendet er einen inneren Ast zur Lunge und zum Dickdarm. Es gibt 20 Dickdarmmeridianpunkte, die alle unterschiedliche Wirkungen auf den Fluß der Energie bzw. auf das Organ haben. Zum Beispiel:

Der erste Punkt an der Zeigefingerspitze bewirkt eine Anregung des Flusses im Meridian. Bei Zahnschmerzen der Backenzähne handelt es sich aus chinesischer Sicht um einen Stau des Dickdarmmeridianflusses; regt man diesen durch die Punktur oder Pressur des ersten Punktes an, so wird der Schmerz aufgelöst. Der elfte Punkt am Ellbogengelenk stärkt die Energie im Meridian und wirkt auf Störungen des Gelenks (bestimmte Formen des Tennisellenbogens).

Die wichtigsten Aspekte der Diagnose sind die Befragung, die Zungendiagnose und die Pulsdiagnose. Aus der Farbe und Beschaffenheit des Belags und des Zungenkörpers lassen sich genaue Aussagen über den Gesundheitszustand eines Menschen treffen. Auch wird bei der Pulsdiagnose nicht nur der Pulsschlag gezählt, sondern hauptsächlich die Art und Ausprägung des Schlages an drei verschiedenen Stellen beurteilt.

Das waren alles Kenntnisse, die mir durch meine Ausbildung geläufig waren, doch war ich gespannt, wie Akupunktur im Ursprungsland gehandhabt wird. Am Kurs nahmen nur vier Personen teil, was die Bedingungen des Lernens optimal gestaltete. Ich wurde mit einem anderen Teilnehmer Prof. Yuan zugeteilt, der in der Akupunkturklinik am Dongzhimennei in einem Behandlungsraum mit acht Liegen seine Patienten mit zwei Assistenten ambulant behandelt. Dr. Wang, der Dolmetscher, half uns, die Sprachbarrieren zu überwinden. Prof. Yuan übersetzte uns zunächst einige Kapitel einer alten Schrift über das Setzen der Akupunkturnadel. Es kamen ca. 30 Patienten täglich, später beobachteten wir mit Erstaunen, daß an regnerischen Tagen kaum Patienten kamen.

Ein Ausbildungstag ist folgendermaßen aufgebaut: Morgens 8.30 h wurden wir vom institutseigenen Kleinbus abgeholt und zur Klinik gebracht. Dort arbeiteten wir von 9-12.30 h. Dann wurden wir über die Mittagszeit zu unserer Unterkunft gebracht, wo wir zu Mittag aßen und ein wenig ausruhten. Diese Ruhe war für uns recht wichtig, weil die Arbeit anstrengend war, immerhin bei Temperaturen bis zu 37°C. 13.30 h kam dann erneut der Bus, um uns zu den Unterrichtsräumen zu fahren, wo wir bis 17 h den theoretischen Ausführungen eines Arztes folgten. Anschließend ging es wieder zurück zur Unterkunft.

Der Unterricht wurde größtenteils von einem Dolmetscher übersetzt, nur selten war ein Dozent der englischen Sprache mächtig.

Die chinesische Pädagogik, falls so ein Denken hinter den Ausführungen stecken sollte, ist uns im Westen doch recht fremd. Wir sind gewohnt, die Theorie systematisiert, also wohlgeordnet vorgesetzt zu bekommen und über aufgezeigte Querverbindungen allmählich hinter die Struktur zu schauen. Doch bis man mit Hilfe des dort gelesenen Stoffes zu denken beginnt, dauert es eine ganze Weile, da die Inhalte isoliert voneinander vermittelt werden. Hinzu kommt, daß die Thesen bis zu dreimal wiederholt werden: zunächst im Allgemeinen, dann im Speziellen und schließlich noch einmal allgemein, nur mit anderen Worten. Das wird zunächst auf Chinesisch vorgetragen, dann auf Englisch. Das stellt eine gewisse Prüfung für die europäische Geduld dar.

Der Klinikalltag stellte sich uns recht herausfordernd dar: Viele Eindrücke stürmten auf uns ein. Da war auf der einen Seite die ungewohnte Umgebung, zudem war es sehr heiß, ein anstrengendes Klima mit hoher Luftfeuchtigkeit und Temperaturen um 33°C. Auf der anderen Seite die Vielzahl der Patienten, die Diagnose des Professors, die wir nachvollziehen und auf die wir uns konzentrieren mußten. Und schließlich das Einüben der für mich ungewohnten Art, die Akupunkturnadel zu stimulieren. In China – und einige Schulen in Europa wenden diese Technik auch an – werden die Nadeln nach dem Einstich so bewegt, daß ein sogenanntes *De Qi-Gefühl* (gesprochen: De Tschi) entsteht. De Qi bedeutet „sich bewegende Energie" und fühlt sich wie ein Prickeln, Taubheit oder wie ein kurzes, starkes Anspannen innerer Muskeln an, manchmal auch wie ein leichter Stromschlag. Dieses Gefühl läuft genau den Meridian entlang. Für den Akupunkteur ist dies ein Zeichen, daß er den Punkt genau getroffen hat und die Wirkung eintritt. Doch passiert es, gerade dem Anfänger, daß der Punkt im Gewebe erst gesucht werden muß. Die chinesischen Patienten haben eine Engelsgeduld und wissen genau, auf was sie zu achten haben. Sie geben sofort ein Zeichen, wenn sie das De Qi fühlen. In Europa kann man diese Technik nicht bei vielen Patienten anwenden, da die meisten empfindlich auf dieses Gefühl reagieren.
Bei neuen Patienten saß stets eine ganze Gruppe um den Schreibtisch des Professors: Da war zunächst der Patient selbst und der Professor, dann der Dolmetscher, eventuell auch ein oder zwei Assistenten und schließlich die beiden deutschen Schüler. Zunächst wurde die Krankheitsgeschichte erhoben, die uns meist nur teilweise übersetzt wurde. Dann stellte der Arzt Fragen nach den Modalitäten der Störungen: nach Stuhl, Urin, Schweißbildung, Schlaf, Appetit. Schließlich wurden Zunge und Puls begutachtet. Die Diagnose unterschied sich vollkommen von der, die ein westlich ausgebildeter Arzt gestellt hätte. Zum Beispiel eine halbseitige Gesichtslähmung, wie eine westliche Diagnose gelautet hätte. Die chinesische lautet auf Windbefall der Meridiane des Magens, der Gallenblase und der Blase. Wind meint in diesem Zusammenhang wirklich Zugluft als auslösende Ursache. Im Prinzip aber meint Wind nicht nur das, was wir gemeinhin unter Wind verstehen, sondern auch alle veränderlichen Störungen wie z.B. Gelenkbeschwerden, die von Gelenk zu Gelenk wandern oder Störungen, bei denen jegliche Beweglichkeit aufgehoben ist wie bei Lähmungen. So ist die Diagnose Windbefall nicht immer wörtlich auf Wind zu beziehen.
Um uns verschiedene Arbeitsweisen zu zeigen, wurden wir 14 Tage lang Prof. Yuan und dann Dr. Gao Lishan zugewiesen. Beide zeichneten sich durch ihren weichen, einfühlsamen Umgang sowohl mit den Patienten als auch mit uns aus. Wenn man bedenkt, wie distanziert Chinesen sein können, so war das für uns ein großes Geschenk. Beide Ärzte waren ausgesprochen gut in der Nadelführung, sogar Kinder blieben ruhig und ließen sich bereitwillig alles gefallen.
Eines Tages kam eine ältere Patientin, gestützt von ihrem Mann, in den Behandlungsraum. Sie litt nach westlichem Denkmuster an einer beidseitigen Ischialgie. Die chinesische Diagnose lautete auf Schwächung der Nierenenergie und Feuchtigkeitsbefall von Blasen- und Gallenblasenmeridian. Dr. Gao setzte eine Nadel jeweils in einen Punkt an der Innenseite der Augenbrauen: Während die Patientin im Liegen ihre Beine nur mühevoll und unter Schmerzen leicht anheben konnte, so vermochte sie diese sofort nach dem Einstich auf 60° anzuheben. Wir trauten unseren Augen nicht, und die Patientin war selbst überrascht. Doch sol-

che Sensationen sind im Klinikalltag selten – die Akupunktur ist eben keine Wundermedizin, wie westliche Medien eine Zeitlang glauben machen wollten. Wenn die Diagnose nicht richtig gestellt ist, wird sich der Erfolg auch nicht einstellen. Doch gibt es häufig dort ein Weiterkommen, wo die westliche Medizin ihre Grenzen hat.

Die Akupunktur wurde in den Kliniken, in denen ich gelernt habe, bei Lähmungen wie Gesichts-, Halbseiten- und auch Querschnittslähmungen angewendet, wobei die Patienten über einen längeren Zeitraum fast jeden Tag zur Behandlung kamen. Weiterhin wurden Schmerzzustände aller Art, Asthma, Hautkrankheiten, funktionelle Störungen der inneren Organe, Epilepsie, hormonelle Störungen – um die wichtigsten zu nennen –, behandelt.

Eines Tages stand im Hof der Klinik eine sehr lange Schlange wartender Chinesen. Als wir nachfragten, wurde uns gesagt, daß diese Leute wegen eines pflanzlichen Asthmapulvers anstanden. Dieses Pulver soll mit Ingwer vermengt zur heißesten Zeit des Sommers, während einer anfallsfreien Zeit, dreimal sechs Stunden im Abstand von 10 Tagen auf bestimmte Punkte des Rückens aufgetragen werden. Die Wirkung hatte sich offensichtlich herumgesprochen. Die chinesische Pharmakologie, die sich des Pflanzen-, Tier- und Mineralreiches bedient, hat eine weit größere Verbreitung bzw. Anwendung als die Akupunktur, sie nimmt etwa 60% in der chinesischen Medizin ein. Ich hatte Gelegenheit, die absonderlich würzig riechende Apotheke der Klinik zu bewundern, wo in den Schubladen der Holzschränke sowohl die schönsten getrockneten Blüten als auch getrocknete Tierteile zu finden waren. Die Chinesen verwenden, wie in ihrer Küche, alles, was die Natur zu bieten hat.

Man kann natürlich fragen, inwieweit die Akupunktur im Westen überhaupt in der Lage ist zu helfen. Ist der westliche Mensch dafür geeignet? Man kann diese Frage von der Praxis her vorbehaltlos bejahen. Zum Teil scheint es sogar, daß Europäer schneller auf die Behandlung anschlagen; da tägliche Nadelung meist aus organisatorischen Gründen nicht in Frage kommt, führe ich wöchentliche Behandlungen durch – meist mit Erfolg.

Einmal wurden wir in einen Behandlungsraum gerufen, in dem ein spektakulärer Fall zu begutachten war. Ein 11jähriges Mädchen lag auf der Liege, sie war seit vier Jahren Epileptikerin und wurde seit zwei Jahren einmal jährlich behandelt. Sie ist seit der ersten Behandlung anfallsfrei. Sie wurde einer Behandlung unterzogen, die Europäern auf den ersten Blick brutal erscheint: Auf einem Punkt auf Bauch und Rücken wurden etwa in der Körpermitte jeweils aprikosengroße Moxakegel (Moxa ist Beifußwolle) verbrannt – auf der Haut. Diese Form des narbenbildenden Moxierens wird im Westen natürlich kaum angewendet, ist aber in bestimmten Fällen wirksam. Das Mädchen ertrug die Schmerzen mit dem Wissen, daß sie von einem weitaus größeren damit befreit wird. Die Epilepsie war in ihrem Fall ein Resultat einer starken Betonung des Yin in ihrem Organismus. So wurde die heißeste Zeit des Jahres (Yang) genutzt, um zur Mittagszeit (Yang) die Moxibustion (Yang) anzuwenden, um so den Ausgleich von Yin und Yan herzustellen.

In der letzten Woche bekamen wir theoretischen Unterricht in verschiedenen Randbereichen der chinesischen Medizin: Massage, Laserakupunktur und die Pflaumenblütennadeltherapie. Letztere wurde uns von einem Arzt, der sowohl westliche als auch östliche Medizin studiert hatte, mit 30jähriger Erfahrung vor-

getragen. Die Pflaumenblütennadel ist eigentlich eine Art Hammer mit einem langen, dünnen Stiel und einem Köpfchen, das aus sieben zusammengebundenen Nadeln besteht, die wie die Blütenblätter der Pflaume um das Zentrum angeordnet sind. Diese Form wird in Europa für gewöhnlich bei Patienten angewendet, die die Punktur fürchten, oder in Fällen, wo oberflächliche Reizung der Punkte genügt. Unser Arzt hat diese Technik weiterentwickelt und stimuliert den Nadelkopf des Hammers elektrisch. In langer Arbeit hat er eine Behandlung der Kurz- und Weitsichtigkeit sowie des Augenflimmerns weiterentwickelt. Stolz zeigte er uns eine wissenschaftliche Untersuchung, in der er seine Ergebnisse zusammengefaßt hat: Bei durchschnittlich 36 Behandlungen erzielte er eine vollständige Gesundung bei 31,3% der Fälle und eine deutliche Verbesserung bei 55,6%, während 13,2% wenig oder gar nicht reagierten.
Wie sieht es mit der Akupunktur bei uns im Westen aus? Bekannt ist die Nadeltherapie seit dem 17. Jh., wird aber differenziert erst seit ca. 40 Jahren angewendet. Leider ist im allgemeinen der Ausbildungsstand bei den Praktikern, Ärzten und Heilpraktikern nicht sehr hoch. Oft wird die symptomatische Nadelung betrieben, wo eine westliche Diagnose gestellt und dann in der inzwischen recht zahlreichen – nicht unbedingt inhaltsreichen – Akupunkturliteratur nachgeschlagen wird, welche Punkte empfehlenswert sind. Diese Punkte werden ohne genaue Kenntnisse genadelt. Die Akupunkturärzte in China haben eine 5jährige Ausbildung. Eine so weitgehende Schulung ist bei uns leider noch nicht möglich. Die Anwendung der Pulsdiagnose bei westlichen Akupunkteuren ist meist ein Zeichen qualifizierter Akupunktur.

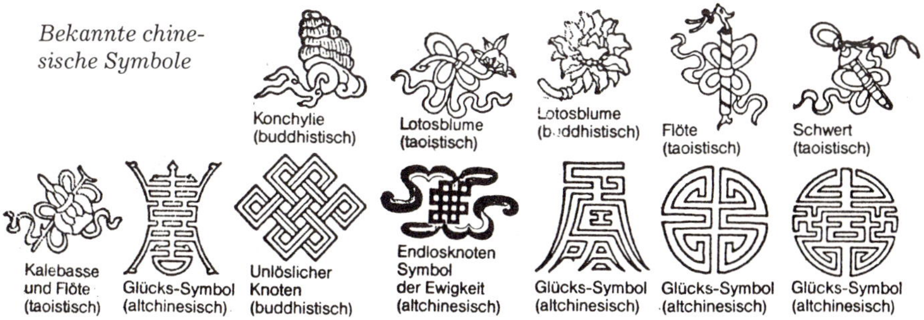

Bekannte chinesische Symbole

Das I Ging – Buch der Wandlungen 八卦

Um Auskunft über den Kosmos zu erhalten, muß man die Signale des Universums und der Natur auch im Alltag kennen und deuten lernen. Schon vor über 6.000 Jahren hat man in China aus den in der Natur vorkommenden Kombinationen von ganzen und geteilten Linien das *Orakel* gelesen.

Himmel

Erde

Donner

Es gab noch weitere Kombinationen für die Worte Berg, Feuer, Wasser, Moor und Wind. Später entwickelten sich aus diesen Trigrammen Anordnungen von sechs Linien (*Hexagramme*, ba gua = 8 Trigramme) für differenziertere Begriffe, wie bspw.:

meisterhafte Untätigkeit

Die acht Diagramme mit dem Yin-Yang-Symbol in der Mitte

Etwa um 1200 v.Chr. erschien die erste Fassung des *I Ging* (*I Tsching, I-Ching*), das von den Konfuzianern verehrt und den Taoisten zu ihrer Bibel gemacht wurde.[9] Insgesamt gibt es 64 verschiedene unterschiedliche Hexagramme, deren Deutungsmöglichkeiten man im I Ging nachlesen kann. Ursprünglich wurde es mit Hilfe von Schafgarbenstengeln erstellt. Man kann auch Münzen verwenden.[10]

Der chinesische Kalender 历法

Für die Chinesen ist der Kalender das oberste Gesetz, liegt in ihm doch die ewige Ordnung von Natur und Universum begründet. Während wir unser Jahr nach dem Umlauf der Erde um die Sonne berechnen, ist die chinesische Kalenderentwicklung eine Synthese aus Sonnen- und Mondkalender. Da dies nicht exakt unserem Kalender entspricht, haben die chinesischen Festtage keinen festen Termin, sondern müssen für jedes Jahr wieder neu bestimmt werden. Dieser Mondkalender ist seit 4.000 Jahren in Gebrauch. Eine weitere Besonderheit des chinesischen Kalenders ist, daß nicht jeder Monat einem Tierkreis zugeordnet wurde, sondern daß jeweils ein Tier für ein gesamtes Mondjahr die Symbolfigur ist. Dies geht auf einen buddhistischen

Brauch zurück. Eines Tages berief Buddha alle Tiere zu sich, es kamen jedoch nur zwölf, denen er zum Dank jeweils ein Jahr widmete. Nach Ablauf eines 12jährigen Zyklus beginnt die Reihenfolge wieder von vorn.
Hierbei ist zu beachten, daß diese Tiere im chinesischen Kulturkreis eine andere Bedeutung haben als bei uns.[11]

Pferd	1906*	1942	1978	Ratte	1900	1936	1972
Feuerpferd*	1918	1954	1990		1912	1948	1984
	1930	1966*			1924	1960	
Ziege	1907	1943	1979	Büffel	1901	1937	1973
	1919	1955	1991		1913	1949	1985
	1931	1967			1925	1961	
Affe	1908	1944	1980	Tiger	1902	1938	1974
	1920	1956	1992		1914	1950	1986
	1932	1968			1926	1962	
Hahn	1909	1945	1981	Katze	1903	1939	1975
	1921	1957	1993		1915	1951	1987
	1933	1969			1927	1963	
Hund	1910	1946	1982	Drache	1904	1940	1976
	1922	1958	1994		1916	1952	1988
	1934	1970			1928	1964	
Schwein	1911	1947	1983	Schlange	1905	1941	1997
	1923	1959	1995		1917	1953	1999
	1935	1971			1929	1965	

Chinesische Festtage

Das chinesische *Neujahrsfest* ist das wichtigste Fest im chinesischen Kalender. Es findet am 1. Tag des 1. Mondes statt. Da der chinesische Mondkalender variabel ist, gibt es keine festen Termine; i.d.R. ist der Neujahrstag zwischen dem 21. Jan. und dem 18. Febr. 1981 war er am 5. Febr., ein Jahr später am 25. Jan., 1987 am 29. Jan., 1988 am 17. Febr.
1989 ist chinesisch Neujahr am 6., 7. und 8. Februar. 1990 findet es am 27., 28. und 29. Januar statt. 1991 ist es wieder am 15., 16. und 17. Februar. Jeweils am Abend des ersten Feiertages ist ein großes Feuerwerk im Hafen. Ansonsten ist das Abbrennen von Feuerwerkskörpern in Hong Kong (im Gegensatz zu China) wegen Brandgefahren verboten.
Das chinesische Neujahrsfest leitet den Frühling ein und hat den Charakter eines Familienfestes. Es wird drei Tage lang zelebriert. Man zahlt alte Schulden zurück, verehrt den heimischen Küchengott mit Speisegaben, besorgt sich Zweige mit Pfirsichknospen und beklebt die Häuser mit bunten Götterbildern, was man heutzutage v.a. in den alten Dörfern der New Territories und der Inseln noch gut sehen kann. Dienstleistungen kosten oft das doppelte, eine Form des „Trinkgeldes". Viele Chinesen verpacken ihre Gaben in rote Umschläge (*lai*), denn Rot ist die Farbe des

Glücks, und verschenken sie dann an Freunde. *Kung Hei Fat Tschoi* ist der cantonesische Neujahrsgruß und heißt „Gute Wünsche und viel Glück im Neuen Jahr".
Viel zu sehen gibt es für den ausländischen Besucher in dieser Zeit nicht, weil sich die Feierlichkeiten im Familienverband abspielen; v.a. sollte man sich hüten, zum chinesischen Neujahr in die VR China reisen zu wollen, denn das haben auch einige hunderttausend Einwohner Hong Kongs vor. Schon Wochen vorher sind die Züge und Flugzeuge hoffnungslos ausgebucht.
Etwa zwei Wochen nach dem Neujahrstag sind die Feierlichkeiten mit dem *Laternenfest* abgeschlossen. (1987: 12. Febr., 1988: 2. März).
Vorher, am 7. Tag des 1. Mondes, ist *Jedermanns Geburtstag* (*Yan Yut*). An diesem Tag wird jeder symbolisch ein Jahr älter.
Das *Tschin-Ming-Fest* am 8. Tag des 3. Mondes (1987: 5. April; 1988: 4. April) ist mit unserem Totensonntag zu vergleichen. Man besucht die Friedhöfe, schmückt die Gräber, verehrt die Ahnen, indem man ihnen Nahrung und Papiergeld mitbringt.
Am 21. April feiert man in Hong Kong den Geburtstag von Königin Elisabeth II.
Am 23. Tag des 3. Mondes (Mitte bis Ende April) (1987: 20. April; 1988: 8. Mai) wird der Geburtstag von *Tin Hau* in Hong Kong und Macao (dort heißt sie *A-Mah*) gefeiert. Es handelt sich um den Geburtstag der volkstümlichsten und am meisten verehrten Göttin in Südchina. Es ist die Wassergöttin, die Schutzpatronin der Seefahrer und Fischer. Gefeiert wird deswegen v.a. in den Hafengebieten von *Wanchai* und der *Joss-House-Bay* (*Tai Miu Wan*). Dort befindet sich ein schwer zugänglicher, der Tin Hau geweihter Tempel. Aber auch andernorts, wo man Tempel findet, wird gefeiert, und es gibt viele Drachen- und Löwentänze zu sehen.
In Macao verehrt man Tin Hau (hier: A-Mah) als Namensgeberin des Gebietes natürlich ganz besonders.
Am 8. Tag des 4. Mondes (1987: 5. Mai; 1988: 23. Mai) feiert man im Kloster *Po Lin* auf der Insel Lantau *Buddhas Geburtstag*. Die Buddha-Figur wird zeremoniell gebadet, danach nehmen die Gläubigen das mit Essenzen versehene Wasser zu sich, weil man sich davon starke Heilkräfte verspricht.
Im Mai (das genaue Datum wird 3 Wochen vorher bekanntgegeben), in den ersten Tagen des 4. Mondes, begeht man auf der Insel *Cheung Chau*, östl. von Lantao, das *Brötchenfest* (*Ta Chui*). Es wurde ursprünglich gefeiert, um die bösen Geister zu besänftigen, damit kein Unwetter oder eine Seuche über die Insel hereinbricht.
Dieses Fest ist v.a. taoistisch geprägt. Drei Tage lang gibt es Umzüge, verkleidete Menschen, Wettspiele. Symbol dieses Festes sind drei etwa 20 m hohe, kunstvoll errichtete Brötchenberge (darum „Brötchenfest"). Der Priester ruft dazu auf, kein Fleisch zu genießen und während der Festtage kein Tier zu töten; man bittet sogar die Geister der getöteten Tiere um Vergebung.
Um Mitternacht des letzten Tages dürfen die Brötchenberge dann von mutigen Kletterern geplündert werden. 1978 gab es ein Unglück, als zwei Brötchentürme umfielen. Seitdem ist das Besteigen vorläufig verboten.
Über 30.000 Besucher aus aller Welt kommen zu diesen Festlichkeiten.
Im Mai/Juni (1987: 31. Mai; 1988: 18. Juni), am 5. Tag des 5. Mondes, finden in Hong Kong und Macao die *Drachenboot-Feste* (*Tuen Ng*) statt.
Der Legende nach hat sich etwa um 300 v.Chr. ein berühmter Dichter aus Kummer über die Korruption in einem Fluß ertränken wollen. Doch seine Mitbürger wollten sein Leben erhalten und warfen Reis bzw. Fleischklößchen ins Wasser, um die Fische davon abzuhalten, den Dichter zu fressen. Noch heute werden diese Speisen am

Das Brötchen-Fest

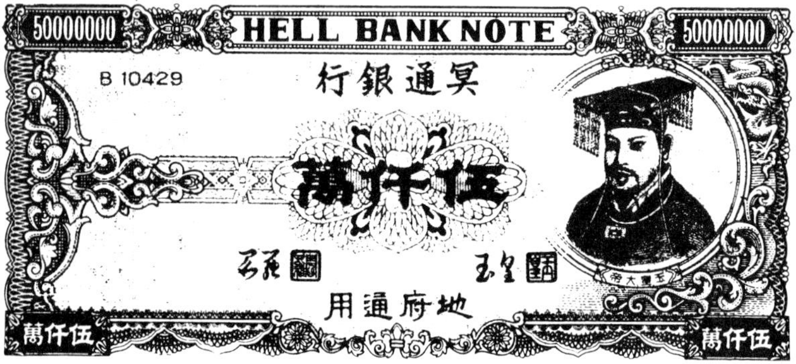

Hell Bank-Note

Tag des Drachenboot-Festes gegessen, und die Menschen jubeln den stattfindenden Bootsrennen zu. Die Boote haben geschnitzte Drachenköpfe und werden von 10 bis 20 Ruderern bedient. An den Rennen sind v.a. Teams der Clubs, aber auch von Wirtschaftsunternehmen gesponserte Mannschaften beteiligt. Die Rennen finden nicht nur in *Tai Po, Shaukiwan, Yaumati, Aberdeen* und *Stanley* statt, sondern einige Wochen später auch im internationalen Maßstab in *Penang* (*Malaysia*) und *Singapore*.
Am 15. Tag des 7. Mondes (1987: 7. Sept.; 1988: 26. Aug.) wird das *Fest der hungrigen Geister* (*Yue Lan*) begangen. An diesem Tag läßt der Wächter der Hölle Yue Lan alle Geister für 24 Stunden frei. Damit diese in ihrer Gier dann nicht über die Menschen herfallen, werden überall an den Straßen kleine Opferfeuer angezündet und Speiseopfer dargebracht. Natürlich wird an diesem Tag auch Papiergeld der Höllenbank („Hell Money") verbrannt.
Am 15. Abend des 8. Mondes (1987: 10. Okt.; 1988: 25. Sept.) feiert man in China das *Mondfest*. Es ist ein Fest der Herbstmitte, mit Analogien zum Erntedankfest. Es geht zurück auf die Zeit der Mongolenherrschaft über China, als man im 14. Jh. Geheimbotschaften in Kuchen verstecken mußte. Deswegen ißt man an diesem Abend *Mondkuchen*, eine Mischung aus Lotos, Sesamkörnern und Datteln.
Zwölf Tage später feiern die Chinesen den *Geburtstag von Konfuzius*. Hauptort dieser Feierlichkeiten ist der Konfuzius-Schrein in *Causeway Bay*.
Am 9. Tag des 9. Mondes (1987: 31. Okt.; 1988: 19. Okt.) wird das *Chung Yeun-Fest* begangen. An diesem Tag geht man möglichst auf einen hohen Berg, weil sich der Legende nach ein Mann auf diese Weise vor einer Katastrophe gerettet hat. Auch die Friedhöfe werden zu diesem Fest geschmückt.
Im Oktober und November finden in Hong Kong noch viele andere *Festivals* (Theater etc.) und *Wettkämpfe* statt, ein Wettschwimmen durch den Hafen, das *Asiatische Kunst-Festival*, Tenniswettkämpfe usw.
Die Gläubigen feiern in Macao neben den traditionellen chinesischen Festen noch alle Feiertage des *Katholizismus*.
Neben den Höhepunkten zu Ostern, Pfingsten und Weihnachten sind besonders wichtige Feiertage in Macao: Anfang März die *Prozession der Jesus-Statue* (Jesus' Weg nach Golgatha) von der Kirche St. Augustin zur Kathedrale.

Im Mai wird die *Muttergottes-Statue* von der St. Domingos-Kirche zum Bischofspalast getragen. Sehr populär ist auch das *Fatima-Fest*, wenn das Standbild der Heiligen aus Fatima aus der St. Domingos-Kirche durch die Stadt getragen wird (13. Mai).
Im November findet in Macao noch ein *Grand-Prix-Autorennen* statt.
Die genauen Daten der beweglichen chinesischen Festtage erfährt der Besucher in Hong Kong und Macao von den jeweiligen Touristenbüros.

Östliches und westliches Denken

Im chinesischen Denken ist die Zeit kein Ablauf von abstrakten Jahreszahlen, sondern eine Abfolge von zyklischen Ären. Deswegen ist es auch bedeutungslos, daß die Festtage variabel sind und immer wieder neu ermittelt werden müssen. Auch ist unser westlich-rationales Denken in Zahl, Zeit, Raum und Kausalität den Chinesen, wie auch vielen anderen Kulturen des Ostens, fremd.
Wichtiger sind statt dessen konkrete Orte und Anlässe im Hinblick auf Handlungen, die man begehen oder unterlassen sollte. Hierzu dienen Riten, Zeremonien und symbolische Handlungen.
Deswegen ist es auch verständlich, daß sich in China eine abstrakte personalisierte Religion, wie Judentum, Christentum oder der Islam, nie recht entwickeln konnte, denn es widersprach dem Denken der Menschen. Dagegen haben die Chinesen ein variables, *offenes Glaubenssystem* geschaffen, keine Religion, sondern eine *Synthese von drei philosophischen Richtungen*.
Im chinesischen Glauben gibt es kein Jenseits, keine Schuld, keine Sünde oder Strafe und Vergebung der Sünden, auch kein ewiges Leben. Diese Vorstellungen wie die allgemein menschlichen Projektionen sind eingebunden in die Verehrung der Ahnen, also konkreter Menschen, und sie sind deswegen nicht bezogen auf ein abstraktes System wie Religion oder eine Organisation, wie die Kirche sie darstellt.[12]
In Hong Kong herrscht völlige Glaubensfreiheit; durch das Völkergemisch gibt es Glaubensgruppen aller Weltreligionen. Diese Gruppen und ihre Stätten werden weiter unten beschrieben. Hier soll nur auf drei im chinesischen Kulturkreis dominierende Glaubenssysteme eingegangen werden, die in der Kolonie in über 600 Tempeln ihren Platz gefunden haben.
Auch in Macao herrscht Glaubensfreiheit. Demgegenüber ist die Ausübung religiöser Praktiken in der VR China in der Öffentlichkeit Beschränkungen unterworfen.

Konfuzius

Konfuzius (*Kung-Fu-Tse*) lebte um 551-479 v.Chr. und war einer der vielen wandernden Gelehrten in der chinesischen Geschichte. Ähnlich wie Lao-Tse hat er *keine Religion* entwickelt, sondern *Lebensregeln* aufgestellt. Im Mittelpunkt seiner Morallehre steht der Gedanke, daß durch das richtige Verhalten im Alltag die Harmonie mit der ewigen Weltordnung (*Tao*) erreicht werden könne; v.a. die Werte Selbstlosigkeit, Treue, Güte, Liebe, Humanität, Weisheit, Rechtschaffenheit und Unterordnung unter als natürlich angesehene Autoritäten in Familie und Staat hat

Konfuzius

Lao-Tse

Konfuzius verbreitet. Damit rückte insbesondere die Familie in das Zentrum seiner Bestrebungen, denn diese ethischen Prinzipien sollen in der Familie vermittelt werden. Durch die innere Haltung und moralische Größe, nicht durch die soziale Stellung und durch Reichtum werde man zum wertvollen Menschen.
Konfuzius' gesellschaftliches Ideal war der Gelehrte, der uneigennützig dem Kaiser als Beamter diente. Mädchen spielten in Konfuzius' Weltbild eine untergeordnete Rolle, man hätte sie eigentlich gleich nach der Geburt ersäufen sollen, hat er oft geäußert. Die Jungen dagegen sind für ihn vom Himmel gefallene Götter. Jahrtausendelang konnte man Mädchen nach ihrer Geburt töten. Noch in diesem Jahrhundert wurden von den Kleinkindern, die auf den Schiffen der *Water People* in Aberdeen und Yaumati lebten, nur die Jungen angeseilt.
Diese autoritär-männlichen Züge machten den Konfuzianismus v.a. bei den Mächtigen beliebt. Er war nicht nur eine Lebensform zur Regulation der menschlichen Beziehungen, sondern wurde zeitweise auch eine Art „Staatsreligion".
Im 3. Jh. v.Chr. gelang es den Herrschern der *Han-Dynastie*, die bis dahin eher im Volksglauben verwurzelten Ahnenkulte und Naturgötter zurückzudrängen und einen offiziellen Kult, der auf der Verehrung von fünf einheitlichen Göttern beruhte, einzuführen. Damit sollte die Macht des Kaisers gestärkt und das Reich in seiner Einheit gefestigt werden. Grundlage dieser heute nicht mehr aktuellen „Staatsreligion" waren auch die gesammelten Moralgesetze von Konfuzius und seinen Schülern. Im Jahre 174 v.Chr. schließlich opferte der Han-Kaiser am Grab des Konfuzius.
Konfuzius' Lehre hatte sich nun für 2.000 Jahre mit dem Kaisertum verbunden und wurde zur tragenden Säule des auf Autorität und sozialer Ungleichheit begründeten Reiches. Die Beamten werden nach Prinzipien der konfuzianischen Lehre ausgewählt.
Noch im Jahre 1906 wurde durch ein kaiserliches Edikt Konfuzius den höchsten Gottheiten des Himmels und der Erde gleichgestellt.[13]

道

Lao-Tse – Der Taoismus

Die weltanschauliche Gegenposition zum Konfuzianismus wird dem Weisen *Lao-Tse* (gest. etwa um 600 v.Chr.) zugeschrieben. Nicht das Verhalten des Menschen in der Gemeinschaft und sein Verhältnis zum Staat, sondern der Mensch als Individuum, in Einfachheit und Meditation sowie in seinem Verhältnis zur Natur, stehen in Lao-Tses Buch *Tao-Te-King* im Vordergrund. Tao kann man mit *Weg, Pfad* oder *Erkenntnis* übersetzen. In seiner Philosophie stellt der Taoismus alle herrschenden Werte in Frage und befürwortet deren Gegenteil. Die Welt ist eine falsche Welt des Scheins; man soll nicht nach Besitz, Macht und äußeren Werten streben: „Wer Genügen kennt am Genügenden, wird ständig genug haben" (108). Ein Taoist soll aber auch nicht mit seinem Wissen prahlen oder gar dafür werben: „Ein Wissender redet nicht; ein Redender weiß nicht" (129).

Der Taoismus stellt sich selbst so radikal in Frage wie keine andere Denkrichtung: „Vom Tao kann man weder behaupten, daß es ist, noch, daß es nicht ist." Es ist eine *Philosophie des Nicht-Tuns*, der Anarchie, des *extremen Individualismus*: „Wer etwas tut, zerstört es; wer etwas festhält, verliert es" (153).

Alles ist Wiederkehr, Leben und Tod sind nicht absolut getrennt, „Austritt ist Leben, Eintritt ist Tod" (115).[14] Einssein mit der Natur ist des Menschen Bestimmung, und der Tod gehört zur Natur des Menschen. Nur in der inneren Versenkung kann der Einzelne den wahren Sinn der Natur erkennen.

Im 1. Jh. n.Chr. entwickelten sich zwei Richtungen des Taoismus: Gebildete Einsiedler pflegten den Taoismus im Sinne einer esoterischen Weltanschauung. Versenkung, Yoga, rituelle Übungen und Alchimie sind ihre Hauptbeschäftigungen.

Für die Masse der Armen gewinnt der Taoismus dagegen eine sozialrevolutionäre Bedeutung. In Zeiten der Auflehnung gegen die Herrschenden standen taoistische Gedanken – wie bei der Bewegung der *Gelben Turbane* – hoch im Kurs. Schamanen und Hellseher haben jahrhundertelang das oft verfälschte taoistische Erbe bis heute erhalten. Diese vereinfachten und vielfach veränderten taoistischen Gedanken spielen heute in China noch immer eine Rolle, wenn es um Dinge geht, die wir mit unserem westlichen rationalistischen Verständnis nicht begreifen können. Seien es heilkundliche Praktiken wie die Akupunktur etc., Heil- und Kräuterkunde oder gymnastische Übungen wie *Kung Fu* oder *Tai Chi*.

Aus dieser volkstümlichen Verbreitung des Taoismus stammt auch die unüberschaubare Vielzahl von Göttern mit oft nur lokaler Popularität. Für nahezu jede Lebenslage, jede Situation und jeden Beruf oder jedes Problem gibt es einen bestimmten Schutzgott, der auf eine legendäre Gestalt in der Vergangenheit zurückgeht.

Der Buddhismus

Der Buddhismus ist – neben der chinesischen Variante des Kommunismus – die einzige fremdländische Weltanschauung, die je in China Verbreitung fand.

Beide wurden stark den chinesischen Verhältnissen angepaßt (sinisiert).

Der indische Fürstensohn *Siddharta Gautama* (etwa 563-483 v.Chr.) hatte in Varanasi (Benares) ein Erleuchtungserlebnis und zog nun für den Rest seines Lebens als „Erleuchteter" (*Buddha*) durch Indien. Von Indien aus breitete sich der Buddhismus über Ceylon, Burma und Thailand, die heute noch die einzigen buddhistischen Länder der Welt sind, über China bis hin nach Korea und Japan aus.

Wichtig an der Lehre des Buddhismus ist, daß es eine *Chance zur Überwindung der Welt* und zum *Eingehen in das Nirwana* geben könne. Mit dieser Lehre wollte der

Buddhismus den Hinduismus reformieren und einen Ausweg aus der Kette der Wiedergeburten zeigen. Mittel zum Heil sind die „vier heiligen Wahrheiten" und v.a. der achtfache Weg zum Nirwana: rechter Glaube, richtiger Entschluß, rechtes Leben, rechtes Wort, rechte Tat, richtiges Gedenken, richtiges Streben und rechtes Sich-Versenken.
Der buddhistische Einfluß in China begann im Jahre 65 n.Chr., in einer Zeit, als Konfuzianismus und Taoismus schon voll entwickelt waren. Besonders stark wurde der Buddhismus um 600-900 n.Chr. Dann wurde er häufig von der Bevölkerung kritisiert, weil er großen Reichtum angehäuft hatte. Seit dieser Zeit dominierte der *Mahajana-Buddhismus*, eine optimistische Variante, die die gesamte Menschheit, nicht nur asketische Einzelne, befreien möchte. In China gab es in den darauffolgenden Jahrhunderten noch weitere Variationen und Fortentwicklungen der buddhistischen Lehre.

Glaube und Alltag

Abgesehen von den wenigen Mönchen und Nonnen, sind die meisten Chinesen nicht ausdrücklich „nur" Taoisten oder Buddhisten. Die Vorstellung, daß man sich eindeutig nur einer Glaubensrichtung zuordnet, ist westlich-rationalistisch. Für die meisten Chinesen gibt es in Glaubensangelegenheiten *Mischformen*.
Im Alltag gelten konfuzianische Elemente im Umgang miteinander, daneben feiert man die buddhistischen und taoistischen Festtage. Auch ein getaufter chinesischer Christ findet nichts dabei, in bestimmten Dingen des Alltags taoistischen oder buddhistischen Grundsätzen zu folgen. Umgekehrt gab es auch Taoisten, die sich vor ihrem Tod noch zum Protestantismus bekannten, weil der protestantische Friedhof im Verständnis der taoistischen Lehre eine „günstigere" Lage hatte (s.u. Feng Shui).
Die Chinesen haben ein pragmatisches und wenig schuldbeladenes Verhältnis zu ihrem Glauben. Es gibt zwar keine konkreten Vorstellungen über das Leben nach

Papier-Auto als Grabbeigabe

dem Tod, doch sollen Beerdigung und Grabstätte prachtvoll sein. Deswegen wird ein Trauerzug von Musik und weißgekleideten (Weiß ist die Farbe der Trauer) Angehörigen begleitet. Es werden Speisen gereicht, die der Verstorbene im Jenseits den Göttern übergeben soll. Früher kamen die Verstorbenen erst in ein vorläufiges Grab, um dann mit Hilfe des Orakels und an einem von den Göttern als günstig angesehenen Tag an einen „richtigen" Platz endgültig beigesetzt zu werden. Ursprünglich war die Lage und Ausstattung des Grabes wichtig. Die beengten Verhältnisse in Hong Kong haben diese Kulte jedoch reduziert. Noch immer gibt es Menschen, die sich ihren Sarg vor ihrem Tod kaufen und zu Hause aufbewahren. Bei der Beerdigung selbst werden dem Verstorbenen neben Speisen auch große Nachbildungen von Autos oder Schiffen aus Papier (in der Canton Street, Kowloon, befindet sich eine solche Werkstatt) oder Papiergeld („Hell Money") zum Verbrennen mitgegeben.

Wenn man heute durch Hong Kong oder Macao geht, sollte man sich durch das moderne Äußere der Straßen, das westliche Warenangebot und die westliche Kleidung der Menschen nicht täuschen lassen. Hinter dieser Fassade eines modernen Alltags sind die Chinesen sehr traditionsbewußt.

Gleichberechtigtes Verhalten der Geschlechter, Kritik der Jüngeren an Älteren sind Verhaltensweisen, die selbst vielen westlich orientierten Chinesen nicht sehr geläufig sind.

Viele Chinesen glauben, daß die Menschen aus dem Westen sie und ihre Eigenarten nicht verstehen können. Damit haben sie recht. Sprache, Schrift, Brauchtum, Kultur und Verhaltensweisen im Alltag sind von unserer Denkweise völlig verschieden. Vor dem Hintergrund unserer westlichen Erfahrung sind wir oft geneigt, viele Verhaltensweisen von Asiaten durch unsere mitteleuropäische „Brille" zu sehen, was dann zu Mißverständnissen führt.

Hinter der Höflichkeit und dem exakten Oxford-Englisch mit cantonesischem Singsang eines Verkäufers in Hong Kong, oft die häufigste einheimische Kontaktperson des Touristen überhaupt, verbirgt sich häufig auch etwas Verachtung für den Fremden, der nur zum Geldausgeben gekommen ist und nicht einmal die Bedeutung der Speisen versteht, die er täglich ißt. Wohlgemerkt Verachtung, kein Neid.

Wenn man einen Chinesen bspw. nach den Weg fragt und dieser die Antwort nicht weiß, wird er das ungern zugeben, um sein „Gesicht" nicht zu verlieren (*Tiu-lien*). Die Verhaltensweise, um zu verhindern, daß eine Schwäche offensichtlich wird, stammt aus der traditionsbewußten Etikette der chinesischen Geschichte. Statt zuzugeben, daß man etwas nicht weiß, wird man sich lieber abwenden oder gar eine falsche Antwort geben.

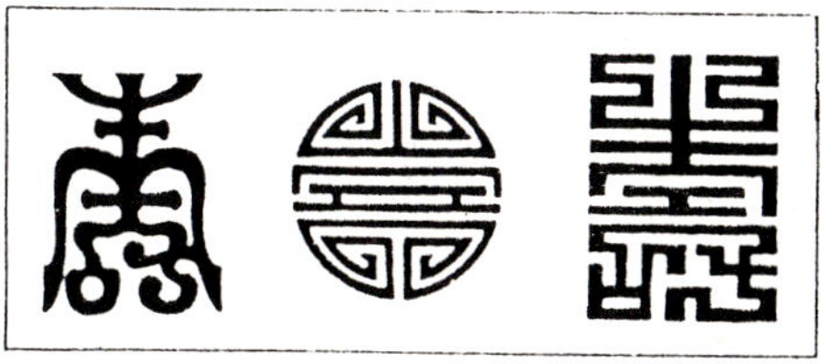

Drei Zeichen für Langlebigkeit

Feng Shui 风水

Zum taoistischen Erbe der chinesischen Kultur gehören auch Praktiken, die wir oft vorschnell als Aberglauben abtun. Im Sinne der Lehre von Yin und Yang und der fünf Elemente ist jeder Ort vom Kräfteverhältnis dieser Faktoren beherrscht. Auf cantonesisch nennt man das *Feng Shui*, was wörtlich übersetzt *Windwasser* bedeutet. Überall sind diese Kräfte der Elemente (*Chì*) am Werke; überall könnten auch Geister sein oder ein Drache unter der Erde leben. Bei Eingriffen in diesen natürlichen Zustand muß deshalb vorher das Orakel befragt werden.

Der englische Missionar *Eitel* hat jahrelang versucht, die Hintergründe von Feng Shui zu verstehen. Da er dies nur mit seinem westlich-christlichen Verständnis tun konnte, kam er zu dem Ergebnis, daß Feng Shui „lediglich ein anderer Name für Naturwissenschaft“ sei.[15] Dabei hatte ihm ein kleiner Chinesenjunge zu Beginn seiner langjährigen Studien die richtige Antwort bereits gegeben: „Wind und Wasser. Der Wind, den du nicht greifen kannst, das Wasser, das du nicht fassen kannst.“[16]

Das Feng Shui enthält viele Elemente, die auch neuerdings im Westen wieder aktuell sind: Erdstrahlen, unterirdische Wasseradern, magnetische Felder. Allerdings ist es falsch, Feng Shui damit gleichzusetzen oder als „Wünschelrutengängertum“ abzutun.

Als das Milliardenprojekt der MTR-Untergrundbahn in Hong Kong begonnen wurde, waren taoistische Priester anwesend, um durch eine Zeremonie die durch die Bauten möglicherweise gestörten Geister zu besänftigen.

Gleiches geschieht beim Bau eines Wohnblocks oder Hotels, aber auch beim Fällen eines Baumes. Beim Bau des Parkplatzes am Aussichtspunkt Lok Ma Chau, von dem aus man nach China blicken kann, vergaß man die Feng Shui-Riten, und prompt fühlte sich ein in der Erde lebender Drache gestört: Die Regierung hat nachträglich einen Exorzismus finanziert.

Natürlich wurde auch die Position des Eingangs des Hauptgebäudes der Hong Kong and Shanghai Bank, des modernsten und teuersten Bauwerkes der Welt, von einem taoistischen Priesters bestimmt.

Erdrutsch in der Po Shan Road/Kotewall Road 1972

„Vom 14. bis 18. Juni 1972 registrierte das Königliche Observatorium 678,2 mm Niederschlag.

Am 15. Juni geschah das Midlevel-Unglück, als ein großer Erdrutsch eine Garage von einer Terrasse in der Po Shan Road abbrach, die dann den Abhang herunterrutschte. Der Erdrutsch wurde größer und stieß gegen die Westseite von Skyline Mansion, überquerte die Conduit und Kotewall Road und stieß mit solcher Gewalt gegen das Gebäude Kotewall Court, daß das Gebäude am Fundament abbrach und den Hang herunterrutschte.

Der Block überschlug sich und zerbrach.“

Es hat 67 Todesopfer gegeben.

War es der „Zufall“ oder „Joss“, daß wir relativ schnell nach unserer Ankunft in Hong Kong eine günstige Wohnung auf dem Midlevel, in unmittelbarer Nähe zu meinem Arbeitsplatz an der Universität fanden? Die Anschrift: Kotewall Rd.

旭和道

war jedem meiner Studenten bekannt. Bei der Erwähnung dieser Anschrift zeigte sich Erschrecken auf ihren Gesichtern. Fast alle murmelten das Datum des Erdrutsches im Sommer 1972, bei dem der Vorläufer unseres Hauses nach tagelangen starken Regenfällen umgekippt war. 67 Menschen fanden den Tod. Meine Studenten waren zum Zeitpunkt des Unglücks etwa zehn Jahre alt. Sie hatten sich dieses Datum, wie die Daten vieler ähnlicher Unglücke, über die Jahre hinweg gemerkt. Darauf angesprochen, erklärte unser Hausmeister, daß man beim Bau des ersten Hauses versäumt hatte, durch eine Zeremonie die unter der Erde lebenden Geister zu besänftigen. Das Haus war nämlich auf dem „Auge des Drachens" gebaut worden. Beim Bau des neuen Hauses habe man das Versäumte nachgeholt; nun sei ein gutes *Feng Shui* auf dem Platz. Auch hätten viele Bewohner jetzt viel *Joss*, was man schon an der großen Zahl der Kinder erkennen könne. Trotzdem sind im Hause noch viele Wohnungen leer ...

Joss

Das nicht in der naturwissenschaftlichen Logik befangene Denken der Chinesen erklärt ihre Leidenschaft für das *Glücksspiel*. Ob man gewinnt oder verliert, hängt nicht so sehr von den abstrakten Gesetzen des Zufalls ab, sondern vom konkreten *Wohlwollen* der jeweiligen *Schutzgötter*. *Joss* ist das cantonesische Wort für Glück im Spiel und im Geschäft. Es geht immer um *Joss*, wenn man sein Geld beim Pferderennen (dem einzigen legalen Glücksspiel im puritanischen Hong Kong), sonstigen privaten Wetten oder beim *Mah Jong* riskiert. Das abendliche Klappern der Mah Jong-Steine gehört zu den schönsten Geräuschen in den alten Gassen chinesischer Städte. In Macao gibt es da mehr Möglichkeiten: Casinos, Hunderennen, Grillenkampf u.v.a.m.

Im Alltag sind aber auch schon die „richtigen" Nummern wichtig, bspw. an den Autos. In Hong Kong gibt es über 400 Autonummern, die in ihren Kombinationen als Glückszahlen („Lucky Numbers") gelten. Durch Versteigerungen und Zeitungsanzeigen kann man sie erwerben. 1979 wurde die als besonders glücksbringend geltende Nummer 6 für DM 150.000 verkauft.

Für nahezu jeden Zweck gibt es einen taoistischen Gott. Wenn der Student sich für eine Prüfung vorbereitet, opfert er *Wan Tschung*, dem göttlichen Gelehrten, während der Geschäftsmann dem Gott des Reichtums, *Tsai Shin*, eine Gabe mit in den Tempel bringt. Vor den Wohnungen und Geschäften kann man kleinere Altäre sehen, in denen abends die Räucherstäbchen aufgestellt werden. An den Fenstern der Häuser sehen wir oft einen kleinen runden „Geisterspiegel" (*Pad Kua*), der das von außen kommende „Böse" durch Blendung fernhalten soll.

Unserem westlichen, rationalen Denken sind solche Überlegungen fremd. Wir „glauben" nicht an das Orakel, die Handlesekunst, die geheimnisvollen Kräfte der Elemente, „gute" und „böse" Geister oder etwa daran, daß man im Tempel Weissagungen mit Hilfe eines Gebetsstäbchens (*chim*) erhalten kann. Für alle Vorfälle fänden wir eine exakte naturwissenschaftliche Erklärung.

Selbst wenn man es sich so leicht macht und diese Prinzipien östlicher Lebensform aus unserem verengten westlichen Blickwinkel einfach ablehnt, sollte man bedenken, daß viele Merkmale unserer Lebensform (Christentum, Wissenschaftsgläubig-

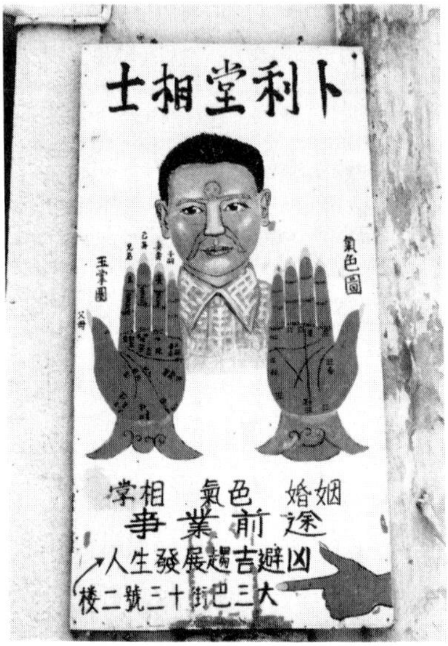

Die Praxis eines Wahrsagers. Auf dem Schild steht: Wahrsage, Wahrsager, Körperfarbe, Heiraten, Lebensperspektive, Lebensleistung, Tendenzen

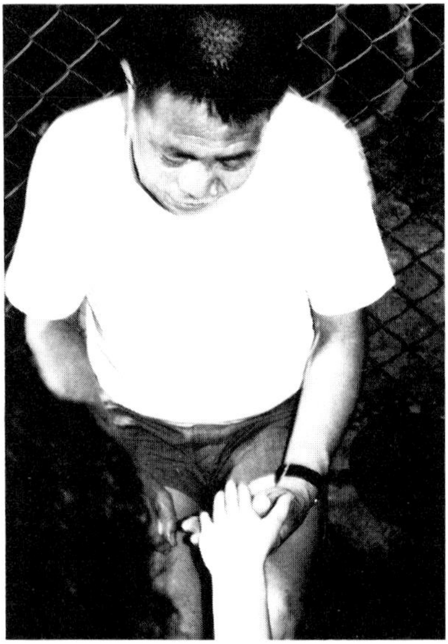

Wahrsager

keit, Verabsolutierung der Naturwissenschaften und des „Fortschritts" u.ä.) für Menschen aus anderen Kulturkreisen ebenso „merkwürdig" sind.

Viele Dinge, die man bei uns als unvorstellbar oder „Aberglauben" abgetan hat, mußten später revidiert werden. Immer mehr Menschen auch in Mitteleuropa mißtrauen ihrer Lebensform und wenden sich den Erkenntnissen der östlichen Lehre zu.

Selbst wenn man diese Einwände alle nicht akzeptieren kann, Realität ist jedoch, daß Millionen von Menschen seit Tausenden von Jahren in diesen Bezugssystemen leben, die damit (ob irrational oder nicht) eine gewichtige soziale Realität geworden sind.

Anmerkungen

1 Aus: The Straits Times Collection: Fun with Chinese Characters, Singapore, Kuala Lumpur, Hong Kong 1980, S. 7.
2 Aus: Schafer, Edward H.: China. Das Reich der Mitte, Reinbek 1976, S. 140.
3 Vgl. Gernet, Jacques: Die chinesische Welt, Frankfurt 1983, S. 19.
4 Vgl. Bloodworth, Dennis: Chinesenspiegel, Wien 1968, S. 205f.
5 Vgl. Martin, Helmut: Schriftzeichen, Kalligraphie, Sprache, in: China: Peking und der Norden (Merian, H. 11/34), o.J., S. 84.
6 Vgl. Grimal, Pierre: Mythen der Völker, Bd. 2, Frankfurt 1977, S. 266ff.
7 Vgl. Granet, Marcel: Das chinesische Denken, München 1980, S. 63ff.

8 Vgl. Unschuld, Paul U.: Medizin in China, München 1980.
9 Bloodworth, a.a.O., S. 240ff.
10 Vgl. Wilhelm, Richard (Übers.): I Ging. Text und Materialien, Düsseldorf 1977.
11 Vgl. Delsol, Paula: Chinesische Horoskope, Reinbek 1980.
12 Vgl. Gernet, a.a.O., S. 36.
13 Vgl. Do-Dinh, Pierre: Konfuzius, Reinbek 1981.
14 Lao-tse: Tao-Te-King, Stuttgart 1971.
15 Eitel, E.J.: Feng-Shui oder Die Rudimente der Naturwissenschaft in China (engl.: 1873), Waldeck-Dehringhausen 1982, S. 25.
16 Ebd., S. 8.

Literatur

Bauer, Wolfgang: China und die Hoffnung auf Glück. Paradiese, Utopie, Idealvorstellungen in der Geistesgeschichte Chinas, München 1974.
Bloomfield, Frena: The Occult World of Hong Kong, Hong Kong 1980.
Cooper,R.F.: Welcome to Hong Kong Temples, Hong Kong 1977.
Delsol, Paula: Chinesische Horoskope, Reinbek 1980 (u. versch. andere Ausgaben).
Deutsch-Chinesisches (Pinyin) Handwörterbuch, Hong Kong 1983. Zu beziehen über: Ming Fan Kulturladen, Stresemannstr. 19, D-4000 Düsseldorf 1.
Do-Dinh, Pierre: Konfuzius, Reinbek 1981.
Eberhard, Wolfram: Lexikon chinesischer Symbole, Köln 1983.
Eitel, E.J.: Feng-Shui oder Die Rudimente der Naturwissenschaft in China, London 1873, Waldeck, 1982.
Franke, Herbert/Trauzettel, Rolf: Das chinesische Kaiserreich (Fischer Weltgeschichte, Bd. 19), Frankfurt 1968.
Gernet, Jacques: Die chinesische Welt, Frankfurt 1983.
Granet, Marcel: Das chinesische Denken. Inhalt, Form, Charakter, München 1980.
ders.: Die chinesische Zivilisation. Familie, Gesellschaft, Herrschaft, München 1980.
Kaltenmark, Max: Lao-tse und der Taoismus, Frankfurt 1981.
Kuhn, Franz, (Übers.): Die Räuber von Liang Schan Moor, 2 Bde., Frankfurt 1980.
ders.: Kin Ping Me, 2 Bde., Frankfurt 1977.
ders.: Der Traum der Roten Kammer, 2 Bde., Frankfurt 1977.
Lao-tse: Tao-Te-King (verschiedene Ausgaben), Stuttgart 1979.
Martin, Heinz E.R.: Chinesische Malerei, München 1979.
Merkwürdige Kriminalfälle des Richters Di, Frankfurt 1980.
Schafer, Edward H.: China. Das Reich der Mitte, Reinbek 1976.
Sebastian/Leung: Hong Kong from A to Z, Hong Kong 1978. (Sprachführer Englisch, Cantonesisch und chinesische Zeichen).
Speiser, Werner: China. Geist und Gesellschaft, Baden-Baden 1979.
Unschuld, Paul U.: Medizin in China. Eine Ideengeschichte, München 1980.
Weggel, Oskar: China. Zwischen Marx und Konfuzius, München 1987.
Wilhelm, Richard (Übers.): Chinesische Märchen, Köln 1984.
ders.: I Ging. Text und Materialien, Düsseldorf 1977.
ders.: Kungfutse. Gespräche. Lun Yü. Düsseldorf/Köln 1974.
Yu-Chien, Kuan (Hg.): Chinesische Volkserzählungen, Frankfurt 1981.

Politik und Gesellschaft

政治

Verfassung und Verwaltung

宪法
管理

Hong Kong ist keine parlamentarische Demokratie. Parteien sind verboten, allgemeine Wahlen nicht bekannt. Das ist weder von London noch von Peking aus erwünscht. Die VR China befürchtet vermutlich eine Entwicklung zur selbständigen Nation. Damit gäbe es „drei chinesische Staaten". Aber auch die Bevölkerung von Hong Kong hat in ihrer überwiegenden Mehrheit keine Ambitionen in diese Richtung. Sie verfügt auch über keinerlei demokratische Tradition. Am liebsten würden 66% der Einwohner Hong Kongs den kolonialen Status über das Jahr 1997 hinaus beibehalten, wie Umfragen zeigen.
Nur so erklärt sich die Duldung des Kolonialregimes bis in die Gegenwart hinein.
Hong Kong hat, im Gegensatz zum „Mutterland", zwei Verfassungsdokumente. Das *Letters Patent* beschreibt die Machtfülle des Gouverneurs, während die *Royal Instruction* (1843) das Zusammenspiel der Regierungsorgane *Legislative Council* und *Executive Council* erläutert.

Der Gouverneur

Da Hong Kong keine parlamentarische Demokratie ist, wird es nicht regiert, sondern verwaltet.
An der Spitze der Verwaltung der britischen Kronkolonie Hong Kong steht ein i.d.R. für 5 Jahre von London ernannter Gouverneur, er repräsentiert die Königin als Staatsoberhaupt. Früher kamen die Gouverneure aus der Kolonialverwaltung, heute sind es meist hohe Diplomaten; sie unterstehen dem Außenministerium in London und sind keine Parteipolitiker. Obwohl er von London aus ernannt und abberufen werden kann, ist er der Bevölkerung von Hong Kong gegenüber Staatsoberhaupt und Regierungschef mit Vollmachten, die denen des US-amerikanischen Präsidenten im Rahmen eines Präsidialsystems entsprechen.[1]
Sir Murray MacLehose war von 1971 bis 1981 Gouverneur. Er leitete einige Sozialreformen ein. Seit Mai 1982 war *Sir Edward Youde* der 26. Gouverneur von Hong Kong. Er war früher Botschafter in Peking und sprach chinesisch, was bei den britischen Kolonialbeamten eine Ausnahme ist.
Am 5.12.1986 starb Gouverneur Sir Edward Youde während eines Besuches in Peking. Zu seinem Nachfolger wurde im Jan. 1987 *Sir David Wilson* ernannt; er war vorher schon in Hong Kong und Peking tätig und spricht ebenfalls Putonghua.
Der Gouverneur ist ex officio Vorsitzender der beiden Regierungsorgane der Kolonialverwaltung.

Executive Council (Exco)

Der Executive Council hat nur eine „oberflächliche Ähnlichkeit" mit einem Regierungskabinett.[2] Ihm gehören neben dem Gouverneur kraft seines Amtes der Innenminister, Finanzminister, Militäroberbefehlshaber und der Kronanwalt an. Hinzu kommen noch zwei hohe Verwaltungsbeamte und elf ebenfalls vom Gouverneur er-

nannte Nicht-Beamte. Diese sind i.d.R. Vertreter der großen Konzerne und anderer einflußreicher Interessengruppen. 1981 gehörten zu den ernannten (*Nominated Members*) der Chef der *Hong Kong and Shanghai Bank*, Michael Sandberg, und der frühere Tai-Pan von *Jardine and Matheson*, David Newbigging. Nach Miners sind die ernannten (*Unofficials*) Mitglieder dieses Gremiums v.a. deswegen von der Regierung ausgewählt worden, weil sie regierungskonform sind.[3]
Der *Exco* tagt wöchentlich, seine Sitzungen sind geheim, und er hat die Aufgabe, den Gouverneur zu beraten und die Durchführung der Gesetze (*Ordinances*) zu überwachen.
Der Exco ist also kein Regierungskabinett; die Mehrzahl der Verwaltungschefs ist in ihm nicht vertreten.
Der mächtigste Politiker ist der Finanzminister. Lange Jahre erzielte er durch eine konservative Haushaltspolitik Überschüsse bis zu 20%. Durch vermehrte Staatsaktivitäten und erhöhte Einstellung von Personal ist das Haushaltsvolumen in den letzten 30 Jahren beträchtlich angestiegen.

	Regierungsausgaben	Regierungseinnahmen[4]
1947/48	128 Mio. H.K.-$	164,3 Mio. H.K.-$
1977/78	10.004 Mio. H.K.-$	11.301,0 Mio. H.K.-$

60% der Einnahmen der Hong Kong-Regierung kommen aus Steuern, 16% aus der Bereitstellung von Gütern und Dienstleistungen (Flughafen, Hafen u.a.). Wichtiger noch ist der Umfang der Einnahmen, der aus der Verpachtung von Grundbesitz und Investitionen stammt, er beträgt etwa 12-23%.[5]
Die Regierung und Verwaltung von Hong Kong ist billig. Sie „scheint in mancher Hinsicht mehr in der klassischen Weise einer Unternehmung zu operieren als ein Wohlfahrtsstaat der Gegenwart."[6]

Legislative Council (Legco)
Der Legislative Council ist ein parlamentsähnliches Gebilde aus 56 Personen, mit dem Gouverneur und einigen hohen ex officio-Beamten an der Spitze. Es hat die Aufgabe, Gesetzes- und Verwaltungsinitiativen zu beraten und zu kontrollieren.
Eine Gesetzesvorlage der Verwaltung, die den Legco passiert hat und vom Gouverneur angenommen wurde, kann nur noch von der britischen Königin außer Kraft gesetzt werden. Diese Maßnahme ist seit „vielen Jahren nicht mehr ergriffen worden".[7]
Im Legislative Council gibt es 30 vom Gouverneur ernannte Mitglieder, die meisten von ihnen sind Chinesen.
Die Mitgliedschaft in diesem Gremium „ist nicht repräsentativ für Hong Kongs ethnische Gemeinschaft."[8] Die Europäer sind über-, die Chinesen und Inder sind unterrepräsentiert.
1976 wurde der erste „normale" Arbeiter als „Unofficial" vom Gouverneur in den Legco ernannt.[9]
1985 wurden erstmals zwei Kommunisten vom Gouverneur in den Legco berufen. Es sind der Direktor der rotchinesischen Handelskammer, *Ho Sai-chu,* und der Vizevorsitzende des Peking-orientierten Gewerkschaftsverbandes, *Tam Yiu-chung.*

Beide sind auch Mitglieder von Arbeitsgruppen, die den Übergang zum Jahr 1997 vorbereiten.
Im gleichen Jahr fanden erstmals indirekte Wahlen zu 24 Sitzen im Legco statt. 70.000 Menschen hatten das Wahlrecht, 45.000 ließen sich dafür registrieren und 25.000 gingen dann zur Wahl. „Die meisten der erfolgreichen Kandidaten waren entweder Geschäftsleute oder Akademiker". Wahlbeteiligungen dieser Art sind üblich.[10]
1988 wünschten sich in einer Umfrage 66% der Einwohner Direktwahlen zu den vakanten Sitzen des Legco. Dies wurde einvernehmlich von den Regierungen, den Multimillionären in Hong Kong und den chinesischen Kadern in Peking abgelehnt.
Beide Gremien, Exco und Legco, sind anachronistische Überbleibsel aus der britischen Kolonialzeit und haben eine 130jährige Tradition.
„Unofficial members" waren damals der Zuckerpflanzer auf den Westindischen Inseln, der Gummipflanzer in Malaysia, der Sklavenhalter oder, wie im Falle der Vergangenheit Hong Kongs, der Opiumhändler und Pirat.[11]

UMELCO
Die „Unofficial Members" des Executive und Legislative Council haben sich seit 1970 in einem gemeinsamen Büro (*Unofficial Members of Executive and Legislative Council*) zusammengeschlossen, um ihre Tätigkeit angesichts der Machtfülle der Verwaltung besser koordinieren zu können.
Auch kommt es häufiger zu offenen Konflikten zwischen der Regierung und den Unofficial Members des Legislative Council, wie z.B. 1984, als die wenigen Vertreter der Millionenbevölkerung ein Ende der Geheimverhandlungen um 1997 forderten.[12]
Immer mehr Einwohner forderten Direktwahlen zum Legco für 1988. Peking war dagegen. Bei einer Regierungsumfrage in der Kolonie wünschten 39.000 der Befragten Direktwahlen, und 94.000 waren dagegen. Merkwürdig war nur, daß die meisten Ablehnungsschreiben gleichlautende Vordrucke waren. 22.000 kamen von den kommunistischen Gewerkschaften und etwa 1.000 von Börsenmitarbeitern. Eine merkwürdige, aber verständliche Allianz.

Titel einer Informationsbroschüre

Urban Council, Regional Council, District Administration
Der Stadtrat (*Urban Council*) besteht z.Z. aus 30 Mitgliedern: 15 vom Gouverneur ernannte und 15 von der Bevölkerung gewählte. Er ist zuständig für kommunale Angelegenheiten wie Müllabfuhr, Märkte, Gesundheitswesen, Parks, Friedhöfe, Freizeiteinrichtungen u.ä. Seit 1986 gibt es in den New Territories nach diesem Vorbild auch einen *Regional Council* mit ähnlichen Aufgaben.
Nach diesem Muster wurden bereits 1982 Bezirksbeiräte gebildet, um eine Art Vermittlungsinstanz zwischen Regierung und Bevölkerung in den Stadtteilen zu schaffen. Auch hierfür gab es Wahlen. Schon 1968, nach den Unruhen von 1966/67, wurden in den Stadtteilen *City District Officers* als regionale, „bürgernahe" Koordinations- und Kontaktbeamte von der Regierung eingesetzt.[13]

Von den 501 Bezirksbeirats-Kandidaten, versuchen 120 eine Wiederwahl zu erreichen. Wie erwartet hat die Mehrheit von ihnen einen soliden Mittelklasse-Hintergrund, oder, wie Marx es beschreibt, sie kommen aus „dem Herzen der Bourgeoisie".

41%	Geschäftsleute
16%	Verwaltungsbeamte
12%	Lehrer
12%	Arbeiter
7%	Fachleute mittleren Niveaus
5%	Sozialarbeiter
4%	Rentner[14]

Rechtsordnung

In Zivil- und Strafsachen folgt Hong Kong, von kleineren Ausnahmen abgesehen, dem britischen Recht. Im Vollzug gibt es einige Besonderheiten: Es gelten z.B. noch die Prügelstrafe und die Todesstrafe, letztere wurde jedoch, nachdem sie in England abgeschafft worden war, in Hong Kong nicht mehr vollzogen. Chinesische Sitten und Gebräuche werden bei kleineren Fällen noch in Form von Friedensrichtern in der ersten Instanz berücksichtigt. Verboten sind dem europäischen Rechtsverständnis widersprechende alte chinesische Bräuche, wie z.B. das Konkubinat.
Die *Public Order Ordinance* in der Fassung von 1970 erlaubt es, daß jede nicht angemeldete Versammlung mit 7 Tagen Arrest geahndet werden kann.
Im „normalen", wenig politisierten Alltag Hong Kongs herrschen rechtsstaatliche Verhältnisse (Freiheit der Person, Information, Freizügigkeit, Unantastbarkeit von Wohnraum und Eigentum u.a.) vor. Jedoch wurde bei kritischen Aktivitäten in der Vergangenheit aufgrund der außergewöhnlichen Machtbefugnis der Kolonialverwaltung häufig davon abgewichen, etwa beim Verbot einer kritischen Studentenzeitung oder bei der Ausweisung ausländischer Studenten, die gegen die Vietnam-Politik der USA vor dem Pan Am-Büro in Hong Kong demonstriert hatten.[15]

Anfang 1982 hat man die amerikanische Rechtsanwältin Christine Vertucci aus der Kolonie ausgewiesen. Sie war dort seit 1974 als Vizedirektorin des im kirchlichen Wohlfahrtsbereich aktiven Asia Monitor Resources Centre tätig. Auch ist sie die Mitautorin eines UN-Reports über Menschenrechte. Gründe für die Ausweisung wurden nie genannt. Eine Protestaktion von über 120 Labour-Abgeordneten im House of Commons in London blieb ergebnislos.[16]
Gerichtsverhandlungen nehmen manchmal groteske koloniale Züge an: Gerichtssprache ist Englisch, auch wenn alle Beteiligten Chinesen sind. Der chinesische Richter fragt auf Englisch den Übersetzer, der den Angeklagten auf Cantonesisch; dieser antwortet in seiner Muttersprache, und der Übersetzer vermittelt den englischen Text an den ebenfalls cantonesisch sprechenden chinesischen Richter weiter.

Militär und Polizei
Die britische Krone ist in militärischer Hinsicht in Hong Kong nur symbolisch repräsentiert, militärisch zu verteidigen war die Kolonie nie. Es gibt etwa 20 Armeehubschrauber, ein Patrouilleschiff, knapp 9.000 Soldaten und etwa 9.000 *Gurkha-Söldner* aus Nepal, die die Grenze nach Flüchtlingen aus der VR China absuchen.
Die Stationierungskosten werden zu 75% von Hong Kong getragen. Am 1. 7. 1997 werden die britischen Truppen durch die chinesiche Volksbefreiungsarmee abgelöst. Über deren Befugnisse nach diesem Datum wird noch zäh verhandelt.
Ca. 30.000 Polizeibeamte sorgen für die „innere Ordnung". An der Spitze der Polizeibehörde stehen britische *Expatriats*. Erst 1983 kam ein Chinese auf die dritthöchste Rangstufe der Polizeihierarchie.[17] Von den 400 leitenden Polizeioffizieren sind nur 30% Chinesen. Bis 1997 soll eine chinesische Polizeiführung herangebildet werden.
Für die Europäer und wohlhabenden Chinesen ist die Polizei in ihren Leistungen nicht sicher genug. Wie in anderen Ländern der „Dritten Welt" leben diese Bevölkerungsgruppen in Wohngebieten, die von privaten Bewachungsdiensten beaufsichtigt werden.
Hauptproblem der Polizei von Hong Kong ist die weitverbreitete Korruption. 1978 wurden 118 Polizeibeamte entlassen, weil sie von einem Heroin-Syndikat bestochen waren.
Immer wieder werden Korruptionsaffären bekannt, so daß die britische Presse von einer „weitverbreiteten Korruption" innerhalb Hong Kongs Polizei spricht. Es kommt dabei auch zu Mordfällen und mysteriösen Selbstmorden; bspw. soll der „Selbstmord" von Inspektor John MacLennan dadurch zustande gekommen sein, daß dieser sich nach offizieller Darstellung „fünfmal selbst in die Brust geschossen hatte". Es sind v.a. höhere britische Polizeioffiziere, die öfter in solche Vorfälle verwickelt waren.[18]
1973 wurde ein Superintendent angeklagt; er hatte 207.000 H.K.-$ während eines Zeitraumes ausgegeben, in dem er nur 156.000 „legal" verdienen konnte.[19]
„Peter Godber, ein höherer Polizeioffizier, setzt sich mit 4,6 Mio. H.K.-$, mehr als das Sechsfache seines bisherigen Einkommens, heimlich aus der Kolonie ab." „Er wurde von England ausgeliefert und in einem Strafverfahren zu vier Jahren verurteilt. Der Kronzeuge gegen Godber, Taffy Hunt, kam ebenfalls aus dem Hong Konger Polizeidepartment. Er erhielt Straffreiheit und brüstete sich später in Spanien, daß er bei der Hong Konger Polizei mehr als eine Million US-$ nebenbei verdient habe."

Policemen

Für die niederen Ränge der vielen tausend chinesischen Polizeibeamten bleiben dabei eher „Beteiligungen" an illegalen Marktständen und verbotenen Glücksspielen übrig.[20]
Korruption kommt v.a. bei der Polizei vor, aber auch im sonstigen Verwaltungsapparat; insgesamt jedoch viel weniger als in anderen Ländern der Region. Zur Bekämpfung der Korruption hat man 1974 eine Spezialeinheit von über 1.100 Beamten gegründet, die *Independent Commission Against Corruption (ICAC)*. Sie ist dank außergewöhnlicher Vollmachten so erfolgreich, daß mehrere tausend Polizeibeamte gegen ihre Tätigkeit öffentlich demonstriert haben.
Die Korruption, die in vielen anderen Ländern der „Dritten Welt" der „Normalfall" ist, hat in Hong Kong folgende Quellen: Kauf von Ämtern und Diensten, Schutzgelderpressung und clanmäßige Verbundenheit. All dies hat in China eine zweitausendjährige Tradition. Um das zu unterbinden, waren die höheren Beamten des Kaiserhofes immer Eunuchen.
Weiterhin unterliegen Polizeibeamte in Hong Kong natürlich den besonderen „Verlockungen" des dort angesammelten Kapitals.[21]

Die Macht der Bürokratie

Es gib keine Parteien, keine allgemeinen Wahlen, keine parlamentsabhängige Regierung. Die üblichen Kanalisierungsmöglichkeiten öffentlicher Meinung und deren Umsetzung in Politik fehlen in Hong Kong ebenso wie umgekehrt die öffentlichen Schaukämpfe von Berufspolitikern zur Erhaltung und Ausweitung eigener Macht, wie es im Westen bekannt ist. Es bedarf keiner formaldemokratischen Legimation zur Ausübung von Macht und Herrschaft.
Hong Kong wird überhaupt nicht regiert, sondern per „Konsens" verwaltet. Die formaldemokratische Legitimation wird durch den sozialen Frieden ersetzt.[22]
Medium dieses Austausches zwischen einer europäischen, demokratisch nicht legitimierten Exekutive und einer chinesischen Millionenbevölkerung ist der aufgeblähte Verwaltungsapparat. Die Regierung ist der größte Arbeitgeber in der Kolonie. Von 1970 stieg die Zahl der im öffentlichen Dienst beschäftigten Personen von 74.000 auf 170.000 im Jahr 1984. Dabei hat die Polizei mit etwa 20% den größten Anteil.[23]

Die Expatriats
Von den 170.000 Beschäftigten im öffentlichen Dienst sind etwa 5.000 Engländer oder andere Commonwealth-Angehörige. Diese sind allerdings überproportional in den Leitungspositionen vertreten.
Viele von ihnen haben eine lange Verwaltungserfahrung im Kolonialdienst, sie waren zuvor schon in Kenia, Tansania, Ghana, Malaysia oder Singapore beschäftigt. Sie haben teilweise „koloniale Verhaltensweisen" angenommen und erfreuen sich vieler Privilegien wie Wohnungsgeld, Beihilfen zur Kindererziehung, einer längeren jährlichen Reise ins „Mutterland" und einer durchschnittlichen Gehaltshöhe pro Monat, die dem Jahreseinkommen eines chinesischen Durchschnittsverdieners entspricht.

Einfluß von „unten“
In der Vergangenheit haben sich zwei clubähnliche Gruppierungen (*Reform Club* und *Civic Association*) aus Mittel- und Oberklassemitgliedern hervorgetan, um ihre Kandidaten für die zur Ernennung oder Wahl anstehender Gremien zu empfehlen. Massenorganisationen waren diese Clubs nie.
Wirkungsvoller sind Gewerkschaften und v.a. kirchliche Gruppen, die besonders auf dem Sektor der Sozialarbeit tätig sind. Über Streiks, Sit-Ins, Protestaktionen finden sie Zugang zu den Medien. Dies ist die einzige Form einer demokratischen Öffentlichkeit in Hong Kong. Sofern Beteiligte dabei keine *Residents* sind, droht ihnen allerdings die Ausweisung ohne Angabe von Gründen.
Seit Bekanntwerden der britisch-chinesischen Erklärung bezüglich der Zukunft Hong Kongs ab 1997 mehren sich in der Kolonie Initiativen zur Gründung politischer Organisationen, die vorsichtig noch das Wort „Partei“ vermeiden. Denn Parteien und eine Parlamentarisierung Hong Kongs würde die VR China vermutlich nicht zulassen. Auch werden die sich häufenden Wahlen von Peking aus sehr skeptisch beobachtet.
Andererseits behandelt Peking Einwohner Hong Kongs schon lange als Landsleute. So wurden 1983 20 Personen aus Hong Kong und Macao zu Delegierten für den Nationalen Volkskongreß in Peking ernannt.[24]

Rassismus
Offiziell gibt es keinen Rassismus in Hong Kong. Aber der englische Kolonialismus hat auch dort, sozusagen als Nebeneffekt, rassistische oder besser, Chinesen diskriminierende Züge angenommen.
Englisch ist die Gerichtssprache und de facto dem Cantonesischen im Verwaltungsleben gleichgesetzt. Doch englische Telefonanrufe werden bei Behörden ernster genommen als die in einheimischer Sprache.
Der McKinsey-Report von 1973, ein Gutachten über Reformmöglichkeiten in der Regierungs- und Verwaltungsmaschinerie Hong Kongs, zeigt diese koloniale Ignoranz sehr deutlich: „Kein einziges Mal kommt das Wort ‚Chinesisch‘ in diesem großen Bericht vor.“[25]
Die Spitzenposten in Regierung und Verwaltung sind von Engländern besetzt. Immerhin stieg der Anteil der chinesischen höheren Beamten von 2,3% (1950) auf 44,4% (1978).[26]
Doch außerhalb des Verwaltungsapparates gibt es diese Erscheinungen nicht, hier dominieren Chinesen gegenüber den oft verachtungsvoll *Gwailos* (fremde Teufel) genannten Weißen.
Das Problem ist ein koloniales und soziales, kein primär rassistisches.

Hong Kong und das „Mutterland“ – Kolonialismus?
Außenpolitisch und militärisch ist Hong Kong aus Gründen der guten Beziehungen zur VR China abstinent. Internationale Vertretungen werden von London übernommen. Drittländer sind nur über Generalkonsulate vertreten. Taiwan und die Sowjetunion haben in Hong Kong überhaupt keine offizielle Vertretung. Auch die VR China nicht, da Hong Kong für sie kein Ausland ist.
Eigentlich war Hong Kong in seiner Beziehung zu Großbritannien auch in der Vergangenheit niemals eine Kolonie mit der „klassischen Kolonialfunktion“: Ausbeutung von Rohstoffen und Absatzmarkt für eigene Fertigprodukte. Es war vielmehr die Zwischenstation (Entrepôt) für solche Aktivitäten.

Daß Hong Kong nach 1949 erst ein günstiger Ort zur Ausbeutung billiger Arbeitskräfte wurde, davon hat London nicht mehr so viel profitieren können wie in den alten Zeiten des Kolonialismus. Bis 1972 mußte Hong Kong seine beträchtlichen Devisenreserven (900 Mio. Pfund Sterling) in London deponieren.
Die Hong Kong-Flotte erhielt kein eigenes Schiffsregister; registriert wurden in London allerdings nur die Schiffe der Tai-Pans. Die weitaus größeren Flotten der Chinesen zogen die Länder der „Billigflaggen" vor. Britische Luftfahrtgesellschaften werden auf dem Flughafen *Kai Tak* wie auf einem inländischen Airport behandelt.
Aber alles das sind keine großen finanziellen Vorteile, die London aus Hong Kong zieht. Hong Kong finanziert sich schon seit Jahren selbst, trägt 75% der Stationierungskosten der britischen Truppen und überweist beträchtliche Summen von Gehältern und Pensionen für britisches Personal ans „Mutterland".
In den Wirtschaftsbeziehungen hat sich Hong Kong streng am liberalen ökonomischen Prinzip orientiert. Die Importe aus dem „Mutterland" kommen erst an 6. Stelle. Dafür ist Großbritannien der drittgrößte Abnehmer von Fertigprodukten aus seiner Kolonie, und zwar zu Weltmarktpreisen.
In wirtschaftlicher Hinsicht hat Hong Kong also mehr Vorteile, nicht nur den Exportüberschuß, sondern es erhält über Großbritannien den Zugang zu den EG-Märkten und erhebliche Preisvorteile der geschwächten englischen Industrie gegenüber.[27]
„Die Gesamtbilanz von Großbritanniens Vorteilen und Kosten von Hong Kong ist diskutierbar und ungewiß, aber sicherlich auch bedeutungslos."
Hong Kong hat über seine Multis selbst eine wirtschaftliche Kolonialherrschaft in Ländern der Region. *Jardine and Matheson* haben beträchtliche Investitionen auf den Philippinen, Hawaii, in Réunion, Südafrika und Großbritannien getätigt.
Konzerne aus Hong Kong sind v.a. in Malaysia mit über einer Mrd. H.K.-$ beteiligt.
Der Finanzminister (*Financial Secretary*), Sir John Bremridge, der die Kolonie bezüglich des Lebensstandards heute schon auf gleicher Höhe mit Portugal und Griechenland sieht, glaubt, daß Hong Kong im Jahre 2000 „etwa genauso weit ist wie England und möglicherweise weiter."[28]

Anmerkungen

1 Vgl. Miners, Norman: The Government and Politics of Hong Kong, Oxford, New York, Melbourne 1977 (2. Aufl.), S. 63ff.; Harris, Peter: Hong Kong. A Study in Bureaucratic Politics, Hong Kong, Singapore 1980, S. 55ff.
2 Harris, a.a.O., S. 72.
3 Vgl. Miners, a.a.O., S. 144.
4 Zahlen aus: Rabushka, A.: The Changing Face of Hong Kong (AEI-Hoover Institution Studies 41), Washington 1973, S. 19; Woronoff, Jon: Hong Kong. Capitalist Paradise, Hong Kong, Singapore, Kuala Lumpur 1980, S. 73.
5 Vgl. Woronoff, a.a.O., S. 77.
6 Rabushka, a.a.O., S. 54.
7 Government Information Services (Ed.): Hong Kong 1985. A Review of 1984, Hong Kong 1985, S. 53.
8 Miners, a.a.O., S. 101.
9 Vgl. Woronoff, a.a.O., S. 45.
10 Vgl. Far Eastern Economic Review, 5.9.1985.
11 Vgl. Harris, a.a.O., S. 27.

12 Vgl. South China Morning Post, 26.2.1984.
13 Vgl. Wong, Christopher, K.K.: Communications between Government and People. Hong Kongs New City District Officer Scheme, in: Topley, Marjorie (Ed.): Hong Kong. The Interaction of Traditions and Life in the Towns, Hong Kong 1975, S. 146ff.
14 Vgl. Far Eastern Economic Review, 21.2.1985.
15 Vgl. Walker, J.: Under the White Wash, Hong Kong o.J. (1972), S. 16ff.
16 Vgl. South China Morning Post, 5.3.1982.
17 Vgl. South China Morning Post, 4.12.1983.
18 Vgl.: China Aktuell, Hamburg, Nr. 5/1978; The Guardian, Manchester, 14.9.1979; Höfer, Hans (Hg.): Hong Kong (Apa-Guides), München 1982, S. 47.
19 Vgl. Hong Kong Research Project (Ed.): Hong Kong. A Case to Answer, Nottingham 1974, S. 18.
20 Höfer, a.a.O., S. 43; Walker, a.a.O., S. 111ff.
21 Vgl. Harris, a.a.O., S. 140ff.
22 Vgl. Sui-kai Lau: Society and Politics in Hong Kong, Hong Kong 1982, S. 30.
23 Vgl. Government Information Services (Ed.), a.a.O., S. 61.
24 Vgl. South China Morning Post, 17.4.1983.
25 Harris, a.a.O., S. 115.
26 Vgl. Siu-kai Lau, a.a.O., S. 53.
27 Turner, H.A.: The Last Colony: But Whose?, Cambridge 1980, S. 7.
28 South China Morning Post, 18.12.1983.

Hong Kong – eine identitätslose, minimal-integrierte Gesellschaft

Die außergewöhnlich hohe Verstädterung und soziale Mobilität, die schwierigen Arbeits- und Wohnbedingungen, Marginalisierung ganzer Sozialgruppen sowie die gesellschaftliche Identitätslosigkeit haben Hong Kong zu einer „atomistischen Gesellschaft" gemacht. Diese „atomistische Gesellschaft" hat v.a. zwei Wertorientierungen: materielle Ziele und den „utilitaristischen Familismus". Ansonsten besteht diese Gesellschaft nur aus einem „großen Konglomerat von Familiengruppen, deren Beziehungen zueinander und mit der bürokratischen Politik gering sind und von gegenseitigem Mißtrauen geprägt ist."[1]

Das unpolitische Alltagsleben

Mangelnde politische Mitwirkungsmöglichkeiten, das Fehlen von Parteien und Organisationen zur politischen Willensbildung führen zu politischer Ohnmacht und Verantwortungslosigkeit.

Nur etwa 30% wissen, daß sie auf die kommunale Selbstverwaltung einen gewissen Einfluß nehmen können. Etwa gleich groß war in der Vergangenheit auch die Zahl derjenigen, die an den Kommunalwahlen teilgenommen haben.[2]

Die Beurteilung der englischsprachigen Kolonialregierung aus Sicht der chinesischen Bevölkerung ist nicht sehr positiv. 14% beklagen die Korruption in den Krankenhäusern, 22% meinen, daß die Polizisten ihre „Pflichten nicht erfüllten", sondern „korrupt" seien.[3]

Bei den jüngeren und gebildeteren Einwohnern ist die Distanz zur Kolonialregierung noch größer. Nur 9% meinen, daß die Verwaltung die Bedürfnisse der Bevölkerung „gut verstehe". 56% votierten für „nicht so gut", und 15% meinten, „überhaupt nicht" (nach einer Befragung von Studenten).[4]

„Insgesamt erwartet die Bevölkerung von der Regierung zu 57,3% soziale Stabilität; nur 10,5% möchten mehr Demokratie und soziale Gleichheit."[5]

Es gibt ein allgemeines ambivalentes Verhältnis zur staatlichen Autorität. Einerseits ist die Regierung ein „Bollwerk für eine stabile Gesellschaft", andererseits fürchten die Einwohner „die Beziehungen zu dieser Autorität".[6] Ein Verhalten, das es auch schon im alten China gegeben hatte.

Da die Kolonialregierung lediglich ein „Garant für politische und soziale Stabilität" sein soll, wird von ihr nur ein „friedlicher Rahmen für die Familienaktionen" erwartet. Weitere Erwartungen bestehen nicht. Denn „es gibt ein generelles Gefühl sozialer und politischer Ohnmacht und Entfremdung unter den Hong Kong-Chinesen."[7]

Oft diskutiert hat man die Gründe für die politische Apathie in Hong Kong. In der Vergangenheit kam es mehrfach zu Phasen hoher Politisierung.

Zu Beginn dieses Jahrhunderts gingen mehrere große politische Aktivitäten von Hong Kong aus. Die Revolution von 1911, Massenstreiks von 1920 wurden u.a. auf dem sicheren Boden der Kronkolonie vorbereitet. In Hong Kong selbst kam es, wie in Canton 1925, zu großen Streikaktionen der Seeleute und Hafenarbeiter.[8]

Andererseits war die Entpolitisierung der Kolonie von Anfang an eine Strategie der Kolonialmacht. Selbstgefällig erklärte z.B. der frühere Gouverneur *Grantham* das politische Desinteresse der Bevölkerung 1947 folgendermaßen:

„Es scheint eine allgemeine Apathie in der Öffentlichkeit vorzuherrschen über das, was hier vor sich geht. Ich denke, die Ursache hierfür ist, daß die Bevölkerung von Hong Kong sehr zufrieden mit ihrer Regierung ist."[9]
Nach Gründung der VR China konnte diese zwar ökonomisch-sozialen Nutzen aus der Situation Hong Kongs ziehen, wünschte jedoch keine innere Demokratisierung des Landes. Das wiederum kam den Machthabern in Hong Kong sehr entgegen; so betonte Gouverneur Grantham im Legislative Council 1950: „Wir können es nicht zulassen, daß Hong Kong das Schlachtfeld für sich streitende politische Parteien und Ideologien wird."[10]
Die Bevölkerung ist sich der Bedeutung des „China-Faktors" sehr wohl bewußt, also der Tatsache, daß von Peking aus ein unausgesprochen enger Rahmen für die innere Demokratisierung Hong Kongs vorgegeben ist. Dieser Handlungsrahmen wird sowohl von London, der Kolonialregierung und den ökonomisch Mächtigen der Kolonie gern akzeptiert.
So kann man sich auch die Apathie großer Bevölkerungsgruppen bezüglich der Zukunft ihrer Gesellschaft erklären. 1982, also kurz bevor Peking ganz Hong Kong zurückgefordert hatte, äußerten 53% in einer Meinungsumfrage, daß sie „nie" über die Zukunft diskutieren würden. 38% glaubten, daß sie die Zukunft (1997) nicht beeinflussen können.[11] Die Entwicklung seitdem hat dies bestätigt. Allerdings ist der Begriff „politische Apathie" nichtssagend, denn man muß unterscheiden zwischen einer politischen Apathie, die auf Zufriedenheit mit der Regierung beruht, was in der Kolonie nicht der Fall ist, und einer solchen, die „entstanden ist, weil es keine Kanäle politischer Partizipation gibt."[12]

Hong Kong – eine Klassengesellschaft eigener Art
Betrachtet man Hong Kong als eine extrem ausgeprägte Klassengesellschaft, so fallen mehrere Eigentümlichkeiten auf.
Die Klasse der abhängig Arbeitenden umfaßt 85% aller Erwerbstätigen (2,5 Mio.), zählt man noch die 3,6% Kleinhändler hinzu, so leben knapp 90% der Erwerbsbevölkerung in abhängigen, größtenteils sozial ungesicherten Berufsverhältnissen. Die Hälfte von diesen verdient unter 2.500 H.K.-$ im Monat.

Kleinhändler

Knapp 10% der Bevölkerung lebt sogar unterhalb der Armutsgrenze. Der Anteil der Industriearbeiter oder in unteren Positionen in Handel und Dienstleistung Tätigen unter den Erwerbstätigen beträgt 66,7% (BRD: unter 30%).[13] Nur knapp 10% der Beschäftigten sind Angestellte oder Techniker, also eher der Mittelklasse zugehörig.[14]

Die gewaltigen Einkommensunterschiede zwischen den unteren und den oberen Einkommensgruppen haben sich in den letzten Jahren nur geringfügig nivelliert.

Zu dieser ökonomischen Schichtung kommt noch eine zweifach politisch-administrative hinzu, die ebenfalls nur die sozial Schwächeren betrifft.

a) Es gibt eine jahrelang anhaltende soziale Differenzierung nach Wohnchancen (enge/größere Wohnungen, Wartelisten); und

b) Teile der Bevölkerung haben einen unterschiedlichen politischen und wohnsitzmäßigen Status (ID-Cards, Pässe, Staatsbürgerschaften).

Dieser derart sozial differenzierten großen Gruppe abhängig Arbeitender (v.a. im industriellen Sektor überproportional) stehen eine schmale Mittelschicht und zwei deutlich differenzierte Elitegruppen gegenüber.

Die englische Elite: Kolonialbeamte

Hong Kong wird regiert von britischen Verwaltungsbeamten, die alle Spitzenpositionen besetzt halten. Gerade in den Spitzenpositionen gibt es eine Dominanz der „Generalisten". Fachleute findet man dagegen eher in den oberen und mittleren Rängen, die teilweise mehr Sachkenntnis für die sozialen Probleme der Bevölkerung entwickeln können.[15]

Viele der britischen Verwaltungsbeamten waren schon vorher in früheren Kolonien tätig und sind von daher als Expatriats den Lebensbedingungen des „Mutterlandes" entfremdet. Ein britischer Beamter hat gegenüber einem chinesischen Kollegen, der in gleicher Position arbeitet, viele Privilegien. Er verdient mehr, hat längeren Urlaub mit bezahlter Heimatreise für sich und seine Familie, erhält nach Vertragsende eine Abfindung und Pension, lebt in besser ausgestatteten Regierungswohnungen.

Eine Assimilation der chinesischen Kultur findet selten statt. Die wenigsten Briten in Hong Kong sprechen Cantonesisch; sie verbringen ihre Freizeit in englischen Clubs und haben dabei wenig Sozialkontakt zur Bevölkerung. Die fortgesetzte britische Lebensweise, die Privilegien, die eigenen Machtbefugnisse lassen sie vielfach die andere Kultur ignorieren, teilweise sogar verachten. Folglich wird die chinesische Bevölkerung von den britischen Administratoren „als Subjekte angesehen, die einer kollektiven Entscheidungsfindung indifferent gegenüberstehen."[16]

Es herrscht ein „bürokratischer Paternalismus" vor. Diese Bürokratie einer fremden Kultur, die Hong Kong verwaltet, hat zwei besondere Merkmale:

- Es ist eine Bürokratie ohne „störende" politische Willensbildung, sozusagen die Bürokratie in Reinkultur. Verwaltung als Mittel zur Erfüllung demokratisch zustandegekommener politischer Entscheidungen gibt es nicht. Vielmehr ist die Verwaltung eine „Organisation geworden, die in erster Linie diese Organisation erhalten" möchte. Die Bevölkerung empfindet das auch so. Sie hält die Verwaltung für schwerfällig und für zu unflexibel.[17]
- Andererseits ist die Bürokratie von Hong Kong, trotz verbreiteter Korruption und Schwerfälligkeit, leistungsfähiger als diejenige im alten China oder Staatsverwaltungen in den Ländern Südostasiens. Das Fehlen einer Militärelite ist

hierbei ebenso ein Vorteil wie die Adoption englischer Beamter auf Zeit, womit übliche asiatische Probleme wie Ämterkauf, Patronagewirtschaft und Machtbalance zwischen verschiedenen regionalen, ethnischen, religiösen und kastenmäßigen Gruppen erfolgreich vermieden wurden.
Ein weiterer, die englische Bürokratie stabilisierender Faktor ist natürlich noch die Autoritätsgläubigkeit der Chinesen, ihr Bedürfnis, sich in einer bürokratischen Organisation einzuordnen, um damit Macht über andere ausüben zu können.

Die chinesische Elite: Großkapitalisten
Die chinesische Elite von Hong Kong unterscheidet sich grundlegend von derjenigen im alten China (Adel, Beamte, Grundbesitzer) wie auch der gegenwärtigen Elite in der VR China, den politischen Kadern.
Man schätzt, daß es in Hong Kong etwa 30.000 Millionäre geben soll. Bis auf die wenigen bekannten Ausnahmen alter Unternehmerfamilien, sind die meisten erst nach 1949 durch eigene Leistung, Risikobereitschaft, Familienbeziehungen, Glück und extreme Ausbeutung anderer zu ihrem unermeßlichem Reichtum gelangt.
Diese chinesische Elite ist zwar, aufgrund ihrer wirtschaftlichen Beziehungen, englisch und international orientiert, aber die versteht sich als Teil der chinesischen Bevölkerung. Kontakte zu Nicht-Chinesen im Privatbereich sind selten.
Zwar gibt es offizielle Kontaktstellen, wie die politischen Gremien, wo man schon vor Jahren einige Führer der chinesischen Wirtschaftselite (z.B. für den Legislative Council) kooptiert hat. Gleiches gilt für den bedeutendsten Club der Kolonie, den *Jockey-Club*. Folgendes inzwischen geflügelte Wort von *Richard Hughes* gibt die Antwort auf die Frage, wem Hong Kong gehört und wer dort die Macht hat. „Macht und Einfluß sind in Hong Kong im Jockey-Club zuhause, bei Jardine & Matheson, in der Hong Kong and Shanghai Bank und im Gouverneurspalast – und zwar in der Reihenfolge dieser Aufzählung.“[18]
Andererseits ist diese chinesische Elite nicht in der Bevölkerung verankert und damit für die Kolonialregierung keine Garantie für politische Stabilität.[19] Es gibt keine Großkapitalisten oder deren Agenten als Führer großer Massenbewegungen, wie in den westlichen Demokratien. Die Angehörigen der chinesischen Elite haben auch keine großen Probleme mit dem Jahr 1997. Entweder werden sie von der VR China gebraucht, oder sie wandern mit Hilfe gekaufter Staatsbürgerschaften und unter Mitnahme ihrer Finanzen aus.
So wird verständlich, daß es niemals eine Massenbewegung gegen London oder Peking, angeführt von Unternehmern oder Intellektuellen, gegeben hat.

Das Bündnis der Eliten
Von Anfang an hat es in Hong Kong eine Art „Klassenbündnis“ der ungleichen Partner, englische Bürokratie und chinesisches Großkapital, gegeben. Gegenseitige personelle Assimilation kam kaum vor, wie man es z.B. beim Austausch von Machteliten zwischen Politik, Verwaltung, Wirtschaft oder Militär in den westlichen Demokratien beobachten konnte.[20]
Hierzu fehlen grundlegende Bedingungen. Die Chinesen durften sich lange überhaupt nicht an der minimalen Selbstverwaltung beteiligen, bekamen im Verwaltungsapparat keine Leitungspositionen und konnten diesen auch nicht politisch kontrollieren, weil es keine politische Sphäre gab. Die britischen Kolonialbeamten sind immer nur auf Zeit in Hong Kong und haben eine kulturelle Distanz zu den

Chinesen. Auch sind sie nicht in die Wirtschaftswelt der Chinesen eingedrungen, mit Ausnahme der alten englischen Handelshäuser, der Hongs.

Beide Eliten verhalten sich autonom, beeinflussen sich nur gegenseitig in einigen wenigen offiziellen Kanälen zur Regulierung von Wirtschaft und Gesellschaft. Es ist eine „friedliche Koexistenz aufgrund gemeinsamer, fundamentaler Interessen", wie denen der ökonomischen und politischen Stabilität.[21]

Diese „Konspirations-Theorie" erklärt natürlich auch gut die politische Abstinenz der Mehrheit der Bevölkerung.[22]

Die schwindende Macht der englischen Verwaltungselite wird (informell) immer mehr ersetzt durch die Vetostellung der rotchinesischen Kader in Hong Kong selber, so daß sich für die Zeit nach 1997 ein neues ähnliches Bündnis anzubahnen scheint: chinesische Multimillionäre und kommunistische Kader.

Beziehungen zwischen Gesellschaft und Politik

In Hong Kong gibt es drei, für die soziale Integration nicht sehr bedeutende Schaltstellen, die die Beziehungen zwischen der atomisierten Gesellschaft und der nichtpartizipativen politischen Sphäre regeln.

1. Eine geringe Rolle spielt hierbei die chinesische Elite, die zwar überproportional in den politischen Gremien vertreten ist (90% kommen aus reichen Familien), aber über keinerlei Massenverankerung verfügt.[23] Von daher kann sie nur aus der Minderheitenpostion heraus in den politischen Gremien oder in Einzelaktionen in den Medien für Teile der Bevölkerung initiativ werden.
2. Die chinesischen Organisationen (*Kai-Fong* = Nachbarschaftsverbände, und *Clan-Verbände*) hatten in den 50er Jahren noch großen Einfluß auf die Bevölkerung. Seitdem hat sich ihre Massenbasis reduziert, u.a. durch Mobilität, Generationswechsel und allgemein veränderte Lebensbedingungen. Heute sind noch etwa 10 Verbände mit ca. 1.000–3.000 Mitgliedern tätig; von diesen arbeiten aber nur 10% aktiv mit (Unterstützung von Notleidenden, Unterhalt gemeinsamer Tempel, Finanzierung und Abhaltung von Begräbnisfeiern, Freizeitangebote).[24] Teilweise sind diese Organisationen von wohlhabenden Geschäftsleuten dominiert. „So fehlt bis heute gerade der im Durchschnitt armen, sozio-ökonomisch wenig differenzierten, kontaktlosen und fremd in die neue Lebensumwelt verpflanzten Bevölkerung jede tragfähige Basis zur sozialen Integration."[25]
3. Aus diesem Grund und auch, weil nach den Unruhen von 1967/68 die große Distanz zwischen Kolonialverwaltung und Bevölkerung deutlich wurde, hat man Ende der 60er Jahre das Amt des *City District Officers*, eine Art kommunaler Kontaktbeamter für den Wohnbezirk, von seiten der Regierung ins Leben gerufen.

Daneben gibt es noch die Mitglieder des *Urban Council* und als Kontaktbüro das UMELCO (*Office of the Unofficial Members of the Executive and Legislative Councils of Hong Kong*). Diese werden jährlich in etwa 10.000 Fällen angesprochen. Verglichen mit der Bevölkerungszahl Hong Kongs eine geringe Kontaktaufnahme.[26]

Seit 1970 betreibt die Regierung lokale Kontaktpflege über ein Hilfskomitee (*Mutual Aid Commitee*) mit Öffentlichkeitskampagnien. Knapp eine halbe Million Haushalte sind davon erfaßt.

„Von der Regierung finanziert und kontrolliert, ohne unterstützende Massenbasis, werden die Mutual Aid Commitees nicht als effektive Gemeindeorganisationen angesehen, die Serviceleistungen erbringen und Integrationsfunktion haben."[27]

Tam Kwok Kwan

Gwailos in Hong Kong

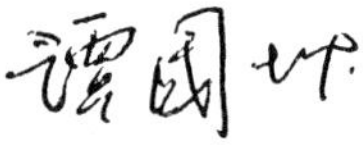

In Hong Kong bedeutet das cantonesische Wort *Gwailo* (ursprünglich: „Fremder Teufel") Fremder. In der Regel sind damit die Fremden aus dem Westen, aus den USA oder Europa, gemeint. Obwohl auch Inder, Afrikaner und Menschen aus der südostasiatischen Region in Hong Kong Fremde sind, ist mit dem Wort Gwailo nur der weißhäutige Fremde gemeint. Das kam wohl daher, daß die meisten Fremden, die früher nach Hong Kong kamen, Europäer und Amerikaner waren. Meiner Meinung nach gehören die meisten Gwailos in Hong Kong, außer den Touristen, der Oberklasse an. Viele von ihnen sind Geschäftsleute, Fachleute oder Verwaltungsbeamte. Diese werden besser bezahlt als die meisten Chinesen. Auch erhalten sie noch zusätzliche Vergünstigungen. Außerdem leben die meisten Gwailos in Wohngegenden, die für den normalen Hong Kong-Chinesen viel zu teuer sind.

In Hong Kong haben die Gwailos ihre eigenen Gemeinden, z.B. in der Kirche oder in Privatclubs. Die meisten von ihnen sind nicht in die chinesische Gemeinschaft integriert, außer einer Minderheit, die versucht, uns zu verstehen.

Das mag auch an der Sprachbarriere liegen: Nur wenige Chinesen können fließend Englisch sprechen, und noch weniger Gwailos sprechen Cantonesisch. Obwohl die meisten der Gwailos alleine oder mit ihrer Kleinfamilie nach Hong Kong kommen, suchen sie ihre Freunde in ihrer eigenen Kultur.

Ich habe den Eindruck, daß die meisten Gwailos nach Hong Kong kommen, um Geld „zu machen". Wenn sie genug davon haben, verlassen sie Hong Kong schnell wieder. Sie bringen dann ihr Geld zurück in ihre Heimat und setzen dort ihre Karriere fort.

So ist Hong Kong für sie nur ein Sprungbrett für die Zukunft. Einige der Gwailos kommen nach Hong Kong, weil es in ihrer Heimat Arbeitslosigkeit gibt. In Hong Kong erhalten sie dann leichter einen höher bezahlten Beruf als Chinesen mit der gleichen Qualifikation. Die Ursache hierfür ist, daß viele Handelsgesellschaften in Hong Kong von Gwailos betrieben werden und daß die englische Sprache deswegen sehr wichtig ist, v.a. in der Regierung. Einst hatte ich einen Freund aus England, er war Anwalt. Er erzählte mir, daß er nur des Geldes wegen nach Hong Kong gekommen war. Nach einigen Jahren würde er genug Geld verdient haben, um in England eine eigene Anwaltspraxis aufmachen zu können.

Deswegen sind die meisten Gwailos in Hong Kong nicht verwurzelt. Sie kümmern sich überhaupt nicht um die Probleme der Menschen hier, v.a. die Regierungsbeamten. Die Gründe hierfür sind einfach, für sie ist Hong Kong nicht das Zuhause. Die höheren Regierungsbeamten sind alle Briten. Durch die gemeinsame Herkunft werden die englischen Unternehmer von der Regierung gefördert. Beispielsweise hält die Regierung die Steuern für die Unternehmer sehr niedrig. In meiner Elterngeneration gibt es einen Witz über die Gwailos, v.a. über die englischen Polizeioffiziere. Diese sollen in England Bettler oder Straßenfeger gewesen sein. Als sie nach Hong Kong kamen, durften sie hier die Einwohner kommandieren.

Der Hintergrund für diesen Witz ist, daß man hier annimmt, daß diejenigen, die

in ihrer Heimat beruflich scheitern, nach Hong Kong kommen, um viel Geld zu verdienen und schnell zur herrschenden Klasse gehören können.
Kürzlich gab es ein Problem mit einem jungen Mann aus England, der vorübergehend in einem großen Hotel als Toilettenreiniger seine Reisekasse aufbesserte. Als andere Gwailos das sahen, meinten sie, dies sei eine Schande, und sie würden deswegen ihr „Gesicht verlieren". Durch ihren Einfluß erhielt der junge Engländer einen anderen Posten im Hotel.
Aus all dem können wir sehen, daß die Gwailos eine besondere Klasse sind, mit vielen Privilegien formeller und informeller Art.
Die meisten Gwailos in Hong Kong sind ausgesprochen selbstsicher. Viele Chinesen, die mit ihnen zu tun haben, nehmen sich vor ihnen in acht, weil sie wissen, daß die Gwailos sich schnell bei ihren Vorgesetzten oder in der Presse über sie beschweren können. Chinesen würden das selten tun.
Nachdem ich Gwailos näher kennengelernt habe, denke ich, daß sie auch nur menschliche Wesen sind. In der Ferienzeit habe ich einige US-Amerikaner kennengelernt. Ich habe den Eindruck, daß sie das Leben leichter nehmen und es sich leichter machen als wir. Auch sind sie viel mehr Individualisten, vielleicht ist das Teil ihrer Kultur. Als die Amerikaner ihren freien Tag hatten, gingen sie alle in die Stadt, jeder für sich alleine. Chinesen würden in einer fremden Stadt immer zusammen ausgehen, sogar wenn sie verschiedene Interessen hätten. Ich weiß aber auch, daß die Gwailos verschieden sind. Amerikaner sind anders als Europäer. Ich weiß das aber erst, nachdem ich durch die USA und Europa gereist bin. Da gibt es sehr verschiedene Gwailo-Kulturen. Früher konnte ich das überhaupt nicht unterscheiden.
Obwohl es in Hong Kong viele Gwailos gibt, finden die Einwohner es immer interessant, sie sich anzusehen. Denn die in Hong Kong lebenden Gwailos halten sich meistens nur in ihren Wohn- und Arbeitsquartieren auf. Wenn ein Gwailo z.B. nach *Shamshuipo*, einem ärmeren Viertel, kommt, sehen ihn die Leute interessiert an. Sie denken vielleicht, daß er ein höherer Regierungsbeamter ist, der die Gegend kontrolliert, oder ein Delegationsmitglied aus einem anderen Land.
Durch meine Kontakte mit einigen Gwailos, Verwaltungsbeamten, Lehrern, Fachleuten, habe ich festgestellt, daß sie auch nur Menschen sind. Sie sind ganz normale Leute, nur mit einer anderen Sprache und anderen Erscheinungen.
Viele Gwailos in Hong Kong kommen mir sehr höflich und gut ausgebildet vor. Einige sind sehr zurückhaltend, andere ausgesprochen dümmlich. Sie sind genau wie die Chinesen oder die Menschen in anderen Kulturen.
In bezug auf das Jahr 1997 wandelt sich die Erscheinung des Gwailos in Hong Kong. Es gibt Forderungen, daß mehr Chinesen in die hohen Verwaltungsämter sollen. Die Regierung reagierte bisher nicht auf dieses Verlangen. Wenn Hong Kong sich immer mehr in ein Wirtschaftszentrum verwandelt, wird die Nationalität wohl nicht mehr ein so wichtiger Faktor sein, sondern Kenntnisse und Fähigkeiten mehr zählen.
Lassen Sie uns diese Beschreibung der Gwailos damit beenden, daß Sie als Fremder Hong Kong besuchen. Seien Sie darauf gefaßt, daß, wenn Sie jemanden ansprechen, dieser Ihnen zu verstehen geben wird, daß er Ihre Sprache nicht versteht. Dabei lächeln die Chinesen. Das ist ein universelles Zeichen für Unfreundlichkeit bei Verwirrung.

Wo liegen die Grenzen der Systemloyalität in Hong Kong?
Ob das „Klassenbündnis" weiterhin erfolgreich sein wird, hängt vom weiteren Erhalt der Systemloyalität der Bevölkerung ab. Gleichbleibende Politik der VR China und anhaltende Vollbeschäftigung vorausgesetzt, hängt diese Systemloyalität auch davon ab, inwieweit es gelingt, Unruhen in der Bevölkerung durch verbesserte soziale Dienstleistungen zukünftig zu verhindern.
Wie brüchig die Konformität der Chinesen in Hong Kong ist, haben die Ereignisse von 1967/68 und weitere Vorfälle in der jüngsten Vergangenheit sowie gestiegenen Devianzziffern gezeigt.
Das anachronistische koloniale Missions-Wohlfahrtssystem wurde verbessert zugunsten eines Ausbaus der Sozialleistungen der Regierung und einer stärkeren finanziellen Förderung der freien Träger. Damit ging die Kolonie einen Schritt weg vom laissez faire-Prinzip, ist aber andererseits noch kein Sozialstaat im westlichen Sinn geworden. Dies entspricht auch nicht der asiatischen Tradition, wo ein jahrhundertelanges Ringen um den Sozialstaat unbekannt ist. Mehr Sozialstaat würde eine höhere Besteuerung erfordern, das wiederum führt zu Kapitalflucht und in die Krise. Andererseits kann eine zunehmende Marginalisierung großer Bevölkerungsteile ebenfalls in die Krise führen.

Die Analyse der Zusammenstellung zeigt folgende Ergebnisse:
- Die verstärkten Aufwendungen für Wohlfahrt sind im üblichen anteiligen Rahmen der Budgeterhöhung geblieben, ein Umstand, den die Hong Kong-Regierung durch Präsentation der absoluten Zahlen gern verschleiert.
- Es hat innerhalb des Sozialbudgets eine geringfügige Verschiebung von verminderten Ausgaben im Wohnungsbau zu vermehrten Ausgaben in der Wohlfahrt stattgefunden.
- Das gleiche Bild zeigt sich auch bei der Analyse der Ausgaben für den Wohnungsbau und die Wohlfahrt im Verhältnis zum Gesamtbudget.
- Den Hauptzuwachs verdankt der Posten für Wohlfahrt den Gesetzen zur sozialen Sicherung (*social security*), die in den 70er Jahren eingeführt wurden.
- Gemessen an anderen Budgetausgaben sind die Aufwendungen für die Wohlfahrt immer noch geringfügig.
  Von den Regierungsausgaben 1984/85 wurden verwendet für:[28]

Gesamtausgaben	**37.332 Mio. H.K.-$**
Verteidigung	1.564 Mio. H.K.-$
Polizei/Justiz	2.934 Mio. H.K.-$
Infrastruktur	3.427 Mio. H.K.-$
Wirtschaftsdienstl.	1.193 Mio. H.K.-$
Wohlfahrt	2.150 Mio. H.K.-$

Es wird damit deutlich, daß die erhöhten Ausgaben für die Wohlfahrt lediglich auf geringfügige Umschichtungen innerhalb des Budgets zurückzuführen und v.a. aber durch eine sehr niedrige Ausgangsposition zustande gekommen sind. Die absoluten Zahlen der Regierung, die insbesondere die prozentualen Zuwächse herausstellen, verschleiern die Situation. Die propagandistisch groß herausgestellte Ausweitung der sozialen Dienste hält sich, finanziell gesehen, im normalen Rahmen einer Bud-

geterweiterung. Es hat keine strukturelle Veränderung der Regierungspolitik von Hong Kong in Richtung auf einen Sozialstaat stattgefunden. Seit 1986 kommt es zu Mittelkürzungen.
Vor allem ein Blick auf die Staatsquote, des prozentualen Anteils der Staatsausgaben am Bruttosozialprodukt, zeigt, daß Hong Kong noch weit von einer sozialstaatlichen Situation entfernt ist:

Die Staatsquote in % des BSP 1985

Italien	57,9%
Frankreich	51,6%
Großbritannien	43,2%
Japan	38,0%
USA	34,9%
BRD	47,7%
Hong Kong	15,0%

(BRD 1960: 32,9%; 1982: 49,8%)[30]

Die Regierung hat zwar stärker in den Finanzierungsprozeß der freien Wohlfahrtsverbände eingegriffen und sie damit unter Kontrolle gebracht. Weiterhin sind aber die Großunternehmer in der Almosensammelstelle des *Community Chest* dominierend.
Die *Tai-Pans*, die Chefs der großen englisch-chinesischen Handelshäuser, finanzieren den Community Chest mit etwa 50%. Trotzdem machen diese Gelder nur etwa 1% der Unternehmergewinne aus.[31]
Zählt man diese 1% noch zum Maximalsteuersatz von 18,5% hinzu, so liegen alle finanziellen (und somit auch die sozialen) Verpflichtungen der multinationalen Konzerne für die arbeitende Bevölkerung noch unter 20%.
Gleichzeitig hat man damit eine unerwünschte sozialstaatliche Entwicklung verhindert und kann sich in der Öffentlichkeit noch als „Wohltäter" feiern lassen.
Beispielsweise hat der Reeder *Sir Pao* 1984 10 Mio. **$** gestiftet, der Unternehmer *Sir Shiu-kin* in den letzten Jahren sogar über 70 Mio.[32] „Um die Armut zu verstehen, müssen wir das Verhalten der Reichen studieren", schrieb der Sozialarbeitsprofessor von der Hong Kong-University, *Peter Hodge*.[33] Die Motive der Reichen sind klar. Durch diese minimale freiwillige Sozialumlage bleibt das System der Mischfinanzierung erhalten, eine Steuerung der freien Träger gewährleistet, und man sorgt zudem für public relations in der Öffentlichkeit.
Wie sehr dieses System der Finanzierung der Wohlfahrt mit der Beibehaltung der übrigen politisch-ökonomischen Rahmenbedingungen und dem Interesse der VR China parallel geht, zeigt die Bestätigung aus Peking, wonach das aus der Kolonialzeit stammende Wohlfahrtssystem auch nach 1997 beibehalten werden soll.[34]
Unter diesen Gesichtspunkten ist Hong Kong eine „minimal-integrierte Klassengesellschaft", der Anachronismus einer „kapitalistischen Kolonie", die wirtschaftlich erfolgreicher ist als das „Mutterland". Macht und Herrschaft teilen sich dabei zwei voneinander isolierte Eliten in Form eines „Klassenbündnisses", denen es gelang, sich erfolgreich vom übrigen Teil der Bevölkerung abzukapseln.
Innerhalb der vorgegebenen Handlungsspielräume ist die britische Kolonialregie-

rung im politischen Sektor ebenso autonom wie die chinesischen Großkapitalisten im Wirtschaftsbereich; dazwischen befindet sich eine atomisierte chinesische Gesellschaft, die unter extremen Lebensbedingungen existiert und über keinerlei politische Partizipation verfügt.
Das Erstaunliche ist hierbei, wie lange und gut funktionierend dieses im Grunde genommen anachronistische System schon besteht und sogar gewaltige Wandlungen seiner Gesellschaft und Wirtschaft elastisch integrieren konnte.[35]
Der wichtigste Faktor hierbei war natürlich der „geringe Grad der politischen Mobilität der chinesischen Bevölkerung".[36]
Wie diese Gesellschaft noch auf die Herausforderungen und Bedrohungen, die das Jahr 1997 und die Zeit danach mit sich bringt, reagiert, bleibt abzuwarten. Möglicherweise scheint sich für die Zukunft nach 1997 noch ein ganz anderes Bündnis anzubahnen: das zwischen chinesischen Großkapitalisten und rotchinesischen Kadern, die die englische Kolonialbürokratie ersetzen. Für die notwendige „Massenbasis" sorgen dann die Anhänger der rotchinesischen Gewerkschaften.

Anmerkungen

1 Siu-kai Lau: Society and Politics in Hong Kong, Hong Kong 1982, S. 121.
2 Vgl. Bonavia, David: Hong Kong 1997. The Final Settlement, Hong Kong 1985 (2. Aufl.), S. 65ff.; Far Eastern Economic Review, 20.3.1986.
3 Vgl. Siu-kai Lau, a.a.O., S. 111f.
4 Vgl. ebd., S. 105.
5 Ebd., S. 103.
6 Ebd., S. 102.
7 Ebd., S. 74.
8 Vgl. ebd., S. 14.
9 Ebd., S. 58.

10 Ebd., S. 36.
11 Bonavia, a.a.O., S. 66f.
12 Siu-kai Lau, a.a.O., S. 13.
13 Vgl. Statistisches Bundesamt (Hg.): Statistisches Jahrbuch für die B.R. Deutschland 1985, Stuttgart, Mainz 1985, S. 102f.
14 Vgl. Census and Statistics Department (Ed.): Hong Kong By Census 1976, Hong Kong 1976, S. 32.
15 Vgl. Siu-kai Lau, a.a.O., S. 51.
16 Ebd., S. 31.
17 Vgl. ebd., S. 46 und 56.
18 Hughes, Richard: Hong Kong. Brückenkopf auf Abruf, Wien, Frankfurt, Zürich 1967, S. 21.
19 Vgl. Siu-kai Lau, a.a.O., S. 15.
20 Vgl. Mills, C.W.: The Power Elite, New York 1956.
21 Siu-kai Lau, a.a.O., S. 158, S. 162.
22 Vgl. ebd., S. 15.
23 Vgl. ebd., S. 126.
24 Vgl. ebd., S. 133ff.
25 Buchholz, Hanns J./Schöller, Peter: Hong Kong, Braunschweig 1985, S. 175.
26 Vgl. Siu-kai Lau, a.a.O., S. 152.
27 Ebd., S. 148.
28 Zahlen für die Tabelle aus: Government Information Services (Ed.): Hong Kong 1977, S. 244; ders.: Hong Kong 1985, S. 85, 97, 99, 156, 318. Alle erschienen in Hong Kong 1977 bzw. 1985.
29 Zahlen aus: ebd., Hong Kong 1985, S. 318.
30 Vgl. „Der Spiegel", Nr. 14/1986, S. 32; Government Information Services (Ed.): Hong Kong 1985, Hong Kong 1985, S. 313.
31 Vgl. Hodge, Peter: The Poor and the People of Quality. Social Policy in Hong Kong. An Inaugural Lecture from the Chair of Social Work. University of Hong Kong, Supplement to the Gazette, Vol. XXIII, Nr. 5, 22.3.1976, S. 9.
32 Vgl. South China Morning Post, 28.2.1982.
33 Hodge, a.a.O.
34 Vgl. South China Morning Post, 3.11.1985.
35 Vgl. Siu-kai Lau, a.a.O., S. 18.
36 Ebd., S. 165.

Literatur

Easey, Walter: Ducking Responsibility. Britain and Hong Kong in the '80's (Hong Kong Research Project), Manchester 1980.
Harris, Peter: Hong Kong. A Study in Bureaucratic Politics, Hong Kong, Singapore 1980.
Hong Kong Research Project (Hg.): Hong Kong. A Case to Answer, Nottingham 1974.
Hopkins, Keith (Hg.): Hong Kong. The Industrial Colony, London 1971.
Hughes, Richard: Hong Kong. Brückenkopf auf Abruf, Wien 1966.
Miners, Norman: The Government and Politics of Hong Kong, Oxford, New York, Melbourne 1977.
Siu-kai Lau: Society and Politics in Hong Kong, Hong Kong 1982.
Woronoff, Jon: Hong Kong. Capitalist Paradise, Hong Kong, Singapore, Kuala Lumpur 1980.

Hartmut Schweitzer
Die Entwicklung Hong Kongs bis 1997

Mit der Unterzeichnung der „Gemeinsamen Erklärung der Regierung der Volksrepublik China und der Regierung des Vereinigten Königreichs von Großbritannien und Nordirland über die Hong Kong-Frage“[1] durch die Regierungschefs beider Länder in der Großen Halle des Volkes in Beijing (Peking) am 19.12.1984 wurde offiziell die Periode des Übergangs vom Status einer britischen Kronkolonie zu dem eines Sonderverwaltungsgebietes[2] der VR China (nach Art. 31 der Chinesischen Verfassung von 1982) eingeleitet – voraussehbar eine Zeit erheblicher politischer, ökonomischer und sozialer Unruhe und Unsicherheit.
Verläßliche Prognosen über Einzelmaßnahmen und deren Wirkung sind angesichts der Vielzahl möglicher Einflüsse kaum zu stellen. So kann man auch das Endergebnis kaum mehr als umreißen. Da außerdem die Maßnahmen Dritter, z.B. der USA, oder internationale Entwicklungen, z.B. das Verhältnis VR China-UdSSR oder die allgemeine Wirtschaftsentwicklung, erheblichen Einfluß auf die Entwicklung Hong Kongs nehmen, wird sich die Betrachtung nur entlang der bekannten Strukturlinien und Interessenlagen der Beteiligten bewegen, um den Bereich abzustecken, innerhalb dessen sich das Ergebnis befinden wird.

Die Gemeinsame Erklärung

Das Abkommen ist ein erstaunliches Dokument, das dem Buchstaben nach an dem gegenwärtigen, für alle gedeihlichen Zustand überraschend wenig ändert, also eine weitgehende Selbstbescheidung Chinas in der Ausübung seiner wiedergewonnenen Souveränitätsrechte über Hong Kong zugunsten der Aufrechterhaltung von Stabilität und Wohlstand dokumentiert, die nun einmal auf Grundlagen beruhen, die dem derzeitigen chinesischen Wirtschafts- und Sozialsystem ziemlich fremd sind.
Das Abkommen sieht „einen hohen Grad an Autonomie“[3] für die kapitalistische Enklave als Sonderverwaltungsgebiet vor. „Das gegenwärtige gesellschaftliche und wirtschaftliche System in Hong Kong wird unverändert bleiben, ebenso die Lebensweise. Rechte und Freiheiten, darunter die der Person, der Rede, der Presse, der Versammlung, der Koalition ..., der akademischen Forschung und des religiösen Glaubens, werden ... gesetzmäßig garantiert.“[4] Im Anhang I kündigt China an, der Nationale Volkskongreß werde ein Grundgesetz (*Basic Law*) ausarbeiten, „in dem festgelegt wird, daß Hong Kongs bisheriges kapitalistisches System und seine bisherige kapitalistische Lebensweise 50 Jahre unverändert beibehalten werden“[5]. Freier Kapitalverkehr, garantierte Besitz- und Erbrechte, der Freihafen sowie alle internationalen Verträge und Verpflichtungen, in die Hong Kong eingebunden ist, sollen erhalten bleiben.
„Die Regierung des Sonderverwaltungsgebietes Hong Kong wird sich aus lokalen Bewohnern zusammensetzen. Der Leiter wird auf der Basis der Resultate der örtlichen Wahlen oder Konsultationen von der Zentralen Volksregierung ernannt.“[6] Die Außen- und die Verteidigungspolitik werden unmittelbar von der Zentralregierung in Peking geregelt.[7]
Es wurde eine chinesisch-britische gemeinsame Verbindungsgruppe (*Sino-British*

Joint Liaison Group – JLG) vereinbart, die die Einhaltung der Vereinbarung überwachen und die nötigen Voraussetzungen für eine reibungslose Übergabe der Regierung schaffen soll. Sie wurde mit Inkrafttreten der Gemeinsamen Erklärung (27.5.1985) gegründet und tagt mindestens einmal jährlich in London, Hong Kong und Peking. Sie soll vom 1.7.1988 an ihren Hauptsitz in Hong Kong haben und wird ihre Arbeit bis zum 1.7.2000, also drei Jahre über den Zeitpunkt der Übergabe hinaus, fortsetzen. Die Verhandlungen der Gruppe sind geheim.[8]

Die Staatsbürgerschaft

Ein letzter, politisch bedeutsamer Punkt[9] ist die in den Memoranden geregelte Staatsbürgerschaftsfrage. Etwa 45% (2,5 Mio.) Hong Konger haben den Status sog. BDTC's *(British Dependent Territories Citizen)*, die überwiegende Mehrheit des Restes hat nur ein Aufenthaltsrecht in Hong Kong und ist de jure meistens noch Bürger der VR China.

Durch den *Nationality Act* hatte die Britische Regierung 1981 bereits allen BDTC's das Recht entzogen, Wohnsitz in Großbritannien zu nehmen. Durch die Memoranden wird den Hong Konger BDTC's auch dieser Status entzogen, die chinesischrassigen werden mit dem 1.7.1997 automatisch zu Bürgern der VR China (mit einem von britischen Behörden ausgestellten Paß, der in Drittländern britischen Konsularschutz verspricht), und die ca. 11.000 BDTC's aus ethnischen Minoritäten, größtenteils Inder und deren Nachkommen, werden von diesem Zeitpunkt an staatenlos.[10]

Reaktionen auf das Abkommen

Die Regelung der Staatsbürgerschaft hat in Hong Kong viel böses Blut erzeugt und das Vertrauen in die britische Regierung stark erschüttert. Ihr wird Illoyalität gegenüber britischen Bürgern vorgeworfen, die man mit einem Federstrich ihrer Rechte beraubt habe.

Der Treueeid auf die Königin sei offensichtlich nur als einseitige Verpflichtung von Bürgern, nicht aber als wechselseitige interpretiert worden. Das Gefühl, von den Briten verraten worden zu sein, ist weit verbreitet, und damit hat auch die Hong Konger Regierung als Londons verlängerter Arm viel Vertrauen eingebüßt. Diese und ähnliche Vorhaltungen beeindrucken das politische Großbritannien wenig, das an dem weiteren Schicksal Hong Kongs und seiner Bewohner relativ desinteressiert zu sein scheint; das ganze Problem wird als lästig betrachtet, weil eigentlich anachronistisch und möglichen guten Geschäften mit den Chinesen eher hinderlich ist.

So konnten zukünftige Regierungen durch einen im Oberhaus ausgehandelten Kompromiß lediglich dazu verpflichtet werden, „to deal sympathetically with those ‚under pressure' to leave Hong Kong".[11] Mit dieser „Verpflichtung" können die Betroffenen ernstlich nichts anfangen. Im Falle eines Massenexodus dürfte sie schnell vergessen oder den abenteuerlichsten „Interpretationen" unterworfen werden.

Die Staatsbürgerschaftsregelung hat zwar starke negative Emotionen geschürt, gilt aber als momentan erledigt. Allerdings muß man sie bei Einschätzung zukünftiger Entwicklungen als eine Bedingung für Reaktionen einkalkulieren.

Für die aktuelle Beurteilung spielt sie keine wesentliche Rolle mehr. Der gravierendste Einwand ist jedoch, daß sich London kein Mittel reserviert habe, um Verstöße gegen das Abkommen zu ahnden. So mochte denn auch, trotz der überwiegend positiven Einschätzung des Abkommens durch die Bevölkerung, kaum jemand Wetten über das Schicksal Hong Kongs abschließen. Es blieben und bleiben zu viele gravierende Unsicherheiten und die Frage, wie China diese beseitigen wird – denn China ist nach Auffassung aller Analysen der entscheidende Akteur.[12] Und Chinas Versuche, seither einer in seinem Sinne extensiven Auslegung des Vertrages Geltung zu verschaffen, sind, ebenso wie deren weitgehende Akzeptierung durch England, Ursache für die zunehmende skeptischer werdende Einschätzung seitens der Bevölkerung. Die ursprüngliche generell positive Bewertung hat sich in Hong Kong weitestgehend verflüchtigt.

Die zukünftige politische Struktur Hong Kongs: Der britische Ansatz

Die für die nähere Zukunft alles überragende Frage ist die nach Richtung und Ausmaß der Entwicklung des politischen Systems bis 1997 und darüber hinaus. Bereits vor der Paraphierung der Gemeinsamen Erklärung (26.9.1984) hatte die britische Regierung im Juli 1984 ihre Vorstellungen dazu veröffentlicht[13], die im November noch präzisiert wurden.[14] Man kann diese als vorsichtige Annäherung an repräsentative Regierungsformen umschreiben; auf keinen Fall lassen sie den Willen erkennen, so etwas wie eine repräsentative Demokratie westlichen Zuschnitts zu etablieren, allenfalls lassen sich Ansätze zu einer Ständerepublik ausmachen.

Genau ein Jahr nach der Paraphierung wurden am 26.9.1985 erstmals 24 der 57 Mitglieder des *Legislative Council (Legco)* nach diesen Vorstellungen auf der Grundlage von 9 „functional constituencies“[15] und 12 „electoral colleges“[16] gewählt. Obwohl nur etwa 0.5% der Gesamtbevölkerung an diesem etwas seltsamen Wahlverfahren teilnahmen[17], war China dieser halbherzige Schritt in Richtung auf eine repräsentative Regierung schon zu weitgehend. *Xu Jiatun*[18] reklamierte eine ernste „Abweichung“ von der Gemeinsamen Erklärung, die man mit allem Ernst mit den Briten diskutieren müsse. Die Börse reagierte auf diese unverhohlene Einmischung sehr schnell und heftig mit einem Kurssturz von durchschnittlich 30 Punkten innerhalb von Stunden. Daraufhin schickte Peking schnellstmöglich *Ji Pengfei*[19] nach Hong Kong, um den ökonomischen Schaden zu reparieren, ohne allerdings politisch etwas zurückzunehmen.

Das Ergebnis der Pressionen Chinas auf den verschiedenen Ebenen (offenbar auch über die JLG) war das Zugeständnis Londons, Peking vor weiteren Reformmaßnahmen zu konsultieren[20], de facto das Veto-Recht für China, was sicherlich nicht im Einklang mit dem Vertragstext steht, der besagt, daß „die Regierung des Vereinigten Königreichs die Verantwortung für die Verwaltung von Hong Kong mit dem Ziel der Aufrechterhaltung und des Schutzes seiner wirtschaftlichen Prosperität und gesellschaftlichen Stabilität tragen wird und daß die Regierung der Volksrepublik China ihre Zusammenarbeit in dieser Hinsicht gewähren wird.“[21]

Die Haltung Großbritanniens kann man auf den einfachen Nenner bringen: möglichst jeden Streit vermeiden. Dazu paßt der Rückzug Londons auf den Standpunkt, politische Reformen in Hong Kong fielen nicht in seine Verantworung, seine Aufgabe sei vielmehr die eines Ratgebers und eines Helfers, „to develop a system that suits Hong Kong and reflects the wishes of the people“[22]. Diese, angesichts der politischen und juristischen Abhängigkeit Hong Kongs und der Unterentwicklung einer eigenständigen politischen Infrastruktur sehr merkwürdige Haltung Londons legt den Schluß nahe, die Briten versuchten, sich aus der Verantwortung zu ziehen. Mit der Begründung, man wolle kein System entwickeln, das China nach 1997 wieder

umstoßen werde, man wisse im Moment aber weder, was China, noch was die Leute in Hong Kong wollten, kaschiert man die eigene Konzeptions- und Lustlosigkeit. Die Verantwortung wird den Partnern zugeschoben, ohne die Möglichkeit zu ergreifen, im Einklang mit der Gemeinsamen Erklärung Daten zu setzen, die den Wünschen der Hong Konger Bevölkerung entsprechen. Diese Wünsche sind nämlich sehr wohl bekannt: so wenig Einmischung der VR China wie irgend möglich. London sollte also die Interpretation nicht China allein überlassen. Die Nagelprobe für die Bereitschaft Londons, zu seiner Verpflichtung für Hong Kong zu stehen, wird mit der Veröffentlichung des Entwurfs des *Basic Law* kommen.

Der chinesische Ansatz

Die Entscheidung, das kapitalistische System Hong Kongs zu erhalten, ist ausschließlich pragmatisch bestimmt. Man will von dem Know-how und dem Wohlstand profitieren, ist aber keineswegs an dem System selbst interessiert. Da Peking offenbar davon überzeugt ist, das bürokratisch-autokratische System der Kolonie sei der Schlüssel zu und der Garant der wirtschaftlichen Potenz Hong Kongs, will man dieses auf keinen Fall gefährdet sehen und reagiert selbst auf kleine Reformschritte ablehnend. Außerdem käme nach chinesischer Ansicht eine repräsentative Regierung der faktischen Unabhängigkeit schon sehr nahe. Alle Schritte in diese Richtung werden überdies als Versuch verstanden, den britischen Einfluß über 1997 hinaus zu sichern und die Einpassung in das chinesische System zu behindern.

Deshalb wurde, um die Möglichkeiten der Briten, Reformen einzuleiten, zu beschränken, Anfang 1985 die *Basic Law Draft Commission (BLDC)* einberufen, die das Grundgesetz entwickeln und einen ersten Entwurf 1987 vorlegen wollte, in demselben Jahr, in dem auch die Hong Konger Regierung ihre Prüfung der bisherigen Reformen vorlegt hat.

Von den 59 Mitgliedern, alle von Peking berufen, sind 23 in Hong Kong ansässig, ferner gehören ihr noch zwei Mitarbeiter der Hong Konger *Xinhua* an.[23]

Die damit kreierte merkwürdige Allianz zwischen meist reaktionären Superreichen und Kommunisten, deren einzige politische Übereinstimmung in der Ablehnung der Einführung einer repräsentativen Demokratie in Hong Kong besteht, weil beide sie mit Chaos gleichsetzen, das eine Gefahr für die Geschäfte ist, macht die Intention Chinas für die Zukunft Hong Kongs deutlich: keine effektive Beteiligung der Bevölkerung an der Regierung.

China ist offenbar besorgt, daß die eingeleiteten Reformen schon politische Kräfte geweckt haben könnten, die nicht oder nur schwer wieder unter Kontrolle zu bekommen sind. Deshalb ist der vor Unterzeichnung der Erklärung so gängige chinesische Slogan: „Hong Kong run by Hong Kong people“ inzwischen stillschweigend aus dem Verkehr gezogen worden. Die Enttäuschung der einmal geweckten Erwartungen hat früh zu einem Vertrauensverlust geführt, zumal der Sinn des Slogans unschwer aus der Gemeinsamen Erklärung abzuleiten ist.

Die Strategie Pekings wird vermutlich darin bestehen, soviel qualifizierte Mitläufer aus Hong Kong zu rekrutieren, daß unter weitgehender Ausschaltung der bisherigen administrativen Elite, soweit sie aus Chinesen bestand, Hong Kong mit Einheimischen regiert werden kann, ohne die Bevölkerung an der Regierung zu beteiligen.

Es ist also nur folgerichtig, daß Peking mit der Neustrukturierung von *Xinhua* eine Art Schattenregierung aufbaut, die die Administration von den Briten übernehmen könnte.[24]

Außerdem hat China mit der *Hong Kong Federation of Trade Unions* mit ca. 170.000 Mitgliedern eine der wenigen Massenorganisationen unter Kontrolle und verfügt mit dem *Hong Kong Macao Working Committee* über eine Organisation, die, vielfach als die under-cover-Version der KP Chinas angesehen, sich unmittelbar nach der Übernahme zu einer reinen Partei mausern dürfte, vermutlich der einzigen in Hong Kong.

Der Hong Konger Ansatz

Da das Kolonialsystem die Herausbildung einer eigenständigen politischen Infrastruktur immer verhindert hat – in den letzten Jahrzehnten mit Rücksicht auf

China –, besitzt Hong Kong in dieser schwierigen Übergangsphase keine legitime politische Elite und damit keine anerkannten Sprecher, die die Ansichten der Bevölkerung gegenüber den Briten und den Chinesen artikulieren und vertreten können. Jede Äußerung sogenannter Hong Konger Repräsentanten ist im besten Fall die Ansicht der speziellen Gruppe, der der Repräsentant angehört. Die politische Meinungsbildung ist sehr zersplittert, was natürlich die Position der jeweiligen Machthaber sehr erleichtert und es jetzt sowohl China als auch Großbritannien erlaubt, diejenigen Stimmen als Meinung „der" Hong Konger Bevölkerung auszugeben, die der eigenen Position genehm sind.

Die weitere Entwicklung

Die Strategie Chinas geht in zwei Richtungen:

a) Erhaltung des aus der Kolonialzeit stammenden politischen Systems mit seiner bürokratisch-autoritären Struktur mit großer Machtkonzentration bei der Exekutive, was einen weitgehenden Ausschluß der Bevölkerung von den politischen Entscheidungen impliziert;
b) Versuch, die ökonomischen Erfolge durch eine Koalition mit den wirtschaftlichen Führern zu sichern, indem man ihren Wünschen weitgehend entgegenkommt, um ein insgesamt günstiges Investitionsklima zu schaffen.

Beides gründet in einer Überzeugung, die der politischen Selbstbestimmung der Menschen skeptisch bis ablehnend gegenübersteht und deren Auswirkungen mit Unordnung gleichsetzt. Dabei wird die Bedeutung einzelner „großer" Individuen gerade für strukturelle Kontinuität oder Veränderungen erheblich überschätzt. Bezogen auf Hong Kong heißt das: China übersieht offenbar, daß der wirtschaftliche Erfolg Hong Kongs weitgehend durch die immense Arbeit der vielen „Kleinen" erreicht werden konnte. Deren Loyalität wird aber sicher nicht durch eine Politik gewonnen, die ihre Möglichkeiten zumindest zu beschneiden scheint, während sie den wenigen Reichen alle Vorteile verschafft. Gerade Marxisten müßte die Erkenntnis geläufig sein, daß auch die größten Vermögen nur bedingt durch die Tätigkeit der sie besitzenden Einzelpersonen, sondern durch sozial vermittelte Arbeit vieler entstanden ist. Das sollte zu der Einsicht führen, daß die aktive Loyalität der Massen für die wirtschaftliche Prosperität eines hochgradig arbeitsteiligen Systems äußerst wichtig ist. Eine frustrierte Bevölkerung, die weitgehend in Passivität verfällt, wäre der Tod Hong Kongs.

China überschätzt die Bedeutung des bürokratisch-autoritären Systems für den wirtschaftlichen Erfolg Hong Kongs. Die Britenherrschaft mit ihrer weitgehenden Nichteinmischung in die Belange des täglichen Lebens wurde unter ganz einmaligen politisch-sozialen Umständen deswegen akzeptiert, weil sie, als kleineres Übel betrachtet, die Bedürfnisse einer Bevölkerung, die sich zum großen Teil freiwillig unter ihre Herrschaft begeben hatte, befriedigte.

Diese stillschweigende Akzeptanz kann China aufgrund der völlig anderen Randbedingungen, unter denen seine Herrschaft ausgeübt werden wird, auch bei weitestgehender Erhaltung der alten Struktur nicht erwarten. Die chinesische Herrschaft muß sich diese Akzeptanz erwerben, und das geschieht nun einmal am leichtesten dadurch, daß man die Bevölkerung so weit wie möglich selbst über ihr Schicksal entscheiden läßt.

China könnte, ginge es nur um Herrschaftssicherung, natürlich Repressionen anwenden. Es will aber Nutzen aus Hong Kong ziehen, deshalb muß es sich schon auf

die Regeln des Hong Konger Systems einlassen. Nach den Maßnahmen der letzten Jahre muß man allerdings Zweifel daran haben, ob die chinesischen Politiker die sozialen Regeln dieses Systems wirklich verstanden haben. Die mangelnde Sensibilität gegenüber den Befürchtungen und Wünschen der Hong Konger Bevölkerung zeigt, daß hier noch eine Menge gelernt werden muß.
Die Allianz mit den Superreichen ist nicht einmal besonders verläßlich, denn der Loyalität dieser Gruppe kann sich China niemals sicher sein. Die Interessendifferenzen sind letztlich zu groß, und außerdem hat diese Gruppe immer die Möglichkeit, sich ins Ausland abzusetzen.
Durch einseitige Interpretationen des Vertragstextes zerstört China seine Chancen, jemals auf dem Verhandlungswege mit Taiwan zu einem Wiedervereinigungsabkommen zu gelangen. Scheitert in den Augen der USA das Hong Konger Experiment, würden sie Taiwan mit viel stärkerer Berechtigung unterstützen als heute, denn die generelle Frage lautet doch, wieweit Peking tatsächlich bereit ist, seinen Slogan „Ein Land, zwei Systeme" zu realisieren, oder ob es sich bei ihm nur um einen Reklamespruch ohne Anspruch auf politische Realisierung zur Vortäuschung eines schönen Scheins handelt.
Da Großbritannien offensichtlich nicht bereit ist, eine von der chinesischen abweichende Interpretation des Vertragstextes zu vertreten, bleibt die entscheidende Frage für jede Prognose, „ob die chinesische Führung bereit und in der Lage sein wird, zu erkennen, daß ein System wie das Hong Konger nur dann funktionieren kann, wenn man auch die – vielleicht nur aus Pekinger Sicht – schlechten Seiten akzeptiert. Wenn man ein innovatives System haben will, muß man auch Dinge und Gedanken zulassen, die man selbst nicht mag."[25] China ist stark genug, sich auf die Realisierung des von ihm selbst initiierten Experiments einzulassen. Es ist die einzige Chance, die Früchte zu ernten, die man haben möchte.
Mehr wird man nach der Veröffentlichung des Basic Law, voraussichtlich 1992, wissen. Verfestigt er, wie vielfach befürchtet wird[26], die Tendenz zum Interventionismus, wird China nicht nur die Vorteile Hong Kongs zerstören, sondern auch außenpolitisches Terrain verlieren. Die Briten werden dann entscheiden müssen, ob sich ihre generelle „appeasement"-Politik mit den Kniefällen vor den Wünschen Chinas, wie sie sich in dem 1987 erlassenen Pressegesetz oder in dem Stop für die Direktwahl des Legco dokumentieren, politisch tatsächlich lohnen. Danach wird es noch einmal 1992 spannend. Fünf Jahre vor 1997 werden sich alle Unternehmer gründlich überlegen, ob sich kurzfristige Investitionen für sie noch lohnen. Die Zukunft ist momentan ungewisser denn je.

Anmerkungen

1 Die deutsche Übersetzung stammt aus der Beijing Rundschau, Nr. 41, 9.10.1984. Im folgenden heißt es nur noch: Gemeinsame Erklärung.
2 In Englisch: Special Administrative Region (SAR); vgl. den Text in: B. Knight (Ed.): Hong Kong 1985, Hong Kong 1985, S. 1ff.
3 Art. 3.1.
4 Art. 3.5.
5 Anhang I, 1. Absatz.
6 Art. 3.4.
7 Art. 3.2.

8 Vgl. Art. 4.5 und Anhang II.

9 Ökonomisch und für die Stimmung in Hong Kong sehr wichtig war auch die Regelung der Landpachtverträge in Anhang II. Diese Regelung wurde akzeptiert und gilt momentan als unproblematisch, weswegen hier nicht auf sie eingegangen wird. Bei Veränderung der politischen Gesamtlage kann diese Regelung aber erneut ein Problem werden. Mit Sicherheit wird sie es bei Näherrücken der 50-Jahres-Grenze.

10 Das gilt natürlich nur für die nicht-chinesischrassigen BDTC's, nicht für die vielen Ausländer mit anderem Rechtsstatus.

11 FEER (Far Eastern Economic Review), 29.5.1986, S. 55.

12 Vgl. u.a. Lau Siu-Kai, Kuan Hsin-chi: Hong Kong after the Sino-British Agreement: Limits to Institutional Change in a Dependent Policy, Centre for Hong Kong Studies, Occasional Papers No. 9, und B. Buena de Mesquita, D. Newman, A. Rabushka: Forecasting Political Events: The Future of Hong Kong, Yale University Press 1985.

13 Green Paper: The Future Development of Representative Government in Hong Kong, Hong Kong, July 1984.

14 Vgl. White Paper: The Further Development of Representative Government in Hong Kong, Hong Kong, November 1984.

15 Die genaue Aufteilung ist wiedergegeben im o.g. White Paper, Appendix A und B. Es handelt sich um eine Mischung aus einer Wahl nach Berufsorganisationen und Wahl aus den Repräsentanten regional definierter Wahlgremien wie dem Urban Council.

16 a.a.O.

17 Vgl. FEER, 10.10.1985, S. 42.

18 Xu Jiatun ist Direktor des Hong Kong-Büros der Nachrichtenagentur „Xinhua" und gilt als der Mann Chinas in Hong Kong.

19 Ji Pengfei ist Mitglied des Staatsrates und Direktor des Büros für Hong Kong- und Macao-Angelegenheiten.

20 Vgl. FEER, 16.1.1986, S. 37.

21 Art. 4.

22 FEER, 14.11.1985.

23 Xu Jiatun ist sogar einer der fünf Vice-Chairman des BLDC.

24 Vgl. FEER, 9.1.1986, S. 32.

25 H. Schweitzer: Hong Kong: bis 1997 und darüber hinaus, Veranstaltungsprogrammheft 1, 1986 der GDCF Bonn, S. 16.

26 Vgl. FEER, 13.8.1987, S. 18.

Shirley Hui

Die Leute von Hong Kong und das Jahr 1997

Wenn Sie in Hong Kong und der VR China gewesen sind, werden Sie festgestellt haben, daß es große Unterschiede zwischen beiden Gebieten, z.B. im Verhalten der Menschen, die Art, wie sie sich kleiden, wie sie sprechen, gibt. Das politische, ökonomische und soziale Bezugssystem ist völlig verschieden.
Als Deutschsprachige verstehen Sie sicherlich die befremdenden Gefühle gegenüber denjenigen, die zwar demselben Volk angehören, aber eine andere politische Ideologie haben.
Hätten die Bewohner von Hong Kong die freie Wahl, würden sie, obwohl sie mehrheitlich Chinesen sind, nicht für eine Vereinigung mit der VR China votieren.
Nationale Gefühle spielen bei der Frage um das Jahr 1997 keine große Rolle. Die Gründe hierfür sind einfach:

1. Wir wissen wenig über den Kommunismus oder fürchten und hassen ihn sogar. Knapp die Hälfte der Einwohner Hong Kongs ist ja aus dem kommunistischen China geflohen.
2. Wir fürchten uns vor der Verminderung unseres Lebensstandards.
3. Wir haben Angst davor, daß die bestehende Freiheit reduziert wird.

All diese Befürchtungen haben die Sympathien für die Machthaber jenseits der Grenze, auch wenn sie dem gleichen Volke angehören, verschwinden lassen.
Die Befürchtungen in Hong Kong bezüglich 1997 waren in den Jahren 1982 und 1984 am größten. Es gab während dieser Zeit eine Fülle von Verhandlungsrunden zwischen Peking und London über uns. Als es 1983 dabei zu einer Krise kam, gab es einen Niedergang des Hong Kong-Dollar, ebenso der Börsenkurse. In den Supermärkten kam es zu Panikkäufen, alles wurde leergekauft, weil man Preissteigerungen befürchtete. Es war wie im Krieg, als die Menschen um ihre Rationen kämpften.
Das Vertrauen ist wieder gestiegen, als das chinesisch-britische Abkommen 1984 unterzeichnet wurde und die VR China versprach, den inneren Status der Kolonie über das Jahr 1997 hinaus noch um weitere 50 Jahre zu verlängern – allerdings unter chinesischer Oberhoheit.
Aber es bleibt die Frage, was nach dem Jahr 2047 kommt. Wird die VR China dann in Hong Kong den Kommunismus und wirtschaftliche Veränderungen einführen? Möglicherweise denken das viele Mitbürger.
Auch gibt die Vereinbarung nicht auf alle Fragen eine befriedigende Antwort. Bisher ist es noch nicht zu einem Massenexodus aus der Kolonie gekommen. Nur wenige Einwohner haben genügend Geld, Qualifikationen und Familienbeziehungen, die es ihnen erlauben, dies zu tun. Darüber hinaus ist das Leben in Hong Kong immer noch akzeptabel. Es gibt nicht die Gefahren wie in anderen Ländern der „Dritten Welt", z.B. Bürgerkrieg, wirtschaftliche Not oder persönliche Unfreiheit.
Die Mehrheit der 5,3 Mio. Einwohner von Hong Kong hat in den Familien sicherlich über die Möglichkeiten einer Auswanderung gesprochen. In den meisten Fällen könnte jedoch nicht die gesamte Familie auswandern. Deswegen wird oft gespart, um den Kindern das Studium im Ausland zu ermöglichen, in der Hoffnung,

daß diese dann dort bleiben können und eventuell ihre Eltern nachkommen lassen.
Nur wenige würden das Risiko auf sich nehmen, im Ausland ein illegaler Einwanderer zu werden, solange sie hier noch einen guten Lebensstandard, politische und ökonomische Stabilität genießen.
Die meisten Menschen hier machen so weiter und beobachten, was geschieht. Es gibt einfach keinen Platz in der Welt, wo so viele Auswanderer hin könnten. Die Zukunft liegt außerhalb unserer Kontrolle.
Die chinesisch-britische Vereinbarung hat nahezu alles versprochen – Freiheit im Bereich der Arbeit, Erziehung, Reisen ins Ausland, Meinungsfreiheit, persönliche Freiheit, Kapitalismus und sogar die Möglichkeit zu wetten.
Warum also nicht hierbleiben und abwarten. Außerdem, China liberalisiert gerade seine Wirtschaft; sogar in der Politik gibt es einige Reformen. Das sind Hoffnungen für uns.
Es gibt sogar Rückwanderungsbewegungen. Viele Reiche und Spezialisten, die mit ihren Familien im Ausland lebten, kamen zurück, um hier neue Geschäfte zu machen.
Andere kaufen sich einfach einen zweiten Paß von Ländern, wo das möglich ist, wenn man gleichzeitig dort investiert.
Das zeigt, daß die *Hong Kong-Gans* immer noch in der Lage ist, goldene Eier zu legen. Sogar Leute, die die Chance haben wegzugehen, zögern noch und warten ab.
Was die politisch Aktiven hierzulande interessiert, ist natürlich, wie die Vereinbarung nun im einzelnen bis 1997 ausgeführt wird.
So bleibt für uns die nahe Zukunft bis zum Jahre 1997 das Hauptthema. Viele westlich orientierte Angehörige der Mittelklasse haben inzwischen politische Gruppen gegründet, um direkte Wahlen für die hohen Regierungsämter zu erzwingen. Aber die VR China hat direkte Wahlen bisher abgelehnt.
Chinas genauere Vorstellungen für Hong Kong werden sicherlich 1992 deutlich, wenn die jetzt erarbeitete Mini-Verfassung (*Basic Law*) für Hong Kong veröffentlicht wird.
Das wird dann ein wichtiger Indikator sein, wie die Vereinbarung für 1997 im einzelnen ausgeführt werden könnte.
Nun sind es noch einige Jahre bis 1997, und es ist zu früh, Überlegungen darüber anzustellen, wer bleiben will und chinesischer Staatsbürger wird. Zwei Dinge sind jedoch wichtig:

1. Die Gefühle der Menschen in Hong Kong den britischen Regierenden gegenüber. Es ist bekannt, daß die Briten v.a. noch hier sind, weil Hong Kong wirtschaftlich so erfolgreich ist.
   Die Briten werden jedoch nur deswegen akzeptiert, weil viele sich vor dem Kommunismus fürchten. Anti-britische Gefühle kamen auf, als die Briten während der Verhandlungen mit Peking ihre Paßgesetze änderten, um die meisten der Hong Kong-Chinesen an der Einwanderung in das Vereinigte Königreich zu hindern. Als die sino-britischen Gespräche 1982 begannen, hatten einige der Einwohner Hong Kongs die Briten gebeten, über das Jahr 1997 hinaus zu bleiben. Doch das scheiterte an der harten Haltung Pekings.
2. Weiterhin gibt es Minderheiten von Indern, taiwan-orientierten Chinesen, ehemaligen chinesischen Beamten, die z.B. als Geheimnisträger u.a. gegen die

VR China gearbeitet haben und auch Expatriats, die alle gern und unbehelligt nach 1997 noch in Hong Kong weiterleben möchten. Sie können aber keine chinesischen Staatsbürger werden. London nimmt sie auch nicht auf. China hat ihnen zwar erlaubt zu bleiben, aber sie werden nach 1997 staatenlos, obwohl sie und ihre Vorfahren teilweise schon seit 140 Jahren in Hong Kong leben.
Die Auswanderungen im Jahre 1987 haben Rekordhöhe erreicht: über 40.000 Menschen, meistens Angehörige des Mittelstandes (Ärzte, Ingenieure, Computer- und Bankfachleute) haben die Kolonie verlassen. Alleine die Hong Kong-Bank hat 1/7 ihrer Manager auf mittlerer Ebene verloren.
Immer deutlicher bahnt sich ein Bündnis an zwischen chinesischen Multimillionären und kommunistischen Kadern auf Kosten der breiten Bevölkerung in Hong Kong. Der Gouverneur wie auch London halten sich zurück.
Im Legco streiten sich *Helmuth Sohmen* (Schwiegersohn von Sir Pao) und *Martin Lee*, ein Anwalt, der für direkte Wahlen und gegen das Atomkraftwerk Daya Bay (bei dem es schon in der Bauphase Pannen gab) Position bezogen hat. Kenner der Hong Kong-Politik glauben nicht, daß die rotchinesischen Kader überhaupt wissen, wie vorsichtig man dieses komplizierte Gebilde Hong Kong behandeln muß und die Ängste und Wünsche der breiten Mehrheit berücksichtigen solle. Wenn die Kader nur auf die Millionäre und die von ihnen kontrollierten Gewerkschaften setzen und der Bevölkerung jetzt genügend Garantie für die Zeit nach 1997 geben, sieht es schlecht aus für die Zukunft. Die Mittelklasse wird verstärkt abwandern, ebenso viele Europäer, Hong Kong wird nicht mehr Bankenplatz Nr. 3 in der Welt sein, sondern allenfalls ein „Niedriglohnland".

Ökonomie

经济

Die Flächennutzung Hong Kongs

Ansätze zu einer Raumplanung gibt es in Hong Kong erst seit einigen Jahren. So ist die gegenwärtige Verteilung von Gewerbe- und Industrieanlagen weitgehend planlos, v.a. unter kurzfristigen ökonomischen Gesichtspunkten entstanden.[1] Nach 1967 begann man mit dem Bau der neuen Städte in den *New Territories*, wo heute bereits 1,5 Mio. Menschen leben. Doch inzwischen scheint man diese Entlastungsfunktion aus Kostengründen wieder einschränken zu wollen. Statt dessen wird verstärkt versucht, durch Neulandgewinnung an den Hafenseiten von Hong Kong Island und Kowloon dort mehr Anbaufläche zu gewinnen.

„Die eigentliche City Hong Kongs befindet sich auf der Insel Hong Kong im *Central District*. Auf dem schmalen Küstensaum, der im Laufe der Zeit von der Queen's Road über die Des Voeux Road und Connaught Road bis zur heutigen Küstenlinie durch Landgewinnung erweitert wurde, stehen heute in äußerster Konzentration über 100 Hochhäuser, teilweise mit mehr als 50 Geschossen. Konzernverwaltungen, Firmenvertretungen, Behörden, Konsulate, Flugbüros, Banken und neuerdings auch die Aktienbörsen (*Exchange Square*) füllen die enormen Büroflächen zu Monatsmieten, die 80 bis 150 DM/m^2 erreichen. Beim Kauf

würde 1 m^2 Bürofläche in guter Lage gegenwärtig (1985) zwischen 6.000 und 8.500 DM/m^2 kosten. Führungsvorteil und Prestigebedürfnis sorgen jedoch für Marktbedingungen, die derartige Preise ermöglichen. Die Erdgeschosse und oft noch mehrere Tief- und Obergeschosse sind durchweg mit hochrangigen Einzelhandelsgeschäften und Dienstleistungseinrichtungen besetzt. Es dürfte keinen international bedeutsamen Luxusartikel geben, der nicht in einem der Geschäfte des Bezirks *Central* zu kaufen wäre.
Die absoluten Spitzenlagen der City befinden sich im Bereich zwischen der *Star Ferry*-Pier und der Kreuzung *Pedder Street/Queen's Road.* Westlich davon mischen sich die Bürodienstleistungen vor allem mit Einzelhandelsfunktionen unterhalb der Luxusklasse, östlich beginnt das Bankenviertel mit seinen zahlreichen Hochhaustürmen, deren Höhe oftmals mehr vom Prestige als vom Büroflächenbedarf bestimmt wird. Einige große Luxushotels markieren den Ostrand der alten City.
Weiter östlich – in *Wan Chai* – setzen sich im Grunde die City-Funktionen mit ihrer charakteristischen Bündelung von Firmenverwaltungen, Geldinstituten, Hotels, Restaurants und gehobenen Einzelhandelseinrichtungen fort. Doch während der Bezirk *Central* vor allem internationale Institutionen von weltweiter Bedeutung enthält und sein Publikum entsprechend aus allen Ländern der Erde zu kommen scheint, bestimmen in *Wan Chai* sehr deutlich die Überseechinesen sowohl mit ihren Geschäftsniederlassungen als auch als Hotelgäste und Besucher die Stadtbezirksstruktur. Auch dringen in Wan Chai allmählich Wohnfunktionen in die Zentrenbereiche ein."[2]

Östl. und westl. von *Central* liegen kleinindustrielle Betriebe und öffentlich geförderte Wohnanlagen. Hier verschwindet dann sehr schnell der internationale Charakter von Central, und man befindet sich im *chinesischen Teil* Hong Kongs. Oberhalb des Central-Gebietes auf mittlerer Höhe zum *Peak* (Midlevel) liegen die teuersten Wohngebiete.
Auch auf der gegenüberliegenden Seite in *Kowloon* wiederholt sich diese Anordnung. International ist nur das Touristen- und Hotelviertel *Tsim Sha Tsui* mit der Nathan Rd. als Haupteinkaufsstraße. Dann folgen zu den Hafenseiten hin nachgelagerte Industriestandorte. Dazwischen liegen bis zu den Bergen hingezogen Wohnquartiere mit der höchsten Bevölkerungsdichte der Welt. „Es gibt wohl kaum eine Stadt auf der Erde, die auf derart engem Raum eine solche Vielfalt an Funktionen vereinigt."[3]

Grund und Boden

Der Grund und Boden im Kolonialgebiet gehört (noch) der englischen Krone. Er wird normalerweise auf einer prolongierbaren Pachtgrundlage verkauft. Die Ländereien in den New Territories sind bis zum Jahre 1997 verpachtet.
Nachdem Hong Kong die Kulturrevolution gut überstanden und sich nach 1967 eine Verbesserung im Verhältnis zur VR China entwickelt hatte, begann man in den New Territories mit baulichen Großprojekten. Die ehemaligen Kleinstädte *Sha Tin, Tuen Mun* und *Tsuen Wan* wurden zu Großstädten ausgebaut. In *Kwai Chung* ist der

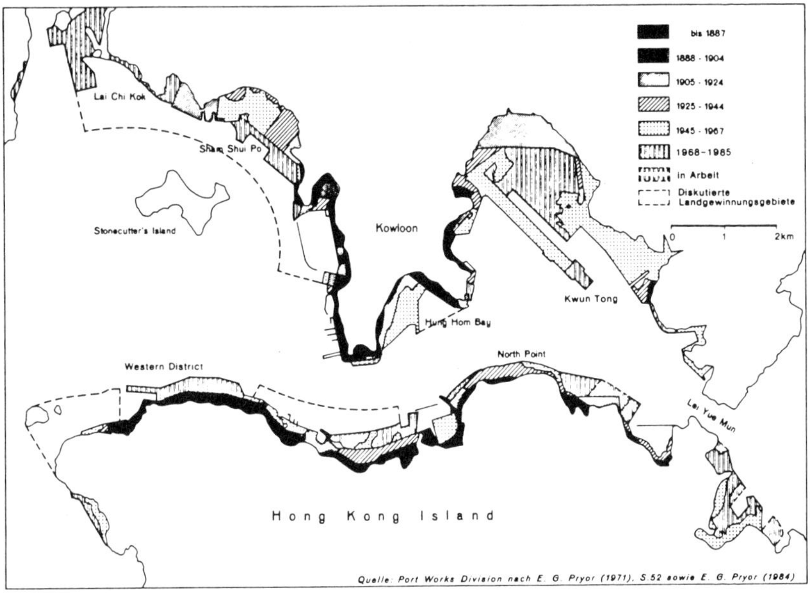

Landgewinnung im Stadtgebiet von Hong Kong

drittgrößte Containerhafen der Welt entstanden. Man ging davon aus, daß die Pachtverträge für die New Territories auch über den 30.6.1997 hinaus verlängert würden, und behandelte das Land ebenso wie das Kolonialgebiet. Auch im eigentlichen Kolonialgebiet (Hong Kong Island und Kowloon) wurden Großbauprojekte gestartet: Der Straßentunnel unterhalb des Hafens, die U-Bahn und Landgewinnungen.

In der Regel wird der Grund und Boden im Auftrag der britischen Krone für 15 Jahre verpachtet. Auch Ausländer können Grund und Boden erwerben. Damit wurde, 15 Jahre vor 1997, das Jahr 1982 zu einem besonderen Datum: Schon 1981 begann in der Presse von Hong Kong die Diskussion um den *lease*. Denn durch die enge Verflechtung des Kolonialgebietes mit dem Hinterland ist die Kolonie ohne die New Territories nicht mehr lebensfähig. Somit war die Frage der Pachtverlängerung über den 30.6.1997 hinaus plötzlich zur Existenzfrage von ganz Hong Kong geworden.

Während des Jahres 1981 kamen immer wieder positive inoffizielle Signale aus Peking, zumeist von Funktionären auf mittlerer Ebene. So waren für das Jahr 1982 Garantieerklärungen aus Peking für die New Territories (und damit für Hong Kong insgesamt) über das Jahr 1997 hinaus notwendig. Als sich dann Schwierigkeiten abzeichneten, kam es nach Bodenspekulationen und „hektischen Umsatz- und Gewinnsteigerungen ab 1981/82 (zu) erheblichen ‚Einbrüchen', zuerst bei Land- und Immobilienpreisen, sodann auf dem Aktienmarkt."[4]

Hong Kong hatte mit die höchsten Grundstückspreise der Welt: Eine Mietwohnung europäischen Standards mit ca. 100 m^2 kostete, je nach Lage, umgerechnet 5-10.000

DM Monatsmiete. Entsprechend höher waren die Preise für gewerbliche Grundstücke. Nun kamen alle Immobilien-Investment-Companies stark in die Verlustzone. Hong Kong-Land bspw. hatte 1982 einen Verlust von 514 Mio. H.K.-$ (77 Mio. US-$). Im Jahr zuvor betrug der Gewinn noch 1,04 Mrd. H.K.-$.[5]
Die Grundstücks- und Immobilienpreise gehen seit 1985 wieder langsam aufwärts, nachdem sie 1982 bis zu 50% gesunken waren. Die Spitzen-Bodenpreise betrugen 1986 wieder ca. 100.000 DM/m^2.
Ng Chee Siong ist der größte Bodenspekulant in Hong Kong. Als in Admiralty (H. K. Island) ein Grundstück frei wurde, erwarb er es für 380 Mio. er baute darauf zwei Hochhaustürme, futuristisch und verspiegelt, für 500 Mio. – alles von geliehenem Geld. Schon vor der entgültigen Fertigstellung hatte er alles wieder für 1,9 Mrd. an den australischen Finanzier *Alan Bond* verkauft. Reingewinn durch den Deal mit dem Bond-Center: 1 Mrd. Etwa genausoviel (ca. 225 Mio. DM) hat der Spekulant allerdings durch den „Schwarzen Oktober" an den Börsen von New York und Hong Kong in 1987 verloren.
Die Finanzjongleure und Spekulanten haben die Tradition der Opiumhändler fortgesetzt, nur erfolgreicher, risikoärmer und im Weltmaßstab.
Im Februar 1988 hat die chinesiche Regierung in bezug auf die Wirtschaftsentwicklung die Notbremse gezogen: Es wurde ein 20prozentiger Ausgabestopp auf alle Staatsausgaben verhängt. Zu sehr hatte sich die Wirtschaft unkontrolliert entwikkelt, in den Städten lag die Inflationsrate bei knapp 10% jährlich. Vor allem zielte der Ausgabenstopp auf die Kader, die viele der kostbaren Deviesen für westliche Prestigeobjekte verwendeten. Das kann auch Auswirkungen auf die Geschäfte in Hong Kong haben.

Die industrielle Kolonie

Aufgrund seiner ungünstigen wirtschaftlichen und politischen Ausgangsbedingungen war Hong Kong zum „Erfolg verurteilt".[6]
Es ist ein „wirtschaftliches Wunder"[7], eine der „faszinierendsten wirtschaftlichen Kuriositäten der heutigen Welt", eine „industrielle Kolonie".[8]
Man hat Hong Kongs Aufstieg zu Unrecht mit demjenigen von Singapore verglichen. Singapore ist ein autonomer Stadtstaat ohne Hinterland mit einem hohen Anteil an chinesischer Bevölkerung und einer inzwischen protektionistischen Wirtschaft sowie sozialstaatlich-paternalistischen Ambitionen.[9]
Hong Kong war und ist ein Freihafen, ohne Zoll- und Kapitalverkehrsbeschränkungen, betreibt eine extreme laissez-faire-Politik und beginnt erst jetzt zaghaft, sozialpolitische Akzente zu setzen. Noch ist Hong Kong auch ein Steuerparadies, wie kleinere, aber nicht so stark industrialisierte Länder, z.B. die Bahamas, Barbados, Bermuda, Liechtenstein, Luxemburg und einige kleine Pazifik-Inselstaaten. Der Maximalsteuersatz auf Unternehmensgewinne beträgt z.Z. 18,5%, die Einkommenssteuer liegt bei 15%.
Hong Kong verdankt diesen Aufstieg auch seiner politisch neutralen Kolonialsituation, der politischen Stabilität und der Duldung dieses Zustands seitens der VR China, die ihrerseits aus Hong Kong großen wirtschaftlichen Nutzen zieht.
Die Millionen von weitgehend ungeschützten Arbeitskräften, der chinesische Fleiß,

Familiensinn und Flexibilität sind weitere soziokulturelle Faktoren dieser Entwicklung.
In Zukunft kann Hong Kong jedoch an seine Grenzen stoßen. Nicht nur das Jahr 1997 birgt viele Ungewißheiten, sondern auch Importrestriktionen der großen Industrieländer sowie der Aufstieg weiterer, noch „billigerer" Niedriglohnländer Asiens, können diese Position gefährden.

Grundzüge der wirtschaftlichen Entwicklung Hong Kongs seit 1945
Nach dem 2. Weltkrieg entstand in Hong Kong der für den Export produzierende Sektor und löste damit die *Entrepôt*-Funktion als primäre Wirtschaftsfunktion ab. Die Textilindustrie war der Einstieg in diese einmalige Form der Industrialisierung eines Landes. Kapital, Management und teilweise auch Maschinen und Rohstoffe kamen nach 1945 als Fluchtkapital aus Shanghai.
Die billigen, damals arbeitsrechtlich weitgehend ungeschützten Arbeiter waren Flüchtlinge aus der angrenzenden Provinz *Kwandung*.
Während des Koreakrieges wurde von der UNO auf Betreiben der USA ein Embargo von strategisch wichtigem Material an die VR China veranlaßt (18.5.1951). Dadurch ging der Chinahandel von 1.604 Mio. H.K.-$ (1951) auf 136 Mio. H.K.-$ (1956) zurück.[10]
Weil damit die Entrepôt-Funktion stark reduziert wurde, entwickelte sich eine verstärkte Industrialisierung. Schon bald kam die Plastikindustrie als weiterer Sektor hinzu; in den 70er Jahren dann die Elektronikproduktion und der Massentourismus.
Durch die „Ölkrise" 1973 wurde Hong Kong, das ja alle Energie importieren muß, stark angeschlagen. Aber auch diese Krise wurde wie diejenige von 1982/83 überwunden. „Im Vergleich mit 1983 war die Wirtschaft 1984 charakterisiert durch ein höheres Wachstum des Brutto-Inlandprodukts, geringere Inflation, verbesserte Beschäftigung und ein sehr stark reduziertes Handels-Defizit."[11]
Noch immer sind Hong Kongs Wachstumsraten einmalig in der Welt: „Die durchschnittliche jährliche Wachstumsrate der Exporte war etwa 11% mehr als doppelt so hoch wie die Wachstumsrate des Welthandels"[12] (Wachstum des Bruttosozialprodukts der BRD 1987: 1,5%). So war 1987 trotz des Börsenkrachs ein Erfolgsjahr für Hong Kong: Das Bruttosozialprodukt betrug 12%. Der Exportanstieg war 19%, die Investitionen steigerten sich um 15% gegenüber dem Vorjahr. Bei einer Inflationsrate von ca. 5% und einer Arbeitslosenquote von nur 2% herrschte faktisch Arbeitskräftemangel.[13]
An Pro-Kopf-Einkommen steht Hong Kong in Asien an dritter Stelle nach Japan und Singapore. Die Profite von Industrie und Handel liegen bei 15-25%.[14]

Der Freihafen
Schon im letzten Jahrhundert übernahm Hong Kong die ehemalige Funktion von Macao als westlicher internationaler Hafen auf chinesischem Boden. Während Macaos kleiner Hafen durch Versandung des Perlfluß-Deltas für die immer größer werdenden Ozeanschiffe nicht mehr zugänglich war, können Schiffe aller Größen in Hong Kongs Hafen ankern. Zudem liegt Hong Kongs Hafen sehr geschützt; die Insel mit ihren hohen Bergen bildet eine natürliche Barriere vor den aus Südosten kommenden Sommertaifunen. Schnell hat sich an den Ufern um den Hafen herum (Breite ca. 2-9 km) eine verarbeitende Industrie angesiedelt, die den Transportvorteil nutzt.

Hong Kongs Hafen ist nicht nur sehr leistungsfähig, sondern wie die ihn umgebende britische Kolonie ein zollfreier Freihafen. Nach 1945 wurde er schnell zum Haupthafen der VR China und hat damit den Hafen von Canton leistungsmäßig übertroffen.
Der Kwai-Chung-Containerhafen hat 1986 den Hafen von New York überrundet, und man nimmt an, daß er demnächst Rotterdam, den führenden Containerhafen der Welt, noch überflügeln wird. Finanziert wird dieses Projekt von der Hong-Kong-Regierung zusammen mit Hutchinson Whampoa und Sea-Land Orient.[15]

„Die Kapazität des Hafens ist so beschaffen, daß an geschützten Ankerplätzen und 72 Bojen sowie an den Kai-Anlagen im Jahr 1983 fast 11.500 Hochseeschiffe abgefertigt werden konnten. An normalen Arbeitstagen sind durchschnittlich etwa 140 Hochseeschiffe sowie ca. 5.000 Boote, Dschunken, Sampans, Walla-Wallas, Leichter und Fähren (Jet-Foils, Hydro-Foils, Hoverferries und normale Motorschiff-Fähren) im Hafen. 1983 wurden mehr als 37 Mio. t Überseefracht gelöscht und geladen, davon 32 Mio. t Stückgut, von denen wiederum 34% in Containern transportiert wurden. Hinzuzurechnen ist der Binnenschifftransport mit 4,2 Mio. t Fracht aus der VR China und 1,2 Mio. t Fracht für den Export nach China.
Die meisten Schiffe ankern an Bojen oder sonstigen Ankerplätzen und werden über Leichter und Dschunken (insges. 2.700 im Jahr 1983) entladen. Aber 1983 wurden schon 41,4% sämtlicher Stückgüter im Containerhafen umgeschlagen. Der Kwai-Chung-Containerhafen lag 1983 mit einem Durchsatz von 1,84 Mio. TEU (Twenty-Foot-Equivalent Unit/20 ft x 8 ft = 20 Fuß-Einheit als normierte Container-Einheit) an dritter Stelle in der Welt nach Rotterdam und New York. Er besitzt sechs Kai-Anlagen mit mehr als 2.300 m Länge und 88 ha Arbeitsfläche an Land und mit bis zu 16geschossigen Container-Lagerhäusern. Die durchschnittliche Aufenthaltsdauer der Containerschiffe in Hong Kong beträgt 13,2 Stunden (1983), während im konventionellen Reedehafen 2,7 Tage im Durchschnitt benötigt werden.
Wichtig für die Bedeutung des Hafens sind auch die großen und modernen Schwimmdocks, Trockendocks und sonstigen Anlagen zur Reparatur und zu anderen Unterhaltungsarbeiten an Schiffen. Für Schiffe bis 35.000 t und bis zu 228 m Länge stehen Trockendocks zur Verfügung. Fünf Schwimmdocks liegen vor der Insel Tsing Yi und in der Bucht von Tsuen Wan, das größte trägt Schiffe bis zu 100.000 t Leergewicht. Zu nennen sind auch die umfangreichen Lagerhäuser (godowns) für die großen Frachtmengen der Importe, Exporte, besonders aber der Umladungen (transshipment).“[16]

Der internationale Flughafen Kai Tak
Der *Kai Tak Airport*, 1962 zu einem modernen Düsenflughafen ausgebaut, befindet sich schon längst an der Grenze seiner Kapazität. Die ca. 3.400 m lange Start- und Landebahn ist in den Naturhafen hineingebaut worden. An- und Abflüge sind sehr

schwierig und bedürfen eines speziellen Trainings, da das Fluggelände eingerahmt ist von Hochhäusern, steilen Bergen und Wasser.
1967 kam es zu einigen Unfällen mit insgesamt 30 Todesopfern. Seitdem hat es nur kleinere Vorfälle ohne Personenschaden gegeben. Von den ca. 13 Mio. Besuchern Hong Kongs (1983) kamen über 9,5 Mio. mit dem Flugzeug. 31 Fluglinien wickeln über 900 Flüge pro Woche ab, hinzu kommen 40 Fracht- und Chartergesellschaften. In Spitzenzeiten werden pro Stunde 5.300 Passagiere abgefertigt. Der Flughafen von Hong Kong liegt im Schnittpunkt mehrerer Ost-West-Verbindungen und gilt als der effizienteste Flughafen im Fernen Osten und als größter Fracht-Flughafen der Welt.
Pläne, einen zweiten, größeren Flughafen auf der der Insel *Lantao* vorgelagerten kleineren Insel *Chek Lap Kok* (mit Autobahnanschluß, Brücke, Helikopter-Service) zu bauen, sind aus finanziellen Gründen bisher gescheitert.
1987 fand sich ein Konsortium (Hopewell, Hutchison Whampoa u.a.) zusammen, die das Großprojekt mit ca. 4 Mrd. US-Dollar bis 1992 finanzieren wollen.

Das Verkehrswesen
Alle Verkehrsbetriebe in der Kolonie, außer der *Kowloon Canton Railway*, befinden sich in privater Hand. Daraus erklärt sich, daß die öffentlichen Verkehrsmittel, nicht nur zu Stoßzeiten, überlastet sind.
Serviceleistungen in abgelegenen Gegenden der New Territories sind schlecht, die Leistungen (Frequenzen und Kosten) in den Ballungsgebieten dagegen gut. Die Bedeutung der öffentlichen Verkehrsmittel für Hong Kong ist beträchtlich: Etwa 7 Mio. Passagiere (bei 5,3 Mio. Ew.) haben die Transportunternehmen täglich zu befördern. Ca. 80% der Einwohner der Kolonie benutzen täglich eines oder mehrere Verkehrsmittel, oft mehrfach und verschiedene Transportmöglichkeiten hintereinander.[17]

Die Bedeutung des öffentlichen Nahverkehrs wird auch noch dadurch deutlich, wenn man berücksichtigt, daß Hong Kong aufgrund seiner schwierigen geographischen Verhältnisse für den Individualverkehr nicht gut geeignet ist. So sind in der Kolonie etwa 260.000 Kraftfahrzeuge aller Art gemeldet, darunter 147.000 PKW und 62.000 LKW.[18]
Bei knapp 1.200 Straßenkilometern ergibt das eine der höchsten Verkehrsdichten der Welt.
Die Straßen sind überfüllt, die Lärm- und Schmutzbelästigung ist weitaus höher als in europäischen Ballungsgebieten. So erfüllt der Nahverkehr eine wichtige Funktion. Allgemein beklagt werden schlechte Serviceleistungen (veraltete, überfüllte Fahrzeuge, unfreundliches Personal, ruppige Fahrweise).
Für den Besucher aus dem Westen sind die Fahrpreise niedrig; anders sieht das für die Einwohner Hong Kongs aus; diese beklagen sich zu Recht über die häufigen Preiserhöhungen des nicht subventionierten öffentlichen Nahverkehrs. So waren Preiserhöhungen oft Anlaß für tagelange Unruhen, die dann auch zu Zerstörungen von Bussen und Bahnen führten.
Das erste öffentliche Verkehrsmittel der Kolonie, die *Peak Tramway* (Zahnradbahn auf den Peak), hat ihren Betrieb 1888 aufgenommen, um den wohlhabenden Europäern einen besseren Zugang zu ihren Villen auf den Anhöhen zu ermöglichen. Heute ist sie eine Touristenattraktion.
1898 begann der Verkehr der *Star Ferry*, der Fährverbindung zwischen *Central* (Hong Kong Island) und *Tsim Sha Tsui* (Kowloon). Für die knapp 2 km lange Strekke benötigen die im 5-Minuten-Takt fahrenden Schiffe ca. 10 Min. Weitere Fährgesellschaften verbinden die Inseln (*Outlying Islands*), Canton und Macao mit der Hong Kong Insel. Zum Teil auf Luftkissenbooten werden jährlich ca. 40 Mio. Passagiere befördert. Damit ist sie eine der größten Fährverbindungen der Welt.
1904, nachdem das Hinterland von Causeway Bay (Fahrdamm) trockengelegt worden war, wurde die *Hong Kong Tramway* (Straßenbahn) gebaut. Sie bedient auf knapp 13 km Länge die gesamte Ost-West-Seite der Hong Kong Island, also von *Kennedy Town* im Westen über Central bis *Shau Kei Wan* im Osten (mit einer Schleife um *Happy Valley*). Sie hat doppelstöckige Wagen und befördert in über 160 Zügen tgl. etwa 360.000 Personen.
1910 nahm das einzige in der öffentlichen Hand befindliche Massenverkehrsmittel – die *Eisenbahnlinie Kowloon-Canton* – seinen Betrieb auf. Nach 35 km endet der von Hong Kong verwaltete Streckenabschnitt am Grenzort *Lo Wu*. Früher mußte man aussteigen und auf chinesischer Seite in einen anderen Zug umsteigen. Inzwischen gibt es auch durchgehende Züge nach *Canton*. In den letzten Jahren hat man die Strecke elektrifiziert und zweispurig ausgebaut. Auch hat sich der Standard erhöht, so daß man inzwischen in knapp 40 Min. den Grenzort erreicht.
Trotzdem ist das Nahverkehrs-Eisenbahnnetz der Schwachpunkt der öffentlichen Verkehrsmittel Hong Kongs. Die meisten Städte in den New Territories sind noch nicht an den Schienenverkehr angeschlossen. „Im Grunde fehlt jedoch ein leistungsfähiges, schienengebundenes Nahverkehrsmittel in Form einer S-Bahn."[19]
In den 30er Jahren wurden die heute in Hong Kong dominierenden Busunternehmen gegründet. Die *China Motor Bus Company* transportiert mit knapp 1.000 Fahrzeugen tgl. etwa eine Dreiviertelmillion Passagiere auf der Hong Kong-Insel. In Kowloon bedient die *Kowloon Motor Bus Company* mit knapp 2.500 Wagen etwa 2,6 Mio. Fahrgäste tgl. Es existieren über 300 Buslinien, die meisten werden von

Beliebte und traditionelle Transportmittel ergänzen in Hong Kong das supermoderne U-Bahn-System: z.B. die doppelstöckigen, buntbemalten Straßenbahnen, die seit Beginn des Jahrhunderts an der Nordseite der Insel Hong Kong verkehren

Doppeldeckerbussen (170 Fahrgäste) befahren.
Die privatwirtschaftlich betriebene Kowloon Motor Bus Co. konnte 1981 einen Profit von 104 Mio. H.K.-$ verbuchen. Der Wert der kleineren auf der Hong Kong-Insel tätigen China Motor Bus Co. wurde im gleichen Jahre auf etwa 570 Mio. H.K.-$ beziffert.[20]
Neben den großen Bussen existiert noch ein flexibles System von ca. 4.300 14sitzigen *Minibussen*, die jeweils feste Strecken abfahren und auf Anruf anhalten. 1984 haben sie über 1 Mio. Fahrgäste befördert.
Im gleichen Jahr fuhren in Hong Kong etwa 16.000 *Taxen*. Sie gehören verschiedenen Unternehmungen. Die Fahrer stehen, wie die Busfahrer, unter hohem Leistungsdruck und sind oft unfreundlich. Teilweise kommt es zu Manipulationen der Taxameter, v.a. bei Neuankömmlingen am Flughafen; i.d.R. ist der Taxiservice jedoch zuverlässig.
Erheblich verbessert worden ist das Nahverkehrssystem durch die 1980 in Betrieb genommene Metro (*Mass Transit Railway, MTR*). Sie verläuft von *Central* unterhalb des Hafens durch einen Tunnel nach *Kowloon*. Nach fünf Stationen (ca. 12 Min.) gabelt sich die Strecke mitten in Kowloon an der Station *Prince Edward*. Eine Linie geht 9 Stationen weiter nach *Kwun Tong* (19 Min.), die andere verläuft westwärts ebenfalls über 9 Stationen nach *Tsuen Wan* (17 Min.).
Inzwischen ist auf Hong Kong Island auch die Strecke nach *Chai Wan* im Osten (10 Stationen) und nach *Sheung Wan* im Westen (3 Stationen) fertiggestellt worden.

Der oberirdische Verkehr wurde durch die MTR spürbar entlastet. So ging der Fährverkehr um 30% zurück.[21] An einem normalen Werktag befördert die MTR etwa 1,2 Mio. Passagiere und ist damit eine der aktivsten Metros der Welt. Die Gesamtkosten betrugen bisher über 22.000 Mio. H.K.-$.
Die Finanzierung der MTR ist auch eine Besonderheit. Sie kam durch eine Mischung von Export-Krediten, die die Bau- und Ausrüstungsverträge mit ausländischen (v.a. japanischen) Firmen finanzierten, Gewinnen aus Grundeigentum und normalen Krediten zustande. Es handelt sich sicherlich um das größte privat finanzierte Massenverkehrsprojekt der Welt und sollte bewußt ein Zeichen für einen optimistischen Blick auf das Jahr 1997 werfen. Kenner der politischen Szene in Hong Kong stellen das MTR-Projekt neben solche Vorhaben wie den dritten Flughafen in London oder den Bau der Concorde.[22]
Im Vorstand der MTR sitzen neben einigen Regierungsvertretern *Y.K. Pao*, Chef einer der größten Schiffahrtslinien der Welt, und *Michael Sandberg*, Chef der Hong Kong and Shanghai Bank. Die Regierung der Kolonie hat eine Art Koordinierungsfunktion bei der Planung (seit 1975), Finanzierung und beim Bau gehabt. Sie hat auch ein Vetorecht, wenn „das öffentliche Interesse gefährdet ist".[23]
Bereits 1982 machte die Gesellschaft einen Gewinn von 7 Mio. H.K.-$.[24]

Metro-Netz

Vor der MTR war 1972 ein anderes Großprojekt fertiggestellt worden: der Hafentunnel (*Cross Harbour Tunnel*), 1,95 km lang, 6,7 m breit und 4,5 m hoch, vierspurig, Baukosten 320 Mio. H.K.-$.

„Die schon 1965 gebildete Privatgesellschaft zum Bau des Tunnels scheute lange das Risiko einer im Grunde nur mittelfristigen Investition, besonders angesichts der Unruhen in Hong Kong, die um 1967 von der chinesischen Kulturrevolution mit ihrer Forderung nach Beendigung des Kolonialregimes ausgelöst wurden. Erst nachdem 1969 die Regierung Hong Kongs 25% des Aktienkapitals der Gesellschaft übernahm, konnten die Bauarbeiten beginnen. 1984 durchfuhren täglich 111.000 Fahrzeuge den Tunnel – gegen eine Gebühr von 10 H.K.-$ für jeden Personenkraftwagen. Entsprechend höhere Sätze wurden für größere Fahrzeuge erhoben.“[25]

Die Gewinne der *Cross Harbour Tunnel Co.* betrugen 1981 über 144 Mio. H.K.-$.[26]

Daneben gibt es noch vier kleinere von der Regierung betriebene Tunnel: den *Lion Rock Tunnel*, der New Kowloon mit den New Territories verbindet, den *Air Port Tunnel* und den *Aberdeen Tunnel*, der Happy Valley mit Aberdeen (auf der Inselrückseite) verbindet. Im Sommer 1986 begannen die Bauten an einem zweiten kombinierten Kfz- und Bahntunnel durch den Hafen, der 1,8 km lang sein wird und knapp 500 Mio. US-Dollar kosten soll. Finanziert wird das Projekt von großen Banken aus Hong Kong und Japan, u.a. der Hong Kong and Shanghai Bank und der rotchinesischen Bank of China.

Hong Kong kennt keine Kfz-Steuer, dafür eine Anmeldegebühr, die man 1982 verdoppelt hat, um den hohen Individualverkehr einzuschränken. Inzwischen muß man für eine PKW-Neuanmeldung 70-90% des Kaufpreises an die Regierung zahlen. Dadurch wurde erreicht, daß die Anzahl der angemeldeten privaten PKWs von 198.000 (1982) auf 147.000 (1984) zurückging.

Während bis Anfang der 80er Jahre die Zahl der Verkehrsunfälle anstieg, nahm sie durch diese Maßnahmen seit 1982 wieder ab. Es gab 15.000 Verkehrsunfälle mit 4.650 schweren und 290 tödlichen Verletzungen.

Im Zuge der Annäherung an die VR China haben sich auch die Verkehrsmöglichkeiten dorthin verbessert. Neben der schon erwähnten direkten Zug- und Fährverbindung nach Canton und den Flugverbindungen hat eine *Joint Venture-Gesellschaft* (Hong Kong und die VR China) den Busverkehr zu zehn Zielen in der Provinz *Kwandung* aufgenommen (Motor Transport Company of Guangdong and Hong Kong Ltd.). Weiterhin ist eine von Hong Kong finanzierte, private *Autobahn* auf dem Territorium der VR China im Bau. Sie soll von *Hopewell* organisiert werden und über Shenzhen, Canton bis in die Nähe von Macao verlaufen. Chinesische Autobahnbenutzer haben dann Gebühren an den Baukonzern in Hong Kong abzuführen.

Energie und Kommunikation

Auch die Energieversorgungsbetriebe befinden sich in privater Hand. So wird die Kolonie von drei Elektrizitätsgesellschaften beliefert, die sogar das in der VR China liegende Shenzhen mitversorgen. *Towngas* gewährleistet die Gasversorgung. In der Vergangenheit kam es immer wieder zu Todesfällen wegen defekter Gasgeräte. Vor allem hierbei zeigt sich die fehlende Vorsorge der Regierung. Neue Geräte werden nicht sicherheitsgeprüft.

Die Wasserwirtschaft der Kolonie ist ständig von Versorgungsproblemen bedroht. Natürlich kann der Industriegigant nicht das für den Eigenbedarf benötigten Wassers auf seinem kleinen Territorium selbst produzieren. Auch 19 Reservoire mit

knapp 1 Mrd. m^3 reichen nicht aus. Seit 1964 liefert die VR China parallel der Bahnlinien in einem Röhrensystem Flußwasser.
Eine ölbetriebene Meerwasserentsalzungsanlage hat man nach der „Ölkrise" aus Kostengründen gar nicht erst in Betrieb genommen. Allein durch das „Abdrehen des Wasserhahns" hätte die VR China Hong Kong in den letzten Jahren „in die Knie zwingen" können. Durch Wasserrationierung in den regenarmen Wintermonaten sind die Bewohner der Kolonie gewohnt, mit Wasser zu sparen. Für den WC-Bedarf wird schon längst Salzwasser benutzt.
Ein Weltzentrum wie Hong Kong benötigt eine perfekte *Telekommunikation*. So ist verständlich, daß das Telefonnetz der Kolonie zu den besten der Welt gehört. Seit 1970 ist es elektronisch, z.Z. gibt es über 2 Mio. Anschlüsse. Telefonieren ist gebührenfrei. Nach der Installation zahlt man für das erste Jahr 525 H.K.-$ pro Anschluß, dann jährlich 516 H.K.-$. Deswegen kann man überall (in Geschäften, Büros, Kaufhäusern) innerhalb der Kolonie kostenlos telefonieren. Die Auslandstelefonate sind etwa 50% preiswerter als in der Bundesrepublik. Es gibt einen Selbstwähldienst mit über 110 Staaten der Welt. Ein Gespräch von Hong Kong nach Frankfurt ist oft problemloser und klarer verständlich als von Frankfurt nach Köln.

Die Medienwirtschaft

Presse

Natürlich sind die Medien der Kolonie auch privatwirtschaftlich organisiert. Eine Informationszentrale der Regierung (*Government Information Service*) versorgt sie mit regierungsfreundlichen Nachrichten.
Seit 1984 hat sich der Inhalt der Medienlandschaft beträchtlich verschoben. Die Verhandlungen zwischen der VR China und Hong Kong bezüglich des Jahres 1997 sind mehr in den Mittelpunkt gerückt. Es findet ein starker Austausch von Reportern und Delegationen auf allen Ebenen statt.
Einige Einwohner Hong Kongs, auch Unternehmer, sind Mitglieder des *Nationalen Volkskongresses* in Peking geworden.
Wenn man der Berichterstattung der Medien folgt, hat sich – polemisch ausgedrückt – an Hong Kongs geographischer Lage seit 1983/84 folgendes verändert: Während die Kolonie, was das Leben der englischsprachigen Bevölkerung betrifft, vor diesem Datum dicht bei Großbritannien zu liegen schien, so ist sie nun auf unerklärliche Weise in die Nähe der VR China gerückt.
Statt über Volksfeste in schottischen Dörfern berichten die englischsprachigen Medien nun auf einmal über Volksfeste in cantonesischen Dörfern. Man erfährt mehr über die Geschichte, Wirklichkeit und Zukunft der VR China und hat nicht länger den Eindruck, in einer englischen Provinz zu leben.
Die Presse umfaßt 66 Tageszeitungen und 473 Zeitschriften. Zwei dieser Tageszeitungen sind englischsprachig. Die führende (konservative) *South China Morning Post* und *Hong Kong Standard* haben eine Auflagenhöhe von 70.000 bzw. 25.000 Exemplaren täglich. Der australische Pressezar Rupert Murdoch, auch Eigentümer der *Times*, wurde 1987 Hauptaktionär der *South China Morning Post*, die auch 51% der *Far Eastern Economic Review* besitzt. Minderheitsaktionäre sind die Hong Kong and Shanghai Bank und Hutchison Whampoa.
Die chinesischen Zeitungen lassen sich grob in drei Gruppen einteilen: kommunistische, taiwanesische und politisch indifferente. Die höchste Auflage hat die taiwanorientierte *Oriental Daily News* mit 600.000 Exemplaren.

Allgemein beklagt wird der schlechte Standard des chinesischsprachigen Journalismus. Die Zeitungen sind überwiegend angehäuft mit Berichten über Sex, Crime und Nonsense.
Auch macht sich bemerkbar, daß es in Hong Kong keine Tradition einer wie immer gearteten Demokratie gibt und öffentlich-politische Meinungsbildung weitgehend unbekannt ist.
Die Journalisten sind schlecht ausgebildet, schlecht bezahlt und oft empfänglich für „Trinkgelder" seitens potenter Anzeigenkunden.
Viele chinesische Zeitungen ähneln eher Organen zur Verbreitung von Meinung und Werbung für Großkapitalisten als unabhängigen Informationsblättern.
Seit 1984 ist die VR China verstärkt in den Medienmarkt der Kolonie eingestiegen. Nun gibt es mehr Zeitungen, Buchläden sowie auch Stellungnahmen von Repräsentanten der VR China in Hong Kong.

Rundfunk/Fernsehen
Hong Kong hat vier *Fernsehprogramme* (davon 2 in Englisch) und 10 *Radiokanäle*. Bis auf den englischsprachigen Regierungssender ist alles andere kommerziell. V.a. die Fernsehsendungen sind noch stärker von Werbung durchsetzt als in den USA.
Da die cantonesischen TV- und Rundfunksender auch in der angrenzenden Provinz Kwandung empfangen werden können, sind sie für die Behörden dort ein Ärgernis, was zeitweise zur Demontage von Antennen geführt hat.
Nach einigen politischen „Hinweisen" aus Peking, üben sich die meisten Medien Hong Kongs in großer Zurückhaltung Peking gegenüber.
Beispiele von Selbstzensur beim Fernsehen hat die *Far Eastern Economic Review* 1986 beschrieben.[27] Eine zentrale Frage für die Phase nach 1997 ist, wie die rotchinesischen Machthaber von Hong Kong reagieren, wenn sie von den Medien kritisiert werden.

Filmindustrie
Hong Kongs Filmindustrie ist mit 110 Filmen jährlich nach Indien führend in Asien. Thematisch herrschen Kung Fu, Love and Crime-Filme vor. Erst in jüngster Zeit werden von jüngeren Filmemachern auch sozialkritische Filme produziert.
Dominiert wird die Filmproduktion von zwei Konzernen: den *Shaw Brothers* (Eigentümer: Sir Run Run Shaw) mit zwölf Aufnahmestudios in Movie Town an der Clearwater Bay (New Territories) und der *Golden Harvest Company* von Raymond Chow, der die Filme mit Kung Fu-Kämpfer Bruce Lee produzierte.
In der Herstellung werden die Streifen ohne Tonaufnahmen gedreht. Ton und Musik erstellt man separat in verschiedenen Sprachen und je nach Zensurbestimmungen der Abnahmeländer in verschiedenen „Härtegraden".

Industrie und Handel

Tai-Pans und Hongs

Einige der ursprünglich aus der Zeit vor dem Opiumkrieg vom chinesischen Kaiser zum Handel ermächtigten Handelshäuser (*Hongs*) bestehen heute immer noch. Am bekanntesten sind *Jardine and Matheson*, die 1832 in Canton begannen und 1841 ihren Sitz nach Hong Kong verlegten. Gerade dieses Handelshaus gab den Anstoß, Hong Kong überhaupt zur Kolonie zu machen. Sie erwarben als erste Land, wurden das größte Handelshaus und blieben es bis heute.
Gegenwärtig hat die schottisch-calvinistische Familie *Keswick* den größten Einfluß auf die Gesellschaft. Simon Keswick ist seit 1983 der dritte *Tai-Pan* (größter Handelsherr) von *Noble House* (Jardines and Matheson) aus der Familie Keswick.

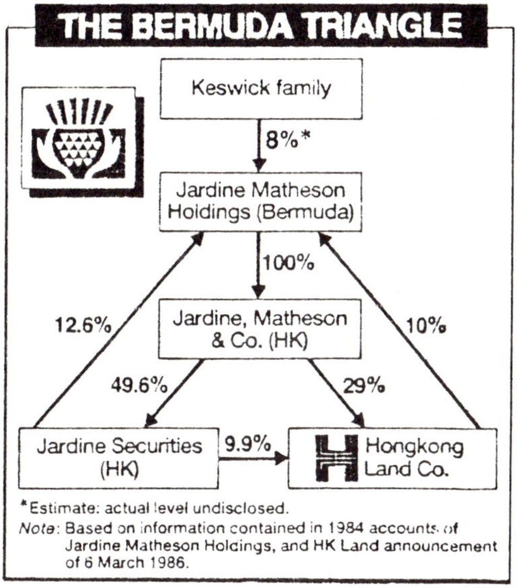

Jardine and Matheson ist ein internationaler Mischkonzern. Hervorgegangen aus Opium- und Chinahandel hat er heute in Hong Kong Beteiligungen an der Schifffahrt, dem Flugfrachtverkehr, Banken, Versicherungen, ist großer Landbesitzer und größter Importeur. Außerdem ist der Konzern an 25% des Börsenkapitals beteiligt. International hält der Konzern Anteile an der Zuckerindustrie in den Philippinen, am Bergbau in Südafrika und an der Gummi- und Ölgewinnung in Malaysia. Weiterhin ist er einer der zehn größten Versicherungsmakler der Welt, mit einer Gesamtversicherungssumme von jährlich 8 Mrd. H.K.-$ (Einnahmen daraus 800 Mio. jährlich).[28]

Von der Wirtschaftskrise beeinflußt, die durch die Verhandlungen um 1997 ausgelöst wurde, sanken die Gewinne des Konzerns von 1982 708 Mio. H.K.-$ um 80% auf 139 Mio. H.K.-$ 1983; 1987: ca. 560 Mio.[29]
Etwa zur gleichen Zeit, als dies bekannt wurde, eröffnete die Firma der schockierten Öffentlichkeit, daß sie ihren Firmensitz in Form einer Holding von Hong Kong auf die Bermudas verlegen wolle. Hong Kong reagierte verschreckt, der *Hang Seng-Börsenindex* fiel daraufhin um 73 Punkte. Der *Hong Kong Standard* schrieb, daß es so sei, „als höre man, die Königin von England wolle nach Australien emigrieren."[30]
Der Hauptkonkurrent von Noble House, die *Swire-Gruppe*, wurde 1816 in Liverpool gegründet. 1866 kam sie nach Shanghai und eröffnete vier Jahre später ein Büro in Hong Kong. Der Konzern betrieb Schiffahrt auf dem Yangtse-Fluß in China, besaß Anteile von Docks, kam so nach 1945 ins Transportgeschäft und übernahm 1948 die damals bedeutungslose *Cathay Pacific Airways*. Heute ist CPA eine der größten Fluggesellschaften Asiens, sie besitzt 19 Langstreckenjets und befördert jährlich über 3,5 Mio. Passagiere. Die Swire-Gruppe hält 71% und die *Hong Kong and Shanghai Bank* 29% des Aktienkapitals von CPA.
Die Profite von Swire, die zu 70% aus dem Fluggeschäft stammen, stiegen von 1981 458 Mio. H.K.-$ auf 1.048 Mrd. H.K.-$ 1984, von 1984 auf 1985 nochmals um 28,4%.
Wie Jardines and Matheson ist die Swire-Gruppe inzwischen ein internationaler Multi, nur noch etwas über 50% des Umsatzes werden in Hong Kong erzielt, der Rest v.a. in Japan, Australien und den USA.
Anfang 1987 verkaufte Swire zu einem Vorzugspreis 12,5% Anteile von Cathay Pacific an eine rotchinesische Investment-Gesellschaft. Das Ganze sollte sicherlich auch ein optimistisches Zeichen für 1997 sein und die Einsatzmöglichkeiten von Cathay in der VR China noch mehr verbessern.
Wirtschaftlich mächtig ist auch *Hutchison Whampoa*, ein Zusammenschluß des aus dem Chinahandel entstandenen Unternehmens Hutchison mit den Werft- und Container-Betrieben *Whampoa* (1965). Die Profite der Gruppe betrugen 1981 knapp 1 Mrd. H.K.-$.[31] Haupteigentümer dieser Gruppe ist die gegenwärtige Nr.1 in Hong Kong, der Grundstücksspekulant Li Ka-shing.
Zu den Großen zählt man auch die Firma *Wheelock Marden*, seit 1932 in Shanghai, ab 1946 in Hong Kong. Ihre Schwerpunkte liegen im Chinahandel, in der Schiffahrt (20 eigene Schiffe) und im internationalen Gütertransport (Container). Seit 1985 zu 50,1% im Besitz des Großreeders *Sir Y.K. Pao*.
Geringer an wirtschaftlicher Potenz, dafür häufiger sind die chinesischen Handelshäuser, die ursprünglich die Vermittler zwischen chinesischem Hinterland und den Handelsgesellschaften der Tai-Pans waren. Das älteste von ihnen ist die *Li and Fung Company*. Diese Firma wurde vor 75 Jahren gegründet. Alle wichtigen Posten haben Familienmitglieder inne. 1982 betrug der Umsatz 554 Mio. H.K.-$; die Nettoprofite lagen bei 11 Mio. H.K.-$.[32]

Börsen und Banken
Hong Kong ist das drittgrößte Finanzzentrum der Welt (nach London und New York). Die Kolonie hat vier Börsen, 140 zugelassene Geschäftsbanken und 344 Finanzierungsbanken für Termin- und Spekulationsgeschäfte.
An einem „normalen" Tag werden in Hong Kong mehr Geld- und Goldtransaktionen getätigt als in Frankreich, der Bundesrepublik, Italien und den Benelux-Ländern zusammen.[33]

Über 100 der 140 Banken gehören zu ausländischen Institutionen, daneben sind noch weitere 115 ausländische Banken durch Repräsentanten in Hong Kong vertreten.
Nach einer hektischen Neugründungsphase von Banken mit anschließenden Zusammenbrüchen (1965) kam es 1967 zu mehr Sicherheitsbestimmungen (*Banking Ordinance*), wonach die Solvenz und das Eigenkapital strenger überprüft werden. Erst nach 1978 vergab die Regierung wieder neue Banklizenzen: Innerhalb von 15 Monaten wurden 41 neue Banken zugelassen.
Im Bankgeschäft übt Hong Kong eine Finanzierungsfunktion für den gesamten australasiatischen Raum aus, auch diese Funktion ist gegenüber ihrer Rolle vor 1945 neu.

Anstieg der gesamten Bank-Einlagen 1955-1985 (in H.K.$)[34]

1955	1965	1975	1985
1,1 Mrd.	7,5 Mrd.	36,0 Mrd.	212 Mrd. (19% Anstieg gegenüber dem Vorjahr)

Die ausländischen Einlagen in Hong Kong sind sogar um 35% gestiegen. Die Sollzinsen lagen Anfang 1986 bei 7% (1984: 17%).[35] Ende 1983 bestanden 66,4% aller Passiva und 65,0% aller Aktiva der Geschäftsbanken aus fremder Währung.[36]

Neben den erwähnten Geschäftsbanken befinden sich in Hong Kong noch 344 Finanzierungsbanken (*Deposit Taking Bank, DTB*) für Termin-, Immobilien- und Spekulationsgeschäfte. In diesem Sektor hat es in der Vergangenheit viel Unseriosität gegeben. 1970 verloren viele kleine Sparer über eine halbe Mrd. US-$, vielfach Rücklagen für den Lebensabend, weil sie in Investment-Fonds eingezahlt hatten, deren Geschäftsführer dann mit dem Geld ins Ausland flohen. Aus diesem Grund hat man seit 1976 eine etwas strengere Kontrolle und die Unterscheidung von „lizenzierten“ und „registrierten“ Banken eingeführt.
„Die 30 ‚lizenzierten' DTCs (Ende 1983) müssen ihre Seriosität durch die Erfüllung mehrerer Vorbedingungen (u.a. Mindestkapital von 75 Mio. H.K.-$ mind. drei Jahre in Hong Kong erfolgreich tätig sein, geordnete Eigentumsverhältnisse, fachlich versiertes Management) nachweisen; dann dürfen sie Termineinlagen von mindestens 500.000 H.K.-$ mit beliebigen Fristen annehmen. Die 319 ‚registrierten' DTCs (Ende 1983) unterliegen zwar großzügigeren Bedingungen (z.B. nur 10 Mio. H.K.-$ Mindestkapital). Sie dürfen aber auch nur Termingelder von mindestens 50.000 H.K.-$ für mindestens drei Monate annehmen. Die Volksrepublik China ist an diesen Finanzhandelsgeschäften durchaus beteiligt. Seit 1979/80 haben ihre Banken in Hong Kong 12 derartige Finanzierungsgesellschaften gebildet.“[37]
Die Anteile fremder Währung bei den Aktiva und Passiva liegen bei diesen Banken bei über 75%, was die internationale Bedeutung dieser Bankgeschäfte verdeutlicht.

Die Hong Kong and Shanghai Bank

Diese Bank kommt ursprünglich, wie der Name sagt, aus Shanghai, war aber schon 1864 auch in Hong Kong ansässig. In Hong Kong ist sie eine Institution, nicht nur eine Bank, denn zusammen mit der *Chartered Bank* übt sie für die Regierung auch Zentralbankfunktionen aus. Beide Banken steuern die Geldmenge und geben die Banknoten heraus (die Münzen sind von der Regierung). Die Hong Kong and Shanghai Bank ist ein internationaler Finanzmulti. In der Kolonie hat sie 170 Zweigstellen. Bei *Hutchison Whampoa* war sie mit 22%, bei *Cathay Pacific* mit 29% beteiligt. Sie ist Teilhaber der *South China Morning Post* und finanziert die Projekte des Reeders *Sir Pao*.
1981 hatte die Bank einen Rekordprofit von 2 Mrd. H.K.-$. Anfang 1986 zog sie in ein neues Gebäude in Central, das über 5 Mrd. H.K.-$ gekostet haben soll.
Die Bank finanziert derzeit ca. 200 Projekte in der VR China und hat in 55 Ländern der Welt etwa 1.200 Niederlassungen. Auf die Frage des deutschen Managers der Commerzbank in Hong Kong, Wolfgang Rohde, ob die Gerüchte zuträfen, daß die Hong Kong and Shanghai Bank sich heimlich bei der Commerzbank eingekauft hätte, erwiderte der Chef der Hong Kong and Shanghai Bank, Michael Sandberg: „You are not on my shopping list" (1986). Ihr neuer Chef ist William Purves. Gegenwärtig hat man den Namen der Bank abgekürzt, sie nennt sich immer häufiger Hong Kong-Bank, wohl um bei den häufigen Geschäften mit Beijing den Hinweis auf den Entstehungsort der Bank (Shanghai) nicht allzu deutlich werden zu lassen.
Unter den großen Banken der Welt hat die Hong Kong-Bank gegenwärtig (1988) den 14. Platz inne. Sie besitzt in Hong Kong ca. 60% des gesamten Bankenkapitals. Auf Platz Nr. 2 befindet sich schon die rotchinesische Bank of China.

Der Zusammenbruch der Overseas Trust Bank (OTB)

Nach der Hong Kong and Shanghai Bank und der Bank of East Asia war die OTB die drittgrößte Privatbank der Kolonie. Sie gehörte einer chinesisch-malayischen Familie, hatte in Hong Kong 44 Niederlassungen und war überall in Südostasien engagiert.
Trotz des sehr großzügigen Kontrollsystems für Banken in Hong Kong entdeckte man in den Bilanzen zum 30.6.1984 Unklarheiten. Am 6.6.1984 erklärte die OTB ihre Insolvenz. Das erste Mal seit 1945 wich die Regierung vom laissez-faire-Prinzip ab und übernahm schon einen Tag später für 800 Mio. H.K.-$ die gesamte Bank, um den wirtschaftlichen Aufstieg nach der Vorjahreskrise nicht zu gefährden. Die Einlagen der 100.000 Kontoinhaber konnten so zu 70% abgesichert werden. Der *Hang Seng-Index* sank nur um 100 Punkte.
Vier leitende Angstellte der Bank wurden wegen Betrugsverdacht verhaftet, einer von ihnen mit einem Koffer voller Geld auf dem Flughafen Kai Tak.

Schiffsverkehr

Die wohl populärste Erfolgsstory Hong Kongs ist die des größten unabhängigen Einzelreeders der Welt, Sir *Y. K. Pao*.
Pao kam 1949 als 31jähriger Flüchtling mit einem alten Dampfer aus Shanghai. Heute besitzt er mit 150 Schiffen die größte private Handelsflotte der Welt. Er kontrolliert 66% der *World International* (Holdings)-Schiffahrtslinie (Marktwert 3 Mrd. H.K.-$, Gewinne 1982: 405 Mio. H.K.-$). Weiterhin gehören ihm 30% der *Hong Kong and Kowloon Wharf* mit einem Marktwert von 7,4 Mrd. H.K.-$ (Gewinne 1982: 382 Mio. H.K.-$) und seit 1985 50,1% des Hong-Handelshauses *Hutchison Whampoa*.
Seine Schiffe haben knapp 1/3 der gesamten Tonnage der Flotte Hong Kongs.[38]
Sir Pao ist auch im Vorstand der *Hong Kong and Shanghai Bank*, ist „unofficial" Mitglied des Legislative Council der Regierung und Vize-Vorsitzender des Gremiums zur Erarbeitung einer Mini-Verfassung für das selbstverwaltete Hong Kong nach 1997. Seine Beziehungen zur VR China sind bestens.
Mit „nur" 140 Schiffen und einigen tausend Tonnen geringerer Ladekapazität war der 1982 verstorbene *C.Y. Tung* „nur" der zweitgrößte Privatreeder Hong Kongs und der Welt.
In jüngster Zeit sind Hong Kongs Aktivitäten in der Schiffahrt etwas rückläufig. *Jardine and Matheson* wollen sich nach 140jähriger Tätigkeit aus dem Geschäft zurückziehen. „In den letzten zwei Jahren hat sich die Hong Kong-eigene bzw. kontrollierte Flotte um 25% verringert, in bezug auf die Anzahl der Schiffe, und um 20% in bezug auf die Tonnage, zu etwa 1.200 Schiffen mit insgesamt 52 Mio. BRT." Das ist etwa ein Zehntel der gesamten Welttonnage und im Umfang der Flotte die zweitgrößte nach derjenigen Griechenlands.[39]
Sir Y. K. Pao war bisher erfolglos, ein eigenes Hong Kong-Schiffsregister zu erhalten. Aus Sparsamkeitsgründen fahren aber nur 14% der Hong Kong-Schiffe unter britischer Flagge, die anderen sind bei den Ländern der „Billigflaggen" (Panama, Liberia und anderen) registriert.

Im Jahr 1987 hat Sir Pao sechs neue Tanker in der V.R. China bestellt, sich beim französischen Hotel-Konzern Accor eingekauft und mit Hilfe seines Schwiegersohnes, des gebürtigen Österreichers Helmuth Sohmen, über 5 Mrd. Dollar in Hong Kong investiert. Er verfügt über beste Beziehungen zu Peking und wollte ein Zeichen für 1997 setzen. Andererseits gehört er zu den Hauptgegnern einer Demokratisierung der Kolonie.

Das Industriekapital

Die Textil- und Bekleidungsindustrie
1949 kamen Textilindustrielle als Flüchtlinge aus Shanghai nach Hong Kong. Teilweise brachten sie auf Schiffen Rohmaterialien und Maschinen mit. Damit war ein neuer Industriezweig in Hong Kong gegründet. Über ein Drittel der Gesamtexporte Hong Kongs entfallen auf Textilartikel.[40]
Auch bekannte westdeutsche Unternehmungen lassen in Hong Kong anfertigen, was u.a. zu einer Vernichtung von 350.000 Arbeitsplätzen im Textilbereich der Bundesrepublik seit 1968 geführt haben soll.[41]
Aber die Betriebe in Hong Kong sind nicht nur Empfänger von Aufträgen, sondern sie haben aus der Not eine Tugend gemacht. Sie fertigen nicht nur westliche Edelprodukte wie Cardin, Saint-Laurent, Emilio Pucci oder „apple jeans“, sondern entwerfen selbst in zunehmendem Maße Qualitätsartikel.

Die größten Handelsländer auf dem Welttextilmarkt
in Mio US-Dollar

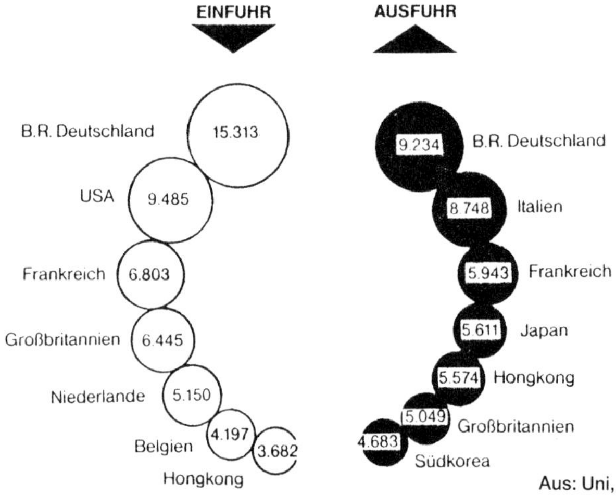

Aus: Uni, Nr. 10, 1983, S.32

Arbeiterinnen am Fließband kontrollieren batteriegetriebene Spielzeugautos

Die Textilindustrie beschäftigt knapp 41% der Erwerbstätigen, exportiert für insgesamt 55 Mrd. H.K.-$, was einem Anteil am Gesamtexport von knapp 40% entspricht.[43] Da die durchschnittlichen Löhne eines Textilarbeiters in der Kolonie um 2/3 unter den Löhnen in Westeuropa und den USA liegen, sind Produkte aus Hong Kong auf den westlichen Märkten unschlagbar.[44]

Über Großbritannien hat Hong Kong guten Zugang zu den Märkten der EG. Eine Bedrohung sind die bilateralen Handelsabkommen (Einfuhrquoten) des Welthandelsabkommens (GATT); v.a. eine Quotensenkung der USA aufgrund protektionistischer Tendenzen der dortigen Textilindustrie bedroht die Arbeitsplätze in Hong Kong. 1987 wurde Hong Kong führender Textilexporteur der Welt. Ab 1.1.1989 verliert Hong Kong die Zollvorteile auf dem US-Markt.

Die Plastikindustrie

Die ebenfalls 1949 auf Initiative von Geschäftsleuten aus Shanghai begründete Plastikindustrie hat Hong Kong in der Vergangenheit im Westen bekannt gemacht und ihm den Ruf eines Billigproduzenten eingebracht. Auch in diesem Industriesektor hat Hong Kong seine Produktion kultiviert. Von der Nischenfunktion, billige, bunte Plastikwaren für den Massenkonsum herzustellen, stieg man dann auf Spielwaren um, von dort auf Elektronikartikel. Heute ist Hong Kong auch der führende Spielwarenproduzent der Welt.

In der Plastik- und Spielwarenproduktion erarbeiten etwa 5% der Beschäftigten einen Produktionswert von über 12 Mrd. H.K.-$.[45]

Die Elektroindustrie

Die Produktion von Plastikartikeln mit elektrischem Zubehör, Spielwaren oder Transistorradios bildete seit 1960 den Übergangsbereich für die Elektroindustrie. 1970 machten elektronische Artikel bereits 10% des Exportwertes aus.
Heute fertigen knapp 100.000 Beschäftigte in über 1.000 Betrieben auch Heimcomputer, Speichertelefone, elektronische Rechner, Computer-Spiele und v.a Digitaluhren. Der Exportwert liegt bei knapp 24 Mrd. H.K.-$.
„Hong Kong ist inzwischen nach Japan der größte Uhrenproduzent der Welt. Im Export steht die britische Kronkolonie sogar auf Platz eins der Weltrangliste.“[46]
1981 wurden 12 Mio. Kleinuhren aus Hong Kong in die BRD verkauft. Die Uhrenproduktion allein hat einen Exportwert von 9 Mrd. DM. Man befürchtet jedoch einen Produktionsrückgang, wenn die Hersteller den Wechsel in der Uhrenmode (zurück zur Zeigeruhr) nicht bewältigen können.

Das unruhige Jahr 1982/83

Genau 15 Jahre vor dem Auslaufen der Pachtverträge der New Territories (was auch der Vertragsdauer von Landverpachtungen in der Kolonie entspricht), ergab sich die Notwendigkeit, auf höchster politischer Ebene eine Klärung über die Zukunft des Pachtvertrages und damit der Kolonie herbeizuführen.
Die britische Position war klar, man wollte den Vertrag über 1997 hinaus verlängern, betrachtete das Kolonialland als „auf ewig“ britisch, wußte aber, daß die Kolonialgebiete ohne das gepachtete Hinterland nicht lebensfähig wären.
Die chinesische Position war auch klar. Man hat niemals auf Hong Kong verzichtet, die Verträge immer als „ungleiche“ bezeichnet, sie aber faktisch eingehalten.
In den Jahren bis 1982 gab es viele Signale aus der VR China, die der Beruhigung der Wirtschaft Hong Kongs dienen sollten. Wann immer der Direktor der Wasserversorgung, ein hoher Verkehrsbeamter, eine Delegation von Lehrern oder Studenten von einer Reise aus der VR China zurückkehrten, gaben sie gern der Presse weiter, was ihnen der stellvertretende Direktor der Wasserversorgung der Provinz Canton, ein hoher Eisenbahnbeamter, Lehrer- oder Studentenfunktionäre öffentlich-inoffiziell (aber im offiziellen Auftrag) bezüglich 1997 gesagt haben. „Do not worry about 1997“, war der gemeinsame Tenor.
Doch es kam anders. Die Stationen der Entwicklung bis zum Vertragsabschluß sollen auch anhand der Bewegung des *Hang Seng-Indexes* (Preisindex repräsentativer Aktien in Hong Kong) aufgezeigt werden.

Hang Seng-Index	Datum	Ereignis
1300	18.7.1982	„Normalstand“
934	15.8.1982	Die Regierung verpachtet Land zu einem Freundschaftspreis an die rotchinesische Bank of China.
1096	26.9.1982	

862	3.10.1982	M. Thatcher war ohne positives Verhandlungsergebnis in Beijing (Peking). Die VR China will 1997 alle Gebiete, die britisch verwaltet werden, wiederhaben.
771	31.10.1982	Rapider Rückgang der Landpreise um 50%; Firmenzusammenbrüche.
698	5.12.1982	Absoluter Tiefstand des Hang Seng-Index.

Die Zwischenergebnisse der Verhandlungen zwischen London und Peking sind negativ. Die Bevölkerung der Kolonie wird nicht beteiligt, schlecht informiert, es kursieren viele Gerüchte. Kapitalabwanderungen haben begonnen.
Vor allem im Dezember 1982 zeigten sich anomische Verhältnisse im Alltagsleben. Die Suicide stiegen an. Die Gewaltkriminalität wuchs um 10%. Insgesamt gab es 1982 452 Konkurse, die höchste Zahl der letzten 20 Jahre.[47]
Investitionen gingen stark zurück. Der Grundstücksmarkt verfiel immer mehr (Grundstücke, Warentermin- und Goldgeschäfte waren die beliebtesten Spekulationsobjekte). Ein Grundstück, das im Sommer 1982 noch für 80 Mio. H.K.-$ gekauft wurde, fand erst für 30 Mio. H.K.-$ einen neuen Käufer.

Hang Seng-Index	**Datum**	**Ereignis**
899	30. 1.1983	Budget-Defizit der Regierung von 3,5 Mrd. H.K.-$, Kürzungen im Sozialhaushalt. Verfall des H.K.-$ im Verhältnis zu seiner „Leitwährung", dem US-$: statt 5,85 H.K.-$ müssen 6,7 H.K.-$ für 1 US-$ bezahlt werden.
1066 985	27. 2.1983 6. 3.1983	Scheitern der geplanten Großprojekte (Brücke von Lantao zum Festland und neuer Flughafen wird bekanntgegeben.
1067 1019 986	17. 4.1983 1. 5.1983 8. 5.1983	Weiterer Sturz des H.K.-$; es müssen zeitweise 9,8 H.K.-$ für 1 US-$ bezahlt werden. Die Regierung muß den Dollar stützen (derzeit 7,8).
immer unter 1000 Punkte		Die Auswanderungsgesuche nehmen zu.

		Anstieg der Gewaltkriminalität: Entführungen, große Raubüberfälle, rituelle Morde. Zwischen dem 12.7.1983 und dem 6.4.1984 fanden 22 Verhandlungen über die Zukunft Hong Kongs statt.
1055	9. 2.1984	
	27. 5.1984	Gemeinsame Erklärung wird wirksam.
2500	20. 1.1097	
3068	8. 6.1987	erstmals über der 3000-Marke
3900	12.10.1987	(Höchststand)
3382	19.10.1987	nach dem Börsenkrach in New York
2230	2.11.1987	
2040	14.12.1987	
2703	11. 8.1988	

In der gemeinsamen Erklärung zwischen London und Peking verzichtet Großbritannien auf seine Rechte in Hong Kong zum 1.7.1997. Es hat keine der wichtigen eigenen Forderungen gegenüber der chinesischen Seite durchsetzen können.
Seit 1984 hat Hong Kong wieder einen beispiellosen wirtschaftlichen Aufschwung erlebt.

Der Außenhandel

Unter denjenigen Ländern der Welt, die am meisten exportieren, steht das bevölkerungsmäßig kleine Hong Kong an 12. Stelle mit 48 Mrd. US-$ Exportvolumen (1984: 14. Stelle, 28 Mrd. $). Es kommt nach den Niederlanden, Belgien/Luxemburg und Taiwan, vor Südkorea, der Schweiz, Schweden und China. Spitzenreiter ist die BRD mit 294 Mrd. US-$ vor den USA und Japan (1987).[48]
Die Exportabhängigkeit und Rohstoffarmut zeigt sich u.a. daran, daß Hong Kong etwa die Hälfte seiner Rohmaterialien aus China und Japan importiert, um 44% der Fertigprodukte dann an die USA zu verkaufen.

Hong Kongs Import-Export-Bilanz 1984[49]
(leicht gerundete Zahlen)

Importe aus 1984	in Mrd. H.K.$ 1984	in % 1984	Exporte an 1984	in Mrd. H.K.$ 1984	zum Vergleich 1980	in % 1984
VR China	55	25	USA	61	22	45
Japan	52	24	VR China	11	3	8
USA	24	11	GB	10	7	8
Taiwan	17	8	BRD	9	7	7
Singapore	12	6	Japan	5	2	4

GB	9	4	Canada	4	3	3
BRD	5	3	Australien	4	2	3
andere	47	11	andere	31		22
Gesamt	223	100	Gesamt	137		100

Diese Tabelle zeigt deutlich den gewaltigen Anstieg der Exporte in die VR China seit 1984, wobei allerdings 85 Mrd. auf Re-Exporte entfallen. Re-Exporte aus Hong Kong sind Güter, die von Hong Kong aus dritten Ländern importiert werden, um ohne Weiterbehandlung z.B. nach China (33,6% der Re-Exporte) oder in die USA (12,1%) weitergeliefert zu werden. Hierbei kommt die alte Entrepôt-Funktion zum Tragen.
Andererseits zeigt die Tabelle die „Nischenfunktion“ der Hong Kong-Wirtschaft. Import- und Exportländer sind höchst ungleich verteilt. Die Abhängigkeit von den „Wetterlagen“ der Weltwirtschaft wird dabei besonders deutlich.

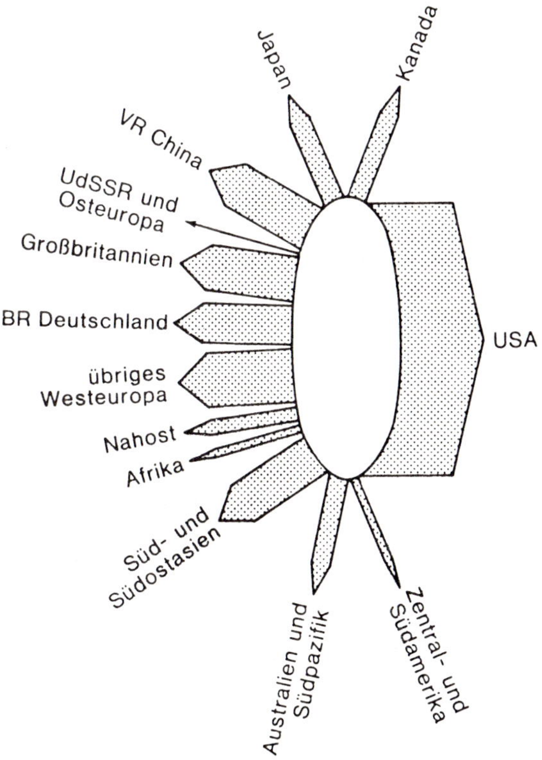

Hong Kong Exporte aus eigener Produktion 1984 (Januar - November) (aus: Buchholz/Schöller a.a.O., S. 35)

Einer Gesamtsumme von 223 Mrd. H.K.-$-Importen stehen Gesamtexporte von nur 137 Mrd. H.K.-$ gegenüber. Dieser Passivsaldo wird ausgeglichen durch Einnahmen aus dem Fremdenverkehr, Dienstleistungen (Hafen, Flughafen) und erhebliche Kapitaleinfuhren. Allein die Investitionen aus den USA in Hong Kong sollen 1984 etwa 4 Mrd. US-$ betragen haben.
Die Importe, besonders diejenigen von Luxusgütern, stiegen in den letzten Jahren beträchtlich: „Von 1979 bis 1980 stiegen die Importe um 30% an, während das Wachstum der Exporte 29,4% betrug."
Trotz positiver Wirtschaftslage kam es 1985 zu einem Exportrückgang an die meisten Abnehmerländer Hong Kongs: USA 8%, BRD 22%, Großbritannien 17%. Ursache hierfür waren Einbußen auf den Märkten für Elektronik und Textilien in Zusammenhang mit der H.K.-Dollarkrise.[50]
Die zweite Besonderheit der Kolonie im Welthandel geht aus der politisch neutralen Position der Regierung und der alten Entrepôt-Funktion hervor. Hong Kong ist oft Zwischenstation für den Handel der VR China mit Ländern, mit denen es offiziell keine Wirtschaftsbeziehungen hat. Hierzu zählen Taiwan, Südkorea, aber auch Südafrika.
Natürlich nutzen auch die Länder des Westens Hong Kongs Erfahrungen im Chinahandel. So macht deren Entrepôt-Handel mit der VR China über Hong Kong gegenwärtig 34,2% „beim Ursprung der Re-Exporte und 32,1% bei den Zielländern der Re-Exporte aus."[52]
Das wirtschaftsliberale Hong Kong ist nach wie vor die Handelsattraktion Nr. 1 in Asien: „Es besteht also eine Vielfalt von Warenströmen im Gesamtwert von ca. 47 Mrd. H.K.-$, die nichts mit der Volksrepublik China zu tun haben, die aber über Hong Kong von und nach dritten Ländern verhandelt werden und somit die Bedeutung Hong Kongs als Handelszentrum internationaler Größe dokumentieren.
Über 22.450 Export- und Importunternehmen sowie 2.263 Unternehmen aus dem Finanzsektor (1982) nutzen die zwar geordnete, aber sehr liberal verwaltete Kolonie nicht nur für Hong Kong-bezogene Geschäfte, sondern auch als günstigen Zugang zu China und als Alternative zu einem Standort im bürokratischen Japan."[53]

Unternehmensgründungen

Von den etwa 80.000 lokalen Unternehmungen sind ca. 1.400 ausländischer Herkunft; sie kommen aus über 50 Ländern der Welt. Jeder, der Geld hat, kann sich geschäftlich in Hong Kong niederlassen. Die Registrationsgebühr berägt z.Z. 600 H.K.-$ plus 6 H.K.-$ pro 1.000 H.K.-$ Nominalkapital. „Im Jahre 1984 kamen 13.434 neue Firmen hinzu, 1.876 mehr als im Jahre 1983."[54]
Kapitalverkehrskontrollen gibt es nicht. Die Rechtsaufsicht ist nahezu unbekannt, außer bei den Banken.

Branchenmäßige Verteilung (1984)[55]

Branche	Anzahl d. Betriebe	Anzahl d. Beschäftigten
Bekleidung	9.602	265.353
Elektronik	2.503	143.867
Textil	5.068	115.429
Plastik	5.426	92.355
Metallverarb.	6.718	67.578
Foto, Optik, Feinmechanik	1.694	45.968
Druckindustrie	3.122	29.193

Insgesamt gibt es etwa 850.000 Industriebeschäftigte.

Unternehmensstruktur

Etwa 95% der Betriebe haben weniger als 100 Beschäftigte. Sie wirtschaften arbeitsintensiv, sind sehr flexibel, werden von den Familienangehörigen geleitet und wechseln sehr schnell bei Änderung der Marktbedingungen, bspw. von der Garnproduktion auf Bekleidung, von der Plastikherstellung zu elektronischen Spielwaren. Oft teilen sich diese Mini-Unternehmungen auch Büroräume oder fertigen in Wohnblocks und Squatter-Hütten.
Große Unternehmungen mit über 500 Beschäftigten haben nur 17% aller Erwerbstätigen unter Vertrag. Diese stellen, obwohl wirtschaftlich sehr mächtig, weniger als 1% der gesamten Anzahl der Firmen. Allein 2,2% der Selbständigen sind Kleinhändler (*hawker*).

Herkunft der Unternehmer
In Hong Kong gibt es deutlich nach nationaler und kultureller Herkunft getrennte Unternehmungen. Den Großteil stellen die vielen tausend kleinen cantonesischen Firmen. Daneben existieren größere und wirtschaftlich sehr mächtige Firmen aus Shanghai. Insgesamt sollen nach 1945 228 Konzerne aus Shanghai mit einem Gesamtvermögen von damals 50 Mio. US-$ nach Hong Kong gekommen sein. Diese stellen noch 75% der Textilindustrie, sind aber auch im Schiffsbau und Schiffsverkehr tätig. Auch zeichnen sich diese Unternehmungen durch starke patriarchalische Strukturen aus: Sie geben (wie viele europäische und US-amerikanische Firmen) ihren Mitarbeitern Beihilfen zum Wohnen, Transport und zur privaten Krankenversicherung.[56]
Weiterhin bestehen v.a. im Elektronik- und Textilbereich auch US-amerikanische Firmen und natürlich die schon erwähnten alten englischen Handelshäuser.
Eine typisch cantonesische Firma wird vom Vater geleitet, seine Ehefrau ist Chefbuchhalterin, Söhne, Neffen und entfernte männliche Verwandte (auch adoptierte)

Ein Straßenmarkt in Kowloon

sind Sub-Direktoren. Freiwerdende Leitungsfunktionen werden nach Qualifikation, nicht nach familiärer Nähe und Erbfolge vergeben. Dieser Führungsstil entstammt dem chinesischen Clan-Familienverständnis und ist v.a. für die in ganz Südostasien verzweigten Geschäftsbeziehungen optimal.

Geschäftliches Verhalten

Geschäftliche Beziehungen laufen oft parallel mit persönlicher Bekanntschaft und Familienverbindungen. Viele chinesische Unternehmer sind Subkontraktoren (*compradores*) für westliche Firmen. Einige große chinesische Handelshäuser stellen schon seit dem letzten Jahrhundert ihr „Know-how", ihre Sprachkenntnisse und familiären Verbindungen für die Tai-Pans und später hinzugekommene Unternehmer aus dem Westen zur Verfügung.

Das Geschäftsverhalten ist teilweise riskant, spekulativ. Oft werden große Investitionen gemacht in der Hoffnung auf Anschlußaufträge, die noch nicht gesichert sind.

Zum chinesischen Verhalten gehört es, das „Gesicht zu wahren", möglichst keine persönliche Schwäche zu zeigen. „Ja" kann heißen, „ich will es versuchen". In Verhandlungen bemüht man sich auch, dem Partner zu helfen, sein „Gesicht nicht zu verlieren". Die ältere Generation der chinesischen Geschäftsleute sind „self-made-Männer", die wirklich von ganz „unten" anfingen.

Tourismus als Wirtschaftsfaktor

Auch der Tourismus als Wirtschaftsfaktor ist für Hong Kong eine neue Erscheinung. Lag die Anzahl ausländischer Besucher 1957 noch unter 50.000, so stieg sie seit den 70er Jahren sprunghaft an:

1975: 1,3 Mio.
1981: 2,5 Mio.
1982: 2,5 Mio.
1983: 2,6 Mio.
1984: 3,2 Mio.
1985: 3,1 Mio.
1987: 4,5 Mio.

Hong Kong ist für die meisten Besucher immer noch eine Zwischenstation, im Durchschnitt bleiben sie 3-6 Tage und geben pro Kopf ca. 3.000 H.K.-$ aus. Insgesamt macht das jedoch (1985) 13 Mrd. H.K.-$ (1980: 6 Mrd.H.K.-$).
Knapp 60 Hotels können etwa 25.000 Zimmer anbieten. Obwohl die meisten Hotels der Spitzenklasse angehören (Übernachtungspreis ca. 200 DM), beträgt die Belegquote rd. 90%. Auch die etwas preiswerteren Unterkünfte (ca. 100 DM), wie im YMCA, haben in Stoßzeiten Wartezeiten von über 2 Monaten.
Ungefähr 25% der Touristen kommen aus den angrenzenden südostasiatischen Ländern, 20% aus Japan, 18% aus Europa, 16% aus den USA. Aus der Bundesrepublik besuchen jährlich etwa 110.000 Personen die Kolonie, oft als Zwischenstation (*stopover*) von anderen Ländern der Region aus.
Dieser „Stopover-Tourismus“ hat den Einzelhandel in Hong Kong nicht nur wesentlich belebt, sondern auch spezifisch geprägt. Luxusartikel aus aller Welt (Fotoausrüstungen, Uhren, Kleidung, Kosmetik, Juwelen, Schmuck, Antiquitäten, Maßkleidung, Elektronikartikel) kauft man hier aufgrund fehlender Zölle billiger als anderswo in der Welt.
In den beiden Touristenzentren, nahe der Hotels *Tsim Sha Tsui* (Kowloon) und *Central* (Hong Kong Island), befinden sich über 10% aller (ca. 40.000) Einzelhandelsgeschäfte. Daneben gibt es noch eine Kette chinesischer Warenhäuser nur mit Artikeln aus der VR China.
Eine weitere Hong Kong-Spezialität findet nicht nur in Asien, sondern auch in den USA und zunehmend in Europa Nachahmung. Es werden immer mehr Shopping Centres, oft im Zusammenhang mit den Hotels, errichtet. Dort findet man in klimatisierten Räumen Ansammlungen von bis zu 200 teuren Luxusläden mit internationalen Angeboten.
Daneben hat sich Hong Kong zu cinem internationalen Konferenzort entwickelt. 1984 fanden hier etwa 600 Konferenzen mit über 100.000 Teilnehmern statt.

Tourismus aus der VR China
Seit Anfang der 80er Jahre besteht ein legaler Tourismus aus der VR China nach Hong Kong. Meistens handelt es sich dabei um Verwandtenbesuche oder Zwischenstops auf der Weiterreise in Drittländer. 1987 kamen über 300.000 Besucher aus China.

Herkunft der Besucher (in %)

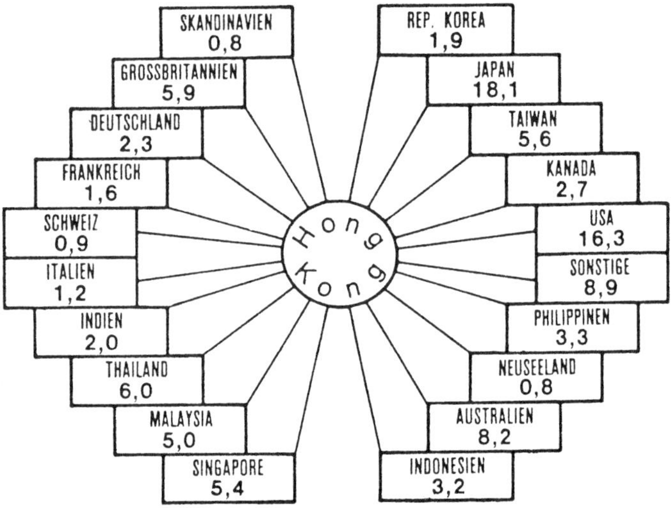

(Quelle: Buchholz/Schöller, a.a.O., S. 47)

Seit 1983 bieten die Reisebüros in der VR China auch Gruppenreisen (8 Tage für ca. 1.600 H.K.-$) nach Hong Kong an. Ein Jahr später waren 28.000 Chinesen aus dem Norden auf diese Weise in die englische Kolonie gereist.
Außerdem existiert schon immer ein Besucherverkehr von chinesischen Geschäftsleuten, die die Firmen der Volksrepublik in der Kolonie vertreten.
Neuerdings kommen sogar prominente Chinesen aus Peking, wie z.B. *Deng Pufang*, der Sohn von *Deng Xiao Ping*, Vorsitzender der rotchinesischen Behindertenvereinigung. Er wurde während der „Kulturrevolution" von den „Roten Garden" aus dem Fenster gestürzt und ist seitdem querschnittsgelähmt. 1984 war er auf „Goodwill"-Tour in Hong Kong. „Als er die Stadt endlich verließ, hatte er 58 Mio. H.K.-$ für seinen Hilfsfonds gesammelt."[57]
Umgekehrt ist der Tourismus von Hong Kong-Bewohnern in die V.R. China gewaltig: Allein über Chinesisch-Neujahr 1988 war jeder dritte Einwohner aus Hong Kong (1,8 Mio.) zu Verwandtenbesuch in China.

Etwas Wirtschaftstheorie

An der Ausnahmesituation von Hong Kong scheint sich die klassische, im Westen zu Recht oft kritisierte Position des ökonomischen Liberalismus zu bestätigen. Es handelt sich um ein Wirtschaftswachstum, das unter strengen Marktbedingungen und ohne Staatsinterventionismus nur durch extreme Ausbeutung von Arbeitskraft und Wettbewerbsvorteilen finanziert wurde.
Die „unsichtbare Hand" von Adam Smith hat innerhalb von drei Jahrzehnten die Wirtschaft der Kolonie in ein „Stadium der Reife" geführt, die anderswo 100 oder mehr Jahre benötigt hätte.[58]
In Hong Kong gibt es noch die „historische Rolle des Kapitalisten", wie Karl Marx es im „Kapital" für das letzte Jahrhundert formulierte. Der Kapitalismus ist dort noch im Stadium der Leistungsphase:
„Eine Untersuchung der kleineren Geschäfte zeigt, daß nur 6% der Unternehmer ins Geschäft kamen, weil sie die Firma geerbt hatten. (...) Diejenigen, die von oben kamen, machten nur ein Drittel aus, während zwei Drittel einen niedrigeren sozialen Status hatten, mit Eltern, die Arbeiter oder Bauern waren."[59]
Das Hong Kong-Modell des wirtschaftlichen Erfolges ist einfach: Um überleben und wirtschaftlich wachsen zu können, muß man importieren. Diese Importe müssen mit Exporterlösen bezahlt werden. Importiert werden im wesentlichen Rohprodukte, exportiert werden Fertigprodukte. Hong Kong fand immer wieder „Nischen" im Welthandel, nutzte geschickt die eigenen geringen Arbeitskosten, internationale Kaufkraftunterschiede und die Terms of Trade.[60]

Wirtschaftskriminalität

In Hong Kong kennt man grob gesagt zwei Dimensionen von Wirtschaftskriminalität:
Zum einen *vorsätzlich betrügerische Manipulationen*, die von vornherein auf Übervorteilung und Betrug aus sind. Hierzu zählen z.B. eigens zu Betrugszwecken vor der Feriensaison eröffnete Reisebüros, die dann gegen Vorauszahlung besonders billige Flugtickets verkaufen. Kurz vor Ausgabe der Tickets verschwinden die Inhaber dann mit dem Geld nach Taiwan.
Aus Taiwan (wo die Copyright-Abkommen mißachtet werden) kommt auch die Methode, teure Markenartikel billig nachzubauen und mit gefälschten Etiketten zu versehen (z.B. Uhren von Rolex, Omega und Cartier; Modekleidung, Schmuck u.a.). Diese Artikel werden oft an ahnungslose Touristen verkauft. Die Strafen dafür sind nicht sehr hoch.
Bis vor wenigen Jahren konnte noch jedermann eine Investment-Gesellschaft gründen. Geldanlagen dieser Art sind für viele Hong Kong-Bewohner eine Altersversorgung. Bei großangelegten Betrügereien in dieser Branche verloren 1970 Tausende von Anlegern über eine halbe Mrd. US-$.
Etwa 15 Wohnblocks des sozialen Wohnungsbaus, die in den Jahren 1964-73 erstellt wurden, müssen zu Kosten von ca. 800 Mio. H.K.-$ abgerissen und neu gebaut wer-

den. Das Bauunternehmen hatte minderwertigen Zement benutzt. Über 15.000 Familien leben noch in einsturzgefährdeten Häusern.
Die *andere weitaus größere Dimension* der Wirtschaftskriminalität wird von großen „seriösen" Banken und Industriebetrieben gebildet. Da die Kapitalverkehrskontrollen in der Kolonie nicht vorhanden sind, ist hierbei die Dunkelziffer sehr hoch. Man schätzt, daß sich diese Art der Wirtschaftskriminalität von 1980-1985 um das Sechsfache erhöht hat.
Besonders spektakulär war der Zusammenbruch der *Carrian Group*, eines Mischkonzerns (Investment, Banken, Landspekulation, Taxibetriebe u.a.). Der Carrian-Chef, *George Tan*, ein Singapore-Chinese mit Pässen von Paraguay und Tonga, wurde erst gegen eine Kaution von 52 Mio. H.K.-$ aus der Haft entlassen. Er war angeklagt, falsche Angaben über die Vermögensverhältnisse gemacht zu haben. Auch soll er eine Überweisung von knapp 150 Mio. H.K.-$ an die malayische *Bumiputra Bank* gefälscht haben.
Ein Mitarbeiter dieser Bank ist dann in der Kolonie unter mysteriösen Umständen ermordet aufgefunden worden.
Die Carrian Group, wegen ihres enormen wirtschaftlichen Aufstieges in der Kolonie mit dem deutschen Begriff „Wunderkind" bezeichnet, hinterließ 57 Großgläubiger, darunter auch die deutsche West LB und die Commerzbank, die ihm Hunderte von Mio. Dollar geliehen hatten.
Bei der Durchsuchung der Geschäftsräume fanden Beamte Unterlagen über Bestechungsgelder in Höhe von 32 Mio. H.K.-$.[61] Tan konnte 1987 nicht verurteilt werden, Gläubiger und Banken um ca. 1,2 Mrd. betrogen zu haben. In seinen „besten Zeiten" soll er 200 Firmen, 7 Rolls Royce und 27 Mercedes-PKW besessen haben.

Chinas Nutzen aus Hong Kong – China in Hong Kong

China in Hong Kong

Als die Rote Armee 1949 auf Hong Kong vorrückte, rechneten die britischen Kolonialbehörden mit der Einnahme der Kolonie. Doch die Chinesen waren zu sehr mit eigenen Problemen der inneren Stabilität beschäftigt. Einige Jahre später zeigte sich dann schon der wirtschaftliche Nutzen Hong Kongs für China als „größter Hafen" der Volksrepublik.
Die Beziehungen zwischen China und Hong Kong sind seitdem immer vom Pragmatismus geprägt gewesen. Die englischen Behörden vermieden jede politische Provokation, wie etwa offizielle taiwanesische oder sowjetische Niederlassungen auf ihrem Gebiet. Die Chinesen duldeten US-amerikanische Kriegsschiffe während des Vietnamkrieges und stoppten die „Kulturrevolution" in Hong Kong und Macao.
Mit Beginn des wirtschaftspragmatischen Kurses von *Deng Xiao Ping* ab 1978 kam es zu einer wirtschaftlichen Annäherung. Hong Kong soll der „Entwicklungspol" für die Modernisierung der VR China werden.[62]
Schon 1978 begannen verstärkte Investitionen rotchinesischer Unternehmungen in der Kolonie.[63]

Hong Kong ist neben Japan Chinas wirtschaftspolitisches Tor zum Westen. „Mehr als 36% der gesamten Deviseneinnahmen der Volksrepublik China werden in Hong Kong verdient."[64] Diese Gelder kommen hauptsächlich aus zwei Quellen:

1. Handelsüberschüsse im grenzüberschreitenden Verkehr. Hierzu zählen Nahrungsmittel, Lieferungen von Wasser und Rohstoffen für die Industrieproduktion Hong Kongs. Die VR China liefert zu Preisen, die ca. 5% unter dem Weltmarktniveau liegen.[65] Dazu gehören auch Fertigprodukte wie Schuhe, Bekleidung, Haushaltsartikel, aber auch Luxusartikel, die es in der Volksrepublik nicht zu kaufen gibt. Die Kolonie ist dafür ein Testmarkt zur Expansion in Drittländer.
   Hinzu käme noch die Entrepôt-Funktion und der Handel Chinas über Hong Kong an Drittländer, der 1982 knapp 13% des gesamten chinesischen Außenhandels ausmachte (22,9 Mrd. H.K.-$). Von 1978-1981 haben sich die Importe aus China nach Hong Kong fast verdreifacht.[66]
2. Gewinne aus chinesischen Investitionen in Hong Kong.
   Schon vor 1978 gab es einige chinesische Beteiligungen in Hong Kong sowie die *Bank of China*. Inzwischen ist die Bank of China ein Konsortium von 13 Banken mit über 250 Filialen und 8.000 Mitarbeitern. Sie ist nicht mehr nur am Chinahandel beteiligt, sondern agiert wie jede andere Bank in Hong Kong: Kredite, Investitionen, Grundstücke, Spekulationen. Nach der Hong Kong and Shanghai Bank bildet sie die zweitgrößte Bankengruppe in der Kolonie.[67] Sie kontrolliert 20% des Bankenkapitals in der Kolonie.
   Aufgrund der wirtschaftlichen Verunsicherung bezüglich 1997 vergab die Bank of China demonstrativ günstige Kredite an Kleinunternehmer und baute ein 315 m hohes neues Hauptquartier.
   Nach den Banken kamen die normalen Unternehmungen. Die VR China kaufte sich ein in Warenhäuser, Fabriken, Werften, sie baut in Hong Kong Hochhäuser, stellt Elektroartikel her. Die VR China ist schätzungsweise an über 300 Unternehmen in Hong Kong beteiligt. Diese sollen längst nicht mehr alle den Chinahandel flankieren. Sie sind auf Gewinnerwerb ausgerichtet und haben technisches „Know-how" in die Volksrepublik zurückzubefördern.
   Das gesamte Investitionsvolumen Chinas in Hong Kong hat 1981 ca. 3-5 Mrd. US-$ betragen, die Gewinne knapp 1 Mrd. US-$.[68] Seit 1986 hat die VR China Großbritannien als drittgrößten Investor in Hong Kong, nach den USA und Japan, überrundet.

Bei dieser wirtschaftlichen Verknüpfung, die von Hong Kong-Bewohnern als Garantie für die Zeit nach 1997 angesehen wird, gibt es viele Merkwürdigkeiten am Rande, etwa wenn die Hong Kong-Regierung einer rotchinesischen Firma Land unterhalb des Marktpreises verkauft und damit einen Kurssturz an der Börse auslöst. Auch hat die erzliberale Hong Kong-Regierung einer Firma aus der Volksrepublik eine Summe von mehreren hundert Mio. H.K.-$ als Ausgleich dafür bezahlt, daß die mit der rauhen kapitalistischen Wirklichkeit unerfahrenen Kader bei einem Spekulationsgeschäft ihr Geld verloren hatten.
Andererseits kritisiert man von Peking aus die Regierung von Hong Kong, weil diese sich nicht genügend für die wirtschaftliche Prosperität der Kolonie engagiere.[69]
Der wirtschaftlichen Präsenz folgte die politische: Pekings „neuer Mann" in Hong Kong ist seit Mitte 1983 ein hochrangiger Kader und früherer Provinzgouverneur, *Xu Jiatun*. Er ist Direktor der *New China News Agency (Xinhua)* geworden, was üb-

licherweise einem inoffiziellen Botschafterposten entspricht. Damit ist er Chef der inoffiziellen KP Hong Kongs und der etwa 170.000 China-freundlichen Gewerkschaftsmitglieder. Außerdem hat er eine Art Überwachungs- und Steuerungsfunktion aller rotchinesischen Unternehmungen in der Kolonie, obwohl diese wiederum auch den entsprechenden Fachministerien in Peking unterstehen.
Insgesamt haben die rotchinesischen Konzerne in Hong Kong eine hohe Autonomie. Man kann davon ausgehen, daß der Gouverneur vor wichtigen Entscheidungen Xu Jiatun konsultiert, daß z. B. die Verweigerung von Direktwahlen einvernehmlich getroffen wurde. Damit hat sich die Macht jetzt schon beträchtlich verschoben.

Hong Kong in der VR China

In der Zeitschrift *China Aktuell* konnte man im Sept. 1978 folgende Notiz lesen:
„Es gibt zur Zeit sogar Gerüchte, daß Peking auch an Investitionen Hongkonger Unternehmer in China interessiert sei. Die Investoren sollen Kapital, Anlagen und Technologie liefern und können nach ihren Wünschen Konsumgüter herstellen. China bietet billige Grundstücke und Arbeitskräfte an. Der Betriebsbesitz bleibt in der Hand von China, und die Investitionen sollen durch Lieferung von Produkten kompensiert werden.“[70]
Doch niemand hätte es für möglich gehalten, daß noch vor Ablauf eines Jahrzehntes sektoral begrenzter Kapitalismus mit allen seinen Schattenseiten in der VR China entstanden sein wird.
„Im Jahre 1979 beschloß die chinesische Regierung, das zum Kreis *Bao'an* gehörige, an Hong Kong nördl. angrenzende Gebiet mit einer Fläche von 327,5 km^2 für den Aufbau einer Wirtschaftssonderzone freizugeben.“[71]
Am 1. Juli 1979 wurde das Gesetz über Gemeinschaftsunternehmen (*Joint Ventures, Hezi Jingying Qiye*) verabschiedet und trat, ganz im Gegensatz zur sonst üblichen Praxis, schon am 8. Juli 1979 in Kraft.
Das Gesetz selbst ist ein nur 15 Paragraphen umfassender Rahmen; seine konkrete Ausgestaltung hat man, wie im folgenden am Beispiel der Wirtschaftssonderzonen (*Special Economic Zones, SEZ*) in der Provinz *Guandong* gezeigt wird, den Wirtschaftspartnern überlassen.
Wirtschaftlicher Hintergrund sind die Modernisierungswünsche der neuen politischen Führung in Peking. Damit kam es nach Maos Tod und dem Sturz der „Viererbande“ zu einer völligen „Umkehr des Mao-Konzeptes von der Selbstgenügsamkeit aller lokalen quasi-autarken Raumzellen und der zumindest angestrebten ausgewogenen räumlichen Entwicklung im ganzen Land.“[72]
Westliche Unternehmer wurden zu Investitionen in den Wirtschaftssonderzonen eingeladen und bekamen Sonderrechte:
„Sämtliche Importe der Firmen sowohl für den Aufbau als auch für die Produktion sind zollfrei. Die Höhe der Steuern ist auf maximal 15% beschränkt. Bauland wird zu günstigen Bedingungen zur Verfügung gestellt. Die Arbeitslöhne der chinesischen Arbeitskräfte liegen zwar etwa dreimal so hoch wie in der Volksrepublik China, jedoch unter den Löhnen alternativer Standorte wie z.B. Hong Kong oder Macao. Die arbeitsrechtlichen Bestimmungen ähneln denjenigen Hong Kongs.“[73]
Die ersten Erfahrungen mit der Sonderwirtschaftszone *Shenzhen* (nördl. von Hong Kong) waren für die chinesische Führung so positiv, daß im April 1984 weitere 14 Städte und die Tropeninsel *Hainan* ebenfalls zu Wirtschaftssonderzonen erklärt wurden.

„In diesen Entwicklungsstädten sollen ausländische Investitionen ebenfalls besonders gefördert werden. Ein begünstigter Steuersatz gilt jedoch nur bei Investitionen in die technologische Verbesserung schon bestehender Betriebe, und die Befreiung von Einfuhrzöllen ist auf wichtige Ausrüstungsgüter und Rohstoffe beschränkt. Jede Entwicklungsstadt kann aber zusätzlich eine ‚Wirtschaftliche und Technische Entwicklungszone' als separates Gewerbegebiet ausweisen, in der die Niedrigsteuer von nur 15% Anwendung findet. Nur die ‚Wirtschaftliche und Technische Entwicklungszone' in Shanghai genießt dieselben Vorzugsbedingungen wie die vier Sonderwirtschaftszonen."[74]
Insgesamt gibt es 19 wirtschaftliche Sondergebiete, 14 davon befinden sich interessanterweise in den ehemaligen „Vertragshäfen", also in den Küstenstädten, die im 19. Jh. von den imperialistischen Mächten gewaltsam für den Handel „geöffnet" wurden.
Durch die jahrzehntelangen Westkontakte in der Vergangenheit haben diese Gebiete einen hohen Anteil an teilweise wohlhabenden Auslandschinesen, die in andere asiatische Länder und die USA ausgewandert sind. Die VR China ist recht erfolgreich darin, diese Auslandschinesen zu Investitionen in ihrer alten Heimat zu motivieren.

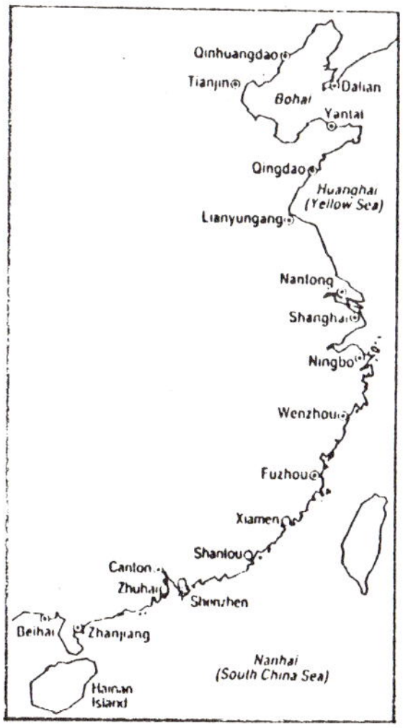

19 Freihandelszonen, darunter die 14 Küstenstädte, die im 19. Jh. die „Vertragshäfen" waren

Die Auslandschinesen (Overseas-Chineses)

Die politischen und sozialen Verhältnisse in China haben seit 1850 zu mehreren großen Auswanderungswellen geführt. Die Auswanderer gingen in die USA, von dort teilweise nach Südamerika, nach Australien, Ozeanien.

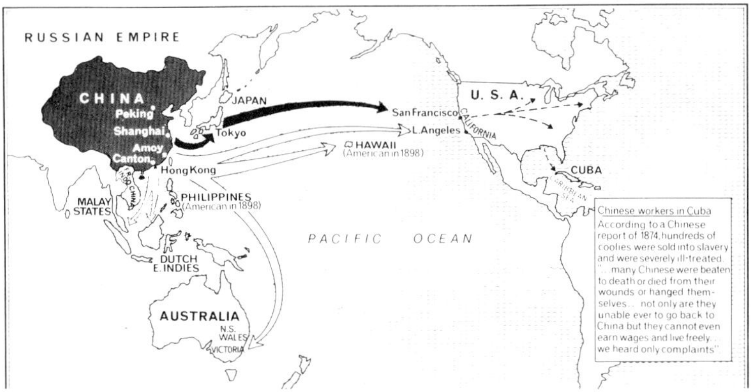

CHINESE EMIGRATION 1850–1900

Im Zuge des englischen Kolonialismus kamen Tausende von Chinesen als Plantagenarbeiter nach Malaysia, ihnen folgten geschäftstüchtige Händler. Auch in den anderen südostasiatischen Ländern gibt es große chinesische Bevölkerungsteile.

Anteil der Chinesen an der Gesamtbevölkerung[76]

Malaysische Föderation Malaya	38,4%
Malaysische Föderation Brunei	26,3%
Thailand	13,1%
Kambodscha	10%
Süd-Vietnam	4,3%
Laos	3,5%
Indonesien	3,3%
Birma	1,7%
Philippinen	0,7%

Als Auslandschinesen bezeichnet man die etwa 15 Mio. chinesisch-stämmigen Einwohner dieser Länder, die oft nicht die Staatsbürgerschaft dieser Länder besitzen. Nach Auffassung der VR China sind diese Menschen Chinesen und als Rückwanderer oder Investoren willkommen.
Viele Auslandschinesen gehören in den südostasiatischen Ländern zur wirtschaftlichen Führungsschicht. Sie werden dort benötigt, sind aber oft unbeliebt. Zuweilen kommt es dann auch zu grausamen Vernichtungsaktionen gegen die

Chinesen, wie z.B. in Indonesien 1965, wo Hunderttausende von Chinesen umgebracht oder deportiert wurden.[77]
Nach wie vor sind die Chinesen in Malaysia, Indonesien, Thailand, natürlich in Singapore und den kleineren pazifischen Ländern, wie auch in Australien und an der US-amerikanischen Westküste wirtschaftlich sehr erfolgreich. Während multinationale Konzerne aus Hong Kong in diesen Raum drängen, kommen andererseits chinesische Konzerne aus diesem Raum in die VR China, die dortigen Wirtschaftssonderzonen und nach Hong Kong selbst. So kam die malayisch-chinesische Gruppe *Hong Leong* 1983 nach Hong Kong, und der indonesisch-chinesische Mischkonzern (Schiffe, Kraftfahrzeuge, Nahrungsmittel, Bekleidung, Banken, Investment, Versicherungen) *Liem Sioe Liong* stieg im gleichen Jahr mit seiner *First Pacific Holding* in das Hong Kong-Geschäft ein. Solche Konzerne sind in ihrer Kernstruktur Familienunternehmen, die auf diese Weise die besonderen chinesischen Familien- und Loyalitätsbindungen ausnutzen und die sich bei kleineren einheimischen Firmen einkaufen, womit sie ein Netz von kompliziert miteinander verschachtelten Unternehmen schaffen.[78]

Die Wirtschaftssonderzone Shenzhen
Die nördl. von Hong Kong gelegene Wirtschaftssonderzone *Shenzhen* (cant. Schreibweise: *Shumchun*) ist das erfolgreichste Projekt in diesem Modellvorhaben. Es gibt dort inzwischen über 1.200 neue Unternehmungen, die zu 90% aus Hong Kong kommen und einen Gesamtwert von ca. 2,5 Mrd. US-$ an Investitionen darstellen. In den meisten Fällen haben sich dort arbeitsintensive Klein- und Mittelbetriebe angesiedelt.[79]
Die Arbeitsbedingungen für die chinesischen Arbeiter sind attraktiv:
Das durchschnittliche Pro-Kopf-Einkommen in Shumchun steht jetzt bei mehr als 1.000 Yuan (ca. 3.500 H.K.-$) im Jahr; wogegen das durchschnittliche Einkommen eines chinesischen Stadtarbeiters 720 Yuan beträgt.
Der Tagesverdienst eines Arbeiters in Hong Kong beträgt etwa 30 DM, ca. siebenmal soviel wie die Entlohnung eines Arbeiters in der VR China.
Knapp 300.000 der 5,5 Mio. Einwohner Hong Kongs sind vor Jahren aus dem Kreis Bao'an in die Kronkolonie geflohen. Inzwischen sollen ca. 3.000 wieder in ihre Heimatorte zurückgekehrt sein. Ungefähr 20% der Löhne in Shenzhen werden nicht direkt ausgezahlt, sondern gehen in einen Wohlfahrtsfonds oder zur Sozialversicherung. Die Unternehmer finden in Shenzhen ideale Bedingungen vor: Anders als in der VR China und in Hong Kong können sie Arbeiter nach Belieben einstellen oder entlassen, es gibt keine Gewerkschaften, Streiks sind verboten, Löhne sind staatlich vereinbart, die Arbeitskosten sind insgesamt wesentlich niedriger als in Hong Kong.
Um diese für die VR China umwälzenden Veränderungen überhaupt politisch durchsetzen zu können, wurden 1982 auf Anordnung von Deng Xiao Ping 1.370 Parteikader (Funktionäre) entlassen oder versetzt.
Die VR China hat über 1 Mrd. US-$ an Infrastrukturmaßnahmen (mit Hilfe von Geschäftsleuten aus Hong Kong) investiert: Neben dem schon erwähnten Ausbau der Eisenbahnlinie und der geplanten Autobahnstrecke entstehen ein Hubschrauberlandeplatz, ein Großflughafen und eine Universität. Viele Straßen, Kraftwerke,

Werbung in Shenzhen

Wohnblocks und ein 53stöckiges Hochhaus wurden schon gebaut. Weiterhin sind attraktive Einfamilienhäuser im westlichen Stil errichtet worden. Diese können von Chinesen aus der VR China (mit finanzieller Unterstützung reicher Verwandter aus dem Ausland), Hong Kong-Einwohnern oder Auslandschinesen gegen konvertierbare Währung als Altersruhesitz, Ferienwohnung oder Spekulationsobjekt gekauft werden. Bewohner Hong Kongs erhalten in diesem Fall ein Dauervisum und dürfen Shenzhen mit ihren eigenen PKWs anfahren. Hinzu kommen natürlich auch Supermärkte, Kinos, Sport- und Freizeitstätten (u.a. der größte Golfplatz der VR China) und internationale Hotels. Für all diese Leistungen muß in konvertierbarer Währung gezahlt werden. Schließlich gibt es neben der chinesischen *Renminbi-Währung* und dem H.K.-**$** noch spezielle Zahlungsmittel für die Wirtschaftssonderzonen.

Der H.K.-**$** ist de facto die regionale südchinesische Währung geworden. In Canton, Macao und den SEZ gilt er mehr als die heimischen Zahlungsmittel. Man schätzt, daß 20% der H.K.-Währung in der VR China zirkulieren.

Shenzhen hatte 1979 etwa 20.000 Einwohner, heute sind es knapp 400.000. Teilweise hat man dort Fachkräfte aus anderen Provinzen des Landes angesiedelt.

Unter diesen Bedingungen muß es natürlich zu unzähligen Schmuggel- und Schwarzmarktgeschäften kommen. 1981 wurden über 500 Schmuggelfälle im Gesamtwert von 17 Mio. H.K.-**$** bekannt.

1982 hatten leitende Mitarbeiter einer Importgesellschaft in Shenzhen mit gefälschten Warenpapieren über 24.000 Cassettenrecorder im Wert von 4,3 Mio. H.K.-**$** eingeschmuggelt. Shenzhen ist schon seit Jahren Ziel von Hamsterfahrten aus allen Teilen der Volksrepublik. Daneben tauchten dort schon gefälschte Dollarnoten auf,

Porno-Videos wurden angeboten, Taxifahrer lehnen einheimisches Geld für Fahrten ab.
Die seit 1949 in der Volksrepublik nicht mehr aktive *K 14 Triade* hat von Hong Kong aus ihre Tätigkeit in Shenzhen aufgenommen, um „mitzuverdienen".
Auch in den anderen chinesischen Wirtschaftssonderzonen und den Großstädten mehren sich solche Vorfälle. Ab dem 1.3.1982 sind die Strafen für Wirtschaftsverbrechen drastisch erhöht worden; seit einigen Jahren werden im Westen massenhaft öffentliche Hinrichtungen aus der VR China bekannt.[80]
Bei alledem mag man über die Funktion der Wirtschaftssonderzonen nachdenken. Ihre Aufgabe ist es, viele Chinesen mit westlichen Produktionstechniken, „Know-how", Managementmethoden und allgemein industriellem Arbeitsverhalten vertraut zu machen; Devisenerwirtschaftung ist ein zweitrangiges Ziel. Ihrer Funktion nach beinhalten die Wirtschaftssonderzonen viel Sprengkraft für die Zukunft Chinas. Sollen sie auch ein Modell für die Zukunft von Hong Kong und Macao sein?
„Oder soll es möglicherweise ein Auffanggebiet für eine vorzeitige Integration Hong Kongs – vor Ablauf der 50-Jahre-Frist ab 1997 – sein, damit sowohl der politische Übergang als auch die Anpassung der Sozial- und Wirtschaftssysteme reibungsloser geschehen können? Oder soll Shenzhen einfach an der Leistungskraft Hong Kongs partizipieren, um sich leichter und erfolgreicher wirtschaftlich zu entwikkeln? Es ist geradezu selbstverständlich, daß die Regierung der Volksrepublik China keine Exegese ihrer Absichten formuliert und veröffentlicht. Möglicherweise weiß sie selber noch nicht, welche Entscheidungen später einmal fallen werden, aber jedenfalls hält sie sich eine variantenreiche Option offen. Bisher kann man feststellen, daß Shenzhen die einzige Sonderwirtschaftszone mit nennenswerte ökonomischem Erfolg geworden ist und daß sie eine Art Expansionszone für Hong Kong bildet."[81]
China-Experten gehen davon aus, daß die Wirtschaftssonderzonen die in sie gesetzten Erwartungen nicht erfüllt haben. Die Entwicklungskosten seien, gemessen an den inzwischen etwa 10jährigen Erfahrungen und Ergebnissen, zu hoch.[82]

„Es ist egal, ob die Katze schwarz oder weiß ist, die Hauptsache, sie fängt Mäuse." (Deng Xiao Ping)
„Wir können nicht erwarten, daß die Werke von Marx und Engels aus jener Zeit *die* Probleme von heute zu lösen vermögen." (People's Daily, Beijing, 7.12.1984)
„Wir können nicht erwarten, daß die Werke von Marx und Engels aus jener Zeit *alle* Probleme von heute zu lösen vermögen." (People's Daily, Beijing: in der offiziellen „Korrektur" des obigen Artikels, in den sich ein „Druckfehler" eingeschlichen haben soll, einige Tage später).
Dieser Vorfall zeigt auch, daß der neue Kurs der wirtschaftspolitischen Liberalisierung Deng Xiao Pings nicht ohne Widerspruch ist. Gleichzeitig sind wir Zeugen der „Entideologisierung" etwa eines Fünftels der Weltbevölkerung, die jahrzehntelang unter einer Staatsdoktrin persönlich bevormundet und nahezu völlig isoliert von Auslandseinflüssen gelebt hat.

Deutsche Wirtschaftsinteressen in Hong Kong

Von den etwa 110.000 deutschen Besuchern jährlich kommen ungefähr 40% aus geschäftlichen Gründen nach Hong Kong.

Über 200 deutsche Firmen sind in Hong Kong entweder mit eigenen Produktionsbetrieben (z.B. Bekleidung, Elektronik) oder, was häufiger vorkommt, mit Niederlassungen und Büros vertreten. Hierzu zählen z.B. alle großen Banken, Versandhäuser, Bekleidungsbetriebe, Spediteure und natürlich die deutschen Großkonzerne.

Die Bundesrepublik ist der drittgrößte Markt der Kolonie außerhalb Asiens. Umgekehrt ist Hong Kong nach Japan der zweitgrößte Markt für die Bundesrepublik. Hierbei haben die Exporte der BRD nach Hong Kong von Chemikalien, Maschinen, optischen Geräten, Präzisionsgeräten, Werkzeugmaschinen und Telekommunikation zugenommen.

Allerdings werden britische Produkte häufig den deutschen, bei sonst gleichbleibenden Bedingungen, vorgezogen.

Auch sind deutsche Banken in den letzten Jahren verstärkt nach Hong Kong gegangen, um sich am China-Geschäft und an internationalen Finanzierungen zu beteiligen. So verlor die *West LB* bei Grundstücksspekulationen in der Kolonie durch die Krise 1982/83 mehrere Millionen DM.

Hong Kong ist natürlich auch angesichts des wirtschaftlichen Wandels in der VR China eine Ausgangsbasis für verstärkte Aktivitäten westdeutscher Unternehmungen mit den chinesischen Behörden. Die BRD ist der größte Handelspartner Chinas in Europa und hat ihre Exporte dorthin von 1975-1985 fast verdreifachen können. Schon vor der VW-Santana-Produktion haben die Firmen *Wella* und *Busch* mit der VR China „joint ventures" abgeschlossen.

Firmengründungen sind in Hong Kong einfach und billig. Die Eintragungsgebühren kosten ca. 400 H.K.-$, Stempelgebühren 4‰; die Maximalsteuer beträgt derzeit 18,5%. Es gibt keine Doppelbesteuerungsabkommen, das Rechtssystem ist britisches Common Law mit eigenem Gesellschafts- und Steuerrecht, Kapitalverkehrskontrollen sind unbekannt, ein Auslieferungsabkommen bei Fiskaldelikten besteht nicht.[83]

Wer sich in Hong Kong geschäftlich niederlassen möchte, dem helfen eine Fülle von Handbüchern und die dortigen Wirtschaftsverbände sowie das dortige Deutsche General Konsulat. Nähere Informationen erteilt: Hong Kong Trade Development Council, Ulmenstr. 49, 6000 Frankfurt 1, Tel. 069/72 16 55.

Anmerkungen

1 Vgl. Benzenberg, Wilfried: Wachstum und Planung in Tsuen Wan und Kwun Tong. Zwei neue Städte in der Kronkolonie Hong Kong, Diss., Köln 1977, S. 85.
2 Buchholz, Hanns J./Schöller, Peter: Hong Kong, Braunschweig 1985, S. 128.
3 Ebd., S. 131.
4 Ebd., S. 15.
5 Vgl. Far Eastern Economic Review, 14.4.1983.
6 Woronoff, Jon: Hong Kong, Capitalist Paradise, Hong Kong, Singapore, Kuala Lumpur 1980, S.10.
7 Miners, Norman: The Government and Politics of Hong Kong, Oxford, New York, Melbourne 1977 (2. Aufl.), S. XV.
8 Hopkins, Keith (Ed.): Hong Kong. The Industrial Colony, London, New York 1971.
9 Vgl. Hermann, Michael: Hong Kong versus Singapore, Stuttgart 1971.
10 Vgl. Woronoff, a.a.O., S. 187; Szcepanik, Edward: The Economic Growth of Hong Kong, London, New York, Toronto 1958, S. 49ff.

11 Government Information Services (Ed.): Hong Kong 1985, Hong Kong 1985, S. 101.
12 Ebd., S. 89.
13 Vgl. Far Eastern Economic Review, 1.10.1987, S. 8.
14 Vgl. Woronoff, a.a.O., S. 146.
15 Vgl. Far Eastern Economic Review, 22.1.1983.
16 Buchholz/Schöller, a.a.O., S. 43f.
17 Vgl. South China Morning Post, 16.2.1982.
18 Vgl. Government Information Services (Ed.), a.a.O., S. 338.
19 Buchholz/Schöller, a.a.O., S. 138.
20 Vgl. South China Morning Post, 11.3.1982; Far Eastern Economic Review, 31.7.1981.
21 Vgl. South China Morning Post, 11.5.1982.
22 Vgl. Government Information Services (Ed.), a.a.O., S. 198f.; Harris: Hong Kong. A Study of Bureaucratic Politics, Hong Kong, Singapore 1980, S. 108.
23 Vgl. Harris, a.a.O., S. 110.
24 Vgl. South China Morning Post, 11.5.1982.
25 Buchholz/Schöller, a.a.O., S. 136.
26 Vgl. South China Morning Post, 17.3.1982.
27 Vgl. Far Eastern Economic Review, 13.2.1984; 17.4.1986.
28 Vgl. South China Morning Post, 23.5.1985; Far Eastern Economic Review, 15.3.1984.
29 Vgl. Far Eastern Economic Review, 12.4.1984 und 8. 10. 1987.
30 „Der Spiegel", Nr. 15/1984, S. 145.
31 Vgl. Far Eastern Economic Review, 9.4.1982; 4.8.1983; 16.5.1985.
32 Vgl. Far Eastern Economic Review, 26.5.1983.
33 Vgl. Hong Kong Research Project (Ed.): Hong Kong. A Case to Answer, Nottingham 1974, S. 22.
34 Zahlen aus: Rabushka, A.: The Changing Face of Hong Kong, Washington 1973, S. 16; Woronoff, a.a.O., S.179; South China Morning Post, 5.1.1986.
35 Vgl. South China Morning Post, 5.1.1986.
36 Vgl. Buchholz/Schöller, a.a.O., S. 39.
37 Ebd.
38 Vgl. Far Eastern Economic Review, 29.1.1982; 23.4.1982; 21.4.1983; 11.8.1983.
39 Vgl. Far Eastern Economic Review, 13.2.1986; Woronoff, a.a.O., S. 159; Government Information Services (Ed.), a.a.O., S. 94.
40 Vgl. Woronoff, a.a.O., S. 164ff.
41 Vgl. Frankfurter Rundschau, 23.11.1981.
42 Aus: Uni, Nr. 10/1983, S. 32.
43 Vgl. Government Information Services (Ed.), a.a.O., S. 74.
44 Vgl. Far Eastern Economic Review, 30.4.1982.
45 Vgl. Buchholz/Schöller, a.a.O., S. 37.
46 „Der Spiegel", Nr. 11/1983.
47 Vgl. South China Morning Post, 9.1.1983.
48 Vgl. Kölner Stadt Anzeiger 11/12.6.1988.
49 Vgl. Far Eastern Economic Review, 26.9.1985; Government Information Services (Ed.), a.a.O., S. 308.
50 Vgl. Government Information Services (Ed.), a.a.O., S. 308; South China Morning Post, 8.7.1984 und 24.11.1985.
51 Aus: Buchholz/Schöller, a.a.O., S. 35.
52 Ebd., S. 41.
53 Ebd., S. 43.
54 Government Information Services (Ed.), a.a.O., S. 87.
55 Ebd., S. 323.
56 Vgl. England, Joe/Rear, John: Industrial Relations and Law in Hong Kong, Hong Kong 1981, S. 35, 56, 83, 89.
57 „Der Spiegel", Nr. 39/1984.
58 Vgl. Riedel, James: The Hong Kong Model of Industrialization, (Kieler Institut of World Economics), Kiel 1973, S. 2; Rostow, W.: Stadien wirtschaftlichen Wachstums, Göttingen 1967, S. 24.
59 Woronoff, a.a.O., S. 122.

60 Vgl. Riedel, a.a.O., S. 3.
61 Vgl. South China Morning Post, 27.11.1983; 14.4.1985; Far Eastern Economic Review, 3.2.1983.
62 Vgl. Buchholz/Schöller, a.a.O., S. 213ff.
63 Vgl. China Aktuell, Nr. 2/1978, S. 17; Nr. 12/1979, S. 1213.
64 Buchholz/Schöller, a.a.O., S. 29.
65 Vgl. Bonavia, David: Hong Kong 1997, Hong Kong 1985 (2. Aufl.), S. 71.
66 Vgl. Far Eastern Economic Review, 20.1.1983; 17.3.1983.
67 Vgl. ebd.
68 Vgl. ebd., auch Ausgabe vom 1.3.1984.
69 Vgl. Bonavia, a.a.O., S. 72; Far Eastern Economic Review, 18.6.1982; South China Morning Post, 15.8.1982.
70 China Aktuell, Nr. 9/1978, S. 567.
71 China im Bild, Nr. 10/1983, S. 10.
72 Buchholz/Schöller, a.a.O., S. 196.
73 Ebd., S. 197.
74 Ebd.
75 Aus: Catchpole, Brian: A Map History of Modern China, London 1978, S. 29.
76 Aus: Wiethoff, Bodo: China, Hannover 1966, S. 137.
77 Vgl. Schlereth, Einar: Indonesien, Berlin 1980, S. 80ff.
78 Vgl. Far Eastern Economic Review, 7.4.1983; 9.6.1983.
79 Vgl. Far Eastern Economic Review, 19.9.1985.
80 Vgl. u.a. South China Morning Post, 20.2.1982; 12.3.1982; Beijing Rundschau, Nr. 45/1983, S. 16.
81 Buchholz/Schöller, a.a.O., S. 199.
82 Vgl. Far Eastern Economic Review, 1.10.1987.
83 Vgl. Winteler, Ernst-Uwe: Kapitalanlagen über Steueroasen, Wiesbaden 1983, S. 182ff.

Literatur

Bonavia, David: Hong Kong 1997. The Final Settlement, Hong Kong 1985.
Buchholz, Hanns J./Schöller, Peter: Hong Kong, Finanz- und Wirtschaftsmetropole. Entwicklungspol für Chinas Wandel, Braunschweig 1985.
Choi, Nam-Yong: Entwicklung und Perspektiven der chinesischen Volkswirtschaft durch den Aufbau von Wirtschaftssonderzonen, Berlin 1986.
Göbbel, Heide-Marie: Shenzen – Hong Kong. Offene Tür zum chinesischen Markt, Berlin 1966.
Harris, Peter: Hong Kong. A Study in Bureaucratic Politics. Hong Kong, Singapore 1980.
Hopkins, Keith (Ed.): Hong Kong. The Industrial Colony, London 1971.
Hughes, Richard: Hong Kong. Brückenkopf auf Abruf, Wien 1966.
Knight, Bill (Ed.): Hong Kong 1985, Hong Kong 1985.
Woronoff, Jon: Hong Kong. Capitalist Paradise, Hong Kong, Singapore, Kuala Lumpur 1980.

Lebens- und Arbeitsbedingungen in Hong Kong

Bevölkerungsstruktur

Durch die gewaltigen Flüchtlingsströme während der Krisenzeiten Chinas hat sich die Bevölkerung zwischen 1949 und 1964 verdoppelt. Die Menschen kamen aus agrarischen, behüteten Verhältnissen eines unterentwickelten Landes und mußten sich mit dem extremsten Frühkapitalismus dieses Jahrhunderts zurechtfinden. Für die meisten von ihnen gab es keinen Weg zurück.
Diese Menschen bildeten Hong Kongs einzigen „Rohstoff": billige und ungeschützte Arbeitskräfte.
In der Vergangenheit verweigerte die Kolonialregierung v.a. die Herausgabe offizieller Zahlen und Statistiken, die allzu deutlich die Kluft zwischen Armen und Reichen hätten aufzeigen können.
Man weiß zwar sehr genau, wieviele Textilbetriebe es gibt oder wo welche Studierenden aus Hong Kong im Ausland ihr Studium absolvieren. Aber die wirklich in-

Bevölkerungsentwicklung Hong Kongs, 1841-2000

1841	4.000	
1842	12.000	
1843	15.000	
1871	180.000	
1901	300.000	
1921	625.000	
1931	850.000	
1941	1.650.000	(Angriff Japans auf Hong Kong, Besetzung)
1945	600.000	
1947	1.800.000	(Bürgerkrieg in China)
1949	1.850.000	(Sieg der Kommunisten in China)
1950	2.200.000	
1951	2.050.000	darunter ca. 1 Mio. illegale Flüchtlinge aus
1954	2.300.000	China
1956	2.600.000	
1958	2.800.000	
1960	3.070.000	
1962	3.300.000	(1962 kommen ca. 140.000 Flüchtlinge)
1964	3.500.000	
1966	3.600.000	(1966/67 „Kulturrevolution")
1968	3.800.000	
1970	3.900.000	
1976	4.400.000	1978: 100.000 Flüchtlinge aufgenommen
1980	5.100.000	1979: 56.000 Flüchtlinge aufgenommen
1988	5.500.000	
2000	6.400.000	(geschätzt)

teressanten Zahlen über Gewinne (außer den verschönten veröffentlichten der großen Konzerne), Durchschnittseinkommen und Armut, muß man sich mühsam anderswo zusammensuchen.[1]

Aus einer Langzeitstudie von 5.630 neuen Firmen in der Periode 1960-1967 weiß man von folgenden Wachstumszahlen. Anstieg von

275% bei den Produktionsergebnissen
207% bei Arbeitsproduktivität
71% bei Löhnen
35% betrugen durchschnittl. Profite.[2]

Karl Stumpf, Direktor des Lutherischen Weltbundes in Hong Kong, kommentiert diesen Sachverhalt, der sich ja nicht einmal auf die Großkonzerne bezieht, folgendermaßen: Das Einkommen der abhängigen Bevölkerung „wächst nicht im Verhältnis zu den Sozialklassen über ihnen, die soziale Ungleichheit wird nicht zurückgehen, solange die Konzentration von Reichtum in den Händen einer vergleichsweise kleinen Minderheit wächst."[3]

1968 sprach der britische Unterstaatssekretär für Industrie vor dem House of Commons in bezug auf Hong Kong von „großer Ausbeutung"; ein Jahr später wurde im House of Lords gesagt, daß „amerikanisches und europäisches Kapital (dort) billige Arbeitskraft ausbeuteten."[4] Geändert hat sich an diesem Zustand seitdem nichts.

Nur knapp 20% (500.000 Personen) der ca. 2,5 Mio. Erwebstätigen verdienen überhaupt soviel, daß sie Steuern zahlen müssen. Die Hälfte der gesamten Steuereinnahmen werden von etwa 13.000 Erwerbstätigen (ca. 0,5% aller Erwerbstätigen) aufgebracht.

Bevölkerungsentwicklung[5]

Überbevölkerung war und ist das zentrale Problem von Hong Kong.

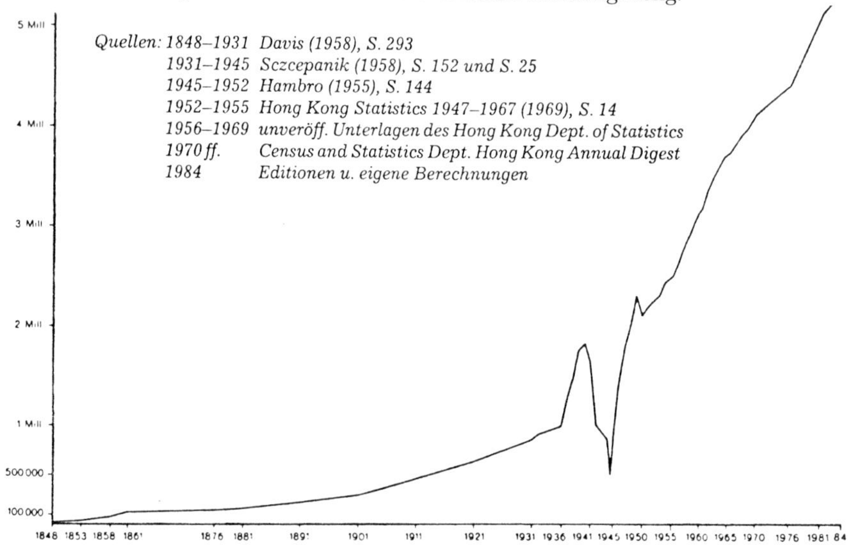

Bevölkerungsentwicklung in Hong Kong 1848–1984

Die Geburtenrate liegt heute in der Nähe derjenigen vergleichbarer Länder: 1981 16,9 pro Tausend.[6]

Der Hauptanteil des Bevölkerungswachstums kam durch die Flüchtlinge aus der VR China.

„Von 1949 bis 1980 entfallen mindestens 35% (oder 1.142.600 Personen) des gesamten Bevölkerungswachstums auf legale oder nachträglich legalisierte Zuwanderer."

Diese Zahlen sind eher zu niedrig, da man schätzt, daß sich zum Zeitpunkt des letzten Zensus ca. 200.000-400.000 Menschen der Zählung entzogen haben; auch waren über 120.000 im Ausland.[7]

Von der gegenwärtigen Bevölkerung sind 57% in Hong Kong geboren. Die Einwohnerschaft der Kolonie ist sehr jung:

23,5% sind bis 15 Jahre alt
69,1% sind 15-64 Jahre alt
7,4% sind über 65 Jahre alt.[8]

Das Durchschnittsalter liegt bei 25 Jahren, die Lebenserwartung der 1980 Geborenen bei 70 (Männer) bzw. 76 (Frauen) Jahren.

Hong Kong ist „ungeplant" entstanden: Stadtentwicklungs- und Sozialplanung befinden sich erst in den Anfängen. So kommt es zu einer extremen Disparität in der Bevölkerungsverteilung, die sich noch an beiden Seiten des Hafens, nahe den Arbeitsplätzen, konzentriert.

Stadtteil	**Einwohnerzahl in Mio.**	**Dichte Einw./qkm**[9]
Hong Kong Island	1,1	15.000
Kowloon	0,8	75.000
New Kowloon	1,6	47.000
New Territories	1,5	792
statistisch nicht erfaßt	0,5	
Gesamteinwohner	5,5	
Gesamtdichte	Kolonie	4.700
	Stadtgebiet	29.000

Die Zahlen sind leicht gerundet; statistisch nicht erfaßt sind knapp 1/2 Mio. Einwohner, die in provisorischen Hütten (Squatter) und auf Schiffen oder Hausdächern leben.

Die Wohngebiete *Sham Shui Po* (New Kowloon) und *Mongkok* (Kowloon) haben mit 165.000 bzw. 161.000 Einwohnern/km^2 die höchste Bevölkerungsdichte der Welt. Zum Vergleich: Die durchschnittliche Bevölkerungsdichte in der Bundesrepublik liegt bundesweit bei 245 und in Stadtgebieten maximal bei 10-20.000 Einwohnern/km^2.

Weitere Bevölkerungsgruppen und ihr nationaler Status

Etwa knapp 160.000 Einwohner Hong Kongs sind Nicht-Chinesen im ethnischen Sinne.

Die rechtliche Situation dieser Nationalitäten ist sehr unterschiedlich. Während Europäer, Nordamerikaner, Australier und Japaner sich meist vorübergehend und zu Geschäftszwecken in der Kolonie aufhalten, möchten viele Asiaten wegen der Lebensbedingungen länger dort bleiben.

17.000	Briten (sog. Expatriats)
15.000	Inder
14.000	US-Amerikaner
12.000	Philippinos
9.000	Malayen
8.000	Australier
8.000	Thailänder
7.000	Pakistani
7.000	Japaner
7.000	Portugiesen
5.000	Singaporeaner
4.000	Kanadier
4.000	Indonesier
2.300	Bundesdeutsche[10]

Wenn man Arbeits- und Aufenthaltsgenehmigung in Hong Kong erhalten hat, bekommt man eine Identitätskarte (ID-Card) mit einem grünen Stempel (*Green Stamp Holder*). Dies gilt auch für Flüchtlinge aus der VR China. Man darf dann am Wohlfahrtssystem teilhaben (vorausgesetzt, man lebt länger als ein Jahr dort), ist aber von Wahlen und der Anmietung von Sozialwohnungen ausgeschlossen.
Nur wer in Hong Kong geboren ist oder länger als sieben Jahre dort lebt, bekommt einen schwarzen Stempel (*Black Stamp Holder*) in seine ID-Card. Er ist dann *Resident*, darf sich bei entsprechendem Minimaleinkommen auf die Warteliste (Wartezeit 5-10 Jahre) für die Sozialwohnungen setzen lassen.

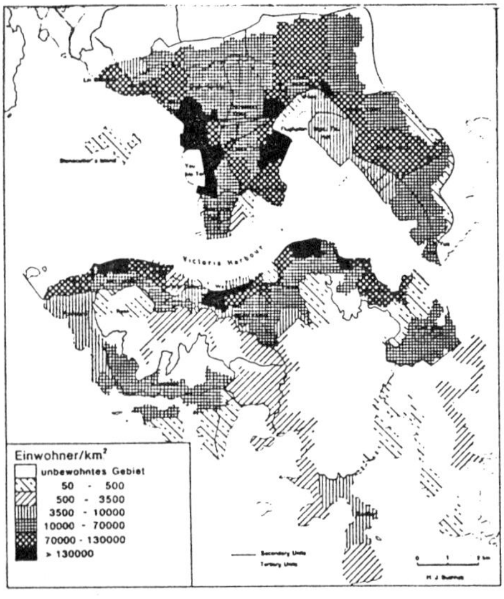

Einwohnerdichte im Stadtgebiet von Hong Kong 1981

Für Auslandsreisen erhält man einen Paß-Ersatz, der ein Paß 2. Klasse ist. Denn er berechtigt nicht zum Dauerwohnsitz in Großbritannien. Man muß sogar für Reisen ins „Mutterland" und in die Bundesrepublik ein Visum beantragen.
Da Hong Kong kein Staat ist, haben die meisten seiner Einwohner auch keine Staatsbürgerschaft.
Mit Blick auf befürchtete Flüchtlingsströme von Hong Kong nach Großbritannien hat man in London 1981, kurz vor den Verhandlungen mit Peking, das britische Nationalitätengesetz dreigeteilt:

1. Briten sind jetzt nur noch etwa 57 Mio. Menschen, nämlich geborene Briten sowie Kinder von britischen Eltern, auch wenn diese im Ausland geboren sind.
2. Zur zweiten Gruppe gehören die Bewohner der „abhängigen Gebiete", wie etwa 2,5 Mio. Einwohner von Hong Kong und etwa eine halbe Mio. Einwohner kleinerer englischer Inseln. Sie erhalten einen „British National (Overseas)"-Paß. Nur die Bewohner der Falkland-Inseln und Gibraltars gehören noch zur ersten Gruppe.
3. Zur dritten Kategorie zählen etwa 1,5 Mio. Menschen in ehemaligen britischen Kolonien.

Von Abgeordneten der *Labour Party* wurde dieses Gesetz als „rassistisch" bezeichnet, denn es wendet sich bewußt gegen die nicht aus der VR China geflohenen etwa 2,5 Mio. Hong Kong-Chinesen. Denn nur etwa 19.000 Chinesen aus der Kolonie haben schon einen britischen Paß 1. Klasse.
Alle Hong Kong-Chinesen werden nach dem 1.7.1997 automatisch die Staatsbürgerschaft der VR China erhalten, sie dürfen dann aber ihre britischen Reisedokumente, falls sie welche haben, weiterhin benutzen.[11]
Für die wohlhabenden Einwohner der Kolonie ist es kein Problem, Hong Kong zu verlassen. 20.000 sollen es 1983 schon getan haben. Wenn man anderswo investiert, kann man sich dort auch niederlassen. Die „Preise" liegen derzeit bei 500.000 DM in Großbritannien, 100.000 DM in den USA und 10.000 DM in Santo Domingo. Bolivien möchte z.B. ca. 20.000 wohlhabende chinesische Familien aus Hong Kong aufnehmen. Mit den 100.000 US-Dollar, die jede Familie dafür im Lande investieren muß, sollen diese Wohlstandsflüchtlinge das Land sanieren.
Viele kleine Staaten „verkaufen" auch Pässe an Einwohner Hong Kongs, wobei es auch zu Kuriositäten kommt: 1982 bot ein findiger Händler Diplomaten-Pässe des

Indischer Wächter

nicht existierenden Staates *Hutt River* in Australien an.[12] Seit 1985 kann man auch für 295 H.K.-$ die Dienste eines „Paß-Vermittlers" in Anspruch nehmen[13].
Ausnahmen hat man bei zwei kleineren Gruppen gemacht. Die 9.000 *Gurkha-Soldaten*, die Hong Kongs Grenze sichern, sollen eine Zukunft in Indien oder bei der Rheinarmee in der Bundesrepublik erhalten. Etwa 1.000 chinesische Geheimagenten und Top-Verwaltungs-Leute werden von der Paß-Regelung ausgenommen und dürfen sich nach 1997 in Großbritannien ansiedeln.
Unklar ist die Zukunft von etwa 10.000 Menschen, die in Hong Kong teilweise schon seit Generationen *Permanent Resident* waren und nun, da sie keine Chinesen oder Briten sind, staatenlos werden. Hierzu zählen etwa 6.000 Inder (die meisten von ihnen Sikhs), die schon seit Generationen den Weg der englischen Kolonialmacht von Indien über Malaysia nach Shanghai und seit 1949 nach Hong Kong als Wächter, Fahrer und Hauspersonal begleitet haben.[14] Angehörige dieser Gruppe erhalten eine spezielle IC-Card, die sie als „Nicht-Chinesen" ausweist und ihren Status als Dauer-Aufenthaltsberechtigte in Frage stellt.
Seit 1983 sind ausgewandert nach Kanada 30.000, Australien 18.000, USA 25.000 Einwohner Hong Kongs. 60.000 Visaanträge liegen noch vor.
Insgesamt sollen zwischen 1980 und 1984 etwa 100.000 Menschen die Kolonie verlassen haben. Wegen 1997 befürchtet man vor allem einen Aderlaß von Spezialisten wie Ärzten, Technikern, Computerfachleuten u. a..

Berühmte Deutsche in Hong Kong

德国

Im Jahre 1831 nahm der protestantische Missionar *Dr. Karl Gutzlaff*, der über cantonesische Sprachkenntnisse verfügte, an mehreren Schiffsexpeditionen der Engländer zum Zwecke des Opiumhandels teil. Er starb 1851 in Hong Kong und wurde auf dem Colonial Cemetery bei Happy Valley begraben. Eine kleine Straße in Central, die von der Queen's Road aufwärts führt und parallel zur Graham Street liegt, ist nach ihm benannt.
Ebenfalls ein Missionar war *E.J. Eitel*, der von der Basler Mission aus Eßlingen nach Hong Kong kam. In den Jahren 1870-1878 arbeitete er als Sprachforscher und Missionar, danach bis 1897 als höherer Schulbeamter in Hong Kong. Eitel versuchte mit seiner Schrift „Feng Shui oder Die Rudimente der Naturwissenschaft in China" das Feng Shui-System als etwas zu entlarven, das nicht mehr als „einen Scheffel Weisheit" enthält (S. 121). Er schrieb weiterhin das Buch „Europe in China. The History of Hong Kong from the Beginning to the Year 1881". Im Jahre 1908 verstarb Johann Eitel in Australien.
Der in Mannheim geborene und 1987 verstorbene *Karl Stumpf* war der prominenteste Deutsche in Hong Kong. Karl Stumpf kam 1937 als Mitarbeiter eines Handelshauses nach Shanghai, betätigte sich dort in der protestantischen Wohlfahrt und siedelte mit vielen anderen Europäern nach Gründung der VR China nach Hong Kong über. In Hong Kong war Karl Stumpf gegenwärtig einer der bekanntesten und aktivsten Männer auf dem Gebiet der freien Wohlfahrtsarbeit, Träger vieler Auszeichnungen, Vorsitzender des dortigen Lutherischen Weltbundes und im Vorstand vieler anderer Institutionen. Karl Stumpf hat sich u.a. sehr

für das weitere Schicksal der vietnamesischen Flüchtlinge eingesetzt, mehrere Reisen führten ihn deswegen zur UNO nach New York wie auch zum deutschen Bundespräsidenten nach Bonn. Der bekannteste Österreicher Hong Kongs ist sicherlich der Schwiegersohn von Sir Pao, Helmuth Sohmen, der auch einen Sitz im Legislative Council hat.

逃亡者

Das Flüchtlingsproblem

Durch innere wirtschaftliche Probleme (z.B. Trockenheit) angeregt, lockerten die chinesischen Grenzbehörden die Kontrollen an den Grenzen zu Hong Kong. Innerhalb von 21 Tagen kamen zwischen Mai und Juni 1962 über 70.000 Flüchtlinge nach Hong Kong.[15]

Die nächstgrößere Flüchtlingswelle war 17 Jahre später, 1979: 197.000 Flüchtlinge kamen aus der VR China, nur 90.000 von ihnen wurden zurückgeschickt.

Seit dem 5.12.1979 haben die rotchinesischen Behörden strengere Grenzkontrollen eingeführt. Vom 24.10.1980 an müssen alle Bewohner Hong Kongs (auch Nicht-Chinesen) ihre ID-Card bei sich tragen. In Grenznähe wird ständig kontrolliert. Damit wurde das Erreichen des Stadtzentrums erschwert.[16] Bis zum 24.10.1981 konnte man, wenn man sich bis zum Stadtzentrum durchgeschlagen hatte, eine Kennkarte beantragen, bekam dann eine grüne ID-Card, hatte den Status eines *Chinese Refugee* und damit die Möglichkeit, nach 7 Jahren *Resident* zu werden.

Mit Hilfe dieser beiden Maßnahmen gingen die Flüchtlingszahlen seit 1980 drastisch zurück.

Daneben gab es 1984 27.700 legale Übersiedlungen aus der VR China, meist Familienzusammenführungen.[18]

In der VR China leben etwa 80.000 Frauen, die auf die legale Einreise nach Hong Kong warten (da überwiegend Männer flüchteten). Natürlich gibt es auch professionelle „Schlepper" (etwa 30.000 H.K.-$), Kinderverschickungen von China nach Hong Kong und das Problem der erhöhten Kriminalität der Illegalen in der Kolonie. Denn da diese keine Arbeitserlaubnis erhalten, werden sie schnell ein Opfer der *Triaden* und sind überproportional an Gewaltverbrechen beteiligt.

Meistens erwartet die nach China zurückgebrachten Flüchtlinge keine oder nur geringe Strafen (etwa 4 Wochen Arbeitsdienst), auch wird an der Grenze nicht geschossen.

In die Volksrepublik China zurückgesandte illegale Zuwanderer 1981-1984[17]

	Illegale Zuwanderer, die an der Grenze festgenommen und zurückgesandt wurden	Illegale Zuwanderer, die im Stadtgebiet festgenommen und zurückgesandt wurden	Summe
1981	7.057	2.500	9.557
1982	9.395	4.084	13.479
1983	4.671	4.396	9.067
1984	9.485	3.605	13.090

Die illegale Zuwanderung nach Hong Kong 1949–1984 (Anmerkung: Naturgemäß kann es sich bei allen Angaben über illegale Zuwanderer nicht um völlig exakte Daten handeln.)

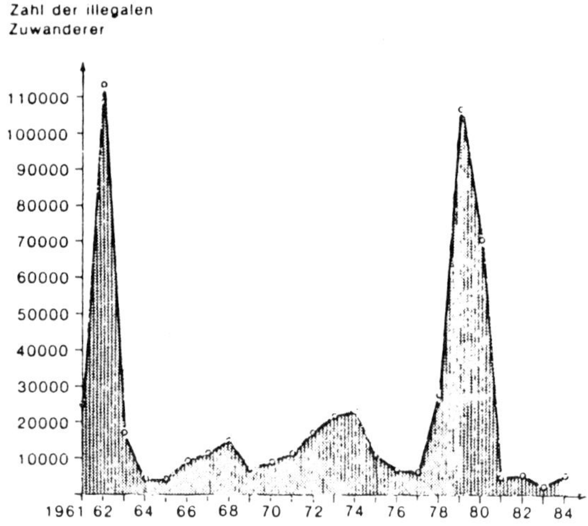

Die vietnamesischen „Boat People" in Hong Kong[19]

Anfänge der vietnamesischen Flüchtlingsbewegungen 1975

Schon kurz nach Abzug der Amerikaner aus Vietnam im April 1975 kamen über 3.700 Flüchtlinge nach Hong Kong. Danach stieg der Flüchtlingsstrom beträchtlich an.

In Vietnam leben etwa 1 Mio. ethnische Chinesen, die anfangs das Hauptreservoir der Flüchtlinge stellten. Seit 1982 kommen jedoch immer mehr ethnische Vietnamesen nach Hong Kong. Auch die Zahl der aus Nordvietnam geflohenen Vietnamesen hat zugenommen.

Die meisten Flüchtlinge sind in der Seefahrt unerfahren, verlassen nachts mit schlecht ausgerüsteten und völlig überladenen Schiffen die vietnamesische Küste, um einige hundert Kilometer weiter, auf offener See, an die internationale Schiffahrtsroute Singapore-Hong Kong zu kommen. Hong Kong hat im Gegensatz zu allen anderen Staaten der Region (Philippinen, Malaysia, Indonesien, Singapore, Japan) die „beste" Flüchtlingspolitik betrieben: Sämtliche Flüchtlinge wurden aufgenommen, untergebracht und mit dem Notwendigsten versorgt.

Wieviele durch Piraten beraubt, vergewaltigt und getötet wurden, wieviele auf hoher See umkamen, von Schiffen nicht beachtet oder gar von den Marineeinheiten der angrenzenden Länder beschossen oder wieder auf hohe See geschleppt wurden, ist unbekannt. Diese Dramen gingen jahrelang durch die Weltpresse.

Vor allem das „Komitee Cap Anamur/Notärzte", von Rupert Neudeck organisiert, half mit seinen Schiffen bis 1982 und ab 1986 knapp 11.000 Vietnamesen, von denen 6.500 in der Bundesrepublik aufgenommen wurden, aus der Lebensgefahr.

Das Jahr 1979
Im Mai und Juni 1979 kamen über 37.000 Vietnamesen an, so daß die britische Kronkolonie im Juli 1979 über 66.000 Vietnamesen zusätzlich beherbergen mußte. Im gleichen Jahr sind aber nur 24.000 in Drittländer abgereist.

Reduzierte Aufnahmezahlen der Drittländer
Seit 1975 haben über 1 Mio. Menschen ihre vietnamesische Heimat verlassen. Etwa die Hälfte davon auf dem Landweg über Thailand, wo ein Teil heute noch in Lagern lebt. Insgesamt hat das hoffnungslos übervölkerte Hong Kong über 120.000 Vietnamesen beherbergt.
Kein Vietnamese erhält eine Dauer-Aufenthaltsberechtigung für Hong Kong. Über die UN-Flüchtlingsorganisation und andere Wohlfahrtsorganisationen wird versucht, eine dauernde Ansiedlung in Drittländern zu erreichen. Hauptabnehmerländer sind hierbei die USA, Kanada und Australien. Allein die USA haben insgesamt 700.000 Vietnamesen aufgenommen. Sie bevorzugen allerdings solche, die berufliche oder private Verbindungen zu den USA haben oder hatten und/oder in vietnamesischen Umerziehungslagern gelebt haben.
Die BRD hat im Rahmen des UN-Flüchtlingsprogramms 25.000 Flüchtlinge aufgenommen. In der BRD, wie überall in den westlichen Ländern, haben die Regierungen die Aufnahmequoten drastisch gesenkt.

Das Leben in den Lagern
Zeitweise waren die Flüchtlinge in elf Lagern untergebracht. Die Art der Unterbringung, die mit voller Absicht unter dem „Niveau" der schäbigsten Wohnquartiere in Hong Kong liegt, ist menschenunwürdig und soll abschreckend wirken.

Vietnamesisches Flüchtlings-Lager, Kai Tak

Im Yaumati-Camp lebten zeitweise 4.000 Menschen in einer 30 x 70 m großen Halle. Im Kai Tak-Camp, am Flughafen, sind noch heute in mehreren Hallen über 6.000 Menschen untergebracht. Die Hallen ähneln großen Lagergebäuden, mit Zementboden, Wellblechdach und dazwischen 2-4 stockwerkartig eingezogene Lattenverschläge. Hier teilen sich Gruppen und Familien Schlafplätze auf Flächen von 2 x 2 m.
Private Räume gibt es nicht. Die vietnamesischen Flüchtlinge leben mit vielen hundert Menschen auf Jahre zusammen auf engstem Raum. Gemeinschafts-WC, Waschräume und Kochgelegenheiten befinden sich außerhalb der Hallen.
Gewährleistet ist die Versorgung mit dem Notwendigsten an Nahrung, Kleidung und medizinischer Hilfe. Auch dürfen die arbeitsfähigen Lagerbewohner einer beruflichen Tätigkeit außerhalb des Lagers nachgehen.
Im Herbst 1979 wurde in der Öffentlichkeit bekannt, daß die Behörden in Hong Kong den Flüchtlingen in den Lagern mit vielen Schikanen das Leben schwer machten, um weitere Flüchtlinge abzuhalten.

Sozialarbeit in den Lagern

Die großen Wohlfahrtsorganisationen in Hong Kong, wie Christian Service (Lutherischer Weltbund), Caritas, International Social Service und Rotes Kreuz helfen den Lagerbewohnern.
Neben dem üblichen Mißtrauen kommt es oft zu Mißverständnissen. Es wird versucht, Informationen über die persönliche Situation, die beruflichen Hintergründe, mögliche Freunde oder Verwandte in Drittländern wie auch Wünsche an die Zukunft und eine mögliche Tätigkeit bzw. Umschulungen zu ermitteln. All das gestaltet sich sehr schwierig. Anfangs stehen die Menschen noch unter einem Schock, sind von den Strapazen körperlich erkrankt oder haben Mangel- und Tropenkrankheiten. Die psychische Problematik ist mindestens ebenso groß. Die im Herkunftsland intakte Familienstruktur ist zusammengebrochen. Der Vater, ehemals Autoritätsperson, ist selbst hilflos und abhängig, oft gar krank oder abwesend. Die Lebensbedingungen in den Lagern stehen einer identitätsmäßigen Umorientierung der Familien im Wege. Enge, Lärm, Fehlen von Privatsphäre, die jahrelange Ungewißheit (etwa 50% der Lagerbewohner sind länger als 5 Jahre im Lager) bewirken wechselweise Lagerkoller, Apathie oder größere Unruhen.
Viele haben keine Vorstellung, was es bedeutet, in einem hochentwickelten Industrieland des Westens zu leben. Sie kommen oft aus traditionellen bäuerlichen oder kleinbürgerlichen Existenzen und hatten noch nie Kontakt zu einem fremden Sprach- und Kulturraum. Die Schulkenntnisse sind gering, teilweise sind die Flüchtlinge Analphabeten. Gerade die beruflich und sozial am meisten benachteiligten Flüchtlinge haben meistens keine Kontakte zum Westen, damit auch keine Chance, in ein Drittland aufgenommen zu werden.
An Kosten entstanden der Regierung von Hong Kong im Jahre 1984 84 Mio. H.K.-$, davon hat die UNO 20 Mio. übernommen.

Die Internierung der Neuankömmlinge seit 1982

Alle seit dem 1.7.1982 in Hong Kong neuankommenden Flüchtlinge aus Vietnam werden gemäß einer speziell erlassenen *Immigration Amendment Bill* (Einwanderungsgesetz) bei Ankunft aufgefordert, das Territorium sofort zu verlassen. Wenn sie dieser Aufforderung nicht Folge leisten, droht ihnen lebenslange Inter-

nierung. Dazu hat die Regierung Hong Kongs eigens vier geschlossene Lager geschaffen, in denen sich Ende 1984 über 5.654 Menschen befanden.
Diese Internierungslager unterstehen nicht, wie die alten Flüchtlingslager, dem UN-Kommissariat und den Wohlfahrtsverbänden, sondern der Gefängnisbehörde. Der Alltag ähnelt auch demjenigen von Gefängnisinsassen. Im Jahre 1988 waren 16.000 Boat People in Hong Kong; 3.700 davon länger als drei Jahre. In den ersten 6 Monaten des Jahres 1988 kamen über 8.000. Daraufhin haben die Behörden von Hong Kong angekündigt, daß sie künftig alle Boat People als Wirtschaftsflüchtlinge betrachten und abschieben werden.
„Im Lager Chi Ma Wan zum Beispiel, auf der Felsinsel Lantau, leben in Wellblechbaracken auf Zementboden 3.000 Menschen auf einer Fläche von vielleicht 300 mal 200 Metern. Kinder, Frauen, Männer, Greise, eine Zwei-Quadratmeter-Box, wie Kaninchenställe neben- und übereinander geschachtelt, als Schlaf- und Wohnplatz für eine Familie und ihre Habe, alles wohlgeordnet und sauber britisch gedrillt."
Das Flüchtlingsdrama ist noch nicht beendet: Unsere Aufmerksamkeit hat sich verschoben. Einigen tausend Menschen droht lebenslange Internierung, nur weil sie anderswo zu leben wünschen. Sie werden festgehalten in einem der reichsten Länder Asiens, um mögliche andere Flüchtlinge abzuschrecken, was aber nicht gelingt. Japan, das reichste Land der Region, hat nur einige hundert Vietnamesen aufgenommen. Die Drittländer haben ihre Aufnahmeraten drastisch gesenkt. Großbritannien, das für diese Zustände verantwortlich ist, nimmt kaum noch Vietnamesen auf, ebenso die BRD, wo wie in Japan führende Politiker diese Flüchtlingsbewegung politisch für sich ausgenutzt haben. In dieser Situation möchte das „Komitee Notärzte/Cap Anamur" wieder initiativ werden, denn noch immer sind Menschen im südchinesischen Meer in Not. Das deutsch-französische Rettungsschiff „Jean Charcot/Cap Anamur" war im Sommer 1985 20 Tage lang in der Region im Einsatz und hat dort 520 Bootsflüchtlinge an Bord genommen, von denen die meisten sofort in Drittländer ausreisen konnten.
Ab Frühjahr 1986 kam es wieder zu regelmäßigen „Rettungsfahrten".

Arbeitsbedingungen

Verteilung der Erwerbspersonen

Hong Kong hatte 1984 etwas mehr als 2,5 Mio. Erwerbspersonen (davon 940.000 Frauen). Damit sind 50% der Gesamtbevölkerung erwerbstätig. 1971 waren nur 1,6 Mio. Einwohner in einem Beschäftigungsverhältnis. Die Erwerbstätigen verteilen sich auf folgende Bereiche:

959.000	Industrie
549.000	Dienstleistungen, Handel, Tourismus
455.000	Soziale Dienstleistungen, private Dienste
201.000	Baugewerbe
203.000	Transport, Verkehr, Kommunikation
130.000	Finanzen, Banken, Versicherungen, Makler
30.000	Primärer Sektor (Landwirtschaft, Fischerei, Bergbau).[20]

Gesamtzahl der Erwerbstätigen: 2.562.400[21]

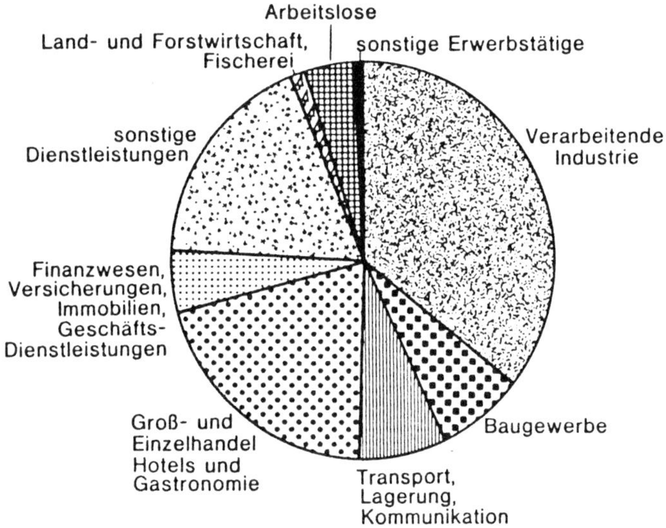

Die Wirtschaftsstruktur Hong Kongs nach dem Anteil der Erwerbstätigen 1983
Quelle: General Household Survey, 1983 (4. Quartal)

85% der Erwerbstätigen sind abhängig beschäftigt; selbständig sind 3,6% (wovon allerdings etwa die Hälfte Straßenhändler sind).[22] Hong Kong hat seit Kriegsende nahezu immer Vollbeschäftigung gehabt mit Arbeitslosenquoten von 2-4%. Eine Ausnahme bildeten die Jahre 1974/75 mit bis zu 12% Arbeitslosigkeit. 1987 waren ca. 40.000 Personen (2%) arbeitslos.

Einkommen aus abhängiger Arbeit

2,1 Mio. Erwerbstätige aus Hong Kong sind in abhängiger Arbeit beschäftigt. Die Hälfte von ihnen verdient zwischen 1.000 und 2.000 H.K.-$ monatlich.
Es verdient ein

Industriearbeiter[23]	2.000 H.K.-$	
Philip. Haushaltshilfe („Amah“)	1.200 H.K.-$	
Chines. Büroangestellter	3.000 H.K.-$	
Busfahrer	4.000 H.K.-$	
Polizei-Wachtmeister	4.300 H.K.-$	
Sozialarbeiter/Lehrer	6.000 H.K.-$	
Britischer „Expatriat“ der untersten Stufe	7.000 H.K.-$	(+ Vergünstigungen wie 92% seiner Miete, Rente, langer Jahresurlaub etc.)
Facharzt im Staatsdienst	ca. 20.000 H.K.-$	
Verwaltungsbeamter mit Universitätsabschluß	7-15.000 H.K.-$	
Baufacharbeiter	300 H.K.-$/Tag	
Hilfsarbeiter	60-100 H.K.-$/Tag	

Erwerbstätige nach Einkommensgruppen 1976 und 1981 (in %)[23]

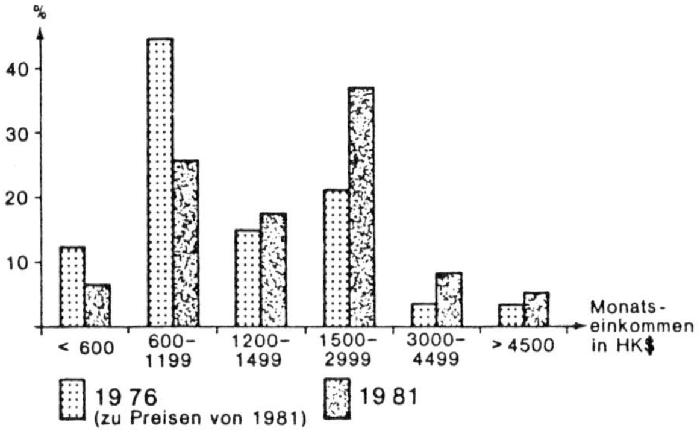

Quelle: Hong Kong 1981 Census. Main Report, Bd. 1, S. 35

Insgesamt hat sich die finanzielle Lage der einkommensschwachen Teile der Bevölkerung in den letzten Jahren etwas verbessert. Man muß allerdings bedenken, daß immer mehrere Familienangehörige erwerbstätig sind und Kinder, Frauen und Alte oft noch Heimarbeit (z.B. Plastikartikel zusammenstecken) leisten. Auch sind die Statistiken nicht geeignet, die relativ geringen Verbesserungen der abhängig Erwerbstätigen im Verhältnis zu den Millioneneinkünften der Oberklasse aufzuzeigen.

Bevölkerungsgruppe	Prozentanteil vom Gesamteinkommen		Prozentanteil des pro Kopf-Konsums[25]	
	1966	1976	1963/64	1973/74
Untere 20% der Erwerbsbevölkerung	4,7%	5,3%	8,0%	10,1%
Obere 20% der Erwerbsbevölkerung	58%	51,0%	41,8%	34,8%

„In beiden Aufstellungen ist eine klare Tendenz in Richtung auf Angleichung des Einkommens und der Ausgaben zu erkennen."[26]

Jedoch bringen detaillierte Studien, die in Hong Kong von offizieller Seite natürlich nicht angefertigt werden, exaktere Ergebnisse; bspw. die Untersuchung des Dozenten für Sozialarbeit, Dr. Chow, der für 1982 herausfand, daß etwa 120.000 Familien (ca. 1/2 Mio. Menschen) unterhalb der Armutsgrenze leben. Das entspricht knapp einem Zehntel der Gesamtbevölkerung.[27]

In Hong Kong gibt es ca. 30.000 Millionäre, davon ca. 500 Milliardäre. Nur 500.000 der 2,5 Mio. Erwerbspersonen verdienen soviel, daß sie überhaupt zur Steuer herangezogen werden.

Arbeitsbedingungen

Hong Kongs Arbeitsbedingungen sind in der Vergangenheit zu Recht oft kritisiert worden. Das Internationale Arbeitsamt und viele Labour-Abgeordnete haben immer wieder Reformen gefordert. Bis Mitte der 70er Jahre gab es in Hong Kong

- keinen Mindestlohn;
- keinen Mutterschaftsschutz/-urlaub;
- keinen maximalen Arbeitstag für über 18jährige;
- keine gesetzliche Krankenversicherung;
- keine Arbeitslosenversicherung;
- keine Witwen- und Waisenversorgung;
- keine Schulpflicht.[28]

Die chinesische Bevölkerung, die größtenteils aus traditionellen agrarischen Verhältnissen Chinas gekommen war, konnte sich nur unter großen persönlichen Opfern an die Manchester-kapitalistischen Arbeitsbedingungen der britischen Kronkolonie anpassen. Der Existenzkampf in Hong Kong ist noch heute hart; solidarisches Sozialverhalten ist weitgehend unbekannt. Ein „soziales Netz" wie im „Mutterland" fehlt. Dem kam die chinesische Mentalität des Familiensinns, des Fleißes und der ungeheuren Energie entgegen, auch aus ungünstigen Lebenslagen noch Positives zu ziehen. Jede andere Sozialkultur wäre an diesen harten Lebensbedingungen gescheitert.
Diese Situation und die Tatsache, daß es „keinen Weg zurück" gab, haben die Unternehmer für sich gut auszunutzen gewußt. Noch immer sind die Arbeitskosten in Hong Kong verglichen mit anderen Ländern der Region sehr günstig.

Seit 1977 wurden über ein Dutzend Arbeitsgesetze verabschiedet, die eine minimale Absicherung und damit die weitere Aufrechterhaltung des sozialen Friedens garantieren sollen. Die gegenwärtige Situation ist wie folgt:

Es gibt aufgrund der Schwäche und Zersplitterung der Gewerkschaften keine kollektiven *Tarifverhandlungen* über Löhne und Arbeitsbedingungen.
Eine gesetzliche *Altersversorgung* ist unbekannt. Nur wenige sind in der Lage, sich privat zu hohen Kosten zu versichern, viele legen ihr Geld fürs Lebensalter (teilweise spekulativ) bei den Banken an.
Eine *Arbeitslosenversicherung* ist ebenfalls als Pflichtversicherung unbekannt.
Es gibt keinen gesetzlichen *Mindestlohn*. Die Löhne sind konkursrechtlich nicht bevorrechtigt gesichert.
Die *Wochenarbeitszeit* war bis vor kurzem die längste in Asien. 1978 arbeiteten über 100.000 Arbeiter mehr als 75 Stunden in der Woche. Heute beträgt die durchschnittliche Wochenarbeitszeit ca. 50 Stunden bei einer 6-Tage-Woche.
Einen *arbeitsfreien Tag* pro Woche gibt es erst seit 1970; seit 1977 kennt man in Hong Kong 10 *Urlaubstage pro Jahr.*
Die *Kündigungsfristen* sind sehr unternehmerfreundlich. Bei einer Beschäftigung von mehr als einem Monat betragen sie 30 Tage (One Month Notice).
Bei Branchenwechsel, Ortswechsel und Betriebsschließungen muß das Unternehmen im Falle einer Kündigung eine geringe *Entschädigung* (Compensation) zahlen, die in ihrer Höhe vom Lohn und der Dauer der Betriebszugehörigkeit abhängt.
Entschädigung bei *Arbeitsunfällen* (Industrial Accidents Compensation): 1984 gab es 81.000 Arbeitsunfälle, davon 217 tödliche. Hierfür gibt es kein Rentensystem,

sondern einmalige Entschädigungen (Lump Sum), für die der Unternehmer eine Versicherung abzuschließen hat. Die Summen sind äußerst gering. Bei Todesfällen werden maximal 36 Monatslöhne (ca. 64.000 H.K.-$) gezahlt, bei Arbeitsunfällen 48 Monatslöhne.
Der *Mutterschutz/Schwangerschaftsschutz* (Maternity Leave) existiert erst seit 1970 und gilt nur für Frauen, die länger als sechs Monate im Betrieb tätig sind.
Diese Frauen haben dann insgesamt 10 Wochen (4 Wochen vor und 6 Wochen nach der Geburt) bezahlten Urlaub. Nach diesen 6 Wochen ab Geburtstermin können sie (abhängig von der Dauer der Betriebszugehörigkeit) unter Wahrung der Kündigungsfristen entlassen werden. Diese Bestimmung wird in der Praxis sehr häufig mißbraucht, indem man „schwangerschaftsverdächtige" Frauen einfach nach 5monatiger Betriebszugehörigkeit entläßt.
Eine *gesetzliche Krankenversicherung* gibt es in Hong Kong nicht. Bis 1962 gab es überhaupt keine Regelung. Renommierte Firmen gewähren für ihre leitenden Angestellten (v.a. Europäer) Zuschüsse für deren private Krankenversicherung.
Für die Mehrheit der abhängig Beschäftigten ist die Krankenversicherung damit Privatsache. Im Falle einer längeren Erkrankung muß die Familie einspringen, wenn man den Arbeitsplatz verliert. Die Regierung bietet eine billige Basis-Krankenversorgung. Im Public Hospital kostet ein Bett pro Tag 9 H.K.-$; eine Blinddarm-Operation wird mit 100 H.K.-$ berechnet.
Lohnfortzahlung im Krankheitsfalle (Sickness Leave) existiert seit 1973. Es handelt sich um ein raffiniertes System von akkumulierbaren „Krankheitstagen". Man muß länger als 12 Monate im Unternehmen beschäftigt sein, um die Berechtigung zu erwerben, 4 Tage im Monat als bezahlte Krankheitstage zu erhalten. Man kann diese Tage über Jahre (bis max. 5 Jahre: 120 Tage) hinweg akkumulieren. Wer allerdings länger krank ist, verliert seinen Arbeitsplatz.[29]
Seit 1985 kennt man den Long Service Pay, eine Abfindung bei *Entlassungen* nach mehr als 10jähriger Betriebszugehörigkeit, in der Höhe abhängig von Einkommen und Beschäftigungsdauer.
Bis 1950 war die *Kinderarbeit* in Hong Kong völlig legal. Sie stand sowohl in der Tradition des ausbeuterischen Frühkapitalismus der Unternehmer wie auch der chinesischen Kultur, wonach alle zum Familieneinkommen beizutragen haben.
1971 wurden 36.000 Kinder im Alter von 10-14 Jahren noch legal beschäftigt. Noch 1973 stellten die Aufsichtsbehörden fest, daß bei der Kontrolle von 21.000 Betrieben über 1.800 Kinder beschäftigt waren.[30]
Erst seitdem man 1979 die Pflichtschulzeit bis zum 15. Lebensjahr erhöhte, konnte die Kinderarbeit weitgehend eingeschränkt werden. Aber die Gesetze sagen auch heute nichts aus über die Arbeit von Kindern außerhalb der Fabriken. So sieht man in den Wohngebieten Kinder damit beschäftigt, Plastikspielsachen zusammenzustecken.
Betriebliche Mitbestimmung, Betriebsräte, gewerkschaftliche Vertrauensleute und deren besonderen Rechte (Kündigungsschutz) sind in Hong Kong ebenfalls unbekannt.
Viele sozialstaatlichen, arbeitsrechtlichen und gewerkschaftlichen *Schutzbestimmungen* für abhängig Beschäftigte, die in Großbritannien seit Jahrzehnten praktiziert werden, sind in Hong Kong ebenso unbekannt wie viele Konventionen des Internationalen Arbeitsamtes.[31]

Die Gewerkschaften

Auch in der Einflußnahme seiner Gewerkschaften unterscheidet sich Hong Kong vom „Mutterland", wo die Trade Unions gewichtige, oftmals anachronistische Veto-Funktionen innehaben.[32]

„Wenn die wichtigste Tatsache über Hong Kongs Gewerkschaften ihre Schwäche bezüglich der Mitgliedschaft ist, im Verhältnis zur Anzahl der Beschäftigten, so ist das zweite Problem ihre organisatorische Fragmentierung."[33]

Es gibt 432 Gewerkschaften (davon 383 bei denen die Unternehmer beteiligt sind) mit 350.000 Mitgliedern (ca. 25% davon Frauen). Der Organisationsgrad liegt bei unter 15%. Damit ist die absolute Zahl der Gewerkschaftsmitglieder wie auch ihr Organisationsgrad in den letzten Jahren erheblich zurückgegangen.[34]

In Hong Kong haben sich seit 1945 drei große Gewerkschaftsverbände etabliert.

1. *The Hong Kong Federation of Trade Unions* mit 73 Organisationen und insgesamt knapp 170.000 Mitgliedern. Dieser Verband steht der VR China nahe.
2. *The Hong Kong and Kowloon Trade Union Council* mit 71 Mitgliedsverbänden und ca. 38.000 Einzelmitgliedern, der der Politik Taiwans nahesteht.
3. Schließlich gibt es noch eine dritte Gruppe von politisch neutralen, oft religiös orientierten kleineren Gewerkschaften mit insgesamt ca. 130.000 Mitgliedern.

Vor allem die Peking-orientierten Verbände haben in den letzten 10 Jahren über 100.000 Mitglieder eingebüßt.[35]

Es handelt sich i.d.R. um kleine Betriebsgewerkschaften, die für ihre Mitglieder eher Versicherungsfunktionen bei Todesfällen, Krankheiten, Beihilfen bei Fortbildung und Arbeitslosigkeit übernehmen. So gibt es Kuriositäten wie die *Hong Kong Bird's Nest Workers Union* (Hong Kong Vogelnest Gewerkschaft), die *Kowloon Shark's Fine Workers Union* (Kowloon Haifischflossen-Suppe Gewerkschaft). Auch gibt es neben der Gewerkschaft der *Lufthansa-Arbeiter,* eine Peking-orientierte Holzschnitzer-Gewerkschaft.[36]

Politische, religiöse, landsmannschaftliche, kulturelle, betriebliche, ja sogar familiäre Eigenarten haben zu einer derartigen Zersplitterung der Gewerkschaften geführt. Da es keine Einheitsgewerkschaft gibt, kommt es nicht zum *collective bargaining*, dem Aushandeln von Löhnen und Arbeitsbedingungen unter Ausnutzung von Vollbeschäftigung, Marktlage und Termindruck der Unternehmer.

Die Arbeiter von Hong Kong

Viele der Arbeiter von Hong Kong sind jung und hatten keine Gelegenheit zu ausreichender Schulbildung. Die Älteren sind oft Flüchtlinge aus China und haben einen großen Anpassungsdruck zu bewältigen, um die schwierigen Lebens- und Arbeitsbedingungen zu meistern. Die schwierigen Lebens- und Arbeitsbedingungen stellen eine große Belastung dar. Vor allem die Älteren konnten nur unter ökonomischem Druck an die ungewohnten industriellen Arbeitsbedingungen „angepaßt" werden. So muß man die hohe Fluktuationsrate (35% möchten den Betrieb wechseln) und die große Anzahl von Gelegenheitsarbeitern (ca. 100.000) verstehen.[37]

Hauptsächlich die Älteren hatten große Umstellungsprobleme: Drogenabhängigkeit, Spielsucht, psychosomatische Erkrankungen waren die Folge, denn „chinesische Arbeiter beschweren sich nicht".

Etwa 70% der 90.000 Elektronik-Arbeiter leiden, nach einer Untersuchung ihrer Gewerkschaft, an „körperlicher Schwäche oder Krankheiten, die sie ihrer Arbeit zuschreiben".

Armut in Hong Kong: Eine alte Frau sammelt Papierabfälle ein

Über die Sozialeinstellungen der Hong Konger Arbeiter liegen nur wenige widersprüchliche Untersuchungen vor. Einerseits wird gesagt, daß sie den niedrigsten Grad an Sozialkontakten zu ihren Mitarbeitern und Freunden haben, nicht gern über ihre Probleme reden, verglichen mit anderen südostasiatischen Ländern; andererseits wird ihnen ein hohes Kollektivbewußtsein bestätigt.[38]

Was ist wichtig für Arbeiter in Hong Kong?

71% Arbeitsplatzsicherheit
68% gute Bezahlung
61% fairer Boss
58% gutes Vorwärtskommen
43% angenehme Arbeitsbedingungen
26% starke Gewerkschaften[39]

Die Ziele der Arbeiter in Hong Kong scheinen damit eher auf die Teilhabe am Wohlstand und Wachstum und nicht auf radikale Umverteilung oder gar Systemveränderung hin orientiert zu sein.[40]

Dieses Ergebnis überrascht nicht, es zeigt aber deutlich, daß die kulturelle Lage der Chinesen in Hong Kong, ihre Tradition und Duldsamkeit, weit wichtiger für sie ist als die Tatsache, daß sie ökonomisch extrem ausgebeutet und politisch ausgenutzt werden.

Arbeitskämpfe

Die Gewerkschaften sind in ihrer Tätigkeit frei, doch ihrem Erfolg sind bei der existierenden Zersplitterung enge Grenzen gesetzt.

Hinzu kommt noch, daß der Unternehmer erfolgreich an den Familiensinn der Chinesen anknüpfen kann. Je größer der Betrieb ist, desto mehr versucht er (wie in Japan) seine „Stamm-Arbeiter“ durch übervertragliche Leistungen an sich zu binden, bspw. Transportmöglichkeiten zum Arbeitsplatz, Beihilfe zum Wohnen, Krankenhauskosten usw.[41]

Die Arbeitskämpfe in Hong Kong sind u.a. deswegen in den letzten Jahren immer mehr zurückgegangen. Zwar wird immer täglich irgendwo gestreikt, aber nur in einem einzigen kleinen Betrieb, nicht regional und branchenweit.

Streiks und Aussperrungen[42]

Jahr	Aussperrungen	Streiks	Beteiligte Arbeiter	verlorene Arbeitstage
1946/47	1	16	18.000	124.000
1956/57	1	12	5.000	79.000
1966/67	1	17	4.000	38.000
1977	5	38	5.000	11.000
1984	-	11	?	3.083

Arbeitsrecht

Hong Kong hat eine Reihe von arbeitsrechtlichen Bestimmungen aus dem „Mutterland“ übernommen (z.B. das Common Law, English Act of Parliament), ohne dabei die entsprechenden Schutzbestimmungen für die abhängig Beschäftigten zu berücksichtigen. Auch viele Konventionen des Internationalen Arbeitsamtes hat Hong Kong deswegen nicht ratifiziert, weil diese ja nicht für Entwicklungsländer bestimmt seien und Hong Kong sich als Entwicklungsland einstufte.

Da die Gesetze keine Tarifhoheit vorsehen und dennoch *collective bargaining* de facto nur für 5% der Beschäftigten vorkommt, rückte in den letzten Jahren das *Labour Department* (Arbeitsbehörde mit entsprechenden Gerichten) immer mehr in den Vordergrund.

Tätigkeit als Labour Departement[43]

Jahr	Beschwerden	Schlichtungen
1965/66	2.296	29
1969/70	3.372	127
1976	6.424	139
1978	9.280	182
1984	3.560	147

Diese Staatsbehörde hat seit 1970 immer stärker in Arbeitsauseinandersetzungen eingegriffen und somit selbst Arbeitsrecht geschaffen. In den meisten Fällen handelte es sich um Auseinandersetzungen bei Lohnforderungen, Kündigungen und Urlaubsregelungen.

Anmerkungen

1 Vgl. Jarvie, I.C./Agassi, J.: Hong Kong. Society in Transition, London 1969, S. XXI; Rear, John: On Brand of Politics, in: Hopkins, Keith (Ed.): Hong Kong. The Industrial Colony, Hong Kong 1971, S. 66; Hughes, Richard: Hong Kong. Brückenkopf auf Abruf, Wien, Frankfurt, Zürich 1967, S. 21.
2 Hong Kong Research Project (Ed.): Hong Kong. A Case to Answer, Nottingham 1974, S. 26f.; vgl. auch Hopkins (Ed.), a.a.O., S. 189.
3 Walker, J.: Under the White Wash, Hong Kong o.J. (1972), S. 131.
4 Woronoff, Jon: Hong Kong. Capitalist Paradise, Hong Kong, Singapore, Kuala Lumpur 1980, S. 92.
5 Zahlen aus Rabushka, A.: The Changing Face of Hong Kong, Washington 1973; Hambro, Edward: The Problem of the Chinese Refugees in Hong Kong, Leyden 1955.
6 Aus: Buchholz/Schöller: Hong Kong, Braunschweig 1985, S. 67.
7 Ebd., S. 74 und 77.
8 Government Information Services (Ed.): Hong Kong 1985, Hong Kong 1985, S. 284.
9 Ebd., S. 284, 334 und Buchholz/Schöller, a.a.O., S. 78.
10 Government Information Services (Ed.), a.a.O., S. 285.
11 Vgl. Frankfurter Rundschau, 6.1.1983; South China Morning Post, 27.1.1985.
12 Vgl. South China Morning Post, 17.3.1982.
13 Ebd., 7.7.1985.
14 Vgl. South China Morning Post, 16.10.1985; Far Eastern Economic Review, 13.12.1984.
15 Vgl. Hughes, a.a.O., S. 189f.
16 Aus: Buchholz/Schöller, a.a.O., S. 70.
17 Ebd., S. 71.
18 Government Information Services (Ed.), a.a.O., S. 229.
19 Gekürzter Artikel des Herausgebers aus: Blätter des Informationszentrums Dritte Welt, Februar 1986, Nr. 131, S. 60-63.
20 Government Information Services (Ed.), a.a.O. S. 106.
21 Buchholz/Schöller, a.a.O., S. 66.
22 Ebd., S. 50.
23 Vgl. South China Morning Post, 10.11.1981.
24 Aus: Buchholz/Schöller, a.a.O., S. 52.
25 Zahlen aus: Woronoff, a.a.O., S. 220.
26 Ebd.
27 South China Morning Post, 6.4.1982.
28 Hong Kong Research Project (Ed.), a.a.O., S. 24.
29 Vgl. England, Joe/Rear, John: Industrial Relations and Law in Hong Kong, Hong Kong 1981, S. 287, 371; South China Morning Post, 10.11.1981; 29.11.1981.
Für die Aktualisierung danke ich meinen früheren Studenten: Tam Kwok Kwan und Lydia Lee Mo Yee, Hong Kong.
30 Vgl. England/Rear, a.a.O., S. 224; Hong Kong Research Project (Ed.), a.a.O.
31 Vgl. Hong Kong Research Project (Ed.), a.a.O., S. 56ff.
32 Turner, H.A.: The Last Colony: But Whose?, Cambridge 1980, S. 145.
33 Ebd., S. 26.
34 Vgl. ebd., S. 20ff.; auch: Government Information Services (Ed.), a.a.O., S. 109.
35 Vgl. ebd., und Turner, a.a.O., S. 27.
36 Vgl. England/Rear, a.a.O., S. 27.
37 Vgl. Chaney, D.C.: Job Satisfaction and Unionization. The Case of Shopworkers, in: Hopkins, Keith (Ed.): Hong Kong. The Industrial Colony, Hong Kong 1971, S. 267.
38 Vgl. Turner, a.a.O., S. 197; South China Morning Post, 18.1.1982.
39 Vgl. Turner, a.a.O., S. 189.
40 Vgl. ebd., S. 177.
41 Vgl. ebd., S. 46, 71.
42 Vgl. ebd., S. 88.
43 Vgl. England/Rear, a.a.O., S. 313; Government Information Services (Ed.), a.a.O., S. 109.

Literatur
Buchholz, Hanns J./Schöller, Peter: Hong Kong. Finanz- und Wirtschaftsmetropole. Entwicklungspol für Chinas Wandel, Braunschweig 1985.
England, Joe/Rear, John: Chinese Labour under British Rule. A Critical Study of Labour Relations and Law in Hong Kong, London, New York, Melbourne 1975.
dies.: Industrial Relations and Law in Hong Kong, Hong Kong, Oxford, New York, Melbourne 1981.
Hopkins, Keith (Hg.): Hong Kong. The Industrial Colony, London 1971.
Turner, H.A.: The Last Colony: But Whose? A Study of the Labour Movement, Labour Market and Labour Relations in Hong Kong, Cambridge 1982.
Walker, J.: Under the White Wash, Hong Kong o.J. (1972).
Woronoff, Jo: Hong Kong. Capitalist Paradise, Hong Kong, Singapore, Kuala Lumpur 1980.

Wohnen in Hong Kong 住房

Über 90% der Einwohner Hong Kongs leben in hoch verdichteten städtischen Ballungszentren. Damit ist Hong Kong das Gebiet mit der höchsten Verstädterungsrate der Erde, der „Sonderfall einer städtischen Welt.“[1]
Vor allem im Wohnbereich – nach wie vor Hong Kongs Problem Nr. 1 – zeigt sich, daß erst in den 70er Jahren mit einer Sozialplanung begonnen wurde.
Öffentlich geförderter Wohnungsbau und Planung von Wohnungen begann zaghaft ab 1954, nachdem bei einem Großbrand in der Hüttensiedlung *Shek Kip Mei* zu Weihnachten 1953 über 53.000 Menschen obdachlos wurden. Innerhalb von zwei Monaten hatte man Behelfswohnungen für 53.000 Menschen geschaffen.
Damit war Hong Kong zum ersten Mal seinen „klassischen liberalistischen“ Prinzipien untreu geworden.
Aus dieser Maßnahme entwickelte sich das gewaltigste öffentlich geförderte Wohnungsbauprogramm der Welt, das unten differenzierter dargestellt wird.
Heute leben knapp 43% der Einwohner der Kolonie in über 571.000 öffentlich geförderten Wohnungen.
Bis 1954 gab es in Hong Kong nur den privaten Wohnungssektor. Dieser umfaßt heute 670.000 Wohnungen für 2,3 Mio. Menschen. Die durchschnittliche Monatsmiete liegt bei ca. 500 H.K.-$.
Es gibt wohl keinen Ort der Welt mit einem derart differenzierten und sozial wie klassenmäßig abgestuften Wohnsystem wie Hong Kong.
Die Möglichkeiten reichen von teuren Luxuswohnungen mit ca. 30.000 DM Monatsmiete bis zu behelfsmäßigen Hütten an Berghängen oder gar auf den Dächern von Hochhäusern.
Der Luxuswohnungsmarkt ist den reichen Chinesen und den Ausländern, deren Arbeitgeber hohe Mietzuschüsse zahlen, vorbehalten. Das wiederum treibt die Mieten hoch, unter denen die chinesische Durchschnittsbevölkerung zu leiden hat.
Die begehrtesten Wohnquartiere liegen auf mittlerer Höhe (Midlevel) am *Peak* von Hong Kong Island.

Wohnen in Hong Kong vor 1954
Überbevölkerung in den Wohnquartieren der Ärmeren hat es schon Ende des letzten Jahrhunderts auf der Hong Kong-Insel gegeben. Noch heute findet man in den

Wohnverhältnisse in einem älteren Haus

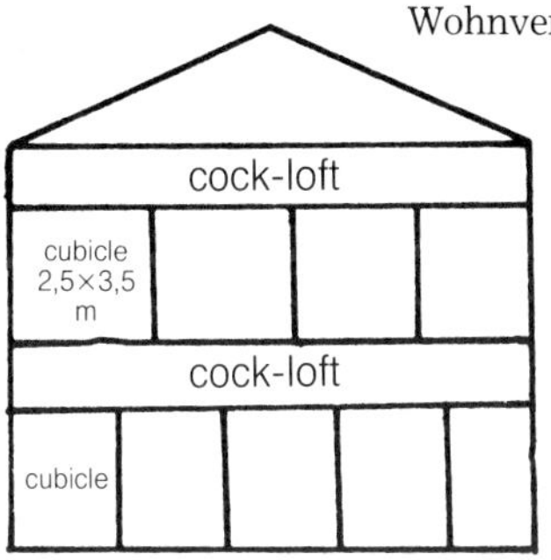

In zwei Stockwerke leben 80 Menschen in 140 m²und 16 Cubicles bzw. Cok-lofts.

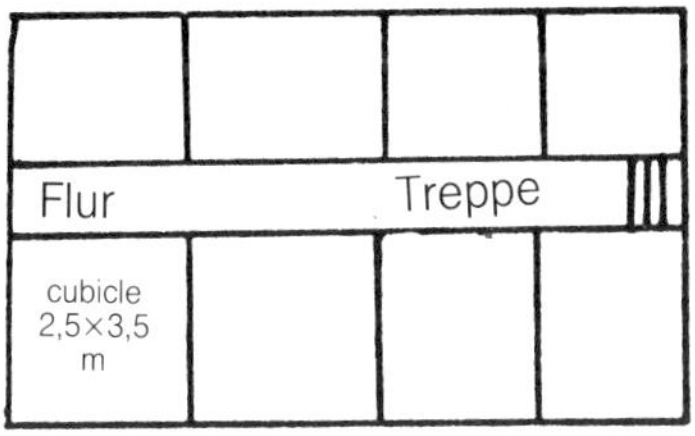

Unterteilung einer ca. 70 m²großen Wohnung in 8 Cubicles. Bei durchschnittlich 5 Peronen pro Cubicle leben dort 40 Menschen.

älteren Häusern der Kolonie diese Wohnformen: Eine ehemals große Altbauwohnung wird mit Holzverschlägen in kleine, teilweise fensterlose Räume (*Cubicles*) von ca. 2,5 x 3,5 m unterteilt und an ganze Familie vermietet. Wenn die Raumhöhe es erlaubt, zieht man knapp über der Stehhöhe noch eine hölzerne Zwischendecke ein, um oben einen Schlafraum (*Cockloft*) zu erhalten, der oft nur knapp 1 m hoch ist.

WC und ein hygienisches Abwassersystem gab es im letzten Jahrhundert kaum. Die Notdurft wurde in Eimern verrichtet, die man in Räumen aufbewahrte, in denen auch gekocht wurde. Morgens holten Kulis diese Eimer ab und brachten sie auf die Felder zum Düngen.

Unter diesen Verhältnissen mußte es in der Vergangenheit häufig zu Seuchen kommen. Zwischen 1894 und 1906 starben 13.000 Menschen an der Beulenpest.[2]

Inzwischen hat Hong Kong durch verschiedene Maßnahmen einen volksgesundheitlichen und hygienischen Standard erreicht, der sich mit dem Niveau europäischer Länder vergleichen läßt.

Doch in den älteren Häusern, v.a. auf der Hong Kong-Insel, findet man immer noch extrem beengte Wohnbedingungen.

Die Squatter

Nach dem Sieg der Kommunisten und den ersten großen Flüchtlingsströmen nach Hong Kong entstanden seit 1951 die Hüttensiedlungen (*Squatter*).

Heute sind es über 100 Siedlungen, oft mit Tausenden von Bewohnern. Insgesamt schätzt man, daß es ca. 750.000 Squatter gibt; die Angaben hierüber schwanken, weil die Regierung bemüht ist, das Problem herunterzuspielen.[3]

Neu ankommende Flüchtlinge in Hong Kong leben dort i.d.R. erst jahrelang als Squatter. Die letzte große Flüchtlingswelle Ende der 70er Jahre hat die großen Fortschritte im sozialen Wohnungsbau zunichte gemacht und die Anzahl der Squatter nochmals erheblich erhöht.

1976 gab es für alle schon bestehenden Squatter-Hütten eine Amnestie, sofern sie nicht auf wertvollem Baugrund standen. Später errichtete Hütten werden von den Behörden abgerissen, wie auch neuerdings illegal ausgebaute Balkone und Verschläge auf Dächern (*Roof-Top Squatters*).

Schätzung der Squatter in verschiedenen Wohnformen[4]

Jahr	Bodensquatter Hüttensiedlungen	Dachsquatter	genehmigte Squatter	Boots-squatter	alle
1964	476.000	77.000	50.000	-	603.000
1971	280.000	50.000	32.000	20.000	382.000
1984	620.000	50.000	30.000	50.000	750.000

Daneben leben noch knapp 50.000 Menschen auf oftmals seeuntüchtigen Booten (*Water People*).[5] Viele von ihnen sind Hoklo-Chinesen aus der Provinz *Fukien*. Ursprünglich war das Leben auf den Booten nur dieser ethnischen Gruppe vorbehalten, die traditionell vom Fischfang und Transport lebte. Inzwischen sind viele der Schiffe so seeuntüchtig, daß morgens das über Nacht eingedrungene Wasser herausgeschöpft werden muß.

Aus unveröffentlichten Volkszählungsergebnissen von 1971 haben Buchholz/Schöller folgende Angaben über die Wohnverhältnisse im Stadtteil *Yau Ma Tei* (Kowloon) zusammengestellt.

Dort „lebten nur 26% der über 41.200 Haushalte in im weiteren Sinn europäischen Wohnungen; 55% der Haushalte bewohnten nur Teile von Gesamtwohnungen, d.h. einzelne Zimmer oder ‚Cubicles'; 19% der Haushalte teilten sich einen Raum oder ein ‚Cubicle' mit einem anderen Haushalt, oder sie wohnten in sonstigen Wohngelegenheiten:

653 Haushalte bewohnten ein „Cockloft";
100 Haushalte teilten sich ein „Cockloft" mit weiteren Haushalten;
409 Haushalte bewohnten Ecken von Lagerräumen, Ladenlokalen oder Werkstätten;
414 Haushalte lebten in Hütten auf den Flachdächern der Tenement-Gebäude;
213 Haushalte teilten sich eine Dachhütte mit weiteren Haushalten;
68 Haushalte wohnten in Kellern, Korridoren, Treppenhäusern, Veranden und Nissenhütten;
2257 Haushalte hatten nur einen Bettplatz gemietet;
102 Haushalte schließlich bewohnten ihren Bettplatz alternativ mit einem anderen Haushalt."[6]

Von außen sieht man den Häusern diese für einen Europäer unvorstellbare Dichte des Zusammenlebens nicht an. Auch das tägliche enge Zusammenleben mit vielen fremden Menschen wird zur extremen Belastung.

„Die ständige Geräuschkulisse, die Aufgabe der Privatsphäre, der fortwährende

Zwang zum Kontakt mit anderen Hausbewohnern oder auch Familienmitgliedern, der die extreme Einwohnerdichte in den Altbaugebieten Hong Kongs charakterisiert. Nur etwa 35% der Bewohner des Untersuchungsgebietes verfügten über ein eigenes Bett! Viele hatten keine Kochstelle, keinen Kühlschrank zur Vorratshaltung, nur wenige Wasserzapfstellen, vielfach unbeschreibliche Toilettensituationen – und all das bei Durchschnittstagestemperaturen von April bis November zwischen 25° und 32°C, hoher relativer Luftfeuchtigkeit und fast 2.900 mm Niederschlag (1983). In den ‚Wohnungen' kann oft nur bei Kunstlicht gearbeitet werden, gegessen wird an Imbißständen.
Aber nicht nur die Wohnräume sind überfüllt; auch die Treppenhäuser sind bewohnt – und auf den flachen Dächern stehen Tausende von Hütten (Dach-Squatter), zum Teil mit Gewerbebetrieben verschiedenster Art. Die Dachhütten bilden meist attraktive Wohn- und Gewerbestandorte: man lebt zentral, hat oftmals bessere Luft als in den Wohnblöcken, und man kann sich unmittelbar mit Elektrizität und Trinkwasser versorgen."[7]

Die Hütten-Squatter leben gefährlich. Etwa 200.000 der ca. 750.000 Squatter wohnen an steilen Berghängen, die durch Erdrutsche in der Sommerregenzeit gefährdet sind. So fielen im Mai 1982 in zwei Tagen 437 mm Niederschlag. Nach einem Erdrutsch wurden 3.000 Menschen obdachlos, es gab 20 Todesopfer.[8]

„Water People"

Nach einem Brand in Squatter-Siedlung, New Kowloon

In den Wintermonaten leidet die Kolonie unter Trockenheit und Wassermangel. In den Squatter-Siedlungen wird meistens mit Kerosin gekocht, elektrische Leitungen sind vielfach ungesichert und illegal angezapft. Jährlich kommt es zu Bränden, bei denen ganze Siedlungen vernichtet werden. Im Winter 1981/82 verloren über 30.000 Menschen ihre Behausung und ihr Hab und Gut durch solche Brände.
Teilweise werden die Squatter-Siedlungen von Gangsterbanden (*Triaden*) gegen Geldabgaben „beschützt". Bei Kauf und Verkauf von solchen Hütten werden z.T. bis zu 30.000 H.K.-$ erpreßt.[9]

Squatter – keine Slums

Die Squatter-Siedlungen ähneln nur äußerlich den Slums in den Metropolen der „Dritten Welt". Ihre Bewohner haben jedoch keine „Slum-Mentalität".[10] Sie sind erwerbstätig, unterscheiden sich nach Stellung im Beruf, Bildungsniveau, Durchschnittseinkommen und Sozialverhalten nur unwesentlich von der übrigen Bevölkerung in anderen Wohnquartieren. Sie haben „nur" keine ordnungsgemäße Wohnung.[11]
Für freiwerdende Sozialwohnungen gibt es eine Warteliste mit einem komplizierten Punktesystem. Etwa 160.000 Familien sind auf dieser Liste eingetragen. Die Wartezeit beträgt 5-7 Jahre. Ungefähr 44% der Squatter leben 10-20 Jahre in ihren Siedlungen.[12]
„Hong Kongs Squatter sind keine entwurzelten Menschen, aber eher eine wirt-

schaftlich unterprivilegierte Gruppe; sie sind keiner sozialen Diskriminierung ausgesetzt, sondern sind als Mitglieder der Gesellschaft anerkannt."[13]
Die häufigste Wohnform der Squatter ist die Hüttensiedlung. Da die Bewohner möglichst nahe am Zentrum bei den Arbeitsplätzen leben möchten und der Baugrund in Hong Kong knapp und teuer ist, bleiben für die Hütten nur die für eine normale Bebauung zu steilen, unwegsamen Berghänge übrig.

„In vielen Squatter-Siedlungen leben über 850 Einwohner/ha (d.h. über 85.000 Einwohner/km^2); das sind trotz eingeschossiger Bauweise Dichtewerte, wie sie in den hoch und eng bebauten Wohngebieten deutscher Innenstädte nicht einmal zur Hälfte erreicht werden. Das Baumaterial besteht aus Brettern, Steinen, Bohlen, Blechen, Kanistern, Pappen und sonstigen Materialien. Die Bauweise ist behelfsmäßig, und oft sind die Hütten schadhaft. Über 90% der Hütten besitzen weder Wasseranschluß noch Kanalisation, geschweige WC oder Bad oder Dusche. Das Wasser muß zumeist vom Fuß der Berge oder von wenigen Zapfstellen, die inzwischen in mehreren Siedlungen angelegt wurden, zu den Hütten getragen werden. Elektrizitätsleitungen sind wegen der Kurzschluß- und damit Feuergefahr verboten; illegal verfügen jedoch viele Squatter über einen Elektrizitätsanschluß. Die größten Hütten besitzen weniger als 30 m^2 Wohnfläche, selbst dann, wenn ein niedriges Obergeschoß aufgesetzt wurde. Zahlreiche kleinere Hütten – sicherlich mehr als 20% – bieten nur 3-4 m^2 Wohnfläche. Durch dünne Holz- oder Pappwände sind die meisten Hütten in kleinste Cubicles gegliedert. Beispieluntersuchungen haben ergeben, daß die überwiegende Mehrzahl der Squatter mit einem Wohnflächenanteil von etwa 2,00 m^2 auskommen muß. Die charakteristische Überbelegung zeigt sich jedoch auch daran, daß sich mehrere zehntausend Haushalte eine Hütte mit einem anderen Haushalt oder mehreren anderen Haushalten teilen müssen."[14]

Nicht nur auf dem Gebiet der Infrastruktur, sondern auch in hygienischer Hinsicht sind die Squatter extrem benachteiligt:

Todesfälle aufgrund von Infektionen auf 100.000 Einwohner[15]	
Normale Housing Estates	3
Hüttensquatter	48
Resettlement Estates	58
Boots-Squatter	134

Das bestätigen auch die Ergebnisse einer Befragung von 1981:
1981 wurden 93 Haushalte der Squattersiedlung am *Mount Davis* (Hong Kong-Insel) nach ihren Lebensbedingungen befragt:
- 45% der 261 Kinder haben Zahnerkrankungen;
- 33% der Familien gehen bei Erkrankungen zu nicht examinierten (illegalen) Ärzten und Wunderheilern;

– 65% haben in den Hütten offene Abwasserkanäle nach außen;
– in 40% der Familien leben Angehörige, die Arbeitsunfälle hatten;
– das Durchschnittseinkommen der Familien lag zwischen 2-2.500 H.K.-$;
– die meisten der insgesamt 2.500 Menschen, die an den Hängen des Mount Davis in Holzhütten wohnen, leben dort länger als 10 Jahre.[16]

Der öffentliche Wohnungsbau (Public Housing)

Von den 5,5 Mio. Einwohnern (1987) Hong Kongs leben 2,3 Mio (43%) in nach 1954 erbauten, öffentlich geförderten Wohnungen.
In Umfang und bezogen auf die Bevölkerungszahl ist das das größte Sozialwohnungsbau-Programm der Welt.
Zugangsberechtigt sind alle Einwohner der Kolonie, die eine schwarz gestempelte Identitätskarte (Black Stamp ID-Card-Holder) besitzen. Sie müssen also in der Kolonie geboren sein oder dort mindestens sieben Jahre legal leben. Weiterhin spielt das Maximaleinkommen eine Rolle.

Die H-Blocks (Mark I – Mark III)
Der Soziale Wohnungsbau begann 1954 nach dem Großbrand in *Shek Kip Mei*, als man anfing, die *Squatter* umzusiedeln (Resettlement).
Der erste Haustyp dieses umfangreichen *Resettlement Housing Estate-Projekts* war der H-förmige Betonblock Mark I mit 6-7 Stockwerken, ohne Lift und einer Veranda als offenem Zugang zu den maximal 64 Einraum-Wohnungen je Stockwerk.

„Es handelt sich um äußerst simple Betonblöcke mit bis zu 560 Einraum-Wohneinheiten zwischen je 8,0 und 14,1 m² Wohnfläche; über 90% der Wohneinheiten besaßen die Standardwohnfläche von 11,15 m². Die Wohneinheiten verfügten weder über einen Wasseranschluß noch über einen Ausguß; entsprechend fehlten auch Wasch- und Duschmöglichkeiten bzw. eine Toilette. Elektrizitätsanschlüsse konnten erst später auf besonderen Antrag und auf Kosten der Mieter angelegt werden. Die schon mengenmäßig völlig unzureichenden sanitären Einrichtungen befanden sich in jedem Geschoß zentral im Mitteltrakt des Gebäudes. Desgleichen waren im Mittelteil der beiden Wohntrakte eines jeden Geschosses je ein Bade- und ein Waschraum installiert. Auf jedem Geschoß lebten im Mittel 400-500 Personen, im gesamten Block etwa 2.500!
Die Belegung der Umsiedlungs-Wohnblöcke war nur ehemaligen Squattern vorbehalten. Jeder erwachsenen Person standen 2,20 m² Wohnfläche zu; zwei Kinder unter 10 Jahren zählten als ein Erwachsener.
Von 1954 bis 1964 wurden die Wohnblöcke vom Typ Mark I (sowie ab 1961 vom geringfügig veränderten Typ Mark II) für insgesamt 530.000 legale Bewohner gebaut."[17]

Mark I Wohnblock in Shek Kip Mei (Kowloon)

Inzwischen hat man eine Anzahl dieser Häuser wieder abgerissen und durch bessere der nachfolgenden Wohnprogramme ersetzt. Doch immer noch leben etwa 200.000 Menschen in diesen heute sehr kritisierten engen Wohnungen. Die Mieten betragen maximal 100 H.K.-$.

Dieses Mark-Programm wurde ständig verbessert und ausgeweitet. Obwohl man in den zehn Jahren nach 1954 530.000 Sozialwohnungen für Squatter geschaffen hatte, stieg die Squatterbevölkerung im Zeitraum bis 1963 durch vermehrte Flüchtlingsströme von 260.000 auf 600.000 Personen.

Ab Mark IV verbesserte man das Programm. Nun waren die Blocks 16stöckig, hatten Aufzüge, privates Wasser, WC und kleine Balkons. Das Mark VI-Programm kannte nun Wohnungen mit knapp 27 m^2. Heute beträgt die maximale Wohnungsgröße 33 bzw. 50 m^2.

Diese Großwohngebäude hatten bis zu 4.000 Bewohner. „1972 wohnten 1.154.792 Personen legal in Umsiedlungswohnanlagen; das waren fast 30% der Gesamtbevölkerung Hong Kongs. Sicherlich können weitere 70-80.000 Personen als illegale Bewohner hinzugerechnet werden.“[18]

Etwa 3/4 der Mieter zahlen unter 200 H.K.-$ für Wohnungen bis zu 40 m^2 Größe. Viele Wohnungen sind mit weiteren (illegalen) Mitbewohnern überbelegt. Durch Überbelegungen „verfügten 1972 in den Umsiedlungswohnanlagen fast 43.000 Personen über weniger als jeweils 1,5 m^2 Wohnfläche, mehr als 320.000 Personen bewohnen jeweils zwischen 1,5 und 2,2 m^2 Wohnfläche.“[19]

Vor allem die älteren Resettlement-Estates vom Typ Mark I, die erst bis 1996 abgerissen sein sollen, sind erbärmliche, menschenunwürdige Unterkünfte.
„Für Menschen als soziale Wesen und Individuen gab es keine Versorgungen. Nicht die ärmlichen Lebensbedingungen, nicht die hohe Anzahl von Menschen und die hohe Bevölkerungsdichte waren das Problem, sondern die dürftige soziale Umgebung und der Mangel an Infrastruktur."[20]

Die Housing Authority

Die *Housing Authority* ist die größte kommunale Wohnungsbau- und Verwaltungsbehörde der Welt. Über 10.000 Mitarbeiter managen die 117 Großwohnanlagen mit etwa 571.000 Wohnungen, in denen 2,3 Mio. Menschen leben.[21]
1972 versprach der damals neue Gouverneur *MacLehose*, daß in zehn Jahren Hong Kongs Wohnungsprobleme beseitigt sein würden. Man begann 1973 mit einem Zehnjahresprogramm, das 1,8 Mio. Menschen neue Unterkünfte schaffen sollte; u.a. dadurch, daß von 1977-1980 nochmals 408.000 Flüchtlinge aus der VR China kamen, scheiterte dieses Programm.[22]
Noch immer warten etwa 1,5 Mio. Menschen auf bessere Wohnungen. Über 750.000 von ihnen müssen ihre Unterkunft mit Nicht-Familienmitgliedern teilen. Nach amtlichen Angaben leben „20% der 1,2 Mio. Haushalte in Hong Kong unter unbefriedigenden Bedingungen."
So hinkt das öffentliche Wohnungsbauprogramm etwa 10 Jahre hinter den ursprünglichen Planungszielen her. Deswegen wird der Wohnungsmangel auch bleiben. Bis 1996 benötigt man nochmals 1,06 Mio. neue Wohnungen. Die Regierung wird laut Presseberichten nur ca. 60% davon bauen können.[23]

Regierungsausgaben für den Wohnungsbau[24]

	1974/75	1984/85
Mio. H.K.$	447	1.575
Prozent vom Gesamt-Regierungsbudget	7%	4%

Öffentlich geförderte Eigentumswohnungen

Über 140.000 Menschen leben in 35.000 mit Regierungshilfe finanzierten Eigentumswohnungen. Seit 1979 unterstützt die Regierung dieses Projekt (*Home Ownership Scheme*) für die chinesische Mittelklasse. Eine 3-Zimmer-Wohnung mit Küche, Bad/WC und Balkon kostet je nach Lage bei 60 m^2 200-300.000 H.K.-$, kaufberechtigt sind Familien mit einem maximalen Familieneinkommen bis 7.500 H.K.-$ monatlich bei drei Personen. Auch müssen diese Wohnungen selbst bewohnt werden und dürfen nicht zum Verkauf angeboten werden, um Spekulationsgewinne zu vermeiden.
Das *Resettlement Estates-Projekt* war nur für Squatter und einkommensschwache Bewohner alter privater Mietwohnungen (z.B. solche mit Cubicles) gedacht. Für die etwas besser Verdienenden, aber in abbruchreifen Häusern lebenden Menschen wurden von einer 1954 von der Regierung geförderten gemeinnützigen Wohnungsbaugesellschaft (*Housing Authority Program*) in 11-20geschossigen Häusern Wohnungen, erbaut. In diesen lebten 1972 knapp 220.000 Menschen.

Eine neue Großstadt entsteht – Sha Tin

Da dieses Programm nicht ausreichend war, startete die Regierung 1961 ein *Government Low Cost Housing Program* für minderbemittelte Nicht-Squatter.[25] Schließlich leben noch 423.000 Menschen (1985) in sog. *Temporary Housing Areas*, barackenmäßigen Behelfsunterkünften. Es gibt 47 solcher Siedlungen, in denen vorwiegend (zwangs-)umgesiedelte Squatter und auch kürzlich aus der VR China geflohene Menschen leben. Diese Behelfsunterkünfte sind v.a. für diejenigen gedacht, die noch nicht das Recht haben, sich auf die Warteliste für den sozialen Wohnungsbau setzen zu lassen.[26]

Umsiedlung in die „New Territories" als Entlastung für die Ballungsgebiete
In den New Territories leben insgesamt 1,5 Mio. Menschen (1985). Über die Hälfte der Wohnungen dort ist öffentlich gefördert. Hier begann der soziale Wohnungsbau aufgrund der politischen Unklarheiten bezüglich der Entwicklung nach 1997 erst später. Die ehemaligen Kleinstädte *Tai Po, Sha Tin, Tuen Mun* und *Yuen Long* sind binnen eines Jahrzehnts durch große Baumaßnahmen und Umsiedlungsprojekte zu Großstädten geworden.
Tsuen Wan hat die gewaltigste Entwicklung durchgemacht. 1930 hatte es als Bauern- und Fischerdorf 5.000 Einwohner. 1961 waren es 85.000; 1973 410.000 und 1985 etwa 700.000. Im Endstadium soll diese auf dem Reißbrett entworfene Großstadt über eine Million Einwohner haben.[27]

Die „Walled City of Kowloon“

Ein weiteres abschreckendes Beispiel eines Wohnquartiers stellt die *Walled City of Kowloon* im Stadtteil Kowloon City (Kowloon) dar. Nördlich der Boundary Street in Kowloon, des Gebietes, das erst 1898 als Pachtgebiet zur Kronkolonie kam, befand sich vor Jahrhunderten ein chinesisches Fort namens *Kau Lung Gai* (Neun Drachen-Straße). Nach dem „ungleichen Vertrag“ von 1898 fiel dieser chinesische Ort und Sitz der Regionalverwaltung zu Hong Kong. Bis vor wenigen Jahren war deshalb sein rechtlicher Status ein ständiger Streitpunkt zwischen China und Hong Kong.

Um weitere Konflikte mit Peking zu vermeiden, verzichteten die Behörden von Hong Kong nach 1949 weitgehend auf ihre Repräsentanz in diesem Gebiet. Bis auf Polizeikontrollen findet man dort kaum Anzeichen behördlicher Aktivitäten: keine Briefkästen, Müllabfuhr, keine geordnete Kanalisation und v.a. keine Bauvorschriften.

Nach 1949 siedelten sich dort nicht nur Flüchtlinge, sondern auch illegale Ärzte, Prostituierte sowie Drogenabhängige und Drogenhändler an, verbotene Glücksspiel-Kneipen, und Hunde-Restaurants wurden eröffnet. Noch heute ist die Walled City ein beliebter Schlupfwinkel von Triaden und illegalen Flüchtlingen.

Dort leben etwa 30.00 Menschen, und viele kleine Betriebe haben sich ebenfalls angesiedelt. Die Besonderheit der Walled City of Kowloon, nördl. der *Carpenter Road* und nur wenige hundert Meter vor dem Abfertigungsgebäude des Flughafens *Kai*

Tak, ist, daß es dort die wildeste und gefährlichste Bebauung von Hong Kong und vielleicht auf der Welt überhaupt gibt. Die ehemaligen alten 7-10stöckigen Häuser sind nach oben hin zusammengebaut worden. Durch die engen, oft nur 1-2 Meter breiten Gassen, die teilweise offene Kanalisation und herunterhängende Elektrizitätskabel haben, sieht man kein Sonnenlicht. Das Wohngebiet ist nicht nur völlig verkommen und verslumt, sondern ähnelt im Inneren einem riesigen Bunker-Labyrinth. Das etwa 200 x 200 m große „Monster-Haus" wird heute eher noch von Triaden und Peking-freundlichen chinesischen Nachbarschaftsverbänden verwaltet als von den Behörden der Kolonialregierung.[28]
Die Lebensbedingungen in der Walled City of Kowloon überschreiten in ihrer Schrecklichkeit sowie den Gefahren für die Bewohner (Hygiene, Feuergefahr) noch die schlimmsten Wohnquartiere der Squatter oder der alten Mark I-Gebäude. Geheimverhandlungen zwischen Hong Kong und Peking haben 1987 ergeben, daß die Walled City bis 1990 vollständig abgerissen werden soll.

Anmerkungen

1 Vgl. Benzenberg, Wilfried: Wachstum und Planung in Tsuen Wan und Kwun Tong. Zwei neue Städte in der Kronkolonie Hong Kong, Diss., Köln 1977, S. 36.
2 Vgl. Pryor, E.G.: Housing in Hong Kong, Hong Kong 1974, S. 15ff.
3 Vgl. Buchholz, Hanns J./Schöller, Peter: Hong Kong, Braunschweig 1985, S. 101.
4 Zahlen aus: Buchholz, Hanns Jürgen: Bevölkerungsmobilität und Wohnverhalten im sozialgeographischen Gefüge Hong Kongs, Paderborn 1978; Buchholz/Schöller, a.a.O., S. 101; Dwyer, D.J.: Housing Provision, in: Dwyer (Ed.): Asian Urbanization. A Hong Kong Casebook, Hong Kong 1971, S. 113; Hong Kong Housing Authority (Ed.): Hong Kong Housing Authority Annual Report 1980-1981, Hong Kong 1981, S. 9; South China Morning Post, 28.9.1981, 10.11.1981; teilweise eigene Schätzungen.
5 Vgl. Government Information Services (Ed.): Hong Kong 1985, Hong Kong 1985, S. 334.
6 Buchholz/Schöller, a.a.O., S. 98f.
7 Ebd., S. 99.
8 Vgl. South China Morning Post, 30.5.1982; 17.6.1982.
9 Vgl. Far Eastern Economic Review, 21.11.1985.
10 Vgl. Buchholz/Schöller, a.a.O., S. 101.
11 Vgl. ebd., S.103; Dwyer, a.a.O., S. 114; Golger, Otto: Squatter and Resettlement (Ph. Thesis, Hong Kong University 1968), Wiesbaden 1972, S. 26.
12 Vgl. Golger, ebd., S. 73; Hong Kong Housing Authority Annual Report 1980-1981, a.a.O., S. 48.
13 Golger, a.a.O., S. 32.
14 Buchholz/Schöller, a.a.O., S. 103.
15 Vgl. Golger, a.a.O., S. 73.
16 Vgl. South China Morning Post, 18.9.1981.
17 Buchholz/Schöller, a.a.O., S. 90.
18 Ebd., S. 91.
19 Ebd., S. 86.
20 Golger, a.a.O., S. 44.
21 Vgl. Hong Kong Housing Authority Annual Report 1980-1981, a.a.O., S.45.
22 Ebd., S. 8.
23 Vgl. South China Morning Post, 27.10.1985.
24 Vgl. Government Information Services (Ed.): Hong Kong 1977, Hong Kong 1977, S. 244; Government Information Services (Ed.): Hong Kong 1985, Hong Kong 1985, S. 318.
25 Vgl. Buchholz/Schöller, a.a.O., S. 92f.
26 Vgl. Government Information Services (Ed.): Hong Kong 1985, a.a.O., S. 334.
27 Vgl. Buchholz/Schöller, a.a.O., S. 155ff.
28 Vgl. Wesley-Smith, Peter: The Walled City of Kowloon and its Law Today, in: Topley, Marjorie (Ed.): Hong Kong: The Interaction of Traditions and Life in the Towns, Hong Kong 1975, S. 119ff; South China Morning Post, 25.6.1982.

Literatur
Buchholz, Hanns, J./Schöller, Peter: Hong Kong, Finanz- und Wirtschaftsmetropole. Entwicklungspol für Chinas Wandel, Braunschweig 1985.

Die chinesische Familie 家庭

Heute noch vorherrschende Strukturelemente der chinesischen Familie haben eine über viertausendjährige Tradition. Nicht das Individuum, sondern die Familie ist das kleinste Element der Gesellschaft und die einzige soziale Einheit, der man unbedingte Loyalität schuldet.

Das archaische chinesische Familienideal
Das archaische chinesische Familienideal der vorkonfuzianischen Zeit orientiert sich an der Adelsfamilie. Bei ihr stellt die Namensgebung und nicht die Blutsbande das „wesentliche Element für die Verwandschaft" dar. Daneben ist die Kultgemeinschaft „die Grundlage der Familienorganisation".[1]
Sind keine männlichen Nachkommen vorhanden, kann man Söhne adoptieren. Es kam auch vor, „daß Mädchen an Männer verheiratet wurden, die dem Tod nahe oder bereits tot waren. Der eigentliche Zweck dieser Heiraten war, die Kontinuität der Familie des Bräutigams zu sichern; ein Sohn wurde für den verstorbenen Ehemann adoptiert, und die lebende Gattin zog das Kind groß."[2]
So wurde die Legitimität im alten China völlig anders geregelt, als es Familiensoziologen für den westlichen Kulturkreis beschreiben. Gerade um die Familie und den Ahnenkult zu erhalten, machte man Blutsfremde zu Familienmitgliedern.[3]
Das wichtigste in der Familie ist der Kultus, der hierarchisch organisiert ist. An der Spitze dieser Kulthierarchie steht der Vater mit unumschränkter Macht. Seine Autorität stammt weniger von seiner Vaterschaft oder Befehlsgewalt, sondern „von der Tatsache, daß der Sohn, genauer, der älteste Sohn, in ihm einen künftigen Ahnen sieht."[4] So gilt es für den Sohn, Kontinuität herzustellen, denn „wer keine Ahnen mehr hat, ist nicht mehr Familienoberhaupt."[5] Die Beziehungen zwischen Vater und Sohn sind sehr distanziert, „es ist unmöglich, daß zwischen ihnen Vertraulichkeit herrscht."[6] Alle Beziehungen in der Familie dieses Konzeptes scheinen einem außerhalb der konkreten Personen und ihren Bedürfnissen liegenden „höheren" Zweck zu folgen.
Auch scheinen alle Verwandtschaftsbeziehungen „von der Vater-Sohn-Beziehung abzuhängen, die nach dem Vorbild der Bindung zwischen Lehnsherr und Lehnsmann konzipiert wurde; die Verwandtschaft mit der Mutter ist dann nur noch das Ergebnis einer vom Vater der Familie widerrufbaren Verfügung. Deshalb kann der Vater durch Verordnung (*ming*) seine Kinder auf seine verschiedenen Nebenfrauen verteilen."[7]
Auch das Leben der Kinder selbst folgt diesem Zweck: Bei ihrer Geburt haben die Kinder eine „niedere Seele", man kann sich, wenn die Umstände es anzeigen (Orakel), für die Tötung des Kindes entscheiden. Erst wenn das Kind drei Monate alt ist, besitzt es die „höhere Seele".[8] Auch sind die Rollen von Jungen und Mädchen grundverschieden. Der Junge wird Träger des Ahnenkultes, das Mädchen wird mit-

tels einer arrangierten Heirat möglichst „gut“ verheiratet – ein Mittel für geschäftliche Zwecke, oft mit Hilfe eines Heiratsvermittlers realisiert.[9]

Die konfuzianische Familie

Der Konfuzianismus hat dieses patriarchalische Familiensystem mit seiner Ideologie verbunden:

Im Sinne der konfuzianischen Philosophie existiert eine natürliche Ordnung im Universum, und das Verhalten der Menschen berührt die natürliche Harmonie und das Kräfteverhältnis der Natur. Auf Erden hat jeder seinen Platz, dabei sind insbesondere fünf Beziehungen von Bedeutung, nämlich die Beziehung zwischen:

Fürst	und	Untertan
Vater	und	Sohn
Ehemann	und	Ehefrau
älterem	und	jüngerem Bruder
älteren	und	jüngeren Freunden

Auch heute noch sind im chinesischen Kulturkreis alle persönlichen Beziehungen

Hochzeit im alten China (1905): Der Bräutigam sitzt, die Braut steht. Die Frau ist die Dienerin ihres Herrn.

Hochzeitspaar in der Kleidung der Sung-Dynastie aus der Folkloreveranstaltung des Sung-Dynastie-Dorfes

hierarchisch, bis auf eine Ausnahme, diejenige zwischen Freunden. Am wichtigsten ist das Verhältnis zwischen Vater und Sohn, wobei der Vater dem Sohn mit „Strenge“ und dieser dem Vater mit „Kindesliebe“ zugetan sein soll.
Durch dieses „Ordnen der Familie“ kommt es zum „Frieden der Welt“; die Nation bildet die „große Familie“, wobei der Kaiser eine Art „Übervater“ darstellt. Somit besteht eine von der Familie ausgehende Verbindung zwischen dem Einzelnen, der Familie selbst und dem Staat.
Ursprünglich glaubten die Konfuzianisten nicht daran, daß Rechtsvorschriften für das Sozialverhalten normgebend sein könnten, sie haben diese Auffassung der *Legalisten* in der chinesischen Geschichte oft bekämpft. „Die besten Methoden, um moralische Regeln durchzusetzen, waren die der Überredung, des Drucks und der Beschämung.“[10]
Der Sohn verdankt sein Leben seinem Vater; deswegen ist Ungehorsam dem Vater gegenüber der zweitschlimmste Verstoß gegen die Moral überhaupt. Die Strafpraxis im China vor 1911 verstärkte diese Moral noch, indem die Strafen hierarchisch nach Rang gestaffelt waren, es also keine Gleichheit vor dem Gesetz gab. Wenn eine Person mit niederem Rang das Recht einer hochrangigen Person verletzte, wurde sie wesentlich strenger bestraft, als im umgekehrten Fall. So gingen Kindestötungen durch die Eltern oft straffrei aus. Daneben gab es die Sippenhaft.
„Ein Vater wurde bestraft, wenn sein Sohn einen Raub beging; während Rebellion des Sohnes gegen den Kaiser den Tod von neun Familienmitgliedern nach sich zog.“[11]
Die nach dem konfuzianischen System organisierte chinesische Familie war ein autoritäres und sehr stabiles Sozialsystem, auch noch lange nach dem Kaiserreich.

Die Clanorganisation
Die Familie ist der Teil eines Clans, bei dem mehrere miteinander verwandte natürliche Familien sich in ihrer Herkunft mythologisch auf einen gemeinsamen Ahnen zurückführen. Hierbei spielten der gemeinsame Clanname (es gibt nur etwa 500 Namen in China), die regionale Herkunft und der gemeinsame *Clantempel* eine verbindende Rolle.
In der Nähe von *Shatin* (New Territories) kann man heute noch im Clandorf *Tsang Tai Uk* eine funktionierende Clanstruktur beobachten.
Der Clan war eine überfamiliäre „Gemeinschaft“, die notwendige Aufgaben einer nicht funktionsfähigen „Gesellschaft“ übernahm[12]: Sie hatten einen gemeinsamen Kult, ein patriarchalisches Clanoberhaupt, das für die Erziehung sorgte, Streitfälle schlichtete, Strafen verhängte, sich um die Versorgung von Witwen und Waisen (z.B. durch Adoption) kümmerte – Funktionen, die die Kommunisten ab 1949 nach Abschaffung des traditionellen Familien- und Clansystems auf die Volkskommunen und Grundeinheiten (*danwei*) übertragen konnten.
Der Clan zog sich als Sozialverband über verschiedene Stufen der ökonomischen und sozialen Hierarchie hinweg.
Zeitweise bildeten mächtige Clans eine Art „Staat im Staate“ und betrachteten alle über ihr Einflußgebiet hinausgehenden sozialen Organisationen der Gesellschaft und des Staates mit Mißtrauen. So ist es für Clanangehörige selbstverständlich, daß man sich gegenseitig fördert. Das wiederum bildete eine Grundlage für den im chinesischen Kulturbereich heute noch verbreiteten Nepotismus und die vielen Fälle von Korruption.

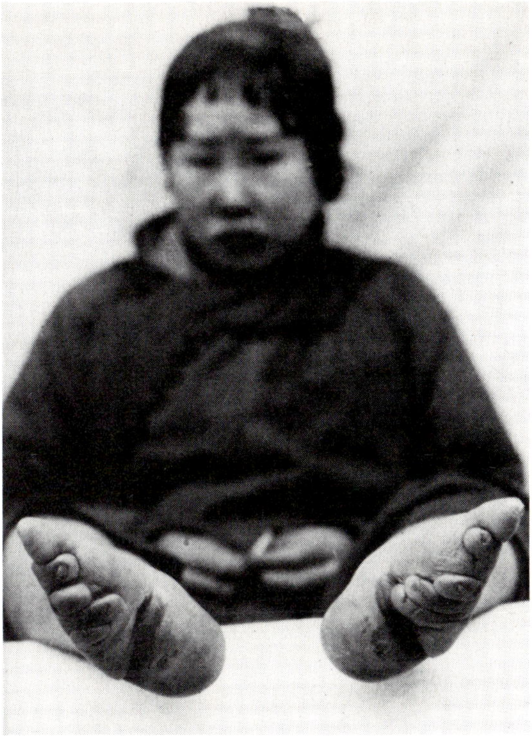

Vom 8. bis 14. Lebensjahr wurden die Mädchen gezwungen, sich die Füße zu wickeln, um sie klein zu halten und am Wachsen zu hindern.

Die tägliche soziale Realität der chinesischen Familie war jedoch, wie Feldforschungen gezeigt haben, schon vor 1949 die Kernfamilie (*nuclear, conjugal family*: Ehepaar/Kinder), „gefolgt von der Stammfamilie (*stem family*: Ehepaar/ein verheirateter Sohn/Enkel) und dann erst von der Großfamilie (*joint family*: Ehepaar/mehrere veheiratete Söhne/Enkel und evtl. Urenkel)."[13]

Die Rolle der Frau

In der traditionellen chinesischen Familie hat die Frau eine untergeordnete Stellung. Sie hat dreimal zu dienen: ihrem Vater, ihrem Ehemann und nach dessen Tod dem ältesten erwachsenen Sohn. Brautkauf, Kinderverlobung, aber auch Aussetzung unerwünschter Mädchen oder deren Verkauf an Bordelle waren möglich.
In wohlhabenden Familien band man den Mädchen die Füße, so daß deren Wachstum beendet wurde. Damit stieg der „Wert" dieser Frauen, ihre späteren Ehemänner versprachen sich davon größere sexuelle Befriedigung. Auch war der „Besitz" einer Frau mit verkrüppelten Füßen eine Prestigesache, denn diese Frauen konnten nicht arbeiten, weil längeres Gehen oder Stehen für sie unmöglich war. Wenn die Frau keine männlichen Nachkommen gebar, konnte man sich problemlos von ihr scheiden lassen oder Konkubinen (Nebenfrauen) nehmen.[14]

Die Entwicklung der chinesischen Familie im 20. Jahrhundert

Reformströmungen gab es schon seit Beginn dieses Jahrhunderts, v.a. bei der städtischen Intelligenz, die mit dem Westen Kontakt hatte. Direkt nach dem Sturz des Kaiserreichs wurde das Binden der Füße verboten.

Das 1931 von der chinesischen Republik nach westlichem Vorbild konzipierte Bürgerliche Gesetzbuch stellte beide Ehepartner vor dem Gesetz gleich und machte ihre Heirat von ihrem Einverständnis abhängig. Da die ökonomischen und gesellschaftlichen Rahmenbedingungen (Großgrundbesitz, Armut der Bauern) sich jedoch nicht änderten, existierten viele Bräuche der patriarchalischen chinesischen Familientradition weiter. Adoptionen, Brautkauf und Konkubinat waren weiterhin, v.a. im ländlichen Bereich, gebräuchlich.[15]

Bürgerkriege, der Chinesisch-Japanische Krieg (1937-1945) und dann wieder Bürgerkriege, die 1949 mit dem Sieg der Kommunisten endeten, haben zwar gewaltige Bevölkerungsbewegungen ausgelöst, aber das traditionelle Familiensystem nicht grundsätzlich erschüttert.

Das Kommunistische Familienrecht der VR China kennt die Freiheit und Gleichheit beider Ehepartner, wie das Verbot des Konkubinats, des Brautkaufs und der Kindesaussetzung bzw. der Kindestötung.[16]

Doch erst die Vergesellschaftung von Grund und Boden sowie die Verstaatlichung von Industrie, Gewerbe und Handel haben den traditionellen chinesischen Familienstrukturen die „ökonomische Basis und Macht“ weitgehend entzogen.[17]

Trotz allen gesellschaftlichen Wandels haben sich viele traditionelle Heirats- und Familienbräuche erhalten, wenn auch mehr im Verborgenen. „Der größte Wandel ist, daß weniger Heiraten arrangiert sind.“[18] Es gibt auch „geringere Geldausgaben“ bei Heiraten, v.a. weil die Menschen in der VR China weniger Geld haben. Aber trotzdem „existieren mehr traditionelle Heiraten, als die Unterlagen zu bestätigen scheinen“.[19]

Es gibt immer noch „viele Anzeichen in der VR China, daß die arrangierten Heiraten bis 1958 andauerten“[20], v.a. in der Südprovinz.

Ähnliches berichtet auch Galin (1976) von bislang in traditioneller ländlicher Umgebung lebenden Chinesen, die Mitte der 60er Jahre nach Taipei gezogen sind, um dort im industriellen Umfeld zu arbeiten: „Nur wenige Zugezogene haben den Vorteil der Möglichkeit der Anonymität und Mangel an Gemeinschaft oder sozialer Kontrolle ergriffen und ein neues, freieres Leben in der Stadt geführt.“[21] Denn die meisten von ihnen fühlen weiterhin „die Notwendigkeit der Identifikation und Sicherheit, die sie von ihren Dorfbewohnern und speziell vom Lineage-System in ihrer Heimatgemeinde beziehen.“[22]

Die Kulturrevolution 1966-1967, die ja massiv gegen das konfuzianische Familiensystem ankämpfte, brachte nochmals eine Erschütterung der Familienstrukturen mit sich. Hier wurden gerade die traditionell Unterdrückten, Kinder, Jugendliche und Frauen, gefördert – gegen die Eltern und den Ahnenkult.

Doch die gegenwärtige wirtschaftliche Liberalisierung mit ihren Privatisierungstendenzen in Landwirtschaft, Handwerk und Handel fördert wiederum den Familienzusammenhalt und damit die patriarchalische Familienstruktur.

Weiterhin hat die staatlich verordnete Ein-Kind-Familie und die Möglichkeit, das Geschlecht des Ungeborenen während der Schwangerschaft durch Fruchtwasseruntersuchungen festzustellen, dazu geführt, daß „selektive Abtreibungen“ ansteigen. Auch Tötungen von Mädchen nehmen wieder zu. Im Frühjahr 1983 ist diese

Entwicklung in der *Renmin Ribao* kritisiert worden: „So wurden 1981 in einem Distrikt der Provinz *Anhui* 13.487 Neugeborene gemeldet – davon nur 41,8% Mädchen. Allein in einer Produktionsbrigade starben in zwei Jahren ‚über vierzig kleine Mädchen' den Ertrinkungstod. In einem anderen Distrikt zählten die Statistiker 500 Knaben im Alter von fünf Jahren oder weniger, aber nur hundert Mädchen."[23]

Frau 女人 Mann 男人

Die Familie in Hong Kong

Verglichen mit dem beschriebenen historischen, politischen und kulturellen Hintergrund hat die chinesische Familie in Hong Kong eine gewaltige Anpassungsleistung zustande gebracht.

Mit den herkömmlichen Begriffen der westlichen Familiensoziologie, „Funktionsverlust" oder „Funktionswandel"[24] von der vorindustriellen agrarischen Familie über die bürgerliche bis hin zur gegenwärtigen westlichen Kernfamilie (Eltern und unmündige Kinder), läßt sich dieser Veränderungsprozeß nur unzulänglich beschreiben.

Denn in China gab es im Grunde genommen nie den Typus der bürgerlichen städtischen Familie, und die meisten Familien in Hong Kong sind wiederum eher proletarische erweiterte Kleinfamilien.

Bei den notwendigen Anpassungen an die extremen Lebensbedingungen von Hong Kong haben sich die traditionellen Familienstrukturen dort als nützlich erwiesen, wo sie dauerhaft und elastisch waren, z.B. beim Familienzusammenhalt.

Immerhin sind 42,8% der Bevölkerung Hong Kongs noch in China geboren. Die ältere Generation hat nach dem Start in der Kolonie i.d.R. in einer Squatter-Siedlung angefangen, sich einzurichten. Nach Jahren fand man dann eine immer noch zu enge Unterkunft in den Sozialwohnungen. Für die Kinder bereitet man wiederum eine „bessere" Zukunft vor, indem man deren Ausbildung und Anpassung fördert. Dies ging nur, weil allen Beteiligten eine Flüchtlingsmentalität fehlte. „Die Zugewanderten benahmen sich wie Einwanderer, die sich für die Dauer einrichteten, Arbeit und Anpassung suchten."[25]

Diese Familien haben Desintegration (Einengung ehemaliger Familienfunktionen auf Zusammenwohnen und Kindererziehung) wie auch Desorganisation (Abgabe ehemaliger Familienfunktionen nach außen an Schule, Beruf und andere gesellschaftliche Einrichtungen) erstaunlich gut überstanden.

Die Familie wurde nun erst recht zur „Zwangsgemeinschaft", denn man konnte sich nur noch auf den persönlichen wirtschaftlichen Aufstieg konzentrieren, einen Weg „zurück" gab es nicht.

Diese „Zwangsgemeinschaften" lebten nun teilweise Jahrzehnte auf unvorstellbar engstem Raum zusammen. Noch heute müssen 19% der Einwohner Hong Kongs ihre Wohnungen mit familienfremden Personen teilen.[26]

Die Wohnverhältnisse sind unglaublich beengt, Privatheit, Intimität und Rekreation, wichtige Aufgaben heutiger Kleinfamilien, sind dort kaum möglich.

In einer Untersuchung wurde gefragt, wieviele Personen nachts in einem Raum schlafen würden. 60% gaben an, daß in ihren Schlafräumen 3 oder 4 Personen nächtigen, bei 20% der Befragten waren das sogar 6 und mehr Personen.[27]

Obwohl in 25% der Haushalte 7 und mehr Personen leben, sind etwa 2/3 aller Familien heute Kleinfamilien mit einer durchschnittlichen Haushaltsgröße von 3,9 Personen 1981 (1971: 4,5).[28]

Trotz der vorherrschenden erweiterten Kleinfamilie ist der Familienzusammenhalt sehr stark. Etwa ein Drittel der verheirateten Befragten der unter 29jährigen lebt noch mit ihren Frauen und Kindern bei den Eltern.[29] Daß dieser Sachverhalt nicht nur in Geldmangel und Wohnungsnot begründet ist, sieht man auch daran, daß nur 50,2% der Meinung sind, daß „neu verheiratete (...) nicht bei ihren Eltern leben" sollten.
98,8% sehen es als ihre Pflicht an, ihre bedürftigen alten Eltern finanziell zu unterstützen.[30] Zu einem großen Teil wird das auch von der jungen Generation praktiziert: 65% der verheirateten Männer und 44% der verheirateten Frauen unterstützen ihre Eltern mit Geld; gleiches gilt für 22% der Männer bzw. 16% der Frauen in bezug auf deren Geschwister. Auch die jüngeren und jugendlichen Bewohner der Kolonie teilen diese Auffassung.[31]
So ergibt sich für diesen erweiterten Kleinfamilientypus angesichts der engen Wohnverhältnisse immer das Dilemma: Je größer die Familie ist, desto mehr Gesamteinkommen steht zur Verfügung, um so beengter sind dann aber auch die Wohnverhältnisse.

Ehescheidungen[33]

	Anzahl	Prozent/1.000 Einw.
1979	1.520	0,3%
1983	2.857	0,5%
1984	3.335	0,6%

Ein weiteres Merkmal der gewandelten Familienstruktur in Hong Kong ist die *freie Partnerwahl*, die „Neigungsehe" ist der vorherrschende Typus. 91,4% meinten in einer Jugendbefragung, daß „Eheschließungen auf gegenseitiger Zuneigung begründet sein" sollten.[32] Dabei wird jedoch darauf geachtet, daß die Eltern mit der Wahl des Partners einverstanden sind, v.a. wenn man mit den Eltern zusammen in einer Wohnung leben möchte.
Das durchschnittliche Heiratsalter liegt nur geringfügig höher als in der Bundesrepublik. Die Frauen heiraten i.d.R. mit 24 und Männer mit 26 Jahren.
Die Ehe ist die „normale" Lebensform, insbesondere für Frauen. Nach der *Hong Kong Marriage Reform Ordinance* von 1970 sind arrangierte Heiraten verboten, was in traditionellen Familien jedoch oft umgangen wird. Aus dem gleichen Jahr stammt das Verbot des *Konkubinats*. Auch diese Bestimmungen kann man leicht umgehen, indem man sich, wie wohlhabende Chinesen dies in Hong Kong tun, eine Geliebte nimmt. Wer vor Inkrafttreten des Verbots des Konkubinats eine oder mehrere Nebenfrauen hatte, durfte diese behalten. Die Kinder aus diesen Beziehungen blieben legal und erbberechtigt.
Lange Zeit gab es in Hong Kong, schon aus Gründen der ökonomischen Not und des Familienzusammenhalts, relativ wenige *Scheidungen*. Das hat sich seit Mitte der 70er Jahre geändert. Die Familien sind insgesamt stärker belastet, und v.a. Frauen sind durch eigenen Gelderwerb autonomer geworden.

Um eine Scheidung zu erlangen, muß man mindestens 3 Jahre verheiratet gewesen sein und die Zerrüttung der Ehe nachgewiesen werden.

Ein weiteres Merkmal für den Funktionswandel der chinesischen Familie in Hong Kong ist die stark zurückgegangene *Kinderzahl* pro Familie (1966: 3,38; 1984: 2,0). Die Ursachen hierfür sind ebenfalls im allgemeinen Verstädterungs- und Modernisierungsprozeß zu suchen. Bei steigendem Wohlstand sind die Kinder immer mehr ein Kostenfaktor geworden, dafür haben sie nicht mehr so sehr die Aufgabe, als soziale Absicherung für das Lebensalter der Eltern zu sorgen. Kinder sind jetzt eher eine qualitative Investition der Eltern (und anderer Familienmitglieder) für die Zukunft, statt einer quantitativen. Denn die Kinder können nicht mehr als billige Arbeitskräfte in der Landwirtschaft eingesetzt werden. Statt dessen sollen sie länger und besser für die Berufe im Wirtschaftsbereich, Handel und Dienstleistungssektor ausgebildet werden. Viele Haushalte geben bis zu 20% ihres Einkommens für die kostenpflichtige Schulausbildung aus. Somit ist innerhalb weniger Jahrzehnte ein völlig neues soziales Plazierungssystem entstanden. Nicht mehr Vererbung von Besitz, Ämterkauf oder, wie im kommunistischen China, Kaderangehörigkeit, sondern eine bessere schulische Startposition für die berufliche Karriere ist das Mittel zum sozialen Aufstieg für die junge Generation.
Hierbei zeigt sich wieder die Elastizität der traditionsgebundenen chinesischen Familienvorstellung. Selbst unter völlig veränderten Lebensbedingungen fand man eine produktive Möglichkeit, sich anzupassen. Die große Anzahl der besser verdienenden erwachsenen Kinder, die ihre ärmeren Eltern und Geschwister noch finanziell unterstützen, obwohl sie eine eigene Familie haben und separat wohnen, bestätigt das.
Am deutlichsten ist der Wandel der chinesischen Familie an der *Stellung des Vaters* zu erkennen. Zwar ist der Vater immer noch die Autorität und in jedem Fall die Zentralfigur der Familie. Durch seine abhängige Stellung im Wirtschaftsprozeß, die Zuverdienste von Ehefrau und Kindern, ist ihm jedoch die ökonomische Basis für eine extreme reale Machtausübung entzogen.
Weiterhin ist für die meisten Chinesen in Hong Kong (mit Ausnahme derjenigen, die schon immer in den agrarischen Lebensbezügen der New Territories lebten) die Clanzugehörigkeit in der Bedeutung ebenfalls zurückgegangen, damit auch die Überhöhung des Vaters, der Ahnen und des Kultes.
Hauptbezugspunkt der Chinesen in Hong Kong ist nach wie vor die in Struktur und Funktion stark veränderte, aber immer noch traditionell orientierte Familie. Noch immer stehen familiäre Interessen über denjenigen anderer Gruppen oder der Gesellschaft. Aber unter den familiären Interessen überwiegen nicht mehr traditionelle, kulturelle oder kultische, sondern materielle, so daß die heutige Familie in Hong Kong v.a. durch einen „utilitaristischen Familismus“ geprägt ist.[34]
Die meisten der älteren Chinesen in Hong Kong haben binnen weniger Jahre solche Anpassungs- und Veränderungsleistungen hinter sich gebracht, die im Westen mehrere hundert Jahre gedauert haben und sich somit organischer von Generation zu Generation vollziehen konnten. Da das Leben der Menschen in Hong Kong, der extremsten Verstädterung der Welt, reibungslos zu funktionieren scheint, stellt sich die Frage nach den psychischen und sozialen Kosten für diesen Anpassungsprozeß.

Lydia Lee Mo Yee

Frauen in Hong Kong

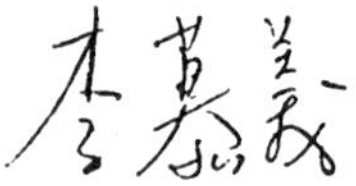

Während der letzten Jahrzehnte haben die Frauen in Hong Kong in vielen Lebensbereichen drastische Veränderungen erlebt, die sie nicht nur mit einer Fülle neuer Freiheiten und Möglichkeiten, sondern auch mit Konflikten konfrontiert haben.

Im Vergleich zur traditionellen chinesischen Gesellschaft hat sich der Status der Frauen in unglaublicher Weise verändert.

Vor 1949, als China noch nicht vereinigt war, sind die Frauen Menschen zweiter Klasse gewesen. China war immer eine männlich dominierte Gesellschaft. Hong Kong als Teil von China war davon stark beeinflußt. Ahnenverehrung war die vorherrschende Form der Religionspraxis: ein Kult von Männern für Männer.

Nach der Heirat zogen die Frauen zur Familie des Mannes und waren nicht mehr Mitglieder ihrer Herkunftsfamilien. Diese Familien bekamen somit zu ihrem Sohn noch eine zusätzliche „Tochter", die als Arbeitskraft willkommen war, v.a. dann, wenn sie Söhne gebar. Dagegen wurden Töchter in ihren Herkunftsfamilien als „nutzlos" betrachtet, denn durch sie ging eine Arbeitskraft verloren, und man versuchte wenigstens, einen guten Brautpreis mit Hilfe eines Ehevermittlers für sie zu erzielen.

Die Mehrheit der Frauen im traditionellen China erhielt so gut wie keine schulische oder berufliche Ausbildung. Eine bekannte Redewendung spricht von der „Unwissenheit der Frau als Tugend".

In den Familien waren die Schwiegertöchter billige Arbeitskräfte: sie mußten Kinder großziehen, ihrem Mann und den Schwiegereltern dienen. Nur wenn sie älter waren, selbst Söhne bekamen und ihrerseits Schwiegermütter wurden, besserte sich ihr Status. Nun hatten sie Macht und Privilegien. Damit war der Kreislauf eines autoritären Systems geschlossen, was auch eine Erklärung für die Duldsamkeit dieser Frauen ist.

Innerhalb weniger Jahrzehnte hat sich diese Situation völlig verändert, v.a. durch den Wandel in der Arbeitswelt und im Erziehungssystem. Hinzu kam noch der Einfluß westlicher Denk- und Lebensformen.

Die große Nachfrage nach ungelernten weiblichen Arbeitskräften in Hong Kong in den Jahren nach 1949 gab den Frauen eine gewisse finanzielle Unabhängigkeit und war der entscheidende Schritt zu einer Statusverbesserung.

Ein weiterer Fortschritt war auch die Einführung der 6jährigen Schulpflicht ab 1971 und deren Erweiterung im Jahre 1979 auf 9 Jahre. So kamen Lebensvorstellungen von Freiheit und Gleichheit nach Hong Kong. Gleichzeitig gingen dadurch die traditionellen Vorstellungen des männlich orientierten Ahnenkultes zurück.

Gegenwärtig haben die Frauen in Hong Kong von den gesetzlichen Möglichkeiten her die gleichen Chancen in Bildung und Beruf wie die Männer. Natürlich gibt es noch Diskriminierungen von Frauen, aber diese sind jetzt nur noch durch Erziehungspraktiken im Elternhaus und benachteiligte soziale Herkunft bedingt. Immerhin sind gegenwärtig ein Drittel aller Oberschüler und Studierenden weiblich.

Frauen sind bisher auch schon, wenn auch noch stark unterrepräsentiert, in Spit-

zenpositionen von Verwaltung, politischen Gremien und der Wirtschaft vorgedrungen.
Daneben gibt es die gleichen Tendenzen, wie in den westlichen Ländern auch: Frauen dominieren in den un- und angelernten Berufen, wie auch im Lehrerberuf, bei den Sozialarbeitern und den Sekretärinnen. Männer bilden dagegen die Mehrheit bei Ingenieuren, Architekten, Technikern und Ärzten.
Aber der plötzliche Aufstieg der Frauen in Hong Kong bringt diesen auch Konflikte. Die Frauen befinden sich mit ihrer neuen Rolle in einer Übergangsphase, sie müssen einen „Mittelweg“ suchen, denn sie haben einerseits ihre Mentalität und Vorstellungen über sich ändern können, werden nicht länger von traditionellen Familienvorstellungen unterdrückt. Andererseits aber leben sie noch immer in einer männlich dominierten (chinesischen und westlichen) Welt.
Nahezu alle Frauen sind berufstätig; sie leiden besonders unter Rollenkonflikten, die früher unbekannt waren, weil damals ihre Rolle genau vom Familienverband vorgeschrieben wurde.
Heute müssen sich die Frauen mit ihren Männern in allen Fragen des Zusammenlebens auseinandersetzen, häufig leben sie bei ihren Schwiegereltern, was vielen jungen Frauen nicht gefällt, aber aufgrund der Wohnungsnot nicht anders geht. Weiterhin haben die Frauen die Hauptverantwortung für die Kinder, auch wenn sie genauso lange arbeiten und genauso viel verdienen wie die Ehemänner. Hinzu kommen noch die Belastungen des Haushalts. Diesen Aufgaben können sich die meisten nicht entziehen, weil sie selbst noch im traditionellen Sinn erzogen worden sind.
Da die meisten Frauen kurz nach der Geburt eines Kindes wieder arbeiten gehen müssen, geben sie die Säuglinge zu Verwandten oder anderswo tagsüber in Pflege. Hieraus resultieren Unsicherheiten und Schuldgefühle den Kindern gegenüber.
Die Männer beteiligen sich weniger an Haushalt und Kinderpflege; schwierig wird das, wenn die Frau eine höhere berufliche Position hat und mehr verdient als ihr Mann. Diese Situation verkraften viele Männer sehr schwer, da sie ebenfalls in ihrer Kindheit sehr stark von traditionellen Rollenvorstellungen geprägt worden sind. Daraus entstehen Konflikte, die man am Anstieg der Scheidungsraten der letzten Jahre ablesen kann. Durch ihre wirtschaftliche Unabhängigkeit sind die Frauen heute eher in der Lage und bereit, sich scheiden zu lassen, als früher.
Auf der anderen Seite begrüßen die Männer die Berufstätigkeit der Frauen, weil so das Familieneinkommen erhöht wird. Wenn unverheiratete Paare früher in ein Restaurant gingen, zahlte der Mann die Rechnung, heute werden die Ausgaben geteilt oder man wechselt sich in der Bezahlung ab.
Auch in der Partnerwahl sind die jungen Frauen von Hong Kong heute selbst aktiv: voreheliche Sexualität ist nicht mehr verpönt.
Diese Beschreibung sollte jedoch als eine Tendenz verstanden werden, die bislang erst bei den bildungsmäßig privilegierten jüngeren Chinesen in Hong Kong vorherrscht. In der älteren Generation existieren noch die traditionellen Werte, ebenso bei den berufsmäßig und bildungsmäßig benachteiligten Sozialgruppen. Dort folgt die Frau noch der Autorität des Mannes und verhält sich in der Öffentlichkeit passiv. Söhne sind hier immer noch mehr wert als Mädchen, und noch immer arrangieren viele Eltern die Ehen ihrer Kinder.

Doch die nachwachsenden Generationen werden einen weiteren sozialen Wandel zugunsten der Frauen, auch in den benachteiligten Lebensverhältnissen, erleben. Ungewiß ist allerdings, wie die Rolle der Frau in Hong Kong sich angesichts veränderter politischer Bedingungen ab 1997 entwickelt. Auch kann durch einen Rückgang der Vollbeschäftigung die Frauenerwerbstätigkeit sinken, und diese würden dann, was sie in Hong Kong noch nie erlebt haben, einkommenslos eine neue, im Westen schon bekannte Rolle als Hausfrau und Mutter spielen.

Sexualität

Die Einstellungen zur Sexualität sind in Hong Kong sehr konservativ geprägt. Nach einer Untersuchung sind 45% der 15-64jährigen der Meinung, daß vorehelicher Geschlechtsverkehr unstatthaft ist. 30% halten es nicht für richtig, wenn eine junge Frau vor der Heirat schwanger wird. Die Hälfte der Bevölkerung ist auch der Überzeugung, daß gegenwärtig zu viel Wert auf „Sex“ gelegt wird.[35]

Die Einstellungen der jüngeren, v.a. gebildeteren Generation zu diesen Fragen sind jedoch liberaler. Gegenwärtig werden auch Programme zur Sexualerziehung in Schulen und Einrichtungen der Sozialarbeit vorbereitet.

Insgesamt ist die sexuelle Situation der Jugend in Hong Kong schwierig. Zur Intoleranz der Eltern kommt noch der Mangel an Möglichkeiten, sich privat und alleine zu treffen.

72% der Frauen praktizieren Geburtenkontrolle, über die Hälfte von ihnen benutzt die Pille.[36]

Die konservative und sexualfeindliche Einstellung hat v.a. zwei Ursachen:

- die sexualfeindliche Tradition der chinesischen Kultur und
- entsprechende Gesetzgebung der Regierung, die noch aus der Zeit des Puritanismus der viktorianischen Ära stammt.

Vor allem die *Homosexualität* steht in Hong Kong immer noch unter Strafe. Nur in Malaysia und Singapore, zwei weiteren ehemaligen britischen Kolonien mit großen chinesischen Bevölkerungsteilen, ist dies auch der Fall, im Gegensatz zu allen anderen Ländern der Region.

Man schätzt, daß es etwa 180.000 männliche Homosexuelle in der Kolonie gibt, dazu noch ca. 1.000 Strichjungen. Im Jahre 1981 kam es zu 54 Anklagen. Dadurch ist Homosexualität stark kriminalisiert, und es gibt immer wieder Fälle von Erpressung und Ermordung homosexueller Persönlichkeiten aus Politik, Verwaltung und Wirtschaft.

Gegenwärtig bereitet die *Law Reform Commission* die Entkriminalisierung der Homosexualität für über 21jährige vor.[37]

Dem steht allerdings die Meinung von 65% der Bevölkerung gegenüber, die die bestehende Kriminalisierung dieser Form des Partner- und Sexualverhaltens beibehalten will.[38]

Die junge Generation

Kindheit und Jugend in Hong Kong

Hong Kong hat eine altersmäßig junge Bevölkerung. 1984 waren 23,5% unter 15 und über 44% unter 25 Jahre alt.[39]

Die einfachen, autoritären und über Generationen von der Tradition vorgegebenen Sozialisationsmuster der alten chinesischen Kultur können in der veränderten Situation von Hong Kong nicht mehr zur Anwendung gebracht werden.

Die Elterngeneration ist z.T. noch nach diesen Mustern aufgezogen worden. Unter den extrem verstädterten Bedingungen, den engen Wohnverhältnissen, der Berufstätigkeit beider Elternteile und der geschrumpften Familie taugen diese Erfahrungen jedoch nicht mehr viel. Neue Erfahrungen sind nicht vorhanden. Neue Lebensvorstellungen, Werte und Vorbilder, die der Westen bringt, verunsichern häufig, v.a. wenn die eigenen Kinder sich diese als Vorbild wählen. Das ist die Disposition für gestörte Sozialisationsprozesse. Denn „als erfolgreiche Sozialisation sehen wir ein hohes Maß an Symmetrie von objektiver und subjektiver Wirklichkeit (und natürlich Identität) an."[40]

Nach außen hin ist der Umgang chinesischer Eltern in Hong Kong kaum vergleichbar mit dem Eltern-Kind-Kontakt im alten China. Die Kinder werden verwöhnt, getragen; während der Freizeit sieht man viele junge Väter mit ihren Kindern. Doch bei näherem Kontakt wirken die Kinder angepaßt, emotional wenig lebhaft, einfach „zu brav". Die Mütter verhalten sich oft „überbehütend". Aus übertriebener Angst vor Gefahren oder Schmutz werden Kinder möglichst lange getragen oder an der Hand gehalten.

Die Berufstätigkeit der Mütter hat das Stillen wie auch das Tragen der Kinder auf dem Rücken, wie man es in den New Territories und in der VR China beobachten kann, fast völlig verschwinden lassen. Statt dessen wird Wert darauf gelegt, daß die Kleinkinder schon mit 12-15 Monaten „sauber" sind. Auch in der VR China ist das anders geregelt. Hier haben die Kleinkinder Hosen mit einem hinteren Schlitz und müssen deshalb nicht ein verfrühtes, eventuell schädliches Sauberkeitstraining über sich ergehen lassen.

Als besonders nachteilig auf die Kindererziehung wirkt sich der kaum vorhandene Mutterschaftsschutz aus; die Arbeit muß bereits 6 Wochen nach der Geburt wieder aufgenommen werden. Da knapp 50% der berufstätigen Mütter mit ihrem Erwerb bis zur Hälfte zum Gesamteinkommen der Familie beitragen, verzichten sie oft auf die ihnen zustehenden 4 Wochen Mutterschutz vor der Geburt.[41]

Die Kleinkinder werden dann Angehörigen oder Nachbarn überlassen. Ab dem 3. Lebensjahr sind etwa 85% der Kinder ganztägig im Kindergarten (BRD: ca. 75% halbtags).

Oft gehen die Eltern zur Arbeit und schließen die „kleineren Kinder in den Wohnungen ein. Das wird von 32% der Haushalte praktiziert, im Vergleich zu 2% der Squatter-Haushalte".[42]

Hier deutet sich schon an, daß die Kinder in vielen Familien ab einem gewissen Alter zur Belastung werden, die Mütter bekommen in der Folge Schuldgefühle und reagieren ambivalent.

Nach einer Studie einer Kinderschutz-Vereinigung in Hong Kong kommt es in vielen Haushalten zu Kindesmißhandlungen. Am meisten gefährdet ist die Gruppe der

7-14jährigen, wobei die Jungen eher körperlich vernachlässigt und die Mädchen häufiger sexuell mißbraucht werden.[43]
Mißhandelnde Erwachsene sind selten die Stiefeltern, und die Familien gelten i.d.R. nicht als gestörte Familie (*Broken Homes*). Über 70% der Kindesmißhandlungen werden von den Müttern begangen, ihre Familien gelten als „intakt".[44] Das deutet auf einen enormen, von außen oft nicht sichtbaren psychischen und ökonomischen Druck hin.
1980 gab es 149 Anklagen wegen Kindesmißhandlung (BRD: 1.507 Fälle, allerdings vermutet man eine Dunkelziffer, die über 100.000 liegt).[45]
Eine weitere, für uns unglaubliche Form der Kindesmißhandlung ist der Kinderschmuggel aus der VR China nach Hong Kong. Etwa 20.000 Kinder sind in den letzten Jahren von speziell auf diese Tätigkeit spezialisierten Organisationen in die Kolonie gekommen. Diese Kinder sollen dort bei Verwandten im „Wohlstand" aufwachsen und später ihre Eltern in der VR China finanziell unterstützen.
Hierbei zeigen sich wiederum traditionelle Vorstellungen, finanzielles Interesse und völlige Ignoranz der Bedürfnisse eines Kindes.
Traditionelle Vorstellungen gibt es noch in anderen Bereichen der Kindererziehung. Die Kleinkinder bekommen Schmuckstücke aus Jade, zum Schutz gegen „böse Geister". Viele Mütter praktizieren bei der Baby-Ernährung die „Fünf-Elemente-Lehre".[46] Schließlich werden Jungen bevorzugt, wenn auch nicht mehr so stark wie früher, denn noch immer gilt der Spruch von Konfuzius, daß Jungen „... vom Himmel gefallene Götter" sind.

Noch nach 1945 mußte die britische Kolonialverwaltung mit Strafmaßnahmen Schutzvorrichtungen für Mädchen durchsetzen, damit diese auf die gleiche Weise vor möglichen Unfällen geschützt werden wie die Jungen, z.B. auf Schiffen.

Generationskonflikte?

Bei der Aufzählung negativer Lebensbedingungen, belasteter Familienverhältnisse, Kinderverwahrlosung und Jugenddelinquenz stellt sich die Frage nach dem offenen Konflikt der Generationen. Schon weniger schwierige Verhältnisse bringen in westlichen Gesellschaften diesen Konflikt deutlich zum Ausdruck. Es gibt die bekannten Formen der jugendlichen Subkulturbildung, Cliquen und Protestbewegungen, getragen von den Problemen der Pubertät und der Adoleszenz, die dann oft zu einer Abgrenzung und Trennung vom Elternhaus führen. Diese Konflikte sind zur Ich-Findung und Identitätsbildung des Heranwachsenden notwendig.

Leider gibt es darüber keine Untersuchungsergebnisse aus Hong Kong. Oberflächlich zeigt sich Harmonie im Verhältnis der Jüngeren zu den Älteren. So meinten 70,7% der Befragten in der Jugendstudie: „Es sollte einem Kind nicht erlaubt sein, seinen Eltern zu widersprechen.“[47] 49% waren der Auffassung, daß junge Leute nach der Heirat bei den Eltern leben sollten, in Taiwan waren das 41%, in den USA nur 1% – wie wohl in den meisten westlichen Gesellschaften.[48] Auch akzeptieren Jugendliche in Hong Kong mehr als vergleichbare Gruppen in den USA, Japan und den Philippinen die elterliche (väterliche) Autorität.[49]

Die eingeschränkten Lebensbedingungen in der Kolonie lassen für junge Leute auch kaum Platz für die räumliche Entfernung von den Eltern. Man kann nicht einfach wegziehen, sich in einer Wohngemeinschaft einquartieren oder unverheiratet mit dem Partner „auf Probe“ zusammenleben. Dem steht auch die Familientradition entgegen.

Wenn ca. 1/3 der Jungverheirateten noch unter diesen beengten Bedingungen bei ihren Eltern leben müssen, ist nicht nur ein ganz anderer Generationswechsel-Rhythmus vorhanden, es herrschen auch konfliktverdrängende Beziehungen, autoritätsgebundene Unterwürfigkeit und auch bei den Jungerwachsenen „bindende Beziehungsmodi“ an die Herkunftsfamilie vor.[50]

Kinderarbeit

Kinderarbeit gehört in der „Dritten Welt“ zum Alltag, meistens ist sie notwendige Ergänzung des mageren Familieneinkommens oder die einzige Einkommensquelle überhaupt.

Die ersten Maßnahmen im Kinder-Arbeitsschutz begannen in England zwar schon 1802 (Deutschland 1839); aber erst in diesem Jahrhundert sind die Kinder in Mitteleuropa vor schädigender Arbeit einigermaßen geschützt.

Anders in Hong Kong: Viele soziale Gesetze und Maßnahmen oder internationale

Anzahl der Anklagen wegen verbotener Kinderarbeit[52]

Jahr	Fälle	Anzahl der Kinder
1969/70	541	928
1975	306	350
1977	459	568
1980	149	149
1984	238	238

Konventionen, die in Großbritannien seit Jahrzehnten Anwendung finden, sind von der britischen Kolonie nicht übernommen worden.[51] Das galt auch lange Zeit für den Kinderschutz im Arbeitsbereich. 1922 verbot man in Hong Kong die Fabrikarbeit für Kinder unter 10 Jahren; 1936 wurde das Mindestalter auf 14 Jahre erhöht. In der Zeit nach dem 2. Weltkrieg gab es in Hong Kong so viele Fälle von illegaler Kinderarbeit, daß UNESCO-Organisationen, Missionsgesellschaften und britische Parlamentariergruppen immer wieder erfolglos gegen diese Mißstände protestiert haben. Erst seit Einführung der 9jährigen Pflichtschulzeit (1979) hat sich das gebessert. Auch ist seit 1980 die Beschäftigung von Kindern unter 15 Jahren weitgehend, insbesondere in der Industrie, verboten.

Allerdings gibt es nach wie vor illegale Kinderarbeit, die man täglich in Hong Kong sehen kann. Kinder, die im Handel oder Handwerk „aushelfen", in Restaurants bedienen und v.a. die bei uns so beliebten und preiswerten Plastikspielwaren in Heimarbeit zusammensetzen.

Schul- und Ausbildungssystem von Hong Kong

Schon im alten China hatten die Gebildeten eine Sonderrolle. Diese besondere Wertschätzung der Bildung hat sich in Hong Kong, allerdings aus anderen Gründen, fortgesetzt. Es wurde schon erwähnt, daß eine gute Schul- und Berufsausbildung für die Mehrheit der jungen Bevölkerung die einzige Möglichkeit des sozialen Aufstiegs darstellt.
Da die Regierung sich vorwiegend im Primärschulbereich und an den beiden Universitäten engagiert, sind die beiden großen Konfessionen nach wie vor die Hauptträger der Schulen im Secondary-Bereich. Knapp 20.000 Lehrkräfte unterrichten über 1,3 Mio. Schüler in etwa 500 Schulen.
Dabei stellen die beiden großen Konfessionen etwa 50% des Gesamtangebots an schulischer Ausbildung der Kolonie.
Erst 1971 wurde die 6jährige, 1979 die 9jährige Grundschulpflicht eingeführt. Bis 1971 mußten sogar an den öffentlichen Schulen Schulgelder entrichtet werden.
So kam es, daß z.B. 1966 ca. 22% der Kinder zwischen 5 und 14 Jahren überhaupt nicht zur Schule gingen, sondern berufstätig waren. Unter den Älteren, die in den ländlichen Gebieten Chinas aufgewachsen sind, hat knapp die Hälfte überhaupt keine Schulbildung, und man schätzt die Anzahl der Analphabeten auf 10%.
Die folgende Tabelle zeigt, daß diese Situation sich im Grunde genommen nur bei den Jüngeren, der nachwachsenden Generation, gebessert hat. Geschlechtsspezifische Differenzierungen zeigen allerdings, daß die weiblichen Bewohner, v.a. die Älteren, bildungsmäßig erheblich benachteiligt sind.[53]

Jahr	Altersgruppe	keine Schulbildung	Primary School	Secondary School	Post-Secondary und Universität
1961	alle	28,5	45,3	22,5	3,7
1971	Alters-	22,7	44,1	28,8	4,4
1981	gruppen	16,1	34,2	43,0	6,7
1961	15-24	10,2	46,4	39,7	3,7
	25-34	22,1	51,8	22,6	3,5
	35-44	29,0	47,4	19,5	4,1
	45-54	38,2	41,9	15,7	4,2
	≥55	57,5	30,4	9,4	2,7
1971	15-24	3,9	40,4	51,5	4,2
	25-34	12,1	46,4	34,1	7,4
	35-44	26,3	51,1	18,6	4,0
	45-54	33,2	47,9	15,0	3,9
	≥55	51,2	36,7	9,1	3,0
1981	15-24	1,6	21,7	71,2	5,5
	25-34	4,1	36,9	49,6	9,4
	35-44	11,9	41,4	36,0	10,7
	45-54	29,4	46,8	18,5	5,3
	≥55	47,4	37,1	12,1	3,4

Quelle: Hong Kong 1981 Census, Main Report, Bd. 1, S. 40.

Kindergärten

Die Situation in den Kindergärten von Hong Kong ist bestürzend: Während die Zahl der Kinder in den Vorschuleinrichtungen innerhalb eines Jahrzehnts um ca. 40% auf über 226.000 gestiegen ist, was bedeutet, daß ca. 85% aller Kinder dieser Altersgruppe einen Kindergarten besuchen, sind jedoch nur etwa 20% der 4.728 Erzieherinnen in den 775 Kindergärten für diese Arbeit ausgebildet. Neben dieser schlechten Ausbildungssituation fehlt es an Geld für mehr Personal; so kommen durchschnittlich Gruppengrößen von 30-40 Kindern pro Erzieherin zustande (BRD: 25). Die Regierung hält sich zurück, sie ist immer noch, wie früher generell im Sozialbereich, der Meinung, daß der Unterhalt von Kindergärten von freiwilligen Gruppen oder freien Trägern (*Voluntary Organizations*) geleistet werden müsse. Außer hinsichtlich Rahmenbedingungen, Kontrolle und Fortbildung des Personals, engagiert sie sich nicht in diesem Sektor. So bleiben die überfüllten Kindergärten zwischen den Hochhäusern und betonierten Plätzen in der Hand freiwilliger Organisationen und müssen größtenteils von den Eltern mit etwa 100 H.K.-$ pro Monat und Kind finanziert werden.[54]

Primary Schools

Etwa 20% der Schüler erhalten eine monatliche Unterstützung von knapp 20 DM zum Kauf von Schulbüchern. Hinzu kommen noch die Aufwendungen für die notwendige Schulkleidung. Diese magere Summe kann „natürlich nicht die finanziellen Probleme ärmerer Familien lösen, die schulpflichtige Kinder haben".[55]
Am Ende der Primary School bemühen sich Tausende von Schülern um gute Abschlußnoten, um so in den Genuß einer finanziellen Unterstützung für den eventuellen Besuch einer weiterführenden Schule zu kommen. Die Schüler aus wohlhabenden Elternhäusern haben diese Sorge nicht, ihnen stehen bei schlechteren Leistungen viele Privatschulen zur Verfügung. Spätestens in dieser Altersstufe wird die Schule zur „entscheidenden Dirigierungsstelle" für die weiteren Sozialchancen. Hier zeigt sich deutlich der elitäre Charakter des Erziehungssystems.
Hong Kongs Erziehungssystem ist genau wie seine Wirtschaft auf höchsten Konkurrenzdruck angelegt. Die Karriere ihrer Sprößlinge fängt nach Meinung der Eltern schon beim richtigen Kindergarten an. Wer nicht in den „besten" Kindergarten kommt, verfehlt die besten Schulen und damit auch wiederum die Voraussetzungen für die Universität.[56]
Wieweit dieser Leistungsdruck nach „unten" geht, belegt auch ein Hinweis aus der Studie „The Child in Hong Kong", die von einer Kommission 1981 zum Jahr des Kindes herausgegeben wurde. Darin heißt es u.a.: „Die wettbewerbsmäßige Art dieser Examen haben sogar die Kindergarten-Erziehung geschädigt."[57] Noch deutlicher hierzu ist die Kritik der Vorsitzenden einer Kommission zur Verbesserung der Primärerziehung: „Es bestand sogar die Gefahr, daß Kindergärten Eingangstests abhalten wollten, um festzulegen, welche Kinder sie aufnehmen."[58]
Wenn schon Kindergarten und Grundschule von den Eltern aufgrund des gesellschaftlichen Erwartungsdrucks mit derartigen Ansprüchen belegt werden, so verstärkt sich das auf der Ebene des Sekundärschulwesens.

Secondary Schools

Von *Hinton* stammt folgender Vergleich des Ausbaus der *Secondary Education* von 1951-1976, also über eine Periode von 25 Jahren: Zwischen beiden Jahreszahlen hat sich die Bevölkerung verdoppelt, die Anzahl der Schüler allerdings von 168.000 auf über 1 Mio. erhöht. 1951 besuchte nur jeder 6. eine weiterführende Schule, 25 Jahre später war es schon jeder 3. Schüler. Besonders stark war die Zunahme der Schülerzahlen in den englischsprachigen und privaten Schulen. Der Anteil der weiblichen Schüler hat sich in diesem Vierteljahrhundert von 36% auf 46% erhöht.[59] Allerdings sind viele Negativfaktoren geblieben: Es gibt immer noch zu wenig weiterführende Schulplätze, Privatschulen können sich nur die Wohlhabenden leisten, so daß man immer noch von einem „elitären Schulsystem" sprechen kann.

Es gibt insgesamt 4 Typen von *Secondary Schools* mit 3-5jähriger Dauer. Das höchste Ansehen davon haben die knapp 300 *englisch-chinesischen Schulen*, in denen die Unterrichtssprache Englisch ist. Viele davon sind privat und befinden sich in ausländischer kirchlicher Hand.

Manche Eltern bekehren sich sogar zum Christentum, um ihre Kinder auf diese Schulen zu schicken. Der Lehrkörper besteht aus Ausländern, die auf die Kinder mit ihrer großen Statur, den fremdartigen Augen und dem merkwürdigen Geruch eine erdrückende Präsenz ausüben. Um dem Ärger mit den chinesischen Namen auszuweichen, geben sie den Schülern englische Namen. In einer Schule geht die englische Lehrerin einfach durch die Reihen und nennt die Schüler willkürlich John, Mary, Peter etc. So gibt es in jeder Klasse, die sie unterrichtet, einen John, eine Mary und einen Peter. Manche Chinesen übernehmen ihren englischen Namen oder benutzen die Initialien, um sich den Übergang in die englische Welt Hong Kongs zu erleichtern.

Wie wichtig dieses Karrieremuster ist, sieht man daran, daß Absolventen der englischsprachigen Schulen zu 70% in *White Collar-Berufe* kommen, diejenigen der chinesischen Schulen jedoch nur zu 38%.[60]

Über die Hälfte der jungen Leute hat dieses Aufstiegsprinzip über eine fremde Sprache und Kultur und über hohe Schulleistungen internalisiert. 60% von ihnen meinen, daß die Kolonie viel für „aufwärtsstrebende Leute" zu bieten hat. 62,7% glauben, daß Hong Kong „wirklich ein Land vieler Möglichkeiten" ist und daß die Leute „wirklich das bekommen, was sie verdienen."[61]

Neben dem Sprachproblem und den „fremden" Lehrern stammen darüber hinaus die Unterrichtsinhalte zum größten Teil aus einer anderen Kultur . So lernten die chinesischen Schüler bis Ende der 60er Jahre so gut wie nichts über die chinesische, dafür nahezu alles über die englische Geschichte. Der Bildungskanon ist in den englisch-chinesischen Schulen immer noch überwiegend europäisch orientiert. In mehreren Aktionen versuchte man, die Schulinhalte so zu verändern, daß sie den Schülern helfen, die Probleme „ihrer Gesellschaft" besser zu verstehen. Von insgesamt 520.000 Secondary-Schülern haben weniger als 10%, also „nur 47.000 berufsorientierten Unterricht, Wirtschafts- oder technische Fächer".[62]

Entsprechend ist auch das Verständnis der Unterrichtsinhalte: Von knapp 5.000 Schülern der Secondary Schools, die an einer Umfrage teilnahmen, meinten „etwa 40%, daß sie nur ungefähr 60% dessen, was die Lehrer sagten, auch verstehen würden".[63]

Gegenwärtig plant man eine Erweiterung des chinesischsprachigen Unterrichts in diesen Schulen. Hierzu müssen jedoch erst einmal entsprechende Lehrbücher verfaßt werden, da die vorhandenen zum größten Teil aus England kommen.[64]

Das Sprachproblem

Am Sprachproblem in den Schulen zeigt sich am deutlichsten, wie das Kolonialsystem die überwiegende Mehrheit der chinesischen Bevölkerung benachteiligt. Es sprechen als Muttersprache[65]:

Cantonesisch	81,4%
Hoklo	8,2%
andere chin. Dialekte	9,2%
Englisch	0,8%
andere Sprachen	0,2%

Aber im Alltag ist Englisch als offizielle Amtssprache dem Cantonesischen, das 4/5 der Bevölkerung sprechen, gleichgestellt. Je höher man allerdings in der Hierarchie von Ämtern, Behörden, Wirtschaftsbetrieben steigt, desto häufiger wird Englisch gesprochen, weil in den höheren Rängen der meisten Institutionen englische Beamte tätig sind.

Für die Karriereentwicklung junger Hong Kong-Chinesen bedeutet dies, daß sie schon in der Schule lernen müssen, sich in der „zweiten Welt" der Englischsprechenden zurechtzufinden. Nur so erklärt sich die hohe Wertigkeit der englischsprachigen Schulen und der Anstieg desjenigen Teils der Bevölkerung, der englisch spricht, von 10% (1961) auf 23% (1966).[66]

Auch in den drei Verwaltungs- bzw. Regierungsgremien (Legislative Council, Executive Council, Urban Council) wird in Englisch verhandelt. Selbst die Protokolle werden in Englisch verfaßt; viele der Regierungsberichte sind in Englisch, gelegentlich zweisprachig.

In jüngster Zeit gibt es häufiger Proteste gegen die Benachteiligung derjenigen Sprache, die über 80% der Bevölkerung als Muttersprache kennen. Aber die Regierung „versteht das nicht". Sie behauptet sogar, daß beide Sprachen gleichberechtigt seien. Nach Protesten findet regelmäßig dasselbe Manöver statt: „Ein Regierungskomitee wird etabliert, um die Möglichkeit des vermehrten Gebrauchs des Chinesischen im offiziellen Verkehr zu prüfen; demgegenüber ist die Öffentlichkeit viel mehr interessiert an der Möglichkeit, Chinesisch dort zu gebrauchen, wo dem Englischen bisher der Vorzug gegeben wurde."[67]

Dies ist ein typischer Vorgang im Alltag von Hong Kong. Ein Mißstand wird offenkundig, die Kolonialverwaltung errichtet einen Sachverständigenausschuß, und die Proteste der Bevölkerung laufen ins Leere.

Die Kritik am Schulsystem konzentriert sich auf das an der englischen Sprache orientierte Secondary School-System. Über 80% der Eltern schicken ihre Kinder auf diese – oft privat geführten – Schulen, weil sie sich davon einen besseren sozialen Aufstieg versprechen. Eine internationale Expertenkommission kam zu dem niederschmetternden Ergebnis, daß die Mehrzahl der Schüler in „doppelter Hinsicht" Analphabeten sind: nämlich „funktionelle Analphabeten, nicht nur in Englisch, sondern auch in Chinesisch."[68]

Ein anderer Kritiker des Schulsystems schreibt: „Dieses System hier ist völlig kolonial; wenn ein Erziehungssystem speziell mit einem Ziel entworfen wurde, um den Kolonisatoren zu dienen und um sie vor der Gefahr zu beschützen, daß ihre Kolonie ihnen von den Kolonisierten weggenommen wird, dann müßte dieses System dem von Hong Kong ähnlich sein."[69]

Unterstützung erhielten die Kritiker durch den 1983 veröffentlichten *Llewellyn-Report*, einer unabhängigen internationalen Expertenkommission, die eine radikale Reform des Bildungswesens von Hong Kong empfiehlt. So beschreibt der Report das Erziehungssystem von Hong Kong einerseits in vielen Bereichen des Erziehungsalltags als „überbürokratisiert". Auf der anderen Seite fehlten ihm langfristige, an der gesellschaftlichen Entwicklung orientierte Planungsperspektiven. Fünf Schwerpunkte hebt der Bericht hervor, die dringender Änderung bedürfen:

1. Umfassende Sprachreform (Cantonesisch statt Englisch);
2. Verbesserung der Qualifikationen der Lehrer;
3. Verbesserung in der Zuweisung und den Übergängen von Schule und Hochschule, langfristige Bildungsplanung.
4. Stärkere Verbreitung des Sekundärschulwesens;
5. Reform der Erziehungsadministration.[70]

Das Hochschulwesen

1911 wurde in der Kolonie die inzwischen traditionsreiche *Hong Kong University* gegründet, die gegenwärtig etwa 6.500 Studierende hat. 1963 hat man bei *Shatin* (New Territories) die *Chinese University* (knapp 6.000 Studenten) in Betrieb genommen. Hier wird – im Gegensatz zur Hong Kong-Universität – vorwiegend auf Chinesisch gelehrt. Daneben gibt es noch zwei *Polytechnic Schools* (Fachhochschulen) in Kowloon sowie mehrere kirchliche und private Colleges und Hochschulen zur Lehrerausbildung mit insgesamt über 3.500 Studierenden. Ab 1990 wird eine Technische Universität in den New Territories entstehen.

Der in den letzten Jahren erfolgte Ausbau des Primary und Secondary School-Systems drückt nun von „unten" auf den Hochschulsektor. Die beiden Universitäten und die Polytechnic Schools platzen aus allen Nähten, können aber insgesamt mit den kleineren Hochschulen zusammen nur knapp 15.000 Studierenden Ausbildungsplätze anbieten. Damit können nur ca. 3-4% der in Frage kommenden Altersgruppen studieren.[71] In den entwickelten Ländern des Westens ist die Zahl teilweise zehnmal höher.

Der Ansturm auf die Hochschulen ist gewaltig. Die Hong Kong University hat von 5.723 Bewerbern 1981 nach ihren mehrstufigen Aufnahmeverfahren nur 1.541 als *Undergraduates* annehmen können.[72]

Einige tausend Bewerber aus begüterten Elternhäusern können ins Ausland ausweichen. Über 4.200 Einwohner Hong Kongs studieren in Großbritannien, knapp 3.200 sind es in den USA und fast 5.000 an der Universität von Ontario, die deswegen wohl auch die Studiengebühren für ausländische Studenten seit 1982 verdoppelt hat.

Die Regierung von Hong Kong selbst beharrt auf ihrer elitären Auffassung von höherer Bildung. Weiterführende Bildung ist vorwiegend Privatangelegenheit. Nur die Besten erhalten einen der wenigen Studienplätze; ein geringer Teil von diesen erhält Stipendien, viele müssen sich das Studium mit rückzahlbaren Darlehen finanzieren.

University of East Asia (Macao)

In diesem Zusammenhang muß die am 28. März 1981 mit internationaler Beteiligung in Macao gegründete und sich noch im Aufbau befindliche *University of East Asia* in Macao erwähnt werden. Nach 3jähriger Planungszeit wurde sie von Geschäftsleuten, Erziehungsfachleuten unter finanzieller Hilfe von Chinesen aus

Hong Kong und Auslandschinesen als private Universität gegründet, um den Absolventen der 20 höheren Schulen in Macao eine Hochschulausbildung zu ermöglichen. Die University of East Asia soll aber auch eine Ausweichhochschule für die überfüllten Universitäten Hong Kongs sein und darüber hinaus zum Studienort für die Kinder von Auslandschinesen wie auch später für Studierende aus der VR China werden, also ein über die politischen Grenzen hinausreichender internationaler Studienort für Chinesen.

Die Unterrichtssprache ist Englisch, Aufbau und Examina sind bereits vom britischen *U.K. Inter-University Council for Higher Education* anerkannt. Gründungsrektor ist *Prof. S.S. Hsueh*, der sich bereits durch den Aufbau der Chinesischen Universität von Singapore einen internationalen Ruf erworben hat.

Die auf der zu Macao gehörigen Insel *Taipa* liegende Universität wird später einmal 2.000 Studierende aufnehmen können, die in drei Colleges arbeiten:

1. Ein *Junior College*, in dem Absolventen höherer Lehranstalten in 2jährigen Kursen auf den Studienbeginn an der Universität vorbereitet werden.
2. Das eigentliche *Universitäts-College* mit drei Abteilungen: Arts (Anglistik, Sinologie, Portugiesisch-Studien, Geschichte, Mathematik); Social Sciences (Staats- und Verwaltungslehre, Psychologie, Soziologie, Geographie, Statistik); Business Administration (Marketing, Banken, Finanzen u.a.). Hierbei ist der Bachelor's Degree nach 3jährigem Studium als Abschluß vorgesehen.
3. Schließlich wird noch der Aufbau eines *College for Continuing Education* als Weiterbildungsstätte für die Bewohner von Macao und Hong Kong angestrebt.

Das *Junior College* hat im September 1981 mit 150 Studierenden (Monatsgebühr ca. 300 DM) seinen Betrieb aufgenommen.

Uschi Müller

Die deutsch-schweizerische internationale Schule in Hong Kong

Gegründet 1969 durch eine private Initiative, blickt die Schule am Peak auf eine lange Geschichte zurück. Im Juni 1985 wurde gegenüber der ursprünglichen Schule ein weiteres Gebäude eingeweiht, das – mit Panoramablick über Aberdeen und die umliegenden Inselgruppen – nun den Kindergarten, die Primarstufe, Spiel- und Sportplätze mit Schwimmbad sowie eine Halle für Konzerte und Theateraufführungen beherbergt.

Schüler	deutsch	englisch	zusammen
Kindergarten	43	43	86
Deutsche Vorschule	32	-	32
Grundschule	120	235	355
Gymnasium	178	181	359
	373	459	832
Lehrer	34	39	73

Für insgesamt 832 deutsch- und englischsprachige Schüler wird hier Unterricht erteilt: im Kindergarten- und Primarbereich, im gymnasialen Zweig der Sekundarstufe 1 und 2; seit 1986 gibt es versuchsweise auch einen Realschulbereich, der weiter ausgebaut werden soll. Daneben wird an Nachmittagen eine Berufsausbildung angeboten, um den deutschen Jugendlichen, die in Hong Kong eine Lehre durchlaufen können, den begleitenden Unterricht zum Lehrabschluß zu ermöglichen.
Seit 1981 wird an dieser Schule das Abitur abgenommen. Gültig ist die traditionelle Reifeprüfungsordnung, da das Kurssystem hier nicht eingeführt ist. Bislang wurde der Abschluß auch von der Schweiz anerkannt, die neben Österreich und der Bundesrepublik Deutschland die German-Swiss International School (GSIS) mit Geldern und entsandten Lehrern unterstützt.
Allerdings macht der Anteil der deutschsprachigen Schüler und Lehrer nur etwa die Hälfte der Gesamtzahl aus. Im englischsprachigen Zweig der Schule werden vorwiegend Europäer, Chinesen und Inder, die aus gemischt- bzw. englischsprachigen Elternhäusern stammen, unterrichtet:

Dieser Zweig unterscheidet sich nicht nur durch die Unterrichtssprache, sondern auch im Aufbau. Als Maßstab dienen die britischen Bestimmungen des GCE (General Certificate of Education); alle Abschlußexamen werden zentral durch das London Board abgenommen. Die Schüler verlassen die Schule mit den sogenannten O- und A-Level-Prüfungen und nehmen danach meist ein Studium in England oder den USA auf, während sich die Abiturienten vorwiegend an deutschsprachigen Universitäten orientieren.
Die Prüfungsergebnisse des Abiturs erzielten bisher den Bundesdurchschnitt von 2,7 – somit ist also für diese Schüler der Anschluß an das deutsche Ausbildungssystem gewährleistet. Und mit den Resultaten der O- und A-Level-Prüfungen steht der englische Zweig der deutschen Schule an der Spitze von Hong Kongs Schulen.
Berührungspunkte zwischen den beiden Zweigen stellt das sogenannte „Haussystem" her, wobei aus verschiedenen Jahrgängen, Klassen und Zweigen Gruppen gebildet werden – mit jeweils einem deutschen oder englischen Schüler als „captain" des Teams –, die gegeneinander in Wettbewerben antreten oder gemeinsame Veranstaltungen planen zum gegenseitigen Austausch. Auf der englischen Seite werden insbesondere „Speech Festivals" und „Drama Performances" favorisiert, die den Schülern und Lehrern zu Ferienbeginn oder am Schuljahresende auch manche Erheiterung bescheren.
Dennoch besitzen die beiden Sprachen keine Parität im Schulalltag. Bislang war die Amts- und Konferenzsprache innerhalb der Schule ausschließlich Englisch, was viele Neuankömmlinge verwundert und hilflos zurückließ, denn plötzlich in einer Fremdsprache zu debattieren, muß geübt sein.
Auch im deutschen Zweig genießt Englisch absolute Priorität unter den Schülern. Nicht nur, weil es die „in"-Sprache der Jugendlichen ist, sondern auch, weil es für eine Mehrzahl das natürliche Umgangsmedium in der Freizeit und zu Hause bedeutet. Grotesk wird dieser Überhang des Englischen mitunter beim Erlernen der zweiten Fremdsprache, wenn sich die Schüler in der Französischstunde auf Englisch fragen, wie denn nun die spezielle Vokabel auf deutsch heiße: „How do you say ‚cacahouètes' in German?"

Ganz zu schweigen von den viel häufiger auftretenden Interferenzen beim Schreiben und Sprechen – selbst Lehrer sind davor nicht geschützt! Liebhabern der wissenschaftlichen Erforschung des „Franglais“ sei ein längerer Studienaufenthalt an der GSIS mit Nachdruck empfohlen!
Damit ist sicher eines der Problemfelder dieser Schule angesprochen. Eltern, Lehrer und Sprachpuristen klagen über den Niedergang der deutschen Sprache an eben dieser deutschen Schule und begegnen ihm mit Förderkursen Deutsch in der Unterstufe und dem Argument, in der Sekundarstufe nicht noch zusätzlich das Fach Putonghua anzubieten, um nicht zur größeren Sprachverwirrung beizutragen.
Diese Entscheidung ist sicherlich sinnvoll, wenn man bedenkt, daß viele Kinder, die gerade aus Deutschland kommen, zunächst ungemein im Englischunterricht hinterherhinken. Bedenklich mag sie dem erscheinen, der weiß, daß die Schule seit 1982 die Trägerschaft zur Förderung der deutschen Sprache in den chinesischen Schulen in Hong Kong übernommen hat. Wie so oft: Auch in diesem Fall erweist sich die Kulturbemühung als eine einseitige.
Die bereits erwähnten Englischdefizite können jedoch schnell wettgemacht werden durch das tägliche Umfeld. Hinzu kommt der enorme Vorteil, den die geringe Klassenstärke bietet. Die Idealzahl von 15 Schülern pro Klasse ist hier schon Wirklichkeit geworden.
Zwar klagen entsandte Kollegen teilweise über das nicht ganz standardmäßige Leistungsniveau der Schüler, mißt man es mit strengen bundesdeutschen Schulmaßstäben. Aber es gilt zu bedenken, daß diese Schule die einzige Unterrichtsmöglichkeit für deutschsprachige Schüler darstellt. Und obwohl sich dem Lehrer an der GSIS eine Menge pädagogischer Spiel- und Freiraum bietet, wird er leider häufig nur dazu benutzt, ein Mehr an bundesrepublikanischer Normgesetzlichkeit einzuführen – was dem Charakter und der Ausnahmesituation dieser Auslandsschule nicht gerecht werden kann.
Natürlich ist es schwierig, unter den sozusagen von Europa „abgenabelten“ Voraussetzungen für eine zweite Fremdsprache, wie z.B. Französisch, zu motivieren. Aber gerade in Hong Kong gibt es genügend Möglichkeiten, die man über das Textbuch hinaus zur Unterrichtsgestaltung einbeziehen kann. Das französische Konsulat unterhält eine Kulturabteilung, in der man Bücher, Zeitschriften und Anschauungsmaterial zum Ausleihen findet, wo wöchentlich französische Filme in Originalversion vorgeführt werden – zum Nulltarif. Außerdem ist die Alliance Française mit zahlreichen Anregungen vertreten, z.B. werden regelmäßig französische Filmretrospektiven in öffentlichen Kinos gesponsort.
Eine weitere Begegnungsstätte stellt die Ecole Française Internationale dar, die ermöglicht, Kultur und Sprache Frankreichs lebendig zu vermitteln.
Um den Schulalltag ranken sich außerdem viele „Afternoon Activities“. Da wird in Nachmittagskursen gebastelt, gewerkelt, fotografiert, in hausfraulichen „Tüchtigkeiten“ eingeübt, Tonmodellieren und Tai Chi erlernt; es werden spanische „rrrr's“ durch die Räume gerollt, chinesische Kampfsporttechniken erworben, Zeichentrickfilme mit viel Geschick hingetrickst. Und einmal pro Jahr findet bei noch spätsommerlichen Temperaturen der vorweihnachtliche Schulbasar statt, wo außer Kuchenverkauf für mildtätige Zwecke auch Geschicklichkeitsspiele für Kinder und Gesichterbemalen für die Größeren veranstaltet wird. Jede Klasse inszeniert ihre besondere Basarüberraschung. Die schuleigene Big Band

spielt im Hof auf, wo die Lufthansa – aus weniger mildtätigen Gründen – gelb-blaue Stoffstände spannt zwecks Bierausschanks und Würstchenverkaufs.
Ein weiteres Medium der Darstellung von Schüler- und Lehreraktivitäten ist das Jahrbuch der GSIS, das jeweils im Frühjahr unter härtestem Einsatz der verantwortlichen Redakteure und Schülermütter zusammengestellt wird.
Nicht gerade einfach, dieses zeitraubende Projekt im Unterricht zügig über die „Schulbänke" zu bringen, dauert die Schulstunde der GSIS doch nur 40 Minuten. Einerseits ist dies ein Vorteil für die Schüler, andererseits bedeutet es für den Lehrer, eine höhere Stundenzahl pro Woche zu unterrichten. Für den entsandten Lehrer beträgt das Pensum 25, für die Ortskraft 28-30 Wochenstunden.
Schwieriger ist es, sich als Lokalkraft mit knappem Budget eine einigermaßen akzeptable Wohnsituation zu schaffen. Zwar erhält man eine nicht unerhebliche „Housing Allowance" (Mietbeihilfe), doch reicht dies bei weitem nicht aus, eine für europäische Verhältnisse geräumige Wohnung in zentraler Lage zu mieten. Da entstehen Frustrationen, weil man auf Dauer die oft nur merkantil besetzte „Flat-Sharing"-Situation (zu deutsch etwa: Zwangswohngemeinschaft auf engstem Raum) nicht länger hinzunehmen gewillt ist. Aber mit viel Glück und noch mehr Flexibilität läßt sich auch in Hong Kong ein lebenswerter Zustand finden.

Anmerkungen

1 Granet, Marcel: Die chinesische Zivilisation. Familie, Gesellschaft, Herrschaft, München 1980, S. 174.
2 Topley, Marjorie: Eheverweigerung im ländlichen Kwangtung, in: Völger, Gisela/v. Welck, Karin: Die Braut. Zur Rolle der Frau im Kulturvergleich, Bd. 2, Köln 1985, S. 481.
3 Vgl. Goode, William: Soziologie der Familie, München 1967, S. 44ff.
4 Granet, a.a.O., S. 181.
5 Ebd., S. 197.
6 Ebd., S. 181.
7 Ebd., S. 223.
8 Vgl. ebd., S. 184.
9 Vgl. ebd., S. 205.
10 Hong Kong International Year Child Commission (Ed.): Evaluation Report. The Child in Hong Kong, Hong Kong 1980, S. 157.
11 Ebd.
12 Vgl. Tönnies, Ferdinand: Gemeinschaft und Gesellschaft, Berlin 1926.
13 Franke, Wolfgang (Hg.): China-Handbuch, Opladen 1976, S. 340.
14 Vgl. Tai Yen-Hui: Divorce in Traditional Chinese Law, in: Buxbaum, David C. (Ed.): Chinese Family Law and Social Change, Seattle, London 1976, S. 85.
15 Vgl. Buxbaum, David C. (Ed.): A Case Study of Dynamics of Family Law and Social Change in Rural China, in: Buxbaum, a.a.O., S. 222ff.
16 Vgl. ebd., S. 249.
17 Vgl. ebd., S. 225.
18 Ebd., S. 258.
19 Ebd.
20 Ebd., S. 259.
21 Gallin, Bernhard: Rural to Urban Migration in Taiwan: Its Impact on Chinese Family Law and Kinship, in: Buxbaum (Ed.), a.a.O., S. 279.
22 Ebd.
23 Die Zeit, Nr. 17/1983, S. 2.

Dank und Anerkennung

für aktive Vorstandarbeit

in der IMV

Deutsche Industriemeistervereinigung · Bezirksgruppe Hannover e.V. ·

3.6.1992

24 Vgl. Belardi, Nando (Hg.): Gesellschaftsentwicklung und soziologische Grundlagen, Frankfurt 1980, S. 150.
25 Buchholz, Hanns J./Schöller, Peter: Hong Kong, Braunschweig 1985, S. 59.
26 Vgl. ebd., S. 98.
27 Vgl. Field, Elaine/Barber, Flora M.: Growing Up in Hong Kong, Hong Kong 1973, S. 152.
28 Vgl. Buchholz, Hanns J.: Bevölkerungsmobilität und Wohnverhalten im sozialgeographischen Gefüge Hong Kongs, Paderborn 1978, S. 58; Benzenberg, Wilfried: Hong Kong, eine sozial- und wirtschaftsgeographische Analyse (Staatsarbeit, Institut f. Wirtschafts- und Sozialgeographie), Universität Köln 1974, S. 23; South China Morning Post, 10.11.1981.
29 Vgl. Chaney, David/Podmore, David B.L.: Young Adults in Hong Kong, Hong Kong 1973, S. 50f.
30 Vgl. ebd., S. 60.
31 Vgl. Siu-kai Lau: Society and Politics in Hong Kong, Hong Kong 1982, S. 75.
32 Chaney/Podmore, a.a.O., S. 60.
33 Vgl. Government Information Services (Ed.): Hong Kong in Figures, Hong Kong 1985, S. 2.
34 Vgl. Siu-kai Lau, a.a.O., S. 72.
35 Vgl. South China Morning Post, 9.1.1982.
36 Vgl. South China Morning Post, 30.11.1981.
37 Vgl. Far Eastern Economic Review, 23.6.1983.
38 Vgl. South China Morning Post, 9.1.1983.
39 Vgl. Government Information Service (Ed.): Hong Kong 1985, Hong Kong 1985, S. 160, 284.
40 Berger, Peter/Luckmann, Thomas: Die gesellschaftliche Konstruktion der Wirklichkeit, Frankfurt 1982, S. 175.
41 Vgl. Hong Kong International Year Child Commission (Ed.), a.a.O., S. 38ff.
42 Golger, Otto: Squatter and Resettlement, Wiesbaden 1972, S. 42.
43 Vgl. Hong Kong International Year Child Commission (Ed.), a.a.O., S. 54.
44 Vgl. ebd., S. 54f.
45 Vgl. Report of the Working Group of Juvenile Crime, Hong Kong 1981, S. 179.
46 Topley, M., in: Field/Barber, a.a.O., S. 58.
47 Chaney/Podmore, a.a.O., S. 61.
48 Vgl. ebd., S. 118.
49 Vgl. ebd., S. 131.
50 Vgl. Stierlin, Helm: Eltern und Kinder, Frankfurt 1980, S. 49.
51 Vgl. Hong Kong Research Project (Ed.): Hong Kong. A Case to Answer, Nottingham 1974, S. 56ff.
52 Vgl. Porter, Robin: Child Labour in Hong Kong (Hong Kong Research Project. The Spokesman), Nottingham o.J., S. 3; Report of the Working Group on Juvenile Crime, a.a.O., S. 179; Government Information Services (Ed.), a.a.O., S. 108.
53 Tabelle aus: Buchholz/Schöller, a.a.O., S. 51.
54 Vgl. Government Information Services (Ed.), a.a.O., S. 122f.; Hong Kong International Year Child Commission, a.a.O., S. 13-16; South China Morning Post, 23.4.1982.
55 Hong Kong International Year Child Commission, a.a.O., S. 18.
56 Vgl. Rheinischer Merkur, 21.4.1978.
57 Hong Kong International Year Child Commission, a.a.O., S. 19.
58 South China Morning Post, 5.1.1982.
59 Vgl. Hinton, Arthur: Secondary Education, in: Chung Chi College (Ed.): 1951-1976. A Quarter Century of Hong Kong (The Chinese University of Hong Kong), Hong Kong 1977, S. 145ff.
60 Vgl. Chaney/Podmore, a.a.O., S. 101.
61 Vgl. ebd., S. 60; Siu-kai Lau, a.a.O., S. 89.
62 Vgl. South China Morning Post, 24.5.1982.
63 South China Morning Post, 10.3.1985.
64 Vgl. South China Morning Post, 10.3.1985.
65 Vgl. Podmore, David: Population of Hong Kong, in: Hopkins, Keith (Ed.): Hong Kong. The Industrial Colony, Hong Kong 1971, S.47.
66 Vgl. ebd., S.46.
67 Walker, J.: Under the White Wash, Hong Kong o.J., S.38.
68 Far Eastern Economic Review, 4.8.1983; South China Morning Post, 15.12.1982.
69 Walker, a.a.O., S.28.

70 Vgl. Far Eastern Economic Review, 4.8.1983.
71 Vgl. Far Eastern Economic Review, 16.1.1986.
72 Vgl. South China Morning Post, 24.9.1981.

Literatur

Bond, Michael Harris (Hg.): The Psychology of the Chinese People. Hong Kong 1987.
Chaney, David/Podmore, David C.: Young Adults in Hong Kong, Hong Kong 1973.
Franke, Wolfgang (Hg.): China-Handbuch, Opladen 1976.
Granet, Marcel: Die chinesische Zivilisation. Familie, Gesellschaft, Herrschaft, München 1980.
Kristeva, Julia: Die Chinesin: Die Rolle der Frau in China, Frankfurt 1982.
Linck, Gundula: Frau und Familie in China, München 1988.
Weggel, Oskar: China. Zwischen Marx und Konfuzius, München 1987.

Sozialstruktur und Sozialverhalten 社会结构

Die Umweltbedingungen in Hong Kong

Hong Kong ist die am stärksten verstädterte Region der Welt. Schon daraus ergibt sich, daß die Umwelt besonderen Belastungen unterworfen ist.

Nach Untersuchungen eines Universitätsdozenten ist Hong Kong die „lauteste Stadt der Welt“[1]; v.a. auf Hong Kong Island haben die Straßen viele Überführungen, die oft nur einige Meter an den Fenstern der Wohnhäuser vorbeiführen. Schallschutzmaßnahmen gibt es nicht. Überprüfung von Lärmpegel und Sicherheit an den Kraftfahrzeugen ist erst nach 10 Jahren Betriebsdauer notwendig. Ähnliches gilt für die Luftverschmutzung. Die ersten Bestimmungen für Lärmbegrenzung und Luftverschmutzung sind gerade in der Diskussion. Einschneidende Maßnahmen würden, wie bei uns, die Industrie finanziell belasten. Die Abwässer fließen meistens ungeklärt in den Hafen, so daß die hafennahen Strände verseucht sind.

In der verarbeitenden Industrie verwendet man umweltbelastende Gifte, die dann nicht ordnungsgemäß entsorgt werden. Die wenigen vorhandenen Bestimmungen werden meist nicht eingehalten. 1985 entdeckte man in einem Universitätsgebäude Asbeststoffe, die seit 1978 bereits verboten waren.[2]

Der Alltag produziert „Streß“ in enormen Ausmaßen. Die Erholungs- und Freizeitmöglichkeiten dagegen sind minimal.

Art der Freizeitmöglichkeiten[3]	**1978**	**1984**
Kinderspielplätze	227	249
Parks und Gärten	478	455
Grasflächen	47	37
Hartboden-Fußballplätze	136	130
Basketball-Plätze	328	294

Eine westdeutsche Großstadt mit 100.000 Einwohnern hat etwa 50 Kinderspielplätze. Wenn man diesen Maßstab auf Hong Kong überträgt, müßte es dort mehr als das Zehnfache, also 2.650 Kinderspielplätze, geben.

Auffällig ist auch der Rückgang an Parks, Grasflächen und Sportplätzen trotz erheblich gestiegener Bevölkerungszahlen. Diese Flächen sind inzwischen bebaut worden, wie Teile der einzigen großen Freifläche in Kowloon, der *Kowloon Park*.

Sozialverhalten 态度

Hong Kong war von Anfang an eine Einwandererstadt. „Es fehlte zuerst ein fest installiertes System sozialer Kontrolle.“[4]

Bürgersinn und entsprechende Organisationen waren unterentwickelt, denn die Einwohnerstruktur der Stadt war stets „untypisch“. Bevor die Engländer kamen, lebten dort nur etwa 4.000 Fischer und Bauern. Danach kamen chinesische Kaufleute und Arbeiter, Ausländer und Soldaten. Eine städtische Intelligenz und eine vom Landbesitz lebende Oberschicht hat es in Hong Kong kaum gegeben. Abgesehen von den heute weitgehend einflußlosen *Nachbarschaftsvereinigungen* (Kai-Fong) und den *Clanverbänden*, fehlte es an vermittelnden Organisationen zwischen

Kunstvolle Straßenauffahrt, um die enorme Steigung an den Midlevels (Hong Kong Island) zu überbrücken.

der amorphen, sich ständig verändernden Bevölkerung und der englischen Bürokratie.[5]

Statt dessen rückten die *Triaden* relativ schnell in die Rolle einer „Nebenregierung". Schon der erste Regierungserlaß aus dem Jahre 1945 mußte sich mit der Eindämmung des Triadenunwesens beschäftigen.[6]

Gegenwärtig leben etwa 3 Mio. Menschen in unzulänglichen Wohnverhältnissen, was sich nicht nur negativ auf das Familienleben, sondern auch auf das Sozialverhalten auswirkt.

Das Sozialverhalten der Bewohner Hong Kongs ist v.a. durch zwei Faktoren geprägt:

- Die außergewöhnliche *soziale Mobilität.* 42,8% der Bevölkerung sind nicht in der Kolonie geboren. Die meisten Einwohner besitzen zudem eine hohe innerstädtische Mobilität, sie sind z.B. aus der Squatter-Siedlung in eine Einfachstwohnung und dann, nach Jahren auf der Warteliste stehend, in eine neue Groß-Wohnanlage umgezogen.
- Der *Traditionalismus*, der sich trotz extremer Verstädterung und sozialer Mobilität v.a. in Form des „utilitaristischen Familismus" bewahrt hat, hat es auch ermöglicht, daß Millionen Zugewanderter schnell die Einwanderer-Mentalität aufgeben konnten.

Vor diesem Hintergrund wird verständlich, daß die Mehrheit der Bevölkerung be-

züglich ihrer Erwartungen an die Regierung v.a. „soziale Stabilität“ (87%) wünscht, etwa ebenso viele (81,6%) möchten den gegenwärtigen Status quo beibehalten.[7]
Es gibt in Hong Kong kaum übergeordnete Ideologien oder Zielvorstellungen, die von großen Sozialgruppen vertreten werden und die damit eine Integrationsfunktion hätten, wie es bei uns z.B. die Parteien, Verbände oder Kirchen anstreben.
Das Verhältnis zur Gesellschaft ist von „Zurückhaltung“ geprägt. Untersuchungen zeigen, daß man sich v.a. in den neuen Groß-Wohnanlagen kaum um die Nachbarn kümmert. Verglichen mit anderen Ländern Südostasiens haben die Chinesen in Hong Kong die „geringsten sozialen Kontakte mit anderen“.[8]
Auch in bezug auf die Öffentlichkeit zeigt sich diese „geringe soziale Beteiligung“: Knapp 20% nur gehören irgendeiner Vereinigung an. Von diesen betonten 55,6%, daß sie „nur wegen ihrer eigenen Interessen und denen der Familie“ dort Mitglied sind; 22,2% sind Mitglieder aus Gründen, die mit der Gesellschaft zusammenhängen.[9]
Weiterhin ist für die Mehrheit Hong Kong „nur“ ein Platz „zum Leben“.[10] 89% betrachten Hong Kong zwar als ihr Zuhause, aber nur, weil sie dort geboren wurden bzw. dort wohnen. Sie schätzen die „guten Lebensbedingungen“ (85%) und die „persönliche Freiheit“ (86%). Aber nur 33% sehen sich als „Hong Konger“; 61% dagegen bezeichnen sich als „Chinesen“. 57% würden gerne auswandern, wenn sie die Möglichkeit dazu hätten. Alle diese Zahlen sind Untersuchungsergebnisse von 1982 und der Zeit davor.[11]
Festgehalten werden kann eine eigenartige Form der kollektiven Identitätsproblematik. Man lebt gezwungenermaßen in der Kolonie, weil es (noch) keine Alternative gibt:
„I am not a real Chinese.“
„I am a Chinese, but I have no country.“
Daher ist es plausibel, daß sich die Hong Kong-Chinesen im allgemeinen weder mit Hong Kong identifizieren, noch sich ihm verpflichtet fühlen. „Sie neigen eher dazu, es als ein Instrument zu benutzen.“[12]
Diese von gesellschaftlicher Apathie geprägte Situation und der „utilitaristische Familismus“ haben, verbunden mit dem in der chinesischen Kultur schon immer hochgeschätzten Reichtum und der oft magischen Bedeutung des Geldes, dazu geführt, daß an der Spitze der Wertskala (neben der Familie) materielle Werte stehen. 79% finden, daß Geld für sie persönlich das Wichtigste im Leben ist.[13] Von allen südostasiatischen Ländern haben bei verschiedenen Befragungen die Einwohner Hong Kongs die größte Betonung auf „eine Menge Geld verdienen“ gelegt.[14]
Im traditionellen China war es zwar immer schon ein „sozial anerkanntes Motiv“, nach dem materiellen Erfolg zu streben, zumal das auch die „Ehre der Ahnen“ vergrößerte[15], doch ist diese Verhaltensweise in Hong Kong inzwischen so ausgeprägt, daß sie sicherlich auch eine Art Kompensation für nicht vorhandene andere Formen der Lebensqualität darstellt.
Hinzu kommt, daß die Bewohner der Kolonie unter den Bedingungen von „borrowed time – borrowed place“ eine extrem kurze soziale Zeitperspektive haben. Zwei Drittel haben für die nächsten drei Jahre und darüber hinaus keine konkreten Pläne.[16]
Die Entwicklung in Richtung 1997 wird diese Tendenz vermutlich noch verstärken.
Diese besonderen gesellschaftlichen Rahmenbedingungen der „Makroebene“ ha-

ben beträchtliche Auswirkungen auf das Verhalten im „Mikrobereich“ des Sozialkontaktes. Hierzu ist eine Erläuterung über eine Besonderheit des chinesischen Sozialverhaltens notwendig: die Furcht, das „Gesicht zu verlieren“.

Das „Gesicht verlieren“ 面 脸

Das chinesische Wort *lien* (Gesicht) meint sowohl „die Anerkennung der Gesellschaft für die Wahrung ethischer Normen als auch internalisierte Sanktionen“.[17]
Tiu-lien, das *Gesicht verlieren,* bedeutet eine Verurteilung durch die Gruppe für unmoralisches oder in der Gesellschaft Anstoß erregendes Verhalten. Das kann der Fall sein bei einem gebrochenen Versprechen, einem Betrug oder einer emotional nicht kontrollierten Verhaltensweise. Andererseits ist diese ethnische Norm nicht identisch mit gesetzlichen Normvorstellungen, die im alten China ohnehin nur schwach ausgeprägt waren. „Wenn jemand ein Verbrechen begeht, das als berechtigt beurteilt wird, obwohl der Täter vor dem Gesetz straffällig geworden sein mag, erhebt die Gesellschaft keinen Vorwurf gegen ihn, sich aus Eigennutz über die ethischen Normen hinweggesetzt zu haben; er verliert sein *lien* nicht.“[18]
Die hohe Bedeutung des sozialen Status in der chinesischen Kultur und Familie bringt es mit sich, daß *lien* statusmäßig differenziert behandelt wird. So hat jemand von hohem Stand zwar Anspruch „auf die Achtung seitens der Jüngeren und sozial Schwächeren, aber diese Achtung wird gefährdet, wenn er seine Würde durch eine Verhaltensweise verliert, die den Erwartungen der Gesellschaft zuwiderläuft“. Deswegen muß ein Mann „um so mehr seine Würde bewahren, je höher seine gesellschaftliche Stellung ist“. Aber im gleichen „Maße steigt auch die Verwundbarkeit seines lien.“[19]
Das gleiche System gilt in der Familie, die ja ebenfalls statusmäßig organisiert ist. So funktionierten der soziale Austausch und die Kommunikation in einer intakten chinesischen Kultur nicht so sehr über die Wertschätzung sozialer Rollen und als Prestigeobjekte dienender Symbole, sondern über einen anonymen, aber allgegenwärtigen lien-Maßstab: „Das Bewußtsein, daß eine amorphe Öffentlichkeit das Verhalten des einzelnen sozusagen beaufsichtigt und jeden Verstoß gegen die guten Sitten unbarmherzig verurteilt und der Lächerlichkeit preisgibt, hat bei manchen Menschen zu einer extremen Empfindlichkeit geführt.“[20]
Viel *lien* hat, wer Prahlerei vermeidet, zu Neid und Mißgunst keinen Anlaß gibt, statt dessen ernsthaft und besonnen ist. Fehlende staatliche und gering entwickelte, über die Familie hinausgehende Struktur- und Ordnungsprinzipien haben die Familie im wesentlichen zum Vermittler und Kontrolleur des *lien* gemacht. Vergehen, öffentlicher Tadel und Schande fallen immer auf die Familie zurück. So erklärt sich auch die im alten China vorherrschende Form der kollektiven Bestrafung von Familienangehörigen eines Missetäters.
Wer kein *lien* hat, auf sein *lien* verzichtet (*Pu-yao lien*) oder gar sein *lien* verliert (*Mei-yu lien*), begibt sich außerhalb des gesellschaftlichen Normensystems.[21]
Andererseits kann man sein *lien* vermehren, z.B. durch Schenkungen an gemeinnützige Einrichtungen (Wohlfahrt, Schulen): ein beliebtes Mittel chinesischer Millionäre zur Prestigeerhöhung und gleichzeitig eine Maßnahme zur Dämpfung von Unruhen aufgrund sozialer Mißstände.
Es ist deutlich, daß dieses traditionelle Muster unter den Bedingungen der Einwanderergesellschaft Hong Kongs mit ihrer extremen Verstädterung und Anonymität v.a. in den unteren Sozialschichten nicht mehr funktionieren kann. Gleichwohl ist

Gesetzesbrecher am „Pranger"

es als Anspruch, wie Sozialverhalten sein sollte, im Alltagsleben noch stark ausgeprägt.
Für den psychischen Haushalt des Individuums bedeutet *lien*, daß Affekte, v.a. Aggressionen wie auch Aussagen über eigene oder fremde Befindlichkeit, kein Thema sind. Dadurch begünstigt und erfordert *lien* aber den zwanghaften, affektkontrollierten und autoritätskonformen Charakter. Der „abendländischen Schuldkultur" scheint eine „ostasiatische Schamkultur" gegenüber zu stehen.
Menschliche Beziehungen sind oft stark formalisiert; Chinesen erscheinen uns unflexibel, haben ein anderes Zeitgefühl, während bei uns „time is money" gilt. Unverständlich ist vielen Europäern auch, daß die Chinesen weniger Wert auf „Wohnkultur" und persönlichen Lebensraum legen.

Harmoniestreben und Konfliktverdrängung 和

Die Furcht, daß man selbst oder andere „das Gesicht verlieren" könnte, bringt im täglichen Sozialkontakt einerseits eine „sensible Einfühlung", andererseits aber auch eine gefühlsmäßige Distanzierung oder Abstinenz mit sich. Die Kommunikation hat für unsere Begriffe etwas Künstliches, emotional Gebremstes an sich.[22]
„Die unbedingte Suche nach Übereinstimmung und Sicherheit läßt die Chinesen Probleme und Konflikte gern ignorieren bzw. auf die lange Bank schieben oder, wie man heute sagt, verdrängen."[23] Das geht so weit, daß man auch dann gern Konflikte vermeidet, wenn es der eigenen Familie, die ja in der sozialen Wertschätzung an der

Spitze steht, schaden würde, betonten 82,2% der Befragten einer Untersuchung.[24]
Es stellt sich die Frage, wo Spannungen, Druck und die aus diesen Lebensbedingungen entstehenden Aggressionen bleiben? Viele Erwerbstätige sind 12-14 Stunden täglich unterwegs: im Beruf, in Nebenjobs, in überfüllten Verkehrsmitteln, um dann müde nach Hause zu kommen, wo eine viel zu enge, ebenfalls überfüllte Wohnung auf sie wartet.
Im Alltag kann man leicht Ergebnisse dieser speziellen „Hong Kong-Mentalität" erkennen. Überall wimmelt es von Menschen, diese haben keine Zeit, auf den Straßen bewegt man sich zu Stoßzeiten in Pulks vorwärts, bei den öffentlichen Verkehrsmitteln herrscht Gedränge, aber auch diszipliniertes Anstehen.
Diese Mentalität einer Ellenbogengesellschaft, einer *rat race*, verbunden mit einer extremen Kommerzialisierung des Lebens und der persönlichen Beziehungen ist nicht zu übersehen.[25]
Da Hong Kong seit dem 2. Weltkrieg angesichts all dieser sozialen Veränderungen einen „bemerkenswerten Grad sozialer Harmonie"[26] aufzuweisen hat, stellt sich die Frage, ob der soziale Druck, wie es Frantz Fanon für Länder der „Dritten Welt" beschrieben hat, sich gegen die Unterdrückten selbst wendet.[27]
Welche Formen des sozialen Protestes und des „abweichenden Verhaltens" gibt es in dieser Kolonie?

Soziale Unruhen

Soziale Unruhen aufgrund öffentlicher Mißstände und getragen von Bevölkerungsgruppen, denen es gelang, die Herrschenden zu Reformen zu bewegen, hat es in Hong Kong nie gegeben.

Es gibt keine große Bevölkerungsgruppe mit klaren Reformvorstellungen, keinen direkten Gegner und v.a. keine Alternativen.

So müssen Spannungen, Aggressionen und soziale Minderwertigkeitsgefühle in der Bevölkerung „nach innen" gehen und in ohnmächtige Passivität verwandelt werden.

Zu bestimmten Zeiten und Anlässen kommt dieser Druck dann nach außen, die Anlässe sind dabei weitgehend beliebig.

Die ersten Unruhen gab es 1956, als sich tagelang Anhänger der *Kuomintang* und der *KP Chinas* Straßenschlachten lieferten. Die Mehrheit der Bevölkerung stand dabei jedoch abseits.

1966 kam es in Kowloon zu Unruhen seitens Jugendlicher. Die Bevölkerung hatte zu dieser Zeit eine sehr ungesunde Altersgliederung und Sozialstruktur: 60% waren nicht in Hong Kong geboren, 40% unter 15 Jahre alt. Nach drastischen Preiserhöhungen der Star Ferry kam es zu Hungerstreiks, Protestmärschen, schließlich zu Plünderungen von Geschäften und willkürlichen Zerstörungen von Autos und Gebäuden. Der Ausnahmezustand wurde ausgerufen. Militär unterstützte die Polizei, um Tausende an diesen Unruhen Beteiligte zu kontrollieren.

Später hat man im Erziehungsheim *Begonia Road Boys Home* eine Gruppe jugendlicher Randalierer zwischen 13 und 17 Jahren nach ihren Motiven befragt. Ergebnis war, daß die meisten überhaupt nicht wußten, weshalb es zu Protesten gekommen war. Sie hatten sich den Demonstrationen angeschlossen, um die Gelegenheit zu nutzen, „sich einen Spaß zu machen", sich als „Held" zu fühlen oder um ihre „Kraft" loszuwerden. Die meisten dieser Jugendlichen, die diese anfänglich friedliche Demonstration umfunktioniert hatten, kamen aus den sozial besonders benachteiligten Milieus in Kowloon.[28]

1967 entwickelte sich aus einem relativ kleinen Arbeitskampf eine große Streikbewegung, die die ursprünglichen Forderungen (Lohnerhöhung, Verbesserung der Arbeitsbedingungen) in den Hintergrund treten ließ. Busse und Hafenanlagen wurden bestreikt, die Kolonie war plötzlich funktionsunfähig geworden. Es kam zu Plünderungen, Belästigungen von Europäern. Nach einigen Tagen übernahmen Anhänger der VR China (eingereiste Rotgardisten der „Kulturrevolution", Mitarbeiter der Bank of China, rotchinesischer Unternehmungen und kommunistischer Zeitungen) die Führung der Unruhen und funktionierten diese in eine Protestbewegung gegen den „englischen Imperialismus" um. Man forderte die Freilassung von Gefangenen, soziale Reformen und eine Entschuldigung der Regierung gegenüber den Demonstranten.[29]

Diese Monate von Mai 1967 bis Januar 1968 waren die bislang größte Erschütterung Hong Kongs. Es gab über 50 Tote; Militär wurde eingesetzt.

Im benachbarten Macao hatten die Roten Garden faktisch die Macht übernommen, der portugiesische Gouverneur wollte zurücktreten und die Kolonie der VR China überlassen. Für Hong Kong befürchtete man ähnliches. Die Kronkolonie wäre militärisch gegenüber der Roten Armee natürlich nicht zu verteidigen gewesen.

Doch plötzlich wurden die Roten Garden aus Peking zurückbeordert. In der Kolonie kehrte wieder Ruhe ein. In den Regierungsgebäuden begann man dann mit der Untersuchung der Ursachen. Zwar hatte sich auch bei diesen Unruhen, wie bei allen folgenden, die überwiegende Mehrheit der Bevölkerung passiv bis loyal zur Regierung verhalten, aber man dachte nun erstmals über soziale Reformen nach.
Ergebnis ist die Arbeitsgesetzgebung (*Employment Ordinance*) von 1968, die erstmals überhaupt eine minimale Lohnsicherung und einen geringen Kündigungsschutz festschrieb.
Die folgenden, bisher noch recht bescheidenen Sozialreformen seit den 70er Jahren sind ebenfalls als ein Ergebnis der Unruhen von 1967/68 zu betrachten.[30] So gesehen war dieses Jahr der Wendepunkt in der gesellschaftlichen Entwicklung Hong Kongs. Ähnlich wie das Jahr 1953 mit dem Großbrand in *Shek Kip Mei* zum sozialen Wohnungsbauprogramm geführt hatte, gaben die Vorfälle des Jahres 1967/68 Anlaß zu verschiedenen geringfügigen sozialstaatlichen Aktivitäten der Regierung.
Die Loyalität der Bevölkerung blieb aufgrund dieser „vorbeugenden" Maßnahmen gewährleistet. Trotzdem kommt es im Alltag der Kolonie häufiger zu typischen, zeitlich begrenzten Unruhen, die auf wenige tausend Menschen beschränkt bleiben und keine politischen und sozialen Hintergründe zu haben scheinen.
Vorfälle der folgenden Art haben sich in den letzten Jahren mehrfach abgespielt: Am Weihnachtstag 1981 befanden sich abends über 10.000 Menschen in den engen Gassen von *Central*, um die Weihnachtsbeleuchtungen in den europäischen Luxusgeschäften zu bewundern. Für die vorwiegend nichtchristlichen Chinesen Hong Kongs sind die christlich-europäischen Ereignisse Besonderheiten, die man sich gern wie ein Tourist aus der Nähe ansieht.
Als einige Menschen aus der Menge heraus wollten, und die Polizei kam, um die Menschenmenge aufzulösen, flogen Steine, Taxen wurden umgestürzt. 2.000 junge Leute zogen durch die Straßen bis *Wanchai*, plünderten Geschäfte und zerstörten Autos.
Einige Tage später, am europäischen Neujahrstag, waren sogar 40.000 Chinesen in Central. In der Riesenmenge bietet dann der kleinste Anlaß den Anstoß zu einer „sozialen Explosion". Als im Dezember 1981 jemand aus einem fahrenden Bus eine leere Flasche nach jungen Fußgängern auf die Straße warf, stoppten diese den Bus, und plötzlich gab es eine Massenschlägerei, an der mehrere hundert Personen beteiligt waren. Auch dabei ereigneten sich wieder Plünderungen und Übergriffe auf Europäer.[31]
Am zweiten Tag des großen Taxifahrerstreiks (13.1.1984) in Hong Kong kam es zu Zusammenstößen von Polizei und Tausenden von Jugendlichen, die sich als Sympathisanten der Taxifahrer ausgaben. Nach dem Tränengaseinsatz der Polizei zogen Gruppen von Jugendlichen durch die Straßen: sie zündeten Busse an und plünderten Uhren- und Juweliergeschäfte. Das waren die größten Unruhen seit 1967.
In einer Analyse der Weihnachtsunruhen von 1981 wies ein Universitätsdozent darauf hin, daß die „wachsende Unzufriedenheit weitere Unruhen hervorrufen" werde; v.a. die große soziale Ungerechtigkeit, die ernsten Sozialprobleme, die ungleiche Verteilung des Wohlstandes und die sich erweiternde Kluft zwischen den „Habenden" und den „Habenichtsen" sind anhaltende Enttäuschungen für Jugendliche.[32]
Darüber hinaus gibt es in Hong Kong eine individuelle Form des plötzlichen Aggressionsdurchbruches. Hierbei handelt es sich jedoch um „Beziehungsdelikte" gegenüber Familienangehörigen oder sonstigen persönlich nahestehenden Menschen.

Wenn eine bestimmte Schwelle der Auseinandersetzung überschritten ist, ereignen sich blutige Gewalttaten. Meistens wird hierzu das in jeder chinesischen Küche vorhandene Hackmesser (*Chopper*) benutzt. Es findet dann oft ein Amoklauf statt, bei dem wahllos auch Unbeteiligte verletzt werden. Aufsehen erregte der Amoklauf zweier britischer Soldaten im November 1984. Diese nahmen mehrere Geiseln, bemächtigten sich verschiedener PKWs, schossen um sich und erzwangen schließlich die zeitweise Schließung des internationalen Flughafens Kai Tak.[33]
All diese und viele andere Vorfälle haben einige gemeinsame Merkmale:
- Die Anlässe sind scheinbar beliebig;
- unterprivilegierte Jugendliche kommen und funktionieren diese Anlässe anderer für eigene gewalttätige Unmutsäußerungen um;
- Symbole des Wohlstands anderer (Geschäfte, Autos) werden geplündert bzw. zerstört;
- es wird gegen die Ordnungsmacht Polizei gekämpft;
- Angehörige privilegierter Sozialgruppen (Ladenbesitzer, Ausländer) werden belästigt;
- man stellt keine sozialen Forderungen (außer 1967/68);
- die Unruhen dienen der Abfuhr und Abreaktionen eigener Spannungen und Aggressionen sowie der zufälligen individuellen Bereicherung;
- aus der friedlichen Masse wird plötzlich ein gefährlicher Mob;
- diese Aktionen sind Tätigkeiten sozial benachteiligter Jugendlicher, die diese im Gruppenzusammenhang begehen.

Inwieweit die Lebensverhältnisse und die ungewisse Zukunft stärker zu Radikalisierung führen mag, ist ungewiß. Sicher ist, daß die zunehmenden Interventionen aus Beijing (Selbstzensur der Medien, keine direkten Wahlen, langwierige Verhandlungen um 1997, Umschreibung von Schulbüchern u. a.) zur Verunsicherung der Bevölkerung führen. Als Gegenposition kann man das angestiegene öffentliche Auftreten von Kuomintang-Anhängern in der Kolonie bewerten, die z. b. den Nationaltag von Taiwan mit Zeitungsanzeigen öffentlich feierten. Im Juli 1987 kam es zu drei Bombenanschlägen, für die eine „Hong Kong Terrorist Association" mit vagen antikommunistischen Zielen die Verantwortung übernommen hatte.

Anmerkungen

1 Vgl. South China Morning Post, 7.11.1981.
2 Vgl. South China Morning Post, 23.6.1985.
3 Vgl. Government Information Services (Ed.): Hong Kong 1985, Hong Kong 1985, S. 344; Government Information Services (Ed.): Hong Kong 1981, Hong Kong 1981, S. 293.
4 Lethbridge, H.J.: Hong Kong. Stability and Change, Hong Kong 1978, S. 53.
5 Vgl. Siu-kai Lau: Society and Politics in Hong Kong, Hong Kong 1982, S. 121ff.
6 Vgl. Lethbridge, a.a.O., S. 45.
7 Vgl. Siu-kai Lau, a.a.O., S. 71, 104.
8 Vgl. ebd., S. 91.
9 Vgl. ebd., S. 94.
10 Vgl. ebd., 88.
11 Vgl. Bonavia, David: Hong Kong 1997. The Final Settlement, Hong Kong 1985 (2. Aufl.), S. 65f.
12 Siu-kai Lau, a.a.O., S. 87.
13 Vgl. Bonavia, a.a.O., S. 65.
14 Vgl. Siu-kai Lau, a.a.O., S. 69.
15 Vgl. Mäding, Klaus: Wirtschaftswachstum und Kulturwandel in Hong Kong. Ein Beitrag zur Wirtschafts- und Sozialpsychologie der Hong Kong Chinesen, Köln/Opladen 1964, S. 28.

16 Vgl. Siu-kai Lau, a.a.O., S. 70.
17 Hsien Chin Hu: Die chinesischen Begriffe vom „Gesicht“, in: Mühlmann, Emil (Hg.): Kulturanthropologie, Köln, Berlin 1969, S.239.
18 Ebd., S. 240.
19 Ebd., S. 241.
20 Ebd., S. 242.
21 Vgl. ebd., S. 246f.
22 Vgl. Wolfram, Eberhard: Lexikon der chinesischen Symbole, Köln 1983, S. 110.
23 Chai, Karin: Hong Kong mit Macao. Reiseführer mit Landeskunde, Frankfurt 1983, S. 67.
24 Vgl. Siu-kai Lau, a.a.O., S. 90.
25 Vgl. Chai, a.a.O.,S. 67.
26 Vgl. Bonavia, a.a.O., S. 33.
27 Vgl. Fanon, Frantz: Die Verdammten dieser Erde, Frankfurt 1981.
28 Vgl. Government Press (Ed.): Kowloon Disturbances 1966. Report of Commission of Inquiry, Hong Kong o.J., S. 104ff.
29 Vgl. Cooper, John: Colony in Conflict, Hong Kong 1970, S. 70.
30 Vgl. England, Joe/Rear, John: Industrial Relations and Law in Hong Kong, Hong Kong, Oxford, New York, Melbourne 1981, S. 17ff.
31 Vgl. South China Morning Post, 26.12.1981; 27.12.1981.
32 Vgl. South China Morning Post, 16.5.1982.
33 Vgl. South China Morning Post, 6.11.1984.

Literatur

Bond, Michael Harris (Ed.): The Psychology of the Chinese People, Hong Kong 1987.

Abweichendes Verhalten

Entwicklung der Kriminalität

Jahrzehntelang hatte Hong Kong eine gegenüber anderen Weltmetropolen vergleichsweise niedrige Kriminalitätsentwicklung. So lag bspw. die Kriminalitätsrate (Vorfälle pro 100.000 Einwohner) 1965 in London sechsmal höher.

1983 hat sich die Bevölkerung der Kolonie um 38%, die „harte" Kriminalität jedoch um 100% erhöht. Die Kriminalitätsrate ist von 542 (1965) auf 660 (1984) angestiegen. Dabei betrug die prozentuale Steigerung der Kriminalitätsrate in den letzten Jahren jährlich etwa 10%.

Ausgewählte Kriminalitätsentwicklung Hong Kongs[1]

	1976	1980	1984	
Delikte	62.000	74.000	86.000	
Personen angeklagt	23.000		36.000	
davon unter 16 Jahren	1.600	3.900	2.900	
Aufklärungsrate	60%	46%	43%	(BRD: 44,8%)

Dabei ist interessant, daß die Kriminalitätsrate in den Squatter-Siedlungen unterdurchschnittlich, in den neuen Satellitenstädten der New Territories dagegen überdurchschnittlich ist.[2]

Delikte gegen das Eigentum sind von 1974-1982 um 50% gestiegen. Besorgniserregend sind v.a. die Gewaltdelikte. So war die Anzahl der Raubüberfälle mit Feuerwaffen 1981 um 40% höher als im Vorjahr, v.a. Gold- und Juwelierläden sowie Pfandleiher sind davon betroffen. Deshalb kann man in vielen dieser Geschäfte und in Banken bewaffnete Wächter sehen. Man nimmt hierzu gern Inder, insbesondere Sikhs, die aufgrund ihrer anderen Kulturzugehörigkeit nicht durch die Triaden erpreßbar sind. Vergewaltigungen sind von 1983-1984 um 11,5% angestiegen. 1983 wurde ein Millionär entführt, für seine Freilassung zahlten die Angehörigen 10 Mio. US-$ (67 Mio. H.K.-$). 1960 hatte man den Mann schon einmal entführt, damals betrug das Lösegeld 6 Mio. H.K.-$.

Illegale Einwanderer aus der VR China haben in Hong Kong keine legale Beschäftigungsmöglichkeit; so sind sie leicht ein Opfer der Triaden, die sie oft gegen hohe Summen aus China über die Grenze bringen. Die meisten dieser Flüchtlinge sind zwischen 16 und 30 Jahre alt. Sie leben in Hong Kong ohne Familienbezug im Untergrund. In den Jahren nach 1980 war diese Gruppe an etwa 10% der gesamten Delikte beteiligt. Ihr Anteil an der Gewaltkriminalität ist sogar noch höher, je nach Deliktart und Bezugsjahr liegt er zwischen 25 und 50%.

Aber auch legale Einwanderer aus China (1983: 27.000) sind überproportional davon betroffen. 1983 wurden 4.800 von ihnen angeklagt, was 13,8% aller Anklagen ausmacht.[3]

Damit wirken sich die nach 1980 verschärften Einwanderungsbedingungen und das starke Gefälle im Lebensstandard zwischen der VR China und Hong Kong direkt als kriminogener Faktor aus.

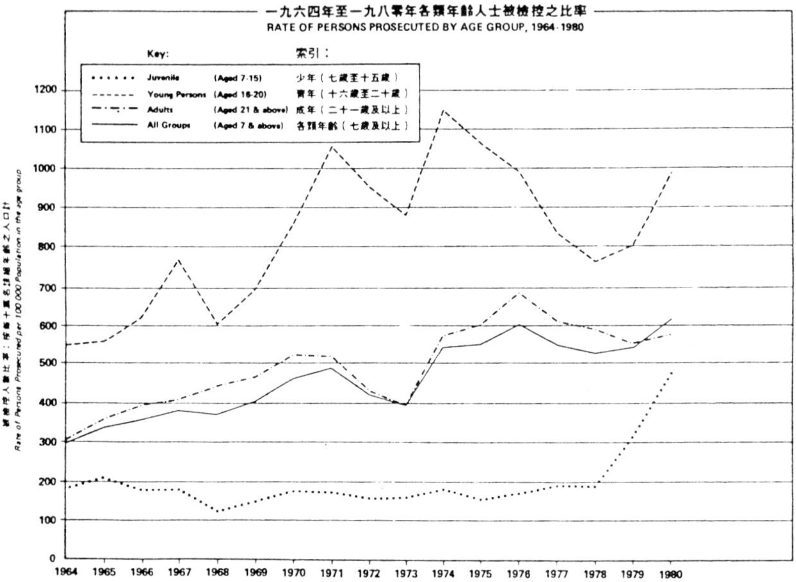

In Hong Kong befinden sich elf Gefängnisse, die dem *Prison Department* unterstehen, sie gelten als „Universitäten der Kriminalität", v.a. in bezug auf Drogenkonsum: 50% der Ersttäter und 90% der Rückfalltäter sind Drogenkonsumenten. Die Rückfallquote ist von 39% (1951) auf 79% (1985)[4] angestiegen (BRD: ca. 45%).

Prostitution in Hong Kong

Die Prostitution in Hong Kong hat eine lange Tradition. Waren es im letzten Jahrhundert die Frauen der *Tanka-Minderheit*, in den 50er Jahren dieses Jh. weibliche Flüchtlinge aus *China* und neuerdings *Thai-Mädchen*, so ist eine Fülle von möglichen Gründen für die Prostitution festzustellen.

„Eine Untersuchung zeigte, daß die Prostituierten nicht ausschließlich ungebildet sind; die meisten sind zur Primary School gegangen, und einige sind sogar auf die Secondary School gekommen. Es mag sein, daß sie unfähig sind, sich an reguläre Arbeit oder ans Lernen zu gewöhnen, oder es schwer fanden, warme und enge Beziehungen zu anderen zu entwickeln. Es ist nicht sicher, wie viel von diesen Schwierigkeiten auf persönliche Probleme zurückgehen und wieviel von der Umwelt abhängt. Schlechte Wohnbedingungen, begrenzte Erziehungsmöglichkeiten, Mangel an Erholungsmöglichkeiten, unglückliche familiäre Hintergründe, der Einfluß von Fernsehen und Filmen und starke materielle Vergnügungen, all das ist vorgeschlagen worden als ‚Ursachen' der Prostitution."[6]

Hinzu kommt sicherlich noch ein besonderes Problem, das aus der Sozialstruktur Hong Kongs entstanden ist: der Bruch in den Lebenswelten von Elterngeneration und Jugend; verschiedene Wertorientierungen, Freiheitsgrade, Auseinandersetzungen mit den Eltern in der Pubertät um Mode, Freundschaften und Eigenständigkeit treiben viele junge Mädchen geradezu in die Arme der gut organisierten Bordell-Ringe.

Vor 1935 war die Prostitution in Hong Kong legal. Auch heute ist sie nicht verboten, es ist aber verboten, öffentlich „Kunden“ anzusprechen, ein „unordentliches Bordell“ zu unterhalten oder von den Einkünften einer Prostituierten zu leben. Schließlich können Prostituierte unter 16 Jahren festgenommen und zur Zwangserziehung gebracht werden.
So sieht man die Prostituierten in Hong Kong seltener auf den Straßen, dafür aber um so häufiger in den Nachtbars rund um die Hotelviertel, in speziellen Call Girl-Häusern, Appartmenthäusern, „Schönheitssalons“, „Badehäusern“, „Gesundheitshäusern“ und „Tanzhallen“ oder „Musikhallen“ – letztere eher für die chinesische Kundschaft.
Schon 14jährige Schulmädchen verdienen sich nachmittags 100-150 H.K.-$ als Animiermädchen in den sog. „Fish Ball-Stalls“. Etwa 50.000 Prostituierte „erwirtschaften“ in der Kolonie jährlich einen Umsatz von ca. 6 Mrd. DM.

Jugendkriminalität
Hong Kong hat „seit 1978 eine der höchsten Jugendkriminalitätsraten der Welt“. Jahrelang lagen die Anklagen pro 100.000 Personen der Altersgruppe von 7 bis 15 Jahren unter dem Weltdurchschnitt. Dann stieg diese Ziffer plötzlich binnen zweier Jahre von 1978 (190) bis 1980 (478) um über 151%, bei den 12-13jährigen sogar um 173%.

Jugendkriminalität in Hong Kong 1964-1980[7]

Jahr	Anklagen gegen 7-15jährige	Gesamtzahl der 7-15jährigen	Anklagen pro 100.000
1964	1.422	745.000	189
1974	1.745	949.000	184
1978	1.597	839.000	190
1979	2.641	825.200	320
1980	3.853	806.600	478

Bei dieser Steigerungsrate hat der Einfluß der Triaden eine Rolle gespielt. Jugenddelinquenz ist ohnehin mehr ein Gruppendelikt als ein krimineller Akt. Bei allen Delikten, die Jugendliche der Altersgruppe 7-15 Jahre 1978 begangen haben, waren bei 18% zwei oder mehr Personen beteiligt. Zwei Jahre später hatte sich dieser Prozentsatz der Gruppendelikte auf 36% verdoppelt.[8] Seit 1980 ist die Jugendkriminalität auf der angegebenen Höhe stabil geblieben.

„Triaden sind immer noch eine Attraktion“ für junge Leute, so lautet das Ergebnis einer an 1.308 Secondary School-Schülern ausgeführten Befragung der „Federation of Hong Kong Students“ aus dem Jahre 1982. „Junge Leute sind immer noch an einer Triaden-Mitgliedschaft interessiert, und eine Anzahl von ihnen würde sich gern den Banden anschließen, um Schutz zu suchen.“
3,5% gaben offen zu, daß sie gern Triaden-Mitglied werden würden, um sich so besser wehren zu können. Bei dieser Gruppe fanden die Befrager auch überdurch-

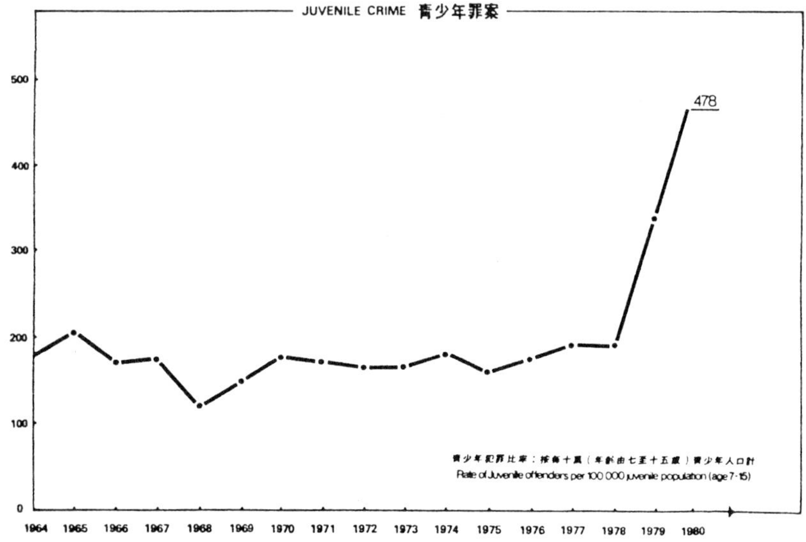

Sprunghafter Anstieg der Jugendkriminalität Ende der 70er Jahre

schnittlich hohen Konsum an Porno- und Kung Fu-Filmen sowie Video und elektronischen Spielen, dafür aber schlechtere Schulergebnisse. Sicherlich ist die reale Prozentzahl der Triaden-Sympathisanten noch weitaus höher, denn Triaden werden gerade in o.g. Filmen als Helden dargestellt und suchen mit geschickten Werbemethoden schon in den Schulen Nachwuchs.[10]
Die *Ursachen* für den gewaltigen Anstieg der Jugendgefährdung und Jugenddelinquenz sind *multifaktoriell.* Sie liegen in den veränderten Lebens- und Wohnbedingungen, dem veränderten Schulsystem und den veränderten Familienbedingungen begründet.[11]

Triaden – die organisierte Gegenmacht 三合會

In Hong Kong sind anomische Verhältnisse (Anomie = Normenzerfall) nicht nur eine vorübergehende spontane Erscheinung, wie bei den Unruhen oder individuellen Aktionen, z.B. im Falle der gestiegenen Kriminalität, sondern sie haben auch eine organisierte und institutionalisierte Form gefunden, z.B. in Form der *Triaden.*
Auch im europäischen und amerikanischen Kulturraum gab es in der Übergangsphase von der Agrargesellschaft zum modernen Kapitalismus ähnliche Erscheinungen, die ursprünglich dem Volk verbundenen Geheimbewegungen der „Sozialrebellen", „Banditen", „Briganten" oder, wie heute noch im italienischen Bereich, der Mafia.
Die Triaden sind heute wirtschaftlich und zahlenmäßig mächtige, z.T. international tätige Verbrecherorganisationen und nicht nur im chinesischen Kulturraum, sondern auch in Australasien, den USA und Europa tätig. Ähnlich wie die Mafia waren auch sie in der Vergangenheit teilweise volkstümliche, sozialrevolutionäre Geheim-

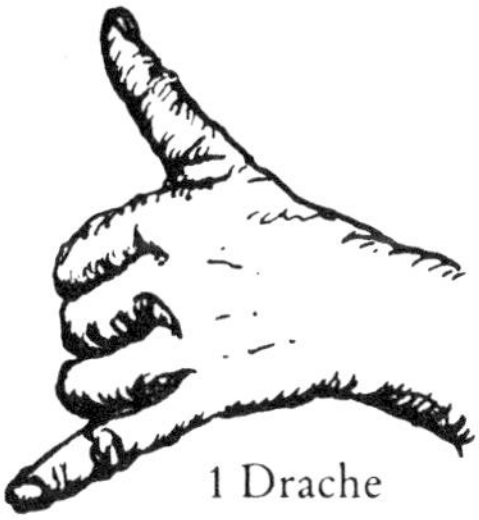

1 Drache

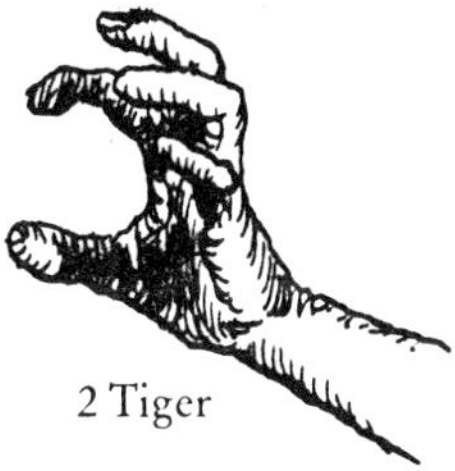

2 Tiger

3 Bergspitze

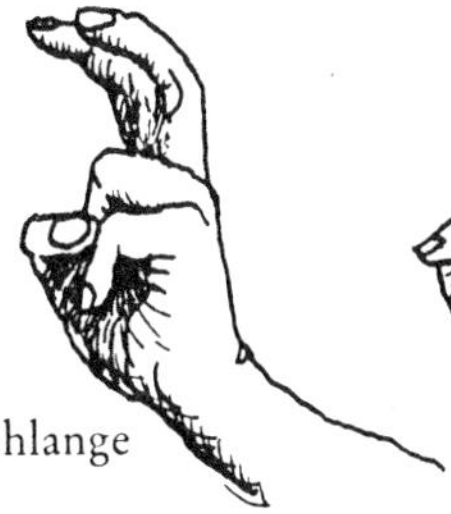

4 Schlange

5 Schildkröte

6 Ruhmreich

7 Gebühr bezahlt

8 Hohes Alter

9 Einheit

10 Gemeinsamkeit

11 Gebühr erhalten

12 Harmonie

Anmerkung 15

gesellschaften zum Selbstschutz und zur Gegenwehr von kleinen Leuten gegen die Willkür der wirtschaftlich und politisch Mächtigen.

Die Triaden in der Geschichte

China hatte für Geheimbünde eine „günstige gesellschaftliche Struktur“.[12] Es war ein Riesenreich, das oft unter Mißwirtschaft, Korruption und lokaler Willkürherrschaft gelitten hat. Hinzu kam, daß es soziologisch gesehen ein Vakuum gab zwischen der Familie, die in China die einzige soziale Organisation von Bedeutung überhaupt war, und dem Gesamtstaat. Denn im alten China „fehlten die europäischen Zwischengliederungen: Gemeinde (Stadt), Volk. Ein gewisser Ersatz waren Gilden der Kaufleute und Handwerker.“

Ein altes chinesisches Sprichwort lautet: „Der Mandarin erhält seine Macht vom Gesetz, das Volk von den Geheimbünden.“[13]

Trotz einiger Parallelen zu den amerikanisch-europäischen Geheimbünden ist im alten China die Existenz dieser Gruppen jedoch stärker im Zusammenhang mit der Bekämpfung ausländischer Eroberer und der Selbsthilfe gegen Despotie anläßlich der häufigen Agonie des Reiches zu sehen.

Eine der ältesten Geheimgesellschaften ist der *Weiße Lotos* (*Bai Lian-Hui*). „Sie existierte schon im 12. Jahrhundert und spielte in den Volkskämpfen gegen die Mongolenherrschaft im 13. und 14. Jahrhundert eine wichtige Rolle.“[14]

Eine andere Gruppe der Geheimgesellschaften sind die *Triaden* oder *Dreibund* (*Hung*). Dieser Name stammt vom heiligen Symbol der Geheimgesellschaften ab, einer Dreiheit von Himmel, Erde und dem Menschen (*Hok Fuk-Cheung*).

Wie der *Weiße Lotos* sind auch die *Triaden* und ihre vielen Untergliederungen beeinflußt von buddhistischen und taoistischen Elementen. Später kommen noch die Mystik des Taoismus, eine Gaunersprache, fiktive Ehrentitel und religiöse Phantasterei hinzu. Geblieben sind bis heute die vielfältigen Formen der Rituale. Es gibt ein Aufnahmezeremoniell, mit dem man sich für das gesamte Leben zur Mitgliedschaft und Treue verpflichtet. Tätowierungen und geheime Erkennungszeichen (z.B. wie man Tee anbietet oder an einer Fingerstellung seine Mitgliedschaft und seinen Rang zu erkennen gibt) sind bis heute Merkmale der Triaden.

Die Gründungslegende

„Nach der Überlieferung boten die Mönche des buddhistischen Klosters von Shaolin in der Provinz Fujian dem ersten Mandschu-Kaiser ihre Dienste gegen einen aufständischen zentralasiatischen Stamm, die Eleuten, an. Die kriegerischen Mönche erregten jedoch die Mißgunst eines Höflings; ihr Kloster wurde auf kaiserlichen Befehl geschleift und in Brand gesteckt. Nur fünf Mönche überlebten und konnten fliehen. Nach einer langen Reihe von Abenteuern, in denen aufständische Generäle, Pferdehändler und buddhistische Gottheiten vorkommen, offenbarte sich ihnen in einer Vision der Wahlspruch Fan Qing Fu Ming – Nieder mit den Qing, hoch die Ming. Sie flohen nach Muyang, der ‚Stadt der Weiden’, und gründeten dort auf dem ‚Markt des Großen Friedens’ (Taiping), eine geheime Vereinigung, die Triade.

Diese Überlieferung läßt sich nicht belegen. Jedenfalls steht fest, daß die Triade schon gegen Ende des 17. Jahrhunderts äußerst rührig war und den mandschurischen Machthabern beträchtlichen Ärger bereitete. Sie und der Weiße Lotos wurden im Strafkodex der Qing sogar namentlich aufgeführt.“[16]

Auch die sogenannten *Boxer*, die 1897-1900 das Kaiserhaus im Kampf gegen die

„fremden Teufel“ unter Druck setzten, waren ein Ableger des *Weißen Lotos*. Der *Boxeraufstand* endete bekanntlich mit einem Sieg der imperialistischen Mächte.
Nicht nur der Boxeraufstand, sondern auch davor der *Tai-Ping-Aufstand* (ab 1850) und die Revolution von 1911, selbst kam mit Unterstützung der Triaden zustande. *Dr. Sun Yat Sen*, der Führer der Revolution von 1911 war selbst 1890 in Honolulu Mitglied einer Triade geworden. „Mit der Revolution von 1911 hörten die Geheimgesellschaften auf, ein Instrument der politischen Opposition zu sein; diese Funktion ging an moderne politische Parteien, Gewerkschaften, Bauernbünde und andere Massenorganisationen über. Die Geheimgesellschaften glitten ins Gangstertum oder in apolitisch-religiösen Wahn ab; auf dem Land jedoch langsamer als in der Stadt.“[17] Auch hierbei gibt es Parallelen zur Mafia.
Nach 1911 gerieten die Geheimgesellschaften immer mehr zwischen die Lager des Bürgerkrieges, zwischen Kommunisten und der Kuomintang. Sie verbündeten sich oft mit den einzelnen Militärdiktatoren (*Warlords*) oder mit den japanischen Besatzern und verkamen immer mehr zu Gangstersyndikaten, wie es die vorherrschende Funktion heutzutage in den nichtkommunistischen chinesischen Regionen, so auch in Hong Kong, ist.

Triaden-Aktivitäten in der Geschichte Hong Kongs

Im Jahre 1845 hat man die Triaden in Hong Kong verboten, überführte Mitglieder wurden zur Strafe an der Wange gebrandmarkt. Trotzdem entwickelte sich Hong Kong seit 1847 zum Zentrum der Triaden in Südchina. Man schätzt, daß 75% der Bevölkerung den Geheimbünden in irgendeiner Form verbunden waren. Viele Triaden-Mitglieder waren sogar im Regierungsdienst beschäftigt; Angehörige der Führungsgruppen betrieben zur Tarnung Wohlfahrts- und Sportorganisationen.
Während der japanischen Besatzungszeit bis 1945 arbeiteten 12 der damals insgesamt 32 Triaden mit den Japanern zusammen. Durch die Flüchtlingsströme nach 1949 aus der VR China stieg der Einfluß der Triaden in Hong Kong.
Nach den Unruhen von 1956 wurden bis 1960 über 10.500 Triaden-Mitglieder verhaftet, 500 davon sogar nach der VR China deportiert. Damals glaubte man, daß die Triaden sich „niemals von diesem Schlag“ gegen sie erholen würden.
In diese Zeit fallen auch einige vergebliche Versuche, die Triaden für politische Zwecke zu mißbrauchen, wie es vor 1949 schon der Fall war. So wollte 1946 ein ehemaliger Kuomintang-General die Triaden in den New Territories für die Sache der Nationalisten einspannen. Ähnliches mißlang Taiwan 1956, als es vergeblich versuchte, die größte Triade Hong Kongs, die *K 14-Triaden (Sap Sie Kee),* für ihre politischen Zwecke zu gewinnen. („14 K“ heißt die Triade wegen der Nr. 14 Po-wah-Straße in Canton, wo sie gegründet worden war. „K“ bedeutet „Karat“.)[18]

Zwei Richtungen der Triaden heute

In bezug auf Hong Kong muß man heute zwei grundsätzliche Unterscheidungen bei den Triaden treffen.
1. Die *konventionellen Triaden*, die weniger kriminell und die eigentlichen Nachfolger der traditionellen Triaden vergangener Jahrhunderte sind. Ihre Mitgliedschaft beruht auf einem Blutschwur der Brüderschaft, Ritualen, einer geheimen Symbolik und der Geheimsprache. Ihre Aktivitäten beziehen sich eher auf gegenseitige Unterstützung in Auseinandersetzungen mit anderen Gruppen als auf Kriminalität. So wie ihre Riten, so ist auch ihre Ranghierarchie voller Symbole. Das „ein-

fache Mitglied“ hat die Rangnummer 49, denn 49 läßt sich in 4 x 9 = 36 zerlegen; und die 36 repräsentiert die 36 Eide, die ein neues Mitglied abzulegen hat. Das nächsthöhere Mitglied in der Hierarchie hat die Nummer 432, die sich in 4 x 32 = 128 zerlegen läßt. Es waren 128 Mönche, die im traditionellen *Siu Lam-Kloster* die alten Kampfsportarten pflegten. Ein 432-Mitglied hat auch noch den Beinamen „Strohsandale“, weil jene Mönche allein mit einer Strohsandale, die sich auf wundersame Weise in ein Boot verwandelte, geflohen sind. Der nächste in der Hierarchie trägt die Nummer 415, die sich zerlegen läßt in 4 x 15 + 4 = 64; und diese 64 entspricht 8 Gruppen der 8 Hexagramme, die im *I Ging* eine große Rolle spielen und die jeder Chinese kennt.

Die Vorzahl 4 vor jeder Rangreihe weist auf die vier Meere hin und meint, daß alle Mitglieder „Brüder zwischen den vier Meeren“ sind.[19]

Bei diesem Exkurs in die Symbolik der traditionellen Triaden wird schon deren Verhaftetsein in der chinesischen Geschichte und insbesondere im Taoismus deutlich. Viele dieser Symbole und Riten sind allerdings den im folgenden beschriebenen neueren *Quasi-Triaden* schon nicht mehr bekannt oder werden nur noch schematisch angewendet.

Diese Triaden tarnen sich heute oft in Kampfsportvereinen (Kung Fu u.a.). Aus diesem Grund müssen in Hong Kong alle Kampfsportvereine seit 1982 registriert werden. Das zeigt schon, daß die Übergänge zu den kriminellen Triaden fließend sind: „Es findet kaum eine korrekte Differenzierung zwischen ‚echten' und ‚falschen' Triaden statt; und für viele Leute wird jedermann sofort als ein Triadenmitglied angesehen, der Triaden-Jargon oder -Gesten benutzt.“[20]

2. Die *Quasi-Triaden* sind die eigentlichen kriminellen Vereinigungen, die nach 1967 vermehrt entstanden sind. Sie setzen sich vorwiegend aus 16-25jährigen Männern zusammen, die unter der Anleitung eines älteren Sponsors oder Gründers stehen. Initiation, Riten, Symbolik und Sprache sind nur noch ein verkürzter Aufguß dessen, was sie früher bei den traditionellen Triaden gewesen sind. Ähnlich wie bei der italienischen Mafia gewährt die Triade zunächst den in Not geratenen oder sich einfach nur langweilenden Nicht-Mitgliedern Schutz, materielle Hilfe, Unterhaltung oder Abenteuer. „Einige schließen sich den Triaden an, weil sie glauben, daß diese ihnen mehr Prestige oder Sozialstatus verschaffen können.“ Die gegenseitige Unterstützung ist allerdings im Gegensatz zu den alten Triaden, die ja landesweit vertreten waren, „begrenzt auf die Gruppe der Jugendlichen und ihren Sponsor“.[21]

In Hong Kong gibt es etwa 30 verschiedene Triaden mit 100-20.000 Mitgliedern. Entsprechend unklar ist die Gesamtzahl der Triaden-Mitglieder. Hierüber existieren folgende Schätzungen[22]:

1970: 38.000
1973: 80.000
1984: 120.000

Davon sollen etwa 1/3 den jüngeren, kriminellen *Quasi-Triaden* angehören. Die Anzahl der wegen organisierter Bandenkriminalität inhaftierten Triaden-Mitglieder ist ebenfalls angestiegen[23]:

1968: 239
1971: 874
1982: 924

Zugenommen hat hierbei auch der Anteil der unter 21jährigen von 34 auf 77%.[24]
Die vorwiegend jugendlichen Gangs sind auf folgenden Gebieten aktiv: Drogenhandel, Prostitution, illegale Spielhallen, Erpressung („Schutzgelderpressung") von Laden- und Restaurantsbesitzern, Bus- und Taxifahrern, Bauarbeitern und „fliegenden Händlern", v.a. solchen, die ohne Genehmigung tätig sind. Viele der Erpreßten vertrauen mehr den Triaden, als den für sie anonymen Behörden. Die Triaden ihrerseits „regeln" gegen „Schutzgeld" dann das Problem der fehlenden Lizenzen mit Polizei und Behörden.
Führende Triadenmitglieder treten unbehelligt in der Öffentlichkeit auf, weil man ihnen meistens nichts beweisen kann.
Vor allem die neuen Städte, die keine gewachsene Sozialstruktur haben, sind sehr anfällig für den Einfluß der Triaden. Leider sind immer noch keine Einzelergebnisse einer großen Regierungsuntersuchung über die Triaden aus dem Jahre 1984 veröffentlicht worden. 1988 hat man erstmals eine Art „Kollektivhaftungs-Gesetz" in der Triaden-Bekämpfung angewendet: Der Führer einer Gruppe ist juristisch voll für alle Taten seiner Mitglieder verantwortlich.
Der Einfluß der Triaden erstreckt sich nicht nur auf die Region Südostasien, Australien und Nordamerika, sondern auch auf Europa. Hierbei ist Amsterdam das europäische Hauptquartier und das Zentrum des europäischen Drogenhandels.
Auch in der Bundesrepublik gab es Aktivitäten der Triaden. Beispielsweise hat man 1983 in Frankfurt mehreren Mitgliedern der aus Hong Kong stammenden Triade *Hong Moon* (Rote Tür) den Prozeß gemacht, weil sie Chinarestaurant-Besitzer überfallen und erpreßt hatten.[25]

Das Drogenproblem

Hong Kongs Entwicklung ist eine Folge der *Opiumkriege*. Doch aus dem Opiumproblem, das in China zu über 10 Mio. Süchtigen geführt hatte, ist inzwischen ein Heroinproblem geworden. Hong Kong selbst hat einen hohen Anteil an Heroinsüchtigen und ist durch seine Triaden und Syndikate ein internationales Zentrum für den Heroinhandel geworden.

Der südostasiatische Drogenhandel

Handel und Genuß von Opium und Heroin sind in Hong Kong seit 1945, in der VR China seit 1949 verboten. Indochina und Thailand folgten erst 1950 bzw. 1958. „Außer in China führte das Verbot jedoch nirgends zum Verschwinden des Opiums. Kriminelle Syndikate übernahmen den Import und Vertrieb von den Inhabern staatlicher Konzessionen; und die Gewinne aus dem Opium wanderten aus den Büchern für die Finanzämter in die schwarzen Fonds korrupter Militärs und Politiker, die den Handel schützten.

Zwei Faktoren waren für das Überleben des südostasiatischen Opiumhandels notwendig nach der Übergabe des Managements von der Verwaltung an den Untergrund: eine Quelle, die die rechtmäßige Versorgung mit Opium aus Indien und China in der Vorkriegszeit ersetzte, und eine neue Gruppe Unternehmer, die diesen Handel lenkte. Nach dem Scheitern der Nationalpartei in China (Kuomintang/KMT) waren die Voraussetzungen gegeben. Schanghais Grüne Bande, ein Syndikat der Volksgruppe der *Chiu Chau*, das die illegalen Heroinfabriken und Opiumhöhlen der Stadt kontrollierte, wanderte beim Vorrücken der Roten Armee nach Hong Kong ab und begründete dort die Herstellung von Heroin. In Nordost-Burma versteckte Überreste der KMT sammelten sich, unterstützt vom CIA, zum Angriff auf die Einheiten der Roten Armee in Yunnan. Als die KMT 1951-1952 zurückgeschlagen war, setzte sie sich in Burmas Shan-Staaten fest, die damals unbedeutende Mengen an Opium produzierten. Um dort überleben zu können, verlangte sie von den Bergvölkern eine Opiumsteuer und zwang sie gewaltsam zu einer rapiden Steigerung der Opiumproduktion.“[26]

Erst Ende der 50er Jahre ging diese Opiumproduktion über das Ausmaß der regionalen Selbstversorgung hinaus. Mit Hilfe korrupter Regierungsbeamter in den südostasiatischen Staaten wurde das Opium nach Saigon und nach Hong Kong transportiert, von dort kam es verarbeitet – vereinzelt als Morphium und Heroin – nach Marseille und in die USA. Der Vietnamkrieg brachte dann einen endgültigen Eintritt Südostasiens in den weltweiten Heroinhandel. Schätzungsweise 10-15% der halben Million in Südvietnam stationierten US-Soldaten waren drogenabhängig.

Die Chiu-Chau-Syndikate gründeten in Bangkok und Hong Kong Heroinfabriken. Hier wurde vorwiegend mit Hilfe von Chemikern aus Hong Kong aus dem Rohopium das hochkonzentrierte Heroin Nr. 4 (Reinheitsgrad 90%) hergestellt.

Der US-amerikanische Truppenrückzug ab 1970 und das Ende des Krieges 1975 verringerte die Absatzchancen beträchtlich. Die Chiu-Chau-Syndikate folgten ihren Konsumenten in die USA, erschlossen neue Märkte in Asien, Australien und Europa. Begünstigt wurde das durch den „Vernichtungs-Aufkauf“ der Opiumernte Anatoliens, wofür die US-Regierung der Türkei 35 Mio. US-$ gezahlt hatte.[27]

Das „Goldene Dreieck"

Trotz gemeinsamer jahrelanger Anstrengungen der internationalen Drogenfahnder blieb die Produktionskapazität des „Goldenen Dreiecks" Südostasiens ungeschwächt. „Heute bedeutet der Heroinhandel in Südostasien einen wichtigen Industriezweig, er bildet ein Netz von Millionen Opiumbauern, chinesisches Überseekapital in Milliardenhöhe und systematische Korruption bei den höchsten Stellen des Militärs und der Polizei Thailands. Obwohl in mancher Hinsicht recht modern, ist die strenge ethnische Aufgabenteilung aus der Zeit der Gründung in den frühen fünfziger Jahren noch immer charakteristisch für die Region. Das Goldene Dreieck umfaßt auf einer Fläche von fast 400.000 Quadratkilometern die ausgedehnten Hochländer Burmas, Thailands und Laos entlang der chinesischen Grenze. In einem vielgestaltigen Gebiet mit scharfen Bergkämmen, weiten Ebenen und kantigen Felsen, die wie Drachen oder sonstige Fabelwesen aussehen, ist der Boden mit einem hohen Kalkgehalt ideal für das Gedeihen des Mohns. Das ursprüngliche Dreieck dieser Gebirgsregion wurde nach dem Ausscheren von Laos aus dem Opiumhandel im Gefolge der Machtübernahme durch die Kommunisten 1975 zu einem ‚Goldenen Parallelprogramm', was eine äußerst unromantische Bezeichnung ist. Heute wohnen dort eine Million Bergbauern, die

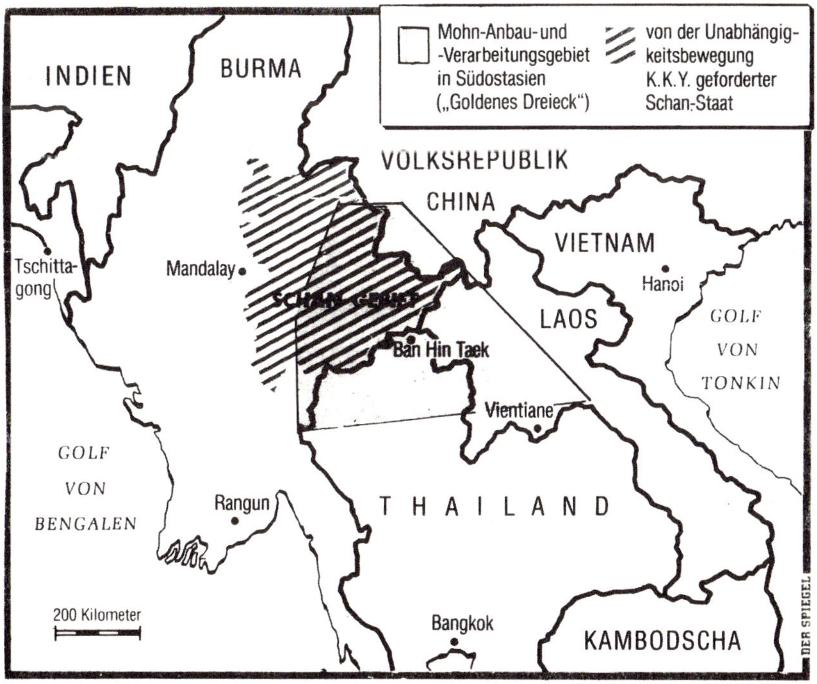

DER SPIEGEL, Nr. 10/1983, S. 149

jährlich 450 bis 1.000 Tonnen Rohopium herstellen. Die Mohnpflanze wächst in Südostasien nur in den Dörfern des ‚Goldenen Dreiecks', die über 1.000 m hoch liegen. Das macht sie zu einer idealen Einnahmequelle für dieses abgelegene Gebiet. Wie Zucker- oder Weizenpflanzer sind die Bergbewohner von Beruf Bauern, die auf Kredit arbeiten und für den Weltmarkt produzieren. Weil es an profitablen Alternativen für den Anbau in diesem rauhen Gebiet mangelt und weil sie bei den jährlich durchziehenden chinesischen Händlern verschuldet sind, werden die Bauern so lange Mohn anpflanzen müssen, wie in Bangkok, New York und Amsterdam eine Nachfrage nach Opiaten besteht."[28]

Die Opiumproduktion liegt also in der Sozialstruktur der Region begründet. Burma hat seit Jahrzehnten keine militärische Kontrolle über die Berggebiete. Die Grenzen sind z.T. nicht eindeutig, auf jeden Fall in den Bergen nur auf Fußpfaden passierbar. Die Bewohner sind ethnische Minderheitsvölker der *Shan, Karen, Akka, Lahu*, die entweder durch ein Schuld- und Kreditsystem der aus *Yunnan* stammenden Chiu-Chau-Gruppen regiert werden oder dem bekannten Opiumhändler *Khun Sha* den Unterhalt einer eigenen Armee zum Schutz seines separatistischen Shan-Staates auf burmesischem Boden finanzieren. Insgesamt liefert die asiatische Drogenmafia aus Hong Kong und Taiwan etwa 20% des Heroinverbrauchs der USA. Der Hauptanteil davon stammt aus den Quellen von *Khun Sha*: man schätzt ihn auf 70-80%.

„Acht von zehn Drogenhändlern in Thailand sind Chinesen. Und vier von zehn Kurieren, die dort wegen Drogenschmuggels inhaftiert sind, sind ebenfalls Chinesen aus Hong Kong." Etwa die Hälfte dieser Kuriere soll selbst abhängig sein.[29]

Die administrativen Strukturen in den Staaten Südostasiens wie auch in Hong Kong selbst sind nicht viel besser. Ein allgemeines rechtsstaatliches Prinzip wird nur per Zwang aufrechterhalten und von den Machthabern per Privilegien und Korruption selbst durchbrochen. Regionale Herkunft und verwandtschaftliche Bindungen haben den Vorrang. So haben es die Chiu-Chau-Chinesen geschafft, seit den 20er Jahren dieses Jh. den Opiumhandel in China zu kontrollieren. 1949 kamen sie von Shanghai nach Hong Kong. Seitdem hat eine Zentralisierung stattgefunden: Es teilen sich die fünf größten Syndikate den Ankauf und Verarbeitung sowie den Absatz in Übersee.[30]

Das Drogenproblem in Hong Kong

Nach Meinung der Weltgesundheitsorganisation (WHO) sind etwa 48 Mio. Bewohner der Erde in irgendeiner Form rauschgiftsüchtig. „Die Drogensucht ist so schlimm wie noch nie. Der internationale Suchtkontrollrat der UN bezeichnete die Lage in Westeuropa als ‚erbarmungslos'."[31]

Über die exakte Zahl der Abhängigen in Hong Kong gibt es nur Schätzungen[32]:

1959	190.000
1967	100.000
1977	33.000
1984	50.000

Geht man von ca. 50.000 Abhängigen bei 5,5 Mio. Einwohnern aus, so sind knapp 1% der Gesamtbevölkerung süchtig. Die Bundesrepublik hat bei einer zwölfmal so großen Bevölkerungszahl nach Schätzungen etwa 60-80.000 Drogensüchtige, so daß bei uns nur knapp 0,1% der Gesamtbevölkerung als drogenabhängig gelten. In New York City (8 Mio. Einw.) sollen ebenfalls ca. 50.000 Drogenabhängige leben.
Berücksichtigt man noch, daß von den Abhängigen nur 7% Frauen sind und bezieht man die Gesamtzahl der Abhängigen auf die Altersgruppen der Männer, die dafür in Frage kommen, so kann man sagen, daß ca. 2-3% aller Männer in Hong Kong ein starkes Suchtproblem haben.
Hong Kong hat damit das „härteste Drogenproblem" der Welt. Die Abhängigkeitsrate ist sogar noch fünfmal höher als im benachbarten Macao, das von den kulturellen Bedingungen und der dichten Besiedlungsstruktur durchaus vergleichbar ist.
98% der Abhängigen nehmen Heroin, nur 1% ist noch opiumabhängig. Damit ist der Anteil der Opiumsüchtigen, früher Hong Kongs Droge Nr. 1, von 25% (1970) auf 1% (1984) gesunken.[33]
Zusätzlich ist noch der Alkoholkonsum in der chinesischen Bevölkerung angestiegen (1971-1979: 22%). Dazu muß man wissen, daß Alkoholmißbrauch im chinesischen Kulturkreis unbekannt war, daß Alkohol in Hong Kong durch Importsteuern sehr teuer ist und es in Restaurants wenig Anreize zum Alkoholkonsum gibt. „Kneipen" zum ausschließlichen Alkoholkonsum wie im Westen gibt es in Hong Kong kaum.

Drogenbekämpfung
Die Strafen sind hart: Auf Drogenhandel steht die lebenslängliche Haftstrafe, seit die Todesstrafe in Hong Kong rechtlich zwar noch gilt, faktisch aber wegen der Abschaffung in Großbritannien außer Kraft gesetzt ist. Wegen schwerer Drogendelikte waren 1980 knapp 2.500 Personen (etwa die Hälfte aller Inhaftierten) im Gefängnis.

Anklagen wegen Drogendelikte[34]

1974: 18.453
1982: 9.325
1984: 10.981

Die Drogen kommen mit Thai-Fischerbooten oder mit internationalen Frachtern nach Hong Kong und werden dort oft außerhalb der Hoheitszone bei Nacht von lokalen Schiffen übernommen. Weiterhin gibt es begleiteten und unbegleiteten Kurierdienst per Luft. Schwieriger für die Behörden in Hong Kong ist es, den „indirekten" Weg zu kontrollieren, wie bspw. die Luftfracht von Thailand nach der VR China und von dort nach Hong Kong.
Die Polizeibehörden in Hong Kong haben den Ruf, bei der Drogenfahndung recht erfolgreich zu sein. Doch dieses Bild wird durch die in Hong Kong weitverbreitete Korruption und Beteiligung hoher Beamter am Drogenhandel selbst des öfteren getrübt.
Nahezu jede Woche kann man in der Presse von Erfolgen der Drogenpolizei erfahren. Es werden ständig Laboratorien in Hong Kong entdeckt, in denen das Rohopium zu Heroin Nr. 3 raffiniert wird.
1977 wurde *Ma Sik-chun*, Chef eines Syndikats, verhaftet. 1982 gelang eine Polizei-

aktion gegen die *Chinese Connection*, die ihren Sitz in Hong Kong hat und das Heroin nach Marseille verschiffte. 1986 wurden am Flughafen Heroin im Wert von 100 Mio. DM beschlagnahmt.
Doch niemand weiß, wie hoch die Erfolgsquote, das Verhältnis von beschlagnahmtem zu nicht entdecktem Heroin ist.
Das Heroin ist ein gewaltiger Wirtschaftsfaktor in mehrfacher Hinsicht, kosten 100 Gramm Heroin Nr. 3 doch immerhin 5.000 DM im Großhandel in Hong Kong. Die Einzelhandelspreise liegen etwa dreimal so hoch. Auf der anderen Seite konsumieren die Süchtigen für etwa 500 Mio. H.K.-$ Drogen im Jahr. Das sind etwa 10% der Summe der Ausgaben der Kolonie für das Erziehungswesen.[35]
Wer sind die Drogenabhängigen, und warum ist ihre Zahl so gestiegen?
Der Heroinkonsum ist eindeutig ein Problem der jüngeren, schlecht ausgebildeten und sozial nicht integrierten Männer:

Altersverteilung der Drogenabhängigen[36]

5%	unter 21 Jahre
23%	21-30 Jahre
72%	über 30 Jahre

Gängige Erklärungen zum Anstieg der Drogenabhängigen in Hong Kong sind folgende:
1. Die Welle der bis 1980 ins Land gekommenen illegalen Flüchtlinge aus der VR China, die nicht integriert worden sind. Da diese Flüchtlinge keine Aufenthaltsgenehmigung haben und damit keine Arbeitserlaubnis bekommen, sind sie auf illegalen Erwerb und Kriminalität angewiesen.
2. Die gewaltigen Umsiedlungsaktionen von den Ballungszentren beiderseits des Hafens in die neuen Städte in den New Territories.

Das Argument der illegalen Flüchtlinge ist nicht stichhaltig, erklärt es doch nicht den Anstieg des Drogenkonsums bei den Jüngeren. Überhaupt müssen die „Illegal Immigrants", wie früher die Kluft zwischen Schulabschluß und Berufsbeginn, in Hong Kong oft als Erklärung für alles mögliche herhalten.
Übrig bleiben zwei Faktoren, die für den Anstieg des Drogenkonsums verantwortlich gemacht werden können:
a) Hauptmerkmal des Drogenkonsums der 80er Jahre ist „ein über 100%iger Anstieg der Anzahl der Abhängigen im Teenageralter" und „ein 14%iger Anstieg in der Gesamtzahl derjenigen Personen, die in den Umgang mit Drogen verwickelt waren" sowie „ein 47%iger Anstieg der Zahl der echten Abhängigen."[37]
b) Eine Analyse der Verteilung der Drogenabhängigen im Zusammenhang nach deren Wohnort im Gebiet der Kolonie bestätigt, daß die Drogenabhängigen in hoch verdichteten Ballungszentren von Kowloon und New Kowloon überproportional vertreten sind. Hier befinden sich einerseits die älteren, besonders en-

	Gesamt-einwohner	Dichte pro km^2	Gesamtbe-völkerung in %	Prozentanteil d. Drogenabhängigen
Hong Kong Island[38]	1.183.000	14.994	22	22
Kowloon	799.000	75.675	15	22
New Kowloon	1.600.000	47.106	30	39

gen Häuser des Typs Mark I und II, andererseits auch die riesigen Wohnanlagen, in denen es keine gewachsene Sozialstruktur gibt. Leider lassen sich für die neuen Wohngebiete der New Territories wegen unterschiedlicher Bezugsgrößen keine entsprechenden Vergleichszahlen aufstellen.

Suicide

In der kulturellen Tradition Chinas waren Suicide selten. Durch die Verstädterungs- und Anpassungsprozesse kam es dann von 1969-1975 innerhalb von 5 Jahren zu einer Steigerung von 90%, was damals die dritthöchste Steigerungsquote der Welt gewesen ist. Inzwischen ist die absolute Anzahl der Fälle seit 1973 bei etwa 500 gleich geblieben. Verglichen mit der Bundesrepublik (21,6) und West-Berlin (39,5) liegt die Suicidrate (Vorfälle pro 100.000 Einwohner) trotzdem noch niedrig mit 9,43.

Allerdings haben sich seit Beginn der 80er Jahre die Selbsttötungen der unter 19jährigen verdreifacht. Vor allem die Anzahl der Suicidversuche und anonymen Hilferufe bei den Beratungsstellen hat sich um 30%, besonders bei der jüngeren Generation, erhöht. Als Hauptursache werden familiäre und emotionale Probleme angegeben.[39]

Anmerkungen

1 Vgl. Government Information Services (Ed.): Hong Kong 1977, S. 120, S. 263ff.; Hong Kong 1977, S. 120, 263, 264; ders.: Hong Kong 1981, Hong Kong 1981, S. 125, 287; ders.: Hong Kong 1985, Hong Kong 1985, S. 214, 340f.
2 Vgl. Golger, Otto: Squatter and Resettlement, Wiesbaden 1972, S. 75.
3 Vgl. South China Morning Post, 13.4.1982; Far Eastern Economic Review, 16.2.1984.
4 Vgl. Walker, J.: Under the White Wash, Hong Kong o.J., S. 99.
5 Report of the Working Group on Juvenile Crime, Hong Kong 1981, App. 2.1.
6 Hodge, Peter: Prostitution in Hong Kong, in: Hodge, Peter (Ed.): Community Problems and Social Work in Southeast Asia, Hong Kong 1980, S. 198.
7 Vgl. Report of the Working Group ..., a.a.O., S. 6 und 10; South China Morning Post, 5.12.1981.
8 Vgl. Report of the Working Group ..., a.a.O., S. 196.
9 Ebd., App. 2.2.
10 Vgl. South China Morning Post, 31.5.1982.
11 Vgl. Ng, Agnes: Social Causes of Violent Crime among Young Offenders in Hong Kong, Hong Kong 1975, S. 148.
12 Vgl. Lennhoff, Eugen: Politische Geheimbünde, München, Wien 1966, S. 261.
13 Ebd., S. 270.
14 Chesneaux, Jean: Weißer Lotos, Rote Bärte. Geheimgesellschaften in China. Zur Vorgeschichte der Revolution, Berlin 1976, S. 47.
15 Aus: Chesneaux, a.a.O., S. 42 und letzte Umschlagseite.
16 Ebd., S. 29.
17 Ebd., S. 27.
18 Ho Fuk-Cheung: Chinese Triad Societies: Classical Models and New Hong Kong Forms, in: Topley, Marjorie (Ed.): Hong Kong. The Interaction of Traditions and Life in the Towns, Hong Kong 1975, S. 101f.
19 Vgl. ebd., S. 103.
20 Report of the Working Group ..., a.a.O., S. 152f.
21 Ho Fuk-Cheung, a.a.O., S. 105.
22 Vgl. ebd., S. 106; South China Morning Post, 9.12.1984; Far Eastern Economic Review, 15.5.1986.
23 Vgl. Ho Fuk-Cheung, a.a.O., S. 106; Government Information Services (Ed.): Hong Kong 1985, a.a.O., S. 137.
24 Vgl. Ho Fuk-Cheung, a.a.O., S. 106.
25 Vgl. Frankfurter Rundschau, 20.8.1983.

26 McCoy, Alfred: Heroin aus Südostasien. Zur Wirtschaftsgeschichte eines ungewöhnlichen Handelsartikels, in: Vögler, Gisela/v. Welck, Karin (Hg.): Rausch und Realität. Drogen im Kulturvergleich, Bd. 3, Reinbek 1982, S. 1082.
27 Vgl. ebd., S. 1083.
28 Ebd. S. 1088f.
29 Far Eastern Economic Review, 9.6.1985.
30 Vgl. Der Spiegel, Nr. 21/1982; Nr. 10/1983.
31 Vgl. Kölner Stadtanzeiger, 6./7.6.1985.
32 Vgl. Hughes, Richard: Hong Kong, Wien, Frankfurt, Zürich 1967, S. 81; The Action Committee Against Narcotics (Ed.): Hong Kong Narcotics Report, Hong Kong 1979, S. 25; Government Information Services (Ed.), a.a.O., S. 150.
33 Vgl. Action Committee Against Narcotics, a.a.O., S. 25f.
34 Vgl. Government Information Services (Ed.): Hong Kong 1977, Hong Kong 1977, S. 264; ders.: Hong Kong 1985, Hong Kong 1985, S. 341.
35 ders., 1985, a.a.O., S. 331.
36 Vgl. ebd., S. 150.
37 Vgl. South China Morning Post, 25.4.1982.
38 Vgl. Buchholz, Hanns J./Schöller, Peter: Hong Kong, Braunschweig 1985, S. 78; Action Committee Against Narcotics, a.a.O., S. 25.
39 Vgl. Golger, a.a.O., S. 53; South China Morning Post, 17.11.1981; 9.1.1983.

Das Wohlfahrtswesen in Hong Kong 社會福利.

Im alten China war Fürsorge für Hilfsbedürftige eine Angelegenheit des Familienverbandes (*Clan*) und der darüber hinausgehenden Nachbarschaftsvereinigungen (*Kai-Fong*).
Diese sind heute noch in Hong Kong, wenn auch in einem sehr geringen Umfange, im Wohlfahrtswesen aktiv.[1]
1870 entstand die erste rein chinesische, über die Clan- und Kai-Fong-Bewegung hinausgehende Sozialeinrichtung nach einem „westlichen Organisationsprinzip", das *Tung Wa-Hospital.* Die Kolonialregierung beteiligte sich an der Linderung der großen sozialen Not bis nach dem 2. Weltkrieg im wesentlichen nur über Bereitstellung von Nahrung und Notunterkünften.

Anfänge systematischer Sozialarbeit
Mit der Kolonialisierung ab 1843 kamen die westlichen Missionsgesellschaften nach Hong Kong, die bis heute als freie Träger (*Voluntary Organizations*) im Wohlfahrtswesen der Kolonie dominieren.
Die notleidende chinesische Bevölkerung wurde von den Missionsgesellschaften dabei nach christlich-westlichen Maßstäben beurteilt. So findet man schon bei dem bekannten Missionar und Sinologen *E.J. Eitel* von der London Missionary Society im Jahre 1880 die im mitteleuropäischen Raum verbreitete Unterscheidung zwischen „würdigen" und „unwürdigen" Armen.[2] Repression war der einzige Umgang mit den Armen in der prosperierenden Kolonie.
Auch gab es noch nicht einmal ein Armenhaus oder ein Arbeitshaus in Hong Kong. Die damalige Missionsarbeit erstreckte sich auf die Versorgung der Waisenkinder und die Verhütung von Seuchenkrankheiten, von denen ja auch die Europäer bedroht waren.
Neben der völligen Ignorierung des Armenwesens zu Ende des letzten Jh. wurde noch ein zweiter Zug im Umgang mit sozialen Problemen deutlich. Soziale Reformen schaffen erst die sozialen Probleme, argumentierte man: „Jede Maßnahme der sozialen Reform in Hong Kong würde nur eine große Einwanderung von bedürftigen Menschen in die Kolonie bringen, um ihren Vorteil aus den neuen Bedingungen zu schöpfen.[3]
Die Wohnungsnot wurde zum größten sozialen Problem. Daneben befanden sich die sozialen Dienstleistungen bis nach 1945 noch auf der Stufe des (europäischen) mittelalterlichen Almosenwesens. „Das Wohlfahrtswesen in Hong Kong ist eine schreiende Schande"[4], schrieb ein Kritiker noch im Jahre 1970.
Diese große soziale Not war bei niedrigem Lohnniveau und ohne „Sozialklimbim" der Motor für den wirtschaftlichen Aufstieg der Kolonie. Die Kritik an diesen Zuständen kam von außerhalb. Die christlichen Missionsgesellschaften, die Kirchen, internationale Sozialorganisationen, UN-Gliederungen wie auch Abgeordnete aus Großbritannien prangerten die menschenunwürdigen sozialen Zustände wie auch die verbreitete Kinderarbeit jahrelang öffentlich an.
Großbritannien hat in Hong Kong niemals derartige soziale Verpflichtungen übernommen, wie sie im „Mutterland" schon seit dem Ende des letzten Jahrhunderts selbstverständlich sind.
Reform des Wohlfahrtswesens, Beginn langfristiger Sozialplanung, Rechtsansprü-

che auf finanzielle Hilfe (analog unserer Sozialhilfe), sowie verstärkte eigene Aktivitäten der Kolonialregierung im Sozialbereich begannen erst angesichts der Unruhen von 1967/68.

Das erste Konzept stammt aus dem Jahre 1965, das *Government White Paper on Social Welfare*: „The Aims and Policy of Social Welfare." 1973 wurde ein 5-Jahresplan der Öffentlichkeit vorgestellt: „Social Welfare in Hong Kong, the Way ahead." Dieser Plan sollte den Übergang zu mehr sozialstaatlicher Absicherung herbeiführen. In den 70er Jahren entstanden Gesetze zur sozialen Sicherung und die Ausweitung der sozialen Dienste.

1977 kamen dann einige *Green Papers*, die sich mit spezifischen Zielgruppen (Kinder, Jugendliche, Alte) beschäftigten, 1981 wurde dann die große, die Öffentlichkeit schockierende Untersuchung über Jugendkriminalität veröffentlicht.

Das Planungs-System in Hong Kong

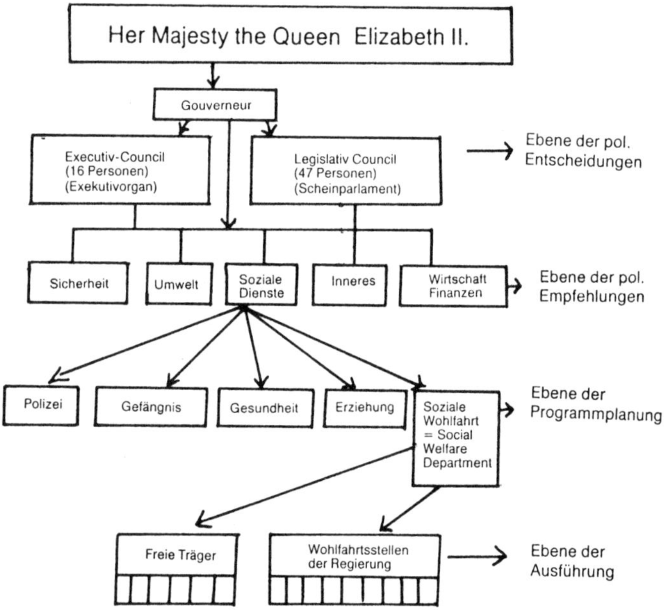

Soziale Wohlfahrt in Hong Kong

Der Begriff *Social Welfare* umfaßt in Hong Kong alle Aktivitäten der Gebiete Gesundheitspflege, Erziehung, Beschäftigungspolitik, Wohnungsbau, Erholung, Kultur, wie auch in einem engeren Sinne das System der sozialen Sicherung und der Dienstleistungen der Sozialarbeit. Die Kolonialregierung von Hong Kong hat die oberste Verantwortlichkeit für das System der sozialen Sicherung, Initiierung, Planung, Koordination und Durchführung von sozialen Dienstleistungen sowie deren Finanzierung.

Die zuständige Fachbehörde innerhalb des Ministeriums (*Social Service*), das auch für Polizei, Gesundheit, Gefängnisse und Erziehung zuständig ist, heißt *Social Welfare Department*. Sie gliedert sich in zwei Schwerpunkte und hat 5.000 Mitarbeiter.

1. Soziale Sicherung (Social Security)
Die folgenden finanziellen Maßnahmen zur sozialen Sicherung sind alle neueren Datums. Sie markieren den Übergang vom laissez faire-Kapitalismus zu bescheidenen Anfängen einer sozialstaatlichen Entwicklung. Hierzu gehören:

Sozialhilfe (Public Assistance)
Von 1950-1970 gab es für die einkommenslosen Armen nur Almosen in Form von Essens- und Kleidergaben. Seit 1971 hat Hong Kong eine in Geldform auszahlbare geringe Sozialhilfe, um v.a. die Älteren, die keine Familienangehörigen mehr haben, abzusichern. Außer alten Menschen können anerkannte Arbeitslose diese Unterstützung beanspruchen, ebenfalls gilt sie für Familien, die ihren Hauptverdiener verloren haben. Alle Antragsteller müssen mindestens ein Jahr in Hong Kong gelebt haben. Gegenwärtig werden 510 H.K.-Dollar (215 DM) pro Person bezahlt. Hinzu kommen Zuschüsse für Familienangehörige, Mietbeihilfe (*Rental Allowance*) und ein Einrichtungszuschuß (*Long Term Furniture Allowance*).
Die Zahl der Sozialhilfeempfänger ist in den letzten Jahren nur geringfügig gestiegen, wird sich jedoch ab Mitte der 80er Jahre verdoppeln, weil dann eine Zunahme der Älteren zu erwarten ist.

1974	1975	1983	1984	1986/87[5]
40.267	55.620	54.711	59.320	108.000 (Schätzung)

Die Gesamtausgaben haben sich dagegen im gleichen Zeitraum mehr als verzehnfacht von 1974: 45 Mio. zu 1983/4: 486 Mio.
Hilfe in besonderen Notlagen (*Special Needs Allowance*) teilt sich in Hong Kong in zwei Gruppen:
- Altersversorgung (*Old Age Allowance*).
  Seit 1973 gibt es eine minimale Altersversorgung (50% der Sozialhilfe: 108 DM) für alte Menschen über 75 Jahre. 1978 wurde die Altersgrenze auf 70 Jahre gesenkt, so daß etwa 220.000 alte Menschen einen Anspruch erheben können.
- Behinderten- und Gebrechlichenhilfe (*Disability and Infirmity Allowance*).
  Diese Unterstützung besteht seit 1973 und wird von derzeit 30.000 Menschen beansprucht. Die Höhe beträgt ebenfalls 108 DM.
  1984 erhielten insgesamt 255.000 Menschen beide Unterstützungen. Die Gesamtausgaben 1983/84 betrugen 709 Mio. H.K.-Dollar. Auch hierbei ist ein starker Anstieg zu verzeichnen.

Weiterhin gibt es folgende Unterstützungen:
- Verbrechensopfer-Entschädigung (*Criminal and Law Enforcement Injuries Compensation*).
  Diesen Unterstützungsplan gibt es seit 1973. 1984 wurden über 4 Mio. H.K.-Dollar dafür aufgewandt.

– Beihilfe für Opfer von Verkehrsunfällen (*Traffic Accident Victims Assistence Scheme*).
Auch hierbei kann man seit 1973 eine einmalige Entschädigung je nach Höhe des Personenschadens erhalten. Wenn darüber hinaus soziale Not besteht, muß Sozialhilfe beantragt werden. 1984 gab es 6.600 Anträge, von denen 5.490 akzeptiert wurden. Die Gesamtsumme betrug 32 Mio. H.K.-Dollar.

2. Soziale Dienstleistungen (Social Services)
Soziale Dienstleistungen des Social Welfare Departments bilden einen zweiten Schwerpunkt. Dabei machen diese Angebote etwa 30% der gesamten sozialen Dienstleistungen der Kolonie aus, der Rest liegt in den Händen der freien Träger. Damit ähnelt die Struktur der Versorgung eher der Bundesrepublik als der des „Mutterlandes" Großbritannien.
Die eigenen Angebote des Social Welfare Departments liegen in den folgenden vier Sektoren:

– Familienhilfe/Allgemeiner Sozialer Dienst (*Family Service*)
Diese Tätigkeit umfaßt Aufgaben unserer Familienhilfe, des Allgemeinen Sozialen Dienstes und Teile der Jugendhilfe. Es gibt 20 dezentrale Beratungseinrichtungen. Auch ist diese Abteilung für die Fremdunterbringung (knapp 1.000 Plätze), Kindertageseinrichtungen (23.000 Plätze), Pflegschaften und Adoptionen zuständig.
– Gruppen- und Gemeinwesenarbeit (*Group Work and Community Work*).
Die Abteilung unterhält selbst etwa 20 Beratungs- und Bürgerzentren. Daneben ist sie Koordinations- und Aufsichtsorgan der von den freien Verbänden unterhaltenen Zentren für Kinder (137), Jugendliche (147). Eine Tätigkeit, die sich am ehesten mit unserer offenen Kinder- und Jugendarbeit wie auch Bürgerzentren/Stadtteilarbeit vergleichen läßt.
– Bewährung und Besserung (*Probation and Correction*)
Hierin sind die Aufgaben der Bewährungshilfe und Jugendgerichtshilfe vereint. Es gehört auch zum Aufgabenbereich dieser Abteilung, die Trägerschaft von 11 eigenen Heimen und die Aufsicht über die Heime der freien Träger zu organisieren. Der normale Typus des Heimes ist derjenige des geschlossenen Heimes.
– Behindertenhilfe (*Rehabilitation*)
Auch im Sektor der Arbeit mit körperlich und geistig Behinderten ist die Fachabteilung v.a. Koordinator und Fachaufsicht über 70 Einrichtungen der freien Träger. Daneben hat die Abteilung 17 eigene Einrichtungen in Trägerschaft.

Rat der Sozialen Wohlfahrt (Council of Social Welfare)
Der Council of Social Welfare ist der Zusammenschluß von über 150 Organisationen der freien Träger, Ausbildungseinrichtungen, Regierungsstellen und sonstigen Interessengruppen auf dem Gebiet der Wohlfahrt.
In der Vergangenheit war der Council ein heftiger Kritiker der sozialpolitischen Abstinenz der Regierung. Es gab häufig Auseinandersetzungen über die unzureichende Finanzierung der freien Träger. Da kein Rechtsanspruch vorhanden war, unklare Richtlinien bestanden, kamen Reglementierungen von unliebsamen So-

zialarbeitern vor. Gegenwärtig, in der Phase zunehmender Regierungsfinanzierung, sieht sich der Council in einer drohenden größeren Abhängigkeit.
1981 weigerte sich die Regierung, ein Defizit des Council von einer relativ geringen Summe von 330.000 H.K.-Dollar zu übernehmen, da dieses finanzielle Loch aufgrund der Einstellung von nicht genehmigtem Personal zustande gekommen sei. Bemerkenswert an diesem Konflikt ist jedoch, daß er genau eine Woche nach der spektakulären Ausweisung der amerikanischen Anwältin *Christine Vertucci* stattfand, die Mitarbeiterin einer freien Wohlfahrtsorganisation war und sich durch Kritik unbeliebt gemacht hatte.
Führende Repräsentanten der Sozialarbeit in Hong Kong sahen in der Mittelverweigerung eine Drohgebärde. Die Ausweisung selbst wurde nicht begründet, Interventionen beim höchsten Gericht in London blieben erfolglos.

Armut in Hong Kong: Straßenbewohner

Die Finanzierung der Wohlfahrt in Hong Kong
Bis Ende der 70er Jahre wurde die Wohlfahrt in Hong Kong aus drei Quellen mit sehr unterschiedlichem Gewicht finanziert und ähnelte damit dem System im Deutschland des 19. Jh.:

- Ein großer Teil des Geldes kam über die Missionsgesellschaften aus Übersee. 1966: 50%, 1978: 10%.
- Ein weiterer Teil bestand aus freiwilligen Abgaben des Großkapitals (Community Chest).
- Ein geringer Teil kam aus dem Budget der Kolonialverwaltung.

In den 60er und 70er Jahren hatte die Bedeutung des Community Chest immer mehr zugenommen, weil die Missionsgesellschaften zu dem Standpunkt gekom-

men waren, daß ein so wohlhabendes Land wie Hong Kong seine Sozialarbeit selbst finanzieren sollte.
So kam es, daß sich etwa 80 der 130 aktiv Sozialarbeit treibenden freien Träger größtenteils aus dieser Almosenstelle des Großkapitals finanzierten; außerdem zu einem geringen Teil von Lotterien, Wohltätigkeitsfesten und ähnlichem.
Eine wichtige Schwergewichtsverlagerung kam ab Mitte der 70er Jahre zustande. Waren zu Beginn der 70er Jahre die Regierungszuschüsse für die Sozialarbeit nur knapp 33% des Gesamtaufwandes, so bilden sie heute den größten Teil. Ursache hierfür sind die Gesetze zur sozialen Sicherung. Die Zuwendungen aus dem Community Chest, wie auch die Gelder aus Übersee, waren rückläufig.
Neben den Gesetzen zur sozialen Sicherung gibt es keinen weiteren Rechtsanspruch. Die freien Träger werden zwar jetzt größtenteils von der Regierung finanziert, haben allerdings keinen Anspruch auf Förderung. Sie erhalten normalerweise jedes Jahr eine feste Summe als Regierungszuschuß. Neue Träger bzw. neue Arbeitsbereiche müssen von der Regierung zur Förderung anerkannt werden. Das erhöhte die Abhängigkeit der freien Träger von der Regierung beträchtlich.

Hodge weist darauf hin, daß in der Vergangenheit, als das Geld aus dem Ausland noch reichlich floß, die Sozialarbeit in Hong Kong in ihrem Umfang zwar kleiner, dafür aber kritischer und unabhängiger war.

Die freien Träger (Voluntary Organizations)
Weil die Sozialarbeit in Hong Kong als christliche Missionstätigkeit begann, sind christliche Träger heute noch am stärksten vertreten, wie der Lutherische Weltbund und die Caritas mit je etwa 20 Einrichtungen. Auch Baptisten, Methodisten, Heilsarmee, YMCA, Adventisten, Rotes Kreuz wie auch ein buddhistischer Träger und die vielen aus der chinesischen Tradition kommenden Nachbarschaftsvereine (*Kai-Fong*) unterhalten eigene Einrichtungen in Hong Kong.
Insgesamt decken die freien Träger etwa 70% des Angebots in der Kolonie ab und beschäftigen knapp 5.000 Mitarbeiter. Sie arbeiten billiger, effektiver und unbürokratischer als die entsprechenden Dienststellen der Regierung. Früher stammte das Leitungspersonal häufig aus Übersee.

Das Mädchenerziehungsheim „Zum Guten Hirten"
Im Erziehungsheim für delinquente, gefährdete und „verwahrloste" Mädchen „Zum Guten Hirten" sind in vier Gruppen von je 13 Mädchen im Alter von 12-16 Jahren untergebracht. Das Heim befindet sich in katholischer Trägerschaft. Die Mädchen haben bei der (unfreiwilligen) Aufnahme die Hausordnung schriftlich zu bestätigen. Wenn sie gegen diese Ordnung verstoßen, werden sie in ein anderes, noch strengeres Heim verlegt.
Der größte Teil des Tages wird mit Schulunterricht und Lernen verbracht. Der Tagesablauf ist von morgens bis abends genau reglementiert. Bei Tisch muß man still sitzen, ordentlich gekleidet sein und darf nicht sprechen oder vom Platz aufstehen. Neben der Hausordnung und den Verhaltensregeln sind katholische Moralvorstellungen ein starker Erziehungsfaktor für diese Mädchen, die größtenteils aus nicht-christlichen und sozial gefährdeten Milieus kommen. Die Erzieherinnen, meistens Nonnen, betrachten die Mädchen als verdorbene, von Gott ab-

gefallene Sünderinnen, die man durch den wahren Glauben und innere Zucht wieder auf den rechten Weg zurückführen müsse.
Angesichts dieser Zustände, die an unsere Heimsituation vor 1970 erinnern, sind die Erfolge in der Resozialisierung vermutlich nicht sehr hoch.
Mag dieses Heim auch eine extreme Ausnahme sein, andere Heime sind nicht wesentlich besser. Insgesamt kommen in der Kolonie Praktiken der Verwahrung und Kontrolle häufiger vor als moderne Methoden der Resozialisierung.

SoCo – ein Ansatz radikaler Sozialarbeit
Die kleine Wohlfahrtsorganisation *Society for Community Organization* (SoCo) ist unter Fachleuten in Hong Kong als besonders radikal und kompromißlos bekannt. Sie besteht aus nur 5 Mitarbeitern, zumeist politisch engagierten Laien, hat keinerlei bürokratische Struktur und finanziert sich ausschließlich durch Spenden, größtenteils aus Übersee.
Von der Regierung erhält SoCo keinerlei Untestützung; sie wird statt dessen dort auf einer „Schwarzen Liste" geführt, wegen „unerwünschter Aktivitäten". Bei vielen Mißständen, v.a. im Wohnbereich, helfen die SoCo-Mitarbeiter mit Methoden des amerikanischen Theoretikers Saul Alinsky: Protestdemonstrationen, Mahnwachen, Streiks und Blockaden.
Daneben werden Basisprojekte von Betroffenen unterstützt; SoCo greift Mißstände auf, ist das Sprachrohr sonst Sprachloser, stellt Wissen und Hilfsmittel zur Verfügung.

Möglichkeiten und Grenzen der Jugendhilfe

青年工作

44% der Einwohner von Hong Kong sind unter 25 Jahre alt; sie unterliegen durch die Lebensbedingungen einem deutlich erhöhten Gefährdungspotential.
Dem stehen unzureichende Hilfsmöglichkeiten gegenüber. 1985 gab es in der Kolonie etwa 20 Familien-Beratungszentren, an Freizeit- und Beratungszentren für Kinder und Jugendliche zählte man ganze 373 Einrichtungen. Teilweise werden die Hilfsmöglichkeiten noch nicht voll genutzt, weil es nicht zur Mentalität der Chinesen paßt, sich anderswo, bei „Fremden", Hilfe zu holen. So ist auch der Anteil der jugendlichen Delinquenten, die an organisierten Aktivitäten der Jugendhilfe teilnehmen, von 1978 (49%) auf 33% im Jahre 1980 zurückgegangen.
Für gefährdete und „verwahrloste" Jugendliche stehen 6 Heime mit ca. 1.000 Plätzen zur Verfügung. Daneben sind noch knapp 3.000 Jugendliche in Haft oder unter Bewährungsaufsicht (in der Bundesrepublik ist diese Zahl doppelt so hoch, bei zehnfacher Bevölkerungszahl). Bewährungshilfe (Probation) gibt es in Hong Kong seit 1933 durch Übernahme der englischen Regelung. Als Rückfallquote wird in einer Untersuchung 20-30% angegeben, was angesichts der Rückfallquoten in der Bundesrepublik von 40-50% als zu gering erscheint.
Die Ursachen für Heimeinweisungen waren nach einer Untersuchung von 1981[7]:

20,6%	Schulabbruch/Schulschwänzen
13,4%	Keine elterliche Kontolle mehr
13,1%	Diebstahl/Raub
12,0%	Eltern abwesend od. nicht zur Erziehung fähig
11,0%	Bummeln/Herumstreunen
9,0%	Triaden-Kontakt/Mitgliedschaft
7,4%	Von Zuhause weggelaufen

Schulsozialarbeit in Hong Kong
Schulsozialarbeit als ein Teilbereich der allgemeinen Sozialarbeit wurde erst im Jahre 1971 in Hong Kong gestartet; die Organisationsprinzipien und Ausbildungsinhalte entsprechen denen des britischen Systems. Inzwischen sind etwa 70 Schulsozialarbeiter, die Mehrzahl von ihnen für die Wohlfahrtsorganisationen, an über 200 Schulen mit über 220.000 Schülern tätig. Da viele der Schulsozialarbeiter auch noch andere Aufgaben haben, ergibt sich ein Verhältnis von einem Schulsozialarbeiter, der für etwa 4 Schulen und durchschnittlich 3.200 Schüler zuständig ist.
Die Aufgaben der Schulsozialarbeiter in Hong Kong, die sich teilweise mit denen derjenigen in der Bundesrepublik decken (es gibt in der Kolonie mehr Verwaltungs- und Ermittlungsarbeit, dafür weniger Aufgaben im Freizeitbereich), haben u.a. auch folgendes Ziel: „Reduzierung und Verhütung anti-sozialen und delinquenten Verhaltens unter den jungen Leuten."
Die Mittel hierzu sind mit denen, die man in Europa kennt, vergleichbar. Einzel- und Gruppenarbeit mit den Schülern, Beratung und Kontakte mit Eltern und Leh-

rern. Vor allem soll mit gefährdeten Schülern über die Problematik ihres Verhaltens gesprochen und ihnen Alternativen aufgezeigt werden.
Dabei hat der Schulsozialarbeiter u.a. mit den Lehrern und anderen offiziellen Stellen „vertrauensvoll“ zusammenzuarbeiten und gegenüber der eher „autoritativen“ Lehrerrolle eine stärkere „permissive“ Funktion zu übernehmen.
Seit Beginn der Schulsozialarbeit in Hong Kong hat das zuständige School Social Work Committee mehrere Richtlinien (Guide-lines) und Handbücher (Manuals) hierzu veröffentlicht. Auch hierbei fällt der große bürokratische Aufwand auf, der einer kleinen Gruppe von Praktikern bis ins Einzelne vorschreibt, was sie in diesem und jenem Falle zu tun haben.

„Schulordnungen" – Ausgangsbedingungen für den Schulverweis

Der Schulsozialarbeiter, zuständig für insgesamt vier Schulen mit je etwa 1.000 Schülern, hat Dienst in einer Secondary Technical School in Kowloon.
Die Schule ist ein 5stöckiges Gebäude mit balkonähnlichen Gängen auf der Hofseite. Auf dem Dach befindet sich, wie bei den meisten Schulen Hong Kongs, ein umzäunter Spielhof für Ballspiele. Die Pausen sind zeitversetzt, weil alle 1.000 Schüler nicht auf den engen ebenerdigen Schulhof passen würden.
Die Schule befindet sich inmitten eines Sozialwohnungsbaugebietes zwischen zwei Durchgangsstraßen, unweit einer U-Bahnstation gelegen, etwa 10 km vom Zentrum Kowloons entfernt, unterhalb der Bergkette, die New Kowloon von den New Territories trennt.
Die Schüler sind Jungen und Mädchen zwischen 10 und 16 Jahren. Die Hauptfächer sind Mathematik, Chinesisch, Englisch, soziale und technische Fächer sowie allgemeinbildende Fächer. Hauptunterrichtssprache ist Cantonesisch.
Die Schule ist stark bürokratisch organisiert. Jeder Schüler, wie auch der Sozialarbeiter und sein Praxisanleiter von der Universität erhält eine Unmenge von Papieren:
Eine jährliche Noten- und Fächerskala, Namen und chinesische Zeichen aller Lehrer, Liste der Morgenandachten, ihrer Sprecher und biblischer Texte, Rechte und Pflichten der Lehrer und Schüler, Schulkalender mit Aktivitäten, Kalender der Haus-Treffen, Schul-Clubs.
Die Schulregeln für die Schüler umfassen insgesamt 55 Punkte, was ein Schüler „nicht machen soll“; diese sind noch fein säuberlich unterteilt, in das, was innerhalb und außerhalb des Gebäudes verboten ist. Neben den üblichen Dingen ist auch verboten „zu schwören“ oder „Triaden-Ausdrücke“ zu benutzen, die Haare zu lang zu tragen (Jungen), in den Klassenräumen Schach zu spielen. Mädchen dürfen keine allzulangen Fingernägel oder Make-up tragen. Auch ist es verboten, zu weite Hosenbeine zu tragen; vielmehr muß die vorschriftsmäßige Schulkleidung getragen werden. Über die Schulkleidung gibt es eine weitere spezielle Vorschrift mit etwa 30 Regeln, ebenfalls unterteilt in Sommer- und Winterkleidung und für Jungen und Mädchen. Die Jungen müssen im Sommer ein braunes Hemd mit kurzen Ärmeln, dunkle Socken und schwarze Lackschuhe anhaben. Auch darf eine gefütterte Wolljacke außerhalb des Hauses angezogen werden, aber nur,

wenn die Außentemperatur unter +10°C liegt. Handschuhe muß man innerhalb des Schulgebäudes ausziehen.
Hier schimmert überall das englische Schulsystem durch, aber auch eine Entmündigung und ein unsinniger Bürokratismus, der eher das Gegenteil vom Erstrebten erzeugt. Welcher Schüler käme denn schon auf den Gedanken, innerhalb des Schulhauses Handschuhe zu tragen, es sei denn, er tut es deswegen, weil es so ausdrücklich verboten ist. Zuviele Vorschriften bringen natürlich zu viele Reibungspunkte und unnötige Konflikte mit sich.
Ein spezielles Merkblatt gibt den Lehrern Vorschriften, wie sie Lob („rote Punkte") und Tadel („schwarze Punkte") für Betragen zu verteilen haben. Sie sind angehalten, auch kleinere Verstöße zu bewerten. Einen schwarzen Punkt gibt es bspw. für Spucken (was in China sehr beliebt ist), Gebrauch von Kaugummi, Abfall wegwerfen und für unkorrekte Schulkleidung.
Drei schwarze Punkte erhält man für Spielen (ebenfalls eine starke chinesische Leidenschaft), Betrug oder Schlägereien.
Die Konsequenzen sind ebenfalls genau festgelegt: bei drei Punkten muß man sich vom Disziplin-Komitee verwarnen lassen, bei 8 Punkten geht ein Warnbrief an die Eltern, der Schulverweis kann ab 10 Punkten erfolgen.

Das Gesundheitswesen in Hong Kong 卫生事业

Im letzten Jahrhundert war die Malaria, in den vergangenen Jahrzehnten die Lungen-TBC die Haupttodesursache in Hong Kong.[8]
Beide Erkrankungsarten sind heute unbedeutend, dank guter, breitangelegter Prävention. Es gab nur 420 Fälle von tödlicher TBC und zehn Malariafälle in den New Territories. Auch andere in der „Dritten Welt“ verbreitete Krankheiten oder Mangelzustände sind auf ein mit den hochentwickelten Ländern vergleichbares Maß gesunken.
Die durchschnittliche Lebenserwartung liegt inzwischen bei 76 Jahren für Frauen und bei 70 Jahren bei Männern.
Die Kindersterblichkeit per 1.000 Lebendgeburten beträgt z.Z. 9,1%. Die Haupttodesursachen sind wie bei uns Krebs sowie Herz- und Kreislauferkrankungen.[9]
Die Todesfälle durch Krebs – v.a. durch Lungenkrebs (1/3) – nehmen ebenso zu wie umweltbedingte Krankheiten. Diese sind v.a. durch Lärmbelästigungen, Luftverschmutzung, Umweltverschmutzung, Vergiftung des Meeres, wovon dann hochbelasteter Fisch in die Nahrungskette der Menschen gerät, verursacht. Insbesondere Kinder sind durch den überhöhten Bleigehalt im Treibstoff (0,4 Gr/L.) bedroht. Hierbei, wie auch bei einem kürzlich durch Asbestmaterial bekanntgewordenen Vergiftungsfall, wird deutlich, daß viele Sicherheitsbestimmungen, die für Großbritannien gelten, in Hong Kong keine Bedeutung haben.[10] Die Umweltverschmutzung von Hong Kong ist extrem. So verletzten etwa 75–90% der Betriebe die Abfallbeseitigungsgesetze.
50 km nördl. von Hong Kong soll in der Provinz Shenchen 1991 das 1800-Megawatt-AKW *Daya Bay* ans Netz gehen. Es ist ein „Joint Venture" zwischen einer rotchinesischen Gesellschaft (75%) und einem Hong Konger Energieunternehmen (25%). Das Projekt zu 3,5 Mrd. US-Dollar hat schon in der Konstruktionsphase Baumängel. Ein Fünftel der Einwohner von Hong Kong haben – ergebnislos – eine Petition gegen das Atomkraftwerk unterzeichnet. Daneben muß an die beengten Lebensbedingungen erinnert werden. Von den über 5,5 Mio. Einwohnern leben etwa 3 Mio. in Behelfsunterkünften und Hüttensiedlungen, z.T. ohne hygienische Einrichtungen. Die Seuchengefahr ist seit Jahren erfolgreich gebannt durch den massiven Einsatz von Chemikalien, auch im Trinkwasser.
Wie sieht es nun dort aus, wo die Gesundheit der Bevölkerung viel kostet? Auch hier gilt ein koloniales Privilegiensystem: Eine gesetzliche Krankenversicherung gibt es nicht. Man hat hierbei geschickt an die (real kaum noch vorhandene) agrarisch-großfamiliale Tradition der chinesischen Kultur angeknüpft, wonach man sich im Familienverband hilft. Zwar trifft diese Lebens- und Versorgungsform für die Masse der Bevölkerung in Hong Kong nicht mehr zu, doch ist Krankheit „Privatsache“. So haben nur die Besserverdienenden eine private Krankenversicherung. Staatsbedienstete und die höheren Ränge der großen Companies sind vom Arbeitgeber versichert.
Für die Behandlungsbedürftigen gibt es etwa 25.000 Klinikbetten; etwa 40% davon in Regierungshospitälern. Eine Konsultation kostet derzeit etwa 5 DM; ein Bett in der 3. Klasse etwa 7 DM. Für eine Blinddarmoperation muß man bspw. 50 DM bezahlen. Für eine Basis-Versorgung, die Massenerkrankungen verhindert und die

Volksgesundheit (Arbeitsvermögen) erhält, ist gesorgt. Wer eine bessere individuelle Behandlung haben möchte, muß mehr zahlen.

Ausgaben der Regierung für das Gesundheitswesen[11]

	1974/75	1984/85
in Mio. H.K.$	560	3.034
in Prozent des Gesamtbudgets der Regierung	8 %	8 %

„Im Vereinigten Königreich gibt es einen Arzt für 760 Personen, in Hong Kong ist einer für 1.140 Personen zuständig. Großbritannien hat 8,6 Krankenhausbetten für 1.000 Einwohner; Hong Kong bietet für 1.000 Einwohner nur 4,4 an."
Gegenwärtig fehlen etwa 1.500 Ärzte. Angesichts des Jahres 1997 befürchtet man eine Abwanderung von Ärzten.

Alter Mann in Hong Kong

Die ältere Generation

Die Bevölkerung Hong Kongs wird älter; ein Ergebnis der verbesserten Gesundheitspolitik und des Nachwachsens zahlenmäßig stärker vertretener Jahrgänge.[12]

Über 65 Jahre alt sind:
1974 5,3% der Bevölkerung
1984 7,4% der Bevölkerung

Die soziale Absicherung der Alten ist mangelhaft, v.a. derjenigen, die ohne einen stützenden Familienverband auskommen müssen. So sieht man überall in der Kolonie alte Menschen bei Tätigkeiten, die die magere Sozialhilfe von 510 H.K.-$ (1986) aufbessern müssen. 20% der befragten 55-70jährigen einer Untersuchung von 1981 waren noch in normalen Arbeitsverhältnissen. Zwei Drittel von ihnen gaben an, daß sie das Geld unbedingt zum Lebensunterhalt benötigen. Nur 8,6% der alten Menschen erhielten ordnungsgemäße Renten oder Pensionen.[13]
Von den 392.000 Alten in Hong Kong sind über 100.000 alleinstehend und auf Pflege oder Unterbringung angewiesen.[14]

Anmerkungen

1 Vgl. Siu-kai Lau: Society and Politics in Hong Kong, Hong Kong 1982,S. 134ff.
2 Vgl. Hodge, Peter: The Poor and the People of Quality. Social Policy in Hong Kong. An Inaugural Lecture from the Chair of Social Work. University of Hong Kong, Supplement to the Gazette, Vo. XXIII, Nr. 5, 22.3.1976, S. 5.
3 Ebd.
4 Walker, J.: Under the White Wash, Hong Kong o.J., S. 104.
5 Vgl. Government Information Services (Ed.): Hong Kong 1985, Hong Kong 1985, S. 157; Chow, Nelson et al (Ed.): Social Welfare in Hong Kong, Hong Kong 1980, S. 89.
6 Vgl. Hodge, Peter (Ed.): Culture and Social Work, Hong Kong 1980, S. 98; Report of the Lutheran Social Service 1981-1982, Hong Kong 1982, S. 5; South China Morning Post, 1.3.1982.
7 Vgl. Report Juvenile Crime, a.a.O., S. 117; Government Information Services (Ed.), a.a.O., S.214.
8 Alle vorstehenden Angaben aus: Government Information Services (Ed.), a.a.O., S. 157ff.
9 Vgl. ebd., S. 143, S. 322.
10 Vgl. South China Morning Post, 21.2.1982.
11 Government Information Services (Ed.), a.a.O., S. 148, S. 318, S. 333.
12 Vgl. ebd., S. 284.
13 Vgl. South China Morning Post, 31.8.1981.
14 Ein ausführlicher Artikel über „Sozialarbeit in Hong Kong" des Herausgebers ist erschienen in: Neue Praxis Nr. 5/1986, S. 385-401.

Literatur

Belardi, Nando: Jugend in einem Schwellenland: Hong Kong, in: Deutsche Jugend, Nr. 2/1986, S. 58-63.
ders.: Sozialarbeit in Hong Kong, in: Neue Praxis, Nr. 5/1986, S. 385-401.

Hong Kong

香港

Die vier Gebiete Hong Kongs

Für den Besucher mag die mehrdeutige Benutzung des Begriffs „Hong Kong" mißverständlich sein, ist es doch sowohl der Name für das gesamte Gebiet, das unter britischer Verwaltung steht, als auch für den ursprünglichen Namensgeber, die Insel Hong Kong (*Hong Kong Island*).

Der stark besiedelte, dem Hafen zugewandte Teil der Insel Hong Kong hieß früher *Victoria.* Inzwischen benutzt man nur noch die Bezeichnung *Central.* Man sollte es in Hong Kong vermeiden, den allgemeinen Begriff Hong Kong für einen Teil der Insel oder des Festlandes zu verwenden. Besser ist es, sich präziser auszudrücken, etwa zu sagen, daß man nach *Central, Aberdeen* oder *Tsim Sha Tsui* möchte.

Das gesamte Gebiet der Kolonie Hong Kong läßt sich in vier klar abgrenzbare Bereiche unterteilen:

1. Die *Insel Hong Kong* mit einer maximalen Ausdehnung von ca. 17 x 12 km, die 1841 „auf ewig" zur britischen Kolonie erklärt wurde und dem gesamten Gebiet den Namen gab.
2. Zwischen Hong Kong Island und dem Festland liegt der natürliche Hafen, einer der schönsten der Welt, der durch die hohen Berge von Hong Kong Island vor Taifunen geschützt ist.
   In den Hafen ragt die Halbinsel *Kowloon* hinein, die an der breitesten Stelle knapp 4 km mißt. Im Norden von Kowloon bilden hohe Berge eine natürliche Grenze zum von China gepachteten Hinterland der New Territories. Kowloon selbst kam 1860 zur Kolonie hinzu, genaugenommen nur bis zu einer Linie in dem damaligen unbebauten Feld, die man großspurig *Boundary St.* (Grenzstraße) nannte. Diese Grenzstraße liegt heute mitten im Häusermeer von Kowloon. Kowloon ist typisch für einen Baustil, den es nur in Hong Kong gibt. Enge Blocks, hohe Wohnsilos und Fabriken – oft in einem Haus –, überall Fels und Zement, abgetragene Berge, um die Flugzeuge, die im Minutentakt einfliegen, nicht zu gefährden. Rund um Kowloon liegen Docks und Häfen.
   Genaugenommen beginnen die *New Territories* bereits direkt hinter der Boundary St.; man nennt dieses Gebiet bis zu den Bergen heute *New Kowloon.*
3. Alles, was hinter der Boundary St. liegt, kam 1898 durch einen 99jährigen Pachtvertrag zur Kolonie als *New Territories* hinzu. Dieses für Hong Kong heute lebenswichtige Hinterland mit Ausweichstädten, die inzwischen 1,5 Mio. Einwohner beherbergen, geht bis zu 16 km tief nach Norden hinein und ist von Westen nach Osten ca. 50 km breit. Seit etwa 15 Jahren werden die New Territories wirtschaftlich so behandelt wie das Kernland der Kolonie. Es werden neben den Satellitenstädten auch Industrien angesiedelt. Es wird auch Landwirtschaft betrieben, die einen Eindruck von China vermittelt.
4. Verwaltungsmäßig zählen die 233 *Inseln* der Kolonie auch zu den New Territories. Abgesehen von Hong Kong Island selbst bieten diese Inseln wiederum ein völlig anderes Bild als die Metropolen oder das Hinterland. Hier findet der Besu-

cher noch bergige und dünn besiedelte Inseln mit malerischen kleinen Fischerdörfern. Alle vier Gebiete kommen am 1.7.1997 an die VR China zurück.

Hong Kong Island

香港島

Der Ausgangspunkt für Exkursionen auf Hong Kong Island ist die Fähranlegestelle der *Star Ferry*. Wenn man von Kowloon mit dieser Fähre gekommen ist und sie hier verläßt, sieht man rechts vor sich das 52 Stockwerke hohe *Connaught Building* (Connaught Centre). Im 35. Stockwerk befindet sich das Büro der *Hong Kong-Tourist Association*. Vor diesem Hochhaus mit seinen kreisrunden Fenstern steht das flache Gebäude der *Hauptpost* (General Post Office, GPO). An dessen Rückseite hat auf der Straßenebene der *Governmental Printer*, die regierungsoffizielle Verkaufsstelle für Druckereierzeugnisse (Reiseführer, Karten, u.a.), ihre Niederlassung. Weitere Publikationen kann man sich im Buchladen der *South China Morning Post*, links neben dem Ausgang von der Star Ferry, kaufen.
Neben dem Connaught Centre und der GPO befindet sich zwischen der Uferpromenade (*Waterfront Promenade*) und *Connaught Rd.* das neue Wahrzeichen Hong Kongs, die Doppeltürme des *Exchange Square-Hochhauskomplexes* (ein dritter Turm soll noch hinzukommen).
In diesen Gebäuden sind u.a. alle drei *Börsen* der Kolonie untergebracht sowie Hunderte von Büros; es hat die modernste internationale Kommunikationstechnik mit Satellitenanbindung. Darunter liegt der *Busbahnhof* (Hong Kong Island Bus Terminal), dann kommt die Anlegestelle für die Kfz-Fähren (*Vehicular Ferry Pier*), für die

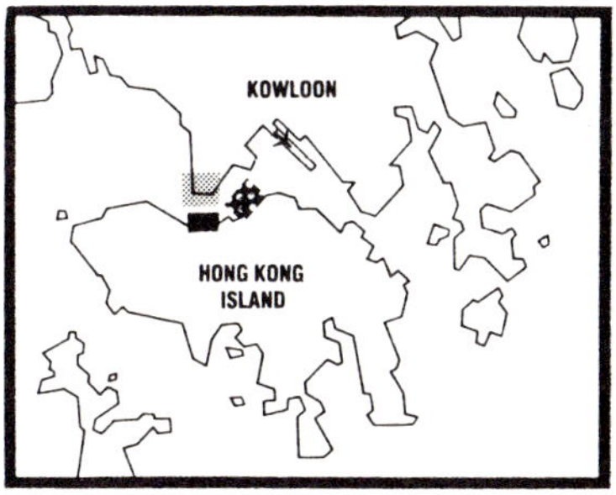

Tsim Sha Tsui
Central
Wanchai/Causeway Bay

Anlegestelle der Star Ferry

Fähren zu den Inseln (*Outlying Islands Ferry Pier*), die Fähre *Mei Foo*. Weiter westl. der Connaught Rd. kommt ein Parkhaus, dann das *Shun Tak Centre*. Im ersten Turm ist das Victoria Hotel untergebracht, im zweiten befinden sich Büros. Im Shun Centre fahren auch die Fähren nach Macao und China ab. Dort befinden sich auch Vorverkaufsstellen.
Hinter dem Shun Tak Centre liegt der Nachtmarkt (*Poorman's Nightclub*). Davor befindet sich die westliche Endstation der *MTR Sheung Wan*.
Blickt man vom Ausgang der Star Ferry nach links, sieht man ein 3stöckiges flaches Gebäude, die *City Hall* (Stadthalle), ein 1971 eingeweihtes Theater- und Kulturzentrum der Kolonie. In der Lobby befindet sich eine Plastik von Henry Moore (dort gibt es auch Programme und Karten).

CENTRAL 中環

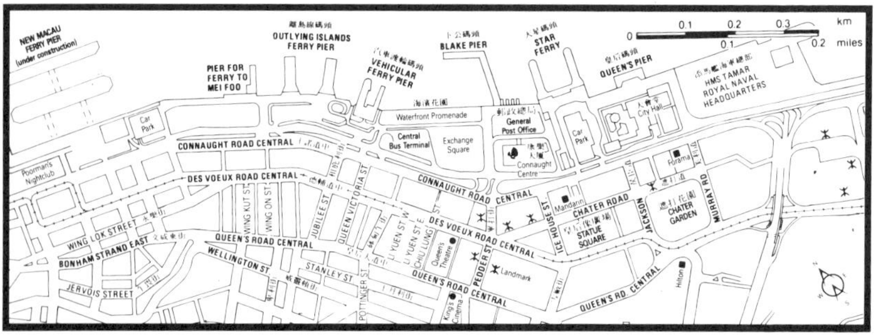

♦ Herberge/Pension
✝ Internationaler Flughafen
■ Hotel
● Kino/Theater
Einkaufszentrum/
Kaufhaus
✱ MTR (Mass Transit Railway)-Station
HKTA-Informationszentrum

Weiter östl. am Wasser entlang kommt hinter dem City Hall-Bereich militärisches Gelände. Das am City Hall und Parkplatz angrenzende Hochhaus bei der Connaught Rd. beherbergt im 10. und 11. Stock das *Kunstmuseum, Museum of Arts* (Ö: werktags 10-18 h, So 13-18 h, Do geschl.). Wer keine Gelegenheit hatte, ein besser ausgestattetes chinesisches Museum – z.B. in Taipei oder Peking – zu sehen, sollte es besuchen. Der Eintritt ist frei.
Man sieht dort im 10. Stock vorwiegend Tongefäße, Krüge und Eßgeräte aus der Han-Zeit (206 v.Chr. bis 220 n.Chr.); des weiteren Gefäße aus den sechs Dynastien (220-589 n.Chr.), der Tang-Dynastie (618-906 n.Chr.) sowie späteren Epochen. Weiterhin stehen in einer kleineren Abteilung Ton- und Porzellanfiguren sowie Pferdeplastiken.
Im 11. Stock finden häufig Ausstellungen zeitgenössischer Künstler statt. Vom Flur des Museums aus hat man einen schönen Blick über den Hafen. Auch kann man im Museum alte Reproduktionen kaufen und in der Altstadt in einem Bildergeschäft (*Framer*) einrahmen lassen.

City Hall — Links und rechts der City Hall fahren verschiedene Mini-Busse zu den Wohngebieten der Europäer auf der mittleren Höhe der Insel (*Midlevel*) ab.

Star Ferry — Ausgangspunkt dieser Exkursion ist die Star Ferry-Anlegestelle auf Hong Kong Island (*Star Ferry Hong Kong Side*). Tgl. verkehren 10 Fährschiffe (6-22 h) im Fünfminutentakt über den Hafen. Vor dem Ausgang der Star Ferry auf der Hong Kong-Seite ist ein Taxistand, rechts davon einige Rickschaw-Männer, die sich eher als Fotomotive denn als Transporteure eignen (den Preis vorher aushandeln!). Die letzten Lizenzen für *Rickschaws* wurden 1975 ausgestellt. Folgt man dem Strom der vielen Fußgänger durch die Unterführung, ist man wenige Minuten später mitten in der *City* von

Central — Hong Kong, der *Chater Rd.*. Kaum jemand nennt diesen Teil noch Victoria, man spricht allgemein nur von *Central*. Etwa hundert Meter rechts befindet sich die *U-Bahnstation Chater* (MTR-Station Chater), links der *Statue Square* mit einer Heldengedenkstätte und dem Standbild von Sir Thomas Jackson. Dahinter liegt das neue Gebäude des Hong Kong-Clubs. Sonntags treffen sich hier immer die philippinischen Haushälterinnen (Amahs).

Über die *Des Voeux Rd.* hinweg, Richtung Süden, an der Einmündung in die *Queen's Rd.*, liegt das Hauptgebäude der rotchinesi-

Bank of China — schen *Bank of China*, im „Zuckerbäckerstil" erbaut; es soll durch ein neues, zukünftig höchstes Gebäude der Kolonie (315 m) und damit Südasiens ersetzt werden.

Hong Kong and Shanghai Bank — Etwas weiter östl. davon, hinter dem Furama-Hotel, befindet sich inzwischen der Neubau der *Bank of China*, mit 315 m das welthöchste Gebäude außerhalb der USA. Es repräsentiert die neue Macht in Hong Kong. Geht man durch die Fußgängerunterführung, so stößt man direkt auf das neue Gebäude der *Hong Kong and Shanghai-Bank*. (neuerdings spricht man meistens nur noch von Hong Kong-Bank, um die Herkunft aus Shanghai nicht so deutlich werden zu lassen). Dieses Gebäude ist 178 m hoch, hat 52 Stockwerke, 62 Fahrstühle und ein über 50 m hohes Atrium, in dem sich die Schalterhallen befinden. Während der Dienstzeit ist es für die Öffentlichkeit zugänglich. In der Schalterhalle findet man auch eine Informationsbroschüre.

Dieses Gebäude ist das modernste und teuerste (ca. 1,5 Mrd. DM) der Welt. Es wurde ein neues Raumkonzept erprobt; über 480 computergesteuerte Lichtschaufeln bringen Tageslicht von außen nach innen.

Lage und Größe des Eingangs im Nordwesten wurden von dem bekannten Taoisten Ku Pak Ling ermittelt, „um dem Drachen den Eingang in die Bank zu ermöglichen." 3.500 Menschen arbeiten in diesem Gebäude, das auch ein optimistisches Signal für 1997 sein soll. Auf der Rückseite der neuen 10-$-Note der Hong Kong and Shanghai Bank ist das Gebäude schon verewigt.

Das *Mandarin Hotel* und das *Princess Building* mit vielen internationalen Geschäften des gehobenen Standards, liegen in der Nähe.

Connaught Rd. — In der *Connaught Rd.* befindet sich das *Furama Hotel*, von weitem erkennbar durch sein rundes Dach. Daneben, wesentlich niedriger, steht das Haus von *Cable and Wireless*. Nur in den Filialen dieser

Gesellschaft (und in den Hotels), nicht aber bei der Post, kann man internationale *Telegramme* und *Telefonate* aufgeben (3 Min. nach Europa kosten ca. 20 DM).

Des Voeux Rd.

Parallel oberhalb der Connaught Rd. verläuft die *Des Voeux Rd.* Sie ist die zentrale Straße der City. In den Hochhäusern befindet sich das Zentrum des Geschäfts- und Bankenlebens der Kolonie. In dieser Gegend gibt es auch mehrere multifunktionale Gebäude, die für Hong Kong typisch sind. Das interessanteste ist *The Landmark* mit über 100 Geschäften und Restaurants und einem Atrium mit Springbrunnen im Inneren.

Auf der De Voeux Rd. verkehrt die einzige *Doppeldecker-Straßenbahn* der Welt.

Queen's Rd.

Die dritte große Straße in Central ist die weiter oben gelegene *Queen's Rd.*, in der verschiedene Kaufhäuser liegen, wie z.B. *Lane Crawford*, Asiens teuerstes Kaufhaus. Folgt man dem Verlauf der Straße in Richtung Westen, so stoßen die Queen's Rd. und die Des Voeux Rd. auf der Höhe der rotchinesischen Bank of China zusammen; sie heißen dann *Queensway*. Hier liegt auch das *Hilton Hotel*. Geht man nach rechts um die Ecke, so befindet man sich in der steil aufsteigenden *Garden Rd.* Nach etwa 10 Min. Fußweg bergauf kommt die links etwas versteckt liegende Talstation der *Peak Tramway* (Zahnrad-Bahn).

Eine der letzten Rickschaws an der Star Ferry-Seite in Central (Hong Kong-Insel)

Alt-Hong Kong

Der folgende Rundgang dauert max. 3 Stunden.

Wenn es sehr heiß und feucht ist, nimmt man den Bus Nr. 13 (Endstation Kotewall Rd.) vom Bus-Terminal aus und verläßt ihn nach etwa 10 Min. Fahrt bergauf in der Hollywood Rd. Wenn man bergauf laufen will, geht man von der Star Ferry aus über Pedder St. zur Hollywood Rd. hoch. Vielleicht hat man Zeit für einen kleinen Abstecher. Zu Beginn der D'Aguilar St. fängt die *Stanley St.* an. Nach einigen Metern erreicht man auf der linken Seite das *Yuk Lu Tea House*. Hier geht es noch altchinesisch zu. An der Verlängerung der D'Aguilar St. geht rechts die *Wo On Lane* ab; dort befindet sich ein vietnamesisches *Restaurant*. Dort, wo die D'Aguilar St. links abbiegt, liegt ein kleiner, guter italienischer *Schnellimbiß*.

Stanley St.

Hollywood Rd.

Nach dem Abstecher ist das Ziel die *Hollywood Rd.*. Dort angekommen, bleibt man auf gleicher Höhe und geht nach rechts (Westen), wo Porzellangeschäfte, Antiquitäten – teils „Made in Hong Kong", teils echte aus China –, Sarg- und Bekleidungsgeschäfte sowie Schlossereien zu finden sind. Hier kann man auch chinesische Möbel kaufen, aus thailändischem Rosenholz und mit Schnitzwerk verziert (für die Fracht muß man nochmals ca. 300 DM pro cbm hinzurechnen).

Man Mo-Tempel

Nachdem man die Hollywood Rd. bergab gegangen ist, findet man links einen kleinen Tempel vor einer gewaltigen Hochhauskulisse, es ist der *Man Mo-Tempel*, der um 1847 erbaut worden ist. In alle chinesischen Tempel kann man hineingehen und fotografieren. Man sollte allerdings eine Störung der Gläubigen vermeiden und beim Verlassen des Tempels etwas Geld spenden.

Beim Man Mo-Tempel handelt es sich um eine taoistische Tempelanlage, dem Gott *Mo* gewidmet, der als Kämpfer um die Gerechtigkeit 219 n.Chr. sein Leben verlor und seitdem als Kriegsgott verehrt wird.

Mo befindet sich auf dem hinteren Altar in der Mitte rechts. Links neben ihm steht die Figur von *Man* (eigentlich *Cheung Ah Tse*), dem Gott der Literatur und der Weisheit.

Auf den beiden alten Stühlen im Tempel werden die Götter während der Festtage durch die Straße getragen. Riesige Weihrauchspiralen hängen von der Decke herab, Orakelstäbchen stehen im Köcher bzw. auf dem Altar. Man kann die Räucherstäbchen kaufen und sich die Zukunft weissagen lassen. Die vielen anderen Figuren stellen weitere Götter und Ahnen dar. Man kann sich über eine Broschüre, die im Tempel oder beim Tourist Office erhältlich ist, darüber informieren. Die Tempel werden von *Kai-Fong-* bzw. *Clanverbänden* unterhalten. Sie sind daher auch oft Mittelpunkt des geselligen Lebens.

Litt Shing Kung-Tempel

Neben dem Man Mo Tempel steht der Tempel *Litt Shing Kung*, der buddhistische Einflüsse zeigt. In der Mitte des Raumes befindet sich eine kleine buddhistische Pagode mit 49 Buddhafiguren.

Der Man Mo-Tempel

Die Hollywood Rd. wird von der *Ladder St.* gekreuzt (das Haus an der Kreuzung diente bei der Verfilmung von „Suzi Wong" als Drehort).

Cat St. Parallel unterhalb der Hollywood Rd. verläuft die *Cat St.* oder *Upper Lascar Row*, die man bequem erreicht, wenn man die Stufen der Ladder St. bergab geht und sich dann nach links wendet. Dort findet ein *Flohmarkt* statt, der von früher den Namen „Diebesmarkt" hat, weil man hier angeblich morgens die Dinge kaufen konnte, die einem abends gestohlen wurden.

Possession St. Wer noch weiter die Hollywood Rd. bergab geht, stößt auf die *Possession St.* Hier hat Kapitän Elliott 1841 von der Kolonie Besitz ergriffen und die britische Fahne gehißt. Etwas weiter bergab stößt man auf *Bonham Strand*, was auf das vor den Landaufschüttungen in der Nähe gelegene Ufergelände deutet.

Western Inzwischen befindet man sich im alten Stadtteil *Western*, westl. von Central und fast wieder auf Meereshöhe. So wie hier haben früher viele Teile Hong Kongs ausgesehen. In der Gegend der *Jervois St.* und *Hillier St.*, oberhalb von Bonham Strand gelegen, kann man (im Winter) in ein *Schlangenrestaurant* einkehren und die gegen Erkältung hilfreiche Schlangensuppe genießen. Da das Schlangenfleisch sehr teuer ist, wird die Suppe mit Hühnerfleisch

In der „Eiergasse“, der Wing Sing Street

gestreckt, was wiederum bewirkt, daß sie wie eine normale Hühnersuppe schmeckt. Über 50.000 Kobras werden so jährlich in Hong Kong „verarbeitet“. Selbstverständlich gibt es in der Gegend auch Schlangengeschäfte, wo man die Tiere lebendig kaufen kann. Die Gallenblase der Schlange, mit Weinbrand vermischt, hilft gegen Gicht und „Krankheiten des Winters”, da sie „warm” ist.

Die Gegend ist voller Geschäfte mit für Europäer exotischen Waren. Wenn man über die *Hiller St.* in Richtung *Queen's Rd.* geht, findet man Geschäfte, die getrocknete Pilze, Quallen oder Seepferdchen verkaufen. Seltene Geweihe oder Hörner werden pulverisiert und als potenzsteigerndes Mittel feilgeboten. Sehr interessant sind auch die vielen traditionellen chinesischen *Apotheken* mit ihren vielen Heilkräutern.

Wing Sing St.

Von der Queen's Rd. Richtung Hafen führt eine kleine, tunnelartige Gasse, die *Wing Sing St.*, auch „Eiergasse“ genannt. Hier werden mit verschiedenen Mitteln behandelte Eier verkauft, die wir als „hundertjährige Eier” kennen, die aber in Wirklichkeit nur einige Wochen alt sind. Sie werden mit Teeblättern und Chemikalien behandelt. Neben Vogeleiern findet man hier auch halb ausgebrütete Enteneier. Salzeier sind mit schwarzem, flüssigem, tonähnlichem Schlamm bedeckt und kurze Zeit gekocht. So ergibt sich flüssiges

Eiweiß mit einem harten Dotter, eine Delikatesse für jeden Chinesen.

Wingkut St.
Wing On St.
Man Wa Lane

In der nahen *Wingkut St.* gibt es Spielwaren und Vogelkäfige, die ebenfalls tunnelartige *Wing On St.* ist die „Stoffstraße", in der man die schönsten und seltensten Seidenstoffe und andere Gewebe findet. Die weiter westl. gelegene *Man Wa Lane* beherbergt kleine Stände, an denen Siegelschnitzereien und Stempel angeboten werden. Etwas westl. davon liegt zwischen der Des Voeux Rd. und der Queen's Rd. der *Western Market*, der unbedingt vormittags besucht werden sollte.

Nachtmarkt

Wenn man den Spaziergang beenden möchte, kann man über die Queen's Rd. oder Des Voeux Rd. wieder Richtung Central gehen. In max. 30 Min. ist man wieder auf der Höhe der Star Ferry. Man kann auch in der Des Voeux Rd. in die Straßenbahn steigen oder abends über die Connaught Rd. an den Hafen zur New Macao Ferry Pier gehen. Hier hat sich beim Victoria Hotel ein Platz in den *Nachtmarkt*, den *Poor Man's Nightclub*, verwandelt. Es wird viel Fließbandware „Made in Hong Kong" angeboten, zuweilen auch billige Cassetten von Popgruppen, die illegal mitgeschnitten sind. Weiterhin liegen hier viele *Straßenrestaurants*, in denen man *Mongolian Hot Pot* probieren sollte. Im Gegensatz zu anderen asiatischen Straßenrestaurants braucht man hier keine gesundheitlichen Bedenken zu haben.

Wer Glück hat, kann ein paar Amateurmusiker oder einen Wahrsager treffen, der mit Hilfe eines kleinen Vogels die Zukunft voraussagt.

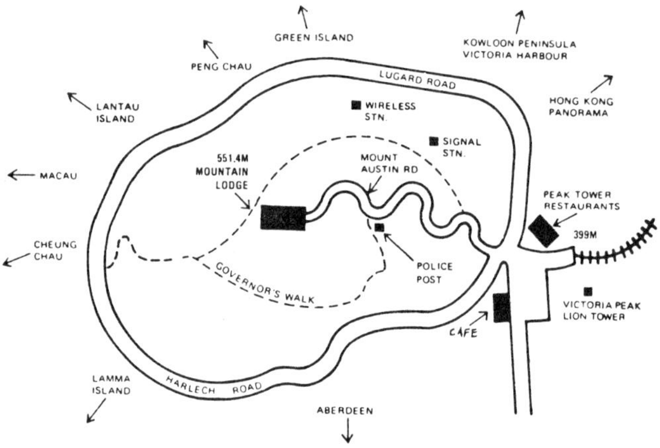

Peak und Midlevel

Die Fahrt auf den *Peak*, den höchsten Berg der Hong Kong Island, mit anschließendem Rundgang ist für jeden Besucher ein unbe-

Wanchai, Causeway Bay vom Peak aus

dingtes „Muß". Man sollte den ersten Tag mit klarer Sicht dafür ausnutzen, denn oft ist der Peak in Wolken gehüllt.

Es gibt drei Möglichkeiten, auf den Peak zu gelangen:

Mit dem *Doppeldeckerbus* Nr. 15 vom Busbahnhof Star Ferry, der über Causeway Bay auf den Peak hinauffährt.

Mit dem *Mini-Bus*, der links neben der City Hall abfährt (ist etwas teurer, dafür schneller).

Peak Tram

Mit der *Peak Tram*, einer 1888 erbauten Zahnradbahn. Die Talstation der Peak-Tram liegt etwas versteckt links neben der Garden Rd., die steil von der Queen's Rd. Central (beim Hilton Hotel) aufsteigt. An Wochenenden und Feiertagen muß man hier mit langen Wartezeiten rechnen.

Der Aufstieg mit der Tramway dauert nur knapp 10 Min. und führt steil aufwärts von Meereshöhe auf 397 Meter. Ob man mit dem Bus oder der Tramway fährt, man kommt immer an der oberen Peak Station, dem *Aussichtsturm* mit Restaurants, an. Hier erhebt sich der Peak mit ca. 555 m Höhe, die Spitze darf nicht betreten werden. Von hier hat man einen eindrucksvollen Blick auf das Häusermeer Hong Kongs, den Hafen, das Häuserwirrwar in Kowloon und die dahinterliegenden Berge, die Kowloon von den New Territories trennen.

Hier oben ist es etwa 5 Grad kühler als auf Meereshöhe und die Feuchtigkeit wesentlich geringer. Dies ist ein Grund, weshalb die teuren Wohnviertel der Europäer unterhalb des Peak auf der mittleren Höhe (Midlevel) liegen. In den Prachtbauten und Wohntürmen zahlt man die höchsten Mieten der Welt.

Rundgang

Hat man wenig Zeit, fährt man mit der Peak Tramway oder dem Bus wieder hinunter (die Busse halten auf dem Parkplatz hinter dem Aussichtsturm). Hat man eine Stunde Zeit, kann man einen Spaziergang rund um den Peak machen. Beginnend an der *Lugard Rd.* kommt man nach 3,5 km (ca. 1 Std.) wieder zum Ausgangspunkt zurück. Auf der anderen Seite des Peak hat man einen wundervollen Blick auf die vielen Inseln der Kolonie, die Rückseite (Süden) von Hong Kong Island sowie im Norden auf den Hafen und den Westteil.

Ein anderer Rundweg führt vom Peak Tower aus auf die Lugard Rd., an deren Ende man sich unterhalb des Peak auf einem sicher gebauten Spazierweg befindet, hoch über dem Häusermeer und Hafen. Stößt man auf die Harlech Rd., geht man dort nicht weiter, denn man käme wieder zurück zum Peak Tower. Man geht scharf rechts bergab in die Hatton Rd. Nun läuft man auf einem asphaltierten Fußweg etwa eine Stunde bergab im Grünen mit Blick auf den Hafen und die westl. gelegenen Inseln. Man geht an einigen Villen vorbei und sieht unter sich die blau gekachelten Dächer einiger Gebäude, die zur *University of Hong Kong* gehören. Wenn man dem Hauptweg folgt, erreicht man nach ca. 1 Stunde die Kreuzung *Kotewall Rd./Conduit Rd.*.

Man befindet sich jetzt oberhalb der University of Hong Kong. Das schöne Gebäude, University Drive Nr. 1, an der Straßenkreuzung, ist die Dienstvilla des Universitätspräsidenten.

Es gibt nun drei Möglichkeiten weiterzugehen:

- direkt nach *Central*;
- Abstieg über das Universitätsgelände mit Besuch des *Fung Ping Shan-Museums*;
- Fußweg auf den Midlevels über Conduit Rd., Robinson Rd. und Albany Rd. zum *Botanischen Garten.*

Möchte man direkt nach Central, kann man vor der Dienstvilla des Universitätspräsidenten auf den Doppeldeckerbus Nr. 13 warten. Dort ist Endstation. Dieser fährt für ca. 1-2 H.K.-$ in 15 Min. zur Star Ferry. Man kann aber auch per Handzeichen einen der kleinen Mini-Busse stoppen, die für wenig mehr Geld ebenfalls in die Nähe der Star Ferry (Edinburgh Place) fahren.

Universität

Hat man mehr Zeit, steigt man links an der Dienstvilla des Universitätspräsidenten die steilen Treppen bergab und befindet sich bald auf dem Gelände der 1911 gegründeten *Hong Kong University*. Unten links, über der Bonham Rd., liegt das ältere Hauptgebäude mit schönen Türmen. Nach etwa 15 Min. erreicht man die Bonham Rd. Unterhalb des großen *Swire-Gebäudes* ist in der Bonham Rd. Nr. 94 das *Fung Ping Shang-Museum* untergebracht (Ö: werktags 10-18 h, Do 14-18 h, So geschl.; Eintritt frei).

Museum

Man kann danach halbrechts bergab über die steilen Treppen gehen und kommt dann automatisch auf die Queen's Rd., Des Voeux Rd. und Connaught Rd. in Central. Schneller geht es jedoch mit dem Bus oder Mini-Bus, der schräg gegenüber vom Museum nach Central fährt.

Hat man sich für den Fußweg über die Midlevels entschieden, geht man von der Kreuzung Kotewall Rd./Conduit Rd. in etwa 30 Min. auf der Conduit Rd. unterhalb des Peak zum *Botanischen Garten.* Dieser Weg führt vorbei an den Wohnvierteln der Europäer mit den betonierten Bergen und vielen Unter- und Überführungen bis zur Robinson und Albany Rd. Hier befindet man sich auf der Höhe des (bescheiden ausgestatteten) *Zoologischen* und *Botanischen Gartens.*

Botanischer Garten

Die Anlage wurde 1871 als Botanischer Garten gegründet; hier findet man einen Überblick über tropische und subtropische Pflanzen und Bäume. Dazu gehört noch ein kleiner Zoo, der etwa 300 Vogelarten und einige andere Kleintiere beherbergt. Der Eintritt ist frei. Der Botanische Garten ist auch frühmorgens bis 8 h und abends nach 20 h einen Besuch wert, denn dann kann man viele Chinesen beim *Schattenboxen*, oder besser: *Tai Chi Chuan*, beobachten (das gleiche gilt für den Kowloon- und den Victoria Park).

Direkt unterhalb des Botanischen Gartens befindet sich der *Sitz des Gouverneurs*, der an seinem charakteristischen weißen Turm erkennbar ist.

Wenn man den Botanischen Garten nach rechts (Osten) durchquert, kommt man auf die Garden Rd. Diese führt immer bergab an der Talstation der Peak Tramway vorbei zum Hilton Hotel und zur Queen's Rd. Central. Von dort sind es nur noch wenige Minuten zur Star Ferry.

Parallel zur Garden Rd. liegt östl. der *Cotton Tree Drive.* An dessen oberen Ende kommt man zu den *Victoria Barracks.* Dort befindet sich im ältesten europäischen Haus der Kolonie das *Flagstaf House-Teemuseum* (Ö: tgl. außer Mi, 10-17 h).

Teemuseum

Mit der Doppeldecker-Straßenbahn nach Wanchai und Causeway Bay

Hierfür sollte man mindestens einen halben Tag einplanen. Die einzige Doppeldecker-Straßenbahn der Welt führt von *West Point* (Kennedy Town) 14 km lang über 65 Stops bis nach *Shau Kei Wan* im Osten der am Hafen gelegenen Inselseite. Tgl. werden in 160 Zügen knapp eine halbe Mio. Fahrgäste befördert. Die Bahnen fahren in kurzen Abständen, sehr langsam und halten oft (Preis: 0,50 DM). Man besteigt die Bahn in *Central*, die nach Osten (*Shau Kei Wan* oder *Happy Valley*) fährt, geht ins obere Stockwerk, nimmt sich einen „Logenplatz" vorn am Fenster und fährt in Richtung *Wanchai/ Causeway Bay.* (Man kann auch einen Bus am Busbahnhof oder einen Mini-Bus mit der Aufschrift *Daimaru* oder die *MTR* nehmen). Hinter dem Hilton Hotel beginnt das Geschäftsviertel *Admiralty* (auch MTR-Station), u. a. mit dem Bond-Centre und seinen beiden futuristischen, verspiegelten Bürotürmen.

Wanchai

Wanchai ist teilweise noch ein alter chinesischer Stadtteil. An der Hafenseite wird Land aufgeschüttet, und es wachsen Wolkenkratzer in die Höhe. Vorher, wenn man links ab in die Arsenal St. einbiegt, kommt kurz vor dem Hafen die *Hong Kong Academy for Performing Arts*, das neue Kulturzentrum. Östl. daneben, über die Fenwick St., liegt das *Arts Centre* (Harbour Rd. 2). Hier befindet sich im 14. Stock das *Goethe-Institut*. Am östl. Ende der Harbour

Museum

Rd. (Nr. 28), im Causeway Centre, befindet sich das neue *Museum für chinesische Altertumskunde* (Ö: tgl. 10-18 h).

Fährt man mit der Straßenbahn, kann man auf der Höhe der *Lugard Rd.* das erste Mal aussteigen. Nach wenigen Metern erreicht

Lockard Rd.

man von der Lugard Rd. aus die *Lockard Rd.*, die als die „Suzi Wong-Straße" gilt. Hier gibt es Nachtclubs, Restaurants, Tätowier- und Massageinstitute, doch insgesamt ist das Nachtleben in Hong Kong längst nicht das, was *mann* sich (etwa im Vergleich zu Bangkok oder Manila) darunter vorstellt, denn in Hong Kong geht es puritanisch-prüde zu. Zwei Querstraßen weiter befindet man

Gloucester Rd.

sich auf der *Gloucester Rd.* Dort steht rechts das *Luk Kwok Hotel* (mit der Sanjo-Reklame auf dem Dach). Hier wohnte Richard Mason und schrieb seinen bekannten Roman „Suzi Wong". Am nahen *Wanchai Pier* lag die US-Marinebasis.

Nun kann man wieder zurück zur Johnstson Rd./Hennessy Rd., von dort zu Fuß weiter oder wieder ein Stück mit der Straßenbahn fahren. Wenn man Glück hat, sitzt man in einer Straßenbahn in Richtung *Happy Valley*. Diese Bahn biegt in der Percival St. rechts ab, macht eine Schleife um Happy Valley herum, und kehrt nach etwa 10 Min. wieder auf die Hennessy Rd. zurück, um wieder nach *Central* zu fahren.

Happy Valley

Happy Valley war nach Western der zweite Platz in Hong Kong, an dem sich die Europäer im letzten Jahrhundert ansiedelten. Später zogen sie auf der Flucht vor der Malariagefahr in den feuchten Ebenen an die Hänge des Peak. (1850 wurde deshalb der Reisanbau auf Hong Kong Island verboten. Heute ist das gesamte Gebiet der Kronkolonie malariafrei). Happy Valley ist heute eine bekannte Pferderennbahn und Sportstätte.

An der Ecke Queen's Rd. East/Stubbs Rd. befindet sich ein *Sikh-Tempel*. Einige Meter östl. davon das Gebäude der rotchinesischen Nachrichtenagentur (Xinhua News Agency Building), der inoffiziellen Machtzentrale Pekings in Hong Kong. Dann kommt die Einfahrt zum Aberdeen Tunnel; das Gebäude des Royal Hong Kong-Jockey Clubs und die Happy Valley-Pferderennbahn. In der

Historische Friedhöfe

Nähe von Happy Valley/Queen's Rd. East liegen fünf historische *Friedhöfe*: ein Moslem-Friedhof, ein katholischer Friedhof von 1847, der Kolonialfriedhof von 1945, dahinter der Parsenfriedhof von 1852 und der jüdische Friedhof von 1859.

Yee Wo St.

Die Hennessy Rd. heißt ab der Percival St. *Yee Wo St.*; so hieß die

WANCHAI/CAUSEWAY BAY 灣仔/銅鑼灣

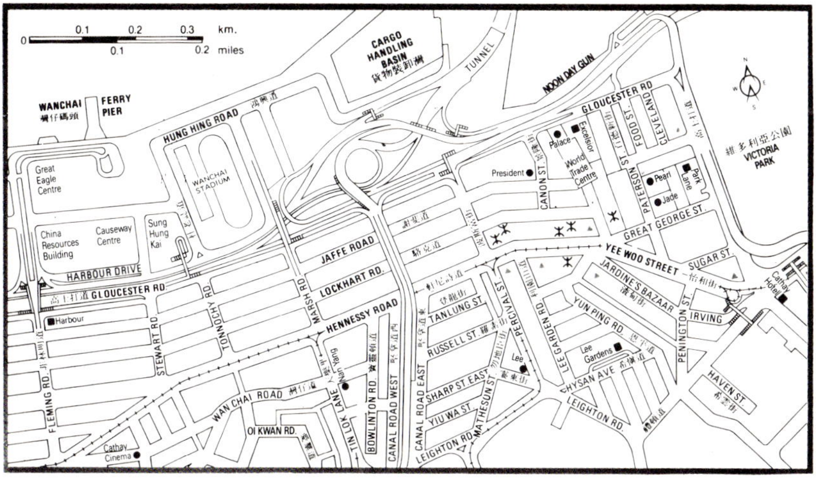

♦ Herberge/Pension
✈ Internationaler Flughafen
■ Hotel
● Kino/Theater
▲ Einkaufszentrum/Kaufhaus
✱ MTR (Mass Transit Railway)-Station
HKTA-Informationszentrum

Gesellschaft von Jardine, die für ihn in Shanghai Handel trieb. 1841, dem Geburtsjahr der Kolonie, kaufte Jardine hier viel Land, und es entstand ein ganzes Wohn- und Handelsviertel mit den dazugehörigen Werftanlagen. Leider wird z.Z. sehr viel abgerissen und dafür moderne Hochhäuser gebaut, so daß man nur noch wenig von den historischen Spuren entdecken kann.

Jardine's Bazaar Einen Eindruck, wie es früher hier aussah, vermitteln die schräg zur Yee Wo St. liegenden kleinen Straßen *Jardine's Bazaar* und *Jardine's Crescent*. Letztere beherbergt einen interessanten *Straßenmarkt*, der von 10-20 h geöffnet ist. In Jardine's Bazaar liegen Kräuterhandlungen und Garküchen, in denen minutenschnell billige Gerichte zubereitet werden. In den Geschäften verkauft man in Bananenblätter eingewickelte Reisballen oder Sojabohnenkuchenstücke (als Käseersatz).

Pennington St. In der *Pennington St.* gibt es neben Restaurants, Apotheken, Kleidergeschäften eines der über 100 Pfandleihgeschäfte (*Pawn Shop*) Hong Kongs.

Irving St. In der Querstraße *Irving St.* hat man sich auf Soßen und Weingeschäfte spezialisiert.

Hysan Av. Wenn man sich länger in Hong Kong aufhält, kann man in der *Hysan Av.* bei „Home Management" oder in der *Leighton Rd.* bei

„Towngas" einen chinesischen oder indischen *Kochkurs* besuchen.
Percival St. Auch in der *Percival St.*, (benannt nach einem Teilhaber von Jardine, Alexander Percival (1821-1866), herrscht reges Treiben, und man sollte es nicht versäumen, dort vorbeizugehen.
Russel St. In der abzweigenden *Russel St.* befindet sich vor- und nachmittags ein sehr lebendiger *Gemüse-* und *Fischmarkt*.

Hat man sich in diesem alten Viertel ausreichend umgesehen, geht man über die Percival St. wieder auf die Yee Wo St. zurück. Direkt an der Ecke liegt ein kleines, billiges rotchinesisches Kaufhaus. Wenige Meter weiter, kurz vor dem *Victoria Park*, liegt links das *China Products Department Store*, das größte rotchinesische Kaufhaus in Hong Kong.

Die gesamte Gegend an der *Causeway Bay* eignet sich für den exklusiven Einkauf. An der Ecke *Paterson St./Great George St.* liegen die japanischen Kaufhäuser *Matsuzakaya* und *Daimaru* (auch Endstation einer Mini-Buslinie von Central aus). Hier stehen die internationalen Hotels *Excelsior* und *Plaza* mit der *Minden Plaza Shopping Mall* (Einkaufszentrum) und dem *Tung Yee Village* (Folkloreartikel) mit vielen Läden im traditionellen Stil, die im 2. Stockwerk der Excelsior-Arkaden liegen.

Houston St. Die Gegend beherbergt viele gute Restaurants, darunter auch ein „Rhein Castle" mit Weinen und Gerichten aus dem deutschsprachigen Raum. Hinter der Kingston St. liegt die kleine *Houston St.*, besser bekannt unter dem Namen *Food St.*: eine Ansammlung vieler kleiner Restaurants mit chinesischer, japanischer, amerikanischer und europäischer Küche. Von dort sind es nur noch wenige Schritte zur *Gloucester Rd.* mit Blick auf den Hafen.

Day Noon Gun Gegenüber der Hafenseite des Excelsior-Hotels befindet sich hinter einer Absperrung direkt am Wasser die *Day Noon Gun*, die Mittagskanone, die täglich um 12 h abgefeuert wird. Jardine hatte eines Tages diese Kanone mittags abfeuern lassen, um einem scheidenden Geschäftsführer eine gute Reise zu wünschen. Über diese Anmaßung war die Kriegsmarine Ihrer Majestät so empört, daß Jardines Gesellschaft dazu verurteilt wurde, jeden Mittag um 12 h einen Schuß abzufeuern.

Von der Day Noon Gun geht man auf eine der höher gelegenen Fußgängerüberführungen in Richtung *Victoria Park*. Von hier oben sieht man *Causeway Bay* (*Tung Lo Wan*: Kupfergong-Bucht). Vorn liegt *Kellett-Island*; diese Insel ist seit 1956 durch Landaufschüttungen zur Halbinsel geworden. Hier tritt auch der Autotunnel (*Cross Harbour Tunnel*), der seit 1972 Hong Kong-Island mit dem Festland verbindet, an die Oberfläche. Deswegen kommt es hier häufig zu Verkehrsstauungen.

Victoria Park Weiter rechts liegt der *Causeway Bay Typhoon Shelter*, der Taifun-Schutzhafen. Hier ankern die Luxusboote des Royal Yacht Clubs. In diesem Hafen leben auch mehrere tausend *Water People* auf über 500 Schiffen. Hinter dem Schutzhafen liegt der *Victoria Park*. Dieser größte Freizeitpark Hong Kongs verfügt über Tennisplätze,

Shek O-Strand (Südostspitze von H.K.I.)

Rollschuhbahnen, ein Freibad und verschiedene andere Freizeiteinrichtungen.

Shau Kei Wan

Wer Zeit hat, kann mit der Straßenbahn von der Yee Wo St. einige Kilometer weiter bis nach *Shau Kei Wan* fahren. Ab hier gibt es viele Fabriken, Docks, alte und neue Wohnsiedlungen und viele Squatter-Hütten am Berghang. Etwas abseits, an der *Tai Hang Rd.* liegt *Aw Boon Garden* (früher: *Tiger Balm Garden*).

Aw Boon Garden

1935 hat der Hersteller einer unter allen Asiaten bekannten Mentholsalbe, *Aw Boon Haw*, einen Teil seines Vermögens in den Bau dieses „Tiger Balsam Gartens“ (ein anderer befindet sich in Singapore) gesteckt. (Ö: tgl. 9-16 h, Einritt frei).

Im Garten ist eine Ansammlung chinesischen Kitsches ausgestellt: Gemälde und grellbunte Figuren aus der chinesischen Mythologie, die Tiger, Drachen, Dämonen und andere Fabelwesen darstellen, bevölkern das Gelände. Tempel, Grotten und eine Pagode runden das Bild ab. In der Villa des Millionärs kann man, nach Voranmeldung, eine interessante Jadesammlung bewundern. Leider muß ein Teil des „Tiger Balsam Gartens“, wie vieles in Hong Kong, Wohnungsbaumaßnahmen weichen.

Da der Garten etwas abseits liegt, sollte man ein Taxi nehmen oder den aus Central kommenden Bus Nr. 11 an der Percival Rd. in Richtung Tai Hang Rd. besteigen.

Auf der Rückfahrt kann man die Bahn an der Johnston Rd., Höhe

Ship St. — Luard Rd., verlassen und links in die *Ship* oder *Swatow St.* gehen; hier liegt der *Hopewell Tower*. Im 62. Stock, knapp 200 m hoch, befindet sich ein gutes Dreh-Restaurant („Revolving Restaurant"). An Werktagen kann man hier für ca. 80 **$** ein sehr reichhaltiges Lunchbuffet bekommen (Tel. 5-28 49 20). Wenn man nur kurz die Aussicht genießen möchte, fährt man mit dem Innenfahrstuhl bis zum 17. Stock, steigt dort auf den Außenfahrstuhl bis zum 56. Stock um. Dieser Außenfahrstuhl hat eine Glasfront, und man kann einen herrlichen Ausblick auf Central, Wanchai, Causeway Bay, den Hafen und Kowloon genießen.

Rund um die Hong Kong-Insel mit öffentlichen Verkehrsmitteln

Wenn man sich nur 3-5 Tage in Hong Kong aufhält, sollte man mit öffentlichen Verkehrsmitteln eine Inselrundfahrt machen. Eingeschlossen ist dabei ein etwa einstündiger Rundgang in *Stanley* sowie in *Aberdeen.*

Von Central aus nimmt man die Straßenbahn Richtung *Shau Kei Wan.* Man fährt durch Wanchai, Causeway Bay, North Point, Quarry Bay, vorbei an eintönigen Fabrik- und Wohnvierteln, bis zur Endstation *Shau Kei Wan.*

Wenn man direkt nach Stanley fahren möchte, besteigt man den Bus Nr. 1 (Stanley Fort). Den erreicht man, wenn man die Chai Wan Rd. einige hundert Meter bis zur Haltestelle auf der linken Seite hoch geht. Wer jedoch zuerst nach *Shek O* möchte, geht ca. 200 m in Richtung Shau Kei Wan Rd. In der 4. Querstraße, der Nam Hong, hält der Bus Nr. 9, der alle 30 Min. nach Shek O fährt.

Nun beginnt eine eindrucksvolle Fahrt in einen völlig neuen Teil von Hong Kong Island, vorausgesetzt das Wetter ist gut.

Nachdem der Bus die Chai Wan Rd. verlassen hat und in die Tai Tam Rd. eingebogen ist, wird die Unwirtlichkeit der Insel deutlich. Die Straße ist in den Fels gehauen, rechts und links erheben sich hohe Berge. Man könnte fast vergessen, daß man soeben eines der am dichtesten besiedelten Gebiete der Welt verlassen hat, so einsam ist es hier. Die Straße ist schmal, zweispurig und ohne Fußgängerstreifen, so daß man bei Spaziergängen aufpassen muß.

Tai Tam Gap — An der *Tai Tam Gap* (Schlucht) führt die Tai Tam Rd. geradeaus direkt nach Stanley (Bus Nr. 14). Wenn man mit dem Bus Nr. 9 zurück nach Shek O fährt, biegt der Bus links in die Shek O Rd. ab, von wo aus man unter sich das *Tai Tam-Wasserreservoir* und die *Tai Tam-Bucht* sieht; dahinter liegt Stanley, unten Shek O, dahinter die vorgelagerten Inseln *Tai Tau Chau* und *Ng Fan Chau.*

Ungefähr auf Meereshöhe biegt der Bus nach rechts ab (die Fahrt geradeaus führt zur *Big Wave Bay*, einer Bucht mit großen Wellen, geeignet zum Surfen), und man fährt durch ein schönes Golfgelände.

Shek O — *Shek O* ist ein kleines Fischerdorf, in dem keine Hochhäuser stehen. Dafür gibt es einen Sandstrand; neben Big Wave Bay findet man hier wohl die sauberste Bademöglichkeit auf der Insel. Es gibt einfache Restaurants, einen Fahrradverleih, Toiletten und Umkleidekabinen mit Duschen.

Der längere Weg nach Stanley führt zurück zur Bushaltestelle. Man nimmt wieder den Bus Nr. 9 zurück nach Shau Kei Wan, läßt sich aber an der zweiten Haltestelle, an der *Tai Tam Rd.*, absetzen, geht dann die Tai Tam Rd. bis zur Haltestelle Bus Nr. 14 hoch; dieser Bus fährt direkt nach Stanley, wo man an der zweiten Haltestelle aussteigt. Man kann diese Strecke jedoch 2 km bergab laufen und die Aussicht genießen. Vor und nach der *Tai Tam-Staumauer* gibt es weitere Bushaltestellen. Die Busse verkehren alle 30 Min.

Stanley

In *Stanley* ist der *Markt* sehenswert. In den letzten Jahren haben sich hier viele *Gwailos* (Fremde) niedergelassen und den Marktflecken belebt. Hier findet man v.a. Bambusware, asiatische Möbel, Kleidung und viele Dinge des täglichen Bedarfs.

Wer direkt nach Central zurück möchte, nimmt den Bus Nr. 6, der quer über die Insel führt. Wer die Rundfahrt fortsetzen möchte, nimmt den Bus nach Wa Fu via Repulse Bay nach Aberdeen.

Repulse Bay

Es geht wieder bergauf, in der Tiefe liegt *Repulse Bay* und dahinter, durch eine kleine Insel (*Middle Island*) abgetrennt, *Deep Water Bay*. Beide Strände sind Badestrände und entsprechend ausgestattet (Imbiß, Kabinen, WC, Duschen), allerdings nicht so sauber wie Shek O und an Feiertagen überfüllt.

Deep Water Bay

Am Strand liegt ein kleines Ausflugszentrum. Man kann am Wasser entlanggehen, etwa 2 km weit bis *Deep Water Bay*. Dort ankern viele Yachten. Auf der anderen Seite liegt die Halbinsel *Sham Shui*, auf der sich der Ocean Park mit der Seilbahn befindet. Nach 2 km ist der Weg zuende, und man kommt wieder auf die Küstenstraße, wo man den Bus besteigen kann. Nach wenigen Minuten hält der Bus auf der Höhe des Eingangs des Ocean Parks, rechts befindet sich der Eingang zum *Tunnel*, der quer durch die Insel führt und 1982 fertiggestellt wurde. Dieser Kfz-Tunnel wurde, wie der Hafentunnel, privat finanziert.

Ocean Park

Ein Besuch des *Ocean Park* lohnt sich nur, wenn man mindestens noch einen halben Tag Zeit zur Verfügung hat.

Der Ocean Park

Der Ocean Park ist ein gemeinnütziges Unternehmen und rühmt sich, das größte, kostspieligste und attraktivste Unternehmen auf dem Sektor der *Ozeanarien* der Welt zu sein (mit der längsten Rolltreppe der Welt, 225 m). Der Park liegt in der Mitte der Südseite der Hong Kong Island zwischen Aberdeen und der Deep Water Bay. Für den Besuch benötigt man mindestens einen halben Tag. Wenn man Derartiges noch nicht gesehen hat und mehrere Tage in Hong Kong verbringt, sollte man hingehen. Es gibt direkte Verbindungen von Central zum Ocean Park. Man nimmt den Bus Nr. 4 bis Wah Fu, steigt dort auf den Bus Nr. 48 zum Ocean Park um. Sonntags fährt ein direkter Bus (Nr. 71 A). Vom Busbahnhof Causeway Bay in Morton Terrace verkehrt der Bus Nr. 72 zum Ocean Park. (Die Eintrittspreise betragen ca. 12 DM für Erwachsene, die Hälfte für Kinder. Ö: Werktags 8.30-19 h, So bis 21 h.)

Der Park besteht aus zwei Teilen: Im Flachland findet man Spielplätze, Süßwassergärten, einen Kinderzoo mit Tieren zum Füttern und Streicheln sowie Theater- und Kung Fu-Aufführungen.

Mit einer 1,4 km langen Seilbahn gelangt man in 7 Min. über einen hohen Berg in den größeren Teil (53 ha) des Parks. Diese Fläche liegt auf der *Sham Shui-Halbinsel* mit einem einmaligen Blick auf das südchinesische Meer. Hier oben befinden sich die drei Anziehungspunkte des Ocean Parks:

Das *Ocean Theatre* mit Sitzplätzen für 4.000 Zuschauer. Das Hauptbecken ist 74 x 22 m groß und bis zu 8,6 m tief. Mehrmals tgl. finden hier Vorführungen statt, bei denen ein Mörderwal, Delphine, Seehunde und Pinguine ihre Kunststücke vorführen.

Die zweite Sehenswürdigkeit ist die *Wave Cove* (Bucht der Wellen), auch einzigartig auf der Welt. In einer künstlich angelegten Bucht mit Wellengang bis zu 1 m kann man Seehunde, Seelöwen, Delphine und Vögel in ihrer natürlichen Umgebung von drei Etagen aus beobachten.

Die größte Attraktion jedoch ist das *Atoll Reef*; es ist das größte Aquarium der Welt. Es reicht über drei Ebenen bis zu 6 m Tiefe. Hier kann der Besucher – wie ein Taucher – das Leben von über 5.000 Fischen aller Art in deren natürlicher Umgebung bewundern. Man sollte sich einen Besuch des Ocean Parks so einrichten, daß man um 9.30, 13.30 oder 15 h dort ankommt, weil man dann alle Vorführprogramme erleben kann. Nach Möglichkeit ist der Park jedoch an Sonn- und Feiertagen zu meiden, weil er relativ überfüllt ist.

Stanley, Repulse Bay and Aberdeen

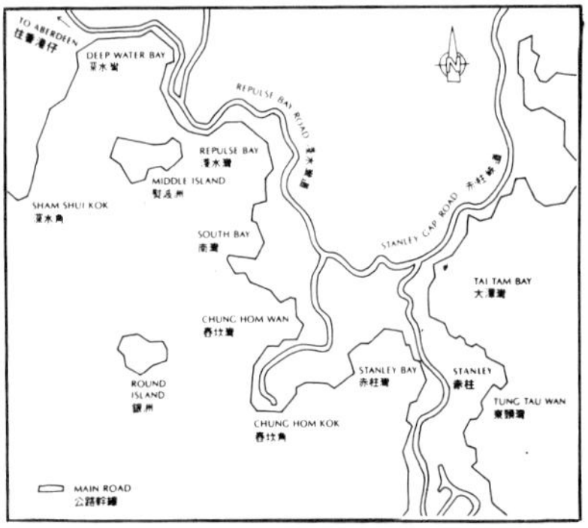

Ocean Park (海洋公園)

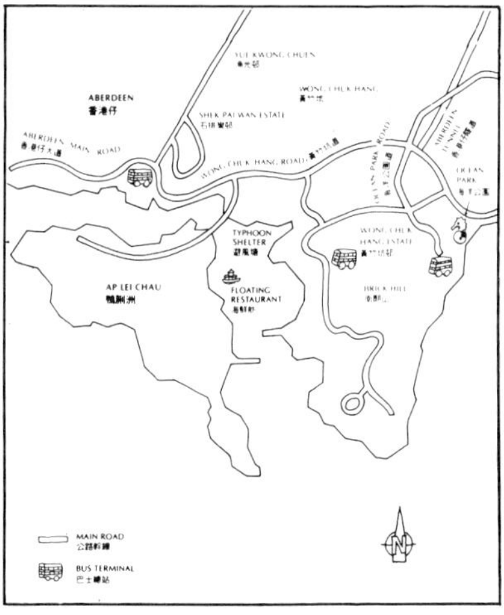

Ab Ocean Park fährt der Bus durch eine triste Fabrikgegend (*Wong Chuk Hang*) nach Aberdeen.

Aberdeen

Aberdeen, benannt nach einem britischen Außenminister (im Amt Mitte des 19. Jh.), ist eine der ältesten Ansiedlungen der Insel. Es war ein Fischerdorf und Schlupfwinkel von Piraten, die sich hier das „duftende Wasser“ (*Heung Kong*) holten. Auf cantonesisch heißt Aberdeen deswegen heute noch *Heung Kong Tsai* (Kleines Hong Kong).

Der Hafen von Aberdeen war jahrzehntelang eine malerische Kulisse für Touristen, die Realität für die dort lebenden Menschen jedoch nicht. Auf 1.000 Booten hausen etwa 6.000 Menschen der Volksgruppen *Tanka*, *Hoklo* und *Hakka*, denen es im letzten Jahrhundert verboten war, auf dem Land zu wohnen. Heute sind viele dieser Schiffe schwimmende Slums, ohne fließendes Wasser und sanitäre Anlagen. Das Hafenwasser ist völlig verschmutzt und stinkt, die einstmals schöne Aussicht wird von häßlichen Betonwohnklötzen verschandelt. Aber immer noch werden Ansichtskarten verkauft, die ein romantisches Aberdeen zeigen.

An der Anlegestelle warten *Sampan-Fahrerinnen* auf die Besucher. Eine Rundfahrt lohnt sich, man sollte jedoch vorher den Preis aushandeln, denn Aberdeen ist inzwischen eine „Touristenfalle“ geworden.

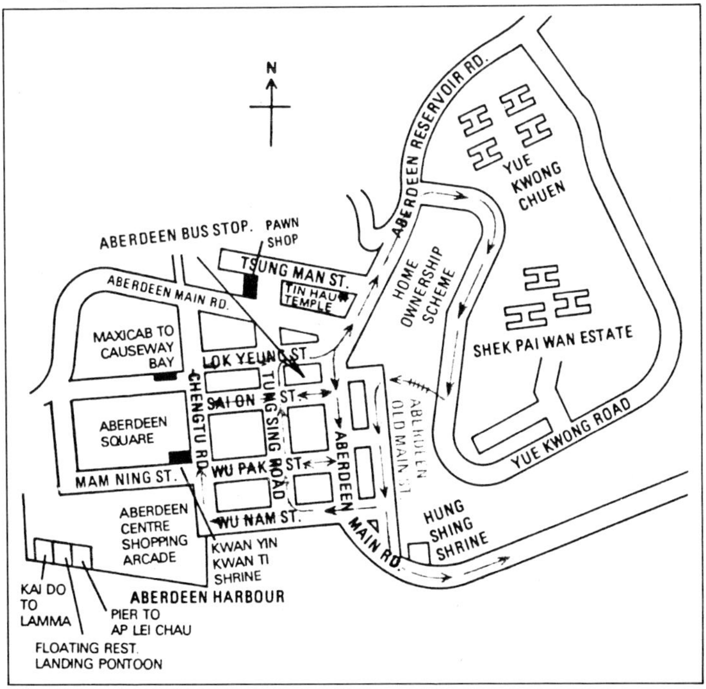

Fischmarkt

Ein Besuch des schwimmenden Restaurants *Jumbo*, Kulisse vieler Hong Kong-Filme, ist kostspielig und wenig lohnenswert. Interessanter ist das Leben auf den Dschunken, die kleinen Werften und v.a. der *Fischmarkt*. Weihnachten 1986 hat ein Großbrand viele Schiffe vernichtet und Hunderte von Menschen dabei obdachlos gemacht. Zu einer kostenlosen Fahrt kommt man, indem man das Zubringerboot (Shuttle Boat) zu einem schwimmenden Restaurant nimmt, sich dort umsieht und wieder mit dem nächsten zurückfährt.

Tin Hau-Tempel

In Aberdeen gibt es einen interessanten Tempel an der *Main Rd.*, den der Meeresgöttin gewidmeten *Tin Hau-Tempel*. In den alten Straßenzügen wie der *Aberdeen Old Main Rd., Wu Pak St., Tung Sing Rd.* liegen Kräuterläden, Medizingeschäfte, Büros der Pfandleiher und Straßenstände.

Wa Fu

Während der Weiterfahrt Richtung Central sieht man am Ausgang Aberdeens links eine der vielen Barackensiedlungen für Flüchtlinge aus China (Temporary Housing Area), ein Kraftwerk, und im Hintergrund bei gutem Wetter die Insel *Lamma* und die Berge von *Lantao*. Nach einigen Minuten erreicht der Bus *Wa Fu*, die mit 8.000 Wohnungen und 65.000 Menschen größte Wohnanlage. Hier muß man in den Bus nach Admiralty umsteigen (dort U-Bahn-Anschluß nach Kowloon) oder in den Bus Nr. 40 nach Central. Über Wa Fu liegen zwei weitere Wohnsiedlungen (Estates), *Chi Fu* und *Pok Fulam Gardens*. Beide sind für den gehobenen Mittelstand gebaut, ebenso wie die am Meer liegende Siedlung *Bagiou Villas*. Hier

Aberdeen

leben viele Europäer und zahlen für eine 100 m^2 große Wohnung mit wunderbarem Blick auf Meer und Inseln 3-6.000 DM monatlich.

High West

Weiter bergauf befindet sich rechts die Hochhaussiedlung *High West*, dahinter ein ehemaliges *Kloster*.
Der Bus fährt nun am *Queen Mary Hospital* (rechts) und einem christlich-chinesischen *Friedhof* (links) vorbei. Geradeaus auf Meereshöhe liegt *Kennedy Town*. Der Bus Nr. 40 und die Minibusse fahren steil bergab über Western und Central. Der Bus Nr. 40 M fährt nach rechts in die Bonham Rd., an der *Hong Kong University* und dem *Fung Ping Shan-Museum* vorbei nach Admiralty.

Schiffsrundfahrt um Hong Kong Island

Im Sommer, von Mai-Okt., bietet die *Hong Kong Yaumatei Ferry-Gesellschaft* eine 2stündige Bootsrundfahrt um Hong Kong Island an. Preis: ca.10 DM. Die Fähre startet am *Outlying District Pier*; sie startet nur samstags um 14 h. Voranmeldung ist sinnvoll.
Auch *Watertours* bietet eine Hafenrundfahrt an; Auskunft an den Star Ferry-Anlegestellen.

Kowloon

九 龙

Kowloon (sprich: gau luhn) heißt *Neun Drachen* (cant.: gau = neun, lung = Drache). Diese Bezeichnung stammt aus dem 13. Jh., als es hier eine befestigte Stadt gab, in der der letzte Abkömmling der Sung-Dynastie vor den Mongolen im Norden Zuflucht gefunden hatte. Man zeigte dem jungen Kaiser die acht Berge von Kowloon, worauf dieser nach dem neunten Berg fragte. Als Antwort erhielt er, daß der neunte Berg (Drachen) er selbst sei, denn nach chinesischer bildhafter Überlieferung ist ein Kaiser auch durch einen Drachen symbolisiert.
Das eigentliche Kowloon hat eine Fläche von nur 15 km^2, denn es reicht lediglich bis zur Boundary Rd. Das Gebiet dahinter ist von China bis 1997 gepachtet worden. Verwaltungstechnisch nennt man es heute *New Kowloon*, obwohl es zu den New Territories zählt, die hinter den Bergen beginnen.
Kowloon ist chinesischer und damit typischer für Hong Kong als Hong Kong Island. Der Ausgangspunkt für Exkursionen ist die Star Ferry in Kowloon (*Star Ferry Kowloon Side*), wo die Fähren von Hong Kong Island anlegen. Direkt davor befindet sich der Star Ferry Bus-Terminal (Busbahnhof).

Zu Fuß durch Tsim Sha Tsui

Die gesamte Spitze der in den Hafen ragenden Halbinsel Kowloon nennt man auf cantonesisch *Tsim Sha Tsui*. Direkt gegenüber des

Star House

Ausgangs des Star Ferry-Piers liegt das große *Star House* mit vielen Büros, guten chinesischen Restaurants (Jade Garden, Peking), Geschäften und einer Zweigstelle der rotchinesischen Kaufhauskette, die hier auf Schmuck, Porzellan, Antiquitäten und Kunstar-

Fischer im Hafen von Aberdeen

TSIMSHATSUI 尖沙咀

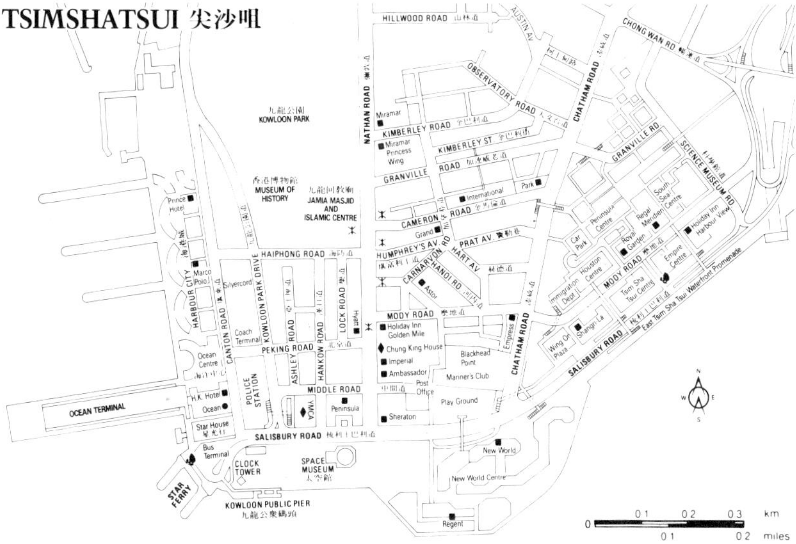

♦ Herberge/Pension
• Internationaler Flughafen
■ Hotel
● Kino/Theater
▲ Einkaufszentrum/ Kaufhaus
⌖ MTR (Mass Transit Railway)-Station
HKTA-Informationszentrum

Ocean Terminal

tikel spezialisiert ist. Direkt am Star House ragt der *Ocean Terminal* in den Hafen hinein.

Dieser im Jahre 1966 gebaute Pier ist der längste Asiens. Hier machen die großen Passagierschiffe auf ihren Weltreisen für ein paar Tage fest. Der Ocean Terminal, verbunden mit dem 1978 eröffneten *Ocean Center*, bietet mit knapp 200 Geschäften auf mehreren Etagen v.a. exklusive Waren für Touristen an. Hier gibt es nahezu alles: Antiquitäten, Schmuck, Volkskunst aus ganz Asien, Foto- und Elektronikausrüstungen, Möbel, Teppiche, Kleidung u.v.m., daneben natürlich auch Bars, Restaurants, eine Post und Telefon- bzw. Telegrammstation von *Cable and Wireless*. Jeden Mittwoch zwischen 18 und 19 h wird in der Eingangshalle des Ocean Terminals eine kostenlose chinesische Kulturschau (Cantonesische Oper, Akrobatik, Puppenspiele oder Tanz) gezeigt. Hinter dem Ocean Centre befindet sich die *Ocean Galleries* bzw. *Harbour City*, eine weitere Ansammlung von Einkaufszentren und in Richtung Canton Rd. von drei internationalen Hotels.

Von den klimatisierten Räumen des Ocean Terminals aus kann man gut das Leben und Treiben im Hafen beobachten und hat v.a. einen phantastischen Blick auf Hong Kong-Island.

Neben dem Ocean Center liegt das *Hong Kong Hotel* und davor das *Star House*.

Star Ferry-Anlegestelle Tsim Sha Tsui (Kowloon), im Hintergrund Causeway Bay und Wanchai (H.K.I.)

Salisbury Rd.

Die Straße, die vom Star Ferry Pier/Star House parallel zum Hafen verläuft, heißt *Salisbury Rd.* Rechts steht ein alter *Glockenturm*, das letzte Überbleibsel des früher hier gelegenen Bahnhofs, der vor einigen Jahren nach Hung Hom zurückverlegt wurde. Auf der freien Fläche hat man das *Kowloon-Kulturzentrum* (Konzerthalle, Schauspielhaus, Kunstbibliothek) errichtet. Das Gebäude hat drei markante, sternförmig zueinander gerichtete Dächer. Dahinter befinden sich das *Space Museum* (Weltraummuseum) und das *Planetarium.*

YMCA

Hinter dem Planetarium, das durch seine halbkugelförmige Kuppel schon von weitem sichtbar ist, liegt das große *New World-Gebäude*, ein Einkaufs- und Hotelkomplex, dahinter das *The Regent-Hotel*. Gegenüber dem Space Museum befindet sich links das *YMCA*, rechts das exklusivste Hotel der Kolonie, *The Peninsula*, an der Nathan Rd. das *Hyatt Regency*. Auf der anderen Seite der Nathan Rd., der Hauptgeschäftsstraße von Kowloon, steht das *Sheraton Hotel* und hinter diesem das *Holiday Inn*.

Bevor der Rundgang durch Kowloon beginnt, sollen die Sehenswürdigkeiten von Tsim Sha Tsui kurz beschrieben werden:

Space Museum

Das *Space Museum* wurde 1980 eröffnet und hat insgesamt etwa 60 Mio. DM gekostet. Es gilt als eines der größten Planetarien der Welt (aktuelle Vorführungen und Öffnungszeiten s. Prospekt der Hong

Nathan Road

Kong Tourist Association; Eintritt ca. 2 DM). Es besteht aus drei Teilen:

Eine *Ausstellungshalle* zeigt in verschiedenen Etappen die Entwicklung der Menschheits- und Kulturgeschichte, wie auch die Erkenntnisse über die Erde, das All und die Weltraumforschung. Hierzu gehört auch ein Original der Mercury-Raumfahrtkapsel von 1962. An einem Fotoautomaten kann man Satellitenaufnahmen von über 80 Plätzen der Erde, darunter New York, London, Rom, Köln und Hong Kong abrufen.

Kleiner ist die *Hall of Solar Science* (Ausstellung über Forschungsergebnisse der Solarwissenschaft). Höhepunkt des Space Museums ist sicherlich das *Space Theater*, das für ca. 6 DM tgl. ab 10.30 h einstündige Vorführungen (eine davon in Englisch) im Stile einer Multimedia-Show über die Rätsel der Menschheitsentstehung, UFOs, Erdgeschichte, Raumfahrt u.a. bietet. Wer so etwas noch nicht gesehen hat und bei schlechtem Wetter nicht weiß, was er machen soll, wird bestimmt begeistert sein. Vorher Karten kaufen!

New World-Gebäude

Im *New World-Komplex* sind in 7 Stockwerken über 320 Geschäfte (Schmuck, Fotos, Kleidung, Antiquitäten, Banken etc.), Restaurants und Büros untergebracht. Es ist eines der größten und exklusivsten Einkaufszentren der Welt. Von hier oben hat man einen wunderbaren Ausblick auf Hong Kong Island. Nördl. des New

World-Komplexes, vor dem sich eine schön in den Hafen gebaute Promenade befindet, liegt das neue Hotel- und Geschäftsviertel *Tsim Sha Tsui East*.

Tsim Sha Tsui

Ein unbedingtes „Muß" ist ein Streifzug durch *Tsim Sha Tsui*, dem Herzen Kowloons. Die *Nathan Rd.* und alles, was sich nordwärts vom Ausgangspunkt *Space Museum* bis in ca. 2 km Höhe rechts und links befindet, ist ein absolutes Touristenmekka, das Haupteinkaufsgebiet für Schmuck, Antiquitäten, elektronische und Fotoartikel. Rechts von der Nathan Rd. liegt das Zentrum zwischen der *Mody Rd.* und der *Kimberley Rd.*. Links von der Nathan Rd., an der Kreuzung *Peking Rd./Hankow Rd.,* gibt es ebenfalls eine Unmenge von Fotogeschäften. Darüber hinaus befinden sich in den Seitenstraßen viele Garküchen, Nachtlokale, Maßschneidereien und exklusive Restaurants.

Chunking Mansions

In der Nathan Rd. Nr. 50 (rechts) liegen die *Chunking Mansions*. Hier gibt es die billigsten Unterkünfte der Kolonie. Einige Häuser weiter, im Souterrain, liegt ein rotchinesisches Kaufhaus. Links an der Ecke *Haipong Rd./Nathan Rd.* ist das *Islamische Kulturzentrum* mit einer Moschee. Westl. davon, im Kowloon-Park, ist das

Geschichtsmuseum

Geschichtsmuseum (Ö: tgl. außer Fr 10-18 h, So 13-18 h).
Es handelt sich um ein typisches landeskundliches Museum und zeigt Fotos und Skizzen einiger archäologischer Ausgrabungen der Kolonie (eine Zweigstelle des Museums liegt in New Kowloon, wo ein altes Grab aus der Han-Zeit zu besichtigen ist).
Man sieht Darstellungen alter chinesischer Schiffsmodelle, Unterlagen über Fischfang, Kunstgewerbe und Landwirtschaft sowie interessante Fotos und Dokumente aus Hong Kongs Kolonialvergangenheit, z.B. von alten Häusern und Dörfern. Wer sich länger in Hong Kong umsehen möchte, findet hier auch eine Karte, die ihm die historisch interessanten Plätze der Kolonie zeigt.
Weiterhin sind im Museum Ölgemälde und Lithographien von *August Borget* ausgestellt, der in Südchina gelebt und gemalt hat. Reproduktionen seiner Werke kann man im Museum oder beim Govenmental Printer (G.P.O.) kaufen.
Ein Teil des *Kowloon-Parks* wurde 1982 verpachtet, um ein weiteres Mammut-Shopping-Projekt darauf zu errichten; dagegen hat es vergebliche Proteste der Bevölkerung gegeben. Weiter nördl., vor der Kimberley Rd. rechts, liegt das *Miramar Hotel*, ebenfalls mit einem kleinen Shopping Center.
Hinter dem Kowloon-Park verändert sich das Bild der Nathan Rd. völlig: die „Goldene Meile" hört plötzlich auf, man sieht kaum noch Gwailos, die Einwohner Hong Kongs sind wieder unter sich. Die Nathan Rd. führt noch 2 km gerade weiter nach Norden, bis zur *Boundary St.*, die das eigentliche Gebiet der Kronkolonie von den 1898 für 99 Jahre gepachteten Gebieten trennt.

Yaumatei/ Mongkok

Die interessantesten Gebiete von Kowloon, für deren Begehung man mindestens einen halben Tag einkalkulieren sollte, befinden sich auf der linken Seite der *Nathan Rd.*, nördl. des *Kowloon Parks*.

Es ist das Gebiet von *Yaumatei* und *Mongkok*, etwa ab Höhe der Jordan Rd. bis zur Mongkok Rd., rechts und links der Canton Rd. Der Ausgangspunkt dieser Exkursion ist die *Jordan Rd.*; entweder kommt man von der Star Ferry in Kowloon mit dem Bus bzw. der MTR dorthin oder von der Star Ferry Hong Kong-Islands mit der Jordan Rd. Ferry (Vehicular Ferry). Letztere Möglichkeit ist die interessanteste, denn man fährt an der westl. Seite von Kowloon ein Stück durch den neuen Hafen, blickt auf den Yaumatei-Taifun-Schutzhafen (nördl.), in dem, wie in Aberdeen, ca. 15.000 Menschen auf Booten leben. Hier überall am Wasser befinden sich Verladestellen, Lagerhäuser und Verarbeitungsanlagen für die vom Meer kommenden Güter. Vom Jordan Rd. Ferry Pier passiert man den Busbahnhof und biegt in die Canton Rd. ein. Etwas weiter nördlich, an der Ecke Gasu St./Battery St., findet tgl. von 10–16 Uhr der *Jademarkt* statt.

Jademarkt

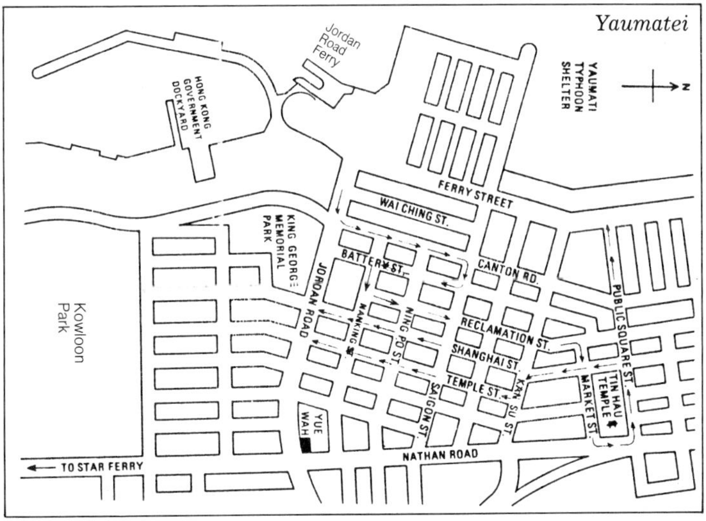

Yaumatei

Jade kann aus beiden Mineralien *Jadeit* und *Nephrit* bestehen, hat neben der uns bekannten grünen Farbe auch Farben wie Milchweiß, Rosa, Gelb, Braun, Lila und Türkis. Echte Jade soll besonders hart sein, bei Erwärmung keine Hitze annehmen und sich nicht vom Messer zerkratzen lassen.

Schon seit Konfuzius wird Jade als sehr wertvoll angesehen; sie ist Symbol geistiger und körperlicher Vortrefflichkeit, bringt Glück und schützt vor Krankheiten, wenn man sie am Körper trägt. Deswegen tragen viele Chinesen Ringe oder Anhänger aus Jade. Besonders wertvolle Stücke werden seit Jahrhunderten vererbt; andere gibt man den Verstorbenen mit ins Grab.

Shanghai St.

Nach dem Besuch des Jademarktes kann man über eine Querstraße nach rechts in die *Shanghai St.* gehen. Hier findet man typische chinesische Eisenwarengeschäfte, Küchenutensilien, Haushaltsgeräte und Hersteller von *Majong-Spielen*. In der nächsten Querstraße, der *Saigon St.*, findet man Geschäfte für Spielsachen, Kleidungsstücke, aber auch Ausstattungen für Beerdigungen sowie einen Straßenbarbier und einen Wahrsager.

Saigon St.

Tin Hau-Tempel

Links der Nathan Rd., zwischen der Public Square St. und der Market St., liegt der *Tin Hau-Tempel*, der der Göttin des Himmels, Schutzpatronin der Seefahrer und Fischer, geweiht ist. Auf diesem Tempelgelände, das 1870 errichtet wurde, befinden sich auch der *Fook Tak Tse-Tempel*, der *Shing Wong-Tempel* und der *Shea Tam-Tempel*. Der Tempel ist von 7.30-20.30 h zugänglich; besonders interessant sind die geschwungenen Dächer, die geschnitzten Tiere, die vor bösen Geistern schützen sollen.

Temple St.

Straßenmarkt

Westl. des Tempelgeländes beginnt die *Temple St.*. Hier, parallel zur Nathan Rd./MTR-Station Waterloo, beginnt jeden Abend nach Sonnenuntergang der *Nachtmarkt Temple Street*, der wesentlich interessanter ist als der „Poor Man's Nightclub" auf Hong Kong Island. Neben den üblichen Angeboten eines asiatischen Marktes (Obst, Gemüse, Billigprodukte, Kleidung, Plastikwaren etc.) bieten die Händler auch Gebrauchtartikel des täglichen Bedarfs an. Weiterhin findet man hier Handleser, Wahrsager, Schauspielgruppen, Musikgruppen und Sänger.

Man kommt an „Straßenärzten" vorbei und gelangt zu einigen Imbißständen. Diese bieten neben den üblichen Speisen und Suppen aus dem Wok auch frischen Zuckerrohrsaft an.

Der Straßenmarkt dauert etwa bis 23 h. Danach kann man mit der MTR nach Tsim Sha Tsui oder nach Hong Kong Island zurückkehren. Wenn man sich tagsüber in der Gegend aufhält, kann man weiter nach Norden laufen; über die *Reclamation St.*, die andeutet, daß früher das Meer bis hierher reichte, wieder zur *Canton Rd.* zum Yaumatei-Taifun-Schutzhafen.

Umgebung der Canton Rd.

Es lohnt sich, die *Canton Rd.* und Umgebung zu erkunden. In der *Battery St.* sieht man Weinhandlungen, Kräutergeschäfte und Werkstätten, in denen Papierautos oder Papierschiffe als Beigaben für Begräbnisse angefertigt werden. Ähnliche Geschäfte gibt es in der *Ning Po St.* und weiter nördl. an der Ecke *Canton Rd./Pitt St.* Folgt man dem Verlauf der Canton Rd. nach Norden, kommt ein *Markt* und danach Spezialgeschäfte für Eisenartikel und Schiffsausrüstung (neu und gebraucht).

Drei Querstraßen rechts von der Canton Rd. liegt die *Mongkok St.*, sie beherbergt auf der Höhe der Mongkok Rd. und Argyle St. einen interessanten *Markt* für Pflanzen (verkrüppelte Bäume, Bonsai), Vögel, Heuschrecken, Grillen (für Grillenkämpfe), Zierfische und Würmer zum Fischfangen. Hier kann man sich auch einen schönen Vogelkäfig aus Holz als Andenken kaufen.

Mongkok

Wer noch Zeit hat, überquert die Nathan Rd. Richtung Osten und

geht in die Wohnviertel von *Mongkok*. Hier beträgt die Bevölkerungsdichte weit über 100.000 Einwohner/km^2; weiter nordwestl., in *Sham Shui Po,* ist mit über 165.000 Einwohnern/km^2 der absolute Weltrekord erreicht.
Man kann weiter nördl. das Gebiet von *Shek Kip Mei* oder die *Walled City of Kowloon* erkunden.

Es gibt auch eine Heilmedizin, die folgendermaßen angeboten wird:
Eine Frau sitzt vor einem Berg toter Schlangen, holt aus einem Korb eine lebendige heraus, tritt ihr mit dem Fuß auf den Schwanz, mit dem anderen auf den Kopf, ertastet anhand der Hautringe die Stelle, an der sich die Gallenblase befindet, unterhält sich dabei mit den Zuschauern. Nun nimmt sie eine kleine, rostige Schere, schneidet damit den Leib der Schlange auf, ein Ruck, und sie hält triumphierend die Gallenblase des Tieres in die Luft. Dann preßt sie einige Tropfen davon in ein Glas, verrührt es mit hochprozentigem Weinbrand oder Reiswein. Während ein Kunde das Glas austrinkt, schneidet sie der wild zuckenden Kobra den Kopf ab und legt den Leib zu den anderen, die sie am nächsten Tag einem Schlangenlokal für die Schlangensuppen verkaufen wird.

Schlangenfrau

Hinter der Boundary St. endet die Nathan Rd. Man geht ca. 1 km an der Tai Po Rd. bis zur Nam Cheong Rd. (rechts) und befindet sich

Shek Kip Mei

nun in *Shek Kip Mei*. Hier gibt es auch eine MTR-Station. In diesem Gebiet wurden am Weihnachtstag 1953 bei einem Brand in einer Squatter-Siedlung über Nacht 53.000 Menschen obdachlos. Hier entstanden die ersten Wohnbauten vom Typ Mark I, die seit 1982 abgerissen und durch neue ersetzt werden. Hier liegt auch die Einflugschneise des Flughafens. Wenn man Zeit hat und das wohl schlimmste Wohnquartier Hong Kongs erleben möchte, nimmt man ein Taxi und läßt sich nach Kowloon-City in die *Tung Tsing Rd.* zur *Walled City of Kowloon* bringen. Dieser Ort befindet sich 600 m vor dem Aufsetzpunkt der Landebahn des Kai Tak-Flughafens. Zu Fuß dauert der Weg durch das Straßengewirr etwa eine halbe Stunde.

Walled City

Walled City ist längst nicht mehr die „Hochburg der Gesetzeswidrigkeiten", wie es Reiseführer häufig behaupten, und die ihren Lesern empfehlen, auf „gar keinen Fall" hierher zu gehen. Wer ein völlig verslumtes, gefährlich bebautes Stadtviertel mit nach oben hin zugebauten engen Gassen sehen möchte, der sollte dorthin fahren. Seit 1982 spricht die Regierung davon, diesen Schandfleck abreißen zu lassen und an der Stelle einen Park zu errichten. Bis 1988 hat sich noch nichts getan.

Wong Tai Sin-Tempel

Im nordöstl. Kowloon, in der Nähe einer gleichnamigen MTR-Station, liegt der bekannte *Wong Tai Sin-Tempel*. Über Einzelheiten informiert eine Broschüre der H.K. Tourist Association.

Das Li Cheng Uk-Museum in New Kowloon

In New Kowloon, im Sham Shui Po-Distrikt, befindet sich in der Tonking St. das *Lei Cheung Uk-Museum*, eine Zweigstelle des *Historischen Museums*. Man erreicht es vom Busbahnhof Star Ferry Kowloon aus mit dem Bus Nr. 2 oder mit der MTR, Richtung Tsuen Wan, wobei man bei Cheung Sha Wan aussteigt und den Rest zu Fuß geht.

Als man hier 1955 Häuserblocks des Typs Mark I und II für Wohn- und Produktionszwecke baute, entdeckte man das aus Ziegeln gemauerte Grab aus der Han-Zeit (206-220 n.Chr.). (Ö: tgl. 10-13 h und 14-18 h, So und feiertags 13-18 h, Do geschl. Weitere Informationen erhält man von der Hong Kong Tourist Association.)

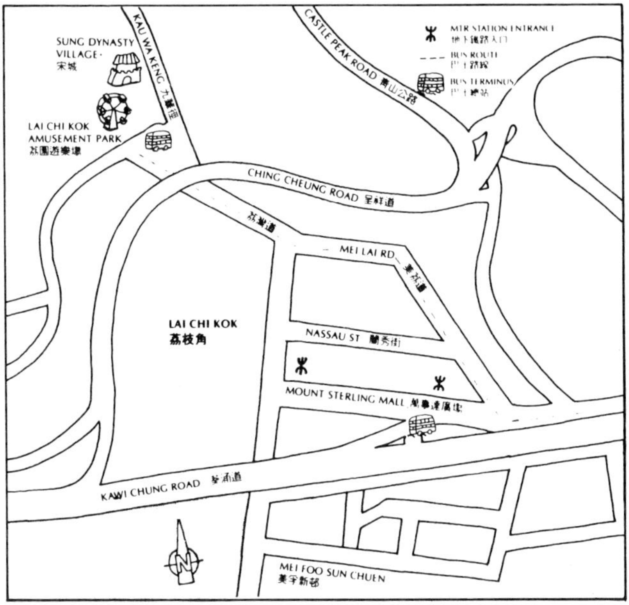

Lai Chi Kok

Der Vergnügungspark Lai Chi Kok und das Sung Dynastie-Dorf

Man erreicht den Park vom Busbahnhof Star Ferry Kowloon aus mit dem Bus Nr. 6 A oder mit der MTR. Man kann aber auch von Hong Kong Island aus eine Fähre nach *Mei Foo* nehmen, fährt durch den gesamten Hafen und hat dann noch ca. 10 Min. Fußweg vor sich.

Im Park selbst gibt es vorwiegend Unterhaltung für die chinesische Bevölkerung, Schießbuden, Karussells, Glücksspiele, einen kleinen Zoo, die Nachbildung eines bekannten Sees in Canton, Vorführungen von Zauberkunststücken und – vielleicht eine Sensation für diese Region – eine kleine Eislaufbahn (Schlittschuhe können ausgeliehen werden).

Für den Besucher aus Europa sind die allabendlichen Vorführungen (ab 20 h) *cantonesischer Opern* wohl das Interessanteste. Der Eintritt kostet etwa 3 DM. Man darf allerdings nicht die Qualität einer richtigen Peking-Oper erwarten. Mindestens ebenso interessant wie die Oper selbst ist es, das Publikum zu beobachten.

Neben dem Gelände des Lai Chi Kok-Vergnügungsparks liegt das *Sung Dynastie Village*, das nachgebaute Dorf aus der Sung-Zeit (960-1279). Es handelt sich hierbei um eine rein kommerzielle Angelegenheit. Im „Dorf“ kann man eine Gruppe von „Bewohnern“ beobachten, die abwechselnd in unterschiedlichen Kostümierungen eine Heiratszeremonie, Akrobatik, Tänze, Straßenszenen, eine

Affenshow und die Herstellung von Teigwaren und Gebäck vorführen.
Zum „Dorf“ gehört auch ein *Wachsfigurenkabinett* mit den Nachbildungen berühmter Persönlichkeiten aus der chinesischen Geschichte.
Man kann von jedem der großen Hotels in Hong Kong eine der täglichen fünf Pauschaltouren (Transport, Eintritt, Essen, Vorführungen ca. 50 DM) buchen. Der Eintritt ohne Verpflegung und Transport kostet etwa 7 DM.
Die Hochhaussiedlung rechts neben der Anlegestelle der Fähre heißt *Mei Foo* und ist das größte privat finanzierte Wohnprojekt für die chinesische Mittelklasse in Hong Kong.

Die New Territories 新界

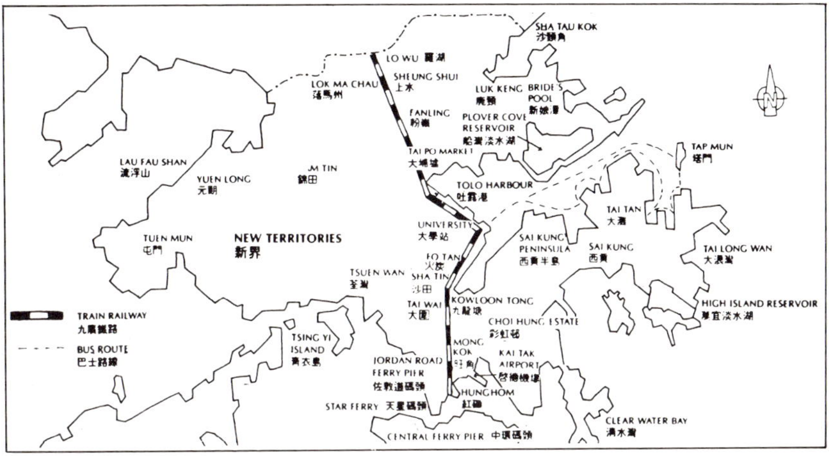

Mit der Bezeichnung *New Territories* sind alle Gebiete nördl. der Boundary St. in Kowloon bis zur Grenze nach China sowie alle Inseln der Kolonie (außer Hong Kong Island und Stonecutter's Island) gemeint. Diese Gebiete wurden am 1.7.1898 von China für 99 Jahre gepachtet. Im allgemeinen Sprachgebrauch meint die Bezeichnung „New Territories" heute das Festlandsgebiet nördl. der Berge von Kowloon, das 966 km^2 umfaßt. Darin eingeschlossen sind die 210 km^2 der verwaltungsmäßig zu den New Territories zählenden Inseln.
Bis vor kurzem waren die New Territories noch nahezu unberührtes agrarisches Hinterland, eine tropische Landschaft mit Gemüse- und Reisfeldern, Ententeichen und Hühnerfarmen, wie es *Pearl S. Buck* in ihrem Buch „Die gute Erde" beschrieben hat. Wasserbüffel pflügen mit grobem Holzgeschirr die schlammigen Felder. An den Küsten liegen viele kleine Fischerdörfer.
Es gibt *Naturparks*, hohe Berge, und man kann, wenn man Zeit hat, stundenlang in der Einsamkeit wandern. In den letzten Jahren hat man aber auch in den New Territories gebaut: Fabriken und Satellitenstädte. Überall trifft man deshalb die als Bauarbeiter tätigen Frauen des *Hakka-Stammes*, erkennbar an ihren schwarzen, pyjamaähnlichen Anzügen (*samfoo*) und runden Strohhüten, deren schwarze Gardine sie vor der Sonne schützen soll.
Jeder Besucher, der länger als zwei Tage in Hong Kong weilt, sollte einen Tag für eine Rundfahrt durch die New Territories einplanen. Ein solcher Tag vermittelt einen guten Einblick in das Leben der Chinesen auf dem Lande.

Das Hakka-Dorf (Hakka Wai)

Hakka-Frau auf Markt in den New Territories

Rundfahrt

Die folgende Rundfahrt durch die New Territories kann gut mit öffentlichen Verkehrsmitteln durchgeführt werden.

Wenn man nur nach *Kam Tin* (ein altes ummauertes Dorf) fährt und anschließend in *Lok Ma Chau* einen Blick über die Grenze nach China wirft, um dann über *Fanling, Taipo* und *Shatin* weiter zu reisen, um dort den Tempel der 10.000 Buddhas sowie die chinesische Universität/Museum zu besichtigen, kann man diese Tour bequem an einem Tag schaffen. Alle anderen im folgenden beschriebenen Exkursionen verlängern die Rundfahrt entsprechend.

Wer es eilig hat und ohne Zwischenaufenthalt nach *Yuen Long* (Un Long) möchte, nimmt am Jordan Rd. Ferry-Busbahnhof den Bus Nr. 50 oder 68 und ist in etwa 1 1/2 Stunden in Yuen Long. Die Busfahrt geht durch *Yaumatei, Mongkok* am Containerterminal *Kwai Chung* vorbei.

In Yuen Long kann man den Bus Nr. 76 entweder direkt nach Lok Ma Chau nehmen oder (wie weiter unten beschrieben) einen Abstecher nach *Kam Tin* machen.

Eine interessantere, länger dauernde Anfahrt nach Yuen Long ist die Route über *Tsuen Wan*. Man nimmt entweder den Bus vom Jordan Rd. Ferry-Terminal (Busbahnhof) oder, was noch reizvoller ist, von Central aus die Fähre nach Tsuen Wan. Von dort besteigt man den Bus Nr. 52 bis *Tuen Mun San Hui*. Man kann aber auch von Hong Kong Island mit dem Luftkissen-Schnellboot (Hovercraft), das links vom G.P.O. startet, in 20 Min. quer über den Hafen nach Tuen Mun fahren.

Tsuen Wan

Auf der Fahrt nach Tuen Mun kommt man an *Tsuen Wan* vorbei. Dieser Ort zählte 1920 noch 3.000 Einwohner. Zu Beginn der 70er Jahre entschloß man sich, ihn als Industrieort und Satellitenstadt auszubauen. Gegenwärtig leben dort etwa 600.000 Menschen; später soll die Einwohnerzahl bis auf eine Million ansteigen.

Tuen Mun

Fährt man mit dem Bus in Richtung *Tuen Mun*, hat man zur Linken das Wasser, dahinter *Lantao*. Die meisten Schiffe, die hier vorbeifahren, verkehren auf der Strecke nach Canton. Rechts oben in den Bergen befindet sich das *Tai Lam Chung-Reservoir*, der größte Trinkwasser-Stausee der Kolonie.

Links liegt die *Castle Peak-Bucht*, dahinter der *Castle Peak* mit über 583 m Höhe. Tuen Mun ist ebenfalls eine der neuen Satellitenstädte der Kolonie, die gegründet wurde, um die Überbevölkerung in Hong Kong und Kowloon abzubauen.

Wenn man nicht den direkt nach Yuen Long fahrenden Bus nimmt, muß man in Tuen Mun umsteigen in den Bus Nr. 61 (fährt in der Tuen Mun Heung Sze Wui St. ab). Die Busse 73 und 76 fahren bis in die Nähe von *Lok Ma Chau*.

Die Ching Chun Koon-Tempel

Wer noch keine prachtvolle Tempelanlage besichtigt hat, sollte das bei den *Ching Chun Koon-Tempeln*, nördl. von Tuen Mun, tun. Am besten nimmt man ein Taxi für 3-5 DM, da das Gelände schwer zu finden ist.

Vor dem Eingang zum eigentlichen Tempel sieht man auf der rechten Seite einen kleinen Schrein, der dem *God of Blessing* gewidmet ist. Durch zwei sehr schöne Eingangstore geht man nun nach rechts zu den Tempeln, die 1959 erbaut wurden. Es handelt sich um eine taoistische Anlage, die den „acht Unsterblichen" des Taoismus geweiht ist.

Zu diesen „acht Unsterblichen" zählen *Lu Tung Pin* (cant.: Loi Choi), dessen Statue sich im zentralen Schrein befindet. Er wird normalerweise mit einem magischen Schwert abgebildet, das ihm Unsterblichkeit verleihen soll. Vor seinem Altar sieht man eine Vitrine mit einem tausendjährigen Jadesiegel. Die anderen „Unsterblichen" des Taoismus sind: *Han Hsiang Tzu*, oft mit einem Korb von Pfirsichen abgebildet, weil er die Unsterblichkeit erhielt, nachdem er von einem Pfirsichbaum gefallen war und seinen Lehrer an Wissen übertraf. *Lan Ts'ai-ho* gab sein Geld den Armen. Auch er wird mit einem Früchtekorb abgebildet.

Chung-Li-Ch'uan hält oft einen Federfächer oder auch einen Pfirsich, er ist ein Götterbote. *Chang Kuo* war ein Eremit, er soll auf einer Pilgerfahrt gestorben und dann wieder zum Leben erwacht sein.

Ho Hsien Ku ist die einzige weibliche „Unsterbliche". *Li T'ieh-Kwai* ist der älteste der „Unsterblichen" und soll von Lao Tse unterrichtet worden sein. *Ts'ao Kuo-Chiu* hat in einer Hand ein Tablett, das ihm die Erlaubnis gibt, den Himmel zu betreten.

Weiter hinten auf dem Gelände steht eine Ahnenhalle mit Kachelbildern von Verstorbenen, davor ein Schildkrötengehege.

Lau Fau Shan

Um zum Austernfischerdorf *Lau Fau Shan* an der östl. gelegenen *Deep Bay* zu kommen, steigt man bei Ping Shan aus, geht nach links in die Ping Ha Rd. und fährt im Mini-Bus oder Bus nach Lau Fau Shan weiter. Nach wenigen Minuten kommt man in die Sicherheitszone (*Restricted Area*), die zu Zeiten der großen Flüchtlingsströme besonders kontrolliert wurde. An der Endstation verläßt man den Bus, geht nach rechts in eine schmale Marktgasse, an Restaurants vorbei bis ans Wasser. Das Dorf lebt von der *Austernzucht*. Die Austernschalen der Restaurants werden einfach ins Meer geworfen, so daß ein Teil des Dorfes darauf errichtet wurde. Vor sich sieht man nun die *Deep Bay*; alles Land dahinter gehört zur VR China. Durch diese Bucht schwammen in den 70er Jahren Tausende von Flüchtlingen, oft von Haien bedroht.

Deep Bay

In den Restaurants von Lau Fau Shan kann man für ca. 1 DM pro Stück frische Austern erhalten. Man sollte sie jedoch nur gekocht essen. Die meisten in Lau Fau Shan gewonnenen Austern werden zu einer Soße (*Oyster Sauce*) verarbeitet, die Grundlage für viele cantonesische Gerichte ist.

Wenn man nach Kowloon zurück will, nimmt man zunächst den Bus Nr. 55 nach Yuen Long und von dort den Bus Nr. 50 zur Jordan Rd. Ferry.

Wer noch Zeit hat, sollte sich die in der Nähe gelegene 200 Jahre alte *Pagode* bei dem kleinen Dorf *Ping Shan* ansehen. Man kann von der Castle Peak Rd. aus in 15-20 Min. oder, wenn man von Lau Fau

Pagode

Die Austernschalen im Fischerdorf Lau Fau Shan

Shan kommt, in kürzerer Zeit hinauflaufen. Nachdem man das Dorf *Hang Mei Tsuen* passiert hat, geht man an Fisch- und Ententeichen vorbei einige hundert Meter nach Norden, von wo aus man die Pagode im Feld stehen sieht. Ein Taifun hat sie so zerstört, daß von den ursprünglichen 7 Stockwerken nur 3 übrig geblieben sind.

Yuen Long

Zurückgekehrt in die Castle Peak Rd., erreicht man von dort aus in wenigen Minuten bequem *Yuen Long*, das ebenfalls von einem kleinen Marktflecken zur Großstadt anwachsen soll. Yuen Long ist nur eine Zwischenstation für die Exkursion zur chinesischen Grenze, nach *Lok Ma Chau* und zu den alten ummauerten Dörfern in der Gegend von *Kam Tin*.

Kam Tin und Kat Hing Wai

Um nach *Kam Tin* zu kommen, besteigt man in Yuen Long an der großen Durchgangsstraße den Bus Nr. 51, 74 oder 77 und verläßt diesen nach wenigen Minuten wieder an der Kreuzung Kam Tin Rd./Kam Sheung Rd. Man geht von der Bushaltestelle etwa hundert Meter zu Fuß zurück und biegt nach rechts in die Kam Sheung

Shui Tau

Rd., geht diese bis zum alten Dorf *Shui Tau* entlang. Nach etwa 10 Min. befindet man sich im „alten China": geschwungene Dachfirste, kleine Innenhöfe, verzierte geschnitzte Türeingänge, Spiegel und „krumme Eingänge", die vor Geistern schützen sollen, weil diese ja nur geradeaus gehen können. In der Dorfmitte steht ein renoviertes *Clanhaus*. Auf der Straße sieht man ein anderes schönes altes Gebäude mit Innenhof. Die wenigen neuen Häuser zerstören das Bild dieses alten Dorfes ebensowenig, wie die wenigen Touristen, die sich in diese Gegend verirren. Selbst vor ein neues Haus hat man eine „Geistermauer" errichtet, so dicht, daß der Nachbar kaum sein Gebäude betreten kann.

Geht man wieder zurück über die Kam Tin Rd., so sieht man links

Kat Hing Wai

die große Mauer von *Kat Hing Wai* (Eintritt 0,50 H.K.-$). Alle Menschen, die hier leben, gehören dem Clan der *Tang* an, der im 13. Jh. aus Zentralchina kam und dem in diese Gegend geflüchteten letzten Herrscher der Sung-Dynastie geholfen hat. Von 1898-1925 durften keine britischen Armeeangehörigen dieses ummauerte Dorf (Wai) betreten. Die Briten haben 1925 auch das Eisentor konfisziert, jedoch später wieder zurückgegeben.

Das Dorfinnere ist eng, schachbrettartig angelegt, etwa 400 Menschen leben in diesem Labyrinth. Am oberen Ende der kleinen

Tempel

Hauptstraße befindet sich ein kleiner *Tempel*. Das Dorf ist typisch für viele Wohnanlagen, die es früher hier gab. Die hohen Mauern sollten vor Überfällen der Räuberbanden schützen. Heute lebt das Dorf auch vom Tourismus, überall sieht man Souvenirläden, und beim Fotografieren von Menschen wird man zur Kasse gebeten.

Lok Mau Chau – ein Blick nach China

Wenn man einen Ausflug zur Grenze nach China, nach *Lok Ma Chau,* plant, geht man die Kam Tin Rd. einige hundert Meter zurück in Richtung Yuen Long, bis man wieder auf die Castle Peak Rd. stößt. An der Straße besteigt man nun den nordwärts fahrenden Bus nach Sheung Shu (Nr. 73 und 76) und teilt beim Einsteigen dem Fahrer mit, daß man an der Kreuzung von Lok Ma Chau aussteigen möchte. Von dort geht man ca. 1-2 km zu Fuß durch eine schöne ländliche Gegend mit Gemüsefeldern und Ententeichen. An der Stelle, wo die Straße gesperrt ist, geht es rechts einen kleinen Berg hoch, an einem Parkplatz mit WC und Souvenirbuden vorbei bis zum Aussichtspunkt.

Tief unten sieht man den Grenzzaun am Rande einer Landstraße. Das Gebiet links gehört noch zu den New Territories, rechts befindet sich die Provinz *Guandong* mit dem Distrikt *Po On*. Der *Sham Chun-Fluß* bildet die Grenze; er fließt hier in vielen Windungen von Osten nach Westen in die *Deep Bay*, ins Meer. Wenn man Glück hat, sieht man eine Dschunke über den Fluß kreuzen. Im Osten, vor der nächsten Bergkette, sieht man *Shamchun City* (Shenchen), die nächstgrößere Stadt auf chinesischem Boden und Zentrum der *Special Economic Zone* (Wirtschaftssonderzone) der VR China.

Taipo und die Chinese University

Wieder in der Castle Rd. kann man den Bus Nr. 76 nach Sheung Shui nehmen und von dort direkt mit dem Bus Nr. 70 zum Jordan Rd. Ferry-Bahnhof umsteigen, hier gibt es dann einen MTR-Anschluß. Der Bus Nr. 70 fährt über *Taipo*, einen Marktflecken, der wie viele Städte in den New Territories gewaltig gewachsen ist. Etwa 2 km südl. der Stadt befindet sich der Hafen mit Blick auf die schöne *Tolo-Bucht*. Von hier kann man in etwa 90 Min. mit einer

Tap Mun

Fähre zur Insel *Tap Mun* fahren. Die vielen Inseln und Buchten mit ihren schönen Stränden an der östl. Seite der New Territories können Ziele für weitere Ausflüge sein. Der Bus fährt nun parallel zur Bahnstrecke (die man ab Fanling oder Taipo nehmen kann) südwärts.

Universität

Das nächste Ziel ist die *Chinese University*. Diese wurde als Entlastung für die überfüllte englischsprachige Hong Kong University 1972 erbaut. Sie funktioniert nach US-amerikanischem College-System, hat aber als Unterrichtssprache Chinesisch. Der Campus liegt inmitten einer schönen, tropischen Berglandschaft. Es gibt hier auch ein wunderbares, für jedermann zugängliches *Freibad*.

Museum

Interessant für den westlichen Besucher ist das *Museum*, die *Art Gallery of the Institute of Chinese Studies* (Ö: tgl. 9.30-16.30 h, So, feiertags 12.30-16.30 h, Fr geschl.).

Man kann auch von Kowloon aus direkt dorthin fahren: mit dem Bus Nr. 70 ab Jordan Rd. Ferry oder Bus Nr. 72 ab Argyle (bei der MTR-Station); oder man nimmt die Bahn, die stündl. vom Bahnhof Hung Hom, Kowloon, aus nach Norden fährt. (Ohne ein Visum für die VR China muß man diese Bahn in Fanling verlassen.)

Um zur Chinese University zu kommen, geht man vom Bahnhof

In Lok Ma Chau – ein Blick in die VR China

Chinese University etwa 15 Min. bergauf. Der phantastische Blick auf die Bucht und die herrlichen Berge entschädigt für die Anstrengung.

Das Gebäude, in dem sich die Kunstgalerie befindet, hat einen schönen kleinen Innenhof mit Gartenanlage im chinesischen Stil, Bonsais und riesigen Goldfischen in einem Becken (über die Ausstellung informiert ein Prospekt der Hong Kong Tourist Association).

Shatin und der Tempel der 10.000 Buddhas

Nächste Station mit Bus oder Bahn ist *Shatin*, ebenfalls eine Satellitenstadt mit inzwischen einer Viertelmillion Einwohnern, die sich einwohnermäßig durch Entlastung der Ballungszentren noch verdoppeln soll. Hier liegt eine *Pferderennbahn* des „Royal Hong Kong Jockey Clubs". An der Lion Rock Tunnel Rd. befindet sich

Tsang Tai Uk

ein weiteres altes, ummauertes Dorf, *Tsang Tai Uk* („Herrn Tangs großes Haus"). Wenn man noch etwa zwei Stunden Zeit und gute Schuhe hat, lohnt sich ein Aufstieg zum *Tempel der 10.000 Buddhas*. Von der Busstation an der Markthalle in Shatin aus unterquert man die Schnellstraße und geht bergwärts nach links in Richtung der *Pagode*, die man von unten aus sehen kann (der gleiche Weg gilt für Besucher, die von der Bahnstation kommen). Den Berg besteigt man allerdings nicht durch eine von weitem gut sichtbare Stein-

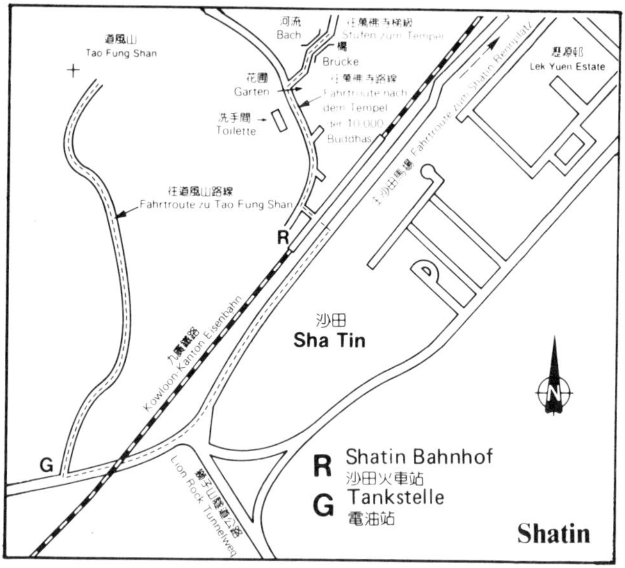

treppe, sondern sucht sich weiter rechts am Fuße des Berges in der Nähe von Squatterhütten einen Aufgang. Dieser führt zwischen Bananenbäumen und Bambuswäldchen steil nach oben. Zwischendurch kann man sich Erfrischungen kaufen. Allerdings ist der Weg keineswegs so beschwerlich oder gar gefährlich, wie er in manchen Reiseführern beschrieben wird.

Auf 200 m Höhe erreicht man die erste Ebene der Tempelanlage. Wenn man von der Treppenkreuzung nach links abbiegt, kommt man auf die zweite, höher gelegene Ebene. Das gesamte Gelände wurde 1951 errichtet. Auf der ersten Ebene befindet sich die Pagode, die von außen siebenstöckig erscheint, innen aber nur 4 Stockwerke hat; man kann sie über eine Wendeltreppe besteigen. Im Inneren befindet sich ein kleiner Altar mit Buddha und Opfervorrichtung. Leider ist die Sicht von der Spitze der Pagode auf Shatin sehr schlecht, da die Fenster zu klein sind.

Pagode

Oberhalb der Pagode steht der Tempel der 10.000 Buddhas. Dieser *Kuan Yin* geweihte Tempel wurde 1950 erbaut und beherbergt heute etwa 12.800 kleine Buddhafiguren, die an den vier hohen Wänden untergebracht sind. Es handelt sich um Stiftungen, so daß mit einer noch größeren Anzahl von Figuren zu rechnen ist. Weiterhin sieht man in diesem Tempel Orakelhölzer und -knochen sowie Räucherstäbchen. Zwischen der Pagode und diesem Tempel stehen, wenn man in Richtung Pagode blickt, große Figuren taoistischen Ursprungs, dahinter ein riesengroßer blauer Hund; auf der gegenüberliegenden Seite steht ein großer weißer Elefant. In der

Tempel

Die Pagode beim Tempel der 10.000 Buddhas

Beim Tempel der 10.000 Buddhas

Mitte gibt es noch einen Altar mit zwei überlebensgroßen taoistischen Figuren. Insgesamt eine phantastische Szenerie.

Um auf die zweite Ebene zu gelangen, geht man rechts am Tempel der 10.000 Buddhas vorbei weiter nach oben und steht wenige Minuten später vor vier taoistischen Tempeln; der hinterste, rechts, ist der interessanteste, denn der hier 1965 im 87. Lebensjahr verstorbene Mönch und Tempelbegründer *Yuet Kai* wurde einige Monate nach seiner Beerdigung exhumiert. Dies ist eine alte chinesische Sitte, denn das Orakel soll den endgültigen Tag und Ort des „richtigen" Begräbnisses ermitteln. Bei dieser Exhumierung nach acht Monaten fand man, daß die Leiche noch sehr gut erhalten war. Deswegen entschlossen sich seine Anhänger, seine Leiche zu lakkieren und zu vergolden. Die Leiche wurde dann an Buddhas Geburtstag, dem 26.5.1966, in einer Buddhastellung im Glaskasten im Tempel aufgestellt. Fotos dokumentieren die verschiedenen Etappen dieses Prozesses.

Taoistischer Tempel

Hier, von der zweiten Ebene aus, hat man vor dem Abstieg einen schönen Ausblick auf das Tal von *Shatin*, den *Lion Rock* sowie den *Amah Rock*. Amah ist cantonesisch und heißt Mutter bzw. Kinderfrau.

Amah Rock

Der *Amah Rock* steht für eine Sage: Eine Fischersfrau, deren Mann im Taifun umgekommen war, wartete tagelang mit ihrem Kind auf dem Rücken auf dessen Wiederkehr, bis die Götter Erbarmen mit ihr hatten und sie in einen Felsen verwandelten. Über dem Amah Rock sieht man den *Lion Rock*, einen löwenkopfähnlichen Berggipfel.

Lion Rock

Nach Kowloon zurück kommt man entweder mit der Bahn oder, was eine interessante Abwechslung ist, mit dem Bus.

Wenn man sich mehrere Wochen in Hong Kong aufhält, kann man auch verschiedene Exkursionen in die östl. Teile der New Territories und die vorgelagerten Inseln unternehmen. Hierfür gibt es Informationsbroschüren von der Hong Kong Tourist Association.

Der höchste Berg der Kolonie: Tai Mo Shan (957 m)

Ein Besuch des *Tai Mo Shan*, des mit 957 m höchsten Berges der Kolonie, nördl. von Tsuen Wan gelegen, lohnt sich nur bei gutem Wetter, klarer Sicht und geringer Luftfeuchtigkeit.

Um zu diesem Berg zu kommen, nimmt man entweder die MTR bis Tsuen Wan-Endstation, geht Richtung Norden auf die Route Twisk und besteigt den Bus Nr. 51. Diesen Bus kann man aber auch schon am Busbahnhof Tai Kok Tsui (Kowloon) nehmen. Man erreicht Tai Kok Tsui auch gut von Central aus mit der Fähre. Wenn der Bus Nr. 51 Tsuen Wan passiert hat, verläßt man ihn dort, wo die Tai Mo Shan Rd. von rechts oben in die Route Twisk einmündet. Hier befindet man sich an der Grenze zwischen dem *Tsuen Wan-Distrikt* und dem *Yuen Long-Distrikt*. Links von der Straße liegt der *Tai Lam-Countrypark*, rechts der *Tai Mo Shan-Countrypark*. Der nach einem Gouverneur benannte *McLehose Trail* (Wanderpfad) verbindet beide Gebiete, es gibt Grillplätze und eine Rastmöglichkeit. Schon von hier aus ist die Aussicht phantastisch: überall Wald und unberührtes Naturschutzgebiet, nur südl. in der Ferne liegen Tsuen Wan, Teile von Hong Kong mit dem Hafen. Wenn man auf den Tai Mo Shan hochsteigen will, geht man die kleine Straße rechts bergauf. Diese Straße ist größtenteils asphaltiert. Bei zügigem Marsch ist man in zwei Stunden oben. Man sollte keineswegs einen Regenschutz sowie Eß- und Trinkvorräte vergessen.

Countryparks

Auf der Bergspitze liegt eine Wetterstation des *Royal Observatory*, die man bei Voranmeldung besuchen kann. Von dort oben ist der Blick bei klarer Sicht noch imposanter. Man sieht nun auch viel vom rückwärtigen Teil der New Territories bis weit nach China hinein.

Wetterstation

Die Inseln

Neben Hong Kong Island und Stonecutter's Island gehören noch 234 Inseln zum Territorium der Kolonie; rechtlich und verwaltungstechnisch sind sie den New Territories zugehörig. Für den ausländischen Besucher wie auch für den Einwohner Hong Kongs sind sie jedoch eine ganz andere Welt als die übervölkerten Ballungsgebiete. Flächenmäßig nehmen diese Inseln etwa 20% (210 km^2) des gesamten Gebietes ein, bevölkerungsmäßig ist dieses Gebiet mit ca. 1% der Gesamtbevölkerung der Kolonie sehr dünn besiedelt. Allein auf *Lantao*, die doppelt so groß wie Hong Kong Island ist, wohnen nur ca. 40.000 Menschen.
Die Inseln (*Outlying Islands*) sind alle sehr gut vom *Outlying District Service Pier* mit Fähren, die nahezu stdl. fahren und etwa eine Stunde Fahrzeit benötigen, zu erreichen. Allgemeine Auskünfte erteilt die Hong Kong and Yaumatei Ferry Comp. unter der Telefonnummer 5-42 30 81 oder die H.K.T.A., 3-72 25 555.
Diese Abfahrtstelle liegt an der Pier Rd. parallel zur Connaught Rd. etwa 1 km links von der Star Ferry entfernt, jedoch vor der Macao Ferry Pier und dem Poor Man's Nightclub.

Lantao

Diese Insel ist auf jeden Fall einen Besuch wert. Sie ist eine nahezu menschenleere, große, grüne und bergige Insel; der höchste Berg, *Lantao Peak*, ist 935 m hoch. Es gibt beim Hong Kong Tourist Office ein Faltblatt über alle Inseln, das neben den aktuellen exakten Abfahrtszeiten der Fähren auch gute Karten mit Wanderwegen enthält. Man hat drei Möglichkeiten, mit der Fähre nach Lantau zu kommen. Entweder man nimmt vom Outlying District Ferry Pier aus eine Fähre nach der kleinen Nachbarinsel *Peng Chau* und setzt dann mit einem kleinen Sampan zur Bootsanlegestelle des *Trappistenklosters* (Trappist Monastery) über. Man kann in ca. 15 Min. zum Kloster hochsteigen, hat von dort einen wundervollen Ausblick und sieht, was in dieser tropischen Region eine Ausnahme ist,

Lantao Peak

Kloster

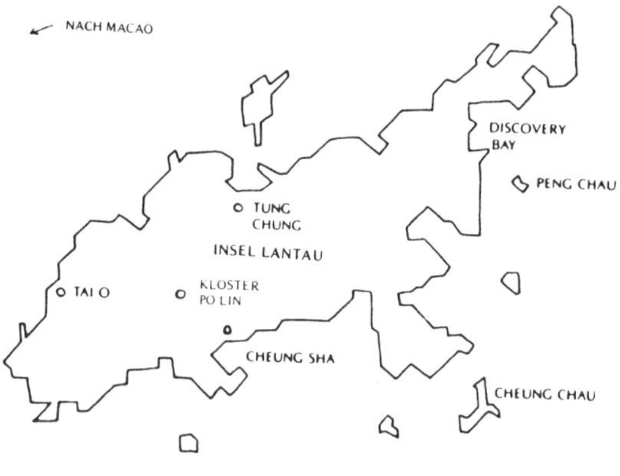

Milchkühe, die ein Erwerbszweig dieser Schweigemönche sind. Das Kloster kann man nicht besichtigen, ebensowenig mit den Mönchen aufgrund des Schweigegelübtes sprechen. Aber die herrliche frische Milch, die man dort trinken kann, entschädigt einen dafür. Mit Hilfe der Karte und eines gut befestigten Höhenweges kann man nun in etwa zwei Stunden bequem auf der Höhe in Richtung *Silvermine Bay* wandern. Bei guter Sicht ist der Ausblick sehr schön. In der Ferne sieht man Kowloon, den Hafen und Hong Kong Island, über sich erheben sich die hohen Berge, und tief unten erblickt man die Schluchten von Lantao.

Für Lantau sollte man sich mindestens einen ganzen Tag Zeit nehmen. Ein anderes interessantes Ziel ist das buddhistische Kloster *Po Lin* unterhalb des Lantao Peak in etwa 800 m Höhe. Man erreicht es mit dem Bus Nr. 2, der links vom Schiffsanlegeplatz in *Silvermine Bay* abfährt (ca. 4 DM); dieser führt etwa 45 Min. durch eine wilde Landschaft bergauf, vorbei an Ananasplantagen und am *Shek-Pik-Wasserreservoir* entlang, um das man einen schönen Spaziergang machen kann.

Buddhistisches Kloster

Po Lin (kostbarer Lotus) ist das bekannteste buddhistische Kloster Hong Kongs. Es liegt in einer reizvollen Landschaft, hat ein großes Eingangstor, das in eine Parkanlage mit vielen Blumen führt. Der Tempel enthält schöne Schnitzereien. In einem Anbau kann man gute vegetarische Gerichte der Mönche essen. Vom Po Lin-Kloster aus gehen verschiedene Spazierwege in die nähere Umgebung, z.B.

Teeplantage

zur Teeplantage von *Ngong Ping*.

Das Kloster Po Lin auf Lantao

Einer der vielen einsamen Strände auf der Insel

Mit dem Bus kann man dann wieder bergab fahren und die Tai O Rd. bis *Tai O* benutzen. Dieser Ort hat etwa 15.000 Einwohner, die sowohl auf der Lantao-Insel als auch auf der kleineren gegenüberliegenden Insel zumeist vom Fischfang und der Fischverarbeitung leben. Hier wohnen auch viele Chinesen der *Tanka-Gruppe* auf Pfahlbauten oder Booten auf dem Wasser.

Tai O

Tung Chung

Ein anderer Zielort auf Lantao ist *Tung Chung*, entweder mit dem Bus oder mit der Fähre von Tai O aus zu erreichen. Der Ort Tung Chung Fort wurde 1817 als Festung zum Schutz vor Seeräubern und Schmugglern gegründet. Wenn man von Tung Chung Ferry Pier aus nicht eine Fähre nach Hong Kong Island nimmt und noch viel Zeit hat, kann man auch in gut fünf Stunden zu Fuß durch viele kleine *Hakka-Dörfer* zur *Silvermine Bay* zurückwandern. Der etwa 15 km lange Fußweg ist gut markiert und beginnt nordöstl. von *Tung Chung*.

Silvermine Bay

Es ist auch möglich, auf Lantao zu übernachten, z.B. in Silvermine Bay, Tai O, im Trappistenkloster oder im Kloster Po Lin. Auskünfte und Telefonnummern erteilt das Tourist Office in Hong Kong Island.

Strände

Lantau hat auch viele schöne und v.a. an der Westseite saubere *Strände*. Die Insel sollte ursprünglich wirtschaftlich erschlossen werden. Bisher sind schon einige Ferienzentren entstanden. Doch die Großprojekte, wie der Bau eines neuen Flughafens, ein Container-Terminal und eine Brücke oder ein Tunnel zum Festland, wurden aufgrund der unsicheren politischen Zukunft gestoppt.

Lamma

Die Insel *Lamma* (Pok Liu Chau) liegt dicht bei Hong Kong. Sie hat eine Fläche von 13 km^2 und ist in etwa 40 Min. mit zwei Fährverbindungen entweder von Yung Shue Wan oder Sok Kwu Wan von Hong Kong-Central aus zu erreichen. Es gibt aber auch noch eine kleinere Fährverbindung von Sok Kwu Wan nach Aberdeen (Hong Kong). Hierbei, wie bei allen anderen Fährverbindungen, sollte man sich sowohl in Hong Kong vor Abfahrt als auch sofort auf der Insel nach Ankunft nach den Rückfahrmöglichkeiten erkundigen, da die Fahrpläne variieren.
Auf Lamma leben insgesamt etwa 10.000 Menschen zumeist von Fischerei und Heimarbeit (z.B. Plastikartikel und Kleinhandwerk). In letzter Zeit haben sich auch einige Dutzend Weiße hier niedergelassen, bei niedrigen Mieten und in ländlicher Umgebung.
Auf Lamma gibt es nahezu keinen Kfz-Verkehr, man kann also bequem von einem Ort zum anderen wandern und dann in einem der Fischrestaurants gut essen, einen *Tin Hau-Tempel* besuchen, an einem der schönen Strände baden und schließlich mit der Fähre wieder zurückfahren.

Tin Hau-Tempel

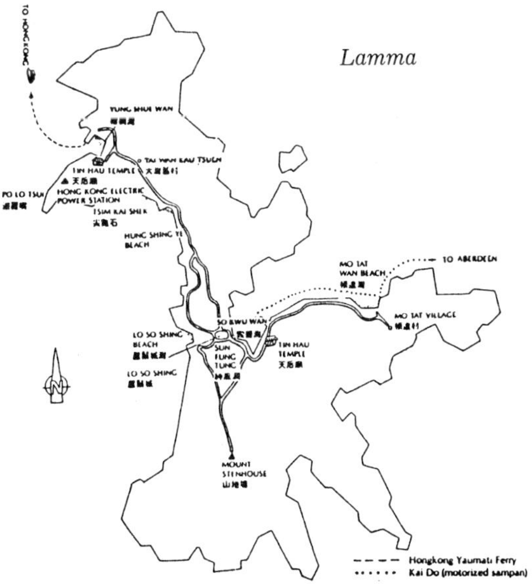

Cheung Chau

Die Insel liegt nur 6,5 km westl. von Hong Kong vor der Südwestspitze Lantaos. Diese Insel ist, wie auch Lantao und Lamma, schon

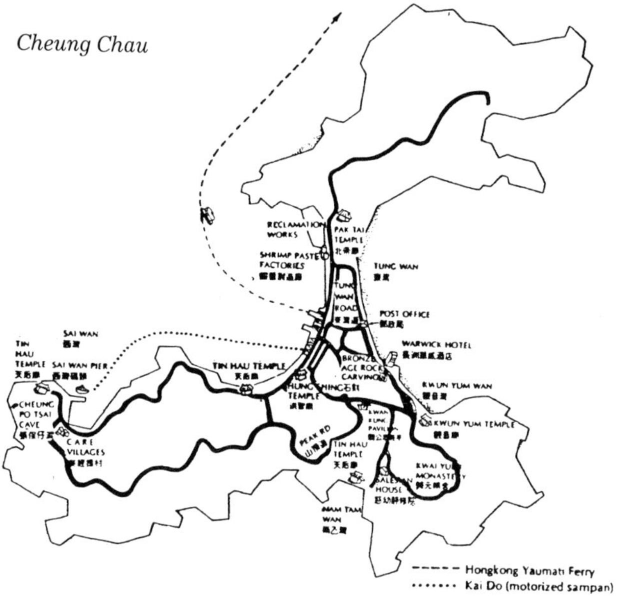

vor 2.500 Jahren besiedelt gewesen. Das Hong Kong Tourist Office gibt Hinweise, wo man alte *Felszeichnungen* sehen kann.

Felszeichnungen

Auf der Insel leben 40.000 Menschen. Auch hier gibt es kaum Kraftfahrzeuge. Der Ort ist gut erschlossen, es leben hier relativ viele Weiße. Es lohnt sich, zwei interessante Tempel zu besuchen. Im Süden, an der *Nam Tam Wan-Bucht* liegt der *Tin Hau-Tempel*, der Schutzgöttin der Fischer geweiht.

Pak Tai-Tempel

Interessanter noch ist das Innere des *Pak Tai-Tempels*. Dieser steht rechts neben der Ausfallstraße am Nordende des Ortes. Es ist ein taoistischer Tempel, in dem ein Schwert aus der Sung-Dynastie (920-1279) aufbewahrt wird. Die Tempelgründung zu Ehren von Pak Tai, dem Schutzpatron der Fischer, geht auf das Jahr 1783 zurück. Man glaubt, daß durch das Herumtragen von Pak Tai durch das Dorf eine Seuche verhindert worden war. Zu diesem Zweck wird noch heute die im Tempel aufbewahrte hölzerne Sänfte benutzt, die aus dem Jahre 1894 stammt. Cheung Chau ist auch die

Bun-Festival

Insel, auf der im April/Mai jährlich das *Bun-Festival* (Brötchen-Fest) gefeiert wird. Um die Geister der in Stürmen Umgekommenen und von Piraten Getöteten zu beruhigen, begann man vor hundert Jahren mit einer 5tägigen Zeremonie mit Umzügen von „schwebenden Kindern". Höhepunkt und Abschluß dieses Festes ist das Besteigen der drei über 20 m hohen „Brötchentürme", die vorher kunstvoll errichtet worden sind.

Zu diesem Fest kamen früher Fotografen aus aller Welt; nachdem die Regierung aufgrund von Unfällen das Besteigen der Türme in den letzten Jahren verboten hat, ist es etwas ruhiger geworden.

An der südwestl. Spitze der Insel liegt die Höhle des berüchtigten Piraten *Po Tsai*, der auf Cheung Chau oft Unterschlupf gefunden hat. Diese Höhle, wie auch prähistorische Felszeichnungen sollte man sich vor Ort von Einheimischen zeigen lassen. Neben dem Pak Tai-Tempel kann man sich Fahrräder für eine Rundfahrt ausleihen.

Piratenhöhle

Peng Chau

Die Insel liegt gegenüber der Anlegestelle zum Trappistenkloster an der Nordseite von Lantau. Man kann den Besuch dieser Insel gut mit einem Besuch von Lantau verbinden. Hier leben etwa 5.000 Menschen vorwiegend von Kleinindustrie, Handwerk und Fischerei. Der Ort ist gut überschaubar. Reizvoll ist es, auf den Berg zu steigen und bei guten Sichtverhältnissen bis nach Hong Kong und zum Hafen hinüberzublicken.

Po Toi

Po Toi ist die südlichste Insel der Kolonie. Die weiter südl. von Po Toi liegenden Inseln gehören zur VR China. Die Fährverbindungen zu dieser nur etwa 100 Einwohner beherbergenden Insel sind so häufig wie zu den anderen Inseln. Man fährt über *Sok Kwu Wan* (Lamma) und benötigt für eine Fahrt 1 1/2 Stunden (Hinfahrt 10.10 h; Rückfahrt 15.45 h).

Sehenswert

An der Anlegestelle findet man eine Karte der Insel. Neben einem *Tin Hau-Tempel* kann man sich den *Schlangenfelsen* und etwa 3.000 Jahre alte (schwer zugängliche) *Felszeichnungen* ansehen, die angeblich von *Khmer* oder *Burmesen* stammen sollen. Im Dorf neben der Anlegestelle an der malerischen Bucht gibt es einige Fischrestaurants, die allerdings nicht ganz billig sind. Die letzte Fähre sollte man nicht versäumen, denn es gibt keine Übernachtungsmöglichkeiten.

Macao 澳门

Das „Territorium unter portugiesischer Verwaltung Macao" (port.: Macau; canton.: An Men) besteht aus drei Teilen: der Hauptstadt *Macao* (5,4 km^2), einer 4 km langen und nur bis knapp 2 km breiten Halbinsel, sowie zwei mit Brücken verbundenen Inseln namens *Taipa* (3,5 km^2) und *Coloane* (6,6 km^2). Somit beträgt die Gesamtfläche von Macao 16 km^2.
Das ergibt eine sehr hohe Besiedlung von ca. 25.000 Einwohnern pro km^2 bei ca. 420.000 Einwohnern. Über 100.000 Einwohner sind Flüchtlinge aus China und leben zumeist in Slums, ein Zehntel der Bevölkerung wohnt, ähnlich wie in Hong Kong, auf Booten. Etwa 4.000 Einwohner Macaos sind Portugiesen; oft haben sie Portugal noch nie gesehen und stehen der Entwicklung in diesem Land recht verständnislos gegenüber.
Diese mit den britischen Expatriats nicht vergleichbare Bevölkerungsgruppe wird *Macanesen* genannt. Weiterhin sollen in Macao noch ca. 4.000 *Eurasier* leben.

Die Einwohnerentwicklung von Macao (Schätzungen)

1600	10.000	
1640	40.000	
1750	10.000	(darunter ca. 1000 Portugiesen/Eurasier)
1800	12.000	(darunter ca. 4000 Portugiesen/Eurasier)
1900	60.000	
1920	83.000	
1940	300.000	(Flüchtlinge aus China)
1960	170.000	
1970	250.000	(darunter ca. 8000 Portugiesen/Eurasier)
1986	420.000	

Macao ist römisch-katholischer Bischofssitz, hat aber nur noch ca. 3.000 Gläubige. Etwa drei Viertel der Einwohner sind Buddhisten oder/und Taoisten. Die Amtssprache ist Portugiesisch; Cantonesisch ist die Sprache, die von der überwiegenden Mehrheit der Bevölkerung gesprochen wird. Allerdings kommt man mit Englisch in den größeren Geschäften und Restaurants gut zurecht.
Verwaltet wird Macao durch einen dem portugiesischen Staatspräsidenten direkt unterstellten Gouverneur. Dieser wird von sechs Sekretären für Verwaltung, Sicherheit, Öffentliche Arbeiten, Wirtschaft, Soziales und Erziehung/Kultur/Tourismus unterstützt. 1986 wurde mit Prof. *Pinto Machado* erstmals ein Zivilist Gouverneur von Macao. Als er ein Jahr später von seinem Posten zurücktrat, ernannte der portugiesische Staatspräsident Mario Soares einen ehemaligen Minister *Carlos Melancia* zum neuen Statthalter Lissabons in Macao.
Seit 1984 kennt Macao noch eine 17köpfige gesetzgebende Versammlung, für die alle Bewohner Macaos gleiches aktives und passives Wahlrecht haben. Danach erhielten erstmalig chinesische Abgeordnete die Mehrheit.

Obwohl 97% der Bevölkerung Chinesen sind, dominieren in den Spitzenpositionen immer noch Portugiesen und Macanesen: Alle 11 Richter und Staatsanwälte sind Portugiesen. Kein einziger der 30 Rechtsanwälte ist Chinese.

Zur Stadtverwaltung (*Leal Senado*) gehört neben dem Präsidenten und den Beamten ein 6köpfiger Ältestenrat; hierzu zählen auch Vertreter der zwei größten Steuerzahler der Einwohnerschaft. Damit ist auch schon angesprochen, daß in Macao, ähnlich wie Hong Kong, derjenige das Sagen hat, der die Wirtschaft beherrscht.

Die *Wirtschaft* Macaos ist längst nicht so hoch entwickelt, wie diejenige Hong Kongs: Textilindustrie, Plastik- und Spielwaren, Zündhölzer und Feuerwerkskörper. Das Lohngefälle zwischen Hong Kong und Macao ist beträchtlich. Der Exportwert von Macao betrug 1983 knapp 1 Mrd. Dollar, noch nicht einmal die Hälfte des monatlichen Ausfuhrwertes von Hong Kong. Das Bruttosozialprodukt umfaßt 1,75 Mrd. US-Dollar (Hong Kong: 33 Mrd.).

Da Portugal nicht Mitglied des Internationalen Währungsabkommens von *Bretton Woods* (1946) ist, entwickelte sich Macao für lange Zeit zum Zentrum des internationalen Goldschmuggels. Für ca. 50 Mio. US-$ wurde jährlich Gold importiert, in Barren umgeschmolzen und dann in Drittländer (bis 1974 auch nach Hong Kong) geschmuggelt.

Die Verwaltung von Macao finanzierte sich über eine geringe Importsteuer.

Heute stammen etwa ein Drittel der Staatseinnahmen aus den vielen *Glücksspielbetrieben*, die 1985 über 5 Mio. Besucher hatten (davon 4 Mio. aus Hong Kong, wo Glücksspiele verboten sind).

Die Touristikindustrie wird kontrolliert von der *Sociedade de Tourismo e Diversões* (Gesellschaft für Tourismus und Sonstiges), die Spielkasinos, die großen Hotels, die Tragflügelbootflotte und sonstige Tourismusbetriebe beaufsichtigt. Mit über 8.000 Beschäftigten ist diese Gesellschaft der größte Arbeitgeber von Macao. Allein die

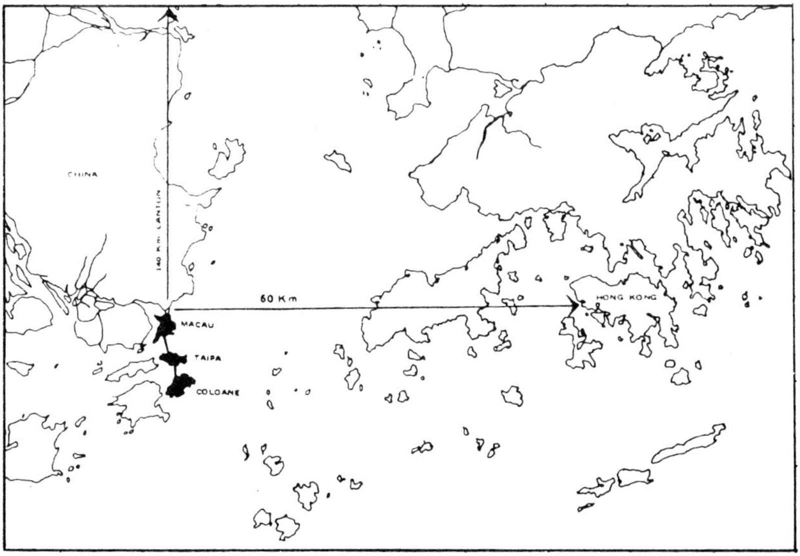

Einnahmen in den *Kasinos* werden täglich auf über 200.000 US-$ geschätzt. Von diesen Einnahmen gibt die Gesellschaft (oder wie man in Macao sagt: das *Syndikat*) 10% an die Regierung ab, und weitere 10% gehen in einen Topf für Entwicklungsprojekte in Macao.
Macao, das „Monte Carlo" Asiens, verändert sich. Durch die wirtschaftlichen Reformen der VR China und den Bedeutungszuwachs Hong Kongs für Chinas Wandel nimmt auch Macaos Rolle zu.
Es entstehen Hochhaussiedlungen, die allerdings die schöne Altstadt bedrohen; 5.000 Hotelzimmer wurden errichtet, der Kfz-Verkehr hat sich von 1970-1980 auf 25.000 PKWs verfünffacht, die Bodenpreise am *Praya Grande* haben sich innerhalb des Jahres 1981/82 verdoppelt.
Für die Zukunft sind große Bauvorhaben geplant: eine zweite Brücke zwischen Macao und Taipa, ein Containerhafen, ein internationaler Flughafen mit Landebahn im Meer, ähnlich wie in Hong Kong. Die Kosten betragen ca. 1/2 Mrd. US-Dollar. An den Planungen war Airkonsult/Lufthansa (Frankfurt) beteiligt.
In mehrfacher Hinsicht droht dem ehemals romantischen und verträumten Macao ein ähnliches Schicksal wie Hong Kong, zumal viele Millionäre aus Hong Kong verstärkt in Macao investieren, da man annimmt, daß Macao auch über das Jahr 1997 hinaus „stabil" bleiben wird; immerhin verdient Peking in Macao mit, so z.B. an der vom Hong Konger Millionär *Stanley Ho* betriebenen Spielsalonkette, die an den drei Tagen des Chinesischen Neujahrs über 30 Mio. DM Nettogewinne verzeichnen kann.
Der „starke Mann" Pekings in Macao war *Ho Yin*, Chef der chinesischen (Peking-freundlichen) Handelskammer, Direktor der von der Bank of China kontrollierten *Nam Tung Bank*, Mitglied im Legislativrat von Macao und gleichzeitig des rotchinesischen Nationalkongresses in Peking. Dank dieser Beziehungen kontrollierte Ho Yin das Glücksspiel und den Goldhandel. Als er 1983 starb, geriet die Macao-Währung so in Bedrängnis, daß die Bank of China durch Kapitalüberweisungen an die Ho Yin-Bank intervenieren mußte.
Ein weiteres Beispiel dieser für uns schwer verständlichen Ost-West-Zusammenarbeit ist auch die erst kürzlich gegründete, auf einem hohen Felsen von Taipa liegende kleine *Universität von Macao*. Sie ist ein private Stiftung von reichen Auslandschinesen. Sie soll nicht nur den Kindern der Auslandschinesen und Studienwilligen aus Hong Kong, sondern auch Studenten aus der VR China offenstehen.
Die größte soziale Erschütterung hat Macao während der sogenannten „Kulturrevolution" 1966/67 erlebt. Gegen Jahresende 1966, nachdem die Polizei ein Dutzend Rotgardisten bei Unruhen erschossen hatte, „übernahmen nach einigen Wochen turbulenter gewaltsamer Auseinandersetzungen die Roten Garden faktisch die Macht in Macao; sie beherrschten die Straßen und eroberten die Schulen, zwangen die Behörden zu Kapitulationen und Demütigungen, zerstörten das britische Konsulat. Um weiteres Blutvergießen zu verhindern, bot der portugiesische Gouverneur Nobre de Carvalho mehrmals die Übergabe der Kolonie an, doch Peking verweigerte die Annektion. Im Laufe des Jahres 1967 konnte die Zentralregierung die Provinzbehörden und die Parteifunktionäre von Kwantung, die sich aktiv eingemischt und sogar Kanonenboote nach Macao entsandt hatten, ebenso wie die lokalen ‚Roten Garden' zum Rückzug zwingen und auf den Status quo festlegen.
Noch beim Besuch im Sommer 1968 war der Eindruck der Stadt gespenstig: bewaffnete Zivilisten auf den Straßen, halb zerschlagene Schulen, antiimperialistische Pa-

rolen an Kirchen, Tempeln, Behörden; viel Arbeitslosigkeit und Armut durch den Zusammenbruch des Tourismus; die Spielkasinos waren leer, Hotels und Restaurants geschlossen. Die Bevölkerung machte einen verängstigten Eindruck."
Inzwischen war schon viel Kapital nach Singapore abgeflossen, und Peking wollte Macao stabilisieren, um Hong Kongs wirtschaftliche Prosperität nicht zu gefährden. Aber auch der ökonomische Nutzen Macaos ist beträchtlich; das Gebiet bringt Devisen und trägt sich und seine Bewohner finanziell selbst, Aufwendungen, die bei einer Übernahme der Provinz Kwantung zur Last fallen würden.
Damit wird Pekings Interesse am Status quo deutlich. Als Portugal 1974 ein demokratischer Staat wurde, lehnte Peking den portugiesischen Vorschlag ab, Macao zu entkolonialisieren.
Zwei Jahre später erhielt Macao einen neuen Autonomiestatus, der ihm innere Unabhängigkeit garantiert und den portugiesischen Staat lediglich mit der Verwaltung dieses „chinesischen Territoriums unter portugiesischer Verwaltung" beauftragt. Das wurde 1979 bei der Aufnahme offizieller diplomatischer Beziehungen zwischen Lissabon und Peking nochmals bestätigt.
Die portugiesischen Truppen sind inzwischen ins Mutterland zurückgekehrt, denn militär- und außenpolitisch hat nun die VR China die faktische Kontrolle über das Territorium.
Hieraus und aus der Geschichte wird deutlich, daß das Verhältnis Lissabon-Peking wesentlich entkrampfter ist als das zwischen London und der chinesischen Hauptstadt in bezug auf Hong Kong. Portugal möchte das Gebiet vollständig loswerden, und so haben nach der Wahl von Mario Soares zum neuen Staatspräsidenten (1986) ernsthafte Verhandlungen darüber begonnen. Nach der Übergabevereinbarung von Hong Kong zwischen London und Peking konnte eine ähnliche Vereinbarung über Macao getroffen werden. Am 20.12.1999 wird diese letzte portugiesische Kolonie als Sonderverwaltungszone (auch mit langer Übergangszeit wie Hong Kong) an die VR China zurückgehen.

Etwa 100.000 Einwohner von Macao haben das Recht, einen portugiesischen Paß zu beantragen; sie können sich damit überall in der EG, also auch in Großbritannien, niederlassen. In Macao kann man falsche Pässe illegal für ca. 40.000 H.K.-$ kaufen, wogegen London schon mehrfach protestiert hat.

Die Stadt Macao

Nachdem man lange durch das braune Wasser der riesigen Perlflußmündung gefahren ist, sieht man den *Leuchtturm* mit der Festung *Guia (Monte Guia)* über der Stadt vor sich liegen. Darunter befinden sich das *Jai Alai-Stadion* und die große Uferstraße, die

Av. do Amizade *Avenida do Amizade.*

Diese Straße ist Hauptteil der Rennstrecke des jährlich im November stattfindenden *Grand Prix* (Gran Premio), eines internationalen Auto- und Motorradrennens. Die sechs Kilometer lange Strekke wird in 45 Runden durchfahren.

Das Schiff, mit dem der Besucher aus Hong Kong kommt, legt am *Hydrofoil Pier*, im äußeren Hafen (Porto Exterior), vor der Stadt Macao an. Die Inseln *Taipa* und *Coloane* sind links im Meer zu sehen.

Nach Verlassen des Schiffes und Erledigung der Zoll- und Paßformalitäten kann man ein Taxi am Taxistand in der *Avenida do Amizade* nehmen. Von hier aus fährt man in das Zentrum Macaos. Von weitem sieht man schon den futuristischen Rundbau des Nobelhotels und Spielcasinos *Lisboa*. Daneben liegt die Brücke, die Macao mit der Insel *Taipa* verbindet. An dieser Stelle befindet sich auch das *Monumento Ferreira do Amaral*, ein Reiterdenkmal, das den Gouverneur der Jahre 1846-1849 darstellt.

Av. do Infante

Hinter dem Hotel Lisboa beginnt die Straße *Avenida do Infante*, die weiter im Westen dann *Avenida de Almeida Ribeiro* heißt; sie ist die zentrale Straße von Macao. Hier und in den Seitenstraßen sollte man sich einmal umschauen. Altes Portugal, altes China, moderne südlich-tropische Bauweise, aber neuerdings auch Anklänge an Hong Kong wechseln einander ab. Obwohl über 420.000 Menschen in Macao leben, macht die Stadt mit ihrem Kopfsteinpflaster, den kleinen Parks, den schattenspendenden Bäumen eher einen kleinstädtischen, mediterranen Eindruck im Gegensatz zur überfüllten Metropole Hong Kong.

Leal Senado

In der Mitte der Avenida de Almeida Ribeiro liegt auf der rechten Seite der Platz des *Leal Senado* (Largo do Senado). Das Gebäude wurde 1784 eingeweiht, danach mehrfach restauriert. Es besitzt schöne schmiedeeiserne Türen, innen Holzvertäfelungen und einen schönen Innenhof. Heute beherbergt es die Stadtverwaltung sowie eine *Bibliothek* von 60.000 Büchern.

Früher tagte in diesem Gebäude der Senat, der v.a. in den Jahren 1585-1835, also der „großen Zeit" Macaos, die Kontakte zu China pflegte. Wegen dieser Verdienste und der Treue zur portugiesischen Krone wurde dem Senat 1809 der Ehrentitel „Loyal" verliehen. Schon in einer Inschrift aus dem Jahre 1654 erhielt Macao die Bezeichnung „Stadt nach dem Namen Gottes, keiner loyaler".

Casa de Misericórdia

Schräg gegenüber des Leal Senado steht ein Gebäude im Renaissancestil aus dem 18. Jh., das „Heilige Haus der Barmherzigkeit"

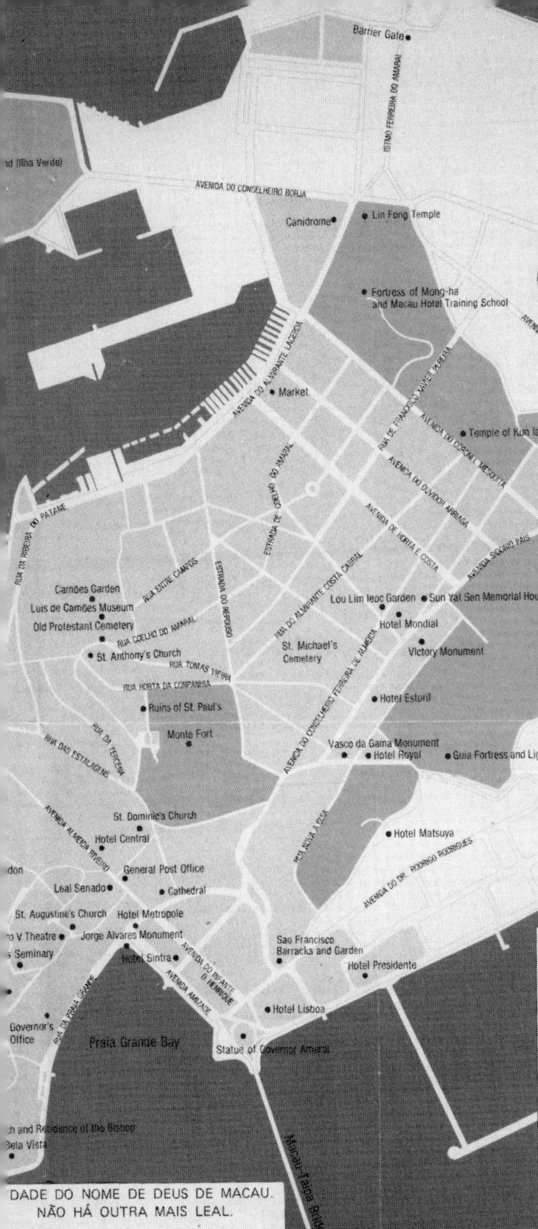

CIDADE DO NOME DE DEUS DE MACAU.
NÃO HÁ OUTRA MAIS LEAL.

(City of the Name of God, Macau,
There is None More Loyal).

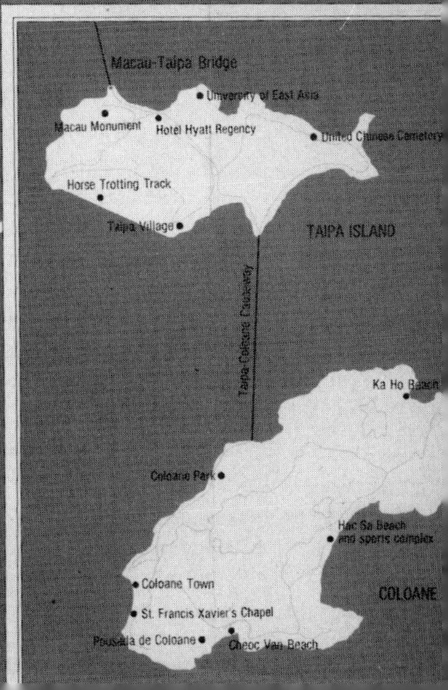

Sankt Pauls-Ruine

(*Santa Casa da Misericórdia*). Es beherbergt eine der ältesten kirchlichen Wohlfahrtsorganisationen der Welt (gegr. 1498), die seit 1569 auf Initiative des ersten Bischofs von China und Japan, *Dom Melchior Nuñes Carneiro Leitão*, in Macao tätig ist. Noch heute unterhält die Organisation Krankenhäuser, ein Invaliden- und Altersheim sowie eine Armenküche.

Largo de Sé

Eine schmale Gasse geht an diesem Gebäude vorbei in die *Rua de Sé* und mündet in den *Largo de Sé*. Hier stand bis 1580 ein Gotteshaus, das aber durch Stürme und Taifune zerstört wurde. Die jetzige Kathedrale wurde in den Jahren 1844-1850 erbaut und 1938 modernisiert. Im Inneren befinden sich die Überreste der in Japan während der Christenverfolgung umgekommenen Märtyrer des 17. Jh. Die Kathedrale ist tgl. ab 17.30 h zum Gottesdienst geöffnet.

Geht man zurück auf die Avenida de Almeida Ribeiro und folgt dieser weiter nach Nordwesten, so kommt man zum inneren Hafen (*Porto Interior*), der wegen der Versandung nicht mehr für den großen Schiffsverkehr genutzt wird. Auf der gegenüberliegenden Seite befindet sich schon das Gebiet der VR China, z.B. die Insel *Lappa*.

Rua do Almirante Sergio

Im inneren Hafen liegt das schwimmende Spielcasino *Macao Palace*. Nun geht man an der Uferstraße nach links auf der *Rua do Almirante Sergio*, vorbei am Hafenamt (*Policia Maritima e Fiscal*) und St. Lorenzo-Markt (*Mercado de S. Lourenço*). Auch hier gibt es erstaunliche Kontraste: ein chinesischer Markt und chinesische Läden sowie ein mediterranes Hafengebäude mit portugiesischen Beamten, die möglicherweise niemals in ihrem Leben in Portugal gewesen sind.

A Ma-Tempel

Auf der Höhe der Taipa-Fähre befindet sich ein Wahrzeichen Macaos, der *A Ma-Tempel*. Der Ursprung des Tempels soll über 600 Jahre zurückliegen. Er ist der auch in Hong Kong bekannten Göttin der Fischer und Seefahrer, *Tin Hau*, geweiht, die in Macao A Ma genannt wird. Aus der Bezeichnung „Hafen der A Ma" (A Ma Gao) erhielt Macao schließlich seinen Namen. Über der Eingangstür zum Haupttempel sieht man ein Bildnis der A Ma, und eine chinesische Inschrift teilt dem Leser mit, daß der Tempel zuerst unter dem Ming-Kaiser *Wan Li* (1573-1621) erbaut und nach Zerstörungen später unter dem Mandschu-Kaiser *Tao Kuang* (1824-1856) rekonstruiert wurde. Auf dem Tempelgelände befinden sich auch mehrere sehr schöne Zeichnungen mit Motiven der Seefahrt. Hinter dem A Ma (Tin Hau) gewidmeten Tempel sieht man auf einem großen Stein das Relief einer Dschunke, auf der die Göttin durch die stürmische See nach Macao gekommen sein soll. Dieses Relief soll über 300 Jahre alt sein und wird jedes Jahr neu ausgemalt.

Festung

Hinter dem A Ma-Tempel (auch *Ma Kok Miu*) erhebt sich der *Penhahügel*. Geht man um diesen herum die Uferstraße entlang, so stößt man an der Spitze der Halbinsel auf die Überreste der *Festung Barra*. Hier entstand nach einem vergeblichen Versuch der Holländer im Jahre 1622, Macao zu erobern, sieben Jahre später das *Fort Santiago da Barra*. Heute stehen nur noch die Außenmauern, die ein kleines Hotel, *Pousada da Barra*, beherbergen. Über die *Estrada de João Paulino* kommt man auf den Penhahügel, von dem man einen schönen Blick über die Stadt, den Hafen, die Inseln und hinüber nach China hat. An der Spitze des Penhahügels liegt die *Penha-Kirche* aus dem Jahre 1935. Schon um 1622 gab es hier eine kleine Kapelle. Daneben liegt der große Bischofspalast (*Residência Episcopal*), der lange Zeit das Zentrum des Katholizismus in Asien gewesen ist.

Penhahügel

Nun sollte man über die kleinen Gassen wieder zum Meer Richtung *Rua da Praia Grande* hinuntersteigen und darauf achten, daß man an der kleinen Straße *Rua do Comendador Kou Ho Neng* vorbeikommt.

Boa Vista-Hotel

Hier befindet sich in einem alten portugiesischen Patrizierhaus seit etwa 100 Jahren das wunderschöne *Boa Vista-Hotel*. Wenn man dort keine Unterkunft gefunden hat, sollte man wenigstens von der Terrasse aus bei einem Erfrischungsgetränk die einmalige Aussicht auf Macao genießen.

Der Rundgang durch diesen Teil Macaos führt weiter an der schönen Uferstraße *Praia Grande* entlang in Richtung Zentrum. Auf der linken Seite passiert man den Regierungspalast (*Palacio do Governo*). In der Nähe liegt etwas oberhalb der Wohnsitz des Gouverneurs.

Treppenaufgang im Boa Vista-Hotel

Information

Man kann jetzt die Praia Grande bis zur Ecke Avenida do Amizade folgen und findet dort an der Ecke das *Touristenbüro* von Macao (Agência de Tourismo Macau). An dieser Stelle ist die Praia Grande v.a. abends sehr schön. Kaum jemand weiß noch, daß hier die Lagerhäuser der Opiumhändler standen.

Nun kann man am Wasser entlang bis zum Touristenbüro gehen. An dieser Ecke steht auch das Denkmal für *Jorge Alvarez*, der 1513 als erster an der Küste Chinas an Land ging. Man kommt an der *Lutherischen Kirche* vorbei, durch Parkanlagen, kann sich in ein Straßencafé unter alte Bäume setzen und auf die Lagune hinausblicken. Wer möchte, kann dann noch bis zum Hotel Lisboa und zur Brückenauffahrt der Taipa-Brücke bummeln.

Lutherische Kirche

Wenn man Zeit hat, sollte man hinter dem Regierungspalast links abbiegen und der Parallelstraße *Rua de San Lourenço* bis zum gleichnamigen Platz folgen. Hier steht die barocke St. Lorenz-Kirche (*Igreja de São Lourenço*). Ihre Vorgängerin stammt aus dem Jahre 1514, das jetzige von Palmen umgebene Gebäude wurde 1892 errichtet.

St. Lorenz-Kirche

Nördl. der St. Lorenz Kirche befinden sich Kirche und Seminar St. Joseph. Im *Jesuitenseminar* wurden Missionare für China ausgebildet. In der dahinterliegenden 1746 erbauten Kirche wird als Reliquie ein Knochen des linken Oberarms des *Hl. Francois Xavier*, des großen Asien-Missionars der Jesuiten, aufbewahrt.

Seminar

St. Augustin

Etwas weiter in Richtung Zentrum stößt man auf die Kirche St. Augustin (*Igreja des São Agostinho*) aus dem Jahre 1586. Der jetzige Bau wurde 1814 errichtet, die Außenfassade 1875. In der Nähe liegt das zum Macao-Club gehörende Dom Pedro-Theater (*Teatro Dom Pedro*).

Nun ist man fast wieder auf der Avenida de Almeida Ribeiro; man kann ihr oder einer der Parallelstraßen nach rechts folgen bis zum Hotel Lisboa.

Ein anderer Spaziergang führt vom *Leal Senado* aus nach Norden dem Wahrzeichen Macaos, der Ruine von St. Paul (*Ruinas de Sao Paulo*), entgegen. In der Rua de S. Domingos kommt man an der gleichnamigen *Dominikaner-Kirche* von 1580 vorbei. Die Kirche ist nur freitags geöffnet; wenn man hineingehen möchte, muß man die Glocke betätigen.

Ruine von St. Paul

Durch viele alte Gassen mit Antiquitätenläden rechts und links nähert man sich über die Rua de São Paulo der Ruine von St. Paul. Aus chinesischer Sicht kann an diesem Ort kein gutes *Feng Shui* geherrscht haben: 1601 brannte an dieser Stelle die erste Kirche ab, die man dann wieder aufbaute, um ein bedeutendes Baudenkmal der Christenheit in Asien zu erhalten. Nach einem Taifun geriet die Kirche 1835 erneut in Brand. Das angeschlossene Kolleg und die Bibliothek wurden zerstört. Pläne zum erneuten Aufbau sind bis heute nicht realisiert worden. So blieb die sehr eindrucksvolle Fassade übrig, von der man nicht glauben kann, daß sich dahinter, bis auf den Mosaikfußboden, nichts mehr befindet.

Wichtige Aussagen des Christentums sind in den oberen Reihen der Fassade in Form von Reliefs und Figuren festgehalten und symbolisiert. So z.B. Christus als Befreier der Menschheit, die mögliche Erlösung durch die Jungfrau Maria. In der Fensterreihe des ersten Stockwerks stellen die vier Figuren die vier heiliggesprochenen Jesuiten dar: *Francesco Borgia, Ignatius Loyola, François Xavier* und *Aloysius Gonzaga*.

Fort Monte

Man sollte nun auf das rechts oberhalb der Ruine befindliche *Fort Monte* (*Fortaleza do Monte*) steigen. Nachdem Macao zweimal (1604 und 1607) von den Holländern angegriffen wurde, baute man von 1620-1626 diese Festung. Noch während des Baus kam der dritte Angriff der Holländer im Jahre 1622, und die halbfertige Festung mußte von 150 Priestern und Negersklaven gegen eine vielfache Übermacht verteidigt werden. Zufällig traf ein Jesuit mit seiner Kanone die Munitionskammer eines holländischen Schiffes, so daß diese den Angriff erfolglos abbrachen. Dieser Kampf war für den portugiesischen König Anlaß, Macao den Wappenspruch „Não há outra mais leal“ (Es gibt keine treuere Stadt) zu verleihen. Auf dem Gelände befindet sich heute eine *Wetterstation* und ein kleines *Museum*; von hier hat man den besten Blick auf St. Paul, Macao, den Hafen und die Gebiete der VR China.

Museum

Man geht unterhalb der Ruinen von St. Paul nach links in die *Rua de São Antonie*, vorbei an der gleichnamigen *Kirche* aus dem Jahre

Camões-Museum

1558 (später mehrfach erneuert und umgebaut) in Richtung Camões-Museum (*Museu Luis de Camões*). Dieses Museum ist im *Casa Gardan*, einem Kolonialgebäude aus dem Jahre 1770 untergebracht. Hier war über 60 Jahre lang die Niederlassung der britischen Ost-Indien-Gesellschaft (*East India Company*) untergebracht.

Museum und umliegender Park sind nach dem bekannten portugiesischen Dichter *Luis Vaz de Camões* (1524-1580) benannt. Dieser wurde nach einem Duell, Gefängnisaufenthalt und einer Verbannung nach Goa schließlich nach Macao geschickt. In einer Grotte im Garten soll er seine *Lusiaden (Os Lusiades)*, ein Heldenepos über die Entdeckungsreisen Vasco da Gamas in Indien, geschrieben haben. Es gibt jedoch keine stichhaltigen Beweise dafür, daß Camões wirklich in Macao gelebt hat. Der Park ist schön angelegt, grün und schattig. Viele ältere Menschen aus den umliegenden Alten- und Krankenanstalten verbringen hier den Tag.

Das Museum ist auf jeden Fall einen Besuch wert. Es zählt zu den bedeutendsten unstsammlungen in der Region: frühe Bronzegegenstände aus der Han-Zeit, Grabbeigaben aus der Tang-Zeit, Schriftrollen, Beispiele von Glasmalerei, Gemälde aus dem letzten Jahrhundert über Macao. Es gibt aber auch eine interessante Sammlung chinesischer Möbel, Kleider, Haushalts- und Einrich

Das Dr. Sun Yat Sen-Museum, Macao

tungsgegenstände sowie eine Sänfte und eine Rickschaw (Ö: tgl. außer Mi und an Feiertagen).

Rechts außerhalb des Museums steht eine kleine protestantische Kapelle (*Morrison Memorial Chapel*), daneben führt ein Weg bergab zum protestantischen Friedhof (*Cemiterio Protestante*). Dieser Friedhof wurde 1814 von der Ostindischen Kompanie angelegt. Durch die Malaria hat es viele Todesfälle gegeben. Die Grabsteine bezeugen, wie jung viele gestorben sind. Viele bekannte Persönlichkeiten liegen hier begraben: *Dr. Robert Morrison*, ein protestantischer Missionar, der die erste Bibelübersetzung in Chinesisch anfertigte, der Maler *George Chinnery*, dessen Bilder im angrenzenden Museum hängen, ein Vorfahre von Winston Churchill, weiterhin Holländer, Skandinavier und Deutsche, wie z.B. ein Magdeburger, der als Bediensteter der Niederländischen Kompanie im Jahre 1767 in Macao verstarb.

Friedhof

Die folgenden Ausflüge sollte man unternehmen, wenn man mehr als einen Tag Zeit für Macao hat.

Vom Luis de Camões-Museum und Park aus kann man sich ein Taxi nehmen und zur Grenzstation nach China (*Porta do Cerco*) fahren. Man fährt über die Avenida do Almirande Lacerda, sieht links die Werftanlagen und rechts hinter der Avenida de Horta e Costa den städtischen Markt von Macao (*Mercado Muncipal Almirante Lacerda*). Noch etwas weiter auf der linken Seite befindet sich das

Markt

Sportstadion und das *Canidromo*, wo zweimal wöchentlich *Hunderennen* stattfinden. Wenn man das Gelände des *Monghahügels* passiert hat, sieht man an dessen Abhang einen schönen chinesischen Tempel, *Lin Fong Miu* (Lotustempel), der schon 1592 von Taoisten errichtet wurde. Die Fahrt geht weiter die Avenida do Amaral entlang zum Grenztor nach China. Von hier aus sind es noch 96 km nach *Canton.* Es gibt nicht viel zu sehen außer dem kleinen Grenzverkehr. LKWs kommen aus China und bringen Lebensmittel und Baumaterialien. Busse fahren mit Touristen für Stippvisiten hinüber. Man kann fotografieren, sich die Sozialbauten rechts und links ansehen oder eine Feuerwerksfabrik besichtigen.

Lotustempel

Der Bus Nr. 5 fährt wieder ins Zentrum zurück. Hat man noch mehr Zeit, fährt man mit dem Taxi zum *Kun Iam Tong-Tempel* (auch *Kuan Yin-Tempel*). Dieser buddhistische Tempel wurde 1627 der Göttin der Gnade und Barmherzigkeit (*Kuan Yin*) geweiht. Er hat ein schön geschnitztes Tor und Buddhafiguren am Eingang. Aber auch A Ma wird hier verehrt. In einer schattigen Ekke des Tempelgeländes wurde hier am 3. Juli 1844 das erste Handelsabkommen zwischen den USA und China abgeschlossen. Die Unterzeichnung fand an einem Steintisch statt. Im Inneren sieht man in der Haupthalle die Göttin der Barmherzigkeit und Gnade als chinesische Braut verkleidet. In zwei seitlichen Glasvitrinen stehen die Figuren der 18 gelehrten Männer Chinas; die ganz links stehende Figur davon soll *Marco Polo* verkörpern.

Kun Iam Tong-Tempel

Der Bus Nr. 2 fährt ins Zentrum zurück. Man kann aber auch noch einige hundert Meter weiter gehen, in die *Rua de Silva Mendes.* Wo diese Straße auf die *Avenida Pai* stößt, befindet sich das Haus von Dr. Sun Yat Sen (*Residencia do Dr. Sun Yat Sen*).

Haus des Dr. Sun Yat Sen

Dr. Sun Yat Sen, der Gründer der chinesischen Republik von 1911, ist in der Provinz Canton geboren. Er stammt aus dem nördl. von Macao gelegenen Ort *Cui Heng.* Nach seinem Medizinstudium am College of Medicine in Hong Kong und Auslandsaufenthalten arbeitete er als Arzt im *Kiang Vu Hospital* in Macao und war so vor dem Zugriff des despotischen Kaisertums in China geschützt.

Das Wohnhaus besteht nicht mehr, weil es in den 30er Jahren als Depot für Munition diente und eines Tages samt Inhalt explodierte. An seiner Stelle wurde diese Villa im neo-maurischen Stil errichtet, die heute das *Dr. Sun Yat Sen-Museum* beherbergt. Im Haus findet man Dokumente über sein Leben, einiges zur Geschichte der Republikanischen Partei (Kuomintang), die später unter General Tschiang Kai Tschek zu einer Militärdiktatur verkam. Darüber hinaus sind kulturhistorische Gegenstände ausgestellt, wie z.B. Bekleidungsstücke und Schuhe für Frauen, deren Füße vekrüppelt wurden.

Museum

Am Ende dieser Macao-Rundfahrt kann man sich mit dem Taxi auf den Leuchtturmhügel (*Farol da Guia*) fahren lassen. Teilweise sind hier noch die Überreste des alten Forts von 1638 zu sehen. 1865

Leuchtturm

wurde der *Leuchtturm*, der erste an der chinesischen Küste, in Betrieb genommen. Von diesem höchsten Punkt Macaos ist die Aussicht v.a. auf den äußeren Hafen und die aus Hong Kong ankommenden Schiffe besonders gut.

Parsen-friedhof

Links von der Estrada de San Francisco/Estrada da Corsilha befindet sich am Berghang ein alter Parsenfriedhof (*Cemiterio dos Parses*). Die Parsen sind eine altpersische Glaubensgruppe und Anhänger von Zoroaster (*Zarathustra*) und waren bis ins letzte Jahrhundert sehr aktive Kaufleute in Fernost. Geht man jedoch über die Calcada do Gaio zur Rua Ferreira do Amaral, so ist man schon in der Nähe des Denkmals für *Vasco da Gama* und des noblen *Estoril Hotels*, zu dessen Grundausstattung neben einem Swimming Pool auch ein *Spielkasino* gehört.

Die Inseln

Die Inseln *Taipa* und *Coloane* sind für den Besucher nur dann von Interesse, wenn er mehr als zwei Tage in Macao verbringen will. Sie lohnen dann einen Tagesausflug, den man mit Spaziergängen und Badeaufenthalten verbinden kann. Hat man weniger Zeit, so kann man mit dem Taxi oder Bus eine kurze Rundfahrt von 1-2 Stunden machen, um wenigsten einen Eindruck zu bekommen.
Beide Inseln sind sehr dünn besiedelt, haben schöne Wälder und Landwirtschaft und werden erst jetzt industriell erschlossen.
In der Vergangenheit waren sie oft Schlupfwinkel von Piraten. Die letzten Gefechte haben 1920 auf der Insel Coloane stattgefunden. Taipa war in den Jahren 1717-1723 ein Handelsplatz für den Chinahandel. Es gab einmal eine Zollstation und ein tiefes Hafenbecken.

Taipa
Die 3,5 km^2 große Insel ist seit 1973 durch eine 3 km lange Bogenbrücke mit Macao verbunden. Auf der Insel gibt es fünf kleine Tempel, einige kleine Ansiedlungen und den auf der Südseite gelegenen Hauptort *Taipa* mit neuen Wohnvierteln für Flüchtlinge aus der VR China. Insgesamt leben etwa 30.000 Menschen auf dieser Insel, die meisten von ihnen vom Fischfang oder von der Arbeit in Fabriken für Feuerwerkskörper, im Steinbruch und in mehreren Kleinbetrieben.
Alles hat noch einen ländlichen und teilweise unberührten Charakter. Im Zuge der künftigen Entwicklung Macaos bleibt Taipa allerdings nicht verschont. Es gibt schon eine Trabrennbahn, einige Hotels mit Freizeiteinrichtungen, mehrere neue Wohnviertel, und auf dem Berg links von der Brücke von Macao hat sich die 1981

Universität

von chinesischem Auslandskapital finanzierte *University of East Asia* niedergelassen. Sie soll einmal für Chinesen aus Hong Kong, Auslandschinesen und später möglicherweise Chinesen aus der VR China eine Ausbildungsstätte werden. Es gibt auch schon Pläne für eine intensivere wirtschaftliche Erschließung Taipas, so spricht man u.a. von einem Flughafen und einem Container-Terminal.

Verbindung

Mit dem Bus Nr. 11 gelangt man nach Taipa.

Coloane
Diese Insel ist nahezu doppelt so große wie Taipa und über einen knapp 4 km langen zweispurigen Fahrdamm zu erreichen.
Die höchste Erhebung ist 174 m hoch und bietet bei klarer Sicht einen schönen Ausblick. *Coloane* ist noch ländlicher, schöner und dünner besiedelt als Taipa. Wenn man ankommt, passiert man zuerst ein Wasserreservoir, dann eine Versuchsfarm und kommt danach zum Fischerdorf *Taiwan*. An *Lai Chi Wan*, einem kleinen Fischerort und der Fähranlagestelle von Macao vorbei fährt man dann in den Hauptort *Coloane*. Daneben hat die Insel noch eine Rundstraße und eine Querverbindung. Die Insel hat vor allem drei

Strände — gute Badestrände: die Piratenbucht *Ka Hó*, im Nordosten, leichter erreichbar sind die Strände *Cheoc Van* im Süden, wo auch einige kleine Hotels (Pousadas) liegen. Weiter östlich in der *Hac Sa-Bucht* liegt ein Strand mit dunklem, sauberen Sand.

Verbindung — Nach Coloane kommt man günstig mit dem Bus Nr. 21/22.

Macaos geplante Großprojekte

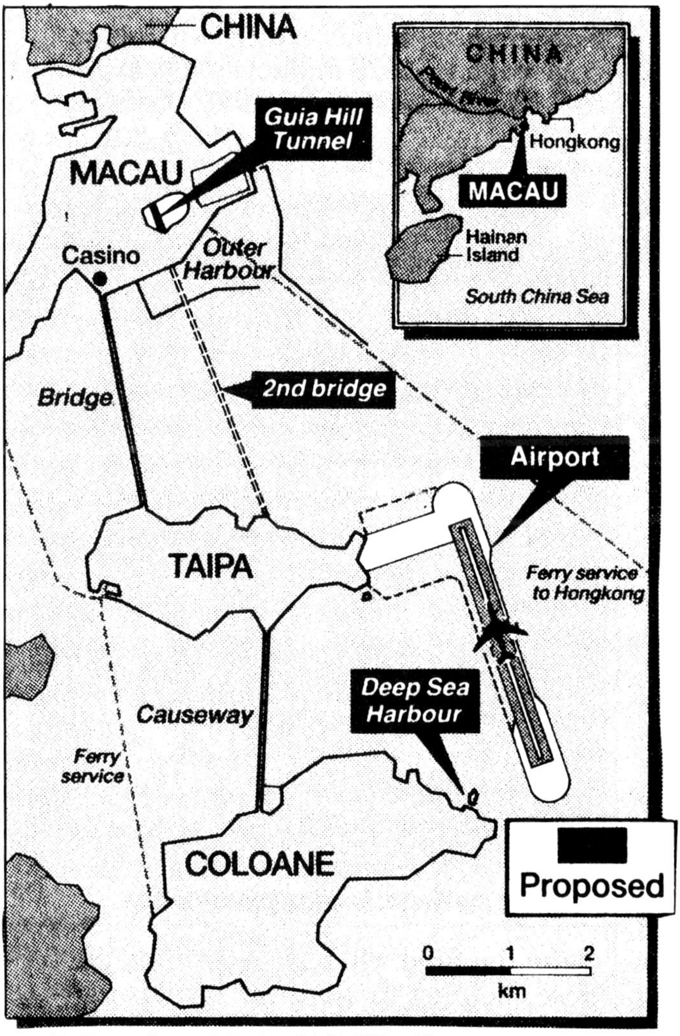

aus: Far Eastern Economic Review, 22.10.1978, p.39

Canton

广州

Canton (Guangzhou, Kwangschou, sprich: Guang-dschou) hat etwa 5 Mio. Einwohner und ist die größte Stadt Südchinas sowie Hauptstadt der Südprovinz *Canton* (Guandong, Kwangtung, sprich: Guang-dung). Die Stadt liegt etwa 100 km nördl. (182 Bahnkilometer) von Hong Kong und 100 km von Macao entfernt. Peking liegt 2.300 und Shanghai 1.800 Bahnkilometer weiter im Norden.

Bis zum Jahre 1900, als Shanghai Canton in dieser Rolle ablöste, war Canton Chinas Tor zum Westen. Canton war auch der Ausgangspunkt für Chinas demokratische Erneuerung ab 1911 (vgl. Kap. Geschichte). Dr. Sun Yat Sen, selbst in der Provinz Canton geboren, begann von hier aus seine Rebellion gegen die *Mandschu-Dynastie* und gründete in der Stadt 1923 die *Kuomintang* (Nationale Partei). 1924 und 1926 fanden daher auch hier die ersten beiden Parteikongresse statt.

1925 rief man ebenfalls in Canton die Gegenregierung der Kuomintang ins Leben, die von dort mit ihren Feldzügen gegen die Warlords begann.

Eine zentrale Schaltstelle für diese Einheitsbewegung war die etwa 10 km südöstl. von Canton gelegene, westl. vom Hauptarm des *Perlflusses* befindliche Insel *Whampoa*. Hier hatte General *Tschiang Kai Tschek*, der damalige Verbündete von Sun Yat Sen, sein Hauptquartier und die Ausbildungsstätte für die Kadetten des Bürgerkrieges gegründet.

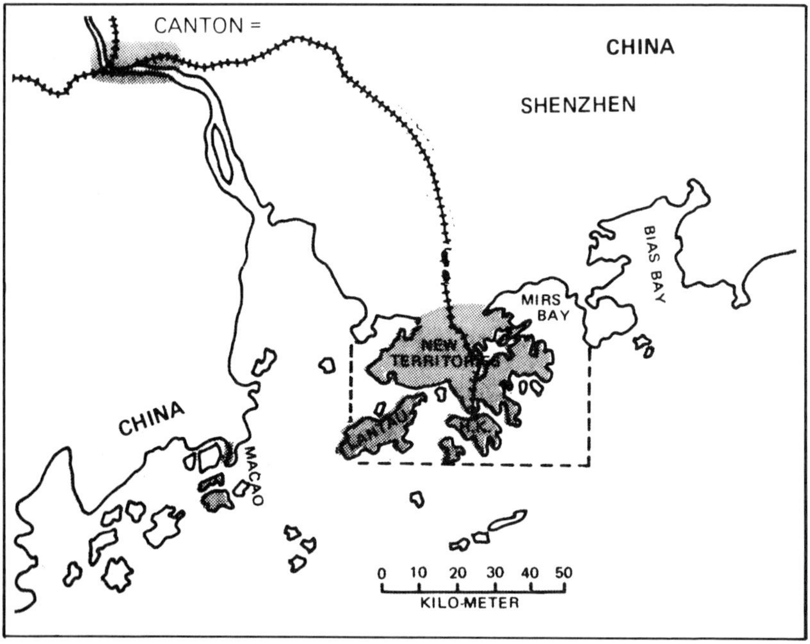

Der Zhenghai-Turm, der heute das Historische Museum beherbergt

Heute ist Canton eine internationale *Messestadt* und das industrielle Zentrum (Werften, Maschinenbau, Elektroartikel) des chinesischen Südens. Es beherbergt eine Universität, mehrere höhere Lehranstalten und verschiedene kulturelle Einrichtungen.
Durch die geschichtliche Tradition, die Nähe zu Hong Kong und Macao (mehrere Mio. Chinesen kommen jährlich von dort oder Übersee zu Besuch in die Provinz Canton) und die große Entfernung (2.300 km) von Peking ist Canton heute wohlhabender und westlicher als viele andere chinesische Großstädte. Vieles geht hier liberaler zu. Da man auch das Fernsehen und die Rundfunkprogramme von Hong Kong empfangen kann, ist die Bevölkerung relativ gut über das informiert, was im Westen geschieht. Während der Verfolgungen durch die Kulturrevolutionäre hat sich der populäre Wirtschaftsreformer *Deng Xiao Ping* in der Provinz Canton verborgen gehalten.
In Canton gibt es schließlich auch eine für Touristen günstige Infrastruktur, aber auch einen Schwarzmarkt und Korruption.
Nach 1949 wurden weite Teile der Stadt saniert, so daß viele alte Straßen und Plätze verschwunden sind. Die Sehenswürdigkeiten von Canton kann man in ein bis zwei Tagen besichtigen. Auch ohne Reiseleitung kommt man hier, wie in jeder großen chinesischen Stadt, gut zurecht, da alle großen Straßen auch in unserer Buchstabenschrift (Pinyin) ausgezeichnet sind. Eine englisch-chinesische Straßenkarte von Canton sollte man sich im Freundschaftsladen oder rotchinesischen Kaufhaus von Hong Kong besorgen. Außerdem findet man in Canton immer jemanden, der etwas Englisch versteht.

Zentrum

Östl. vom *Hauptbahnhof* wird der Stadtkern von Norden nach Süden durch die Jiefang Rd. geteilt. Geht man nun in Richtung Süden auf den Perlfluß zu, so befindet man sich auf der rechten Seite des *Messegeländes* (China Export Commodities Fair) und eines *Orchideen-Gartens* (Orchid Garden). An der Südseite der nächsten Querstraße Hsi Chuan Rd. steht das *Dong Fang-Hotel*. Hier gibt es für den Besucher aus dem Westen alle Einkaufsmöglichkeiten, internationale Restaurants, sowie Post und Telefon und ein Reisebüro von *Luxingshe*, dem staatlichen Reisebüro der VR China. Gegenüber dem *Dung Fang-* (oder Dong Fang) Hotel steht das Große China Hotel (*Zhong Guo Da Zhu Dian*), das derzeit modernste Hotel Chinas mit 1.017 Zimmern, finanziert von einem Konsortium aus Hong Kong (u.a. Hopewell und New World). In der Nähe liegt auch das *Garden Hotel*, im derzeit höchsten Gebäude der VR China, mit exklusiver französisch-schweizerischer Küche.

Yuehsin-Park

Das Gelände östl. dieser Hotelanlage beherbergt den großen *Yuehsin-Park*, den größten Park der Stadt mit 3 künstlichen Seen, weiter östl. ein *Stadion* mit 40.000 Plätzen und das *Museum* der Stadt Canton. Das Museum liegt im *Zhenghai-Turm*, der wie ein großes chinesisches Haus aussieht. In diesem aus dem Jahre 1380 (wiederaufgebaut 1686) stammenden, 30 Meter hohen Gebäude befinden sich Ausstellungsstücke aus der chinesischen Geschichte, der Kaiserzeit, der Bürgerkriege und des Aufbaus der VR China. Bei klarem Wetter hat man vom Dach des Museums einen wunderbaren Blick auf die Stadt (Ö: 8.30-11.30 h, 14.30-17 h, außer Dienstagvormittag und Mo).

Museum

Statue der fünf Widder

In diesem Park steht auch das Wahrzeichen Cantons, die *Statue der fünf Widder* (The Five Rams Stone Sculpture). Nach einer Sage sollen fünf Götter, jeder auf einem Widder reitend, vom Himmel gekommen sein, um den Menschen an der Perlfluß-Mündung Reis zu bringen, als Symbol und als Wunsch, daß diese Gegend nie eine Hungersnot kennenlernen werde. Danach haben sich die fünf glücksbringenden Widder in Stein verwandelt.

Südl. des Yuehsin-Parks, nur durch eine Straße von ihm getrennt und parallel zur Jiefang Rd., steht die in den 30er Jahren errichtete *Dr. Sun Yat Sen-Gedächtnishalle* (Memorial Hall). Diese in einem Park gelegene und durch ihr blaues Kacheldach weithin sichtbare Halle hat bis zu 5.000 Sitzplätze für Großveranstaltungen.

Gedächtnishalle

Es gibt nun noch einige interessante Plätze in östl. Richtung, die man jedoch am besten mit dem Taxi aufsucht.

Mausoleum

Hinter der Kreuzung Huanshi Rd./XCianlie Rd. steht das *Huanghuagang-Mausoleum*, das 1918 errichtet wurde und dem Gedenken der bei der Revolte gegen das Chìn-Kaiserhaus im April 1911 umgekommenen 72 Märtyrer gewidmet ist. Dieses Mausoleum und die schon erwähnte Dr. Sun Yat Sen-Gedächtnishalle sind beides Stiftungen von Auslandschinesen.

Zoo

Östl. des Mausoleums befindet sich der 1950 gegründete *Zoo* von Canton, in dem man Pandabären beobachten kann. Nordwestl. da-

Straßenszenen in Canton: das Fahrrad als Haupttransportmittel

von liegt das große *Baiyun-Hotel* und der *Freundschaftsladen* (Friendship Store) mit Einkaufsmöglichkeiten für Touristen.

Auf dem Weg zurück ins Zentrum kommt man an zwei weiteren Sehenswürdigkeiten vorbei. Zwischen der Dongfeng Rd. und der Zhungshan Rd. liegt der 1956 angelegte *Erinnerungspark* für die Märtyrer des Kommuneaufstandes von Canton im Dezember 1927 (Guangzhou Uprising Memorial Garden), der dem Gedenken der von den Nationalisten Tschiang Kai Tscheks getöteten 5.000 Op-

Erinnerungs-
park

Katholische Kathedrale in Canton

fern während des Bürgerkrieges geweiht ist.

Institut der
Bauern-
bewegung

Das letzte Ziel in diesem Teil Cantons ist das *Institut der Bauernbewegung* (Peasant's Movement Institute) etwas weiter westl., ebenfalls in der Zhungshan Rd. gelegen. *Mao Zedong* war hier 1926 als Leiter einer Propaganda-Abteilung an der Ausbildung von Führern der Bauernbewegung beteiligt.

Nun kann man einen Spaziergang in den Süden der Stadt machen, in Richtung Perlfluß. Am besten beginnt man von der Kreuzung Dongfeng Rd./Renmin Rd. aus nach Süden. Nach etwa 200-300 Metern geht man rechtwinklig nach links (Richtung Osten). Einige hundert Meter weiter in der Luirong Rd. sieht man dann die Spitze der *Hua Ta-Pagode* (Blumenpagode).

Pagode

Diese 9stöckige Pagode ist 57 m hoch und stammt aus dem 11. Jh. Über eine Treppe im Innern kann man sie ersteigen und hat von oben einen schönen Blick auf Canton.

Die Pagode steht auf dem *Tempelgelände* der *Sechs Feigenbäume* (Six Banyan Trees). Der Tempel geht in seinen Ursprüngen zurück auf das späte 6. Jh. Hier kann man das wieder beginnende öffentliche religiöse Leben der Chinesen in der VR China beobachten. Zum Tempelgelände gehören auch drei *Buddhastatuen* aus dem Jahre 1663; diese wurden auf Regierungskosten restauriert, neu aufgestellt und mit einer neuen Halle versehen.

Durch einige Gassen geht man nun zurück zur Renmin Rd. und dort, wo diese die Zhongshan Rd. kreuzt, sieht man links ein Restaurant mit roten Lampions vor der Tür. Es handelt sich um das bekannte *Moslem-Restaurant* von Canton.

Moslem-Restaurant

Zuweilen sieht man auch einen Mongolen oder einen Angehörigen der Turk-Völker aus dem ca. 4.000 km entfernten *Xinjiang*, der muslimischen Provinz im Nordwesten Chinas, zwischen der UdSSR, der Mongolei und Tibet gelegen. Diese Menschen sind chinesische Staatsbürger, gehören aber einem anderen Kulturkreis an und sehen eher wie Südeuropäer aus.

Moschee

Geht man danach die nächste Querstraße nach links in östl. Richtung (Guangta Lu), so sieht man schon von weitem die dunkle Spitze der *Huai Sheng-Moschee* (Huai Sheng Mosque). Diese teilweise in schlechtem Zustand befindliche Moschee soll die älteste Moschee Chinas überhaupt sein und aus dem Jahre 627 n.Chr. stammen. Sie hat früher einmal als Leuchtturm gedient, als der Perlfluß noch bis zu dieser Stelle floß. Der Turm ist 26 m hoch. Die Moschee wird von der ca. 4.000 Personen umfassenden Moslem-Gemeinde Cantons benutzt.

Kaufhaus

Folgt man jetzt wieder der Renmin Rd. weiter nach Süden in Richtung Perlfluß, so wird die Szenerie immer westlicher. Die vielen kleinen chinesischen Häuser, zwischen denen Wäsche über dem Bürgersteig hängt, werden seltener. Dagegen tauchen immer mehr Häuser im englisch-asiatischen Kolonialstil auf. An der Jan Jiang Rd., die parallel zum Perlfluß verläuft, sieht der Besucher rechts das *Nanfang-Kaufhaus*. Hier lohnt sich ein Besuch. Man sieht, was und wie Chinesen einkaufen; allerdings darf man nicht das exklusive Warenangebot der Kaufhäuser in Hong Kong als Maßstab nehmen.

Direkt daneben befindet sich noch ein Freundschaftsladen (Friendship Store) mit speziellem Warenangebot für Westbesucher.

Shamian-Insel

Geht man nun etwas weiter in westl. Richtung am Fluß entlang, so stößt man auf die *Renmin-Brücke*, die über den Perlfluß führt. Hier sollte man den Anblick des ewig fließenden Stroms der Radfahrer genießen. Von der Brücke aus geht man weiter nach rechts auf die *Shamian-Insel*, die im Perlfluß liegt. Hier lebten früher nur Ausländer.

Nach dem zweiten Opiumkrieg wurde dieses Gebiet von England und Frankreich als Handelskonzession okkupiert. Es entstanden die schönen Jugendstilvillen, prachtvolle Gärten, Tennisplätze, ein

Schwimmbad, und man pflanzte Hunderte von Banyan-Bäumen (Ficus) an. Das überall sichtbare White Swan-Hotel soll das beste Hotel Chinas sein. In seiner Nähe steht die englische Kirche von 1865, die derzeit als Lager benutzt wird. 1889 entstand noch eine katholische Kirche an der Shamian Rd., die von den Franzosen erbaut wurde. 1982 war diese Kirche noch eine Fahrradwerkstatt, inzwischen findet hier wieder Gottesdienste statt.

Auf Shamian bildeten die Ausländer bis 1949 einen „Staat im Staate", mit eigenen Hoheitsrechten und eigener Polizei. Noch im Jahre 1911 lebten dort 323 Ausländer. Am 23.7.1925 erschossen britische Truppen über 100 streikende chinesische Arbeiter. An der nahegelegenen Brücke findet man einen Gedenkstein, der an dieses Geschehen erinnert.

Geht man von Shamian aus über die kleine Brücke in Richtung Norden zur Liuershan Rd. in die Altstadt und von dort noch weiter nach links bis zur Liwan Rd., so kann man in den Seitenstraßen zur

Markt

Quingpinglu den freien Markt von Canton besuchen. Es ist sicherlich der interessanteste Markt in der VR China. Außer Obst und Gemüse werden hier Hühner, Enten, Fische, Schweine, aber auch gebratene Hunde, Wiesel und Gürteltiere angeboten. Zuweilen findet der Besucher auch Kunsthandwerk, Andenken und Antiquitäten.

Seit der wirtschaftlichen Liberalisierung ist das öffentliche Leben viel bunter geworden. So kann man an belebten Straßen und Märkten auch Wahrsager, Wunderheiler und Akrobaten sehen. Eine

Ahnentempel

weitere Sehenswürdigkeit ist der Ahnentempel des Chen-Clans. Drei große Hallen mit vielen Kunst- und Ausstellungsstücken sind auf einem schönen, ruhigem Gelände zu besichtigen. Geweiht ist er den Ahnen aller, die Chen heißen. Der Tempel wurde 1889 von 72 Familien dieses Namens gestiftet.

Während der Kulturrevolution war der Ahnentempel eine Lagerhalle. Erst seit 1987 ist er restauriert. Er befindet sich in der Siebenten Zhong Shan St.

Zwei weitere interessante Ziele befinden sich hier: Nördl. des Nanfang-Kaufhauses, an der Ecke Renminnanlu St./Jianglan St. gibt es ein *Schlangenrestaurant*. Etwa auf gleicher Höhe, nur weiter östl. zwischen Ta Hsien Rd. und Iteh Rd., ca. 400-500 m östl. von der

Kathedrale

Renmin Rd. die neugotische Kathedrale von 1863 in der Laodang Rd. (Besichtigungszeiten: Mo.–Sa., 8.30–11.30 und 14.30–17.30 Uhr).

Nachdem China den englischen und französischen Truppen im zweiten Opiumkrieg unterlegen war, okkupierten die Franzosen als Entschädigung für die Zerstörung von Kirchengut einen Platz mitten in Canton. 1863 begannen sie mit dem Bau der Kathedrale, die 1888 fertiggestellt wurde und ca. 60 m hoch ist. Während der „Kulturrevolution" wurde sie beschädigt. Nachdem sie 31 Jahre geschlossen war, ist sie seit 1979 wieder zeitweise für den Gottesdienst geöffnet. Sie ist heute ein geschütztes „Kulturgut" der VR

China. In Canton leben ca. 130 ältere Katholiken und 5 Priester, von denen der jüngste 70 Jahre alt ist. Gottesdienste werden sonntags zwischen 6.30 und 9 h abgehalten.

Shenzhen (Shum Chun) 深圳

Über die ökonomische Bedeutung der Wirtschaftssonderzone Shenzhen (tiefer Graben, cant.: Shum Chun) ist im Kapitel Wirtschaft schon berichtet worden.
Das Gebiet umfaßt 327 km^2 nördl. der *New Territories* und ist mit einem 84 km langen Zaun vom übrigen China abgetrennt; hier gibt es erheblich verbesserte Lebensbedingungen für die mittlerweile auf 400.000 Menschen angewachsene Bevölkerung.
Das Gebiet ist natürlich völlig untypisch für die VR China. Mit seinen Hochhäusern, Supermärkten, privaten PKWs nimmt es immer mehr Züge von Hong Kong an. Im Zentrum steht das 44stöckige Hochhaus (*Shumchun International Trade Centre*) an der Ecke Wayun bzw. Renmin Nan Rd.
Die meisten Besucher passieren Shenzhen auf der Durchfahrt nach Canton. Wer mit dem Zug nach Shenzhen direkt möchte, muß den lokalen Zug bis *Lo Wu*, der Grenzstation von Hong Kong, nehmen. Dort steigt man aus, geht über die Brücke und befindet sich nach den üblichen Formalitäten im Bahnhof von Shenzhen.
Im Grunde genommen lohnt sich ein Besuch in Shenzhen nur, wenn man keine Zeit und Gelegenheit hat, nach Canton oder andere chinesische Orte zu fahren. Nur in diesem Fall ist es sinnvoll, von einem Hotel in Hong Kong aus eine eintägige Tour (One Day Trip to China) zu buchen, die etwa 150 DM kostet.
Diese Touren sind straff organisiert, denn etwa die Hälfte der Zeit wird für An- und Abreise und Grenzformalitäten geopfert. Wenn man mit der organisierten Tour kommt, wird man außerhalb des Bahnhofs in einen Bus umsteigen. Der erste Eindruck von China ist ernüchternd. An Plakatwänden wird für westliche Produkte geworben, die es für den normalen chinesischen Einwohner nicht zu kaufen gibt.
Der Bus führt den Besucher durch ein Neubaugelände zunächst zum *Shenzhen-Reservoir* und einen angrenzenden *Park*. In diesem Reservoir wird das Wasser gespeichert, das dann an Hong Kong verkauft wird. In der Nähe findet in einem speziell für Ausländer hergerichteten Restaurant ein im Preis inbegriffenes Mittagessen statt. Danach haben die Besucher die Möglichkeit, sich in einer Verkaufsausstellung einige kunstgewerbliche Artikel der VR China anzusehen und zu kaufen. Die Preise sind geringfügig niedriger als in den *Chinese Arts and Crafts*-Kaufhäusern in Hong Kong; dafür ist dort die Auswahl erheblich größer.
Das nächste Ziel der Gruppenreise ist ein ebenfalls für ausländische Besucher präparierter *Kindergarten* in der Stadt. Dort werden nach genau festgelegtem Terminplan Gesangs- und Tanzdarstellungen einer Kindergruppe vorgeführt. Nach etwa einer knappen Stunde ist die Vorstellung beendet, die nächste Gruppe wartet schon.
Nun geht es mit dem Bus zurück ins Zentrum der Stadt. Je nach Zeitplan hat die Gruppe jetzt etwa 30-60 Min. zur freien Verfügung. Man sollte die knappe Zeit nutzen und sich den unablässigen Strom der Radfahrer ansehen und dann in den vielen

verwinkelten Seitengassen spaziergehen, um wenigstens einen Eindruck vom chinesischen Alltagsleben zu bekommen.
Am späten Nachmittag wird die Rückfahrt angetreten, Grenzprozeduren und Bahnfahrt nach Hong Kong dauern insgesamt bis zum frühen Abend.
Diese organisierten Eintagestouren sind ein großes Geschäft für die Veranstalter in Hong Kong und die staatlichen Stellen in China. Für den Besucher aus dem Westen sind sie wirklich nur empfehlenswert, wenn er keine andere Möglichkeit hat, etwas von China zu sehen.
Eine organisierte Tour nach Canton ist in jedem Fall sinnvoller. Schon während der Bahnfahrt von Shenzhen nach Canton sieht man etwas von der chinesischen Landschaft, die ja von Hong Kong bis Shenzhen völlig verstädtert ist.

Weitere Kurzziele in der Provinz Canton

Die Reisebüros in Hong Kong und Macao bieten noch eine Fülle weiterer ein- oder mehrtägiger Kurzreisen in die Provinz Canton an. Die folgenden Orte sind dem untypischen Shenzhen in jedem Falle vorzuziehen, wobei aber betont werden muß, daß am sehenswertesten die Stadt Canton selbst ist und v.a. das über eine Spezialtour (4 Tage) ca. 500 km nördl. von Hong Kong gelegene *Guilin* in der autonomen Provinz *Guangxi (Zhuangzu)* unbedingt besucht werden sollte.

Zhongshan

Etwa 100 km südöstl. von Canton und noch näher an Macao liegt die Stadt *Zhongshan* (*Tsui-Heng*, auch: *Chui Heng*), der Geburtsort Sun Yat Sens. Zu besichtigen sind dort ein Wohnhaus, eine Gedenkstätte, eine Schule und eine Volkskommune, in der auch zu Mittag gegessen wird. Ebenfalls von Macao aus starten Touren und längere Aufenthalte im Badeort *Chung Shan Hot Spring Resort.* Dort gibt es Heilquellen, die für Gelenkerkrankungen hilfreich sein sollen. Über die aktuellen Angebote für diese Touren informieren die Reisebüros in Hong Kong und Macao.

Chung Shan

Foshan

Etwa 30 km südwestl. von Canton liegt die Stadt *Foshan*, ein Zentrum der Keramik- und Porzellanindustrie. Sehenswert ist der Ahnentempel *Foshan Zumiao.*

Zhuhai

Ungefähr 150 km südöstl. von Canton befindet sich die kleine Stadt *Zhuhai*, 20 km nördl. von Macao. Zhuhai ist eine der kleineren Wirtschaftssonderzonen und kann von Macao aus in einer Tagestour erreicht werden. Das Programm ähnelt demjenigen von Shenzhen.

Chang-jing

Eine längere Unternehmung ist die selbstorganisierte Reise mit dem direkten Bus von Canton aus in die ca. 500 km entfernte, südwestl. gelegene Stadt *Chan-jiang.* Von der dortigen Busstation aus kann man die Fähre nach *Hai-kou*, dem Hauptort der Tropeninsel Hainan, nehmen.

Hainan

Hainan ist heute ebenfalls eine Wirtschaftssonderzone. Hai-kou war von 1898-1949 unter französischem Einfluß. Die Insel Hainan, bis vor kurzem noch für Touristen gesperrt, ist noch sehr unterentwickelt und vorwiegend argrarisch-tropisch geprägt. Sie wird jetzt mit Joint Venture-Projekten wirtschaftlich entwickelt und ist die jüngste Provinz der VR China geworden.

Guilin (Kweilin) 桂林

Eine organisierte Reise nach *Guilin* (Kweilin) von Hong Kong aus dauert i.d.R. vier Tage und kostet ab Hong Kong 1.000-1.200 DM. Eine solche Tour schließt Hin- und Rückflug, Vollpension und alle Besichtigungen mit ein.
Bei den üblichen China-Rundreisen, die man von Europa aus buchen kann, sind oft einige Tage Guilin eingeplant.
Wenn man erst von Hong Kong aus nach Guilin fahren will, sollte man schon vor der Abreise in Europa einen Termin buchen bei „China Travel Service", Queen's Rd. 77, Hong Kong.
Die eigenartig geformte Berglandschaft von Guilin liegt in der autonomen Provinz *Guangxi (Zhuangzu)*, etwa 500 km nordwestl. von Hong Kong. Diese Gegend ist für viele Menschen zum Sinnbild der chinesischen Landschaft überhaupt geworden und eine der schönsten Regionen Chinas.
Schon beim Landeanflug sieht man auf Hunderte grün bewachsene und bis zu hundert Meter hohe Berge herab.
Guilin wurde 214 v.Chr. als Flußstation am *Lijangfluß* gegründet. In der Ming-Dynastie war es Provinzhauptstadt. Heute ist der 320.000 Einwohner zählende Ort ein regionales Industriezentrum (Medikamente, Bambusartikel, Tee, Wein- und Zimtverarbeitung) und der Mittelpunkt vieler landwirtschaftlicher Einheiten (*danwei*). Doch davon bemerkt der Besucher recht wenig. Er wird überwältigt sein von der phantastischen Landschaft in und um den Ort herum.
Guilin liegt noch in der subtropischen Zone Chinas. Die eigenartigen Berge sind Überreste von etwa 300 Mio. Jahren alten Kalksteinablagerungen, die im Laufe der Jahrtausende von Wind und tropischen Regenfällen abgeschliffen wurden. Zudem soll sich die Erdkruste noch angehoben haben. Unterirdisch gibt es noch viele Höhlen und Wasserläufe.
Diese geheimnisvolle Landschaft ist auch zum Muster vieler chinesischer Landschaftsmalereien geworden.
Die organisierten Touren in Guilin fahren immer die gleichen Ziele an: Die Rote Flöten-Höhle (*Red Flute Cave*), eine 250 m tiefe Höhle mit Stalaktiten; den Sieben Sterne-Park (*Seven Star Park*; *Chi Hsing Shan)*, im Ostteil der Stadt gelegen. Vom *Fu Po-Berg* aus, mitten in der Stadt, hat man einen einmaligen Ausblick auf den Ort wie auf die vielen Berge ringsherum. Normalerweise gehört zum Standardprogramm noch die Besichtigung einer Schule, einer *danwei*, des Marktes, einiger Geschäfte der Stadt und eines Tempels.
Höhepunkt ist die mehrstündige *Bootsfahrt* auf einer 83 km langen Strecke südl. von Guilin bis nach *Yangshuo*. Der Lijangfluß führt an Hunderten von seltsam geformten hohen spitzen Bergen vorbei. Eine von Menschenhand unberührte Landschaft tut sich auf, jeder einzelne Berg für sich wäre in Europa eine Sensation. Die Dörfer sind noch sehr urtümlich und z.Z. noch ohne Elektrizität und Straßen.
Allein diese Fahrt rechtfertigt die relativ hohen Kosten dieser Vier-Tages-Tour.
Natürlich kann man nach Guilin auch, wie etwa zu 250 anderen Reisezielen in der VR China, selbstorganisiert als Individualreisender fahren. Am sinnvollsten ist dann die Bahnfahrt über Hong Kong, Canton und Hengyang. Die private Bootsfahrt kostet ca. 40 Yen. Karten erhält man in der Shanhubei Lu.

Kleiner Sprachführer

In der Regel wird es nicht notwendig sein, sich cantonesisch zu verständigen; bei Kurzaufenthalten sind alle Versuche sinnlos. Es gibt bislang noch keinen ausführlichen deutschen Sprachführer für Cantonesisch, nur englisch.
Allerdings ist ein sehr guter Kurz-Sprachführer in deutsch erschienen: Alfredo Grünberg, Kantonesisch für Globetrotter (Kauderwelsch Band 20), Peter Rump Verlag, Bielefeld 1986.
Für wahrscheinlich leider zumeist erfolglose Versuche mag folgender Sprachführer genügen. Die Zahlen in der Rubrik Cantonesisch zeigen die Tonhöhe bei der Aussprache an:

1 hoch
2 mittelhoch-ansteigend
3 mittelhoch
4 tief-fallend
5 tief-steigend
6 tief

Es sind noch vier andere Tonhöhen bekannt, die aber hier vernachlässigt werden können.

Deutsch	Englisch	Cantonesisch	

Grußformen

Guten Morgen	good morning	Jo2 Saan4	早晨
Guten Morgen (Mehrz.)	good morning everybody	Gok3 wai2 jo2 saan4	各位早晨
Guten Nachmittag	good afternoon	Ng5 on1	午安
Gute(n) Abend/Nacht	good evening/night	Maan5 on1	晚安
Wiedersehen	goodbye	Joy3 gihn3	再見

Normalerweise gibt es im Cantonesischen keine Grußform für Guten Nachmittag bzw. Guten Abend/Gute Nacht. Früher sagte man (was auf die Nahrungsnot hinweist) statt dessen.

Hast du heute schon etwas gegessen?	have you had your meal yet?	Nei5 sik6 joh2 faan6 may6 a3?	你食咗飯未呀？

Anreden

Herr	Mr	Sin1 saang1	先生
Frau	Mrs	Taai3 taai2	太太
Frl.	Miss	Siu2 je2	小姐

Allgemeine Ausdrücke

Wie heißt du?	what is your name?	Nei5 gew3 tsoh6 mad1 yeh5 meng2 a3?	你叫做什麼名字呀？
Mein Name ist ..	my name is ..	Ngoh5 gew3 tsoh6	我叫做……
Was ist dein Nachname?	what is your surname?	Nei5 gwai3 sing3 a3?	你貴姓呀？
Mein Nachname ist ..	my surname is ..	Ngoh5 sing3 ..	我姓……
Sprichst du Englisch?	do you speak English?	Nei5 sik1 m4 sik1 gong2 Ying1 Man2 a3?	你識唔識講英文呀？
Ich kann kein Chinesisch	I don't know how to speak Chinese	Ngoh5 m4 sik1 gong2 Djong1 Man2	我唔識講中文。
Ich spreche etwas Cantonesisch	I speak a little Cantonese	Ngoh5 sik1 gong2 siu2 siu2 Gwong2 Dong1 Wah2	我識講少少廣東話。
Bitte langsam sprechen	would you please speak slowly?	M4 goi1 nei5 maan6 maan2 gong2	唔該你慢慢講。
Kannst du das bitte wiederholen?	would you please repeat what you said?	M4 goi1 nei joy3 gong2 yat1 tchee3	唔該你再講一次。
Ich verstehe	I understand	Ngoh5 ming4 baak6 nei5 gong2 mad1 yeh5 la3	我明白你的意思了
Ich verstehe nicht	I don't understand	Ngoh5 m4 ming4 baak6	我唔明白。
Ich verstehe kein Chinesisch	I don't understand Chinese	Ngoh5 m4 sik1 teng1 Djong1 Mun2	我唔識聽中文。
Bitte	please	Tcheng2	請
Danke (für eine Dienstleistung)	thank you	M4 goi1	唔該。

Deutsch	Englisch	Cantonesisch	
Danke (für eine persönliche Zuneigung)	thank you	Doh1 je6	多謝。
Macht nichts	don't mention it	M4 sai2 doh1 je6	唔使多謝。
Danke (für Grüße)	thank you	Nei5 yau5 sam1	你有心。
Entschuldigung	excuse me	Dui3 m4 jue6	對唔住。
Tut mir leid	I'm sorry	Dui3 m4 jue6	對唔住。

Fragen

Wieviel (kostet das)?	how much? (cost)	Gay2 doh1 tcheen2 a3?	幾多錢呀？
Wie viele (Menge)?	how many/much? (quantity)	Gay2 doh1 a3?	幾多呀？
Wo?	where?	Hai2 been1 doh6 a3?	喺邊度呀？（在那裏呀？
Wo ist/sind?	where is/are ...?	Been1 doh6 hai6 ...?	邊度係……？
Wann?	when?	Gay2 see4 a3?	幾時呀？
Was?	what?	Mud1 yeh5 a3?	什麼呀？
Wie?	how?	Deem2 a3?	點呀？（怎樣呀？）
Wer/Welcher?	who/which one?	Been1 goh3 a3?	邊個呀？（誰呀？）
Warum?	why? (How to explain)	Deem2 guy2 a3?	點解呀？（何解呀？）
Wie spät ist es?	what time is it?	Yee4 ga1 gay2 deem2 a3?	而家幾點呀？（現在是什麼時候呀？

Den Weg zeigen

Ich möchte nach ..	I want to go to ..	Ngoh5 hui3	我去……
Um die Ecke	turn the corner	Tchuen3 waan1	轉彎
Nach rechts	turn right	Tchuen3 yau6	轉右
Nach links	turn left	Tchuen3 joh2	轉左
Geradeaus	straight ahead	Tchik6 hui3	直去
Halten	stop here	Ting4 hai2 nee1 doe6	停喺呢度
Dort	there	Goh2 doe6	嗰度

Im Restaurant

Die Speisekarte, bitte	menu, please	Tchaan1 pie2, m4 goi1	餐牌，唔該
Die Rechnung, bitte	bill, please	My4 daan1, m4 goi1	埋單，唔該
Ich möchte ..	I want to have ..	Ngoh5 seung2 yiu3 ..	我想要……
Bier	beer	beh1 jau2	啤酒
Soft Drink	soft drink	hay3 sui2	汽水
Orangensaft	orange juice	tchang2 jap1	橙汁
Kaltes Wasser	iced water	bing1 sui2	冰水
Eis (Eiswürfel)	ice	bing1	冰
Whisky	whisky	wai1 see6 gay2	威士忌
Gin und Tonic	gin and tonic	tjeen1 jau2 ga1 tong1 lick6	氈酒加湯力
Tee (chines.)	tea (Chinese)	tcha4	茶
Tee (Teebeutel)	tea (Western)	laai5 tcha4	奶茶
Tee mit Zitrone	tea with lemon	link4 mong1 tcha4	檸檬茶
Kaffee	coffee	ga3 fe1	咖啡
Milch	milk	laai5	奶
Zucker	sugar	tong4	糖

Deutsch	Englisch	Cantonesisch	
Sandwich	sandwich	saam3 man4 tjee6	三文治
Salz	salt	yeem4	鹽
Pfeffer	pepper	woo4 tsiu1 fan2	胡椒粉
Senf	mustard	guy3 laat6	芥辣
Ketchup	ketchup	kei2 jap1	茄汁
Suppe	soup	tong1	湯
gebratenen Reis	fried rice	tchau2 faan4	炒飯
gekochten Reis	steamed rice	baak6 faan4	白飯
Nudel	noodles	mean6	麵
Salat	salad	sa1 lote2	沙律
Speiseeis	ice cream	suet3 go1	雪糕
Kuchen	cake	sai1 beng2	西餅
Gabel	fork	tcha1	叉
Löffel	spoon	gung1	匙
Messer	knife	do1	刀
Eßstäbchen	chopsticks	faai3 tjee2	筷子
Serviette	napkin	tchaan1 gun1	餐巾
Heißes Tuch	steamed towel	yeet6 mo4 gun1	熱毛巾
Zigaretten	cigarettes	yin1	煙
Zündhölzer	matches	foh2 tchaai4	火柴
Aschenbecher	ashtray	yin1 fui djong1	煙灰碟
Darf ich das Telefon benutzen?	may I use the telephone, please?	Deen3 wah2 hi2 been1 doe6 a3?	電話喺邊度呀？
Wo ist das WC?	where is the lavatory?	Tchi3 soh2 hai2 been1 doe6 a3?	廁所喺邊度呀？

Auf dem Markt

Wieviel kostet?	how much is it?	Gay2 tcheen2 a3?	幾錢呀？
Das Stück?	per piece?	Yat1 goh3?	一個？
Das Dutzend?	per dozen?	Yat1 da1?	一打？
Das Pfund?	per pound?	Yat1 bong6	一磅？

Die Zahlen

0	zero	Ling4	零
1	one	Yat1	一
2	two	Yee6	二
3	three	Saam1	三
4	four	Say3	四
5	five	Ng5	五
6	six	Lok6	六
7	seven	Tchat1	七
8	eight	Baat3	八
9	nine	Gau2	九
10	ten	Sup6	十
11	eleven	Sup6 yat1	十一

Deutsch	Englisch	Cantonesisch	
12	twelve	Sup6 yee6	十二
13	thirteen	Sup6 saam1	十三
14	fourteen	Sup6 say3	十四
15	fifteen	Sup6 ng5	十五
16	sixteen	Sup6 lok6	十六
17	seventeen	Sup6 tchut1	十七
18	eighteen	Sup6 baat3	十八
19	nineteen	Sup6 gau2	十九
20	twenty	Yee6 sup6	二十
Ich möchte haben ..	I want to have ..	Ngoh5 seung2 yiu3	我想要……。
Rindfleisch	beef	ngau4 yoke6	牛肉
Steak	beefsteak	ngau4 pa2	牛扒
Schweinerippen	spareribs	pie2 gwat1	排骨
Schweinefleisch	pork	jue1 yoke6	猪肉
Schweinekotlett	porkchops	jue1 pa2	猪扒
Lamm	lamb	yeung4 yoke6	羊肉
Huhn	chicken	guy1	雞
Kalbsleber	calf's liver	ngau4 gone1	牛肝
Schweineleber	pig's liver	jue1 gone1	猪肝
Hühnerleber	chicken liver	gay1 gone1	雞肝
Shrimps (Garnelen)	shrimps	ha1	蝦
Krabben	crabs	high5	蟹
Fisch	fish	yue2	魚
Gemüse	vegetables	tchoy3	菜
Tomaten	tomatoes	faan1 ke2	番茄
Zwiebel	onions	Yeung4 tchong1	洋葱
Ingwer	ginger	geung1	姜
Knoblauch	garlic	suen3 tau4	蒜頭
Für Notfälle			
Hilfe	help!	Gau3 meng6 a3	救命呀
Feuer	fire	Foh2 joke1 a3	火燭呀
Gas	gas	Lau6 mui4 hay3	漏煤氣
Bitte die Polizei rufen	call the police	Bo3 ging2	報警
Bitte die Ambulanz rufen	call the ambulance	Giu3 sup6 ji6 tche1	叫十字車
Bitte einen Arzt rufen	get a doctor	Giu3 yee1 sung1	叫醫生
Notruf anrufen (in Hong Kong)	dial 999	Da2 gau2 gau2 gau2	打九九九
Schnell	hurry up	Faai3 dee1 la1	快啲啦
Polizei	Police	Ging2 tchat3 a3	警察呀
Vorsicht	carefull	Siu2 sam1 a3	小心呀
Gefahr	danger	Ay4 heem2	危險
Halt hier	stop here	Ting4 hai2 nee1 doe6	停喺呢度
Ich bin krank	I am ill	Ngoh5 ho2 m4 sue1 fook6	我好唔舒服
Ich habe mich verlaufen	I am lost	Ngoh5 dong6 sat1 low6	我迷途（我蕩失路）

Reisetips von A bis Z

Hong Kong

Anreise

Nahezu alle großen internationalen Fluggesellschaften fliegen den Flughafen Kai Tak in Hong Kong an. Der normale Flugtarif zum IATA-Preis beträgt bspw. bei der Lufthansa, die Hong Kong viermal wöchentlich anfliegt, etwa 2.700 DM für Hin- und Rückflug.

Preiswerter geht es mit Billigflugtickets verschiedener östlicher Fluggesellschaften (etwa 1.800 DM), z.B. von Amsterdam aus. Die Tikkets gibt es über Anzeigenkontakt in den überregionalen deutschen Zeitungen. Der einfache „Stand-By-Flug" von London aus kann sogar nur 500 DM kosten, ist aber umständlich.

Der Flug von Europa nach Hong Kong dauert i.d.R. etwa 12 Stunden, einschl. eines Tankstops am Persischen Golf und in Bangkok.

Hong Kong ist der Weltzeit (früher: Greenwich-Zeit) um 8 Stunden und der deutschen Zeit um 7 Stunden (bei deutscher Sommerzeit nur 6 Stunden) voraus.

Der Anflug auf Hong Kong gilt als schwierig, ist aber dank spezieller Schulung der Piloten seit Jahren unfallfrei. Bei den meisten Landungen kommt die Maschine aus westlicher Richtung über Lantao, den Hafen und Kowloon. Etwa 100-200 m über dem Boden schwenkt sie dann zweimal nach rechts genau auf die Kai Tak-Landebahn zu, die mit einer Länge von 3,4 km in den Hafen hineingebaut wurde.

Im Unterschied zu einigen anderen asiatischen Ländern geht die Paß- und Zollkontrolle in Hong Kong zügig und korrekt vonstatten.

Nachdem man den Zollbereich verlassen hat, kann man in der dahinterliegenden Halle Geld wechseln, sich beim Büro der Hong Kong-Tourist Association eine kostenlose Touristenkarte holen und Hotelunterkünfte nachweisen lassen.

Nun gibt es verschiedene Möglichkeiten weiterzukommen. Ist man Mitglied einer organisierten Gruppenreise, wird man hier empfangen und mit dem Bus zum Hotel gefahren. Hat man ein Hotelzimmer im voraus gebucht und die Zusage, vom Flughafen abgeholt zu werden, geht man zum Transfer des jeweiligen Hotels. Andernfalls kann man vor dem Flughafen ein Taxi nehmen.

Ein *Taxi* nach Tsim Sha Tsui kostet etwa 10 DM; eine nach Hong Kong Island nach Central knapp das Doppelte inkl. Tunnelgebühr von ca. 7 DM. Da es oft lange Wartezeiten gibt, empfiehlt es sich, den Flughafenbus für die größere Strecke und dann erst das Taxi zum genauen Zielort zu nehmen.

Den *Flughafenbus* erreicht man hinter der Ankunftshalle, die man vom Zollbereich aus nach ca. 100 m links findet. In dieser Halle gibt es auch ein Restaurant und verschiedene Treffpunkte. Geradeaus durch diese Halle findet man davor die Haltestellen für die drei Flughafen-Busse („Air-Bus"), die alle 15–30 Minuten abfahren.

Bus A 1 bleibt auf der Kowloon-Seite; er hält an den internationalen Hotels in der Nathan Rd. und in Tsim Sha Tsui. Endstation ist die Star Ferry-Anlegestelle Tsim Sha Tsui. Fahrdauer 10-20 Minuten. Preis ca. 3 DM. Passendes Kleingeld bereithalten.

Bus A 2 fährt durch den Hafentunnel nach Hong Hong Central und hält vor den dortigen Hotels; Endstation ist der New Macao Ferry-Pier/Victoria Hotel in Central.

Bus A 3 geht ebenfalls zur H.K. Insel, jedoch nur bis zu den Hotels in Causeway Bay.

Ausflüge

Von Hong Kong aus kann man kurzfristig gut organisierte Gruppenreisen in alle sehenswerten Teile der Kolonie unternehmen: nach Macao, Canton, Shenzhen, Guilin und nach

Peking, Shanghai u.a. Ziele in der VR China. In den Reisebüros, den internationalen Hotels und bei der Hong Kong-Tourist Association erhält man aktuelle Prospekte. Beim Hong Kong-Touristbüro in Frankfurt (Wiesenau 1, 6000 Frankfurt/M. 1) gibt es deutschsprachige Hinweise, auch für selbstorganisierte Touren in Hong Kong.
Wenn man in Hong Kong wenig Zeit hat, sollte man auch ruhig eine organisierte Tour nach Canton, Macao oder zu Zielen innerhalb der Kolonie buchen. Auskünfte erteilen die Hotels.

Ausreise

Wenn man als Individualreisender Hong Kong verlassen möchte, sollte man die Möglichkeit nutzen, dort ein preiswertes Flugticket zu kaufen. In Hong Kong gibt es, wie in vielen anderen asiatischen Ländern, einen harten Preiskampf zwischen den Luftfahrtgesellschaften, so daß die offiziellen IATA-Preise bei weitem unterboten werden. Man muß die Tickets dann bei einem Reisebüro (nicht beim Büro einer Fluglinie!) vorbestellen. Besonders preiswert sind *Thai International*, *Sri Lanka Air* und *Singapore Airlines*. Aber auch die *Lufthansa* mischt auf dem Billigflugmarkt mit.
Ein Rückflugticket nach Europa ist oft weit für unter DM 1.000 zu erhalten. Die Anschriften der Reisebüros erfährt man über die Anzeigen in der *South China Morning Post*. Es ist eine Anzahlung zu leisten. Auf die Quittung sollte man sich die Summe, Flugdaten und den Gesamtpreis schreiben lassen. Denn leider gibt es auch unseriöse Reisebüros, die beim Abholen des Tickets 1-3 Tage vor Abflug noch den Restpreis erhöhen oder gar mit den Anzahlungen verschwinden.
Empfehlenswert ist *Hong Kong Student Travel*, Room 1021, Star House, Tsim Sha Tsui, Tel. 3-72 13 269. Hier werden auch Studentenausweise ausgestellt und preiswerte Einzelvisa für die VR China verkauft.
Reisebüros für Gruppenreisen, Verkehrsmittel und Visa für Fahrten in die VR China sind:
China Travel (CTS), 78, Connaught Rd., Central. Tel. 5-85 33 888 (Hong Kong Island);
Alpha House, 27, Nathan Rd. (Eingang Peking Rd.), Tel. 3-72 10 826 (Kowloon);
78, Connaught Rd., Central, Tel. 5-8533888.
Transfer zum Flughafen Kai Tak kann man mit dem Taxi oder noch preiswerter mit dem Airport-Bus selbst organisieren (s. Ankunft). Die Haltestellen befinden sich in der Nähe der großen Hotels (nachfragen).
Achtung: Beim Einchecken zum Abflug muß man eine hohe Flughafengebühr von 100 **$** pro Person bezahlen (Kinder von 2-12 Jahren: 60 H.K.-**$**).

Arzt

S. Gesundheit

Bahnverkehr

S. Verkehrsmittel

Banken

Die Verkehrsbanken sind Mo-Fr 9-12 h und 14-16 h geöffnet. In großen Hotels und am Flugplatz kann man ständig, allerdings nicht zu einem günstigen Kurs, Geld wechseln. Es gibt auch Wechselstuben (*Money Changers*), die längere Öffnungszeiten haben, dafür allerdings auch einen ungünstigeren Kurs anbieten.
Man sollte sich internationale Reiseschecks mitnehmen. Persönliche Schecks werden nicht akzeptiert, Euroschecks nur in Ausnahmefällen. Alle bekannten Kreditkarten werden akzeptiert, allerdings bei vielen Käufen mit einem Aufschlag von 5% für den Zinsverlust.
Da der H.K.-**$** hierzulande als „Exotenwährung" gilt und der Kurs deswegen *ungünstiger* ist, sollte man nur wenige **$** von der Bundesrepublik aus mitnehmen.

Busverkehr

S. Verkehrsmittel

Buchhandlungen

In den internationalen Hotels gibt es kleine Bücherstände. Eine gute Buchhandlung mit allen Aktualitäten (Bücher, Reiseführer, Karten, englische Bestseller) über Hong Kong und China ist der *South China Morning Post Book Shop* am Star Ferry-Eingang, Hong Kong-Side. Weiterhin *Swindon Book*, Lock Rd. 13-15 (Kowloon) und die Buchabteilungen in den rotchinesischen Kaufhäusern sowie Buchhandlungen im Ocean Terminal und in Harbour City.
S. auch Information.

Chinesische Feste und Feiertage

Eine allgemeine Beschreibung findet man im ersten Kapitel. Aufgrund der wechselnden Termine (Mondkalender) muß man die aktuellen Daten erfragen. Eine Hilfe ist hierbei der von der Hong Kong-Tourist Association kostenlos herausgegebene Prospekt *Chinesische Feiertage* und besondere *Veranstaltungen* auf deutsch.

Deutschsprachige Einrichtungen

S. Konsulate

Devisen/Geld/Währungskurse

Währungseinheit ist der H.K.-**$**, eine „harte" Währung, voll konvertibel, die in fester Parität zum US-**$** steht. Es gibt Münzen zu 1, 2, 5, 10 und 20 Cent; 1, 2 und 5 Dollar.

Es empfiehlt sich, immer viele Münzen in der Tasche zu haben, da man in den öffentlichen Verkehrsmitteln eine Menge für die Münzautomaten benötigt.

Geldscheine gibt es für 1 Cent, dann für 5, 10, 50, 100, 500 und 1.000 Dollar. Von 1986-1988 werden die vorhandenen Scheine in neue umgetauscht.

Eine Besonderheit ist, daß die Geldscheine nicht von der Regierung, sondern von zwei großen Banken (Hong Kong and Shanghai Banking Corp. und The Chartered Bank), die als Notenbanken fungieren, herausgegeben werden.

Wechselkurse (1988):
1 **$** = 100 Cents = 0,22 DM
1 DM = 4,50 **$**.

Einkaufen

Hong Kong war lange Jahre das Einkaufsparadies Asiens. Außer Tabakwaren, Alkohol, Kosmetika und einigen anderen Artikeln sind hier alle Güter zollfrei. Doch die Zeit der absoluten Tiefstpreise ist vorbei. Energiekrise, phantastische Miethöhen, Angebotsverbesserungen in anderen Ländern sowie die ungewisse Zukunft Hong Kongs haben die frühere Monopolstellung erschüttert.

Wer sich über die Angebote und Anschriften der verschiedenen Branchen informieren möchte, besorge sich von der Hong Kong-Tourist Association „The official Guide to the best of Hong Kong Shopping", „The Bargain Guide to Shopping in Hong Kong" oder andere, in deutsch verfaßte Broschüren wie z.B. „Kunsthandel und Kunstgewerbe in Hong Kong". Das eine Haupteinkaufszentrum befindet sich in *Central*, also auf Hong Kong Island, um die Queen's Rd. und Des Voeux Rd. herum.

Oft preisgünstiger kann man in *Tsim Sha Tsui* (Kowloon) in und um die Nathan Rd. herum einkaufen; v.a. in dieser Gegend findet man Hunderte von Geschäften mit Kameraartikeln, Radio, Computern und sonstigen elektronischen Geräten, die etwa 10-30% billiger sind als in Europa.

Der Besucher sollte sich jedoch zu Hause über das gewünschte Produkt und mögliche Alternativen informieren und mit seinem Maximalpreis und einer genauen technischen Beschreibung versehen einkaufen gehen. Im Straßenviertel zwischen Nathan Rd., Chatham Rd., Kimberley Rd. und Mody Rd., Tsim Sha Tsui, Kowloon, variieren die Preise für eine Leica R 4 mit 3 Objektiven (Preis in der BRD: ca. 6.500 DM) in etwa 20 Geschäften zwischen 6.100 und 4.100 DM. Eine Minolta X D 7 mit 3 Objektiven (BRD: 1.500 DM) wurde von 850 DM bis 1.400 angeboten. Eine Rolex-Uhr kostet ca. 4.800 DM (BRD: ca. 7.800 DM). Handeln lohnt sich kaum noch, höchstens, wenn man noch weitere Artikel einkauft.

Das Kaufen selbst kann sehr anstrengend werden, da die Verkäufer oft unfreundlich und kaum noch bereit sind, die Ware vorzuführen. Manchmal sind auch nicht alle gewünschten Waren am Lager, oder die Niedrigpreise sind Lockpreise. Niemals im ersten besten Laden kaufen, immer international gültige Garantiekarten verlangen!

Eine echte Sehenswürdigkeit sind die *rotchinesischen Warenhäuser*. In diesen Kaufhäusern wird alles angeboten, was in der VR China produziert wird. Die Auswahl ist wesentlich größer als in den *Freundschaftsläden* in China selbst; die Qualität ist gut und die Preise günstig.

Hier gibt es viele kleine Besonderheiten, etwa Päckchen grünen chinesischen Tees oder getrocknete Früchte aus der Lebensmittelabteilung. In den Abteilungen für Bekleidung findet man ein reichhaltiges Angebot an Seidenstoffen, Kimonos, Wäscheartikel oder schönen, wattierten Seidenjacken. Kinder freuen sich über das inzwischen auch in Europa ge-

Kaufhaus „The Chinese Merchandise Emporium"

schätzte Spielzeug, etwa Papierdrachen oder Spielzeugautos aus Blech.

In Hong Kong kennt man zwei Gruppen rotchinesischer Kaufhäuser: In den einen kann man *Konsumgüter* kaufen, die in erster Linie für den Alltagsgebrauch der Einwohner Hong Kongs gedacht sind. Diese Kaufhäuser heißen *Chinese Merchandise Emporium*. Eines davon befindet sich in 92-94, Queen's Rd., Central Hong Kong. Ein zweites, etwas größeres liegt in der Yee Wo St., kurz vor dem Victoria Park auf der linken Seite in Causeway Bay. Mehr für die Kundschaft aus Übersee sind die Kaufhäuser mit der Bezeichnung *Chinese Arts and Crafts* (CAC) in 24, Queen's Rd. Central oder 3, Salisbury Rd. (Star House), Kowloon oder 233, Nathan Rd., Kowloon. Hier hat man sich mehr auf kunstgewerbliche Artikel, Porzellan, Seide, Pelze, Teppiche, Möbel und Schmuck spezialisiert. Die Preise sind etwa gleich und insgesamt geringfügig höher als in den „Freundschaftsläden" in der VR China. Dafür ist die Auswahl erheblich größer. Gleiches gilt für Antiquitäten, die alle garantiert echt sind, allerdings nicht älter als 140 Jahre alt sein dürfen. Es gibt Festpreise, eine freundliche Bedienung (allein das ist in Hong Kong schon eine Sensation), Kreditkarten werden akzeptiert und die Waren gegen Aufpreis in alle Welt verschickt. Östl. der Nathan Rd. sowie zwischen der Queen's Rd. und Des Voeux Rd. in Central befindet sich in zwei schmalen Gassen (Li Yuen St. West und Li Yuen St. East) das absolute Kleider-Mekka.

Die dritte Besonderheit Hong Kongs sind die großen *Shopping Centres*, riesige, klimabelüftete Kaufanlagen, oft in Verbindung mit Hotels und Restaurants. Hier gibt es teure amerikanische, japanische oder europäische Qualitätsware, die in vielen hundert Einzelgeschäften angeboten wird: Schmuck, Möbel, Bekleidung, Parfums, Fotoartikel (etwas teurer als in der Gegend um die Nathan Rd.), Uhren und Antiquitäten.

***Einkaufszentren*:**

New World Centre mit über 250 Geschäften: Salisbury Rd., Tsim Sha Tsui;
Ocean Centre und *Ocean Terminal* direkt ne-

ben dem Star House in Tsim Sha Tsui, Kowloon.
The Landmark in Central, Hong Kong, Pedder St/.Des Voeux Rd.;
Lane Crawford: 70, Queen's Rd., Central, Hong Kong;
Daimaru (jap. Kaufhaus): Paterson St., Causeway Bay, Hong Kong;
Matsuzakaya (jap. Kaufhaus): Paterson St., Causeway Bay, Hong Kong;
Sogo (jap. Kaufhaus), 545 Hennessy Rd., Causeway Bay.
Wing On, 211, Des Voeux Rd., Central, Hong Kong.
Diamanten und *Schmuck* sind in Hong Kong oft billiger als woanders. Man sollte sich allerdings vor Fälschungen hüten. Über ein Verzeichnis seriöser Geschäfte verfügt die Diamond Importers Association, 1207 Central Building, Central, Hong Kong.
Ähnliches gilt für *Perlen*. Hierfür sollte man sich den „Shoppers Guide to Jewellery" von der Hong Kong-Tourist Association besorgen.
Kunstvolle *Elfenbein*-Schnitzereien haben sich v.a. in Hong Kong im Stil der chinesischen Tradition erhalten und zu einem eigenständigen Kunsthandwerkbereich entwickelt. Da hierfür die in Afrika geschützten Elefantenbestände gewildert werden, ist vom Kauf abzuraten. Beliebtere Souvenirs sind auch Schmuckgegenstände aus *Jade*: Kowloon Jade Factory, 40 Carnavon Rd., Chu's Jade Carvers, 1 a, Kimberley New St. oder der *Jademarkt* an der Temple St.
Wer chinesische *Möbel* kaufen möchte, kann das preiswerter als in den Shopping Centres direkt beim Hersteller in einem der kleinen Läden an der Hollywood Rd. Auch die Händler verschicken nach Europa (Mehrkosten für Fracht und Versicherung ca. 300 DM pro cbm). Sehr begehrt sind auch koreanische Schränke (Korean Chests) und japanische Möbel.
Echte *Antiquitäten* erwirbt man außer in den schon genannten *Chinese Arts and Crafts*-Geschäften in renommierten Fachgeschäften: Anschriften erfährt man aus dem „Shopping Guide".
Qualitätsuhren und *Markenschuhe* werden in Hong Kong preiswert angeboten. Jedoch ist Vorsicht bei Straßenkäufen geboten. Hierbei handelt es sich, ähnlich wie auch bei Boutiquenkleidung, um nachgemachte Produkte mit gefälschten Qualitätszeichen.
Foto- und *Filmmaterial* ist billiger als sonst in der Welt. Ebenfalls sehr preiswert und schnell ist die Entwicklung. Es ist nicht ratsam, seinen Vorrat aus Europa mitzubringen, zumal er durch die Radarkontrolle vieler asiatischer Flughäfen (auch in Hong Kong) beschädigt werden kann.
Hong Kong ist auf extreme Weise kommerzialisiert. Die Vielfalt der preisgünstigen Angebote kann manchen Besucher in einen regelrechten „Kaufrausch" versetzen und den Blick für diese interessante Gesellschaft versperren. Man sollte wirklich überlegen, ob es sich lohnt, die knappe und angesichts der Hotelpreise teure Zeit vollständig mit einer Hetzjagd nach preisgünstigen Konsumartikeln zu verbringen, um eventuell einige hundert DM zu „sparen", die man sonst gar nicht ausgegeben hätte.

Einreise
S. Anreise

Erste Hilfe
S. Gesundheit

Essen und Trinken
Wenn Sie ein Liebhaber exotischer Speisen sind, dann sind Sie in Hong Kong genau richtig. Hier gibt es sicherlich nicht nur die beste und reichhaltigste Küche Chinas, sondern wohl auch die größte Auswahl an Gerichten der verschiedenen asiatischen Länder.
Die Auswahlmöglichkeiten sind groß und die Aufenthaltsdauer in Hong Kong oft knapp bemessen; daher folgender Rat: Gehen Sie lieber seltener, dafür aber besser und kostspieliger essen. Verderben Sie sich nicht den Appetit oder, was in Hong Kong seltener ist als in anderen asiatischen Ländern, gar den Magen an den Imbißstuben auf der Straße.
Gehen Sie auch einmal auf kulinarische Entdeckungsreise außerhalb des Hotels. Chinesische Restaurants der Mittelklasse erkennt man an der farbenprächtigen Fassade.

Essen ist nicht nur Nahrungsaufnahme
Bevor man mit dem Essen beginnt, sollte man

einiges über die chinesische Küche und die Bedeutung der Nahrungszubereitung wissen. Die chinesische Küche hat einige Besonderheiten, die sie von allen anderen Küchen der Welt unterscheidet: der Gebrauch von *Eßstäbchen*, die zentrale Rolle von *Reis*, die Verwendung jeder im weitesten Sinne zur Speise geeigneten Pflanze und jedes Tieres sowie Zubereitung und magische Hintergründe der Speisenzusammensetzung.

Das oberste Prinzip des chinesischen Denkens ist die *Harmonie*. Die vielen Tiere und Pflanzen, die als Grundlage für eine Speise dienen, lassen sich nach der chinesischen Lehre von den *Fünf Elementen* und nach *Yin* und *Yang* in ihrer jeweiligen Symbolik klar einordnen.

Beispielsweise gehört die *Schlange* zur Gruppe von Yang (warm) und erzeugt beim Verzehrer Wärme. Deswegen wird v.a. in Südchina, im Winter Schlangenfleisch als Delikatesse und vorbeugende Medizin gegessen. Dies ist der Grund, warum auf dem südchinesischen Speisezettel viele Dinge stehen, die uns Europäern unbekannt sind: Katzenfleisch hilft gegen Gicht, Huhn gegen Bluthochdruck, der Skorpion soll bei Unruhe verzehrt werden. Horn seltener Tiere, zu Pulver verrieben, erhöht die Potenz; Elefantenrüssel, Bärentatzen, Hirn aus einem lebenden Affen herausgelöffelt sind in Hong Kong schon seltener zu bekommen. Haifischflossen- und Schildkrötensuppe dagegen, ebenso wie Schwalbennestersuppe, sind auch im Westen bekannt. Die Besucher aus dem Westen wissen aber meist nicht, daß dieser Speiseplan Resultat eines übergeordneten philosophischen Systems ist. Man braucht als Besucher auch keine Befürchtungen zu haben, irrtümlich eine Schlangensuppe oder einen gebackenen Hund vorgesetzt zu bekommen. Diese Speisen gibt es nur in Speziallokalen, und man würde bei einer Bestellung den „fremden Barbaren" darauf aufmerksam machen.

Aber die Ableitung aus der Elementenlehre und das Ziel, auch mit dem Speiseplan die Harmonie zu fördern, gilt auch für ganz normale Speisen. Ein ausgewogenes Gericht sollte aus der gleichgewichtigen Verteilung von „kalten" (Yin) und „heißen" (Yang), süßen und sauren, milden und scharfen Speisen bestehen. Alle Speisebestandteile werden frisch eingekauft und vom Koch zerkleinert in verschiedenen Behältern aufbewahrt. Außer Reis wird nichts auf „Vorrat" gekocht. Jeder Bestellung folgt eine spezielle Zubereitung. Die vom Koch blitzschnell in den stark erhitzten Rundtopf (*Wok*) geworfenen Zutaten, werden in wenigen Minuten gedämpft oder kurz angebraten, hin- und hergerührt und dann dem Gast frisch serviert. Alle Nährstoffe bleiben so erhalten.

Reis
t'ao und *mi* 稻 米

Eine weitere Besonderheit der chinesischen Küche – wie des gesamten südostasiatischen Raumes – ist die Bedeutung von *Reis* als Grundnahrungsmittel. Reis gedeiht nur, wenn viel Wasser vorhanden ist. Die Niederschläge des Monsuns, die Flußtalkultur und die hohe Bevölkerungsdichte Chinas erfüllen diese Voraussetzungen gut. Reis war bis in unser Jahrhundert hinein für Millionen von Chinesen (und andere Asiaten) das Grundnahrungsmittel, Gemüse oder gar Fleisch war meist unerschwinglich. Immer wieder haben Armut, Seuchen, Trockenheit oder Überschwemmungen zu großen Hungersnöten geführt. Auch darin liegt eine Ursache, daß jede nur erdenkliche Pflanze oder nahezu jedes Tier auch der Nahrung dient. Reis hat dadurch eine solche zentrale Bedeutung erlangt, daß in Hochchinesisch das Wort „Reis" mit „Essen" gleichgesetzt wird. Reis heißt *fan*; *tsaufan*, *wufan*, *wanfan* meint danach frühstücken, mittagessen und abendessen. *Tsche fan le ma* (sik tzo fan mei) ist eine alte Begrüßung und meint: „Haben Sie heute schon gegessen?" Um so mehr ist ein chinesisches Essen ein Erlebnis, v.a. wenn es in einer Gruppe stattfindet. Die Tische in den Restaurants können schnell für Gruppen von 4-10 Personen Größe hergerichtet werden. Das hat auch den Vorteil, daß man so viele Gerichte wie es Personen gibt, bestellen kann und jeder die Chance hat, viele neue Speisen auszuprobieren. In guten Restaurants erhält man vorher ein kampfergetränktes Tuch, um sich Gesicht und Hände zur Erfrischung abzureiben, eine Wohltat in der feuchten Hitze.

Restaurant 飯店

Nun kommt der *Tee*; er wird kostenlos serviert. Wenn die Kanne leer ist, hebt man einfach den Deckel ab, das ist ein Zeichen für den Kellner, neues Wasser nachzugießen.
Inzwischen hat der Kellner den Tisch mit vielen kleinen Schüsseln gedeckt. Jeder hat eine kleine runde Schale vor sich stehen, die er mit Reis füllen kann. Nun werden die verschiedenen Gerichte in Schüsseln hereingebracht und auf eine Drehscheibe in die Tischmitte gestellt. Man nimmt sich nun von den Köstlichkeiten mit einem Löffel oder auch den Eßstäbchen heraus, führt es kurz zu seiner Reisschale und dann erst zum Mund.

Hier gibt es keine strengen Tischsitten, noch nicht einmal eine feste Reihenfolge der Speisen. Süßigkeiten und Suppe kommen meist zuletzt. Wenn man besonders höflich sein möchte, legt man seinen Gästen zu Beginn die besten Stücke auf die Schale.
Je mehr Essensreste und Flecken auf dem Tischtuch sind, desto besser hat es dem Gast geschmeckt. Auch Schlürfen, Rülpsen und Zigarettenrauchen sind nicht ungewöhnlich bei chinesischen Mahlzeiten.

Der Gebrauch chinesischer Eßstäbchen
Keiner weiß genau, wann und wodurch der Brauch, mit Stäbchen zuvor zerkleinerte Speisen zu essen, entstanden ist. Vermutlich hat es damit zu tun, daß man dadurch Besteck, das ja früher selten und teuer war, einspart und daß es für die Art, wie Chinesen ihre schnell zubereiteten Speisen aufbereiten und essen, Besteck gar nicht notwendig ist. Nur für Süßspeisen und Suppen hält man Porzellanlöffel bereit. In den von Europäern besuchten Restaurants gibt es selbstverständlich auf Wunsch Besteck. Der Gebrauch der Eßstäbchen (engl.: chopsticks, cant.: faai tjee) ist relativ einfach und schnell zu lernen. Ein Text aus der Broschüre der Hong Kong-Tourist Association gibt hierzu eine Hilfestellung.

Nur durch Übung können Sie ihre eigene Art finden, die Stäbchen zu handhaben, und wenn Sie eine Erdnuß aufheben und zum Mund führen können, ohne daß sie Ihnen wegrutscht – dann sind Sie Experte und auf jedes Abenteuer vorbereitet!

Stäbchen werden paarweise benutzt und können in der linken oder rechten Hand gehalten werden. Halten Sie die Stäbchen mit den schmalen Enden in Richtung der Speise und den zwei Spitzen zusammen. Lernen Sie in den folgenden drei einfachen Schritten mit den Stäbchen umzugehen:

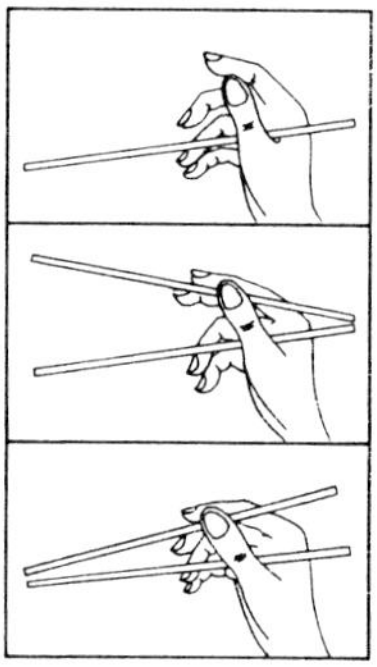

Halten Sie ein Stäbchen fest zwischen dem Daumengelenk und der Spitze des Ringfingers.

Dann nehmen Sie das zweite zwischen die Daumenspitze und die Spitzen der Zeige- und Mittelfinger.

Das untere Stäbchen bleibt unbeweglich, während Sie das obere zangenartig bewegen, um so den Bissen festzuhalten.

Wenn man „unterwegs" zuviel von den Speisen verliert, so kann man die Reisschale auch in eine Hand nehmen und mit beiden Stäbchen direkt in den Mund schaufeln. Die Chinesen machen das auch so, wenn sie es eilig haben.

Getränke 茶

Der *Tee* (cant.: tscha) ist das beste Getränk zum chinesischen Essen und in jeder Jahreszeit wohltuend für den Körper.
Chinesischer Tee hat nichts mit unserer „Teebeutel-Kultur" gemeinsam. Es gibt Hunderte von Teesorten; das allein war für die Briten Grund genug, den Opiumkrieg zu beginnen.
Die vielen Teesorten kann man grob gesehen in drei Gruppen einteilen: grüner unfermentierter, schwarzer fermentierter und halbfermentierter Tee. Der Tee wird nur pur getrunken, nie mit Zucker oder Milch vermischt.
Tee ist das beste Getränk, um in der feuchten Hitze den Flüssigkeitshaushalt zu regulieren. An ihren Arbeitsplätzen haben die Chinesen eine Henkeltasse mit einem Deckel. In ihr befinden sich einige Teeblätter. Wenige Minuten, nachdem man heißes Wasser zugegossen hat, sinken die Blätter zu Boden, und nun kann man den Tee trinken. Ist der Becher ausgetrunken, wird neues Wasser nachgeschenkt.
Selbstverständlich gibt es in den Restaurants

und sonst überall auch andere Getränke, bspw. gute europäische und chinesische Biere. Unter Hong Kong-Chinesen hat es sich in den letzten Jahren eingebürgert, bei Festessen teuren französischen Cognac wie Wasser zu konsumieren. Hong Kong hat inzwischen den höchsten Pro-Kopf-Verbrauch an exklusivem französischen Cognac der Welt.
Trotzdem sollte man beim Tee bleiben; er ist kostenlos, schmeckt gut und ist das beste für die veränderten klimatischen Bedingungen. Wenn man sich genauer damit befassen möchte: In den vielen Teeläden und v.a. im *Luk Yu Tea House*, 26-24 Stanley St. (parallel zur Queen's Rd.), Central, Tel. 5-235 463, kann man ihn probieren. Da das ein reines cantonesisches Tee- und Dim Sum-Haus ist, darf man keine besonderen Freundlichkeiten Gwailos (Fremden) gegenüber erwarten. Weiter im Westen der Queen's Rd. gibt es noch das *Hing Wai*. Hier treffen sich die chinesischen Männer, nachdem sie frühmorgens im Park Tai Chi geübt haben. Die Besonderheit am Hing Wai ist, daß man dorthin seine Vögel im Käfig mitnehmen kann, die vorher im Park „ausgeführt" worden sind.

Die Küche der chinesischen Regionen

Unter gastronomischen Gesichtspunkten kann man China in vier Hauptregionen aufteilen: Die Südprovinz *Canton* (Guandong, Kwantung), *Peking, Shanghai* und *Szechuan*.

Die kulinarischen Regionen Chinas

Die anderen Küchen von *Fukien, Chiu-Chow, Hakka* und der nationalen Minderheiten werden hier vernachlässigt. Jede der Küchen ist von den geographischen und klimatischen Bedingungen, wie auch von der chinesischen Kultur überhaupt geprägt. In den kühlen Steppen des Nordens wird statt Reis Getreide angebaut. Deswegen stehen Yang-orientierte, also „heiße" Gerichte dort öfter auf dem Speiseplan.

Innerhalb Chinas ist die cantonesische Küche allerdings etwas Besonderes, wie folgender Segensspruch verrät:

生在蘇州
住在杭州
食在廣州
死在柳州

Es ist ein Segen
in Soo-chow geboren zu sein
in Han-chow zu leben
in Kwong-chow zu essen
und in Liu-chow zu sterben.

Soo-Chows Frauen sind die schönsten im Lande; in Hang-Chow möchte man gerne leben; in Liu-chow möchte man gerne sterben, weil es dort das beste Holz für Särge gibt, in Kwong-chow (andere Schreibweise für Canton) möchte man wegen der köstlichen Speisen gerne die Mahlzeiten einnehmen.

Die cantonesische Küche

Die Küche der Provinz Canton ist in Hong Kong am stärksten vertreten und daher auch am preiswertesten. Da die Provinz Canton im warmen Süden Chinas liegt, müssen die Speisen nicht so viel „Wärme" (Yang) haben, wie weiter oben im kühleren Norden. So kommt es, daß die cantonesischen Gerichte alle weniger fett und weniger scharf gewürzt sind als nordchinesische Speisen. Das ist der wesentliche Grund, warum die cantonesische Küche für den Besucher aus dem Westen besonders bekömmlich und gut verträglich ist. Die milden Speisen sind auch kaum gesalzen und werden meist mit Knoblauch und Ingwer verfeinert.

Eigentlich sind die chinesischen Gerichte, die wir in Europa aus den China-Restaurants kennen, auch cantonesischen Ursprungs. Doch hier macht man meistens viele Konzessionen an den europäischen Geschmack und bereitet vieles aus Dosen zu.

In Hong Kong hat man Gelegenheit, die chinesisch-cantonesische Küche in Reinkultur kennenzulernen. Spezialitäten der cantonesischen Küche sind:

in schräge Scheiben geschabtes *Rindfleisch* in einer *Austernsoße*, angedünstet mit Knoblauch und Ingwer abgeschmeckt (Sliced Beef with Oyster-Sauce). *Schweinefleisch, Fisch* oder *Krabben* in *süß-saurer Soße* (Sweet and Sour Sauce), *Schwalbennestersuppe* (Bird's Nest Soup). Die Grundlage hierfür sind gesäuberte Schwalbennester, die man auskocht und den Speichel für die Suppe aufbereitet. Weitere Köstlichkeiten der cantonesischen Küche sind gebratene *Tauben*, *Fisch-* und *Austerngerichte* sowie verschiedene frische, meist kohlartige *Gemüse*. Teuer und nicht immer nach europäischem Geschmack sind die sog. *100jährigen Eier* oder unter dem Namen *Abalonen* bekannte Tiefseemuscheln.

Cantonesische Gerichte kann man in Hong Kong überall erhalten. Jedes der großen Hotels und Restaurants führt die gängigen Speisen. Empfehlenswert ist die verbreitete Restaurantkette *Jade Garden* oder *Peking Garden* mit Niederlassungen im *Star House* (Kowloon) und der *City Hall* (Central).

Zu den zehn besten Restaurants der Welt zählt das *Yun Kee*, 32 Wellington St. (2. Parallelstr. über der Queen's Rd.), Central.

Die Hong Kong-Tourist Association in Frankfurt verschickt kostenlos einen deutschsprachigen Prospekt über die „Chinesische Küche". Spezielle Restaurant-Führer gibt es in den Buchläden von Hong Kong; außerdem hilft das Personal in den Hotels gerne weiter.

Dim Sum 点心

Dim Sum („Berühr das Herz"; „Kleines Herz") ist die cantonesische Art des Snack-Imbisses, die im übrigen China wie auch in den meisten China-Restaurants Europas unbekannt ist. Dim Sum-Zeit ist von frühmorgens bis etwa 14 h, man kann es also in spezialisierten Lokalen als Frühstück und Mittagessen erhalten.

Dim Sum meint eine Fülle von kleinen Leckerbissen, wie z.B. *Teigklößchen* mit Hackfleisch gefüllt, *Frühlingsrollen* (die eher eine vietnamesische Spezialität sind), *Pasteten*, kleingehackte *Schweinefleischstücke*, geschmorte *Hühnerfüße* und verschiedene *Süßspeisen*. Das besondere beim Dim Sum ist, daß man die auf einem Servierwagen an den Tischen vorbeigeführten Speisen sich ansehen und individuell bestellen kann. Man zahlt nur das, was man bestellt und verzehrt hat. Jede Portion (Bambuskörbchen) kostet etwa 2-4 DM. Dazu gibt es kostenlos Tee soviel man will.

Schon die Atmosphäre in einem Dim Sum-Restaurant ist einmalig. Zu Stoßzeiten halten sich dort Hunderte von Besuchern auf. Lassen Sie sich ein Dim Sum-Lokal in der Nähe Ihrer Unterkunft empfehlen oder besorgen Sie sich von der Hong Kong-Tourist Association die Broschüre über Dim Sum. In dieser Broschüre ist folgende Übersicht der wichtigsten Dim Sum-Speisen enthalten. (s. S.356)

Die Peking-Küche

Peking liegt über 2.300 km nördl. von Canton. Da es dort wesentlich kälter ist, haben die Speisen der Peking-Küche mehr „Wärme" (Yang). Es sind meistens schwere Gerichte mit viel Fett und scharfen Gewürzen, auch wird häufig Brot oder Nudeln statt Reis verwendet.

Viele Gerichte stammen ursprünglich von Festmahlzeiten des kaiserlichen Hofes ab. Die bekanntesten Gerichte sind die *Peking-Ente*, das *Bettler-Huhn* und das *Mongolische Fondue*.

Die *Peking-Ente* (Peking Duck) ist, wenn sie richtig gemacht wird, speziell gemästet und von Hand gerupft. Dann wird die Haut mit Honig bestrichen, die Ente an der Luft getrocknet und schließlich goldgelb gebraten. In guten Restaurants serviert der Koch persönlich die Ente in drei Speisegängen. Zunächst erhält der Gast die zurechtgeschnittenen Teile der Haut, die er mit Mus und Schalottenstangen in ein Fladenbrot einwickelt. Nachdem er das gegessen hat, wird ihm das Fleisch der Ente

Eine kurze Übersicht über die bekanntesten "Dim Sum" Gerichte:

AUF CHINESISCH	ROMANISIERT	BESCHREIBUNG
淡水鮮蝦餃	Har Gau	Scampi-Klösschen
蟹黃乾蒸賣	Siu Mai	Fleisch-Klösschen
豉汁蒸排骨	Pai Guat	Gedämpfte Schweinsrippchen
乾蒸牛肉賣	Nau Yuk Mai	Gedämpfte Rindfleischbälle
雞絲蒸粉卷	Tsing Fan Kün	Gedämpfte Frühlingsrollen mit Huhnfüllung
香菰雞飽仔	Kai Bau Tsai	Gedämpfte Brötchen mit Huhnfüllung
蠔油叉燒飽	Tsa Schiu Bau	Gedämpfte Brötchen mit Füllung aus gegrilltem Schweinefleisch
荷葉蒸牛肉	Tsing Gau Juk	Rindfleischbälle in Lotusblättern gedämpft
炸雞絲春卷	Tsa Tsan Kün	Gebratene Frühlingsrollen
蜂巢香芋角	Wo Kok	Kroketten aus Taro und Gemüse
軟滑咸水角	Ham Sui Kok	Gebratene Klösschen
鳳城蒸粉果	Fan Gor	Gedämpfte Klösschen gefüllt mit Scampi und Gemüse
千層雞蛋撻	Daan Tart	Setzei-Törtchen
炸馬蹄糕條	Ma Tai Go	Kroketten aus Wasserkastanien
欖仁馬拉糕	Ma Lai Go	Leichter, gedämpfter Kuchen
蛋黃蔴蓉飽	Ma Jung Bau	Gedämpfte Sesambrötchen
鮮奶椰汁糕	Jeh Tsap Go	Kokosnusspudding
雪耳水晶餃	Schui Tsing Gau	Süsse Klösschen aus weissem Fungus
蛋黃千層糕	Tsin Tsan Go	Süsser Blätterteigkuchen mit Eigelbfüllung
爽滑蔗汁糕	Tse Tsap Go	Röllchen aus Zuckerrohrsaft

serviert und schließlich, als dritten Speisegang, fertigt der Koch mit den Knochen der Ente eine Suppe. Die Peking-Ente ist jedoch nicht jedermanns Geschmack, da sie oft sehr fett ist.

Mehr nach dem Geschmack der Europäer ist das *Bettler-Huhn* (Beggar's Chicken). Nach einer Überlieferung hatte ein Bettler im 18.Jh. ein Huhn gestohlen; da er keine Kochgeräte besaß, erfand er eine unkonventionelle Methode der Zubereitung. Er wickelte das Huhn in Lotosblätter und umhüllte es dann mit Schlamm, um es in der Glut zu garen. Das ist die Grundlage für die heutige Zubereitung, wobei das Innere des Huhns mit Köstlichkeiten wie frischen Pilzen, jungem Kohl, Zwiebeln und Gewürzen verfeinert ist.

Peking-Ente und Bettler-Huhn kann man in guter Qualität in den *Jade-Garden*- oder *Peking-Garden*-Restaurants erhalten.

Eine weitere Spezialität aus dem Norden ist eine Art Eintopf oder Fondue, der nach den Mongolen benannte *Mongolian Hot Pot*; in Malaysia und Singapore heißt es auch Steamboat. Mit einem speziellen Kochgerät am Tisch werden Stücke aus Fleisch, Fisch oder Gemüse kurz in das kochende Wasser getaucht und dann in veschiedene Soßen getunkt. Alles schmeckt sehr gut, die zurückgebliebene Brühe ergibt eine Suppe. Eine Variante dieses Winteressens ist der *Mongolenbraten*: Statt in kochendes Wasser werden die Teile auf einer heißen Pfanne kurz angebraten. Zu diesen mongolischen Gerichten werden Nudeln und Teigwaren serviert.

Den Mongolischen Eintopf erhält man in Speziallokalen:

Peking (Tung Hsing Lau), 144, Gloucester Rd., Central.

Hoover Sky, 66 Yee Wo St., Causeway Bay, Hong Kong;

North China, 7, Hart Av., Tsim Sha Tsui.

Die Shanghai-Küche

Shanghai liegt über 1.800 km nördl. von Hong Kong. Nach dem Harmonieprinzip der chinesischen Weltanschauung müssen die Spei-

sen deswegen mehr „Wärme" enthalten. Auch wächst der Reis dort oben nicht mehr so gut wie im tropisch-feuchten Süden. So sind die Gerichte der Shanghai-Küche fetter, mehliger (Nudelgerichte) und süßlich-scharf. Spezialitäten sind das *Betrunkene Huhn* (in Reiswein gekocht), süßsaure *Karpfen*, *Rindfleisch* mit gebratenem *Bohnenquark*, *Süßwasserkrabben*, gedämpfte *Klöße* und *Meeresgurken*. Shanghai-Gerichte gibt es in:
Shanghai, 15, Pratt Av., Tsim Sha Tsui;
Four Five Six, 340 King's Rd., North Point, Hong Kong;
Four Five Six, 3, Pilkem St., Kowloon.

Die Szechuan-Küche

Die Szechuan-Küche gilt als die schärfste Küche Chinas und ist ein großer Kontrast zu den milden Speisen der Cantonesen. Man benutzt mehr Nudeln und gedämpftes Brot als Reis. Neben Knoblauch wird v.a. Chilipfeffer zum Würzen gebraucht. Zu den Spezialitäten gehört neben *süß-saurem Fisch* (Sweet and Sour Fish), ein *gebratenes Huhn* (Szechuan Fried Chicken) und die *geräucherte Ente*, die mit Pfeffer, Ingwer, Zimt, Orangenschalen und Koreander gewürzt ist.
Bekannte Restaurants in Hong Kong sind:
Sichuan Restaurant, Gloucester Tower, Des Voeux Rd., Central;
Pep'n Chili, 12, Blue Pool Rd., Shop F (Erdgeschoß), Happy Valley, Hong Kong;
Cleveland, Food Street, Causeway Bay, Hong Kong;
Christal Palace, 16, Cameron Rd., Tsim Sha Tsui.

Internationale Gastronomie

Über die Gerichte der verschiedenen Regionen Chinas hinaus hat Hong Kong aber auch das reichhaltige Angebot an asiatischer Küche, wie z.B. Spezialrestaurants mit japanischer, koreanischer, indischer, indonesischer, malayischer, philippinischer und thailändischer Küche. Weiterhin beherbergt Hong Kong auch eine Reihe guter westlich-europäischer Restaurants der englischen, französischen, italienischen und deutsch-schweizerischen Küche. Die Buchhandlungen in Hong Kong bieten hierzu einige Broschüren („Eating Out in Hong Kong") preiswert an.

Abschließend noch einige Hinweise:

Vegetarische Restaurants:
Wishful Cottage Vegetarian Restaurant, 336-34, Lockard Rd., Wanchai, Hong Kong Island.
Deutsch-Schweizerische Küche
Delicatessen Corner, Untergeschoß des Holiday Inn, Nathan Rd., Kowloon.
The Chesa, 1. Stock des Peninsula Hotels, Tsim Sha Tsui, Kowloon.
Italienisch
La Taverna, 36-38, Ashley Rd., Kowloon;
Tivoli Ristorante Italiano, 130 Austin Rd., Kowloon.
Seasons, 17, On Lane St., G/F, Central, Hong Kong Island, Vegetarische Küche (früher: Nuts), Tel. 5-68 429.
The Godown Restaurant, Club St., Sutherland House, Basement, europäische Gerichte, Life-Jazz, Tel. 5-22 16 08.
MadDogs, 33, Wyndham St., Central, Hong Kong Island, typisch englischer Pub, Life-Folk-Music, Tel. 5-252 383.
Rick's Café, 4, Hart Avenue, Tsim Sha Tsui, Kowloon, Jazz, Jazz-Rock.
1997, 9, Lan Kwai Fong St., Central, Hong Kong Island, Nouvelle Cousine mit Gemäldeausstellungen, Tel. 5-260 30 34.
Mozart Stub'n, 8, Glenealy, G/F, Central, Hong Kong Island, österreichisches Restaurant und Weinstube, Tel. 5-221 763.
Schnurrbart, deutsche Kneipe mit deutschen Bieren, 29, D'Aguilar St., G/F, Central, Hong Kong Island, Tel. 5-234 700; und 6-6A, Hart Avenue, Tsim Sha Tsui, Kowloon, Tel. 3-723 98 27.
Hardy's, 35 D'Aguilar St., G/F, Central, Hong Kong Island, Tel. 5-22 44 48.
Harry's Bar, 8, Pratt Av., Tsim Sha Tsui.
Biergarten, 8 Hanoi Rd., Tsim Sha Tsui, Tel. 3-72 12 302.
Drehrestaurant Hopewell-Tower
Im obersten Stockwerk des Hopewell-Towers, Queen's Rd., East, Wanchai, befindet sich ein drehbares Restaurant (Revolving Restaurant). Mittags kann man ein gutes chinesisch-asiatisches Buffet für etwa DM 50 pro Person erhalten (von 11–2 h geöffnet, Tel. 5 28 62 31).
Hinter dem Excelsior-Hotel (Wanchai) liegt die *Food-Street*, die ein großes Angebot an asiati

scher und westlicher Küche hat. Billig und für die Gesundheit nicht nachträglich essen kann man in Hong Kong sonst überall, auch auf den *Märkten*:

Poor Man's Nightclub, an den Chunking Mansions (Nathan Rd.) oder an den vielen *Food-Stalls* an der Straße. Es mag sicherlich nicht so sauber aussehen und nicht so köstlich schmecken wie in guten Restaurants, doch es ist preiswert und geht i.d.R. auch hygienisch zu.

Neben den chinesisch orientierten Schnellimbiß-Ketten wie *Maxims* u.a. findet man in den Ballungsgebieten von Central und Kowloon natürlich auch westliche Imbißketten wie *McDonalds, Burger King* und *Donuts*. Schmackhaft und hygienisch sind die *Eiscreme*-Spezialitäten der Eisläden von *Dairy-Farm* u.a.

Preise
Frühstück: 10-15 DM
Mittagessen: 15-25 DM
Abendessen: 15-25 DM
Speist man dort, wo sich nur Chinesen aufhalten, wird es billiger; geht man häufig in internationale Restaurants, wird es entsprechend teurer.

Fähren

S. Verkehrsmittel

Flugverbindungen

In der *South China Morning Post* kann man tgl. lesen, welche Maschinen der internationalen Fluggesellschaften tgl. wohin bzw. woher starten oder landen. Telefonnummern der internationalen Flugbüros findet man im Telefonbuch. Weitere Informationen s. Abreise.

Freizeitmöglichkeiten

Hong Kong bietet nahezu alle Freizeit- und Sportmöglichkeiten der westlichen und östlichen Kultur. Obwohl vieles in privaten Clubs stattfindet, kann man oft als westlicher Besucher daran teilnehmen. Hierüber und v.a. über die Besonderheiten wie *Tai Chi Chuan, Kung Fu, Pferderennen, Wandern* sowie Akupunktur und Akupressur informieren die Hotels bzw. spezielle Prospekte der Hong Kong-Tourist Association: „Associations and Societies in Hong Kong".

Fundbüro

Wenn man etwas in den öffentlichen Verkehrsmitteln verloren hat, sollte man sich über die Direktion dieser Gesellschaft an das jeweilige Fundbüro wenden (Lost and Found, Lost Property Office). Ansonsten sind die lokalen Polizeidienststellen zuständig.

Geschäftszeiten

Europäisch orientierte Geschäfte und Kaufhäuser haben geöffnet tgl. 9-18 h (auch Sa, nicht So). Die speziell für Touristen ausgerichteten Läden v.a. in Kowloon (Fotoartikel, Elektronik), aber auch chinesische Gemischtwarenläden haben abends oft bis 22 h und zuweilen auch So geöffnet.

Behörden und Dienststellen öffnen meist gegen 9 h und schließen gegen 16 oder 17 h (Sa 12-13 h), Konsulate haben meist nur vormittags 9-12 auf.

Gesundheit

Hong Kong, Macao und die VR China sind in gesundheitlicher Hinsicht unbedenklich. Man sollte sich bei seiner Krankenversicherung erkundigen, inwieweit der Versicherungsschutz dort gilt bzw. eine spezielle Reiseversicherung abschließen.

Impfungen sind für Hong Kong, Macao und China nicht notwendig, ebensowenig Malariaprophylaxe. Falls man aber noch andere Reiseziele in Asien besucht, sollte man sich vorher beim Gesundheitsamt erkundigen, welche Vorsorge zu treffen ist. Auf jeden Fall ist es wichtig, Vorsorge für Durchfallerkrankungen und Magenverstimmungen zu treffen.

Falls man ärztliche Hilfe benötigt, kann man sich in einem der vielen Krankenhäuser von einem niedergelassenen Arzt behandeln lassen. Es gibt auch deutschsprachige Ärzte in Hong Kong. Zur Krankenbehandlung gehört auch die Medikamentenvergabe. Im Bedarfsfalle hilft das Hotel oder das Generalkonsulat weiter.

Ein Großteil der bei uns rezeptpflichtigen *Medikamente* ist in Hong Kong rezeptfrei in Drogerien erhältlich (nach *Watson's The Chemist* fragen).

Das *Trinkwasser* wird durch starke Chlorierung einwandfrei. In den Hotels stellt man den

Gästen kostenlos abgekochtes Wasser zur Verfügung.

Hotels

Die Hotels in Hong Kong gehören preislich und ausstattungsmäßig zu den teuersten und besten der Welt. Da knapp 90% der Zimmer ständig belegt sind, empfiehlt sich eine Reservierung vor Antritt der Reise. Hotelbeschreibungen erhält man von der Hong Kong-Tourist Association in Frankfurt.

Echte „Billigunterkünfte" wie in anderen asiatischen Ländern gibt es in Hong Kong nur sehr wenige. Zentral gelegen sind die vielen kleinen, von Familien betriebenen *Guest Houses* im *Chungking House*. Dieses riesige, 16stökkige Gebäude liegt in Kowloon, 36-44 Nathan Rd., Chungking Arcade, 10 Min. Fußweg von der Kowloon-Seite der Star Ferry aus, mitten im Einkaufsparadies von Hong Kong.

Der Besucher findet eine Menge Hinweisschilder auf die etwa 15-20 Guest Houses. Sie verfügen i.d.R. über 5-50 Betten, oft Schlafsäle oder verschlagartige Zimmer ohne jeden Komfort. Die Preise für ein Bett im *dormitory* liegen bei 10-15 DM. Ein einfaches Einzelzimmer kostet je nach Saison und „Verhandlungsergebnis" um die 40 DM. In der Vergangenheit hat es mehrfach in den Chungking Mansions gebrannt, es kam auch zu Todesfällen. Hierbei wurde deutlich, daß die Brandschutz-Bestimmungen vielfach mißachtet worden sind.

Andere preiswerte Unterkünfte, wie z.B. die vier *Y.M.C.A.-Häuser*, sind durchaus Hotels und nicht mit unseren Jugendherbergen zu vergleichen. Deren Preise rangieren vom Schlafplatz im Schlafsaal (*dormitory*) ab ca. 10 DM bis DZ 25 DM ohne Air Condition und Waschgelegenheit bis hin zu Räumen für eine gesamte Familie mit allem notwendigen Komfort.

Das Y.M.C.A. in der Salisbury Rd., Tel. 3-69 22 11, hat 130 Räume und liegt zentral neben dem teuersten Hotel, dem *Peninsula* mit wunderbarem Blick auf die Hong Kong-Insel.

Weitere Y.M.C.A.s: 1, Macdonnel Rd, Hong Kong Island, Tel. 5-22 31 01; 5, Man Fuk Rd., Waterloo Hill, Kowloon, Tel. 3-71 39 211; 23, Waterloo Rd., Kowloon, Tel. 3-31 91 11.

Auskünfte, auch über die Jugendherbergen in den *New Territories* und auf *Lantau,* gibt: Hong Kong Youth Hostel Association, B Block, 12th Floor, Watson's Estate, North Point, Hong Kong, Tel. 5-70 09 85.

Preise:

EZ, billige Unterkunft: 30-60 DM;
EZ, Mittelklasse: 70-100 DM;
EZ, Spitzenklasse: 100-300 DM.

Zum Zimmerpreis kommen noch 10% Service und 4% Steuern hinzu.

請送我到白天鵝賓館
Please drive me to

白天鵝賓館
WHITE SWAN HOTEL
中國 廣州 沙面南街一號
SHAMIAN ISLAND
GUANGZHOU CHINA
電話 TEL: 886968
電報掛號 CABLE: 8888
電傳號碼 TELEX: 44688WSH CN
傳眞號碼 FAX: 861188

TOURIST INFORMATION

Informationen

Informationsmaterial über Hong Kong verschickt:

Hong Kong-Tourist Association, Wiesenau 1, 6000 Frankfurt/M. 1, Tel. 069/72 28 41/42.

Von hier aus kann man schon vor der Abreise mehrere gute deutschsprachige Informationsblätter über Exkursionen, Küche, Kunstgewerbe, Festtage, Museen, Ausflüge und Hotelunterkunft beziehen.

In Hong Kong:
Hong Kong Flughafen (Buffer Hall).
Kowloon, an der Star Ferry (Fähranlegestelle), Tsim Sha Tsui, East, Empire Centre.
Hong Kong Island, Central, im 35. Stock des Connaught Centres, Tel. 5-24 41 91 und 3-722 55 55 (Mo-Fr 8-18 h, Sa 8-13 h).
Government Publications Centre im Hauptpostgebäude (General Post Office); beide Einrichtungen liegen in der Nähe der Star Ferry, Hong Kong-Side.
Telefonische Informationen erhält man unter der Rufnummer 3-67 11 11.
Reichhaltiges Informationsmaterial erhält man in den Buchhandlungen der *South China Morning Post*, die sich im *Star Ferry-Concorse* (Hong Kong Seite), *Furama Hotel* (Hong Kong, Central) und im *Ocean Centre* (Tsim Sha Tsui, Kowloon) befinden.
Hier gibt es Straßenpläne (empfehlenswert: Hong Kong Streets and Places, The Official Guide, 2 Bde.) und Bücher, die verschiedene Aspekte Hong Kongs, Chinas und Asiens behandeln.

Deutschsprachige Einrichtungen in Hong Kong

Deutsches Generalkonsulat
United Centre, 21. Floor, 95, Queen's Way, Central, Tel. 5-27 00 88, Mo-Fr 9-12 h. Auch zuständig für Macao und Taiwan.
Das US-amerikanische Konsulat in Canton (Dong Fang Hotel) hilft auch Europäern, die sich in Südchina aufhalten.
Schweizer Konsulat
Gloucester Tower, Raum 3703, 11 Pedder St., Central, Hong Kong, Tel. 5-22 71 47, Mo-Fr 9.30-12 h, 14-16 h.
Österreichisches Konsulat
Wang Kee Building, Raum 2201, 34-37, Connaught Rd., Central, Hong Kong, Tel. 5-22 80 86, Mo-Fr 9-12 h.
Goethe-Institut
Hong Kong Arts Centre, 14. Stock, 2, Harbour Rd., Wanchai, Hong Kong, Tel. 5-27 00 88.
German-Swiss International School
11, Guilford Rd., The Peak, Hong Kong, Tel. 5-84 96 216.
Evangelische deutschsprachige Kirchengemeinde
16, Shouson Hill Rd., The Peak, Hong Kong, Tel. 5-53 03 21.
Katholischer deutscher Priester
47, Sheung Fung St., Kowloon, Tel. 3-204 352.

Krankenhäuser

S. Gesundheit

Kultur

Die Kulturszene in Hong Kong, ursprünglich sehr dürftig, verbessert sich ständig. Über Theater, Konzerte, Galerien, aktuelle Festivals informiert die Hong Kong-Tourist Association oder das Hotel.
Höhepunkte: *Hong Kong Arts Festival* (Jan. und Febr.) mit westlichen und östlichen Angeboten.
Festival of Asian Arts mit Gruppen aus der VR China (Peking-Oper), Indien, Japan, dem pazifischen Raum, Tel. 5-22 99 26. Mehrere *Filmfestivals* verschiedener Nationen.
Die Veranstaltungen werden meistens in der *Stadthalle* (City Hall), Central, Hong Kong, direkt an der Star Ferry (Tel. 5-22 99 28), oder dem *Hong Kong Arts Centre*, Wanchai, Hong Kong, Tel. 5-28 06 26, angeboten; im gleichen Hause befindet sich auch das *Goethe-Institut*. In der Nähe Hong Kong Academy of Performing Arts, 1, Gloucester Rd. (gegenüber Arts Centre), Wanchai, Hong Kong Island, Tel. 5-823 15 00.
Daneben gibt es in Hong Kong als typischem Schnittpunkt von östlicher und westlicher Kultur noch mehrere westliche (englische) und v.a. chinesische *Theatergruppen*, ein *Philharmonisches Orchester* (westlich), und ein *Chinesisches Orchester*.
Weiterhin gibt es *Löwentänze, Puppenspiele, Akrobatik, cantonesische* oder *Peking-Oper, Kung Fu*-Aufführungen, klassische und populäre chinesische *Musik* und v.m.
Auskünfte hierüber erteilen neben den genannten Stellen auch die Büros der *Hong Kong-Tourist Association*. Eine Folklore-Veranstaltung wird regelmäßig von der Hong Kong-Tourist Association durchgeführt: Mi 18 h, Eingangshalle Ocean Centre, und Sa bei gutem Wetter vor der City Hall, nahe Star Ferry, Central, Hong Kong.
Im Vergnügungspark *Lai Chi Kok* (New Kowloon) kann man jeden Abend eine cantonesische Oper sehen.

In einem nachgebauten Dorf aus der Sung-Dynastie, dem *Sung Dynasty Village*, das sich direkt an dem Vergnügungspark (Lai Chi Kok Amusement Park) befindet, wird mehrmals täglich chinesische Akrobatik und Musik vorgeführt.
Auch veranstalten einige größere Hotels und Shopping Centres Folkloreveranstaltungen und vermitteln Tagestouren zu den genannten Zielen.

Maße und Gewichte

In Hong Kong gibt es noch drei verschiedene Maß- und Gewichtssysteme nebeneinander. Seit 1980 wird das offizielle englische System auf das metrische umgestellt. Im Alltag findet das Englische aber noch oft Verwendung.
Bei den *Längenmaßen* sollte man sich folgende Umrechnungen merken:

1 inch	2,5 cm
1 foot	30,48 cm
1 yard	91,44 cm (3 feet)
1 mile	1.609,34 m

Für *Gewichte* gilt folgendes Verhältnis:

1 pound	453 gr
1 ounce	28,35 gr

Die folgenden *Hohlmaße* entsprechen unseren Litereinheiten:

1 gallon	4,54 l (1 gallon = 4 quarts)
1 quart	1,13 l (1 quart = 2 pints)
1 pint	0,56 l

Auf den chinesischen Märkten werden noch die alten *chinesischen Gewichtsangaben* benutzt:

1 Tael	37,79 gr
1 Catty	0,604 kg

In Macao und der VR China spielt das englische System keine Rolle. Dort kommen nur die metrischen bzw. die chinesischen Einheiten vor.

Mietwagen

S. Verkehrsmittel

MTR

Mass Transit Railway (U-Bahn), s. Verkehr

Museen

Über Hong Kongs Museen und kunstgewerbliche Angebote informieren deutschsprachige Prospekte, die das Hong Kong-Touristenbüro in Frankfurt kostenlos verschickt.
In den letzten Jahren hat sich die Zahl der Museen in dieser „kulturarmen" Gesellschaft erhöht. Neben den verschiedenen historischen und kunstgewerblichen, archäologischen Museen ist das *Raumfahrtmuseum* mit Planetarium eine Attraktion. Vgl. Reiseteil.

Nachtleben

Hong Kong ist längst nicht mehr das Zentrum des Nachtlebens von Asien, wie es das zu Zeiten des Vietnam-Krieges war oder der Film „Suzi Wong" nahelegt.
Über die Möglichkeiten der Freizeitgestaltung abends und nachts informiert ein Prospekt der Hong Kong-Tourist Association.
In den Tageszeitungen findet man die Angebote der westlichen englischsprachigen oder chinesischen Kinos (Hong Kong und VR China). Unbedingt besuchen sollte man die beiden Nachtmärkte *Poor Man's Nightclubs*, westl. vom New Macao Ferry Pier, und Temple Street Night Club, Temple St., Yaumatei, Kowloon.

Polizei/Erste Hilfe/Notruf

Tel. 999 (kostenlos)

Post

Das Hauptpostamt (*General Post Office = G.P.O.*) liegt auf Hong Kong Island, vom Star Ferry-Ausgang gesehen rechts. Gegenüber dem Ocean Centre in Kowloon befindet sich ebenfalls ein großes Postamt.
Der Postverkehr ist schnell und zuverlässsig. Ein Luftpostbrief nach Europa braucht 5-8 Tage und kostet 1,70 H.K.-$/10 g (0,55 DM).
Die Postämter sind 8-18 h geöffnet und sind nur für Brief- und Paketverkehr zuständig, nicht für Telefon und Telegramme.
Auskünfte über Postangelegenheiten unter Tel. 5-23 10 71.

Presse, Fernsehen, Rundfunk

In der Tagespresse und der wöchentlich erscheinenden *TV & Entertainment* findet man Ankündigungen für Rundfunk- und Fernsehprogramme, wie auch für alle wichtigen kulturellen Veranstaltungen.

In Hong Kong herrscht Pressefreiheit. Es erscheinen über 100 Zeitungen und Zeitschriften, die überwiegende Mehrzahl auf chinesisch, darunter auch kommunistische und nationalchinesische Blätter.
Es gibt mehrere englischsprachige Zeitungen und Zeitschriften, überwiegend konservativ-liberaler Richtung.
Am bekanntesten sind *South China Morning Post*, Tong Chong St., North Point, und *Hong Kong Standard*, 635 King's Rd., North Point.
Am Flughafen, den internationalen Hotels und in einigen großen Buchhandlungen kann man auch Erzeugnisse der internationalen Presse, darunter auch die *Frankfurter Allgemeine Zeitung*, *Die Zeit* oder den *Spiegel* kaufen.
Besonders preiswerte und nur 2-3 Tage alte Zeitschriften erhält man bei einer Straßenhändlerin, die ihre Periodika gegenüber dem Star Ferry-Eingang in Kowloon tgl. nach 13 h anbietet. Diese Zeitschriften sind „Second Hand" und stammen aus den in Kai Tak ankommenden Maschinen der Lufthansa, die der Händlerin vom Reinigungspersonal vermittelt werden.
Es gibt vier Fernsehprogramme, zwei in englisch und zwei in cantonesisch. Es handelt sich um stark kommerzialisierte Sendungen. Die englischen Programme ähneln denjenigen in Großbritannien und den USA, die chinesischen bestehen v.a. aus Kung Fu-Filmen u.ä., oft laufen die Programm bis vier Uhr morgens.
Weiterhin verfügt die Kolonie über insgesamt 9 Rundfunksender. Die meisten in cantonesischer Sprache, einige in englisch, zeitweise wird auch in indischen Dialekten gesendet.

Religionsgemeinschaften

Außer den über 500 taoistischen und buddhistischen Tempeln der Chinesen hat Hong Kong Glaubensstätten vieler anderer Religionsgemeinschaften.
Knapp 10% der Bevölkerung sind *Christen*, etwa 50.000 von ihnen sind Nicht-Chinesen.
Insgesamt gibt es in Hong Kong etwa 270.000 *Katholiken* und ca. 200.000 *Protestanten*.
Beide Religionsgemeinschaften verwalten auch mehrere hundert Schulen und einige Krankenhäuser.
Hong Kong hat auch eine deutschsprachige evangelische Kirchengemeinde: Shouson Hill Rd., Hong Kong, Tel. 5-530 321.
Eine kleinere katholische Gemeinde liegt in Kowloon, Tel. 3-204 352.
Eine weitere nicht-chinesische Glaubensgemeinschaft besteht aus ca. 30.000 *Moslems* aus Pakistan, Indien, Malaysia, Indonesien, aber auch chinesischer Herkunft. An der Ecke Nathan Rd./Haiphong Rd., am Kowloon-Park, ist ein neues Religions- und Kulturzentrum für Moslems entstanden.
Nächstgrößere Glaubensgruppe sind die 8.000 *Hindus* mit einem Tempel in Happy Valley (Hong Kong).
Daneben gibt es in Hong Kong noch eine kleinere Gemeinde der *Zoroaster* (Leighton Rd., Hong Kong) und die im Jahre 1901 auf den Midlevels (70, Robinson Rd., Hong Kong) gebaute *Ohel Leah Synagoge* für eine etwa 500 Personen zählende *jüdische Gemeinde*.

Restaurants

S. Essen und Trinken

Sport

S. Freizeitmöglichkeiten

Sprache

In der Regel versteht fast jeder, mit dem man als Tourist in Hong Kong häufiger in Berührung kommt, etwas Englisch, oft besser als der Besucher selbst. Versuche, sich mit ein paar schnell erlernten Worten Cantonesisch verständlich zu machen, scheitern kläglich, weil man die falsche Tonhöhe trifft. Wenn der chinesische Gesprächspartner dann noch im einwandfreien Oxford-Englisch nachfragt, was man meine, ist die Frustration oft groß.
Ein paar Worte der Landessprache zu können ist trotzdem sehr praktisch, seien es auch nur die leicht zu erlernenden Worte *Mgoi* (Danke) oder *Joi Gin* (Auf Wiedersehen).
(s. Sprachführer)

Schwimmen

Gemessen an der Bevölkerungszahl gibt es zu wenige öffentliche Hallen- und Freibäder. Adressen und Öffnungszeiten erhält man über Hotels- bzw. Touristeninformationen. Die meisten internationalen Hotels verfügen über eigene Schwimmbäder.
Von März-Okt. kann man in Hong Kong im

Freien baden; die Wassertemperaturen im Meer haben dann 26-28°C.
Die Kolonie verfügt über zahllose schöne *Strände*. Die Kommunalverwaltung unterhält 39 öffentliche Strände (*Gazetted Beaches*), die oft mit WC, Duschen, Umkleideräumen (FKK ist verboten!), Kiosk und Rettungsschwimmern ausgestattet sind.
Schön gelegen und leicht erreichbar sind die Strände an der Südseite der Hong Kong-Insel, wie *Deep Water Bay* (Bus Nr. 6 von Central aus, dann weiter mit Bus Nr. 76) oder *Repulse Bay* gleich daneben. Allerdings sind diese Strände an sonnigen Wochenenden völlig überfüllt. Außerdem sind sie von Wasserverschmutzung bedroht, v.a. diejenigen, die zwischen der Hong Kong-Insel und *Lantao* liegen. Denn hier befindet sich eine der am häufigsten befahrenen Wasserstraßen Asiens. Auch gibt es in der Kolonie so gut wie keine Kläranlagen. Alle Abwässer fließen in den Hafen. So ist vom Baden im Bereich des Hafens dringend abzuraten.
Sauberes Wasser und kaum Publikumsverkehr hat man dagegen an den dem Hafen abgewandten Stränden von *Lantao, Cheung Chau* und *Lamma*.
Durch die geschützte Lage haben die Strände Hong Kongs nicht die im Pazifik sonst übliche starke Brandung. Man sollte jedoch unbedingt die Warnungen des Wetterdienstes, v.a. in Taifunzeiten, beachten. Haie werden in den Gewässern Hong Kongs nur selten gesehen. Im ufernahen Wasser ist man sicher. Während der letzten 30 Jahre wurden drei Badende Opfer von Haien.
Das Hong Kong-Tourist Office hat auch eine Broschüre über die Strände und die Verkehrsmöglichkeiten dorthin herausgegeben. Allerdings wird darin die starke Wasserverschmutzung verschwiegen.

Straßenbahn

S. Verkehrsmittel

Taxen

S. Verkehrsmittel

Telefon/Telegramm

Ortsgespräche innerhalb der Kolonie sind *kostenlos*, wenn man von Hotels, Geschäften oder Privatanschlüssen aus telefoniert. Für Kunden gehört das zum normalen Service eines Betriebes. Deswegen ist der Tourist nicht auf die seltenen öffentlichen Fernsprechzellen (1 H.K.-$ pro Gespräch) angewiesen.
Telefoniert man innerhalb des eigenen Bereichs, so läßt man die Vorwahlnummer weg.
Vorwahlnummern
Hong Kong Island: 5
Kowloon: 3
New Territories: 12
Beispiel: Sie wollen das Konsulat der Bundesrepublik Deutschland anrufen. Als Telefonnummer ist angegeben: 5-27 00 88. Die 5 bedeutet, daß das Konsulat sich auf Hong Kong Island befindet. Rufen Sie von Kowloon oder den New Territories aus an (auch die Inseln zählen zu den New Territories), so beginnen Sie mit der 5.

Wichtige Telefonnummern in Hong Kong

Telefonauskunft	108
Polizei/Feuerwehr/Erste Hilfe (kostenlos)	999
Konsulat der BRD	5-27 00 88
Konsulat von Österreich	5-22 80 86
Konsulat der Schweiz	5-22 71 47
Hong Kong-Tourist Information	3-67 11 11
Macao Tourist Information	3-67 77 57/5-72 25 555
China-Travel Service	5-25 91 21
Goethe-Institut	5-27 00 88
Hong Kong Arts Centre	5-28 96 24
City Hall (Theater, Kultur)	5-22 99 28
Einwanderungsbehörde (Immigration Department)	5-43 47 11
Far East Hydrofoil Comp. (Schnellboote nach Macao)	5-45 70 21
Shun Tak Shipping Comp. (Fährschiff nach Macao	5-45 70 21
Hong Kong and Yaumati Ferry (Fähren zu den Inseln)	5-42 30 81
Lufthansa	5-22 51 01
Swissair	3-29 36 70

Auslandsgespräche und Telegramme
Auslandstelefonate gehen im Direktwahlsystem und kosten nur ca. die Hälfte von Hong Kong nach Europa als umgekehrt. Auch wird nur die tatsächlich telefonierte Zeit berechnet und nicht Minuten-Einheiten. 3 Min. von Hong Kong nach Europa kosten z.Z. etwa 30 DM.

Der Empfang ist hervorragend. Die *Fernsprechauskunft* für internationale Gespräche hat die Nr. 100.
Auch vom Hotel aus kann man sich problemlos verbinden lassen, allerdings ist hier eine 10%ige Bearbeitungsgebühr zu zahlen. Preisgünstiger kann man Auslandstelefonate bei der Gesellschaft *Cable and Wireless* tätigen, ebenso wie Telegramme und Telex. Büros sind:
New Mercury House, Gloucester Rd. (Central), 8-24 h;
Mercury House, Connaught Rd. (Central) neben Hotel Furama, 0-24 h;
Terminal, neben Star Fery Kowloon, 7.30-24 h;
Kai Tak-Flughafen, 8.30-22 h (So 12-19 h).

Transfer zum/vom Hotel

S. Anreise/Abreise

U-Bahn – Mass Transit Railway (MTR)

S. Verkehrsmittel

Verkehrsmittel

In Hong Kong müssen tgl. mehrere Millionen Menschen zwischen Wohnung und Arbeitsplatz hin- und hertransportiert werden. Ausschließlich private öffentliche Verkehrsbetriebe (*Public Transport*), die gewinnorientiert arbeiten, befördern die Menschenmassen schnell und preiswert. Das Nahverkehrssystem ist eines der besten und preiswertesten der Welt.
Wenn der Besucher Zeit hat, sollte er sich Hong Kong mit öffentlichen Verkehrsmitteln erschließen. Man darf sich dann allerdings nicht an lauten, überfüllten und zugigen Bussen und Straßenbahnen stören. Auf jeden Fall sollte man die Stoßzeiten am Morgen und Spätnachmittag, v.a. bei Regen, vermeiden. An Sonn- und Feiertagen sind die öffentlichen Verkehrsmittel zu den Ausflugszielen (Inseln) überfüllt.
Auch sehr günstig ist es, bei häufiger Benutzung öffentlicher Verkehrsmittel immer viele Münzen in der Tasche zu haben, denn es wird kein Wechselgeld herausgegeben. Der Fahrpreis wird auf ein Schild geschrieben, das sich bei einer Box befindet, in die man Geld hineinwirft.
Bei Exkursionen ist es ratsam, Name und Anschrift des Hotels sowie des Zielortes (eventuell auch auf chinesisch) mitzunehmen.
In Hong Kong ist es gesetzlich vorgeschrieben, daß sich jedermann jederzeit ausweisen kann. Hierzu genügt auch ein Führerschein; den Paß sollte man im Safe des Hotels lassen.
Gute Informationen über das öffentliche Verkehrssystem in Hong Kong vermittelt eine entsprechende Broschüre der Hong Kong-Tourist Association.

Das Preisniveau ist etwas niedriger als in Europa:

Straßenbahn/Bus (Stadtverkehr)	0,30–1,-- DM
Star Ferry über den Hafen	0,30 DM
MTR, eine Station	1,-- DM
Hong Kong-Macao, Schnellboot	15,-- DM

Busverbindungen
Es gibt zwei Arten von Bussen in Hong Kong. Einmal die großen *Doppeldeckerbusse* von drei privaten Gesellschaften, die nach festem Plan fahren und nur an gekennzeichneten Haltestellen stoppen.
Weiterhin die wesentlich schnelleren kleinen *Mini-Busse* mit der Aufschrift *Public Light Bus.* Diese halten überall, wo kein Halteverbot ist, auf Handzeichen, sofern noch Plätze frei sind. Sie fahren feste Strecken, nehmen nur 14 Personen auf und sind verglichen mit den großen Bussen nur unwesentlich teurer.
Je nach Streckenlänge zahlt man 1–3 DM. Wie bei den großen Bussen zahlt man den Preis in einen Kasten. Wechselgeld wird nicht herausgegeben. Mini-Busse fahren nur bis Einbruch der Dunkelheit.
Über die Buslinien und Busbahnhöfe gibt es eine Broschüre der Hong Kong-Tourist Association.

Eisenbahn
Den Bahnhof in *Hung Hom* kann man von Central aus direkt mit einer Fähre (Ablegestel-

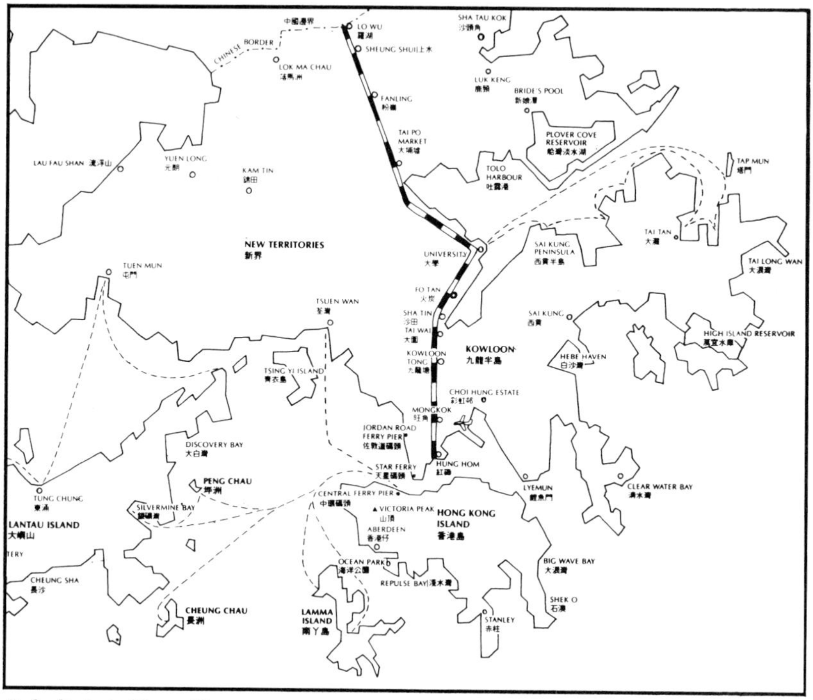

Bahnlinie in Hong Kong

le rechts neben der Star Ferry Hong Kong-Seite) erreichen. Die Bahnlinie von Hung Hom nach *Lo Wu*, der letzten Haltestation vor der chinesischen Grenze, ist über 32 km lang und durchfährt acht Stationen in den *New Territories*. Wenn man kein Visum für die VR China hat, muß man auf der vorletzten Station, *Sheung Shui*, aussteigen.

Die Bahn verkehrt etwa stündl. in beide Richtungen. Die Fahrpreise betragen je nach Strecke etwa 4-6 DM.

Hung Hom ist auch die Endstation einer mehrere Wochen dauernden Bahnreise von der BRD aus über Moskau, Sibirien, die innere Mongolei, die VR China bis nach Hong Kong. Hier endet der „wirkliche" Orient-Express.

Straßenbahn

Seit 1904 hat Hong Kong Island die einzige Doppeldecker-Straßenbahn (*Tramway*) der Welt. Sie fährt nahezu an der gesamten Längsseite des Hafens der Insel entlang, von *Kennedy Town* im Westen bis nach *Shau Kei Wan* im Osten. Es gibt dabei nur eine schleifenartige Abzweigung um den Pferderennplatz *Happy Valley* herum. Sonst fahren die Straßenbahnen, auch wenn sie unterschiedliche Zielorte haben, im Prinzip die gleiche Richtung und wieder zurück (Preis: 0,60 $).

Taxen

Das beste Individualverkehrsmittel für Besucher ist das Taxi. Es gibt knapp 10.000 davon in der Kolonie. Alle sind mit Taxameter ausgestattet, und die Fahrer verstehen meistens etwas Englisch. In Notfällen hilft auch die Funkzentrale. Der Einschaltpreis beträgt etwa 5 H.K.-$, jeder folgende Kilometer ca. 2,80 H.K.-$. Bei Benutzung des Tunnels muß man noch die Tunnelgebühr von ca. 20 $ zusätzlich bezahlen.

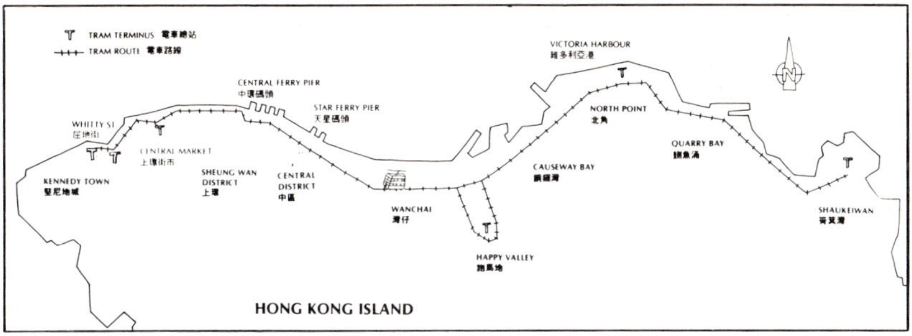

Straßenbahnlinie in Hong Kong

Man kann Taxen überall auf den Straßen stoppen, wo es kein Halteverbot gibt oder telefonisch bestellen. Feilschen oder gar Betrügereien sind in Hong Kong selten.
Die Taxifahrer sind meistens überfordert und deswegen unfreundlich.

Mietwagen
Mietwagen (*Car Rental)* erhalten Sie über jedes größere Hotel. Es genügt der nationale oder internationale Führerschein. Angesichts der hohen Verkehrsdichte (250.000 auf nur 1.200 Straßenkilometer), des ungewohnten Linksverkehrs, der verstopften Straßen und des guten und preiswerten Nahverkehrssystems sind Mietwagen für den Besucher nur in Ausnahmefällen zu empfehlen.

Rickschaws
Die Rickschaws, das älteste Transportmittel Chinas, sind als Verkehrsmittel bedeutungslos geworden. Die Regierung erteilt keine neuen Lizenzen für Rickschaw-Fahrer. Die wenigen noch aktiven Rickschaw-Männer an der Star Ferry, Hong Kong-Seite, leben von fotografierenden Touristen. Auch beim Fotografieren: vorher unbedingt Preis aushandeln!

Zahnradbahn zum Victoria Peak
Seit 1888 ist diese Seilzugbahn (*Peak Tramway*) in Betrieb. Sie startet oberhalb des Hilton Hotels links neben der Garden Rd., etwa 20 Min. zu Fuß von der Star Ferry-Seite in Hong Kong aus. Diese Bahn geht bis auf 397 m Höhe. Einige Streckenteile sehen sehr steil und gefährlich aus. Trotzdem hat es noch nie einen Unfall gegeben. Auf der Hälfte des Weges begegnet man dem Gegenzug, der von oben kommt. An der Bergstation angekommen, hat man es nur wenige Minuten bis zum Aussichtsturm und zum Rundweg um den Peak. Eine Fahrt kostet etwa 2 DM. Vom Minibus-Bahnhof bei der Star Ferry H.K. Side gibt es einen kostenlosen Zubringer-Bus (Shuttle-Bus) zur Talstation der Peak-Tramway (grünes Hinweisschild).

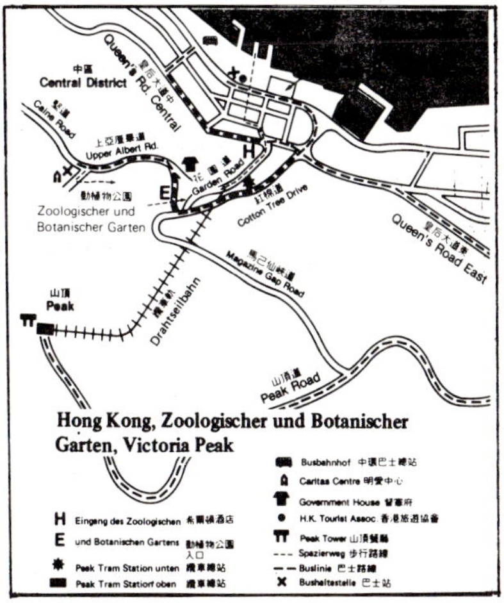

Hong Kong, Zoologischer und Botanischer Garten, Victoria Peak

Fähren
Die bedeutendste Fährlinie, die *Star Ferry*, verbindet die Insel Hong Kong mit Kowloon an

der engsten Stelle des Hafens. Die Anlegestellen sind auf der Hong Kong-Seite beim *General Post Office/City Hall* und auf der Kowloon-Seite *Tsim Sha Tsui* beim Busbahnhof/Star House/Ocean Terminal. Diese Fährlinie und ihre Anlegestellen sind gleichzeitig die zentralen Verkehrsknotenpunkte der Kolonie.

Die Fähren fahren tgl. von 6-22 h im Fünf-Minuten-Takt. Die Überfahrt dauert knapp 10 Min. Es gibt eine 1. Klasse auf Deck und eine 2. Klasse unter Deck. Die *Preise* für eine Überfahrt liegen bei ca. 0,50 DM.

Weitere Fähren starten ebenfalls von Hong Kong-Central aus und gehen zu den entfernteren Teilen *Kowloons* und den *New Territories* wie auch zu den Inseln (*Outlying Islands*). Hierüber informiert ein Prospekt der Hong Kong-Tourist Association.

Vorsicht: Ungewohnter Linksverkehr ist auch gefährlich für Fußgänger. Vor allem wenn man mit mehreren Personen die Straßen und überquert und sich etwas zeigt, vergißt man sehr schnell, daß die „Gefahr" von der „anderen Seite" kommen kann.

U-Bahn – Mass Transit Railway (MTR)

Hong Kongs überfülltes öffentliches Verkehrswesen wurde durch die Inbetriebnahme der MTR Anfang 1980 spürbar entlastet.

Die Bahn startet in Central, geht von dort mit der Insellinie an der Hafenseite entlang bis *Chai Wan* im Osten. Die Linie Richtung Festland verläuft von *Admiralty* aus durch den Hafen in den Norden nach *Kowloon*, gabelt sich bei *Prince Edward* in eine Westlinie nach *Tsuen Wan* und eine Ostlinie nach *Kwun Tong*, beides in den New Territories.

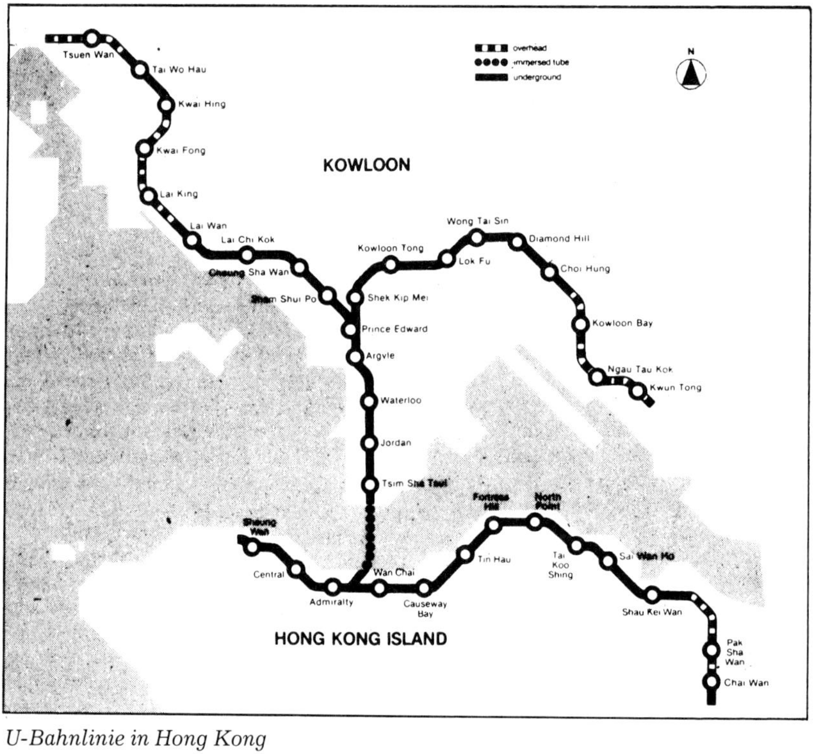

U-Bahnlinie in Hong Kong

Die MTR ist eine der modernsten U-Bahnen der Welt, privat finanziert für 2 Mrd. US-$ und erwirtschaftet inzwischen Gewinne.
Im Inneren eines jeden Bahnhofs findet man Streckenkarten, Fahrkartenautomaten und Münzwechsler. Bei Münzeinwurf erhält man ein elektronisch ablesbares Plastikticket, das den Weg durch die Drehkreuze (Turnstile) freigibt. Die Züge kommen alle 3-5 Min. Eine Fahrt von *Chater* (Hong Kong-Island) durch den Hafen nach *Tsim Sha Tsui* (Kowloon) kostet etwa 2 DM.

Visabestimmungen
Besucher aus der Bundesrepublik Deutschland und Österreich können bis zu 4 Wochen mit einem 6 Monate gültigen Reisepaß in Hong Kong bleiben. Ein Besuchervisum wird bei Ankunft – nach Personenüberprüfung – kostenlos ausgestellt. Bei jeder Ausreise, also auch nach Macao oder China, und erfolgter Wiedereinreise nach Hong Kong, wird wieder ein solches Visum erteilt. Wer sich länger als 90 Tage in Hong Kong aufhalten will, hat sich an das *Immigration Department* (Einwanderungsbehörde), International Building, 139-141, Des Voeux Rd. Central, Hong Kong, zu wenden, um dort eine Ausweiskarte (*Identity Card*) zu beantragen. Wer seinen Wohnsitz in Hong Kong nehmen will, ist verpflichtet, sich *vor* der Einreise als Tourist um eine solche Aufenthaltsgenehmigung zu bemühen. Hierzu wende man sich an das jeweilige *Britische Konsulat*, das Hong Kong im Ausland konsularisch vertritt.
Seit dem 1. Nov. 1980 muß man sich in Hong Kong jederzeit ausweisen können. Nur so glaubt man, der illegalen Einwanderer (*Illegal Immigrants*) Herr zu werden. So kommt es öfter zu Ausweiskontrollen in der Öffentlichkeit. Als europäischer Besucher steht man zwar nicht im Verdacht, illegal aus China gekommen zu sein, trotzdem ist es hilfreich, wenn man sich ausweisen kann.

Wohnen in Hong Kong für längere Zeit

In Hong Kong leben ca. 2.400 Deutsche (600 davon bereits über 10 Jahre). Bis auf einige hundert, die dort studieren oder an den Schulen und Hochschulen, beim Goethe-Institut oder dem Deutschen Generalkonsulat tätig sind, arbeiten alle anderen im Wirtschaftsbereich. Dieser Faktor prägt die soziale Zusammensetzung und die Art der Kontakte der Deutschen in Hong Kong entscheidend. Die Mehrheit der Deutschen lebt in den Gwailo-Ghettos am *Peak* unter ähnlichen Bedingungen und teilweise mit einer ähnlichen Mentalität wie es für die britischen *(Expatriats)* beschrieben wurde.
Für den täglichen Bedarf gibt es genügend gut ausgestattete englische Supermärkte.
Die *deutsch-schweizerische Schule* (mit Kindergarten) führt ihre Schüler bis zum Abitur (11, Guilford Rd., The Peak, Hong Kong Island, Tel. 5-84 96 216). Vgl. auch Abschnitt über Schulwesen.
Am *Goethe-Institut* (German Cultural Centre) auf Hong Kong Island in Wanchai (Hong Kong Art Centre, 14th Floor, 2, Harbour Rd., Tel. 5-27 00 88) gibt es deutsche Zeitschriften, Bücher, ein Kulturprogramm und Sprachkurse sowie gelegentliche Kunst- und Kulturausstellungen.
Es ist nicht erlaubt, mit einem Besuchervisum nach Hong Kong zu kommen (außer für britische Staatsbürger) und dann eine Arbeit aufzunehmen und sich für eine Daueraufenthaltsberechtigung zu bewerben.
Wer länger als 30 Tage in Hong Kong bleiben möchte, muß sich vorher im Ausland mit Hilfe eines Arbeitsvertrages diese Aufenthaltsberechtigung ausstellen lassen. Auskunft hierüber erteilt:
Hong Kong Immigration Department, International Building, 139-141, Des Voeux Rd., Hong Kong;
Hong Kong Government Office, 6, Grafton St., London W1 X3 LB.
Weiterhin informiert folgende Broschüre über alles, was man bei Aufnahme eines Wohnsitzes in Hong Kong beachten sollte: Government Printer: Coming to Hong Kong.

Damen- Herrentoilette

女厕所 男厕所

WC

Öffentliche Toiletten sind in Hong Kong selten und entsprechen oft nicht dem europäischen Standard. Meistens kann man eine Toilette im Zusammenhang mit dem Besuch eines Restaurants, Kaufhauses, Geschäftes oder Hotels aufsuchen.

Zeit

Der Zeitunterschied beträgt plus 7 Stunden. Wenn in Europa Sommerzeit ist, nur 6 Stunden. Diese Zeitverschiebung sollte man auf jeden Fall durch mehr Ruhe und Schlaf und nicht durch Auslassen einer Ruhepause ausgleichen.

Zoll- und Devisenbestimmungen

Zollfrei sind 1 l alkoholischer Getränke und 200 Zigaretten (oder 250 g Tabak bzw. 50 Zigarren).

Auf keinen Fall sollte man Rauschmittel irgendeiner Art in Hong Kong einführen oder erwerben. Auf den Besitz stehen die sofortige Verhaftung und hohe Gefängnis- oder Geldstrafen.

In Hong Kong gibt es keinerlei Devisenbeschränkungen. Man kann soviel Geld oder Schecks ein- oder ausführen, wie man will.

Macao von A – Z

Anreise

An Wochenenden und Feiertagen sind die Fähren nach Macao überfüllt, weil viele Chinesen aus Hong Kong dann zu den Spielbanken nach Macao fahren. Wenn Sie an einem solchen Termin nach Macao möchten, ist es besser, sich vorher ein Ticket (Hin- und Rückfahrt) reservieren zu lassen. Gleiches gilt auch für Hotelzimmer. Beides ist möglich bei: *Macao Travel Service*.

Informationen und Buchungsmöglichkeiten für Hotels und Transport: Tickets bekommt man am Terminal oder an allen großen MTR-Bahnhöfen (Ticket Office) oder bei den Hotels/Reisebüros; dort auch Hotelnachweis. Ansonsten beim Portugiesischen Touristik-Amt, Kaiserstr. 66, IV, 6000 Frankfurt/M. ,Tel. 069-23 40 97.

Überfahrt nach Macao

Die Abfahrt beginnt am New Macao Ferry Terminal an der Connaught Rd. West, etwa 1 km westl. vom General Post Office in Central. Macao ist z.Z. hauptsächlich über den Seeweg von Hong Kong aus zu erreichen. Eine Hubschrauberverbindung gibt es auch.

Trotzdem wird die Schiffsverbindung wohl die populärste bleiben. Es gibt drei Möglichkeiten, auf dem Seeweg nach Macao zu kommen:

1. Am schnellsten sind die *Jetfoils* mit Boing-Düse. Sie starten etwa jede 1/2 Std. und benötigen für die 60 km knapp eine Stunde. Der Pendelverkehr findet zwischen 7.30 und 18 h tgl. statt und kostet für eine einfache Fahrt ca. 15 DM (So: 20 DM).
2. Etwas langsamer sind die Luftkissenboote (*Hydrofoil*). Dafür sind sie ein paar Mark billiger.
3. Die Shun Tak Shipping Co. in Hong Kong bietet auch eine reguläre *Dampferfähre* mit etwa 2-3 Stunden Fahrdauer an.
   Wenn man Zeit hat und das Wetter schön ist, kann man Hin- und Rückreise mit verschiedenen Transportmöglichkeiten variieren.

Während der Woche kann man ohne Voranmeldung direkt an die Abfahrtsstellen gehen. Feiertags oder an Wochenenden sowie bei Gruppen empfiehlt es sich, reichtzeitig zu buchen (v.a. die Rückreise):

Far East Hydrofoil, Shun Tak Centre Terminal, Connaught Rd., Central, Hong Kong, Tel. 5-45 70 21.

Hong Kong Macao Hydrofoil Co., 33 Fl. New World Tower, 16-18, Queen's Rd., Central, Hong Kong, Tel. 5-21 83 02.

Sealink Ferries Ltd., Central Harbour Services Pier, Pier Rd., Central, Hong Kong, Tel. 5-42 30 81.

Hong Kong-Hi Speed Ferries Ltd., Hong Kong & Macao Wharf Terminal, Connaught Rd., Central, Hong Kong, Tel. 5-81 52 299.

Es gibt von Hong Kong aus startende *Tagesausflüge* (ca. 7 Stunden), die für ca. 120 DM Visagebühr, Überfahrt, Stadtrundfahrt und Mittagessen einschließen. Ein 2tägiger Aufenthalt mit Übernachtung kostet etwa das Doppelte. Buchen kann man diese Ausflüge beim Macao Tourist Information-Bureau, Star House, Raum 1729, Tsim Sha Tsui, Kowloon, oder in jedem größeren Hotel.

Arzt
S. Gesundheit

Ausflüge
Es gibt mehrere 1-3tägige Ausflugsmöglichkeiten von Macao in nahegelegene Orte der VR China, so z.B. nach *Canton*, der Sonderwirtschaftszone *Szongshan, Chui Heng*, dem Geburtsort Dr. Sun Yat Sens, oder zu Kuraufenthalten in nahegelegene Ferienorte.
Auskünfte erteilt in Hong Kong: *China Travel Service*, 77, Queen's Rd., Central, Hong Kong, Tel. 5-25 22 84, oder in Macao, 63, Rua de Praia Grande, Tel. 88 812, sowie andere Reisebüros und große Hotels.

Auskunft
Informationen: Tel. 73 001
Fremdenverkehrsamt: Tel. 77 218 und 75 156/55 54 24.

Ausreise
Hierbei ist zu beachten, daß man unbedingt eine Reservierung der Rückreise nach Hong Kong vornimmt. Exportbeschränkungen gibt es keine. Transfer und weitere Informationen über Rückreisemöglichkeiten s. Anreise.

Banken
Die großen internationalen Banken in Hong Kong sind auch in Macao vertreten. Die Banken haben Mo-Fr 10-13 h und 15-16 h, Sa 9.30-12 h geöffnet. Darüber hinaus gibt es in den Hotels Wechselstuben (*Autorized Money Changers*). In den großen Hotels und Geschäften kann man mit den gängigen Kreditkarten bezahlen.

Bus
S. Verkehrsmittel

Chinesische Feste und Feiertage

Über Feste und Feiertage kann man sich durch einen Prospekt der Hong Kong-Tourist Association informieren. Hinzu kommen noch die katholischen Feiertage, die in Macao sehr farbenprächtig begangen werden.
13. Mai: Fest der Hl. Madonna von Fatima (Prozession);
10. Juni: Camões-Tag;
24. Juni: Fest von Johannes dem Täufer;
24. und 25. Dez.: Weihnachten; sowie das Osterfest.

Öffentliche Feiertage:
1.5.: Tag der Arbeit;
25.4.: Tag der portugiesischen Republik;
1.12.: portugiesischer Unabhängigkeitstag.
Das portugiesische Touristik-Amt (Kaiserstr. 66, IV, 6000 Frankfurt, Tel. 069-23 40 97) verschickt u.a. einen speziellen Festival-Kalender.

Devisen/Geld/Währungskurs

1 Pataca (Macao-$) = 100 Avos = etwa 0,20 DM.
Es gibt Scheine zu 10, 50, 100 und 500 Pataca; daneben Münzen zu 1 Pataca, 5, 10 und 50 Avos.
Der Pataca steht in einem festen Verhältnis zum H.K.-$ und ist etwa 3% weniger wert als dieser. Aus diesem Grund nehmen die Leute in Macao gerne H.K.-$ (im Wert 1:1) und geben in Macao-Geld heraus. So kommt es, daß der H.K.-$ in Macao überall gern gesehen wird. Umgekehrt geht es dem Macao-Dollar in Hong Kong.
Fremde Devisen dürfen in Macao unbegrenzt ein- und ausgeführt werden.

Einkaufen

Macao ist ebenso wie Hong Kong ein Freihafen, und Gegenstände des internationalen Konsumgüterfreibedarfs kosten etwa genauso viel wie dort. Allerdings sind Kameras und elektronische Artikel etwas teurer als in Hong Kong, weil weniger verkauft wird und die Rabatte deshalb niedriger sind.
In zweierlei Hinsicht ist Macao Hong Kong gegenüber im Vorteil: *Weine*, v.a. gute Weine aus Portugal, und *Spirituosen* sind hier wesentlich billiger als in Hong Kong. Pro Person darf man eine Flasche nach Hong Kong mitnehmen.
Weiterhin sind *Antiquitäten* und *Kuriositäten* in Macao günstiger und oft in größerer Auswahl zu haben, weil der Markt noch nicht so professionell ist wie in Hong Kong; v.a. in der Altstadt zwischen der Avenida de Almeida Ribeiro und der Ruine St. Paul findet man viele Geschäfte. Ab 17 h gibt es in den Seitenstraßen von Rua Camilo Pessanha und Rua da Tercena einen kleinen Flohmarkt.
Auch Textilien und Produkte aus der VR China sind billiger als in Hong Kong. Ebenfalls günstig kann man *Schmuck* und *Goldwaren* in Macao einkaufen. Man sollte sich vorher im Tourist Office über seriöse Geschäfte beraten lassen (es gibt eine Broschüre und eine Prüfplakette).

Einreise

S. Anreise

Erste Hilfe/Ärzte

S. Gesundheit.

Essen und Trinken

Zusätzlich zur chinesischen Küche in Hong Kong (s. Hong Kong A – Z) gibt es noch eine portugiesisch-chinesische Variante in Macao, die auch von afrikanischen Einflüssen geprägt ist.
Das berühmteste Gericht ist portugiesisch-afrikanischen Ursprungs: *African Chicken*, scharf gewürztes und gegrilltes Huhn in einer kräftigen Soße. Man kann es im *Solmar* (Praia Grande Nr. 11), *Estrela do Mar* (Travessa do Paiva), im *Café Safari* (Avenida de Almeida Ribeiro) oder im *Fat Siu Lau* (Haus des lächelnden Buddha) in der Rua da Felicidade essen. Letzteres ist das älteste Restaurant in Macao. Hier serviert man auch wunderbar gebratene Tauben. Empfehlenswert sind auch die vielen Fisch-, Hammel- oder Kaninchengerichte in schwerem Olivenöl und mit Knoblauch angerichtet. Auch die Gemüsesuppe *Caldo Verde* und die vielen portugiesischen Gerichte aus Meeresfrüchten sollte man probieren.
Schließlich gibt es noch eine Vielzahl guter und preiswerter portugiesischer Weine, Portweine, Madeiras und Sherrys. Eine große Flasche Mateus Rosé kostet etwa 5-7 DM.

In den großen Hotels hat man meist mehrere Restaurants, eins für chinesische und eins für portugiesisch-europäische Küche.
Weitere portugiesische Restaurants sind:
Casabela, 38, Rua da Praia Grande;
Pinocchio, 4, Rua do Sol, Insel Taipa;
Pousada de Coloane, Praia de Cheoc Van, Insel Coloane;
Henri's, 4 G/H, Avenida da Republica, Macao.
Das Fremdenverkehrsamt Macao hat auch eine kostenlose Broschüre „Eating Out in Macao" herausgegeben.
Die *Preise* sind generell niedriger als in vergleichbaren Restaurants in Hong Kong. Wenn man „nur" chinesisch und einfach ißt, wird es noch billiger als bei folgenden Mittelklassepreisen:

Frühstück	6-10 DM
Mittagessen	6-15 DM
Abendessen	6-15 DM

Schließlich noch etwas „Küchen-Portugiesisch":

peixe	Fisch
cabrito	Lamm
coelho	Kaninchen
galinda	Huhn
carne de vaca	Rindfleisch
bacalhau	Kabeljau
camaroes	Krabben
caranguejos	Krebse
feoada	Bohnen
vinho	Wein

Geschäftszeiten

Die Geschäftszeiten sind i.d.R. von 10-19 h; in den großen Hotels haben die Geschäfte oftmals länger geöffnet, ebenso die vielen kleinen chinesischen Geschäfte.

Gesundheit

Es gilt, was bezüglich Hong Kong beschrieben wurde.
In Macao arbeiten etwa 130 Ärzte.
Notruf: 33 00.
Erste Hilfe: 71 99 (Zentralkrankenhaus Conde de S. Januariio).
Rettungsdienst: 733 66 und 73 870.
In den Krankenhäusern erhält man auch Medikamente, die Behandlung muß bar bezahlt werden.

Hotels

Wer als Einzelreisender kommt, sollte von Hong Kong aus ein Zimmer reservieren. In Macao mangelt es noch immer an Unterkunftsmöglichkeiten, v.a. am Wochenende oder an chinesischen Feiertagen.
Die Hotelliste der Hong Kong-Tourist Association in Frankfurt enthält auch Beschreibungen und Rufnummern der großen Hotels in Macao. Die Preise liegen i.d.R. ab 100 DM aufwärts.
Besonders zu empfehlen ist das Mittelklassehotel *Boa Vista*, 8 Rua Commendador Kuo Ho Neng, Tel. 573 821, an der Praia Grande gelegen. Hier hat man einen schönen Blick auf die Bucht, das Hotel Lisboa und die Brücke nach Taipa. Das Hotel ist kein Luxushotel, sondern ein sauberes, etwas angestaubtes Hotel im Kolonialstil. Das DZ kostet etwa 60 DM.
Daneben kennt man in Macao noch eine Anzahl billigerer Herbergen (*vila* oder *hospidaries*); diese liegen bspw. an der Praia Grande Chung Heng (Nr. 49), Yat Lo (Nr. 74 b) oder wie die *Vila Long Va* an der Avenida Almeida Ribeiro Nr. 21.

Informationen

In Hong Kong erhält man Informationsmaterial bei:
Macao Tourist Information Bureau, Star House, Raum 1729, Tsim Sha Tsui (Kowloon), Salisbury Rd. (an der Star Ferry); Ö: Mo-Fr 9-13 und 14-17 h, Sa 9-13 h.
Das Fremdenverkehrsamt in Macao hat die Anschrift: Department of Tourism and Information, Travessa do Paiva. An der Avenida Amizade gibt es auch ein Auskunftsbüro. Hier erhält man einen Stadtplan.
In Europa kann man sich von den portugiesischen Touristikämtern Informationsmaterial und einen Stadtplan schicken lassen.

Krankenhäuser

S. Gesundheit

Polizei/Erste Hilfe/Notruf

Polizei	733 33
Feuerwehr	722 22
Rettungsdienst	733 66/738 70

Post

Die *Hauptpost* befindet sich am Platz Leal Senado und ist wochentags 8-18 h geöffnet. Da die Briefpost über Hong Kong geht, dauert es etwa 1-2 Tage länger (max. 10 Tage), bis der Brief den Empfänger in Europa erreicht. Von der Post aus kann man wie in den großen Hotels auch telefonieren und Telegramme aufgeben.

Presse, Rundfunk, Fernsehen

In Macao können die Fernseh- und Rundfunkprogramme von Hong Kong gut empfangen werden. Eigene TV- und Rundfunkproduktionen sind erst in der Entwicklung. Neben den üblichen chinesischen Zeitungen gibt es einige kleine Zeitungen in portugiesisch und beim Touristenbüro eine kostenlose englischsprachige Besucherzeitschrift (*Macao Travel Talk*).

Restaurants

S. Essen und Trinken

Spielmöglichkeiten

Etwa 90% der Besucher Macaos kommen, um in einem der vier *Spielkasinos* ihr Glück zu versuchen. Viele sind Hong Kong-Chinesen, die spätnachmittags ankommen, die ganze Nacht über spielen, um am nächsten Morgen wieder direkt zur Arbeit in Hong Kong zu fahren. Die Spielkasinos haben Tag und Nacht geöffnet, es geht darin auch sehr zwanglos zu. So gibt es z.B. keine Vorschriften bezüglich Bekleidung. Es besteht allerdings Fotografierverbot, und Personen unter 18 Jahren ist der Eintritt nicht gestattet.
Das größte Spielkasino von Macao ist das *Casino de Lisboa* und befindet sich im gleichnamigen Hotel am Fuße der Brücke nach Taipa. Hier gibt es nicht nur zwei Ebenen, sondern auch Einkaufsarkaden, Restaurants und Folklore-Veranstaltungen. Die Übernachtungskosten in den Casino-Hotels werden im voraus bezahlt. Man hat seine Erfahrungen mit der Spielleidenschaft der Chinesen gemacht.
Im inneren Hafen liegt das *Macao-Palace*, ein schwimmendes Casino an der Rua das Lorchas.
Weiterhin befindet sich im Jai-Alai-Stadion, rechts neben der Fähranlegestelle, das *Casino Jai-Alai*. Daneben hat Macao noch ein viertes, kleineres Casino namens *Kam Pek* in der Avenida de Almeida Ribeiro. Alle Casinos wie alle sonstigen Glücksspiel- und Touristikunternehmungen unterstehen der von Peking kontrollierten *Sociedade de Tourismo e Diversoes de Macao (STDM)*, auch *Syndikat* genannt.
Gespielt werden v.a. Roulette, Bakkara, Blackjack sowie verschiedene chinesische Glücksspiele (Keno, Big and Small, Fan-Tan u.a.). Auch findet man überall, bereits auf den Fähren, die „einarmigen Banditen". In und um die großen Hotels herum spielt sich auch das bescheidene Nachtleben von Macao ab, das allerdings nicht den puritanischen Beschränkungen Hong Kongs unterliegt.
Kulturell gibt es sonst nicht viel bedeutsames in Macao. Die wenigen Kinos bieten vorwiegend „Sex and Crime" oder chinesisches Melodrama. Manchmal kommt eine auswärtige Musik- oder Theatergruppe. Ein Kulturzentrum oder ein internationales Festival wie in Hong Kong gibt es in Macao nicht. Alles spielt sich in und um die Casinos und Hotels ab.
Im Mittelpunkt stehen die nahezu unbegrenzten Möglichkeiten zu wetten und sein Geld zu verlieren. Spielen hat für Menschen aus dem chinesischen Kulturraum einen besonders hohen Wert, es gilt herauszufinden, ob man gutes *Feng Shui* hat. Da in Hong Kong bis auf die Pferderennen alle anderen Wettmöglichkeiten verboten sind, hat Macao diese große Bedeutung.
Neben den Casinos gibt es noch andere Möglichkeiten: In *Canidromo*, an der Avenida General Castelo Branco finden an Wochenenden und Feiertagen um 20 h *Windhundrennen* statt; die Wetten laufen über einen Totalisator. Auf *Taipa* hat man kürzlich die einzige *Trabrennbahn* Asiens eröffnet.
Jährlich im November wird in Macao das *Grand Prix Automobil- und Motorradrennen* in Asien veranstaltet. Die Zieltribüne befindet sich direkt gegenüber der Fähranlegestelle.
Wer nicht in Spanien, Portugal, Frankreich oder auf den Philippinen die Gelegenheit hatte, das baskische Spiel *Jai-Alai* (sprich: Hi-a-

lei), auch als *Pelota Basca* bekannt, zu sehen, sollte das in Macao nachholen. Es handelt sich um eines der schnellsten Ballspiele. Ein sehr schneller Hartgummiball (ähnlich wie ein Squashball) wird mit Hilfe einer Korbschaufel blitzschnell gegen eine Wand geschleudert. Zwei Spieler spielen so gegeneinander, daß der Gegner den Ball nicht mehr erreichen kann. Gespielt wird abends, an den Wochenenden auch morgens oder mittags im Jai-Alai-Stadion gegenüber der Fähranlegestelle. Am Eingang erhält man auch eine Broschüre in Englisch über die Spielregeln.

Sprache

Amtssprachen sind Cantonesisch und Portugiesisch, wobei das Portugiesische in Macao weniger verbreitet ist als die englische Sprache in Hong Kong. Die offizielle Beschilderung ist zweisprachig. Überall dort, wo viele Touristen hinkommen, kann man auch englische Beschriftungen lesen. Zunehmend sprechen die im Fremdenverkehr Macaos Tätigen englisch, so daß man mit dieser Sprache ganz gut zurecht kommen kann.

Taxen

S. Verkehrsmittel

Telefon und Telegramme

Telefonieren und Telegramme aufgeben kann man an den Postämtern und in den großen Hotels. Ein Telefongespräch nach Hong Kong gilt als Auslandsgespräch und kostet im Direktwähldienst ca. 20 H.K.-$ pro 3 Minuten.

Transfer

Für den Transfer zwischen der Fähr-Anlegestelle und den Hotels bzw. dem Zentrum nimmt man am besten eine der Taxen, die dort überall bereit stehen.

Verkehrsmittel

Wenn man Zeit hat und das Wetter angenehm ist, kann man in Macao alles zu Fuß besichtigen. Anders als in Hong Kong gibt es hier Fahrradtaxen (*Pedicab*). Man sollte den Preis vorher aushandeln.
Für die etwas weiter außerhalb gelegenen Ziele kann man ein *Taxi* nehmen, der Grundpreis beträgt ca. 2 DM.
Die *Busse* kosten pro Fahrt nur ein paar Pfennige. Die Buslinien 1-5 fahren eine kreisförmige Route. Nr. 1 und 5 z.B. von der Fähranlegestelle zum A Ma-Tempel und von dort zum Grenztor. Die Buslinien Nr. 11 und 21 fahren über Brücke und Damm nach Taipa und Coloane.
In der Avenida de D. Joao IV. kann man *Fahrräder* mieten. Andere Möglichkeiten gibt es am Hotel Sintra (Kreuzung Rua do Campo/Praia Grande). Allerdings darf man nicht mit dem Fahrrad nach Taipa fahren.
Bei der Beschaffung eines *Mietwagens* ist das Hotel oder das Tourist Office behilflich.
In den großen Hotels und im Tourist Office werden *Stadt-* und *Inseltouren* angeboten, die 2-4 Stunden dauern.

Visabestimmungen

Der aus der Bundesrepublik oder Österreich stammende Besucher braucht einen gültigen *Reisepaß*, Schweizer Staatsbürger benötigen neben dem Paß noch ein Visum, das an den Grenzstellen schnell für ca. 12 DM Gebühr in den Paß gestempelt wird. Bei Ehepaaren und Familien gibt es Ermäßigung. Das Visum, das für 20 Tage und zwei Aufenthalte gilt, kann man sich auch beim portugiesischen Konsulat in Hong Kong (Central Building, 3, Pedder St., 14. Stock) geben lassen.

Zollbestimmungen

Für Macao gelten die üblichen Einfuhrbeschränkungen wie z.B. für Drogen, Feuerwaffen und Munition. Exportbeschränkungen existieren nicht.
Wenn man wieder nach Hong Kong zurückkehrt, darf man von Macao aus 200 Zigaretten, 50 Zigarren oder 250 g Tabak mitnehmen. An alkoholischen Getränken ist eine Flasche Wein gestattet.

Anreise
Alle großen Fluggesellschaften haben Direktflüge nach Hong Kong oder in die VR China. *Billigangebote*, oft von Amsterdam, London oder Brüssel aus, erfährt man von den Reisebüros, die in den überregionalen deutschen Zeitungen inserieren.
Wer mit der *Transsibirischen Eisenbahn* über Berlin nach Peking möchte, informiere sich bei: Intourist, Olivaer Platz 8, 1000 Berlin (West) 15, Tel. 030/88 00 77.
Die folgenden Hinweise gelten nur für *Einzelreisende* von Hong Kong oder Macao aus in die VR China. Bei Gruppenreisen, die man in Hong Kong überall buchen kann, sind alle Organisationsfragen und Formalitäten im Preis inbegriffen.
Voraussetzungen für den Kauf von Fahrkarten ist ein gültiges *Visum* (s. Visum).
Zugverbindungen nach Canton:
Vom Bahnhof *Hung Hom* (Kowloon) aus gehen tgl. mehrere Züge zur Grenzstation *Lo Wu*. Nach dem Grenzübertritt am Bahnhof von *Shenzhen* muß man dort eine Bahnkarte nach Canton kaufen. Bequemer geht es, wenn man in Hung Hom den direkt nach Canton durchgehenden Expresszug nimmt, der etwas teurer ist. In jedem Fall eine *Reservierung* vornehmen und Feiertage/Wochenenden vermeiden. Die Express-Züge nach Canton gehen tägl. ab 8.15 h, 9.45 h, 12.35 h und 14.35 h, Fahrtdauer: 2 1/2 Stunden.
Einfacher reist man mit dem *Luftkissenboot* von *Tai Kok Tsui* (Kowloon) oder dem New Macao Ferry Terminal, H.K. Island, aus nach Canton. Die Fahrt dauert ca. 3 Stunden und kostet ca. 40 DM. Tickets erhält man gegen Vorlage des Visums beim *China Travel Service* (s. Auskunft) oder *Travellers Hostel*, Chunking Mansion, 40, Nathan Rd. (Kowloon), 16. Stock. An der Ankunftsstelle in Canton (ca. 12 km vom Zentrum) nimmt man am besten ein Taxi.
Flugverbindungen nach Canton (und anderen chinesischen Städten):
Mit einem Visum kauft man sich ein Ticket bei der CAAC (*Civil Aviation Administration of China = Zhongguo Minhang*), 17, Pedder St., Gloucester Tower, Hong Kong. Es gibt von Hong Kong aus mehrere Flüge tgl. nach Canton, Guilin und anderen chinesischen Großstädten. (Unter China-Kennern hat CAAC auch einen anderen Namen: CAAC = China Airlines Always Cancelled).
Neuerdings existiert eine preiswerte *Busverbindung* nach Canton. Ein Bus der Motor Transport Comp. of Guandong fährt tgl. in der Sai Yee St. in Mongkok (Kowloon) ab, die Kosten betragen 30 DM. Ein anderer Bus geht von dort nach *Shumchun* für etwa 15 DM; auch hierfür benötigt man ein Visum.

Arzt
S. Gesundheit

Auskunft
Auskünfte und Visa erteilen in der BRD:
Fremdenverkehrsamt der VR China, Eschenheimer Anlage 28, 6000 Frankfurt/M. 1, Tel. 069/55 52 92, tgl. 9-12 h für Publikumsverkehr geöffnet.
Generalkonsulat der VR China, Harvestehuder Weg 39, 2000 Hamburg 13, Tel. 040/ 44 88 51.
Gesellschaft für deutsch-chinesische Freundschaft (GDCF), Eschenheimer Anlage 28, 6000 Frankfurt/M., Tel. 069/597 02 00. Die GDCF hat ca. 30 Ortsvereine in der ganzen Bundesrepublik.
In *Hong Kong* ist die Zweigstelle des staatlichen chinesischen Fremdenverkehrsbüros *China Travel Service*, 77, Queen's Rd., Central, Tel. 5-25 91 21, zuständig.

Banken
S. Hotels

Buchhandlungen
Deutschsprachige Abteilungen in den Buchhandlungen gibt es nur in Peking und Shanghai. Mit etwas Glück wird man in den internationalen Hotels europäische Bücher und Zeitschriften bekommen. Dort und in den Freundschaftsläden erhält man möglicherweise auch

englisch- oder deutschsprachige Bücher aus der VR China.

Busverkehr

Die Buslinie von Hong Kong nach Canton s. Anreise.
Weitere Möglichkeiten der Busreise innerhalb der VR China erfährt man beim staatlichen chinesischen Fremdenverkehrsamt *Lüxingshe*, den Hotels oder direkt an den Busbahnhöfen.

Devisen/Geld/Währung

Die Ein- und Ausfuhr ausländischer Währung/Sorten/Schecks ist unbegrenzt möglich. Sie muß nur deklariert werden. Alle Umtauschquittungen aufheben. Ebenso Belege über größere Ausgaben. Keine Wertgegenstände (Fotos, Uhren etc.) verkaufen.
Der Kurs des speziellen Ausländergeldes (*Foreign Exchange Certificate*) beträgt (1988): 100 DM = 210 Yuan.
Damit kann man überall kaufen, erhält aber nur in den Freundschaftsländern auch das Wechselgeld in dieser Touristenwährung heraus. Rücktauschen kann man später nur dieses Touristengeld.

Einkaufen

Ebenso wie es zwei Währungen gibt, kennt man in China zweierlei Einkaufsmöglichkeiten: die *Freundschaftsläden* (z.B. in den Hotels), in denen man nur mit der „Ausländerwährung" einkaufen kann, sowie die normalen Geschäfte für die Einheimischen. In den Freundschaftsläden findet der Besucher die Waren, die er aus den (rot-)chinesischen Kaufhäusern in Hong Kong schon kennt, oft etwas preiswerter.
Geht der Besucher in das *Nanfang Kaufhaus* (Ecke Ren Min Rd./Huang Sha Rd., am Perlfluß), so kann er dort preiswert verschiedene Artikel des täglichen Bedarfs kaufen. Interessant ist auch ein Besuch des freien Marktes.

Freundschaftsläden
Huang Shi Road (neben dem Hotel Bai Yun)
Nan Fang Dasha Shangdian (Kaufhaus des Südens) Antiquitätengeschäft: When De Road/Zhong Shan Road und im Hotel White Swan.

Internationaler Buchladen: Foreign Language Bookstore, 326 Beijing Road.

Einreise

S. Anreise

Einzelreisen
Seit 1984 sind die Einzelreisen erheblich erleichtert worden. Das Visum gilt nun für ca. 240 Städte. Am ehesten werden Visa für die Wintermonate ausgegeben, wenn die Hotelkapazität nicht ausgelastet ist. Für die Zeit der internationalen Messen in Canton (15.4.-15.5. und 15.10.-15.11.) gibt es für dort keine Einzelvisa. Seit 1984 wird die VR China nun auch von „Rucksacktouristen" überflutet, die sich leider auch am Schwarzmarkt und bei Devisenschiebereien beteiligen.
Vorrang haben immer noch organisierte Gruppenreisen. Man wird bei den staatlichen Stellen den Einzelreisenden auf teure Transportmöglichkeiten und die sehr teuren internationalen Hotels verweisen – obwohl man auch preiswerter, wie die Einheimischen, reisen und übernachten kann. Es fehlt noch an geschultem Personal, und man muß sich auf erhebliche Kommunikationsprobleme gefaßt machen. Das Personal wird den Einzelreisenden auch deswegen nicht gern bedienen, weil man Mißverständnisse und Beschwerden befürchtet und Angst hat, sein „Gesicht zu verlieren".
Freundlichkeit und Ausdauer, z.B. beim Fragen nach preiswerten Unterkünften und billigen Transportmöglichkeiten, helfen weiter.
Es gibt, außer in ausdrücklich gesperrten Gebieten, keinerlei Beschränkungen für Ausländer. Fotografieren ist erlaubt, Menschen natürlich nur dann, wenn sie damit einverstanden sind.
Bei selbstorganisierten Reisen in der VR China sollte man wissen, daß
- grundsätzlich keine Reservierungen in Zügen, Flugzeugen oder Hotels möglich sind;
- man grundsätzlich keine Rückfahrkarten erhält;
- man immer nur eine (Flugzeug-oder Bahn-) Karte bis zum nächsten Stop kaufen kann;
- man in den internationalen Hotels der großen chinesischen Städte leicht eine Unterkunft erhält, zu Preisen, die über 100 DM pro Nacht und Person liegen können;

- die dort angeschlossenen Restaurants für ausländische Gäste Preise haben, die sich ebenfalls im europäisch-amerikanischen Maßstab bewegen;
- man grundsätzlich nur 1. Klasse in der Bahn fahren darf.

Dies alles macht das Einzelreisen in China möglich, aber auch beschwerlich. Viel Zeit geht für das Organisieren von billigen Unterkünften und Essen drauf.

Anlaufstelle in den großen chinesischen Städten ist immer das internationale Hotel: hier kann man Geld wechseln, westliche Ware einkaufen, ins Ausland telefonieren, Post abschicken, Visa verlängern lassen, Bahn- und Flugzeugtickets kaufen und sich Informationen aller Art holen.

Erste Hilfe/Krankenhäuser/Ärzte

S. Gesundheit

Essen und Trinken

Ergänzend zu den entsprechenden Informationen bei Hong Kong und Macao kann gesagt werden, daß diese mit etwas niedrigerem Standard und Preisen auch für die Restaurants in den internationalen Hotels gelten.

Möchte man dort essen, wo die Chinesen speisen, wird man oft in einen speziellen „Ausländerspeisesaal" geführt, wo die Preise und der Standard höher sind. In ganz einfachen Restaurant mangelt es manchmal an Hygiene; v.a. aber gibt es das Sprachproblem. Oft ist keine Speisekarte vorhanden. Man muß sich mit dem Wörterbuch oder der Zeichensprache behelfen; die Preise liegen um 1-3 DM pro Mahlzeit. Trinkgeld geben ist verpönt. Man darf die Unsicherheit oder die Ignoranz der Bedienung nicht als Unhöflichkeit auslegen, sondern als Furcht, das „Gesicht zu verlieren", wenn man einen Fehler macht.

Neben den großen Restaurants der internationalen Hotels gibt es in Canton noch folgende Möglichkeiten essen zu gehen: s. Übersicht

酒家	Restaurants		Straße
泮溪	Bau Xi	向阳一路	Xiangyang Lu
北园	Bei Ynan	登峰北路	Dengfeng Lu
南园(附潮州菜)	Nau Ynan	前進路	Qianging Lu
广州	Gnang Zhon	秀丽二路	Xinli Lu
大同	Da Tong	长堤	Chang Ti Lu
愉园	Yü Yuan	荔湾南路	Liwan Lu
江海(原利口福)	Jianghai	十三行路	Shisanhang Lu
东江(原宁昌)	Dongjiang	中山四路	Zhongshan Lu
菜根香素菜馆	Vegetarians	中山六路	Zhongshan Lu

Feiertage

In der VR China kennt man nur drei offizielle Feiertage. Zwei davon sind nach dem westlichen Kalender festehend: Am *1. Mai*, dem internationalen Kampftag der Arbeiterbewegung, und am *1. Oktober*, dem Gründungstag der VR China, sind die Geschäfte für jeweils einen Tag geschlossen.

Drei Tage lang ruht die Arbeit an und nach *chinesisch Neujahr*, einem nach dem Mondkalender beweglichen Feiertag.

China kennt auch keinen Sonntag als arbeitsfreien Tag für alle. Es wird jeden Tag gearbeitet, aber jeder Werktätige hat an einem Tag in der Woche arbeitsfrei.

Flugverbindungen

Von Hong Kong und v.a. von den großen chinesischen Städten aus gibt es Flugverbindungen zu anderen Zielen. Die örtlichen Büros der CAAC informieren darüber und verkaufen Tickets.

Freizeitmöglichkeiten

S. Kultur

Geschäftszeiten

Geschäfte, in denen Touristen verkehren, haben meistens von 9-20 h geöffnet. Geschäfte, Behörden und sonstige Einrichtungen für die Bevölkerung schließen oft von 11-14 h für eine längere Mittagspause. Während dieser Stunden steht das öffentliche Leben in vielen Bereichen der VR China still.

Gesundheit

Schutzimpfungen sind nicht notwendig, es sei denn, man kommt aus einem Infektionsgebiet. Die medizinische Versorgung der VR China ist gut. Hat man als Gruppenreisender Probleme, so hilft der Reiseleiter bzw. das Hotel weiter. Als Einzelreisender in der Provinz muß man sich mit Hilfe eines Sprachführers zum nächsten Krankenhaus weiterbehelfen. Da die Kosten sofort bezahlt werden müssen, empfiehlt sich der Abschluß einer Reisekrankenversicherung.

Gruppenreisen in die VR China

Entschließt man sich, an einer organisierten Reise teilzunehmen, so gibt es zwei Möglichkeiten:

1. Die bequemste Möglicheit ist, schon in Europa eine Pauschalreise nach China und Hong Kong zu buchen.
2. Man kann aber auch von Hong Kong oder Macao aus eine Reise nach China buchen, vorausgesetzt, es sind noch Plätze frei. Es ist preislich günstiger, auf eigene Faust nach Hong Kong zu fliegen und von dort aus eine Pauschalreise nach China zu machen. Allerdings sind diese Reisen oft schnell ausgebucht und es kann sein, daß man zwei Wochen in Hong Kong bis zum nächsten Termin warten muß.

Die Angebote für Kurzreisen in die VR China von Hong Kong oder Macao aus sind fast unüberschaubar. Sie reichen von eintägigen Touren nach *Shenzhen* oder *Canton* bzw. andere Orte in Südchina, über Dreitagestouren nach Canton (ca. 400 DM) oder 4-6 Tagen nach *Shanghai* und *Peking* (ca. 2.500 DM) über die sehr empfehlenswerte Viertagestour nach *Guilin* (ca. 1.000 DM).

Eine Besonderheit sind organisierte *Radtouren* (mit Begleitbus) in Südchina; diese werden von westlichen Reisebüros in der BRD vermittelt.

Auskünfte: Fremdenverkehrsamt der VR China, Eschenheimer Anlage 28, 6000 Frankfurt 1, Tel. 069/55 52 92.

Die anderen Reisen bietet in Hong Kong die dortige Niederlassung des staatlichen chinesischen Fremdenverkehrsamtes *Lüxingshe*, der *China Travel Service,* an: 77, Queen's Rd., Central, Tel. 5-25 91 21 oder 27, Nathan Rd., Kowloon, Tel. 3-66 72 01.

Hotels

Wenn man als Gruppenreisender in die VR China kommt, braucht man sich um Unterkunft und Verpflegung nicht zu kümmern. Alles ist gut organisiert und entspricht dem europäischen Mittelklassestandard. Schwieriger ist es, wenn man als Einzelner reist. Buchungen von Hotelzimmern wie auch von Fahrkarten sind aufgrund der Weite und des niedrigen technologischen Standards des Landes nicht möglich; auch sind hier noch keine Computersysteme eingesetzt.

Reist man als Einzelreisender zwischen Herbst und Frühjahr, also außerhalb der Saison, gibt es i.d.R. freie Kapazitäten. Wegen

宾馆	Hotels		Straße
东方	Dongfang	西村公路	Xicun Gonglu
白云	Bai Jun	环市东路	Hnanshi Lu E
广州	Guangzhou	海珠广场	Haizhu Guangchang
流花	Liuliua	环市西路	Hnanski Lu W
华侨大厦	Huajiao Dafan	海珠广场	Heizun Guangchang
人民大厦	Renming Dafan	沿江一路	Janjiang Lu
矿泉	Kwangchuan	三元里	Sanyuan Lu
胜利	Shengli	沙面	Shamian
越秀	Inexin	登峰北路	Dengfeng Lu N
交易会招待所	CECF House	人民北路	Renmin Lu No

befürchteter Sprachschwierigkeiten und der Angst, bei Problemen das „Gesicht zu verlieren“, wird man von den kleinen preiswerten Unterkünften an die teuren, internationalen Hotels verwiesen werden.
Das größte Hotel in *Canton* ist das *Dungfang* (auch Dongfang oder Dong Fang), in der Nähe des Hauptbahnhofes.

Dieses Hotel ist eine kleine Stadt für sich. Es verfügt nicht nur über 3.000 Betten, sondern hat (wie alle großen rotchinesischen Hotels) alle Möglichkeiten für Ausländer: Post, Telefon, Telegrammannahme, Bank, Geldwechsel, Lüxinghse-Reisebüro, Einkaufsmöglichkeiten, internationale Restaurants und Freizeitmöglichkeiten.
„Normale“ Chinesen haben zu diesen Ausländerghetto keinen Zutritt. Ein Zimmer kostet pro Nacht etwa 100 DM.
Außerhalb der Messezeiten kann man bei viel Geduld und Verhandeln auch in anderen Häusern ein Zimmer bekommen.
Zwei neue internationale Hotels in Canton sind:

白天鵝賓館
WHITE
SWAN
HOTEL

Weißer Schwan-Hotel auf der Insel *Shamian* und *Großes China-Hotel* gegenüber vom Dong Fang-Hotel.

Informationsmaterial

Informationsmaterial ist immer noch relativ schwer erhältlich und wird i.d.R. nur für organisierte Reisen verteilt. Man kann schon in der Bundesrepublik Reiseveranstalter anschreiben und sie um ihre Programme bitten. In den chinesischen Kaufhäusern in Hong Kong wie auch in den Buchläden in Canton und teilwei-

se auch in der BRD erhält man gute Stadtpläne chinesischer Städte. Der Buchladen der *South China Morning Post* in Hong Kong (Star Ferry Concorse, Hong Kong-Island) hat englischsprachige Städtebeschreibungen chinesischer Städte zur Verfügung.
Das Fremdenverkehrsamt der VR China (Eschenheimer Anlage 28, 6000 Frankfurt/M. 1) verschickt kostenlos eine kleine nützliche Broschüre: Handbuch für Chinareisende.

Vor der Chinareise
Eine Chinareise ist etwas Besonderes. Folgende Kontaktadressen können bei der Reisevorbereitung nützlich sein.

Museen mit China-Abteilungen:
Graf Luxburg-Museum, 8733 Bad Bocklet-Aschach, Schloßstr. 24, Tel. 09708/358; Ö: tgl. 15-18 h, So 14-18 h, Mo geschl.
Museum für Ostasiatische Kunst, Staatliche Museen Preußischer Kulturbesitz, Lansstr., 1000 Berlin 33, Tel. 030/ 830 13 81; Ö: Di-So 9-17 h.
Überseemuseum, Bahnhofsplatz 13, 2800 Bremen, Tel. 042/397 83 57; Ö: Di-So 10-18
Roemer-Museum, Am Steine 1-2, 3200 Hildesheim, Tel. 05121/30 11.
Museum für Ostasiatische Kunst, Universitätsstr. 100, 5000 Köln 1, Tel. 0221/40 50 38; Di-So 10-17 h; 1. Fr im Monat bis 20 h.
Herbig-Haarhaus-Lackmuseum, Vitalisstr. 198-226, 5000 Köln 30 (Bickendorf), Mo-Do 10-16 h, Fr 10-15 h.
Linden-Museum, Staatliches Museum für Völkerkunde, Hegelplatz 71, 7000 Stuttgart 1, Tel. 0711/20 50-32 22; Ö: Di-So 10-17 h, Do 10-20 h, Mo geschl.
Die größte China-Abteilung Europas befindet sich im *British Museum* in London.
Die wertvollste und umfangreichste Sammlung chinesischer Kunst und Altertümer lagert im *Nationalen Palastmuseum* in *Taipei* (Taiwan). Nahezu alle Gegenstände stammen aus China und wurden 1949 mit den Kuomintang-Truppen nach Taiwan gebracht.

China-Läden (Bücher, Karten, Kleinartikel)
Tiandi-Bücher, Spadenteich 1, 2000 Hamburg 1, Tel. 040/24 57 46.
Taiping, R. Mayer Asienbuchhandlung und Verlag, Gabelsberger Str. 17, 8000 München 2, Tel. 089/28 23 23.
Ming Fan, Stresemannstr. 19, 4000 Düsseldorf 1, Tel. 0211/32 31 51.
China Heute-Buchversand, Städelstr. 19, 6000 Frankfurt 70 (Katalog anfordern).
Fernost-Informationen zu beziehen über Verlag Simon und Magiera, Rübenmarkt 1, 8860 Nördlingen.

Kultur

Fährt man als Teilnehmer einer Gruppenreise in die VR China, so gehören *Folkloreveranstaltungen* (chinesische Oper, Gesang, Akrobatik) oft zum Programm.
Daneben bleibt aufgrund der straffen Zeitplanung wenig Freizeit; auch sind die Angebote für Ausländer in dieser Hinsicht in der VR China nicht gerade üppig.
Die Chinesen selbst spielen gern Korbball und Tischtennis, man kann sogar Kinder beobachten, die auf den Straßen im Hocken „Tischtennis" spielen, ohne Tisch und Netz, nur mit einem Ball und einem Brett als Schläger.
An der Uferpromenade des Perlflusses und in den Parks sieht man frühmorgens und abends viele Chinesen beim *Tai Chi* u.a. Übungen.
Bei gutem Wetter finden abends im *Kulturzentrum* nördl. vom *Nanfang-Kaufhaus* (Ecke Renmin Rd./Perlfluß) Konzerte oder Theateraufführungen statt. Dazu sollte man allerdings wissen, daß es in der VR China keinen „Sonntag" gibt, demzufolge auch kein „Wochenende". Es wird immer gearbeitet, außer an den wenigen Feiertagen. Jeder hat einen Tag in der Woche arbeitsfrei.
Im *Dong Fang-Hotel* kann man sich den westlichen Freizeitvergnügungen widmen: Es gibt eine Diskothek, Billard, Spielautomaten, englischsprachige Filme. Hier erhält man auch Informationen über das aktuelle Kulturangebot der Stadt Canton, wie z.B. Oper, Konzert, Film und Sportveranstaltungen.

Krankenhäuser

S. Gesundheit.

Lüxingshe

Lüxingshe ist die Bezeichnung für das staatliche chinesische Reisebüro. Oft befinden sich

Niederlassungen in oder bei den internationalen Hotels. Hier erhält man Fahrkarten und Tickets, eventuell sind auch Reservierungen möglich.

Lüshi

Lüshi ist das chinesische Wort für Mittagsruhe. Diese dauert manchmal bis zu 3 Stunden. Oft ruht zwischen 11 und 14 h das öffentliche Leben, v.a. auf den Ämtern.

Maße und Gewichte

Die VR China hat das metrische System. Daneben gibt es noch traditionelle Maß- und Gewichtseinheiten (s. Hong Kong von A – Z).

Post

Die internationalen Hotels haben kleine Postämter; diese vermitteln auch Auslandstelefonate und Telegramme. Briefe benötigen maximal 10 Tage bis Europa. In kleineren Orten kann man sich auch an das jeweilige Postamt wenden.

Probleme des China-Tourismus

Die VR China war nahezu 30 Jahre lang für Besucher aus dem Westen gesperrt. Es gibt in den entlegenen Gebieten immer noch Menschen, die noch niemals einen Besucher aus dem Westen gesehen haben. Inzwischen sind etwa 240 Städte für Besucher geöffnet.
Die neue Wirtschaftspolitik und der Devisenbedarf hat dem Massentourismus seit 1979 jährliche Zuwachsraten von 10-20% beschert. Im letzten Jahr waren knapp 10 Mio. Besucher in der VR China, davon ca. 9 Mio. aus Hong Kong, Macao, Taiwan oder sonstige Auslandschinesen. Knapp 1 Mio. der Fremden waren „echte" Ausländer, darunter ca. 30.000 aus der Bundesrepublik. Diesem enormen Anstieg stehen nur 320 Hotels mit 125.000 Betten gegenüber.
Auch sind Personal und Infrastruktur noch nicht auf diese Form des Tourismus eingestellt. So kann es zu organisatorischen Problemen (überbuchte Flüge, belegte Zimmer, Wartezeiten, Umdispositionen etc.) kommen.
Als ausländischer Gast (*waibing*, ausländischer Mensch: *waigouren*) ist man in der VR China überall willkommen. Die Menschen sind eher scheu und freundlich, und sie schauen den westlichen Besucher genauso neugierig an wie dieser seinerseits die Chinesen.
Strenge Kontrollen oder gar Schikanen westlichen Besuchern gegenüber gibt es nicht.
Der Besucher darf nicht die Perfektion von Hong Kong oder anderen westlichen Ländern erwarten. Die VR China ist ein armes, unterentwickeltes Land. Man sollte bei seinen Ausgaben auch daran denken, daß der durchschnittliche Chinese ca. 100 Yuan pro Monat verdient – die Kosten für eine Übernachtung in einem der großen Hotels.

Restaurants

S. Essen und Trinken.

Sprache

Wenn man mit einer Reisegruppe in die VR China reist, wird man immer von einem deutsch- oder englischsprachigen Mitarbeiter des staatlichen chinesischen Fremdenverkehrsamtes Lüxingshe begleitet. Alle sprachlichen Kontakte laufen dann über ihn.
Schwieriger ist die Situation des Einzelreisenden. Außer an den wenigen Treffpunkten der Touristen (Hotel, Freundschaftsläden) wird er selten jemanden treffen, der englisch oder gar deutsch spricht. Die wenigen cantonesischen Worte, die man eventuell gelernt hat, helfen schon in *Guilin* oder *Shanghai* oder *Peking* nicht mehr weiter.
Im Zweifelsfalle hilft immer ein gutes Wörterbuch, in dem man bei Unklarheiten auf die chinesischen Zeichen deuten kann. Sehr wichtig ist auch eine chinesisch-englische Karte der Zielorte (Canton, Shanghai, Peking u.a.), die man im chinesischen Kaufhaus in Hong Kong erwerben kann.
Hilfereich ist es, daß in den großen chinesischen Städten alle wichtigen Straßen außer in chinesischen Schriftzeichen auch in der für uns geläufigen *Pinying-Umschrift* gekennzeichnet sind. Allerdings gibt es hierbei vielfältige Schreibweisen (z.B. Guilin = Kweilin). Man sollte die Namen dann genauso aussprechen, wie sie geschrieben sind. Mit Hilfe dieser Umschreibungen kann man sich in vielen Städten Chinas leicht zurechtfinden. Im Zweifelsfall lasse man sich den Ausgangs- und Zielort vor Ausflügen mit chinesischen Zeichen auf einen Zettel malen.

Selbst wenn man das nicht tut und sich verläuft – als ausländischer Gast kann man in der VR China nicht verloren gehen, man kann sich nur verspäten.

Taxi

S. Verkehrsmittel

Telefon und Telegramme

S. Post und Hotel

Transfer

S. Anreise und Verkehrsmittel

Verkehrsmittel

In der VR China gibt es *Rechtsverkehr*, was in Asien eine Seltenheit ist. Abgesehen von den Kraftfahrzeugen der Ausländer, besitzen in der VR China nur ganz wenige Privatpersonen einen PKW. Der Besitz eines Fahrrades ist etwa ebenso wertvoll wie ein Kleinwagen in Europa.

Das für den Besucher bequemste Verkehrsmittel ist das *Taxi*. Im Gegensatz zu anderen chinesischen Städten, kann man in Canton ein Taxi sogar auf der Straße anhalten. Ansonsten kann man sich ein Taxi im Hotel zu bestellen. Die meisten Taxen haben ein Taxometer, bei Stadtfahrten gibt es Fixpreise. Bezahlt wird mit dem Foreign Exchange Certificate, dem „Ausländergeld". Man sollte kein Trinkgeld zahlen. Eine Taxifahrt quer durch die Stadt kostet maximal 10 DM.

Billiger ist es, wenn man mit den zerbeulten und ständig überfüllten *Bussen* fährt. Auf der Stadtkarte sind die Busrouten eingezeichnet. Haltestellen befinden sich an allen großen Straßen und die Busse verkehren sehr häufig.

Über Reisemöglichkeiten mit der *Bahn* oder dem *Flugzeug* informiert *Lüxingshe* oder die Reiseführer für Individualreisende. Hierbei hat man meistens überhöhte „Ausländerpreise" zu bezahlen. Kontaktanschriften für Transportmöglichkeiten in Canton sind:

Bei Bahnreisen sollte man sich die Broschüre „China Railway Time Table" besorgen, hrsg. vom China Publishing House, zu beziehen über: China Heute, Reise- und Buchhandelsgeschäft mbH, Städelstr. 19, 6000 Frankfurt/M. 70.

Visabestimmungen

Bei Gruppenreisen übernimmt der Veranstalter die Visaprobleme. Einzelreisende erhalten ein Visum in der BRD beim Fremdenverkehrsamt der VR China in Frankfurt, der Botschaft oder den Konsulaten (s. Anreise). Es kostet in der BRD etwa 20 DM. In jedem Fall benötigt man einen gültigen Reisepaß.

Für die Sommermonate werden nur ausnahmsweise Einzelvisa ausgestellt, da dann Gruppenreisen den Vorrang haben.

In der VR China ist das Visum bis zu 3 Monaten verlängerbar.

Zeit

Die Uhrzeit in der VR China ist mit derjenigen in Hong Kong und Macao identisch; man ist Europa um 7 Stunden (während der europäischen Sommerzeit um 6 Stunden) voraus.

Zollbestimmungen

Mit den chinesischen Zollbestimmungen dürfte es keine Probleme geben: In einer *Einreiseerklärung* muß man alle Wertsachen (Uhren, Schmuck, Kameras und die Geldsumme in bar sowie internationale Reiseschecks) angeben. Bei der Ausreise wird lediglich stichprobenartig kontrolliert, ob man die Wertgegenstände wieder dabei hat. Es dürfen auch Geschenke mitgebracht werden, wie z.B. 4 Flaschen Alkoholika, 3 Stangen Zigaretten; Filmmaterial kann auch mitgenommen werden.

Antiquitäten dürfen nur ausgeführt werden, wenn sie nicht älter als 140 Jahre sind und das rote Lacksiegel haben, was bezeugt, daß sie im offiziellen Handel erworben wurden.

其他机构 Verschiedenes

中国银行	Bank of China	长堤	Changti
广州市邮局	Canton Post Office	沿江一路	Yaujiang Lu
广州市电讯局	Tel. + Telegr. Post Office	环市西路	Hnanski Lu
新华书店	Hsiuhua Book Store	北京路	Beijing Lu
外文书店	Foreign Book Store	北京路	Beijing Lu
友谊商店	Friendship Book Store	环市东路	Huanski Lu
文物商店	Antique Shop	文德路	Wende Lu
广州体育馆	Guangzhon-Stadium	解放北路	Jiefang Lu
越秀山体育场	Yexinshan Stadium	越秀山	Yuetin Lu
人民摄影店	Renmin Studio	人民南路	Renmin Lu
友谊洗衣店	Friendship Laundry	长堤	Changti

Literatur

Hong Kong in der Literatur

Die in der Welt einzigartige Situation Hong Kongs gab Stoff für viele Romane und Erzählungen. Die wichtigsten seien hiermit empfohlen:

James Clavells Roman „Tai-Pan" (Knaur-TB Nr. 235) ist *der* historische Roman Hong Kongs. In spannender und authentischer Form wird ein wichtiges Kapitel der Entstehungsgeschichte der Kolonie erzählt. Der „Held" ist ein großer Opiumhändler (Vorlage war das Handelshaus Jardine & Matheson), der bei der Entstehung der Kolonie eine wichtige Rolle gespielt hat. Leider ist aus der Verfilmung von „Tai- Pan" nur eine Kung-Fu-Schnulze geworden. Eine Art Fortsetzung dieses Themas ist der Roman „Noble House" (Fischer 1982) des gleichen Autors.
Auch das Buch von *Robert S. Elegant*, „Die Dynastie" (rororo-TB Nr. 5000) ist ein historischer Roman, der eine chinesisch-englische Dynastie in Hong Kong in der Zeit von 1900 bis 1970 beschreibt.
Im Knaur TB-Verlag (Nr. 1151) erschienen ist der Roman „Opium und Mandelauge" von *E.V. Thompson*, der ebenfalls den ersten Opiumkrieg zum Thema hat.
Von *Han Suyin* stammt die schöne Liebesgeschichte „Alle Herrlichkeit auf Erden" (Ullstein-TB 280), die die Beziehung zwischen einem amerikanischen Journalisten und einer chinesischen Ärztin im überbevölkerten Hong Kong nach der chinesischen Revolution von 1949 schildert.
Sehr bekannt wurde Hong Kong auch durch den Roman von *Richard Mason*, „Die Welt der Suzi Wong". Die beiden letzten Bücher sind auch verfilmt worden.
Daneben gibt es noch eine Fülle von Kriminalromanen und Abenteuergeschichten, die in Hong Kong den Ort der Handlung haben. Von *John Gordon-Davis* stammt der Krimi „Das Jahr des hungrigen Tigers" (rororo-TB 1687), der die Erlebnisse eines britischen Polizisten während der Unruhen von 1967 erzählt.
Rudolf Braunburg schrieb „Hong Kong International" (Moewig-TB 2212), und von *Otto Zierer* stammt „Hong Kong Airport" (Caesar-Verlag).
In den Buchläden von Hong Kong gibt es noch eine Fülle englischsprachiger Romane, Sachbücher und Beschreibungen von Einzelaspekten (Geschichte, Kultur, Politik) Hong Kongs und Macaos sowie der VR China.

Die deutschsprachige nicht-belletristische Literatur über Hong Kong ist leider nicht sehr umfangreich. Außer einigen älteren wissenschaftlichen Arbeiten über Städtebau und Wirtschaftsentwicklung gibt es derzeit nur die sehr kenntnisreiche und interessante Arbeit von *Hans J. Buchholz* und *Peter Schöller*, „Hong Kong. Finanz- und Wirtschaftsmetropole. Entwicklungspol für Chinas Wandel." (Westermann-Verlag 1985). Die Autoren sind Geographen und beschäftigen sich v.a. mit der Bevölkerungsentwicklung, dem Städtebau, wirtschaftlicher Bedeutung und den Wirtschaftsbeziehungen von Hong Kong zur VR China.
Im Buchhandel leider vergriffen ist die deutsche Übersetzung des bekannten Asienkorrespondenten *Richard Hughes*, „Hong Kong – Borrowed Place – Borrowed Time", deutscher Titel: „Hong Kong – Brückenkopf auf Abruf" (Molden-Verlag 1967).
Vom Herausgeber dieses Bandes gibt es derzeit einige Aufsätze über Probleme der Jugend und Sozialarbeit in Hong Kong (s. Literaturverzeichnis).

Literaturverzeichnis

The Action Committee Against Narcotics (Ed.): Hong Kong Narcotics Report, Hong Kong 1979.
Adorno, Th. W. et al.: The Authoritarian Personality, New York 1950.
Anshen, Ruth Nanda (Hg.): The Family. Its Function and Destiny, New York 1949.
Bauer, Wolfgang (Hg.): China und die Fremden, München 1980.
Belardi, Nando (Hg.): Gesellschaftsentwicklung und soziologische Grundlagen, Bd. 3, in: Soziale Arbeit, Frankfurt 1980.
ders.: Jugend in einem Schwellenland: Hong Kong, in: Deutsche Jugend, Nr. 2/1986, S. 58-63.

ders.: Sozialarbeit in Hong Kong, in: Neue Praxis, Nr. 5/86, S. 385-401.
ders.: Vietnamesische „Boat-People" in Hong Kong, in: Blätter des Informationszentrums Dritte Welt, Nr. 131/1986, S. 60-63.
ders.: Jugend in der VR China, in: Deutsche Jugend, Nr. 11/1985, S. 470-472.
Benzenberg, Wilfried: Hong Kong, eine sozial- und wirtschaftsgeographische Analyse (Staatsarbeit, Institut für Wirtschafts- und Sozialgeographie), Universität Köln 1974.
ders.: Wachstum und Planung in Tsuen Wan und Kwun Tong. Zwei neue Städte in der Kronkolonie Hong Kong, Diss., Köln 1977.
Berger, Peter/Luckmann, Thomas: Die gesellschaftliche Konstruktion der Wirklichkeit, Frankfurt 1982.
Bianco, Lucien (Hg.): Das moderne Asien, Frankfurt 1969.
Bissing, Wilhelm Moritz v.: Ostasiatische Studien zu Wirtschaft und Gesellschaft in Thailand, Hong Kong und Japan, Berlin 1962.
Bloodworth, Dennis: Chinesenspiegel, 3000 Jahre Reich der Mitte, Wien, München, Zürich 1968.
Blumer, Giovanni: Die chinesische Kulturrevolution, Frankfurt 1968.
Bond, Michael Harris (Ed.): The Psychology of the Chinese People, Hong Kong 1987.
Böttger, Walter: Kultur im alten China, Leipzig, Jena 1977.
Bonavia, David: Hong Kong 1997, The Final Settlement, Hong Kong 1985[2].
Bresler, Fenton: The Chinese Maffia, Feltham (GB) 1981.
Buchholz, Hanns J./Schöller, Peter: Hong Kong, Finanz- und Wirtschaftsmetropole. Entwicklungspol für Chinas Wandel, Braunschweig 1985.
Buchholz, Hans Jürgen: Bevölkerungsmobilität und Wohnverhalten im sozialgeographischen Gefüge Hong Kongs (Habilitationsschrift), Paderborn 1978.
Burger, Helga: Chinesische Oper, Würzburg 1983.
Buxbaum, David C. (Ed.): Chinese Family Law and Social Change in Historical and Comparative Perspective, Seattle and London 1978.
Carew, Tim: The Fall of Hong Kong, London 1976.
Catchpole, Brian: A Map History of Modern China, London 1978.
Census and Statistic Department (Ed.): Hong Kong in Figures, 1985 Edition.
Chai, Karin: Hong Kong mit Macao, Reiseführer mit Landeskunde, Frankfurt 1983.
Chaney, David/Podmore, David B.L.: Young Adults in Hong Kong, Hong Kong 1973.
Cheng, Tong Yung: The Economy of Hong Kong, Hong Kong 1977.
Census and Statistics Department (Ed.): Hong Kong By Census 1976, Hong Kong 1976.
Chesneaux, Jean: Weißer Lotos, Rote Bärte. Geheimgesellschaften in China. Zur Vorgeschichte der Revolution, Berlin 1976.
Choi, Nam-Yong: Entwicklung und Perspektiven der chinesichen Volkswirtschaft durch den Aufbau von Wirtschaftssonderzonen, Berlin 1986.
Chou, K.R.: The Hong Kong Economy, Hong Kong 1966.
Chow, Nelson et al (Ed.): Social Welfare in Hong Kong, Hong Kong 1980.
Clavell, James: Noble House, München 1982.
ders.: Tai Pan, München 1978.
Collins, John/Ip, Henrietta et al (Ed.): The Child in Hong Kong, Hong Kong 1981.
Collis, Maurice: Foreign Mud. Angelo-Chinese Opium War, Singapore (1946) 1980.
Cooper, John: Colony in Conflict, Hong Kong 1970.
Conze, Edward: Der Buddhismus, Stuttgart 1977.
Do-Dinh, Pierre: Konfuzius, Reinbek 1981.
Domes, Jürgen, Politische Landeskunde der Volksrepublik China, Berlin 1982.
Dull, Jack L.: Marriage and Divorce in Han China. A Glimpse at „Pre-Confuzian" Society, in: Buxbaum (Ed.): Chinese Family Law and Social Change, Seattle and London 1976.
Dunn, Mao: Shanghai im Zwielicht, (Shanghai 1933), Berlin 1977.
Dwyer, D.J.: Housing Provisions, in: Dwyer (Ed.): Asian Urbanization. A Hong Kong Casebook, Hong Kong 1971.
Easey, Walter: Ducking Responsibility. Britain and Hong Kong in the 80th. (Hong Kong Research Project), Manchester 1980.

Eberhard, Wolfram: Lexikon der chinesischen Symbole, Köln 1983.
Eitel, E.J.: Feng-Shui oder Die Rudimente der Naturwissenschaft in China (engl. 1873), Waldeck-Dehringhausen 1982.
Elegant, Robert S.: Die Dynastie, Reinbek 1979.
Endacott, G.B.: An Eastern Entrepôt, London 1964.
ders.: A Biographical Sketch-Book of Early Hong Kong, Singapore 1962.
England, Joe/Rear, John: Chinese Labour under British Rule, Oxford, London, New York 1975.
dies.: Industrial Relations and Law in Hong Kong, Hong Kong, Oxford, New York, Melbourne 1981.
Evans, Dafydd M.E.: The Foundation of Hong Kong. A Chapter of Accidents, in: Topley, Majorie (Ed.): Hong Kong. The Interaction of Traditions and Life in the Towns, Hong Kong 1972.
ders.: Some Legal Aspects of Urbanization in Hong Kong, in: Dwyer, D.J. (Ed.): Asian Urbanization, Hong Kong 1971.
Fanon, Frantz: Die Verdammten dieser Erde, Frankfurt 1981.
Faulkner, R.J./Field, R.A.: Vanquishing the Dragon. The Law of Drugs in Hong Kong, Hong Kong 1975.
Field, Elaine C./Baber, Flora M.: Growing Up in Hong Kong, Hong Kong 1973.
Fitzgerald, C.P.: Revolution in China, Frankfurt 1968.
ders.: The Chinese View of their Place in the World, London, Oxford, New York 1969.
Franke, Herbert/Trauzettel, Rolf: Das chinesische Kaiserreich, Frankfurt 1968.
Franke, Wolfgang (Hg.): China-Handbuch, Gütersloh 1973.
ders.: China-Handbuch, Kurzausgabe: Gesellschaft, Politik, Staat und Wirtschaft, Köln, Opladen 1976.
Franz, Uli: Deng Xiaoping. Chinas Erneuerer. Eine Biographie Stuttgart 1987.
Fraser, John: Die neuen Chinesen, München 1984.
Gallin, Bernhard: The Rural to Urban Migration in Taiwan: Its Impact on Chinese Family and Kinship, in: Buxbaum (Ed.): Chinese Family Law and Social Change, Seattle and London 1976.
Gates, Hill: Brautpreis-Inflation in Taiwan, in: Völger, Gisela/v. Welck, Karin (Hg.): Die Braut. Zur Rolle der Frau im Kulturvergleich, Bd. 2, Köln 1985.
Gernet, Jacques: Die chinesische Welt, Frankfurt 1983.
Göbel, Heide-Marie: Shenzhen-Hongkong. Offene Tür zum chinesischen Markt, Berlin 1986.
Golger, Otto J.: Squatter and Resettlement, (Ph. Thesis at Hong Kong University 1968), Wiesbaden 1972.
Goode, William: Soziologie der Familile, München 1967.
ders.: World Revolution and Family Patterns, New York 1963.
Government Information Services (Ed.): Hong Kong 1981. A Review of 1980 (Yearbook), Hong Kong 1981.
ders.: Hong Kong 1985. A Review of 1984 (Yearbook), Hong Kong 1985.
Government Press (Ed.): Kowloon Disturbances 1966. Report of Commission of Inquiry, Hong Kong o.J.
Granet, Marcel: Die chinesische Zivilisation, München 1980.
ders.: Das chinesische Denken, München 1980.
Grimal, Pierre: Mythen der Völker, 3 Bde., Frankfurt 1977.
Grossmann, Bernhard (Hg.): Studien zur Entwicklung in Süd- und Ostasien, N.F. Teil 4, Frankfurt/Berlin 1966.
Grünberg, Alfredo: Kantonesisch für Globetrotter, Bielefeld 1986.
Guangdong Provincial Administration of Special Economic Zones (Ed.): New Regulations for Guangdong Special Economic Zones, Hong Kong 1982.
Hambro, Edward: The Problem of the Chinese Refugees in Hong Kong, Leyden 1955.
Handbuch für Internationale Zusammenarbeit, Baden-Baden o.J.
Harris, Peter: Hong Kong. A Study in Bureaucratic Politics, Hong Kong, Singapore 1980.
ders.: Government and Politics, in: A Quarter-Century of Hong Kong 1951-1976, Chung Chi College, 25th Anniversary Symposium, The Chinese University of Hong Kong, Hong Kong 1977.
Hayes, James: Hong Kong, Tale of two Cities, in: Topley, Marjorie (Ed.): Hong Kong.

The Interaction of Traditions and Life in the Towns, Hong Kong 1972.
Herrmann, Michael: Hong Kong versus Singapore, Stuttgart 1970.
Hieber, Wolfgang: Chinesen über ihr eigenes Land. Alltag in China, München 1986.
Hinz, Manfred (Hg.): Räte-China. Dokumente der chinesischen Revolution, Frankfurt 1973.
Ho Fuk-Cheung: Chinese Triad Societies. Classical Models and New Hong Kong Forms, in: Topley, Marjorie (Ed.): Hong Kong, Hong Kong 1972.
Hobsbawn, Eric J.: Sozialrebellen, Neuwied 1962.
ders.: Die Banditen, Frankfurt 1972.
Hodge, Peter: Social Work, Service to People in Need, Hong Kong o.J.
ders.: Prostitution in Hong Kong, in: Hodge, Peter (Ed.): Community Problems and Social Work in South East Asia, Hong Kong 1979.
ders.: Expectations and Dilemmas of Social Welfare in Hong Kong, in: Leung Chi-Keung et al. (Ed.): Hong Kong: Dilemmas of Growth, Hong Kong 1978.
ders.: Community Problems and Social Work in South East Asia, Hong Kong 1980.
ders., (Ed.): Culture and Social Work, Hong Kong, Singapore, Kuala Lumpur 1980.
ders.: The Poor and the People of Quality. Social Policy in Hong Kong. An Inaugural Lecture from the Chair of Social Work. University of Hong Kong, Supplement to the Gazette, Vol. XXIII Nr. 5, 22.3.1976.
Höfer, Hans (Hg.): Hong Kong (Apa-Guides), München 1982.
Hopkins, Keith (Ed.): Hong Kong, The Industrial Colony, London, New York 1971.
Hong Kong Research Project (Ed.): Hong Kong. A Case to Answer, Nottingham 1974.
Hong Kong International Year Child Commission, Evaluation Report, The Child in Hong Kong, Hong Kong 1980.
Hong Kong Housing Authority (Ed.): Hong Kong Housing Authority Annual Report 1980-1981, Hong Kong 1981.
Hudelot, Claude: Der lange Marsch, Frankfurt 1972.
Hughes, Richard: Brückenkopf auf Abruf, Wien, Frankfurt, Zürich 1967.
Hsu, Francis L.K.: The Family in China, in: Anshen, Nanda (Ed.): The Family, its Functions and Destiny, New York 1949.
Inkeles, A.: The Modernization of Man, in: Weiner, M. (Ed.): Modernization, New York 1966.
Jao, Y.C./Wong, John/Pryor, E.G.: Land Use Policy and Land Taxation in Hong Kong, in: Wong, John (Ed.): The Cities in Asia. A Study of Urban Solutions and Urban Finance, Singapore 1976.
Jarvie, I.C./Agassi, Joseph: Hong Kong. Society in Transition, London 1969.
Kaim, Julius, R.: Damals in Shanghai. Kaiser, Kaufleute, Kommunisten, München 1963.
Kahn-Ackermann, Michael: China – Drinnen vor der Tür, Frankfurt 1979.
Kaltenmark, Max: Lao-zu und der Taoismus, Frankfurt 1981.
König, René: Die Familie der Gegenwart, München 1977.
ders.: Materialien zur Soziologie der Familie, Bern 1946.
Knight, Bill (Ed.): Hong Kong 1985, Hong Kong 1985 (Yearbook).
Knop, Doris: Reisen in China, Bremen 1985.
Kraus, Willy: Wirtschaftliche Entwicklung und sozialer Wandel in der VR China, Berlin, Heidelberg, New York 1979.
Kremb, Jürgen: Reportagen aus China. Einblicke in die Volksrepublik, Taiwan, Hong Kong und Tibet, Hamburg 1987.
Kristeva, Julia: Die Chinesin. Die Rolle der Frau in China. Berlin 1982.
Küchler, Johannes/Sum Kong Sut: Das räumliche Ungleichgewicht Hong Kongs. Resultat einer liberalistischen Wirtschafts- und Raumpolitik, in: Die Erde, 102 Jg., 1971.
Lam, Robert: The Hong Kong Album, Hong Kong 1982.
Lao-Tse: Tao Te King, Stuttgart 1961.
Lee Thiam Swee: Delinquency and Crime, in: A Quarter Century of Hong Kong, Hong Kong 1977.
Lemke, Peter: Das China-Geschäft. Die Volksrepublik, Frankfurt 1980.
Lennhoff, Eugen: Politische Geheimbünde, München, Wien 1966.
Lethbridge, H.J.: Hong Kong. Stability and Change, Hong Kong 1978.
Leva, M.J.: The Family Revolution in Modern China, Cambridge 1949.
Lin Tzong-Biau/Lee, Rance/Simonis, Udo-Ernst (Ed.): Hong Kong. Economic, Social

and Political Studies in Development, New York 1979.
Leung, C.K.: Mass Transport in Hong Kong, in: Dwyer (Ed.): Asian Urbanization, Hong Kong 1971.
ders.: The Growth of Internal Public Passenger Transport, in: Dwyer (Ed.): Asian Urbanization, Hong Kong 1971.
Machetzki, Rüdiger/Weggel, Oskar: Die Volksrepublik China (Information zur politischen Bildung, Bundeszentrale für politische Bildung), Bonn 1983.
Mäding, Klaus: Wirtschaftswachstum und Kulturwandel in Hong Kong. Ein Beitrag zur Wirtschafts- und Sozialpsychologie der Hong Kong-Chinesen, Köln/Opladen 1964.
Martin, Helmut: China ohne Maoismus?, Reinbek 1980.
McCoy, Alfred W.: Heroin aus Südostasien. Zur Wirtschaftsgeschichte eines ungewöhnlichen Handelsartikels, in: Völger, Gisela/v. Welck, Karin (Hg.): Rausch und Realität. Drogen im Kulturvergleich, Bd. 3, Reinbek 1982.
Merton, Robert K.: Social Theory and Social Structure, New York 1957.
Mills, C.W.: The Power Elite, New York 1956.
Miners, Norman: The Government and Politics of Hong Kong, Oxford, New York, Melbourne 1977^2.
Moore, Barrington: Soziale Ursprünge von Diktatur und Demokratie, Frankfurt 1969.
Morgan, W.P.: Triad Societies in Hong Kong, Hong Kong 1960.
Mühlmann, Emil/Müller, Ernst (Hg.): Kulturanthropologie, Köln 1969.
Ng, Agnes: Social Causes of Violent Crime among Young Offenders in Hong Kong, Hong Kong 1975.
O'Connor, Richard: Der Boxeraufstand, München 1980.
Osterhammel, Jürgen: Das moderne China, Frankfurt 1979.
Parsons, Talcott: The Social System, Glencoe 1951.
Political Science Association (Ed.): I.C.A.C. and Anti-Corruption, Hong Kong 1978.
Porter, Robin: Child Labour in Hong Kong (Hong Kong Research Project, The Spokesman), Nottingham o.J.
Pryor, E.G.: Housing in Hong Kong, Hong Kong 1974.
Ptak, Roderich: Portugal in China. Kurzer Abriß der portugiesisch-chinesischen Beziehungen und der Geschichte Macaus im 16. und beginnenden 17. Jahrhundert, Bammental/Heidelberg 1986.
ders.: Die Portugiesen in Macau und Japan. Aufstieg und Niedergang des Fernosthandels 1513-1640 (Sonderdruck), Bammental/Heidelberg 1985.
Pu Yi: Der letzte Kaiser von China, 2 Bde., Beijing 1981, auch: München 1987.
A Quarter Century of Hong Kong. Chung Chi College 25th Anniversary Symposium. (The Chinese University of Hong Kong) Hong Kong 1977.
Qi Wen: China. A General Survey, Beijing 1981.
Rabushka, A.: The Changing Face of Hong Kong (AEI-Hoover Institution Studies 41) Washington 1973.
Ross, Murray G.: Gemeinwesenarbeit, Freiburg 1971.
Report on the Social Welfare Manpower Survey 1979 (Hong Kong Council of Social Service), Hong Kong 1979.
Report of the Working Party on Social Welfare Manpower, Hong Kong 1982.
Report of the Lutheran Service, Hong Kong 1981.
Report of the Working Group on Juvenile Crime, Hong Kong 1981.
Riedel, James: The Hong Kong Model of Industrialization (Kieler Institut of World Economics), Kiel 1973.
Rostow, Walt W.: Stadien wirtschaftlichen Wachstums, Göttingen 1967.
Schafer, Edward: China. Das Reich der Mitte, Reinbek 1976.
Schelsky, Helmut: Wandlungen der Familie in der Gegenwart, Stuttgart 1955.
Schivelbusch, Wolfgang: Das Paradies, der Geschmack und die Vernunft. Eine Geschichte der Genußmittel, München 1980.
Schlerath, E.: Indonesien, Berlin 1980.
Schlomann, F.W./Friedlingstein, P.: Tschiang Kai-schek, Bergisch-Gladbach 1979.
Schmidt-Relenberg, N.: Familiensoziologie, Stuttgart 1976.
Schöller/Dürr/Dege: Ostasien, Frankfurt 1978.

Schram, Stuart R.: Die permanente Revolution in China, Frankfurt 1968.
Siu-kai Lau: Society and Politics in Hong Kong, Hong Kong 1982.
Smith, Adam: Eine Untersuchung über Natur und Wesen des Volkswohlstandes, 3 Bde., Jena 1923.
Smith, Carl T.: English-Educated Chinese Elites in Nineteenth-Century Hong Kong, in: Topley, Marjorie (Ed.): Hong Kong, Hong Kong 1972.
Statistisches Bundesamt (Hg.): Statistisches Jahrbuch 1985 für die Bundesrepublik Deutschland, Stuttgart, Mainz 1985.
Stierlin, Helm: Eltern und Kinder, Frankfurt 1980.
The Straits Collection (Ed.): Fun with Chinese Characters, Singapore 1982.
Szcenpanik, Edward: The Economic Growth of Hong Kong, London, New York, Toronto 1958.
Uhlig, Harald (Hg.): Südostasien. Australpazifischer Raum, Frankfurt 1975.
Unschuld, Paul: Medizin in China, München 1980.
Taake, Hans Helmut/Weiss Dieter: Internationale Strukturpolitik und Entwicklungsländer, Berlin 1974.
Tai Yen-Hui: Divorce in Traditional Chinese Law, in: Buxbaum (Ed.): Chinese Family Law and Social Change, Seattle and London 1976.
Temming, Rolf L.: Vom Geheimnis des Tees, Dortmund 1983.
Terzani, Tiziano: Fremder unter Chinesen, Reinbek 1984.
Tönnies, Ferdinand: Gemeinschaft und Gesellschaft, Berlin 1926.
Topley, Marjorie (Ed.): Hong Kong. The Interaction of Traditions and Life in the Towns, Hong Kong 1975.
Topley, Marjorie: Eheverweigerung im ländlichen Kwangtung, in: Völger, Gisela/v. Welck, Karin (Hg.): Die Braut. Zur Rolle der Frau im Kulturvergleich, Bd. 2, Köln 1985.
Turner, H.A. et al.: The Last Colony: But Whose?, Cambridge 1980.
Verlag für fremdsprachige Literatur (Hg.): Die Reformbewegung von 1898, Beijing 1978.
ders.: Der Opiumkrieg, Beijing 1977.
ders.: Die Taiping Revolution, Beijing 1977.
ders.: Die Revolution von 1911, Beijing 1977.
ders.: Die Yihotuan-Bewegung von 1900, Beijing 1978.
Vetter, Horst F.: Chinas neue Wirklichkeit, Frankfurt 1983.
Völger, Gisela/v. Welck, Karin (Hg.): Rausch und Realität. Drogen im Kulturvergleich, 3 Bde., Reinbek 1982.
Walker, J.: Under the White Wash, Hong Kong o.J. (1971).
Warner, John: A Picture-Story of Hong Kong in 1870. Hong Kong 100 Years Ago, Hong Kong 1981.
Webb, Paul: Voluntary Social Welfare Service, in: A Quarter Century of Hong Kong, Chung Chi College, Hong Kong 1976.
Weber, Max: Wirtschaft und Gesellschaft, 2 Bde., Köln, Berlin 1956.
Weggel, Oskar: China zwischen Revolution und Etikette, München 1981.
ders.: China. Zwischen Marx und Konfuzius, München 1987.
Wen Wei Po (Ed.): Income Tax Law of the Peoples Republic of China. Concerning Foreign Enterprises and Detailed Rules and Regulations for its Implementations, Hong Kong 1982.
Wesley-Smith, Peter: The Walled City of Kowloon and its Law, in: Topley, Marjorie (Ed.): Hong Kong, Hong Kong 1975.
Wiethoff, Bodo: China, Hannover 1966.
Wilhelm, Richard: Chinesische Märchen, Düsseldorf 1961.
Winteler, Ernst-Uwe: Kapitalanlagen über Steueroasen, Wiesbaden 1982.
Wittfogel, Karl August: Wirtschaft und Gesellschaft Chinas, Leipzig 1931.
Wong, Christopher, K.K.: Communication between Government and People. Hong Kongs New City District Officer Scheme, in: Topley, Marjorie (Ed.): Hong Kong, Hong Kong 1975.
Wong, John (Ed.): The Cities of Asia. A Study of Urban Solutions and Urban Finance, Singapore 1976.
Woronoff, Jon: Hong Kong, Capitalist Paradise, Hong Kong, Singapore, Kuala Lumpur 1980.

Periodika

Beijing-Rundschau, Beijing 1981 ff.
China-Aktuell, Hamburg 1978 ff.
China im Bild, Beijing 1981 ff.
China Daily, Beijing/Hong Kong 1981 ff.
Far Eastern Economic Review, Hong Kong/Singapore 1981 ff.
Half-Yearly Economic Report, Hong Kong 1981 ff.
Indo-Asia, Sachsenheim-Hohenhaslach 1985.
Internationales Asien Forum, München 1983.
South China Morning Post, Hong Kong 1981 ff.
Die Tageszeitung (TAZ), Berlin, 1985 ff.

Register

Weitere EXpress Reisehandbücher

Gudrun Hennke (Hg.)
Spanien. 364 S., 103 Fotos.
DM 34,-- ISBN 3-926966-09-2

Kay Schmidt di Simoni (Hg.)
Gran Canaria. 226 S., 19 Fotos.
DM 19,-- ISBN 3-926966-16-5

Renate Steinecke/
Albrecht Steinecke (Hg.)
Portugal. 382 S., 160 Fotos.
DM 34,-- ISBN 3-926966-14-9

Angelika Tausch-Fiedler/
Roland Fiedler (Hg.)
Reisen mit Kind. 190 S., 44 Fotos.
DM 26,-- ISBN 3-926966-12-2

Weitere EXpress Reisehandbücher

Eberhard Schmitt (Hg.)
Türkei. Band I: Politik, Ökonomie, Kultur. 400 S., 51 Fotos.
DM 29,-- ISBN 3-926966-06-8

Türkei. Band I und II kompl.
DM 48,-- ISBN 3-926966-08-4

Eberhard Schmitt (Hg.)
Türkei. Band II:
Ein Reisehandbuch.
460 S., 44 Fotos.
DM 39,-- ISBN 3-926966-07-6

Türkei. Band I und II kompl.
DM 48,-- ISBN 3-926966-08-4

Barbara Hoffmann (Hg.)
Griechenland. 520 S., 195 Fotos
DM 39,-- ISBN 3-926966-01-7

András Rigó (Hg.)
Ungarn. 288 S., 131 Fotos.
DM 32,-- ISBN 3-926966-15-7